POLÍTICAS CULTURAIS E POVOS INDÍGENAS

MANUELA CARNEIRO DA CUNHA
PEDRO DE NIEMEYER CESARINO
(Orgs.)

POLÍTICAS CULTURAIS E POVOS INDÍGENAS

editora unesp

Direitos de publicação reservados à:

Fundação Editora da Unesp (FEU)
Praça da Sé, 108
01001-900 – São Paulo – SP
Tel.: (0xx11) 3242-7171
Fax: (0xx11) 3242-7172
www.editoraunesp.com.br
www.livrariaunesp.com.br
feu@editora.unesp.br

CIP – Brasil. Catalogação na publicação
Sindicato Nacional dos Editores de Livros, RJ

P829
1.ed.

Políticas culturais e povos indígenas / organização Manuela Carneiro da Cunha, Pedro de Niemeyer Cesarino. – 1.ed. – São Paulo: Editora Unesp, 2016.

ISBN 978-85-393-0617-6

1. Antropologia. 2. Etnologia. 3. Índios do Brasil – Usos e costumes. I. Cunha, Manuela Carneiro da. II. Cesarino, Pedro de Niemeyer.

15-29203 CDD: 305.898
CDU: 316.347(8)

Editora afiliada:

Asociación de Editoriales Universitarias de América Latina y el Caribe

Associação Brasileira de Editoras Universitárias

Sumário

Políticas culturais e povos indígenas
Uma introdução

Manuela Carneiro da Cunha

Há políticas culturais para os índios e há políticas culturais dos índios. Não são a mesma coisa. E há ainda muitas outras políticas culturais, nacionalistas ou *new age*, por exemplo, que se valem dos índios, como atesta o exemplo da difusão do *kampô* dos Katukina (E. Lima).[1]

O que nos interessa são os modos como as políticas dos índios, para os índios e que se valem dos índios se entrelaçam e se conjugam para produzir efeitos. São efeitos às vezes visíveis a olho nu e às vezes sutis, difíceis de perceber e mais ainda de antecipar. Alguns são generalizáveis em alguma medida, outros resultam de cada povo e de cada momento de sua história. A conclusão é que se deve pisar com cuidado e que, enquanto os números agregados são a via preferencial das políticas, é pela etnografia que elas são testadas.

Elogio do estranhamento

Este livro é, por isso mesmo, assentado em etnografias. Qual é seu valor? Antes de mais nada, acautelar-nos diante de generalizações. Se há semelhanças, sem dúvida, entre sociedades indígenas no Brasil, até entre aquelas distantes no espaço e linguisticamente desconectadas, essas conexões não resultam em homogeneidade. Não se podem generalizar conclusões, como

1 Nomes de autores sem datas referem-se a artigos contidos neste volume.

alerta Clarice Cohn neste livro. Essas sociedades são diferentes da(s) nossa(s) e também diferentes entre si.

Para que podem então servir essas etnografias? Para mostrar quão sugestivo é se investigar em detalhe o quanto as diversas concepções das igualmente diversas sociedades indígenas são interessantes, o quanto elas podem conduzir a perceber um mundo novo, inédito, insuspeito. Elas abrem possibilidades de diferenças.

Há duas espécies de turistas: os que sempre se valem do que já conhecem para absorver o que estão experimentando pela primeira vez[2] e para tudo dizem: "isto aqui é como...". Outros saboreiam a novidade enquanto tal. Os primeiros, para quem o que não é familiar é familiarizado, não se espantam com nada. Os últimos estranham tudo. Os primeiros só reconhecem, os últimos têm uma chance de conhecer. A antropologia, tal como a concebem, por exemplo, Marilyn Strathern e Eduardo Viveiros de Castro e, neste volume, como apresentam os ensaios de Marcela Coelho de Souza e Nicole Soares, consiste em um esforço permanente para ser capaz de conhecer outros mundos, outras maneiras de ser e entender seus corolários. Pois nem sempre é fácil estranhar e apreender a novidade. A própria situação etnográfica, quando ligeira e superficial, conduz a se estabelecerem mais equivalências do que seria razoável. O uso de uma língua franca, aqui predominantemente o português, para mediar conversas, já favorece por si só essas equivalências, esse *déjà vu* enganoso. Os índios caridosamente traduzem, em benefício nosso, simplificando-as e oferecendo algo que nos seja familiar, noções complexas que exigiriam entre outras coisas um conhecimento muito mais aprofundado de sua língua.

Uma boa etnografia, ao apontar o insólito sob a aparência do familiar, permite-nos exercitar a capacidade de estranhar. Aguça a imaginação para novas possibilidades, para outros múltiplos modos de perceber. E treina-nos também a evitar o risco de abusivamente generalizar, risco ao qual todos sucumbimos em alguma medida, como se verá a seguir.

2 Desenvolvo aqui ideia de Leys, 1998, p.39.

Políticas culturais "para os índios"

Algumas políticas culturais para os índios, de setores do Estado ou da sociedade civil, são notórias. Duas delas sobressaem: uma é a escolarização multicultural, outra a patrimonialização de elementos das culturas tradicionais, que possui ênfase mais recente nos conhecimentos tradicionais.

Essas políticas ainda são jovens: decorrem da Constituição de 1988, mas resultaram de movimentos de opinião que foram engrossando nas décadas anteriores. Até então, a linha oficial era a "integração" dos índios, termo que mal disfarçava a ideia de uma assimilação cultural. Os índios ou já teriam desaparecido, como o embaixador brasileiro assegurou a Lévi-Strauss nos anos 1930, ou estariam fadados a desaparecer. Apresentado como inelutável, esse fado não era, no entanto, movido por mãos invisíveis, por uma lei da ciência social em que acreditavam os positivistas (e até hoje muitos positivistas remanescentes). O "desaparecimento" dos índios não era uma "evolução natural", era o resultado de uma micro e de uma macro política.

A macropolítica era a assimilação, essa conquista das mentes e das almas, que resultava na diluição dos índios nas camadas mais vulneráveis da população: a passagem, como apontou Darcy Ribeiro, de índios específicos a índios genéricos. E de índios genéricos a caboclos. Não parece ser fortuita a evolução semântica do termo "caboclo", em grande parte da Amazônia sinônimo de índio, mas que, em áreas mais urbanizadas, significa algo como camponês e pobre.

A micropolítica resumia-se a ferramentas e mercadorias em geral, que introduziam desejos e necessidades novas; e as missões, os internatos, as escolas, a proibição de rituais e de falar línguas indígenas eram a destruição das malocas coletivas, a "modernização" das casas ou das plantas das aldeias: uma política que se centrava no sequestro dos jovens que se endoutrinavam, como os beneditinos explicitamente declararam no Rio Branco, e num controle rigoroso dos velhos tradicionalistas.

Novos tempos, novas políticas

A Igreja Católica missionária mudou. Vaticano II, a teologia da inculturação e tempos novos abalaram a convicção da Igreja católica de que evangelização supunha e tinha como requisito a assimilação cultural, coisas como ideias ocidentais modernas de trabalho, de práticas domésticas, sexuais, higiênicas, alimentares e por aí vai (Comaroff; Comaroff, 1986).

As políticas mundiais também mudaram. No final da Segunda Guerra Mundial, as palavras de ordem eram progresso e integração. Na ideia de progresso estava implícita a noção de uma ordem temporal que fazia dos povos então chamados de tribais ou semitribais – esses eram os termos da Convenção 107 da Organização Internacional do Trabalho, de 1957 – o equivalente de antepassados nossos. Hélène Clastres localizou, no final do século XVII, essa passagem muito significativa do termo "selvagem", até então usado para o termo "primitivo". O primitivo não é o selvagem, é aquele que está destinado, pelas supostas leis da história, a se tornar "como nós", porque a humanidade toda segue um caminho único, ascendente, de "progresso". O primitivo é o que fomos ontem, nós somos o primitivo de amanhã. Toda diferença seria apenas uma questão de tempo... No mesmo espírito, integração era entendida como assimilação.

Não se deve subestimar a importância da Convenção 107 da OIT, a primeira convenção internacional que estabeleceu proteções fundamentais para os povos indígenas. Essa atitude protetora, no entanto, não dava espaço a uma participação indígena nas discussões de políticas que os afetavam. Um poder de negociação, uma presença no espaço político, o direito a formular suas próprias políticas, tudo isso só emergiu uns trinta anos mais tarde, em 1989, na Convenção 169 da OIT, que substituiu a Convenção 107.

São agora novos tempos, em que a diferença suscita respeito e interesse. As políticas culturais forçosamente haveriam de mudar.

Mas as coisas não são simples, e as diferenças dos mundos indígenas e dos nossos mundos são muito mais radicais do que se podia imaginar. Como as políticas culturais deles convivem então com as nossas?

A memória

Uma preocupação central nas políticas culturais de uns e outros é a memória. Conteúdos da memória – artes, línguas, costumes, lembranças históricas, conhecimentos e práticas... – mas também a função identitária da memória, que responde à pergunta: "quem somos"? A ambição é fazer convergir esses dois aspectos da memória, mas essa ambição dificilmente se realiza. Pois a função identitária por excelência, hoje, é a que afirma a indianidade de uma sociedade diante do Estado brasileiro. E, para tanto, adota-se uma linguagem simplificada, contrastiva, uma espécie de *pidgin* cultural, que se vale de "fiapos de cultura", para adotar a expressão de Marta Azevedo. E assim se "vira índio" para efeitos externos, por mais que se possa também ser índio (J. Otero).

Voltar a qual cultura, a qual língua?

O zelo, de parte tanto de órgãos do Estado quanto da Igreja e da sociedade civil, pela recuperação da memória cultural indígena esbarra em certos paradoxos. A cultura, como se sabe, não é estática. As sociedades indígenas, durante séculos, "indigeneizaram" aportes de toda a ordem (Sahlins, 1997). Que momento da memória se quer, então, recuperar? O purismo de querer abolir a história e remontar às fontes impolutas de um passado distante, anterior ao contato com os europeus, não só é impraticável, ucrônico, como, talvez sem se dar conta, nega a agência cultural dos índios. Esses mal-entendidos se repetem: em Iarauetê, os índios expulsaram um padre espanhol que preconizava a volta à "cultura ancestral" (Andrello; Ferreira). O tradicionalismo Baniwa (Cohn) ou Palikur (Capiberibe) inclui hoje em dia um protestantismo de cor local. Reparem que usei o termo "inclui" para sinalizar que há espaço para movimentos culturais alternativos, de setores que tentam, por exemplo, recuperar uma época anterior. Essa é uma situação recorrente, não só em etnias que foram objeto de longos períodos de missionização, mas também em situações de interculturalidade em geral. Pois, como lembra neste volume Maximiliano Menezes Tukano, a interculturalidade pode ser muito antiga e preceder o contato com a sociedade envolvente. Assim, no Alto Rio Negro, os Tariana não esperaram a vinda dos salesianos no século XX (salesianos que só reforçaram essa tendência nos internatos) para adotarem uma língua que sequer era do mesmo tronco linguístico que a deles, o Tukano.

A evolução das línguas indígenas, neste volume comentada no artigo de Mutuá Mehinaku, ilustra bem a dinâmica que permeia todos os aspectos da cultura. Assim, a identidade étnica dos Baré do Alto Rio Negro se articula não com sua língua original, quase extinta, nem com o português, atualmente muito falado, mas com o nheengatu, uma "língua geral", ou seja, uma língua franca de origem tupi, introduzida pelos jesuítas na Amazônia (Bessa Freire). Quando predomina a função étnica, quando a "cultura" passa a ser um marcador central da identidade, ergue-se uma barragem contra a dinâmica cultural, tenta-se estancar a história e se ancorar com amarras permanentes.

O que vem a ser conhecimento? Como pode ser transmitido?

O que vem a ser conhecimento nessas sociedades indígenas? O problema começa aí, como bem mostra Marcela Coelho de Souza a partir da etnografia *kinsêdjê*. Conhecimento seria uma categoria universal? Neste livro, vários artigos lembram o caráter corpóreo dos conhecimentos em muitas sociedades indígenas.[3] O conhecimento reside no corpo. Já assim o entendiam Aristóteles e São Tomás de Aquino: algo incorporado, um *habitus*. Por isso, não pode haver conhecimento dissociado do seu conhecedor.

Essa conexão, essa ligação intrínseca, corporal, entre conhecimento e conhecedor, que pode ser pensada como inata (J. Oliveira; L. Keese), complica, e muito, a questão da transmissão dos conhecimentos. Transmitir um conhecimento a alguém, pelo menos nos *Kinsêdjê* do alto Xingu, é admiti-lo a participar dessa conexão. Como então passar dessa participação para o que nós entendemos por transmissão? Ou seja, como se podem alienar conhecimentos, fazê-los circular sem considerações de parentesco ou de aprendizado corporal? Como prescindir até de pessoas de carne e osso e consignar conhecimentos em livros?[4]

Na Babilônia antiga, transmitir uma terra colocava problemas análogos. Para vender um lote, era necessário passar por uma ficção jurídica, em que o vendedor adotava o comprador (Cassin, 1952).

No Alto Rio Negro, nos grupos que falam uma língua do tronco Tukano, essas dificuldades se fazem sentir a cada passo. Um homem só passava seus

---

3 Esse tema, que adquiriu grande destaque na etnologia a partir dos anos 1990, tem como seu ponto de origem a descrição do caso Kaxinawá por Ken Kensinger (1995).

4 Veja Andrello (2010), Hugh-Jones (2010), Cesarino (2012) e Gow (2001) para estudos sobre o assunto.

conhecimentos a seu filho ou a seu neto. Como se lhe pode pedir que vá ensinar na escola aos filhos dos outros?

Esse mal-entendido resulta da separação que fazemos entre conhecimentos e seus "detentores". A transmissão em várias sociedades indígenas envolve um laço entre pessoas, seja pacífico de mestre a discípulo, de pai para filho, de espírito a pajé, mas também pelo roubo, pelo saque, pela sedução, pela guerra, de vencedor a vencido...

O que assim se transmite – e isso chamou muito a atenção, já que são povos que não praticam a propriedade da terra nem a herança de bens materiais endógenos – são essencialmente bens que chamamos imateriais: coisas como conhecimentos, técnicas, narrativas, nomes, cantos, rituais, padrões gráficos, direitos complexos sobre adornos... Coisas que constituem a riqueza por excelência, como as chamam os Kayapó (Lea, 1986, 1992), escrupulosamente submetidas a regras que as ligam a determinados grupos ou indivíduos.

Essa conexão entre coisas e pessoas – muito diferente do que nós entendemos por propriedade – leva a situações ilustradas em várias etnografias. Os Katukina do Acre, ao mesmo tempo em que difundem o uso da secreção do kampô, temem as consequências de seu uso por pessoas não qualificadas. Pois as substâncias ativas, embora tenham efeitos, dependem também de quem os aplica (Lima). Por isso mesmo, o uso tradicional do kampô em caçadores infelizes exigia que o aplicador fosse um caçador de sucesso. Assim também, adornos rituais antigos, que ficaram em museus, não se repatriam sem uma "harmonização" de grande risco com seus antigos detentores (Martini, 2012).

A questão da legitimidade da circulação do que o Iphan chamaria de "bens culturais" é assim uma preocupação constante. O que o Iphan pode fazer, ao registrar esses bens no Livro do Patrimônio Imaterial, não corresponde em geral às preocupações das sociedades indígenas: estas querem reservar para si a autoridade sobre itens de cultura (Coelho de Souza, 2010). A descrição das tentativas de patrimonialização dos desenhos kaxinawá – os *kenê* – nesta coletânea (Joaquim Maná, Benedito Ferreira Kaxinawa, Marcos Matos e Paulo R. Ferreira), ilustra bem esse mal-entendido.

No caso dos *kene*, os desenhos são propriedade intelectual das mulheres kaxinawá, e as mulheres insistem sobre o fato. Acusam, por exemplo, os professores kaxinawá homens de terem usado ilegitimamente esses desenhos em material didático. Quando distribuímos os direitos autorais do livro *Enciclopédia da Floresta* (2001), as mulheres Kaxinawá exigiram que sua parte, referente ao uso de padrões de *kene* no livro, fosse separada da dos homens. A coletivização que é operada pela noção de "cultura", em que os bens culturais passam a ser "referência identitária" de um povo em sua totalidade, conflita assim com frequência com o direito costumeiro interno.

A função identitária do patrimônio imaterial, de olhos postos no Estado brasileiro, tem outros efeitos: diferencia e isola, por exemplo, dentro das sociedades indígenas, como assinala Pedro Cesarino neste volume, os produtores de conhecimento dos mediadores culturais. Os produtores fazem avançar o conhecimento tradicional, interrogam e interpretam novas circunstâncias, buscam novas fontes, inovam em suma. Os mediadores culturais, ao contrário, apresentam o conhecimento indígena como pronto e acabado, produto de uma tradição que só tem passado e não tem futuro: bastaria, para preservá-lo, um esforço de arquivo. Mas o que importa não é apenas preservar os conhecimentos tradicionais, e sim se engajar em conservar vivos e dinâmicos esses sistemas "outros" de conhecimento. Pela sua riqueza, pela sua inventividade e também porque, pelas suas diferenças, permitem-nos vislumbrar alternativas ao nosso modo habitual, enraizado, de pensar (Carneiro da Cunha, 2012).

A escola

A escola é objeto de desejo universal, mas na escola materializam-se todas as contradições que já evocamos e mais outras tantas. Presença e privilégio do Estado, ela tende a monopolizar a educação e a diminuir o papel de outros aprendizados. As famílias e a sociedade perdem algumas de suas atribuições. E até as senhoras Xakriabá, que, por conta própria, alfabetizaram várias gerações, são reduzidas a cantineiras por não terem curso primário, quando as escolas se estabelecem (Gomes e Miranda).

Desde os estudos pioneiros de Araci Lopes da Silva e de sua equipe, a escolarização dos índios tem manifestado seus impasses.[5]

5 A literatura sobre o assunto é ampla. Considero-me ignorante do assunto, e limito-me aqui a alguns comentários. Para uma análise arguta, consulte a contribuição de Dominique Gallois neste volume.

Um exemplo entre muitos: alfabetizar[6] povos indígenas em sua língua vernacular é, supondo que o escrito vale mais do que o falado, "elevar" as línguas indígenas. Nesse propósito, missionários evangélicos, que dotaram línguas indígenas de uma escrita para traduzirem a Bíblia, convergem com professores leigos. Mas as línguas indígenas no Brasil são originalmente sem escrita, ágrafas. A adoção de um regime escrito para elas pode resultar em uma desvalorização ainda mais radical de um regime de transmissão oral que impera não somente nas línguas, como em muitos outros campos do conhecimento (Ladeira).

A escola como veículo de multiculturalidade é assim, ambígua, já no nascedouro. Exaltar a cultura indígena na escola é valorizá-la. Mas ensiná-la dentro da escola é um paradoxo. Se não fosse por outro motivo, essa escolarização que transmuta cultura em "cultura" (Carneiro da Cunha, 2009) esquece que ela não é feita apenas de conteúdos, e sim de procedimentos, de regimes de transmissão, a que a escola tenta se substituir, centrando-se apenas em informações. Isso enquanto a própria instituição escolar, com seus horários e calendários, tende a conflitar com a educação doméstica, a impedir as crianças de participarem nos cuidados das roças, nas pescarias, nas caçadas.

São numerosas as reclamações dos pais que só veem utilidade na alfabetização em português (e não na língua indígena) e em uma escola que conduza as novas gerações aos tão almejados diplomas. E talvez a multiculturalidade deva se exercer de outro modo, não apenas nesse registro simbólico que vem a ser a "elevação de uma língua ágrafa a uma língua escrita", mas também com medidas muito mais inovadoras que, entendendo a escola como apenas uma parte da vida na aldeia, estimulem ou pelo menos respeitem o tempo e as maneiras de se transmitir o que se costuma chamar de cultura. Por exemplo, ampliando o espaço da oralidade, como sugere Ladeira.

Por outro lado, o letramento e a palavra impressa também podem se tornar instrumentos importantes em batalhas indígenas pelo reconhecimento. O exemplo dos Maxakali (Vieira) ou dos alto rio-negrinos, que se apropriaram de livros enquanto autores, mostra seu potencial.

---

6 Para uma excelente e aprofundada discussão do letramento e ortografização de línguas indígenas, recorrer a diversos artigos de Bruna Franchetto (1995, 2001, 2008).

Nada disso é fácil. A forma-escola é oferecida como um pacote pronto (Gomes e Miranda), embrulhado e amarrado. Mas algumas sociedades indígenas, como os Xakriabá, conseguiram começar a desamarrá-lo. Souberam, como descrevem Ana Gomes e Shirley Miranda, mostrar que a atuação de professores de "cultura" dentro dos muros da escola era uma contradição em termos.

Quanto maior o alcance e a difusão da escola, menor a autonomia da educação local. Aparentemente, os movimentos de reapropriação da educação surgem após um longo período de escolarização. Esse parece ser o caso entre os Terena (Eloy e Ventura). Os índios do Alto Rio Negro também têm uma das mais antigas e sistemáticas histórias de escolarização de indígenas no Brasil e, provavelmente por isso mesmo, estão na vanguarda do movimento de recuperação de uma educação indígena e reinvenção da escola. Mas essa reinvenção que os diferencia esbarra nos requisitos universais do sistema de educação. Escolas do primeiro grau indígenas diferenciadas foram reconhecidas, mas no segundo grau foram recusadas... (Menezes, 2013; Menezes e Rodrigues).

Remetemos aqui ao texto neste volume de Dominique Gallois, coorganizadora do seminário. Seus comentários, que concluíram as apresentações, são um eloquente apanhado dos problemas imbricados na escola.

Políticas para os conhecimentos

Um dos campos que está em processo de transformação é o das relações (de natureza diplomática) entre conhecimento científico e sistemas de conhecimentos tradicionais. A Convenção da Diversidade Biológica (CDB), aberta a assinaturas em 1992, foi o marco decisivo nessa transformação, pois reconhecia explicitamente a importância e o valor dos conhecimentos tradicionais em assuntos de conservação. Na sua esteira, vieram outras Convenções e iniciativas das Nações Unidas, originárias da FAO, da Unesco, da OMPI, bem como a plataforma do Clima (IPCC) e, mais recentemente, a Plataforma Intergovernamental da Biodiversidade e Serviços Ecosistêmicos (IPBES) que, desde seu nascedouro em 2013, declarou sua intenção de abrir espaço para os conhecimentos indígenas e locais.

Dentre os serviços ecossistêmicos, destaca-se a contribuição das populações tradicionais à agrobiodiversidade, a diversidade agrícola. São elas que valorizam e conservam a diversidade dos cultivares; coleções de mandioca e de pimentas no Rio Negro e de batata-doce entre os Kraho são exemplos disso. Essa diversidade é elemento central da segurança alimentar do mundo e faz parte de uma modernidade avançada, aquela que não privilegia simplesmente a produtividade. Contrariamente ao que declarou um Xakriabá, agricultura também é cultura. O problema é ser reconhecido como "cultura". Foi o que fez, de modo pioneiro, o Iphan, ao reconhecer, em 2010, o sistema agrícola do Rio Negro como patrimônio imaterial (Emperaire).

Já escrevi em detalhe sobre esses assuntos e vou me ater a poucos comentários sobre os efeitos dessas políticas. No Brasil, a medida provisória editada em 2001 para regulamentar a Convenção da Diversidade Biológica teve efeitos positivos ao estabelecer regras de autorização prévia informada para pesquisas envolvendo conhecimentos tradicionais e para prospecção biológica. Por outro lado, propagou uma verdadeira bioparanoia nas sociedades indígenas, não tratou adequadamente da repartição de benefícios e afugentou pesquisadores com um processo burocrático sem prazos definidos. Há anos arrastam-se tentativas de chegar a uma melhor regulamentação. No momento em que escrevo, foi enviado pelo Executivo ao Congresso um projeto de lei (n. 7735/2014) que quer, felizmente, simplificar os procedimentos, mas que atropela o direito reconhecido aos povos tradicionais de darem um consentimento prévio e bem informado, e peca gravemente no quesito repartição de benefícios, paradoxalmente um tema pelo qual o Brasil batalhou e teve papel destacado na adoção do Protocolo de Nagoya, um Protocolo que, no presente momento, não dá mostras de querer ratificar. Mas parece que a mesma equidade que o Brasil reivindica na repartição dos benefícios internacionais advindos de sua biodiversidade, o país não está disposto a aplicar internamente em relação às suas populações tradicionais.

Contexto e agradecimentos

Esta coletânea resulta de um seminário de três dias organizado em conjunto pelo projeto do Cebrap (Centro Brasileiro de Análise e Projetos), financiado pela Fundação Ford (doação: 1080-1188-0), que estuda os efeitos de políticas culturais em populações indígenas no Brasil, e pelo CEstA (Centro de Estudos Ameríndios da Universidade de São Paulo). O seminário

"Políticas culturais e povos indígenas: a escola e outros problemas" foi realizado na USP, de 2 a 4 de outubro de 2013. Ele reuniu cerca de trinta expositores. A grande maioria dos expositores enviou textos que foram discutidos, revistos pelos seus autores e aqui publicados. Um agradecimento especial vai para a equipe do CEstA, encabeçada por Lucas Ramiro, que viabilizou o encontro.

Referências bibliográficas[7]

ANDRELLO, G. Falas, objetos e corpos: autores indígenas no alto Rio Negro. *Revista Brasileira de Ciências Sociais*, v.25, n.73, p.5-26, 2010.

CARNEIRO DA CUNHA, M. *Cultura com aspas*. São Paulo: CosacNaify, 2009.

______. *Savoirs autochtones: quelle nature, quels apports?* Col. Leçons Inaugurales du Collège de France. Paris: Fayard e Collège de France, 2012, 60p.

CASSIN, E. Symboles de cession immobilière dans l'ancien droit mésopotamien. *L'Année sociologique (1940/1948-)*, p.107-161, 1952.

CESARINO, P. de N. A escrita e os corpos desenhados: transformações do conhecimento xamanístico entre os Marubo. *Revista de Antropologia* (USP), v.55, n.1, p.75-137, 2012.

CLASTRES, H. Primitivismo e ciência do homem no século XVIII. *Discurso*, São Paulo, p.187-208, 1980.

COELHO DE SOUZA, M. S A cultura invisível: conhecimento indígena e patrimônio imaterial. *Anuário Antropológico*, p.149-174, 2010.

COMAROFF, J.; COMAROFF, J. Christianity and colonialism in South Africa. *American Ethnologist*, v.13, n.1, p.1-22, 1986.

GOW, P. *An amazonian myth and its history*. Oxford: Oxford University Press, 2001.

KENSINGER, K. *How real people ought to live*. Illinois: Waveland Press, 1995.

LEA, V. *Nomes e Nekrets Kayapó*: uma concepção de riqueza. Tese de Doutorado. Universidade Federal do Rio de Janeiro, 1986.

______. Mebengokre (Kayapó) Onomastics: a facet of houses as total social facts in Central Brazil. *Man*, p.129-153, 1992.

LEYS, S. *L'ange et le Cachalot*. Paris: Seuil, 1998. 205p.

FRANCHETTO, B. O papel da educação escolar na domesticação das línguas indígenas pela escrita. *Revista Brasileira de Estudos Pedagógicos*, v.75, n.179-181, p.409-421, 1995.

______. A guerra dos alfabetos: os povos indígenas na fronteira entre o oral e o escrito. *Mana: Estudos de Antropologia Social*, v.14, n.1, p.31-59, 2008.

7 As referências sem data incluídas no texto referem-se a artigos nesta coletânea. A lista que segue se refere a outras publicações citadas.

HUGH-JONES, S. Entre l'image et l'écrit. La politique tukano de patrimonialisation en Amazonie. *Cahiers des Amériques Latines*, n.63-64, p.195-227, 2010.

MARTINI, A. O retorno dos mortos: apontamentos sobre a repatriação de ornamentos de dança (basá busá) do Museu do Índio, em Manaus, para o Rio Negro. *Revista de Antropologia*, v.55, n.1, 2012.

MENEZES, M. *O que é educação escolar indígena para os povos do Rio Negro a partir da construção das Escolas Diferenciadas?* Trabalho de Conclusão de Curso para obtenção do título de graduação em Licenciatura Indígena Políticas Educacionais e Desenvolvimento Sustentável. Universidade Federal do Amazonas, Manaus, 2013.

LOPES DA SILVA, A. *A questão da educação indígena*. São Paulo: Brasiliense, 1981.

______; FERREIRA, M. K. L. *Práticas pedagógicas na escola indígena*. São Paulo: Global, 2001.

SAHLINS, M. O pessimismo sentimental e a experiência etnográfica: porque a cultura não é um objeto em vias de extinção (parte I). *Mana*, v.3, n.1, p.41-73, 1997.

PARTE I
Cultura, patrimônio, conhecimento e xamanismo

1
Transformações da cultura no Alto Rio Negro

Geraldo Andrello e Tatiana Amaral S. Ferreira

Para André Martini (in memoriam)

> Quando surgiu a ideia de começar o Museu, fiz uma cartinha ao Pe. Henrique Fiorani para juntar material e trazê-lo. Realmente, quando ele vinha viajando na lancha Aracaju, trazia 24 caixas de material indígena, como ele me dizia na sua última carta, e que me preparasse para pagá-lo, pois era bastante caro. Só com sua chegada me diria o que ele queria em troca do material. Infelizmente, tudo foi ao fundo. (Ir. M. Mazzone, s/d.)

O trecho acima compõe um pequeno relato que dá conta da criação do Museu do Índio de Manaus (AM), por iniciativa das Irmãs Salesianas do Patronato Santa Terezinha, a partir dos anos 1950. A perda de uma grande quantidade de objetos indígenas do Rio Uaupés, nessa ocasião, não arrefeceria a iniciativa de sua fundadora e autora do relato, que nas décadas seguintes empenhou-se, com vários outros missionários, para constituir o acervo de cerca de 3.000 peças que forma hoje o museu – em seu texto sucinto, a irmã Madalena Mazzone não deixa de apontar as quantias significativas que teve de desembolsar em espécie, roupas e outras mercadorias que seriam entregues aos fornecedores primários, as comunidades indígenas tukano, desana, pira-tapuia e outras situadas no raio de influência das missões salesianas de Taracuá, Iauaretê e Pari-Cachoeira.[1]

1 Contabiliza-se, atualmente, para o Rio Uaupés, a existência de 17 povos das famílias linguísticas tukano (Tukano, Desana, Pira-Tapuia, Wanano, Cubeo, Arapasso, Tuyuka, Miriti-Tapuia, Makuna, Juruti, Bará, Tatuyo e Barasana), arawak (Tariano) e maku (Hupda,

Como já foi fartamente comentado, essa "troca" se deu em circunstâncias muito peculiares: para a grande maioria dessas comunidades tratou-se de uma verdadeira espoliação. O acesso a sal, sabão, roupas, terçados, machados, anzóis, espingardas e munição já era, desde décadas antes da criação do museu, obtido junto às missões, em que os termos do escambo eram estritamente determinados pelos padres. Entregar conjuntos de adornos cerimoniais, derrubar as grandes malocas, abandonar os rituais e o xamanismo foram as exigências impostas. Todo um conjunto de práticas e objetos, bem como um estilo de vida correspondente, tornavam-se "coisas do diabo". Em seu lugar, os padres introduziam a catequese, os internatos e as mercadorias, mas a nova religião e seus santos, a escrita e os números, ou as roupas e os machados, ainda que de alto interesse entre os índios, não aplacaram a perplexidade que se abateu entre os donos das velhas malocas quando a política salesiana endureceu. Conta-se que muitos vieram a deixar a região, baixando pelo Uaupés e Negro, e que outros morreram de tristeza. Uma cena narrada ainda hoje com certa frequência em Iauaretê dá uma ideia do abalo moral que se abateu sobre alguns. Em certa ocasião, quando os homens de uma maloca tariano entregavam a caixa de ornamento ao padre, uma velha em prantos lhes advertia: "vocês estão entregando a sua vida!".

O episódio do naufrágio da lancha Aracaju lamentado pela irmã Mazzone é também recordado pelos velhos de Iauaretê. Para estes, fora a própria força de vida dos adornos transportados na lancha que a levaria para o fundo das águas do Rio Negro, tirando a vida de mais de um de seus tripulantes, pois, ainda que relativamente volumosos, seu peso era bem inferior às

Yuhupde, Bara), distribuídos de maneira bastante diferenciada entre o Brasil e a Colômbia. Em geral, os grupos tukano são chamados de "índios do rio" e os maku, de "índios do mato"; os primeiros são horticultores aplicados e hábeis pescadores, os segundos voltam-se mais para a caça e coleta. A relação entre os dois conjuntos oscila entre a hierarquia e a complementaridade, conforme a descrição. Descendência patrilinear, exogamia e hierarquia entre clãs são, como se sabe, características recorrentemente apontadas para todos esses povos, o que os distingue muito nitidamente da imagem em geral cognática, endogâmica e igualitária dos povos amazônicos. Como no caso do alto Xingu, aceita-se amplamente que o Alto Rio Negro abriga um extenso sistema social regional, no qual incluem-se ainda povos arawak situados mais ao norte da área, como os Baniwa, Coripaco, Warekena e Wakuenai. Esse sistema constitui-se como uma rede de relações sociais que cobre uma área geográfica de mais de 100 mil quilômetros quadrados, entre Brasil, Venezuela e Colômbia, muito embora sua feição geral corresponda mais diretamente à grande rede fluvial dos formadores do Rio Negro (rios Uaupés, Içana, Xié nos lados brasileiro e colombiano, e Guaviare e Guainia no lado venezuelano) e da sub-bacia vizinha do Apapóris (porção sul da fronteira Brasil/Colômbia).

pesadas cargas que se costumava transportar naquela embarcação. O tremendo banzeiro que, já nas proximidades de Manaus, engoliu o barco não haveria de ter sido fortuito, mas certamente provocado pelos poderes que emanavam de sua carga.

Cinco décadas mais tarde, em 2006, o Museu do Índio recebe a visita de três índios de Iauaretê com um objetivo velado. Solicitavam às freiras uma averiguação do material ali depositado, para além do que era possível ver na exposição permanente. Por trás da visita, ocultava-se o interesse de fundo: a ideia era tentar a volta de ao menos uma parte dos objetos retirados do Uaupés no passado. Muita coisa certamente mudou desde então – e a possibilidade dessa visita não deixa de ser um sinal dos tempos. Para além de avaliar o quanto esse episódio se deve às políticas de patrimonialização cultural que vêm aparecendo na região, nosso intuito neste capítulo é mostrar a complexidade do problema e, sobretudo, atentar para a relativamente longa trajetória do termo "cultura" na região do Rio Uaupés, e do Alto Rio Negro em geral. O propósito é pôr em destaque as transformações por que passou e por que ainda passa. Os efeitos locais da repatriação de um conjunto de objetos rituais do Museu do Índio ao Rio Uaupés constitui, a nosso ver, um evento estratégico para explorar a questão.

Inicialmente, vejamos alguns aspectos significativos dessa história.

***

Da absoluta intolerância às formas expressivas indígenas, os salesianos vieram paulatinamente adotando outra prática pastoral, para o que haveria de contribuir a denúncia de etnocídio de que foram alvo, em 1980, no Tribunal Bertrand Russell, Roterdã. Por outro lado, nas Missões Javerianas, vizinhas do lado colombiano e atuantes entre os mesmos povos indígenas, já sopravam a essa altura os ventos da teologia da libertação. Ali, a cultura indígena passava a ser recomendada e revalorizada, uma vez que a evangelização agora se baseava na ideia de "inculturação" – as sementes do verbo estariam presentes em todas as culturas, e cabia aos missionários encontrá-las (Hugh-Jones, 1997; Jackson, 1991; 1995). Essa mudança de postura não deixou de influenciar uma nova geração de salesianos, que passou a chegar às missões do lado brasileiro a partir dos anos de 1970. Apareceram, então, padres que pretenderam pôr fim a certas comemorações cívicas antes impostas aos índios, eliminar as missas que se faziam por ocasião das formaturas nos internatos, e, mais significativamente, promover "festivais culturais", para os quais os ex-alunos indígenas eram agora instados a retomar cantos e danças a fim de apresentá-los no próprio ambiente da missão. O resultado imediato foi uma nova perplexidade: "a gente não chega a entender a civilização", ponderam os moradores de hoje nos centros missionários, pois quem poderia imaginar que tudo que fora antes condenado passasse a ser vivamente recomendado? O espanto associou-se também à indignação, pois paralelamente limitava-se o fornecimento de mercadorias na cantina da missão a sal e anzóis, como se fossem os únicos itens de que índios verdadeiros necessitassem. Além disso, e de modo mais importante, como querer que os índios voltassem com seus rituais se seus pais foram calados e proibidos de ensinar-lhes cantos e encantações imprescindíveis para tanto? Um padre espanhol adepto dessas medidas terminou sendo retirado da Missão de Iauaretê nesse período a pedido dos índios, o que indica a configuração de um mal-entendido que, em princípio, nada tinha de produtivo.

Com efeito, caso seja possível falar em alguma produtividade nessa situação, ela começou a aparecer aos poucos, por meio de algumas ações e formulações indígenas que há algum tempo dedicam-se a superar suas contradições. Em certa medida, esse discurso marca uma nova conjuntura na região, cujos fatores mais determinantes são, a nosso ver, o fechamento dos internatos salesianos, depois de cerca de cinco décadas de funcionamento, e a emergência de um movimento indígena regional, com a constituição de várias organizações indígenas de base. Essa foi também a fase de implantação dos pelotões de fronteira na área, sendo o primeiro deles construído no maior dos centros missionários do Rio Uaupés, Iauaretê, em 1987. À militarização da região correspondia um modelo específico de ordenamento territorial, com o Conselho de Segurança Nacional propondo, através do famigerado Projeto Calha Norte, a criação de várias e diminutas Colônias Agrícolas Indígenas nas bacias do Uaupés e do Içana. Essa figura foi instituída pelo Decreto Presidencial n. 94.946, de 1987, no qual distinguiam-se *áreas indígenas* de *colônias indígenas*, as primeiras sendo destinadas a grupos indígenas considerados não aculturados e, as segundas, àqueles já aculturados, categoria na qual evidentemente se enquadravam os civilizados índios do Alto Rio Negro. As "Colônias Indígenas" foram apresentadas em uma reunião no Uaupés em junho de 1988 como o verdadeiro caminho do progresso para os índios. Para obter serviços de saúde, educação e projetos econômicos a serem proporcionados pelo Governo Federal, seria preciso que admitissem os termos vigentes do decreto: bastaria que se reconhecessem como habitantes da primeira categoria – aculturados – e a eles seria destinada uma colônia e seus benefícios.

Comenta-se na região que, de acordo com os interlocutores militares do período, na área indígena os índios seriam "deixados por si só", ao passo que na colônia teriam ajuda e desenvolvimento, contariam com o apoio de autoridades para ajudar e dar incentivo. Os bens de consumo eram o que, sobretudo, fazia diferença. A colônia representa abundância de mercadorias (e índios vestidos), a área contínua representa a carência de mercadorias (apenas sal, fósforo e anzol, e índios nus). Assim, ao entrar no assunto terra, os povos indígenas do Uaupés não estavam aparentemente preocupados com quantidade, mas com qualidade. Ou seja, o que então se apreendia daquelas categorias jurídicas era sua eficácia em manter ou transformar modos de vida, que, por sua vez, apresentava nítidas contradições com as mudanças que vinham ocorrendo no que concerne à posição dos missionários. Se os padres, a partir dos anos 1980, salientavam a importância da cultura, os militares carregavam nas tintas a aculturação. A uns e outros pareceria, no entanto, que os índios do Uaupés "queriam virar brancos".[2] Do ponto de vista indígena, ao que tudo indica, o dilema girava em torno do problema de voltar a viver como os antigos. Como isso poderia ser possível? Eis, entre outras, uma questão que parece ter estado na base das disputas que envolveram a fundação da Federação das Organizações Indígenas do Rio Negro (Foirn), em 1987. Na década seguinte, após várias trocas de diretoria, essa organização canalizaria todas as suas energias no sentido de obter o reconhecimento e a demarcação de uma área indígena contínua, cobrindo toda a extensão da bacia dos formadores do Rio Negro. Essa conquista veio a acontecer em 1998, com a demarcação de cinco Terras Indígenas contíguas na região, totalizando mais de 10 milhões de hectares, apesar da resistência dos setores militares do Estado.[3]

2 Antropólogos que visitaram a região nesse período recordam-se do clima acirrado de debates em torno do assunto. Agradecemos a Ana Gita de Oliveira por ter nos chamado a atenção para o problema. Tratamos disso em uma comunicação que apresentamos conjuntamente na ABA de Belém, em 2010.

3 Ver cronologia detalhada desses acontecimentos na série "Aconteceu – Povos Indígenas no Brasil", editada pelo Cedi e depois pelo ISA (Ricardo; Ricardo, 1991; 1996; 2001).

Já se discutiu suficientemente a conjuntura por que passou a Foirn nos seus primeiros anos de existência em outras ocasiões (Andrello, 2006; 2008). Para além do alinhamento de diferentes grupos da região às agendas dos militares e da Igreja, o que me parece importante salientar é que, paralelamente à constituição de um movimento indígena regional, em seu próprio interior começou a ganhar força um tipo muito específico de movimento cultural, baseado na reconstrução das antigas malocas em alguns pontos do Rio Uaupés – movimento que parece ter lançado as bases para o que seria uma espécie de terceira via local, em um esforço de imaginar uma mediação entre "cultura" e "civilização". Em 1995, sete malocas haviam ressurgido entre os Desana, Tuyuka, Tukano e Wanano, além de um exemplar erguido na cidade de São Gabriel da Cachoeira, junto ao prédio da então recém-construída sede da Foirn. Na sua assembleia geral desse ano, a diretoria da entidade informava aos delegados das suas associações de base – que já ultrapassavam a casa das vinte – um conjunto diversificado de atividades. De modo importante, além de questões referentes à demarcação, transporte, comunicação e relações com o governo e militares, lançava-se o primeiro volume da coleção "Narradores indígenas do Rio Negro", o livro *Antes o mundo não existia*, de autoria de Firmiano e Luis Lana. Tratava-se de uma segunda edição, uma vez que a primeira foi publicada em 1980, com o apoio da antropóloga Berta Ribeiro.

Importante salientar que, desde então, malocas e livros de mitologia vêm marcando presença na região: a coleção conta hoje com oito volumes, havendo outros em preparação (Andrello, 2010; Hugh-Jones, 2010), e há um significativo número de malocas que seria preciso inventariar. Esse movimento inicial vai se intensificar até o final da década, estimulando várias iniciativas, inclusive todo um esforço de reestruturação do sistema escolar com base em currículos diferenciados e programas de formação intercultural de professores indígenas empreendidos por algumas organizações indígenas com o apoio de ONGs. Esse novo contexto estimulou uma produção bibliográfica local, na forma de cartilhas de alfabetização nas línguas indígenas e outros escritos voltados para alunos e professores indígenas, que resultam de variadas experiências de registro de conhecimentos locais. Em 2004, somando-se a este movimento, o Instituto Nacional do Patrimônio Histórico e Artístico Nacional (Iphan) estabeleceu uma parceria com a Foirn, no intuito de iniciar um programa piloto de registro do patrimônio cultural de caráter imaterial junto a grupos indígenas da região.

Em 2006, o Iphan reconheceu a Cachoeira de Iauaretê, Rio Uaupés, como patrimônio cultural dos povos do Uaupés (Andrello, 2012), ensejando um conjunto de atividades de salvaguarda, no qual se incluiu a visita ao Museu do Índio de Manaus que mencionamos no começo. Entre 2008 e 2009, foram repatriados, por fim, um conjunto de 108 peças, que passaram a ser utilizadas nas novas malocas de Iauaretê (Martini, 2012). Voltaremos a esse caso mais adiante, mas é importante assinalar que esse episódio levou à idealização de um novo programa de fortalecimento cultural na região apoiado pelo Ministério da Cultura. Esse programa é voltado para o registro da geografia mítica do Rio Negro, em ambos os lados da fronteira Brasil-Colômbia. As atividades previstas encontram-se em curso, com uma primeira viagem de reconhecimento tendo sido realizada entre Manaus e São Gabriel da Cachoeira em fevereiro de 2013, com a participação de velhos conhecedores de vários grupos (Andrello, 2013).

Em suma, se há cerca de 25 anos padres e militares surpreendiam-se com aquilo que lhes parecia ser o maior interesse dos índio da região – lembremos, "queriam virar brancos" –, hoje em dia testemunhamos um processo de renascimento cultural, que nada fica a dever àquilo que Sahlins (1997a; 1997b) chamou de "indigenização da modernidade". De um modo geral, tudo se passa como uma reação à experiência histórica de catequese e imposição dos valores cristãos, entendida, via de regra, como uma espécie de usurpação levada a cabo pelos missionários salesianos, mais exatamente, e de acordo com os termos empregados hoje pelas pessoas da região, uma usurpação da riqueza tradicional de seus avós, riqueza cuja recuperação é hoje perseguida ativamente por novos meios. Tudo indica, portanto, que aquela "transformação em branco" possuía peculiaridades que os observadores da época não chegaram a apreender. Em resumo, ainda que obviamente interessados em se apropriar de alguns elementos do modo de vida dos brancos, teriam os índios do Uaupés chegado a conceber um cancelamento absoluto de suas diferenças para com os assim chamados "civilizados"? Eis aí uma transformação que parece jamais se completar, sobretudo se levarmos em consideração o sentido dessa relação atentando para os termos "índio" e "branco", tal como são traduzidos na língua mais falada hoje no Rio Uaupés – a dos Tukano propriamente ditos. Vejamos.

Historicamente, as categorias "branco" e "índio" foram respectivamente traduzidas para a língua tukano com as expressões *pekâsã* e *po'teríkãharã*. O primeiro termo é uma forma abreviada da expressão *pekâ-masa*, "gente da lenha de fogo tubular e oca", com a acepção precisa de "gente da espingarda" e evocação direta do evento mítico de origem dos brancos.[4] Já o termo *po'teríkãharã* refere-se genericamente aos indígenas da região, e se traduz como "aqueles que são das cabeceiras", tendo sido usada desde o tempo dos primeiros colonizadores e missionários com uma conotação de "não civilizado". Esta oposição ganhou historicamente uma tradução para a língua nheengatu falada nas aldeias e vilas coloniais do Rio Negro, aquela que opunha os Baré, a gente misturada e civilizada desse rio, aos Uaupés, termo que designava os índios propriamente ditos, não civilizados, cujas malocas localizavam-se acima das primeiras cachoeiras do Rio Caiary, que veio, por isso mesmo, a ficar conhecido como o "Rio dos Uaupés", ou apenas Rio Uaupés.

Mas, como já nos indicava Koch-Grünberg ([1909/1910] 1995), no início do século XX, o termo "Uaupé" não agradava àqueles assim referidos, pois qualificava gente sem caráter e pouco confiável. A conotação depreciativa do termo é, com efeito, confirmada por seu significado ainda recordado por pessoas mais velhas: "comedores de tapuru", termo nheengatu que engloba vários tipos de larvas, que se reproduzem em várias espécies de árvores, em particular nas palmeiras. A etimologia da palavra uaupé, ou boapé, como foi registrada em textos históricos, é desconhecida, não havendo cognatos no nheengatu ou nas línguas das famílias tukano e arawak faladas na região.[5] A partir de sua função adjetiva mais específica – comedores de tapuru –, é possível, por outro lado, identificar um termo correspondente na língua tukano. Essa expressão é usada pelos moradores do Rio Uaupés para designar, precisamente, os *po'teríkãharã*, "a gente das cabeceiras", como *ba'tî ĩ'ia-masa*, "a gente do tapuru", que se refere àqueles que vivem de comer tapurus. Gente assim é considerada "sem juízo" (*ti'omasítirã*), "sem planos", "que vivem como bêbados", e que comem tapurus por não terem sua própria comida. Se, para os brancos e os Baré, os Tukano e os Tariano

---

4 Trata-se da versão uaupesiana do famoso motivo mítico da má escolha, no qual o ancestral do branco fica com a espingarda e o dos índios, com o arco e flecha. No caso do Uaupés, há versões que incluem todas as mercadorias ao lado da espingarda, bem como o conjunto de adornos cerimoniais ao lado do arco e flecha (Andrello, 2006, cap. 6).

5 Wright; Aikenvald, 2004, comunicação pessoal.

são gente das cabeceiras, para estes a verdadeira gente das cabeceiras são os grupos localizados ainda mais acima de seu território – ou seja, grupos como os Barasana, Tatuyo, Carapanã e outros, que se localizam na bacia do Uaupés, em território colombiano. A expressão inclui também os grupos maku, caçadores-coletores dos interflúvios. Todos esses são considerados inferiores; são, de seu ponto de vista, os verdadeiros comedores de tapuru.

À primeira vista, somos levados a pensar em termos de um gradiente de civilização decrescente, que se estende entre os seguintes polos: de jusante a montante, de leste a oeste, do lago de leite à beira do mundo – pontos extremos do mundo descrito na mitologia –, com os Tukano, Tariano e outros grupos localizados no médio Uaupés, situando-se em uma zona intermediária. Mas o problema real parece-nos ser menos o de pretender uma assimilação ao polo dominante, isto é, uma identificação total aos brancos, do que sublinhar uma distinção quanto ao polo oposto: extrair-se, em suma, da categoria genérica dos Uaupés, dos comedores de tapuru, afirmando para isso tanto uma designação inclusiva – *pamîri-masa*, gente de transformação – quanto designações particulares que não chegaram a ser devidamente reconhecidas pelos missionários e outros brancos. Afinal, os Tukano são, verdadeiramente, *ye'pâ-masa* ("gente-terra") assim como os Tariano são *bipódiró-masa* ("gente do sangue do trovão") e assim por diante. Esses e outros povos distribuídos hoje pelo Uaupés, Tiquié e Papuri definem-se a si mesmos como descendentes daqueles trazidos à região no bojo da Canoa de Transformação, a anaconda mítica que viajou desde o Lago de Leite a leste até o centro do universo, através dos rios Negro e Uaupés.

Duas falas relativamente mais recentes reforçam essa interpretação:

> Nós aqui [no Alto Rio Negro] somos aculturados, já entendemos bastante. Vivemos uma vida de branco, somos índios no sangue, mas vivemos como brancos. (Liderança indígena de Pari-Cachoeira, São Gabriel da Cachoeira, 2002.)
>
> Meus irmãos, mesmo que queiramos ser como brancos, nunca vamos chegar ao topo dessa pirâmide de ser branco, seremos sempre indígenas ou índios civilizados [...], vamos resgatar nossa cultura, nossa língua, mostrar para o mundo que nós também somos um povo, que temos cultura, que merece respeito, assim como respeitamos outras culturas e povos. (Comerciante indígena de Iauaretê, Iauaretê, 2002.)

Esses dois fragmentos, proferidos em eventos públicos ocorridos no ano de 2002 em diferentes partes da região, apontam, a meu ver, para o resultado de um balanço dos acontecimentos que se sucederam na região desde meados da década de 1980. Cultura e aculturação são, como fica evidente, moedas correntes em falas públicas em português, língua de comunicação quando se trata de eventos nos quais participam falantes de línguas ininteligíveis entre si, como o tukano e o baniwa (arawak). No primeiro caso, tratava-se de um debate sobre mineração em Terras Indígenas. O orador, uma das antigas lideranças que participou da fundação da Foirn em 1987, naquele conturbado contexto de implantação de pelotões do Exército na fronteira, de acirradas discussões sobre demarcação das Terras Indígenas e projetos de mineração em larga escala, insistia na necessidade de gerar renda, afirmando a grande capacidade dos índios da região em negociar com grandes empresários[6] – uma vantagem comparativa adquirida, afinal, em anos de aculturação. No segundo caso, tratava-se de um discurso por ocasião da formatura de segundo grau do Colégio São Miguel, Iauaretê, proferido pelo paraninfo da turma de formandos, um tariano que hoje é o maior comerciante indígena do povoado, habituado a negociar intensamente com os brancos de São Gabriel da Cachoeira e Manaus – com os quais identifica-se, no entanto, apenas parcialmente.

Ainda que o primeiro fale de aculturação e o segundo de cultura, é evidente que o teor das duas falas é equivalente. Parecem indicar que, com o passar do tempo, os índios têm ficado cada vez mais diferentes dos antepassados, e cada vez mais parecidos com os brancos. A diferença entre os índios de hoje e seus antepassados fica patente, aliás, na frequente afirmação de que já falam uma língua emprestada, referindo-se ao uso exclusivo do português em várias circunstâncias, como nas ocasiões acima mencionadas, assim como na escola, na igreja e no exercício de algumas profissões. É plausível afirmar, assim, que desde a década de 1980, e provavelmente desde antes, as pessoas no Uaupés estiveram a afirmar, ao mesmo tempo, uma continuidade e uma descontinuidade com relação a seus antepassados. Poderíamos dizer que

6 As mineradoras que atuaram na região a partir do final da década de 1980 não tardaram a se retirar, alegando inviabilidade econômica nos empreendimentos. Não obstante, há vários pedidos de pesquisa mineral no Alto Rio Negro protocolados no órgão competente do Ministério de Minas e Energia. E, de modo mais importante, corre ainda hoje pela região a ideia de que há muitas riquezas minerais no subsolo das Terras Indígenas do Médio e Alto Rio Negro.

há uma descontinuidade quanto ao modo de vida, mas uma continuidade paradoxalmente expressa na frase "a vida do branco é diferente". Acontece que essa não é uma frase tão simples como parece. Aqui não se está falando de modo de vida, ou o modo como hoje se leva a vida, mas de vida em sentido metafísico, como uma qualidade com a qual são dotados os corpos indígenas já na concepção e reforçada por meio da nominação. Em tukano, o nome que se dá a isso é *katiró*, uma "força de vida" que particulariza os povos do Uaupés enquanto distintas modalidades de sujeitos – *yepâ-masa*, tukano, *bipodiró-masa*, tariano, como mencionei acima.

É preciso considerar, portanto, as várias camadas de significado implícitas quando se fala em cultura e aculturação explicitamente no Uaupés. Ou pelos menos duas: se, por um lado, transformações culturais são formuladas em termos de distintos modos de vida – vivemos como brancos (primeira fala) –, afirma-se, por outro, uma incomensurabilidade em termos de distintas vitalidades – jamais seremos brancos (segunda fala). Nessa acepção, cultura equivale, via de regra, à riqueza do tempo dos avós, cujo valor, *wapatisehé*, é definido por meio das narrativas de origem dos grupos locais. Constitui-se como um conjunto de itens materiais e imateriais, obtidos ou conquistados pelos ancestrais indígenas ao longo de sua transformação mítica e, até a chegada dos missionários, repassados por meio das gerações no interior de clãs agnáticos: nomes, cantos e narrativas, bem como ornamentos e outros objetos de uso ritual. Nesse sentido, corresponderia a um patrimônio que, no passado, se transmitia e se fazia circular por dispositivos rituais próprios, mas que no presente pode ser revalorizado, ou revitalizado, por intermédio de recursos aportados, instituições externas e políticas culturais. Há uma expressão na língua tukano que explica exemplarmente esse sentido da cultura como riqueza: *ĩsâ yẽkisimia kióke'*, literalmente, "o que nossos avós possuíram". A expressão refere-se, assim, às relíquias conquistadas e legadas pelos ancestrais clânicos. Como propôs Stephen Hugh-Jones (2013), adotando uma expressão cunhada por Anette Weiner (1992), tratavam-se de suas "posses inalienáveis".

Objetos que compõem esse patrimônio, entre os quais adornos rituais como os recentemente repatriados ao Uaupés, ocupam lugar proeminente. Costumavam ser exibidos ritualmente, materializando a vitalidade e, assim, a proeminência de seus possuidores, de seus donos. Ao retornar ao Uaupés, algumas pessoas os consideraram "defuntos", pessoas mortas. Cabia revitalizá-los por meios xamânicos para que pudessem voltar a ser usados. Isso é o que vem se passando no povoado de Iauaretê, onde, nesse sentido, a cultura, ou ao menos uma parte dela, está sendo revitalizada literalmente (Martini, 2012). Hoje, nada disso parece ser contraditório com a incorporação das coisas dos brancos. Isto é, a aquisição progressiva da chamada "civilização" pode ter transformado o modo de se viver, mas não chegou a corromper certa substância imaterial que sustenta a vida dos índios. Essa parece ser a condição essencial para que a reapropriação desses objetos possa ocorrer. Assim, ainda que o modo de vida das pessoas tenha se tornado cada vez mais distinto daquele que levavam seus avós, eles não chegaram a se transformar em outro "tipo de gente", como são os brancos. E ainda que se vejam como diferentes entre si, os índios do Uaupés consideram-se o mesmo tipo de gente, diferenciando-se, conjuntamente, dos brancos. Afirmam ser o mesmo tipo de gente porque sua comida é, basicamente, a mesma, e sua alimentação ideal, apesar da crescente introdução de comida dos brancos, continua sendo baseada em peixe com pimenta e beiju. Um mesmo tipo de gente, porém internamente diferenciada pela posse desses itens de riqueza, ou, como se convencionou formular, de cultura.[7]

Disso decorre outra diferença, curiosamente formulada da seguinte maneira: o branco, ao contrário dos índios, não possuiria cultura – e tampouco etnias. Desse ponto de vista, não haveria, portanto, uma cultura indígena em oposição à outra, à suposta cultura do branco. Ao contrário, haveria, de um lado, uma multiplicidade de culturas indígenas, e, de outro, cultura alguma; de um lado, um tipo de gente cuja marca é a variação contínua, de outro, um tipo diferente, que contrasta em bloco com a diversidade verificada no bloco anterior. A vida indígena supõe, assim, cultura, e a vida do branco supõe sua ausência. A posse de seus componentes materiais pressupunha a observação de uma vida ritual correspondente – e todo um

7 Para uma discussão sobre outras configurações possíveis acerca do problema de virar branco – sem deixar de ser "índio" –, ver os estimulantes artigos de Kelly (2004) sobre os Yanomami e de Vilaça (1999) sobre os Wari. Nesses dois casos, a questão diz respeito a uma instabilidade intrínseca às duas posições, que se mostram enquanto tais somente em contextos relacionais específicos. No caso do Rio Negro, suspeitamos que a diferença tem a ver com o fato de que os índios não estão a se afirmar "índios" ou "civilizados" de acordo com o contexto. Eles estão afirmando que são "índios civilizados". Ou nada disso, uma vez que índios são os que estão lá nas cabeceiras, e civilizados são os brancos de rio abaixo. Ou seja, uma espécie de híbrido que aponta para uma terceira posição.

período de preparação do corpo que antecedia a iniciação masculina e um estilo de vida muito mais austero que se praticava nas antigas malocas. Uma vez que foram levados pelos missionários, um certo diagnóstico passou a ser comum no Uaupés: "não perdemos toda nossa cultura, mas apenas 50% dela" (Andrello, 2006). Esse sentido de cultura supõe, portanto, um sentido correspondente de aculturação. Pois, se é possível falar em perdas históricas promovidas pelos programas de catequese, aponta-se igualmente, e para épocas ainda mais longínquas, aquisições e incorporações de ornamentos e nomes como fatores que moviam guerras e saques entre grupos relativamente distantes entre si. Nesse sentido muito específico, cultura e aculturação andam juntas.[8] Esse ponto ficará mais claro adiante, ao tratarmos da reinserção dos adornos repatriados no contexto local.

Em resumo, podemos dizer que o discurso sobre a cultura que vem emergindo no Uaupés implica duas formas de diferenciação. Há, evidentemente, uma forma contrastante, que produz termos no limite irredutíveis, e que se refere às relações entre índios e brancos; mas há também uma forma que poderíamos chamar de transformacional, e, assim, reversível, que opera no âmbito das relações dos índios entre si. No que segue, tentaremos elucidar alguns aspectos conceituais acerca dessas distinções desde o ponto de vista indígena, entre ser índio e ser branco, e entre ser tukano, tariano, pira-tapuia, wanano, tuyuka etc. Como para os dois casos a noção de cultura vem sendo acionada, seria conveniente, em princípio, utilizar o termo entre aspas, pois, seguindo os argumentos de Manuela Carneiro da Cunha, seu uso aqui se refere àquele "metadiscurso reflexivo sobre a cultura". Uma expressão privilegiada do fenômeno é, segundo a autora, seu emprego como termo de empréstimo linguístico, pois, no Rio Uaupés e em vários casos, vem sendo usado em português por grupos indígenas falantes de suas próprias línguas. Nesse sentido, como termo emprestado, cultura carregaria uma chave de

8 Como aponta Carneiro da Cunha (2009, p.360-361), entre muitos povos que habitam as terras baixas da América do Sul, diversos cantos, cerimônias, conhecimentos, técnicas etc. têm uma origem alheia, tendo sido emprestados, roubados ou adquiridos de outros coletivos (humanos e não humanos). Nesse sentido, essas sociedades parecem não reconhecer como sendo de sua autoria uma série de saberes e fazeres que consideramos criações suas. Desde Lévi-Strauss, a etnologia atém-se à abertura ameríndia para o Outro: em vez de ser mantido à distância, o estrangeiro é avidamente almejado e incorporado pelos ameríndios. Em referência às ideias explicitadas por Eduardo Viveiros de Castro, a autora ressalta que, em tal universo, cultura é, por definição, aculturação.

interpretação, apontaria para um contexto específico. Ou seja, permanece sem tradução na chave interétnica (Carneiro da Cunha, 2009). A variação de seus usos no Uaupés, aplicada que é tanto no contexto das relações entre índios e brancos como naquele das relações dos diferentes grupos indígenas entre si, parece-nos, porém, recomendar a busca por suas possíveis traduções na língua local, pois indica modos distintos de reflexividade que parecem se alternar em diferentes circunstâncias da vida social local. O problema de fundo é o de verificar, ainda nos termos propostos por Manuela a partir de Sahlins, o modo específico como ocorre a "indigenização da cultura" entre os povos do Rio Uaupés.

Para isso, será preciso voltar ao caso da repatriação dos objetos do Museu do Índio e ao acidente da lancha Aracaju.

***

Por meio do relato póstumo do antropólogo André Martini (2012), que tomou para si a tarefa de garantir o retorno final das peças a Iauaretê,[9] somos surpreendidos pela reação inesperada que sua chegada provocaria entre os moradores da localidade. Acompanhado por diretores da Foirn, o antropólogo aguardava algo como uma recepção solene por ocasião da chegada ao porto do povoado. Não foi em absoluto o que aconteceu. A atmosfera era de receio e estupefação, que somente aos poucos foi se dissipando, após

9 Antes de retornarem a Iauaretê, os ornamentos ficaram expostos entre dezembro de 2008 e junho de 2009 em São Gabriel da Cachoeira. A inauguração da exposição *Basá Busá – Ornamentos de dança* contou com a realização de danças rituais tukano, tariano e tuyuka, marcando a abertura do Centro de Referências Culturais do Rio Negro (Pontão de Cultura/Foirn). Os 108 adornos repatriados formam um conjunto heterogêneo de objetos, classificados em 16 categorias: grampos de penas de araras; placa occipital emplumada; cordão de pelos de macaco e látex; chocalho de fieira de sementes e fios de tucum; colar de sementes, dentes de mamífero e algodão; colar de quartzo leitoso e dentes; pingentes de penas de arara e garça, tucum e rabo de esquilo; coroa radial trançada e emplumada (coroa dos jovens); cinto de dentes de mamíferos (onça); grampos de penugem de garça; pingente occipital de osso com amarrilho de cordas de pelo de macaco; pingente dorsal de corda de pelos de macaco guariba, preguiça ou outro macaco barrigudo; pingente occipital de asa de garça; faixa frontal emplumada; braçadeira de pelos de macaco; flauta de osso de veado. Conjuntos similares a este eram possuídos por todos os grupos do Uaupés, uma riqueza zelosamente conservada nas antigas malocas, por especialistas hereditários, os *bayá*, detentores de um conhecimento esotérico fundamental na vida ritual de antigamente, uma coleção de cantos e entoações específicas para diferentes tipos de rituais, apropriados para diferentes épocas do ano (Andrello; Oliveira, 2008).

uma longa hora de espera dos recém-chegados na sede da organização indígena local. Os detalhes do episódio podem ser verificados na minuciosa descrição legada por André Martini, que permaneceu por mais um mês no povoado acompanhando os acontecimentos que se seguiram.

Para além de alguns desencontros que permitem explicar o impasse – afinal, foram os Tariano que ocuparam a linha de frente na visita ao Museu, e os objetos que retornaram vieram para a associação indígena voltada à revitalização da cultura dirigida pelos Tukano, uma vez que foram identificados como antepassados dos grupos de línguas tukano –, o fato relevante é que a apreensão generalizada dizia respeito a uma desconfiança quanto à capacidade dos dois senhores Tukano que receberam os ornamentos em tratá-los com os devidos cuidados. E um desses cuidados não deixa de evocar o naufrágio da lancha Aracaju, mencionado no começo, pois um dos temores referia-se à possível inabilidade dos dois Tukano para neutralizar os "estragos", ou sopros (*dohasehé*), contidos naqueles objetos. Enfeitiçados por seus antigos donos, os adornos teriam se tornado perigosos àqueles que os levaram – os padres. E ainda que pairasse alguma dúvida sobre a validade do eventual feitiço posto no passado naqueles objetos, parece que ninguém ousou confiar em sua inteira neutralidade. Mesmo a impressão suscitada logo na chegada dos ornamentos – de que seriam "como cadáveres", gente morta –, não arrefeceu os temores. Simultaneamente, aventava-se ainda que, devido aos longos anos de afastamento de seu contexto original, os adornos poderiam ter se transformado em famintos monstros canibais. Esse risco certamente se associava a outra das ponderações que se fazia: ornamentos daquele tipo não eram normalmente recomendados ao uso por pessoas que não pertencessem ao clã originário, isto é, àquele de cuja riqueza faziam parte, pois encapsulavam a própria vida de seus donos originais. Longe de seus cuidados, teriam se tornado agressivos e perigosos.

Com efeito, esse problema refere-se a um aspecto central no processo de repatriação, pois os registros disponíveis no museu não informavam a origem precisa das peças. No máximo, o código alfanumérico empregado no livro de tombo permitia supor que determinadas peças eram tukano, bará, pira-tapuia, graças às sequências de letras usadas para classificá-los (TK, BR, PT). Não havia, no entanto, indicação alguma quanto à localidade específica, comunidade ou clã de onde teriam saído. Um termo de compromisso firmado entre a Inspetoria Santa Teresinha – Filhas de Maria

Auxiliadora (Museu do Índio) e o Centro de Estudos e Revitalização da Cultura Indígena de Iauaretê (CERCII), com a interveniência do Iphan e a Foirn, estabeleceu, assim, que o CERCII, organização indígena local indicada para receber as peças, passaria a atuar como "fiel depositário", ao passo que sua propriedade passava do museu ao conjunto dos povos do Uaupés. Desse modo, uma série de objetos cerimoniais de variada procedência vinha formar um novo conjunto, similar àqueles outrora mantidos em caixas suspensas na parte superior das malocas. Juridicamente, o caso não trazia problemas insuperáveis, uma vez que o termo de repatriação definia claramente a responsabilidade dos fiéis depositários: zelar pelo bom uso, manutenção e guarda em local apropriado dos ornamentos sagrados; ceder mediante empréstimo os ornamentos sagrados aos povos indígenas do Rio Uaupés para uso ritual, confecção de novos ornamentos, manutenção ou outra finalidade correlata, cabendo também a responsabilidade de reavê-los.

Mas, obviamente, o problema não terminava aí. Talvez fosse mais apropriado dizer que ele apenas começava aí, pois o "bom uso" dos ornamentos implicava operações bem mais complexas.

Após sua chegada, nos informa ainda André Martini, os dois tukano (que à época dirigiam o CERCII) dedicaram-se por cerca de um mês ao trato dos ornamentos, o que envolveu uma manutenção física – limpeza, trocas de penas etc. – e uma manutenção xamânica. Esta última consistiu em sessões de conversa com outros velhos do povoado, em um exame cuidadoso do estado das peças em seu conjunto, em geral culminando em aplicações de encantações sopradas com fumaça de tabaco sobre os objetos. Foi, afinal, esse lento trabalho que viria a permitir a reintrodução dos ornamentos no contexto local. O uso que desde então passou a ser feito deles por diferentes grupos, garantido pelo segundo item do termo de repatriação, deu-se graças a operações xamânicas do mesmo gênero. Segundo André Martini, esse procedimento viria a permitir que, logo na primeira ocasião festiva em que foram exibidos publicamente (ocorrida em julho de 2009), clãs tukano, desana e tariano pudessem se alternar nas danças paramentados com os ornamentos. Antes de fazê-lo, todos cuidavam de aplicar-lhes encantações do mesmo tipo. Tratava-se de um procedimento crucial, e que permitiria, nas palavras de Martini, "harmonizar" a força de vida contida nos objetos àquela da pessoa disposta a usá-los. Somente dessa maneira era possível portá-los sem riscos.

Voltaremos mais adiante aos efeitos produzidos pelo uso dos ornamentos. Por ora, vejamos mais precisamente do que trata essa operação de harmonização de vitalidades sugerida pelo antropólogo. Essa noção é, com efeito, uma adaptação de uma expressão mais complexa da língua tukano apontada por Martini: *ni'kâro noho nisehetisehé.*[10] A meu ver, a noção de harmonização, enquanto tradução livre, aproxima-se do sentido dessa expressão apenas parcialmente, pois o que está em jogo aqui é uma operação que torna equivalentes o portador e o objeto, enquanto instâncias de um mesmo princípio metafísico anterior a ambos. Emerge daí, porém, uma assimetria, pois ao final do processo o portador se faz um "dono/controlador" (Fausto, 2008), e os ornamentos tornam-se seus xerimbabos. A operação é exatamente a mesma que se fazia no passado, quando se tratava de domesticar diferentes espécies de aves cujas penas confeccionavam partes do conjunto de ornamentos. Araras e garças deviam ser criadas, alimentadas e bem tratadas por seus donos que, ao transmitir-lhes seus próprios nomes, dotavam-nas com sua própria força de vida (Dias Cabalzar, 2011; Ferreira, 2014). Vejamos, afinal, do que se trata a expressão.

Ni'kâro noho nisehetisehé corresponde, de acordo com o dicionário da língua tukano, à seguinte composição em português: *um ou uma [quantificador] + de certo tipo [forma comparativa] + modo de ser, estar ou viver*. Essa composição em três elementos pode, de fato, ser reduzida a dois componentes, pois os dois primeiros termos (o quantificador e o termo comparativo) formam uma expressão usualmente empregada – *ni'kâro noho* – com o sentido preciso de "de igual maneira".[11] Chegamos assim a uma tradução alternativa para a expressão: "uma mesma maneira de ser" ou "um mesmo (ser)". O primeiro termo – *ni'k_* – forma também a expressão *ni'ki-porã*, traduzida por "filhos de um (mesmo)" e empregada para parentes que residiam, no passado, em uma mesma maloca (Andrello, 2006, p.119). Dessa maneira, e por meio das operações aplicadas sobre ornamentos cerimoniais, bem como sobre suas matérias-primas animais, podemos apreender uma dinâmica simultânea

10 No texto de André Martini, a grafia aparece de modo ligeiramente diferente (*ni'ka noho nisé tisé*). Para este exemplo e outros que virão a seguir, usarei a grafia estabelecida pelo linguista Henri Ramirez (1997).

11 Ramirez, 1997, p.255.

de identificação e diferenciação – ou uma copresença virtual de identidade e diferença que parece ser um aspecto central das relações internas entre os diferentes povos do Uaupés: ainda que todos os grupos sejam subsumidos sob a expressão *pamîri-masa*, gente de transformação, e que os qualifica como um mesmo tipo de gente, como vimos acima, a força de vida de seus corpos e ornamentos, ao mostrarem-se perigosas, mas conversíveis entre si, os diferencia enquanto modalidades de um mesmo princípio de subjetivação, ou de um mesmo tipo de vitalidade. Diferenças sensíveis, sem dúvida, porém harmonizáveis entre si, como nos sugere André Martini de maneira inspirada.

Tal dinâmica ficará mais evidente ao passarmos a explorar o segundo termo de nossa expressão – *nisehetisehé*, "modo de ser/viver". A especificidade a anotar é que, de distintas maneiras, o termo é acionado tanto para tratar das diferenças entre índios e brancos quanto para lidar com os processos de diferenciação interna. Não por acaso, é o termo empregado em uma expressão utilizada para traduzir o termo "cultura" no léxico tukano. Seus modos de emprego permitem entrever, afinal, as diferentes modulações de seu conteúdo.

O temo *nisehetisehé*, "modo de ser/estar" ou "modo de viver", forma em geral a expressão *masa nisehetisehé*, "modo de ser [viver] de gente". Nesta forma geral, a expressão é traduzida por cultura em sentido bastante inclusivo, englobando o conjunto de itens que usualmente separamos em organização social, conhecimentos, rituais, cantos, mitos, danças etc. Ou seja, como todos os seres são virtualmente *masa*, "gente" (além dos humanos propriamente ditos, existe a gente-peixe, a gente-planta e assim por diante), ao referir-se à "cultura", esta expressão aproxima-se aparentemente daquilo que sugere Eduardo Viveiros de Castro (2002) acerca de cultura em seu artigo sobre o perspectivismo ameríndio: aquilo que dá forma à natureza do sujeito – ou a "forma geral do sujeito".[12] E que não é a humanidade enquanto espécie, mas a forma como todos os sujeitos, humanos e não humanos, apreendem a si mesmos. Para esclarecer esse ponto, faço aqui uma digressão

12 "Cultura é a natureza do Sujeito; ela é a forma pela qual todo sujeito experimenta sua própria natureza. O animismo não é uma projeção figurada do humano sobre o animal, mas equivalência real entre as relações que humanos e animais mantêm consigo mesmos. Se, como observamos, a condição comum aos humanos e animais é a humanidade, não a animalidade, é porque humanidade é o nome da forma geral do Sujeito" (Viveiros de Castro, 2002, p.374).

sobre a etimologia do termo, seguindo a gramática e o vocabulário da língua tukano tal como estabelecidos por Henri Ramirez.[13]

Decompondo o termo, teremos, em primeiro lugar, o seguinte: *nisehetisehé* = *niî [ser, estar, dizer]* + *-sehe [sufixo nominalizador]* + *-ti [sufixo verbalizador]* + *-sehe [sufixo nominalizador]*. Trata-se, pois, de uma expressão composta por um radical referente ao verbo ser/estar/dizer acompanhado de um nominalizador, um verbalizador e novamente de um nominalizador. Sua primeira parte *[nisehe]* pode ser traduzida tomando-se o seguinte paralelo: *apê* = *brincar* e *apesehé* = *brinquedo;* portanto, *nisehe* seria algo como "relativo ao ser", ou, mais sinteticamente, "sujeito". Agregando agora o sufixo verbalizador *-ti,* temos como expressão resultante o termo *niseheti*. Ramirez esclarece que "os deverbais (nomes secundários formados a partir de verbos) em *-sehe* combinam-se frequentemente com o sufixo verbalizador *-ti*, expressando assim um costume". Propõe, então, a seguinte fórmula: VERBO-*sehé-ti* = "ter costume de". Portanto, a tradução de *niseheti* seria, literalmente, "ter o costume de ser". O linguista prossegue esclarecendo que o verbo secundário formado pela combinação *-sehé-ti*, pode ser nominalizado uma vez mais por -sehé, designando esse próprio costume como uma coisa. Assim chegamos à expressão total *nisehetisehé*, cuja tradução poderia ser "o costume de ser" ou o "hábito de ser". Ora, esse hábito de ser é qualificado, quando se trata de cultura, com o termo genérico que designa a personitude, *masa*, "gente".

No contexto local, poderíamos dizer, portanto, que *masa nisehetisehé* é a forma não marcada da condição geral de sujeito. Temos aqui uma primeira tradução para cultura, que surge no contexto de conversas acerca da diferença entre índios e brancos, quando moradores do Rio Uaupés discorrem sobre aquilo que é próprio ao modo de ser indígena *vis-à-vis* o modo de ser do branco. Nesses contextos, lançam mão de outro adjetivo para qualificar o modo de vida do branco e a "civilização" de modo geral. Daí deriva outra expressão que parece corresponder a uma marca no mesmo termo: *pekasa nisehetisehé*, sendo o primeiro termo uma abreviação de *peka-masa*, "gente-espingarda", isto é, o branco. Portanto, aí está a tradução tukano para civilização; uma expressão que denota o modo de ser e de viver do branco. Portanto, cultura – *masa nisehetisehé* – diz respeito a uma qualidade comum

13 Ramirez, 1997, t.II, p.113.

a todos os grupos do Uaupés, e que contrasta de maneira evidente com "civilização" – *peka-masa nisehetiehsé*. Aqui, a espingarda não é, portanto, uma metáfora da índole agressiva do homem branco, mas um artefato cujos poderes determinam a qualidade de seu ser. Uma qualidade tão letal quanto a de uma arma de fogo.

Se a acepção de cultura no singular, não marcada, separa índios e brancos, recebe, por outro lado, várias especificações, produzindo uma série de variações no interior do conjunto mais amplo designado como *pamiri-masa*, "gente de transformação". Essa categoria, como já mencionamos, refere-se aos povos que se estabeleceram ao final da era mítica no médio Uaupés e seus afluentes Papuri e Tiquié. Como apontamos também, do ponto de vista dos civilizados, todos eles vieram a ser qualificados como "gente das cabeceiras", como índios, ainda que de seu próprio ponto de vista esse adjetivo seja impróprio, já que a gente das cabeceiras estaria localizada ainda mais acima de seus territórios. Eis o motivo pelo qual a condição correntemente aceita de "indígenas" não lhes agrada particularmente. Ao longo dos rios Uaupés e Negro, bem como de suas cidades, essa questão não é trivial como parece ser. Como disse certa vez um índio residente em Manaus, "tem gente aqui na cidade que vai se irritar se você disser que ela é indígena, mas, ao mesmo tempo, não vai negar, e provavelmente até se orgulhar, em dizer que é desana, tukano ou tariano". O fato a anotar é que, se há, por um lado, uma tradução genérica para cultura, e que diz respeito à condição amplamente compartilhada de sujeito, há outra acepção na qual essa condição geral vem a ser desdobrada, por assim dizer, gerando distintas posições e ensejando um campo relacional específico entre povos atuais do Uaupés, marcado pela troca de irmãs e pela exogamia de clãs. Tais especificações constituem um dos principais feitos dos antepassados míticos, que determinam ainda uma exclusão radical do branco desse contexto originário – essa gente-espingarda viria a ser transportada a outros continentes pela anaconda mítica, por meio de uma extensa viagem pelo oceano (Andrello, 2006, cap. 6). E, assim, o branco sai de cena.

Nessa segunda forma de uso, e que diz respeito exclusivamente aos índios, o conteúdo semântico da "cultura" se altera. Queremos sugerir que essa alteração se refere a um deslocamento do referente, isto é, se no primeiro caso – o não marcado – tratava-se da forma geral do sujeito, o segundo se refere, na língua tukano, a uma construção possessiva – marcada –, que corresponde à expressão *mari yeé nisehetisehé*, literalmente "nossa cultura". Essa nova expressão foi utilizada por um homem tariano em uma situação muito específica, a saber, no contexto da coleta de narrativas e imagens referentes à Cachoeira de Iauaretê visando seu registro como patrimônio imaterial. Tratava-se de uma circunstância em que os homens de um importante clã tariano esforçavam-se em mostrar como os eventos míticos que ali se passaram associavam-se diretamente à sua história de origem. Uma história contada sobretudo para distingui-los dos Tukano e demais grupos do Rio Uaupés (Andrello, 2012). Um segundo uso da "cultura", portanto, que diz respeito, ao contrário do primeiro, a termos locais propriamente marcados. Vejamos a que se refere essa outra expressão.

Aqui são duas palavras antepostas ao já descrito *nisehetisehé*: *mari*, pronome da primeira pessoa do plural, "nós", e *yeé*, que corresponde ao plural inanimado de *yaá*, uma marca de possessão que liga um sujeito possessor a um objeto possuído. Ou seja, o possessor é o "nós", e o possuído a "cultura", que, como vimos, em sua forma não marcada corresponde a um *habitus* de sujeito. Ou seja, na sua forma possessiva, a cultura ("nossa cultura") parece apontar para *um* sujeito particular, o sujeito que possui – que adquiriu – um modo próprio de sê-lo. Dissemos acima que os Tukano e Tariano, e podemos de fato estender a afirmação para os demais grupos do Rio Uaupés, diferenciam-se conjuntamente dos brancos e se consideram um mesmo tipo de gente, com sua própria comida. O mesmo tipo de gente, é certo, mas com etnias e, assim, culturas distintas. Se na primeira acepção que apontamos acima havia uma cultura em comum, nesta outra acepção há culturas distintas, cultura no plural. Sua diferenciação diz respeito à propriedade de certos itens que, ainda que muito parecidos do ponto de vista de um observador externo, são considerados suficientemente distintos entre si. Referimo-nos aos nomes, aos cantos e histórias rememorados por clãs tukano e tariano até o presente, os quais, no passado, figuravam nos diálogos cerimoniais que se entremeavam às performances com flautas e adornos. Quando se fala em "nossa cultura", são essas posses inalienáveis que se tem em mente, como já apontamos igualmente acima.

De modo importante, a expressão *mari yeé nisehetisehé* pode se condensar na forma *mari yeé*, caso em que, apesar de carregar o mesmo sentido, a tradução literal passa a ser "nossas coisas". Passando da primeira à terceira pessoa, há ainda, para um determinado grupo, a seguinte forma: *ye'pâ-masa*

(Tukano) *yeé*. Ao dizer isso, alguém estará se referindo às "coisas tukano", isto é, "àquilo que *é dos* tukano". O que está implícito ao se fazer menção àquilo que seria uma propriedade tukano são, em primeiro plano, suas falas, *uukunsehé*, a própria língua, mas também os nomes, encantações, mitos, entoações e cantos. Essa última expressão é um nome derivado do verbo "falar", *uu*, que pode ainda ser nominalizado como *uuró*. De acordo com Henri Ramirez, a interpretação dessa última construção é complexa, pois exprime conceitos mais abstratos. Se *uukunsehé* se refere às "falas" de modo geral, *uuró* é, por assim dizer, o seu "assunto", isto é, aquilo de que trata e aquilo que pode fazer. A capacidade de proteger ou agredir metafisicamente, de nomear ou de maleficiar, depende do *uuró* de alguém e do uso que é capaz de fazer dele pelo sopro das palavras.[14] Como viemos discutindo, essa segunda acepção da cultura relaciona-se a modos particulares de subjetivação, e, portanto, de agência. Assim, poderíamos aventar que há variação de potência quanto ao *uuró* das pessoas, a depender se é tukano, tariano, e assim por diante. E, se há uma noção de propriedade implícita nisso tudo, há um duplo sentido envolvido: refere-se tanto àquilo que se tem como àquilo que se é e que se pode fazer, aos efeitos, em suma, que se pode produzir sobre *outrem* por meio da fala. Afinal, como vimos no começo dessa exposição, o verbo *niî*, componente essencial daquele hábito de sujeito denotado pela expressão *nisehetisehé*, é, ao mesmo tempo, "ser" e "dizer".

Uma comparação corrente no Rio Uaupés permite esclarecer um pouco mais esse ponto. A estratégia é a de comparar o que um pai indígena transmite a seu filho com aquilo que um pai branco não pode transmitir ao seu. Se um paulista tiver seu filho no Amazonas, a criança já não será paulista, ao passo que os índios do Uaupés podem ter filhos em qualquer parte do mundo sem que essas suas crianças deixem necessariamente de ser índios, ou, mais especificamente, Tariano, Tukano, Desana, Arapasso, Pira--Tapuia, Wanano, Tuyuka e assim por diante. Assim, o que falta ao branco é, como se afirma às vezes, a "etnia". Outras vezes, as pessoas costumam ser mais explícitas, apontando que o branco carece, de fato, de "cultura". Isto é, os brancos, ao contrário dos índios, são o fruto de uma transformação abrupta: no processo de aparecimento de uma verdadeira humanidade,

---

14 Sobre encantações mágicas sopradas com fumaça de tabaco ou aplicadas sobre líquidos, ver Buchillet (1990).

relatado por meio dos mitos de origem, são aqueles que adquiriram suas capacidades distintivas em um episódio não premeditado – a má escolha das armas –, ao contrário do que ocorreu com os ancestrais indígenas, cujos grupos resultam de um lento e paulatino processo de crescimento e transformação. Nesse sentido, se cada grupo específico – Tukano, Tariano etc. – pode falar em algo como a "nossa cultura", os cantos, entoações e ornamentos acumulados ao longo da saga mítica da anaconda ancestral, o mesmo não se passaria com os brancos. Senhores da arma de fogo e das mercadorias em geral, itens que vieram a determinar o modo como levam sua vida, falta-lhes, no entanto, um princípio de subjetivação equivalente àquele que torna, por exemplo, os Tukano *yepâ-masa*, "gente-terra". Carentes de tal princípio, os brancos são, dessa maneira, possivelmente desalmados.[15] Sua forma particular de subjetivação, *peka-masa*, a "gente--espingarda", é incidental; sua humanidade é duvidosa, ainda que tenham logrado monopolizar poderes invejáveis.

Nessa segunda acepção, portanto, cultura denota um conjunto de capacidades vitais diferenciais, dispostas ao longo de um arco que parece circunscrever uma condição específica: a de uma verdadeira humanidade em seu conjunto de variações possíveis, a "gente de transformação". Lidar com isso, como o caso da repatriação dos ornamentos coloca em evidência, supõe um tipo de conhecimento que algumas pessoas hoje no Uaupés consideram perdido, precisamente as falas originárias legadas pelos antepassados – *uukunsehé*, a matéria-prima, por assim dizer, da cultura no sentido marcado apontado acima.

Os acontecimentos que se seguiram logo após a chegada dos ornamentos a Iauaretê sugerem, no entanto, que as pessoas ali não deixaram de identificar alternativas para lidar com a situação. Pois, como vimos mais acima,

---

15 Jorge Pozzobon (2013) sugere em um ensaio que, para os grupos tukano, os brancos não têm alma – por isso, quando morrem, vão para o nada, enquanto a alma de pessoas tukano voltam para as casas de seus ancestrais (as quais são específicas para cada *sib*). O texto narra o processo de cura do próprio Pozzobon, quando este buscava encontrar um grupo maku isolado (designado por outros grupos como povo da Zarabatana) nas margens do Rio Marié, acompanhado de um homem tukano. Após adoecer de forma aguda e profunda, Pozzobon chega a crer que morreria naquela viagem. Ao notar que seu companheiro de viagem estava enfermo, o homem tukano efetua uma série de procedimentos xamânicos (designados no ensaio como "rezas") para tentar curá-lo, sem obter sucesso algum. O estado de saúde de Pozzobon passa a melhorar quando o homem tukano lhe concede um nome, isto é, uma alma.

os ornamentos puderam ser reintroduzidos na vida local por meio de um cuidadoso e permanente processo de domesticação. Não resta dúvida de que, desde sua chegada, os ornamentos estiveram exercendo agência sobre diversos moradores de Iauaretê. Mas se, por um lado, essa agência traduziu-se mais imediatamente em desconfiança e temor, passado o primeiro mês os ornamentos eram publicamente anunciados como a "vida dos antepassados", e por meio de seu uso eles acessavam o conhecimento que exibiam em suas falas. Ao usá-los, afirmou um dos senhores tukano responsável por sua guarda, as pessoas de antigamente "sabiam exatamente quem eram" (Martini, 2012, p.343). Tudo indica que, nesse primeiro período, o conjunto daquelas peças esteve inspirando a reflexão e o pensamento das pessoas mais velhas, que entre si vieram a identificar os meios de tratá-las e portá-las devidamente. Se num primeiro momento as pessoas mostraram-se temerosas – um sinal que não deixa de indicar a percepção que se tratavam de peças verdadeiramente originais –, passado algum tempo esse efeito se inverteu: se inicialmente foram os objetos que atuaram sobre as pessoas, a situação se alterou aos poucos e as pessoas terminaram por encontrar um caminho para direcionar sua própria agência-fala sobre eles.

Como mencionamos, o procedimento de harmonizar os ornamentos repatriados a seus novos usuários aplica-se igualmente aos pássaros que forneciam as penas para sua confecção no passado. Atribuir-lhes nomes xamanicamente implica dotá-los com a própria "alma-palavra", *eheri porã*, literalmente "filho da respiração", dos novos donos. Ponto relevante a notar é que, nesse processo, a agência exercida pelos objetos é controlada, passando a operar sobre as pessoas em sentido inverso: de perigosos passam virtualmente a transmitir conhecimentos a seus novos portadores. Revitalização cultural implica aqui revitalização das falas, e ainda que as pessoas de hoje não tenham chegado a ver seus avós dançando com os ornamentos, parecem saber perfeitamente bem que o único modo de colocá-los em operação é transferir a eles parte daquilo que anima seus próprios corpos: sopro, fala, vida, enfim. Se no processo os objetos são transformados, renovados, parece claro, ao mesmo tempo, que, ao permitir acesso a novos conhecimentos, também transformam-se seus novos usuários. Atualmente, passados mais de quatro anos da repatriação, as ambiguidades não se dissolveram totalmente, mas os efeitos do convívio com os ornamentos, ao suscitar memórias e reflexões sobre seus congêneres do passado, começam a se mostrar mais nitidamente. Poderíamos dizer que tais efeitos referem-se a essa forma peculiar que, no Uaupés, vem assumindo o negócio da revitalização da cultura.

As desconfianças iniciais quanto à capacidade dos novos guardiões para lidar com os ornamentos persistem em alguma medida, já que tais objetos requerem certos cuidados que envolvem procedimentos xamânicos "tão sofisticados, tão difíceis". Esse tipo de comentário refere-se, via de regra, ao potencial canibal dos ornamentos, que podem se tornar perigoso caso não recebam os cuidados físicos e xamânicos necessários – ou sejam utilizados de forma inapropriada. Comenta-se que os adornos podem chegar a "devorar" o dançarino. Uma história contada por um homem tukano pertencente a um clã proeminente atesta isso claramente. Segundo afirma, seu velho pai possuía uma caixa de adornos que continha certos tipos exemplares, classificados como "originais", ou seja, que não foram feitos pelos homens, mas sim entregues pelos demiurgos no tempo mítico. Certo dia, um cunhado tuyuka do velho pediu para ser o novo dono de um adorno tido como "original". Em suas palavras:

> Aí o meu pai disse: "esse aí eu não posso te dar, não. Não posso te dar porque esse vai te comer. Esse aqui é minha vida, ele vive comigo e eu vivo com ele. Eu não posso te dar. Agora, eu posso te dar esse troço aí, esse aí eu posso te dar [referia-se aqui a uma acangatara mais simples, destinada ao uso de dançarinos recém-iniciados]. Mas esse aí eu não vou dar, porque depois vão dizer que eu fiz mal para você, que eu te estraguei, te envenenei. Não posso te dar, não. Posso dar para os meus filhos, essa é a nossa vida. Isso veio desde o começo. Não veio assim, não foi inventado, não. Então, eu não posso te dar. Mas eu vou te dar esse aqui". [...] Diz o meu irmão mais velho que meu pai dizia que isso aqui era a nossa vida. Porque talvez o meu irmão morreu por causa disso também, né? Os dois morreram por causa disso. Levou eles, comeu eles, porque se não souber, eles tiram a vida de uma pessoa. Meu irmão velho, meu outro primo-irmão, aquele que cantava, morreu. Outro também, irmão dele, morreu. Três.

A continuação da história sugere que a potência canibal dos ornamentos não era limitada àqueles considerados originais. O adorno oferecido por seu pai ao cunhado tuyuka, apesar de ser considerado mais simples, uma vez que foi feito por humanos, era igualmente perigoso. O uso de ornamentos cerimoniais só é tornado seguro por meio de encantações, pois é somente assim que reconhecem o dançarino como um dono:

> O meu pai benzia, através do benzimento ele fazia de dono, dono para ele e tudo... Porque todas as coisas dos antigos eram benzidas. Enfeite em jejum... As mulheres não viam quando eles estavam montando essas coisas, eles montavam dentro de um mês, em jejum. Só apareciam essas coisas já antes da dança. Mandavam fazer caxiri para montarem uma grande festa para usar. Mesmo assim, ele ainda acabou perdendo a vida do filho. Aí o meu pai chamou e disse: "está vendo o que aconteceu contigo? Porque você não deixou eu benzer, não deixou eu passar o meu nome para você. Para essas coisas dizer que você é dono. Eu não tinha passado ainda, não era para ti usar ainda". Ele usou antes do meu pai benzer, passar como dono, através de benzimento. Aconteceu isso. (Iauaretê, junho de 2012)

Outro argumento apresentado é digno de nota, pois opera uma associação entre a posse dos ornamentos e a capacidade perlocutória de seus donos, afetando diretamente as relações hierárquicas entre clãs. O mesmo homem das falas acima foi enfático ao afirmar que seu clã possuía importantes ornamentos que não foram entregues por *Ye'pâ-õ'akîhi* (o demiurgo tukano) para grupos situados acima do seu na escala hierárquica, como os chefes tukano do clã Oyé. Somente os clãs que possuíam "o som para dançar e cantar" teriam recebido os adornos "originais". Por isso, apenas três ou quatro grupos possuiriam os ornamentos "originais". O critério do demiurgo foi claro e não teve a ver somente com a posição hierárquica, apesar deste ter sido um fator levado em consideração:

> Quem não tinha som, ele não entregou. Por mais que fosse clã.[16] Então, por isso, os nossos clãs maiores como Oyé e o resto não tinham, porque eles não tinham o som de cantar. Isso que os meus irmãos falavam para mim. Eles sempre diziam: esses aí não tem o que nós temos. Por que? Porque eles não tinham aquele som de canto, o som, vamos dizer assim, o som agudo. [...] Assim são as coisas.

---

16 É interessante apontar o modo como esse interlocutor apropria-se do termo "clã" em suas falas, associando diretamente essa categoria aos grupos e subgrupos situados nos estratos mais altos das escalas hierárquicas.

Nesse sentido, pode-se dizer que a posse de ornamentos afigura-se como uma espécie de autenticação material do poder das falas: uma materialização do imaterial, ou uma visibilização do invisível. De qualquer forma, é preciso ter em mente que a associação estabelecida pelas narrativas míticas entre grupos específicos e conjuntos de adornos não é, como vimos, suficiente para uma relação isenta de perigos entre os donos e seus ornamentos. O fato dos ornamentos serem "pessoas" dotadas de agência e necessidades supõe uma série de cuidados e protocolos a serem atendidos, sob o risco de causar infortúnios àqueles que entram em contato com sua potência. Para lidar com estes ornamentos, as pessoas devem respeitar um conjunto de regras relativas a jejuns, resguardos sexuais, cuidados com a alimentação. Os cuidados envolvem ainda encantações; oferecimento de tabaco e ipadu (substâncias usadas em rituais que serviam como alimento para os demiurgos); limpeza e reforma das partes danificadas; e banhos de Sol após o uso. Essa era a condição essencial para que, voltando às palavras de André Martini, a vitalidade contida nos ornamentos se mantivesse em harmonia com a de seus portadores.[17]

Assim, levando em consideração que os ornamentos repatriados passaram sete décadas sem os cuidados exigidos e sabendo que é impossível saber quem seriam os seus donos, não é de estranhar os receios gerados por ocasião de sua chegada ao povoado de Iauaretê. Ainda que haja pessoas que afirmem que estes ornamentos já não possuem potência alguma, pois todas as encantações "têm validade" – e, por isso, teriam "evaporado" ao longo dos anos –, trata-se de uma opinião bastante polêmica, e os entendimentos em torno deste tema são os mais díspares possíveis. Para um reconhecido e importante xamã desana, o "benzimento nunca vai embora", perdurando até mesmo depois da morte do xamã que o ativou. Este homem pertence ao clã *Guahari Diputiro Porã,* um dos que dançou com os ornamentos repatriados na festa de julho de 2009. Ele afirma que, mesmo depois de décadas guardados no museu, esses objetos ainda estariam vivos. Acerca disso, ele comenta:

17 Os cuidados dedicados pelos Wauja para o estabelecimento de um equilíbrio nas relações tecidas entre doentes e os *apapaatai*, por meio de rituais de máscaras e aerofones, constitui um caso etnográfico interessante para iluminar a presente discussão. Ver mais em Barcelos Neto (2008).

> Pode, tranquilamente (ter vida). É como esse ser supremo! É ser supremo, a vida. Eu já sonhei com eles quando eu usei. Eu usei uma vez esses instrumentos que chegaram. Ele me ensinou muita coisa, é por isso que eu estou dizendo: tem vida ainda até agora. Agora, com o Raimundo nós defumamos mais ainda, com as nossas tradições. Antes de usar. São mais poderosos agora [...]. Esse instrumento, quando tu usa, quando tu vai cantar cantos tradicionais, por ele, ele te ensina. Ele vai te incorporando. Qualquer coisa que você está errando, ele vai te dizer que tu está errando. Você tem que corrigir. Tem alma, tem vida esse daí, esse instrumento que a gente tem. Tem vida. Por isso que é muito respeitado, ninguém pode brincar, não.

Esse homem não foi o único a apontar que os ornamentos, quando utilizados de forma apropriada, transmitem conhecimentos para aqueles que os portam. O ancião tukano, atual responsável por sua guarda, contou que seu tio dizia que, quando uma pessoa toma caapi (o cipó alucinógeno *Banisteriopis caapi*) portando os ornamentos, já começa a ter visões sobre as letras que vai cantar. Em suas palavras, "a gente, aí sem errar, já começa a cantar. Por quê? São esses enfeites que estão ajudando".

Eis, portanto, que os efeitos produzidos pelos ornamentos não foram propriamente neutralizados. Talvez seja mais correto dizer que pessoas e objetos, bem como as pessoas entre si – agora reornamentadas – passaram, em pouco tempo, a se afetar conjuntamente, exercendo agência mútua e reciprocamente. Entre todos esses polos parece impossível precisar, ou isolar, agentes primários e secundários[18] (cf. Gell, 1998), e tampouco separar

18 A mesma dificuldade em precisar agentes e pacientes se aplica ao episódio da má escolha das armas narrado no livro de autoria de homens desana do clã *Guahari Diputiro Porã* (Bayaru; Ñi, 2004, p.230-232). Logo após o surgimento da humanidade, os demiurgos exibem determinados objetos para que estes sejam escolhidos pelos ancestrais dos diferentes grupos, os quais são dispostos em fila de acordo com a ordem de surgimento. O ancestral dos Desana, *Boreka*, era o primeiro da fila, e os demiurgos pediram para que ele escolhesse a espingarda. *Boraka* teve medo e, então, escolheu um bastão de comando. O mesmo aconteceu com os ancestrais dos grupos do Uaupés: com receio de pegar a espingarda, escolheram ornamentos cerimoniais. O ancestral dos brancos, que era o penúltimo da fila (precedendo apenas o ancestral dos Maku), não hesitou em pegar a espingarda e foi logo atirando. Na perspectiva dos narradores, é justamente a espingarda que dá "sabedoria" para o ancestral dos brancos, permitindo que, no futuro, seus descendentes fabriquem diversas coisas, enquanto a escolha pelos objetos cerimoniais feita pelos ancestrais dos grupos do Uaupés tem como efeito o fato de que "o índio não inventa nada", só fazendo aplicar o que ganhou nas Casas de Transformação (idem, p.231).

agentes de pacientes, pois nesse jogo de mútua implicação as pessoas, ao mesmo tempo que contornam os riscos envolvidos no uso dos ornamentos, atualizam o modo pelo qual dirigem uns aos outros as suas falas – *uukunsehé*, a cultura, agora revitalizada em uma nova objetificação do conhecimento dos antigos. A potência dos ornamentos mostra-se, ao final, perigosa e produtiva ao mesmo tempo. Todas as falas e acontecimentos narrados acima parecem indicar que, se ela pode devorar e consumir, é porque pode também fazer sonhar.

***

A renovada atenção dirigida aos símbolos diferenciantes da cultura, bem como ao seu potencial transformativo, entre os grupos do Uaupés, talvez possa ser creditada ao contexto que ali começou a se configurar um pouco antes. Trata-se de um mesmo tipo de vitalidade, para o qual marcas e posições parecem corresponder a modulações ou intensidades. Nesse sentido, entender as diferentes possibilidades do movimento da cultura na região depende, a nosso ver, de fazer girar o foco em diferentes pontos dessa rede, identificando e descrevendo diferentes configurações sociológicas que o determinam. E verificar em que medida as duas formas reflexivas da cultura que tentamos esboçar se combinam e se alternam. Em suma, como sugere Manuela Carneiro da Cunha, trata-se de verificar os efeitos dinâmicos que as duas formas exercem uma sobre a outra, dos quais a história da repatriação dos ornamentos oferece uma entre várias outras possíveis manifestações. Haverá, portanto, muito mais a observar e refletir. Para finalizar, vale salientar que o potencial de produzir transformações, redescoberto no conjunto de ornamentos repatriados a Iauaretê, vem sendo igualmente experimentado em outras ações e produtos gerados nesse movimento geral autodenominado "revitalização cultural", que se verifica atualmente no Alto Rio Negro.

Mais de uma vez, pessoas que participam direta ou indiretamente de atividades de revitalização cultural no Rio Uaupés, e em particular de esforços de registro de narrativas míticas para a confecção de livros ou vídeos, apontaram efeitos inesperados que vieram a surgir no transcurso dessas atividades. Tal como a retomada do uso de ornamentos, o esforço de reflexão envolvido no registro de mitos vem ensejando o aparecimento de novas experiências oníricas entre seus protagonistas. Em certos casos, nem tão novas, pois em uma situação específica tratou-se de um homem que em sua juventude sonhava constantemente com o avô repassando-lhe cantos e outros saberes próprios ao seu clã. Segundo ele, isso se devia ao fato de que havia sido "benzido" na tenra infância para que, adulto, viesse a se tornar um *kumu*, o xamã detentor de encantações mágicas, em geral sopradas com fumaça e tabaco (ver nota 14). Essas experiências interromperam-se, porém, quando, vivendo junto a um tio materno também *kumu* e disposto a orientar o aperfeiçoamento de suas capacidades, não atendeu a uma das proibições impostas pela situação de resguardo que o tio lhe prescrevera. Inadvertidamente, participou de uma expedição de caça, tendo em seguida se encarregado de tratar a carcaça de um animal – foi quando inalou a fumaça oriunda da queima dos pelos de um macaco barrigudo. Imediatamente, sentiu um tremendo estampido nos ouvidos, seguido de uma dor de cabeça insuportável e constante. O único meio de livrar-lhe do infortúnio foi um tratamento xamânico, no qual o tio xamã lhe retirou do ouvido uma substância parecida com um chumaço de algodão embebido de uma gosma esverdeada. A dor se foi, como se foram também os sonhos.

Vinte anos mais tarde, esse homem, agora na casa dos quarenta, comenta que, desde que seu pai e seu irmão mais velho passaram a se dedicar a produzir um livro contando a história dos Tukano e, em particular, a trajetória de seu clã, o avô passou novamente a frequentar os seus sonhos. Afirmou que, embora voltado para outras atividades – é cabo do exército no Pelotão de Fronteiras de Iauaretê, mantendo também um pequeno comércio –, vinha buscando colocar igualmente no papel os cantos que o avô voltava a lhe transmitir em sonho. Com isso, cogitava iniciar uma série de gravações que pudesse complementar o livro que o pai e o irmão acabavam de publicar (Maia; Maia, 2004). Um outro caso parecido diz respeito a um senhor tariano mais velho, com mais de sessenta anos, que entre 2004 e 2006 buscou mobilizar seus parentes agnáticos para um registro das narrativas de origem de seu clã. Esses homens vieram a gerar um relato gravado em vídeo que totaliza mais de seis horas, parte das quais vieram a ser utilizadas na produção do documentário *Iauaretê, cachoeira das onças* (Vídeo nas Aldeias/Iphan), material importante no processo que levou ao registro dessa localidade com patrimônio imaterial pelo Iphan em 2006. Desde o início desse trabalho, esse senhor afirmou que seu avô lhe aparece em sonho frequentemente, e, falando-lhe ao ouvido, ensina-lhe os mesmos cantos e histórias que, em sua juventude, não lhe prendiam a atenção. Com esses elementos, passou a buscar esclarecer detalhes das histórias com outros parentes vivos mais velhos, e, com isso, começa até mesmo a conseguir curar certas doenças com encantações apropriadas que está aprendendo. Como ele mesmo diz, "é como se meu avô tivesse ressuscitado", pois, à medida que foi ganhando forma, o registro em vídeo, que resultava de um processo intenso de pensamento e reflexão diante da câmera, parece ter permitido que novos conhecimentos fossem acessados.

Haveria, portanto, alguma afinidade entre alguns efeitos dessas iniciativas recentes e aqueles que advinham do uso constante de ornamentos cerimoniais. Essa convergência de efeitos evidencia-se, no entanto, graças às interpretações indígenas acerca do retorno daquele conjunto de objetos a Iauaretê. Poderíamos dizer que tanto as falas escritas e gravadas, em seu próprio processo de produção, quanto o uso de ornamentos rituais guardam o potencial de desencadear processos de conhecimento. E não apenas através da leitura silenciosa de livros (Cesarino, 2012), ou da audiência reflexiva de gravações, cujo conteúdo informacional diria respeito a um patrimônio idealmente transmitido através das gerações.

Dessa maneira, esse caso abre, a nosso ver, uma via privilegiada para adensar uma reflexão acerca da especificidade do regime de conhecimentos rionegrinos em face do contexto amazônico maior em que se inserem.[19] Os efeitos da cultura sobre a "cultura" (ou vice-versa), tal como vêm se configurando em processos recentes na região, fornecem um ponto de partida para explorar a questão, uma vez que suscitam novas experiências exploratórias em torno daquilo que "nossos avós possuíram". Se a transmissão ao longo de uma cadeia geracional é o modo visível e canônico de agenciamento desses conhecimentos, concebidos que são como uma forma de riqueza, o sistema parece, por outro lado, não abrir mão da experiência sensorial direta viabilizada pelos sonhos. Sonhos antigamente induzidos por adornos rituais, e que, mesmo em desuso por muitas décadas, voltam agora a fazer o seu papel. Mas, surpreendentemente, induzidos também pelos processos

19 Para uma reflexão recente sobre a diversidade de regimes de conhecimento na Amazônia e um contraste entre os povos do Rio Negro e outros (Yanomami, Marubo etc.), ver Carneiro da Cunha (2012a; 2012 b).

de produção de materiais estimulada pelas novas políticas de revitalização e patrimonialização cultural.

Referências bibliográficas

ANDRELLO, G. *Cidade do Índio*. Transformações e cotidiano em Iauaretê. São Paulo: Unesp/ISA/NuTI, 2006.

______. Hierarquias e alianças: política indígena no rio Uaupés. *Teoria & Pesquisa* XVIII, n.2, p.81-96, 2008.

______. Falas, objetos e corpos: autores indígenas no rio Negro. *Revista Brasileira de Ciências Sociais*, v.73, p.5-26, 2010.

______. Histórias tariano e tukano. Política e ritual no rio Uaupés. *Revista de Antropologia*, v.55, n.1, p.291-330, 2012.

______. Origin Narratives, Transformation Routes. *Vibrant. Virtual brazilian anthropology*,v.10, n.1, p.1-33, 2013.

ANDRELLO, G.; OLIVEIRA, A. G. *Folder* para Exposição Basa Bu'sá. Iphan e Foirn, 2008.

BARCELOS NETO, A. *Apaapatai*. Ritual de máscaras no Xingu. São Paulo: Edusp, 2008.

BAYARU, T.; ÑI G. *Livro dos Antigos Desana – Guahari Diputiro Porã*. São Gabriel da Cachoeira: Foirn, 2004.

BUCHILLET, D. Los Poderes del Hablar. Terapia y agresión chamánica entre los índios Desana Del Vaupes brasilero. In: BASSO, E.; SHERZER, J. *Las culturas latinoamericanas a traves de su discurso*. Quito: Abya-Yala, 1990.

CARNEIRO DA CUNHA, M. *Cultura com aspas*. São Paulo: Cosac Naify, 2009.

______. Questões suscitadas pelo conhecimento tradicional. *Revista de Antropologia*, v.55, n.1, p.439-466. 2012a.

______. Savoirs autochtones: quelles nature, quels apports? Leçons Inaugurales du Collège de France. Paris: Fayard, 2012b.

CESARINO, P. A escrita e os corpos desenhados: transformações do conhecimento xamanístico entre os Marubo. *Revista de Antropologia*, v.55, n1, p.75-138, 2012.

DIAS CABALZAR, F. *Até Manaus, até Bogotá*. Os Tuyuka vestem seus nomes como ornamentos. Tese de doutorado, USP, 2011.

FAUSTO, C. Dono demais: maestria e domínio na Amazônia. *Mana*, v.14, n.2, p.329-366, 2008.

FERREIRA, T. *Basá busá*: política e cultura no alto rio Negro. Dissertação de mestrado, UFSCar, 2014.

GELL, A. *Art and Agency*. Oxford University Press, 1998.

HUGH-JONES, S. Éducation et culture. Réflexions sur certains développements dans la région colombienne du Pira-Parana. *Cahiers des Ameriques Latines*, v.23, p.94-121, 1997.

HUGH-JONES, S. Entre l'image et l'écrit. La politique tukano de patrimonialisation en Amazonie. *Cahiers des Amériques Latine*, n.63-64, p.195-227, 2010.

______. Pandora's Box. Amazonian Style. STENZEL, K.; EPPS, P. (Eds.). *Upper Rio Negro*. Cultural and linguistic interaction in Northwest Amazon. Rio de Janeiro: Museu Nacinal/Museu do Índio, 2013.

JACKSON, J. Being and Becoming Indian in the Vaupés. URBAN, G.; Scherzer J. (Eds.), *Nation-States and Indians in Latin America*. Austin: University of Texas Press, 1991.

______. Culture, Genuine and Spurious: The Politics of Indianness in the Vaupés, Colombia. *American Ethnologist*, v.22, n.1, p.3-27, 1995.

KELLY, J. A. Notas para uma teoria do "virar branco". *Mana*, v.11, n.1, p.201-234, 2004.

KOCH-GRÜNBERG, T. *Dos Años entre los Indios*. 2v. Santafé de Bogotá: Universidad Nacional de Colômbia, [1909/1910] 1995.

MARTINI, A. O retorno dos mortos. Apontamentos sobre a repatriação de ornamentos de dança do Museu do Índio para o rio Negro. *Revista de Antropologia*, v.55, n.1, p.331-156, 2012.

POZZOBON, J. Vocês, brancos, não têm alma. *"Vocês, brancos, não tem alma"* – história de fronteira. São Paulo: Azougue/ISA, 2013.

RICARDO, B.; RICARDO, F. (Orgs). Aconteceu. *Povos Indígenas no Brasil*. São Paulo: Cedi, 1991.

______. (Orgs). Aconteceu. *Povos Indígenas no Brasil*. São Paulo: Instituto Socioambiental, 1996.

______. (Orgs). Aconteceu. *Povos Indígenas no Brasil*. São Paulo: Instituto Socioambiental, 2001.

RAMIREZ, H. *A Fala Tukano dos Ye'pâ-Masa*. Manaus: Inspetoria Salesiana Missionária da Amazônia, 1997.

SAHLINS, M. O pessimismo sentimental ou porque a cultura não é um objeto em vias de extinção (parte I). *Mana*, v.3, n.1, p.41-73, 2001.

WEINER, A. *Inalienable Possessions. The paradox of giving while giving*. Berkeley: University of California Press, 1992.

VILAÇA, A. O que significa tornar-se outro? Xamanismo e contato interétnico na Amazônia. *Revista Brasileira de Ciências Sociais*, v.15, p.56-72, 1999.

VIVEIROS DE CASTRO, E. Perspectivismo e mutinaturalismo na Amazônia indígena. *A inconstância da alma selvagem*. São Paulo: Cosac Naify, 2002.

2
Patrimônio agricultural e modernidade no Rio Negro (Amazonas)

Laure Emperaire[1]

Introdução

O Brasil fundamenta grande parte de seu potencial econômico de país emergente no desenvolvimento ambicioso de uma agricultura moderna que se expressa em várias escalas, desde o agronegócio até uma modernidade mais modesta veiculada por ações locais de desenvolvimento agrícola. A ideologia modernizante ainda integra valores da Revolução Verde e tende a se aplicar de modo uniforme à imensa variabilidade das formas de

1 Pesquisa desenvolvida no âmbito da cooperação bilateral entre o CNPq/ Unicamp e o IRD, projeto n. 490826/2008-3 Pacta 2 (resps. M. Almeida/L. Emperaire). Fontes de financiamentos CNPq, IRD-UMR 208 da França, Edital Práticas Interculturais nas Instituições patrimoniais do Ministério da Cultura e da Comunicação, *De la ressource au patrimoine, pratiques culturelles et conservation de l'agrobiodiversité en Amazonie brésilienne* (resp. L. Emperaire), Projeto Ford *Effects of intellectual and cultural rights protection on traditional people and traditional knowledge. Case studies in Brazil* (resp. M. Carneiro da Cunha). Autorização do CGEN n. 139, DOU (4/4/2006). Participaram da pesquisa – em Tapereira: C. Dias Costa, C. Carvalho, D. Dias, E. Murilo; no Espírito Santo: E. Serafim Lúcio, I. Silva, J. da Silva, J. Oliveira, M. A. Reis, M. Oliveira, N. da Silva Lúcio, N. Lúcio Resende, Z. Oliveira; em Santa Isabel: A. dos Santos Borba, A. da Silva Gervásio, C. da Silva Reis, C. Dias, D. Pinheiro, E. de Jesus Barbosa Fidelis, H. Teixeira Nery, I. Aires Fernandes, J. Carvalho, L. M. Avelino, M. Garcia, M. de Nazaré, M. Lima dos Santos, E. dos Santos, M. Fernandes, O. Braga Aguiar, R. Aragão, R. Garcia Sampaio, S. Venâncio de Melo. Agradeço pelos comentários: Alba Figueroa, Patrícia Bustamante e Manuela Carneiro da Cunha, e todos os membros da ACIMRN, Asiba e Foirn, do ISA, do Iphan, da Embrapa e do Pacta pelas discussões em torno do sistema agrícola tradicional do Rio Negro.

produção que resulta da diversidade sociocultural e ambiental brasileira: são sistemas que repousam sobre conhecimentos, normas, valores, práticas de manejo dos espaços e da agrobiodiversidade associada, técnicas e artefatos variados de transformação dos produtos e alimentos ancorados numa sociedade e seu território. À margem da visão dominante da modernização, iniciativas apoiadas na maioria das vezes por parcerias que reúnem associações locais, instituições não governamentais ou governamentais promovem o reconhecimento do papel das comunidades locais na conservação da agrobiodiversidade,[2] criando novas figuras (Casas de sementes, Redes de trocas, Feiras de Sementes, Guardião da Agrobiodiversidade, Centros Irradiadores do Manejo da Agrobiodiversidade) e dando maior visibilidade aos processos locais de produção e manejo da diversidade biológica (Silva Mariante et al., 2009).

A questão levantada aqui é a das possibilidades de inserção de uma modernidade agrícola que permita às populações expressar suas escolhas e criatividade em matéria de "desenvolvimento agrícola", e que se apoiaria sobre as propriedades intrínsecas de um sistema agrícola marcado por uma alta diversidade e processos contínuos de inovação e experimentação. Freire (2007) descreve o fracasso de um programa de modernização da agricultura levado pelo governo venezuelano aos Piaroa (também detentores de uma alta agrobiodversidade. Heckler e Zent, 2008) com pesados impactos no plano ecológico e fraco aumento da produção. Interesse político e curiosidade foram os maiores catalizadores da participação dos Piaroa no programa, mas diante do qual eles desenvolveram suas próprias escolhas de integração no mercado. Essa preocupação converge com a análise desenvolvida por Zimmerer (2006) a respeito da articulação entre políticas públicas e expectativas das populações a respeito da conservação da agrobiodiversidade. Este autorreferencia três grandes tipos de ação mais ou menos em sintonia com as preocupações dos agricultores: as oriundas dos próprios agricultores para a produção de sementes certificadas, as que se enquadram em pesquisas participativas para o melhoramento de variedades e as que são orientadas por normas específicas de manejo de áreas protegidas.

Expomos aqui o caso de duas políticas públicas conflitivas em torno de um mesmo objeto, a agrobiodiversidade, uma de salvaguarda patrimonial e

2 Entendida aqui como o conjunto das plantas, sejam elas espécies ou variedades.

outra de implementação de um projeto de desenvolvimento agrícola. Ambas são colocadas em perspectiva com as próprias normas e processos locais de manejo e conservação da diversidade de plantas cultivadas.

Uma breve contextualização

A região do Rio Negro, na Amazônia do Noroeste, é conhecida por sua alta diversidade de plantas cultivadas pelas populações indígenas. Foram recenseadas centenas de espécies, cultivadas para fins alimentícios, tecnológicos, medicinais etc. É um centro de diversificação das mandiocas, pimentas e abacaxis (Clement et al., 2010; Coppens d'Eeckenbrugge; Duval, 2009; Emperaire, 2001; Ferreira et al., 2005). A população é na sua grande maioria indígena, com 22 grupos étnicos de famílias linguísticas aruak, tukano oriental, maku e yanomami[3] (Cabalzar; Ricardo, 2006). A paisagem é florestal, a não ser o mosaico de pequenas roças de menos de meio hectare feito por uma agricultura de corte e queima que opera em um ciclo de dez ou mais anos, que vai da roça à capoeira e da capoeira à floresta. A mandioca brava é a figura central da agricultura do Rio Negro: ocupa a maior parte da superfície cultivada, fornece o essencial da alimentação e, sobretudo, é o alvo do interesse dos constantes cuidados das *donas de roça*, expressão que junta autoridade, responsabilidade e *expertise*. Cada *dona de roça* cultiva de seis a vinte ou mais variedades de manivas. Na região de Santa Isabel do Rio Negro foram levantadas, junto a 30 unidades domésticas, 106 variedades de manivas bravas, e quatro de macaxeiras, além de 308 outros tipos de plantas (Emperaire; Eloy, 2014). A produção agrícola destina-se principalmente ao consumo doméstico ou a uma comercialização que passa pelas redes de trocas dos produtores ou se realiza junto aos comerciantes da cidade. O principal produto comercializado é a farinha de mandioca. A diversidade agrobiológica manejada encontra um forte eco em outras atividades da vida doméstica, como na alimentação: peixes, pimentas, frutas, outros tubérculos e os derivados da mandioca sob a forma de farinhas, gomas, beijus, cachiris

3 Tukano, Desana, Kubeo, Wanana, Tuyuka, Pita-Tapuya, Miriti-Tapuya, Arapaso, Karapanã, Bará, Siriano, Makuna da família tukano oriental, Baniwa, Kuripako, Baré, Werekena e Tariana, da família aruak, Hupda, Yuhupde, Dow e Nadeb da família maku e Ianomami (Cabalzar; Ricardo, 2006).

e condimentos (Garnelo; Barreto Baré, 2009; Silva, 2013; Trefaut, 2013). Reflete-se também de forma importante na cultura material, principalmente nos objetos de cestaria utilizados para o processamento de mandioca (Emperaire et al., 2010; Velthem, 2012). A prática agrícola constitui uma referência cultural central e compartilhada pelos diversos grupos étnicos, ainda que, nas suas modalidades materiais ou imateriais, características próprias sejam reivindicadas na escala do grupo cultural, da família ou do indivíduo.

Um patrimônio agricultural

A questão da continuidade do sistema agrícola local foi levantada durante as discussões[4] entre os membros da Associação das Comunidades Indígenas do Médio Rio Negro (ACIMRN), pesquisadores e membros de instituições governamentais e não governamentais. A crescente urbanização, a desvalorização dos saberes locais pelo viés da escola, a falta de transmissão intergeneracional destes, a crescente inserção da população numa economia de mercado e serviços, a evolução dos hábitos alimentares foram apontadas como as principais responsáveis da vulnerabilidade dos saberes locais e da diversidade das plantas cultivadas. De modo mais específico, as discussões tratavam de identificar instrumentos legais capazes de garantir os direitos das populações indígenas do Rio Negro sobre as variedades cultivadas, selecionadas e conservadas por elas, e de fazer reconhecer no âmbito nacional o papel das populações locais na existência dessa agrobiodiversidade.

Pensou-se inicialmente na possibilidade de uma Indicação Geográfica[5] sobre uma produção local; a opção foi descartada por não dar conta da diversidade dos processos na base do sistema agrícola. Qual ou quais produções? Para qual mercado? Qual seria o custo operacional e financeiro desse selo de qualidade? Qual delimitação geográfica? Quais afirmações étnicas estariam em jogo? Importava também dar uma visibilidade nacional a um sistema agrícola tradicional no contexto da modernização da agricultura já

4 Ela teve como catalisador inicial outro instrumento de políticas públicas, o termo de anuência prévia para acesso a conhecimentos tradicionais associados à biodiversidade (Medida Provisória n. 2.186/16-2001), para que haja um acordo entre população local e pesquisadores.

5 As indicações geográficas são dispositivos de proteção do nome, e não de produtos, integrados na Lei n. 9.279/1996 sobre a propriedade intelectual.

mencionada. Qual espaço podia ser outorgado a sistemas agrícolas tradicionais nos quais o objetivo de produção está inserido em múltiplos outros significados? O aspecto econômico foi se apagando do horizonte diante de uma outra perspectiva, a de um reconhecimento cultural, promovido no nível nacional, de um modo singular de produzir. A possibilidade de integração do conjunto de práticas, saberes, normas, sentimentos e objetos sob o conceito de patrimônio cultural imaterial[6] apareceu como um anteparo diante do risco de especialização gerada por uma valorização econômica de um ou alguns produtos da agrobiodiversidade, e a proposta de registro do sistema agrícola tradicional do Rio Negro como bem cultural imaterial nacional emergiu em 2006-2007. Em 2007, a ACIMRN decidiu encaminhar ao Instituto do Patrimônio Histórico e Artístico Nacional (Iphan) um pedido de registro do sistema agrícola tradicional como patrimônio imaterial da nação brasileira segundo os termos do decreto n. 3.551/2000 (Iphan, 2000). Sua inscrição foi solicitada no Livro dos Saberes, que se aplica aos *conhecimentos e modos de fazer enraizados no cotidiano das comunidades* (Iphan, 2000, p.16).

A noção de sistema agrícola constituía o âmago da proposta. Na perspectiva do patrimônio cultural, como ressalta Ana Gita de Oliveira (2010): "entender 'sistema agrícola' significa dar conta de como se imbricam na agricultura as dinâmicas de produção e reprodução dos vários domínios da vida social, incluindo-se aí os múltiplos significados que vão se constituindo ao longo das vivências e experiências históricas, orientadoras dos processos de construção de identidades. Os saberes constitutivos dos sistemas agrícolas e as atividades que os caracterizam resultam de processos, constantemente reelaborados, sendo o tempo presente apenas um momento

6 "Artigo 2 (1). Entende-se por "patrimônio cultural imaterial" as práticas, representações, expressões, conhecimentos e técnicas – junto com os instrumentos, objetos, artefatos e lugares culturais que lhes são associados – que as comunidades, os grupos e, em alguns casos, os indivíduos reconhecem como parte integrante de seu patrimônio cultural. Este patrimônio cultural imaterial, que se transmite de geração em geração, é constantemente recriado pelas comunidades e grupos em função de seu ambiente, de sua interação com a natureza e de sua história, gerando um sentimento de identidade e continuidade e contribuindo, assim, para promover o respeito à diversidade cultural e à criatividade humana. Para os fins da presente Convenção, será levado em conta apenas o patrimônio cultural imaterial que seja compatível com os instrumentos internacionais de direitos humanos existentes e com os imperativos de respeito mútuo entre comunidades, grupos e indivíduos, e do desenvolvimento sustentável." (Unesco, 2003)

em sua trajetória". A expressão sistema agrícola, apesar de ser bastante utilizada no campo agronômico, não se refere a um conteúdo bem definido e sistematizado, tais como são os conceitos hierarquizados de sistema agrário (ancorado territorialmente), sistema de produção (representado palas produções e os fatores de produção na escala do agricultor) ou sistema de cultivo (na escala da parcela tratada de modo homogêneo) desenvolvidos por Mazoyer e Roudart (1997). A perspectiva seguida na análise do sistema agrícola tradicional do Rio Negro foi horizontal, atenta às relações entre práticas, saberes, normas e conceitos, mitos, relatos, expressões em torno do manejo dos espaços, das plantas cultivadas (quer dizer, cuja presença é intencional, seja ela plantada ou não, domesticada ou não), da cultura material associada à transformação dos produtos agrícolas e do sistema alimentar (Emperaire et al., 2010). A abordagem sistêmica, de um lado, permitia fundir os contornos do material e do imaterial, propiciando uma maior aproximação com a realidade vivida pelos detentores do bem e, por outro, levantava a questão complexa de como abarcar "uma multiplicidade de elementos interdependentes em um contexto sociocultural, econômico e ecológico de fronteiras imprecisas" (Fonseca Londres, 2010).

Em 2008-2009, o financiamento de um projeto apresentado pelo Instituto Socioambiental em resposta a um edital do Iphan permitiu consolidar a proposta no plano local e regional. Pesquisadores indígenas levantaram parte da documentação necessária ao estabelecimento do dossiê de registro, e reuniões foram organizadas na comunidades do Médio Rio Negro e na cidade de Santa Isabel com a finalidade de explicitar e colocar em discussão a proposta de registro do sistema agrícola. Por fim, foram organizadas duas reuniões em Santa Isabel e São Gabriel em 2009 entre as três associações dos Médio e Alto Rio Negro envolvidas no processo: a Associação Indígena de Barcelos (Asiba), a Federação das Organizações Indígenas do Alto Rio Negro (Foirn) e a ACIMRN encabeçando a demanda. A ACIMRN tornava-se, assim, protagonista das políticas culturais associadas a esse patrimônio na escala regional e nacional; sua iniciativa dava seguimento à da Foirn e do Centro de Estudos e Revitalização das Comunidades Indígenas de Iauaretê (Coidi), que tinham solicitado o registro no Livro dos Lugares de um outro bem imaterial: os lugares sagrados dos povos indígenas dos rios Uaupês e Papuri (Andrello; Oliveira, 2008). O estranhamento inicial sobre tal mobilização interinstitucional em torno das roças, casas de forno e alimentação, elementos do cotidiano e dos termos registro e patrimônio, inicialmente percebidos como pertencentes a um vocabulário administrativo, cederam paulatinamente espaço para um entendimento sobre a articulação entre um patrimônio nacional e um "patrimônio" local expresso, por exemplo, nos termos de *yané iupirangá* ou "nosso começo" em língua geral (Dilsa Tomás de Melo; Baré; Barcelos, 2013) ou de *kuore*, "o que a gente possui" em tukano (Higíno Pimentel Tenório Tuyuka, 2013).

O dossiê de registro foi redigido pelos pesquisadores do Pacta.[7] Em novembro de 2010, o Conselho Consultivo do Patrimônio Cultural reconheceu o sistema agrícola tradicional do Rio Negro como Patrimônio Cultural do Brasil. Em junho de 2011, o título foi entregue aos membros da diretoria das associações indígenas e a autoridades municipais de Santa Isabel. O Estado reconhecia assim o caráter diferenciado e singular de formas de fazer e de saber na área agrícola, e incorporava esse tema, tradicionalmente afeto às instituições agrícolas ou ambientais, em suas políticas culturais. Dessa forma, passava-se de uma problemática de conservação de recursos agrobiológicos a uma problemática de preservação de um patrimônio. No plano local, houve uma concordância geral para solicitar o registro, porém, isso não queria dizer que os desdobramentos desse reconhecimento fossem claramente identificados por todos os protagonistas. Eram novas trilhas a serem construídas para o plano de salvaguarda. A conservação de um sistema agrícola indígena, declinado sob múltiplas outras formas por outras populações ameríndias ou tradicionais do Brasil, era pensada como uma experiência piloto de reconhecimento patrimonial. Restava estabelecer e implementar seu plano de salvaguarda segundo os termos do Programa Nacional do Patrimônio Imaterial, ou seja, identificar e "[...] apoiar as condições materiais que propiciam sua existência e proteger os direitos relacionados ao seu uso" (Oliveira et al., 2008, p. 13).

7 Programa de pesquisa CNPq-Unicamp/IRD "Populações, agrobiodiversidade e conhecimentos tradicionais associados", 2005-2009 e 2009-2014.

Um projeto de modernização: ampliar a produção de farinha

Os acontecimentos tomaram um novo rumo em 2012-2013 com a introdução de um projeto de desenvolvimento agrícola na região. O Governo do Estado do Amazonas lançou, em julho de 2012, o programa *Amazonas Rural* com o objetivo de responder a uma demanda interna: reforçar a autonomia alimentar do estado e impulsionar as economias de seus municípios. Visa responder a gargalos na área de produção, escoamento, beneficiamento e comercialização, e envolve *ações estruturantes*, entre as quais o aprimoramento de marcos legais e a ampliação da rede de assistência técnica e *ações finalísticas*, que têm por objetivos segurança alimentar, piscicultura, diversos cultivos, extrativismo, pecuária sustentável etc. No documento, o Rio Negro é objeto de uma proposta específica que envolve piscicultura, pequenos animais, extrativismo e a ampliação do projeto *Agricultura indígena* (Governo do Amazonas, 2012). No entanto, a proposta governamental hoje em andamento no Rio Negro se restringe a modernizar a agricultura para atender as necessidades das cidades de Barcelos, Santa Isabel do Rio Negro e São Gabriel em farinha de mandioca, base da alimentação e principal produção local. O objetivo se configura localmente como a criação de um mercado para a farinha produzida no entorno da cidade ou outras localidades.

Entre 1991 e 2010, a população dessas três pequenas cidades triplicou, enquanto a população rural duplicava no município de Barcelos, apresentava um crecimento reduzido em São Gabriel e diminuía em Santa Isabel, apontando para um fenômeno regional compartilhado de urbanização e dinâmicas rurais próprias a cada município (IBGE, 1991, 2000 e 2010) (Tabela 1 e Figura 1). Os secretários municipais de Produção e Abastecimento, com o apoio do Instituto para o Desenvolvimento da Agricultura e Pecuária do Estado do Amazonas (Idam), agência de desenvolvimento agrícola presente nos municípios, foram encarregados da aplicação do plano. As ações previstas se fundamentam no mapeamento dos agricultores através de uma Declaração de Aptidão ao Programa Nacional de Fortalecimento da Agricultura Familiar[8] (DAP – Pronaf) e de Diagnóstico da Unidade de Produção Familiar (UPF) da Secretaria de Agricultura Familiar do Ministério

8 Disponível em: http://portal.mda.gov.br/portal/saf/programas/pronaf. Acesso em: 4 set. 2014.

do Desenvolvimento Agrário (Brasil, 2013a; Brasil, 2013b), como mencionou o secretário de Abastecimento e Produção de Santa Isabel do Rio Negro (Nery, 2013). De modo concreto, o Projeto de Desenvolvimento Agrícola visa implementar em cada um dos três municípios 100 ha de mandioca mecanizada, 1 ha por unidade agrícola, durante quatro anos, ou seja 400 ha por município.[9] Num primeiro tempo, o projeto, por motivos logísticos, atingiria a população que tem suas roças ao longo das estradas que saem da cidade. O objetivo é conseguir um rendimento de 12 t/ha com 10.000 pés/ha, e assim permitir a autossuficiência das cidades nesse gênero (Motta Filho, Idam, 2013). Com um fator de conversão de tubérculos em farinha de cerca de 0,25 (Ribeiro, 1995, p.118), seriam 1.200 toneladas de farinha produzidas em 400 ha em cada município. A proposta de modernização é baseada em duas medidas agrotécnicas, a mecanização da agricultura para a implementação de novas roças e a seleção de variedades locais consideradas mais produtivas. Em Santa Isabel do Rio Negro, 14 variedades foram selecionadas entre as mais de cem presentes na região.

No entanto, fontes bibliográficas mostram que em vários contextos o objetivo de produtividade já é alcançado utilizando a tecnologia agrícola tradicional ou indígena. Os dados obtidos por Pereira (2008) em Mamirauá e Amanã (Solimões) junto a populações tradicionais apontam para uma produtividade anual de 16 t/ha.[10] O levantamento bibliográfico de Grenand (1996, p.714) sobre a produtividade da mandioca em dez contextos amazônicos, ameríndios ou tradicionais assinala um intervalo de variação compreendido entre 9,5 e 20,7 t/ha com uma mediana de 14,9 t/ha. Detalhando esses dados, a autora compara em três localidades as produtividades por hectare e por família,[11] bem como as necessidades expressas pelas famílias:[12] Trois Sauts na Guiana francesa, numa aldeia wajãpi (com respectivos valores de 18,4 t/ha, 6,5 e 3,3 t/fam.); no Rio Cuieras, na região

9 Segundo o Censo Agropecuário 2006, o município de Santa Isabel conta com 312 estabelecimentos agrícolas (IBGE, 2006).

10 A produtividade média do Brasil é de 14 t/ha (máximo 24 t/ha em São Paulo); do Amazonas, dependendo das fontes, varia entre 5 e 12 t/ha (IBGE, 2011).

11 Dados padronizados em função da superfície efetivamente cultivada e ocupada pelas variedades de mandioca, respetivamente 0,35 ha, 0,33 ha e 0,26 ha.

12 Luís Lana, desana do Alto Rio Negro, estima a demanda familiar anual em 7,2 t de tubérculos, mas os dados apresentados não permitem saber se o objetivo é alcançado (Ribeiro, 1995, p.118).

do Baixo Rio Negro, junto a uma comunidade tukano originária do Alto Rio Negro (13,4 t/ha, 4,0 e 4,3 t/fam.); e na Ilha do Careiro, a jusante de Manaus, junto a ribeirinhos ou caboclos (20,7 t/ha, 5,4 e 5,0 t/fam.). No caso de Trois Sauts, a produção ultrapassa as necessidades, mas, nas duas outras localidades, Rio Cuieiras e Ilha do Careiro, está apenas superior à necessidade ou mesmo abaixo, gerando uma situação de vulnerabilidade dessas populações.

Uma vez arrancadas as mandiocas e postas no aturá, a distância da roça à farinha de mandioca ainda é imensa: produzir farinha ou goma (fécula) é um trabalho complexo que envolve várias etapas. Os dois espaços, roça e casa de forno, são indissociáveis na lógica do sistema agrícola do Rio Negro: cada família produz a mandioca na *sua roça* e consome *sua farinha* ou *seu beiju*. O equilíbrio no investimento em tempo entre as duas unidades é frágil, e o trabalho realizado em ambas, penoso, no sol ou na fumaça. Enquanto os tubérculos podem ser armazenados por vários meses ou anos debaixo da terra na roça aguardando futuras colheitas, o processamento das mandiocas arrancadas deve ser imediato. Duplicar a superfície cultivada para suprir as necessidades da cidade seria duplicar o tempo de trabalho tanto na roça quanto na casa de forno, coisa que as múltiplas tarefas que incumbem à mulher não permitem. A questão dos impactos sociais e fundiários de um projeto definido na base do indivíduo ou do grupo familiar e não de um coletivo regional deve ser também levantada. Quais serão suas repercussões num contexto onde a prática agrícola induz poucas diferenças econômicas? E onde a maioria das espécies e variedades cultivadas circulam como um bem coletivo? Os valores de produtividade acima citados colocam outra luz sobre um suposto subdesenvolvimento ou arcaísmo das agriculturas tradicionais, ainda mais se se considera que essas agriculturas locais prestam um serviço de conservação da diversidade agrobiológica, que permanece hoje invisível aos olhos das instituições encarregadas da produção agrícola. Qual a escuta das demandas de assistência técnica das próprias famílias? Essas questões estão sendo colocadas no programa mais recente *Agricultura Indígena*, da Secretaria de Produção Rural do Estado do Amazonas, mas ainda não implementado (Alfaia, 2014; da Silva Vieira, 2014).

O uso de parcelas de modo permanente e não mais cíclico, a redução do pousio sem a devida consideração do seu papel como mecanismo natural de regeneração da fertilidade do solo, o abandono do amplo leque de espécies e variedades cultivadas, a introdução de uma nova divisão de trabalho entre homens e mulheres e entre grupos familiares, o embate entre saberes (Adell, 2011), entre um conhecimento local e um conhecimento agronômico oriundo de um ensino agrícola que dificilmente reconhece a capacidade de *expertise* local das mulheres *donas de roças*, principais detentoras do conhecimento sobre a agrobiodiversidade, são fatores de fragilização do sistema. Ambos conhecimentos não se reduzem a um saber pragmático que atua sobre a matéria, mas integram registros simbólicos. A onda de modernização e integração ao mercado abrange também as *casas de forno*, onde são processados os derivados da mandioca. Renomeadas nessa ocasião *casas de farinha*, elas passam por um reordenamento do espaço de trabalho regido por padrões exógenos de normas sanitárias e de padronização do produto.

Agri-cultura ou agricultura?

Considerar apenas rentabilidade e gargalos nessa modernização seria abrir mão do repertório cultural no qual as práticas agrícolas se inscrevem, do conjunto das relações que a *dona de roça* mantém com suas manivas, dos mitos, relatos, conceitos e práticas referentes às plantas cultivadas. Valores culturais embutidos na atividade agrícola praticada no Rio Negro como o orgulho da diversidade de plantas mantidas na roça, sua beleza, a relação afetiva com os seres-plantas que a povoam são imperceptíveis aos olhos dos agrônomos, cujo modelo estético repousa sobre o ordenamento regular das plantas segundo uma lógica métrica. A produtividade de uma variedade de mandioca tal como é vista pelas *donas de roça* não é apenas uma questão enraizada em um substrato edáfico; envolve uma relação corporal e afetiva com a agricultora: tal *maniva dá* [ou não dá] *com minha mão.* As *manivas*, a parte epigeia da planta que servirá para produzir novas estacas, não podem ser maltratadas, abandonadas ou queimadas. Os cuidados das *donas de roça* visam não só uma produtividade e uma autonomia alimentar, mas também um bem-estar das plantas cultivadas, em particular das manivas (Emperaire et al., 2010). A relação com as plantas não é apenas individual: a existência da própria diversidade de recursos fitogenéticos resulta da mobilização de ampla rede que repousa sobre laços sociais (cf. infra).

Assim, além de mudanças técnicas ou de escolhas de variedades, é uma transformação das categorias de significados das atividades agrícolas que está em jogo, uma mecanização justificada pela diminuição do trabalho necessário ao desmatamento de uma roça. Responde também a injunções governamentais de não queimar vegetação de estrutura florestal, seja primária ou secundária;[13] a lógica do sistema agrícola tradicional corre sério risco de ser abalada caso esse projeto seja implementado. Outro risco é que tais pacotes tecnológicos sejam ao mesmo tempo problema e solução, fechando o horizonte para outras alternativas, como Freire (2007) menciona a respeito dos Piaroa. Duas políticas públicas andam em descompasso e repousam sobre premissas divergentes:[14] *agricultura* versus *agri-cultura*. No entanto, na *agricultura*, sendo hoje a única proposta que abre um mercado e oferece uma renda econômica para parte da população, não existem condições de escolha para as populações indígenas.

Conservar e produzir a diversidade agrícola

A proposta defendida aqui é integrar opções econômicas clássicas (pelo acesso ao mercado, a venda das produções locais na merenda escolar ou outras oportunidades) à conservação da agrobiodiversidade local, riqueza cultural e material do interesse das populações e do Estado. De fato, este assume o papel de conservação via a conservação *ex situ*, mas não incorporou, ou, apenas de modo marginal, a *in situ* nas suas políticas de conservação.

Conservação *ex situ versus* conservação *in situ*

De modo esquemático, qualquer produção agrícola resulta de uma adequação intencional entre um ambiente e um potencial biológico, o das plantas cultivadas. Um leque de respostas passa pela preservação da variabilidade

---

13 "Excetuam-se da proibição constante no *caput* as práticas de prevenção e combate aos incêndios e as de agricultura de subsistência exercidas pelas populações tradicionais e indígenas." (Código Florestal, Lei n. 12.651, de 25 de maio 2012, art. 38, § 2).

14 Sobre os aspectos jurídicos relacionados à agrobiodiversidade e ao patrimônio cultural, ver Santilli (2009) e Prado Soares (2009).

dos genótipos e dos ambientes, e procura um estreito ajustamento das possibilidades de adaptações das plantas a uma grande diversidade de microcondições ecológicas. Essa via privilegia a complexidade e a heterogeneidade. No outro extremo são adotadas soluções tecnológicas que visam uniformizar em larga escala o ambiente com meios mecânicos e/ou químicos e, em consequência, selecionar genótipos altamente adaptados a esse tipo de ambiente (Bonneuil et al., 2006; Demeulenaere; Goulet, 2012). Os grandes monocultivos de soja, canola, beterraba, cana e outros ilustram de maneira óbvia a escolha fundamentada sobre a simplificação do ambiente e a homogeneização do material genético. No entanto, a polaridade complexificação – simplificação não se sobrepõe exatamente ao gradiente entre agriculturas tradicionais e modernas. Escolhas culturais ou condições extremas (água, seca, gelo...) podem levar as primeiras a uma simplificação do suporte biofísico. Pelo contrário, hoje mecanismos naturais [são considerados] promotores do progresso[15] e práticas agrícolas modernas, como a agroecologia ou a agricultura orgânica, incorporam complexas dinâmicas ecossistêmicas (Demeulenaere; Goulet, 2012).

A Revolução Verde dos anos 1960 constituiu uma aplicação na escala quase mundial dos progressos do melhoramento das variedades com uma seleção fundamentada sobre critérios de produtividade, mecanização e uso de fertilizantes e agrotóxicos. Essa etapa da história da agricultura mundial permitiu multiplicar até dez vezes a produtividade dos agricultores (Mazoyer; Roudart, 1997, p.488). A erosão genética decorrente do uso de variedades selecionadas foi amplamente denunciada (ex.: das dez mil variedades de arroz cultivadas na China em 1949, cerca de vinte anos mais tarde sobravam mil – dado FAO). As atuais dinâmicas territoriais, como a expansão dos monocultivos e dos pacotes técnicos associados, a crescente urbanização, as mudanças climáticas expulsam os agricultores de terras tradicionalmente ocupadas e continuam gerando perda de diversidade biológica, cultivada ou silvestre. No entanto, o relatório da (FAO, 2010, p.44) sobre a situação da diversidade genética mundial enfatiza que fundos de quintais, de pomares, roças e outros espaços cultivados ainda abrigam uma diversidade elevada conservada pelas populações locais, como é o caso do

15 "[...] mécanismes naturels [sont considérés comme] promoteurs du progrès"; (Demeulenaere Goulet, 2012).

Rio Negro. Publicações recentes mostram situações contrastadas sobre os resultados da conservação *on farm* dos recursos fitogenéticos, evidenciando a necessidade de abordagens localizadas. Assim, vários trabalhos de cunho antropológico ou etnobotânico atestam a vitalidade dos sistemas locais indígenas ou tradicionais de conservação da agrobiodiversidade (Heckler; Zent, 2008; Pantoja et al., 2002; Robert et al., 2012). A comparação da diversidade do milheto *(Pennisetum glaucum)* e do sorgo (*Sorgho bicolor)* em 1979 e em 2003 (Bezançon et al., 2009) em 79 localidades do Níger não permite inferir numa erosão. A diversidade do arroz na Guiné é estável entre 1979 e 2003 (Barry et al., 2008). Outros exemplos mostram perdas importantes. A perda de diversidade do arroz nas Filipinas é principalmente ligada a fenômenos climáticos (Morin et al., 2002). No Brasil, Peroni e Hanazaki (2002) assinalam uma perda de variedades de mandioca na região da Mata Atlântica. O estudo detalhado de Marchetti et al. (2013) realizado no Mato Grosso num intervalo de vinte anos mostra uma diversidade na escala regional das mandiocas idêntica, uma redução do leque de variedades cultivadas por agricultor, um remanejamento da importância de certas variedades (superfície ocupada) e um abandono por parte dos jovens das atividades agrícolas. Os relatos e as observações feitas no Médio Rio Negro atestam a recente rarefação de plantas como a flecha *(Gynerium sagittatum)*, cujo uso foi abandonado; o jamarú *(Lagenaria sericea)*, substituído por recipientes industrializados; o tabaco *(Nicationa tabacum)*, hoje comprado; vários tubérculos, variedades de mandioca, ou a presença de plantas cultivadas cujos nomes se perderam. Em contraste, múltiplas espécies ou variedades exóticas (rambutã – *Nephelium lappaceum*, noni – *Morinda citrifolia*, variedades de pimenta, mandioca, plantas ornamentais etc.) foram introduzidas (Emperaire et al., 2010). Qualificar essas mudanças de erosão sem maior contextualização não permite dar conta das próprias dinâmicas socioculturais locais e coloca as questões da escala geográfica de análise, da fração da agrobiodiversidade considerada e da perspectiva de quem define o processo de erosão.

As duas principais modalidades de conservação dos recursos genéticos são a conservação *ex situ* e a *in situ*. A primeira, desenhada pela FAO desde 1961 (Santilli, 2009, p.221), opera mediante bancos de germoplasma, onde são conservadas amostras que mantêm uma capacidade de reprodução sob a forma de plantio no campo, de cultivo de tecidos, de sementes em câmaras frias etc. Há 1.750 bancos de germoplasma no mundo, assegurando a conservação de 7,4 milhões de acessos,[16] mas dois terços deles, no mínimo, são duplicatas (FAO, 2010, p.59). Somente sete países conservam 45% da diversidade presente nas coleções *ex situ*, indicando um alto grau de concentração e vulnerabilidade do sistema. O custo dessa conservação é elevado, e seu conteúdo mal identificado. Sobretudo, ela dissocia as plantas do contexto onde foram produzidas, selecionadas e readaptadas de modo contínuo pelos agricultores locais a novas condições e demandas. Apesar dessa situação, o modelo de conservação *ex situ* permanece uma prioridade, como mostra a recente iniciativa de Svalbard, coordenada pelo Global Crop Diversity Trust: um imenso congelador inaugurado em 2008, onde são armazenadas 700 mil amostras de 4 mil espécies oriundas de 231 países. No Brasil, entre os 383 bancos de germoplasma, a principal instituição de conservação é o Cenargen (Embrapa), com 107.246 amostras pertencendo a 212 gêneros e 670 espécies (Silva Mariante et al., 2009). No entanto, novos rumos para as coleções de germoplasma estão em discussão. A proposta de 2012, ConservaBrasil, que visava mudar o estatuto das coleções, foi severamente criticada em uma resolução do Conselho Nacional de Segurança Alimentar, que insiste, entre outras funções, sobre o papel da "conservação dos recursos genéticos da agrobiodiversidade brasileira para a garantia da segurança alimentar e nutricional e para o combate da erosão genética e cultural" (Brasil, 2012), mostrando assim a diversidade dos olhares sobre o patrimônio agrobiológico no âmbito do Estado.

A modalidade *in situ* visa incentivar a conservação dos parentes silvestres das espécies cultivadas e a das próprias espécies ou variedades cultivadas pelos agricultores. Essa última é, com frequência, designada pela expressão conservação *on farm*. É ainda um campo em construção de pouca visibilidade. O relatório do Brasil para a segunda conferência sobre o estado dos recursos genéticos mundiais para alimentação e agricultura (Silva Mariante et al., 2009, p.41 e ss.) enlenca uma série de recomendações: melhorar a caracterização das variedades locais; fundamentar a obtenção de variedades melhoradas sobre essas variedades locais; sensibilizar o grande público para a importância da conservação mediante turismo, alimentação, feiras; recuperar, quando for possível, variedades ou espécies perdidas ao longo da história dos povos; e dar maior ênfase à dimensão patrimonial da agrobiodiversidade.

16 Amostra de uma coleção de germoplasma.

O segundo plano de ação mundial para os recursos fitogenéticos para a alimentação e a agricultura (FAO, 2011) reforça essa abertura e recomenda, nas atividades prioritárias, a elaboração de novas metodologias para inventários da agrobiodiversidade (§ 26), o uso de indicadores para identificar níveis de vulnerabilidade e promove o reconhecimento dos saberes locais como "um componente importante dos inventários e estudos", cuja documentação deveria ser acompanhada do "consentimento prévio informado das comunidades autóctonas e locais" (§ 28). Acrescentamos que os saberes locais integram aspectos pragmáticos e simbólicos de atuação material e imaterial sobre objetos, espaços, espécies etc., sem solução de continuidade com os outros domínios da vida produtiva e social. No campo da formação de recursos humanos, incentiva também uma interdisciplinaridade abrangendo botânica, etnobotânica, biologia, genética (§ 29). Desde o primeiro relatório foram necessários dez anos para incentivar a conservação local dos recursos fitogenéticos (Silva Mariante et al., 2009, p.41):

> Estudos mostram que os agricultores tradicionais sabem muito bem como selecionar, independentemente dos pacotes de modernização propostos pelas instituições extensionistas e as de pesquisa e desenvolvimento, os elementos mais adaptados às situações locais, o que leva a uma modernização do sistema convencional puxada por eles mesmos.[17]

A produção da diversidade no Rio Negro

No caso do Rio Negro, o imenso leque de recursos cultivados, a imbricação dos processos sociais, culturais e ecológicos que o fundamenta, a existência do principal foco de diversificação da planta cultivada emblemática do Brasil são elementos de destaque para que a conservação dos recursos fitogenéticos seja o alvo de novas propostas de modernização, que não reduzam essa riqueza a uma produção de calorias: "Esforços de preservação devem estar articulados a uma agenda global de desenvolvimento

17 "Some studies demonstrate that traditional farmers know very well how to select, out of modernization packages offered by extension and R&D institutions, those elements that are more suited to them, which leads to a modernization of the conventional system that is driven by stakeholders." (Silva Mariante et al., 2009, p.41.)

rural que centra seus esforços sobre oportunidades de conservação mais do que aumento da produção".[18] Outras vias precisam ser identificadas, desde a valorização de produtos específicos, que se encaixem em nichos de mercado interno (merenda escolar, por exemplo) ou externo (como as casas de pimentas Baniwa do Rio Içana), desde que incorporem uma diversidade de recursos fitogenéticos:

> É precisamente a capacidade de gerar e manter uma diversidade genética de recursos cultivados que oferece um nicho único para agricultores marginalizados e que é ausente de sistemas uniformes e altamente produtivos [encontrados] em terras mais ricas.[19] (Altieri, 2003, p.357.)

Para tanto, é necessário entender a diversidade agrobiológica não como um objeto, mas como o resultado de múltiplos processos. A existência dessa alta diversidade em plantas cultivadas, mandioca e outras, manejada na escala individual e regional, resulta da imbricação de quatro grandes classes de processos biológicos, ecológicos e sociais analisados a seguir. A noção de coleção, entendida como a reunião de elementos, aqui espécies e variedades, que constituem um todo, está na base desses processos, principalmente no que tange às manivas.

(A) A primeira fonte de diversidade é provavelmente exclusiva da mandioca. Enquanto quase todas as variedades de manivas recebem um nome com um sistema de denominação que tem como referencial a diversidade biológica cultivada ou silvestre, chamou-nos a atenção a presença de algumas variedades chamadas de *sem nome* ou *sem pai* (Emperaire et al., 1998). A mandioca foi selecionada para, entre outros caracteres, responder a uma multiplicação vegetativa, via estaca, o que assegura a reprodução idêntica da variedade, salvo mutações. Ao longo dessa história de domesticação ela não perdeu, pelos menos certas variedades não perderam, a possibilidade de frutificar e de produzir sementes viáveis oriundas de uma fecundação

---

18 "Preservation efforts should be linked to an overall rural-development agenda that focuses on conservation opportunities rather than exclusively on possibilities to enhance production." (Altieri, 2003, p.357.)

19 "It is precisely this ability to generate and maintain diverse crop genetic resources that offers unique niche possibilities to marginal farmers that cannot be replicated with uniform and highly productive systems in the more favorable lands." (Altieri, 2003, p.357.)

cruzada. A fruta da mandioca tem uma abertura explosiva que espalha as sementes no chão. Com o trabalho da terra, ou com a ajuda das formigas que apreciam a carôncula da semente rica em lípidos, as sementes ficam enterradas e permanecem dormentes na terra por anos. Na hora da abertura de uma nova roça, a luz e o fogo da queimada induzem a quebra de dormência e as sementes germinam dando origem a plântulas bem visíveis no meio das cinzas e carvões. Com alguns pés por nova roça, a presença de novos morfotipos torna-se um fenômeno visível. Na hora de arrancar, esses pés serão também identificados por ter um tubérculo único, tipo raiz pivô, enquanto os tubérculos oriundos de estacas têm raízes fasciculadas. De filiação desconhecida, num sistema patrilinear, as novas variedades são as *sem nome* ou *sem pai*. Denominação transitória, pois, se as características forem apreciadas, a nova variedade receberá o nome de uma variedade semelhante ou eventualmente um novo nome. Martins (2005), citado por Cardoso (2008, p.121) e Rival e McKey (2008) apontam para a importância dessa hibridização infraespecífica como fonte de heterose (vigor do híbrido) e base para uma ulterior seleção para clones mais produtivos. Esse primeiro mecanismo de enriquecimento da diversidade atua de modo cumulativo e diversificante (cada variedade será identificada em função da sua distância morfológica das outras variedades). O fenômeno é local e se inscreve numa dimensão temporal que pode atingir meio século, o que foi mostrado nos Makuxí, que ligam essas variedades às roças dos antigos (Elias; McKey, 2000). Como formula Pujol et al. (2007), o solo conserva a memória genética das antigas mandiocas. Essa primeira rota inovadora da diversidade repousa sobre o aproveitamento de processos biológicos e ecológicos não controlados, no entanto, bem conhecidos pelos agricultores que enriquecem a diversidade genética das mandiocas (maiores detalhes nos trabalhos de Duputié et al., 2007; Pujol et al., 2005; Pujol et al., 2007).

(B) O segundo processo de manutenção da diversidade está estreitamente relacionado ao funcionamento da agricultura de corte e queima, que exige o *repasse* anual das plantas da roça velha para a nova, uma vez que a maioria das plantas é multiplicada vegetativamente por estacas, rizomas etc., sem possibilidade de armazenamento ao longo prazo de material propagativo. Cada ano, parte da nova roça será plantada com as *mudas* da roça velha. O processo opera na escala do grupo doméstico e no espaço formado pelo mosaico de roças e capoeiras de cada família, ou seja, numa escala espacial reduzida.

(C) As plantas circulam também numa escala social e geográfica muito mais ampla. Cada *dona de roça* está no centro de uma intensa rede de circulação das plantas que mobiliza dezenas de pessoas da família próxima ou extensa, aliados ou apenas conhecidos. Rede de sociabilidade e fluxos de plantas se imbricam. A rede é movida pelo interesse contínuo por novas variedades, pela experimentação de novas plantas, pela beleza da diversidade presente nas roças revelada no arranjo espacial dos cultivos com seus múltiplos tons de verde. Dependendo das plantas, todas as variedades não circulam da mesma forma. As de mandioca circulam numa lógica de transmissão intergeneracional, enquanto outras circulam de modo horizontal. As manivas circulam preferencialmente entre mulheres, de sogra a nora ou de mãe e filha; outras plantas, como as frutíferas, entre homens (Chernela, 1986; Emperaire; Oliveira, 2010). Algumas plantas, no geral variedades de mandioca ou plantas medicinais, transmitidas por sogras ou mães, acompanham o percurso de vida e de migração dos indivíduos e de suas famílias, e podem ser descritas como bens patrimoniais. No caso de Santa Isabel do Rio Negro, a origem dessas plantas remete com frequência ao Alto Rio Negro. Outras plantas são obtidas a partir de relações geograficamente mais próximas, às vezes movidas pela lógica já descrita ou pela necessidade de obter material para o plantio de uma nova roça, quando o ciclo do *repasse* foi interrompido (mudança, doença, outra atividade...). Nesse último caso, o critério de disponibilidade que orienta a constituição de um novo estoque de variedades se encaixa numa perspectiva mais funcional. Plantas são também trazidas de viagens de Manaus ou de outras cidades a jusante. As sementes de plantas compradas no mercado local, via Manaus ou outras regiões do Brasil, são também testadas. São com frequência plantas exóticas que se encaixam no registro da curiosidade botânica, uma variedade de abacate, uma pimenta comprada em um supermercado, um rambutã, um noni... O movimento das plantas é intenso e reflete o interesse pela novidade e a experimentação. A inovação é assimilada aqui à aclimatação, nem sempre bem-sucedida, semelhante a dos jardins botânicos ou das estações agronômicas de introdução de plantas.

(D) O último processo identificado é o da incorporação de plantas silvestres, não domesticadas, nos espaços cultivados. Mudas ou sementes de tulía, buriti, camu-camu, tajás, cacaus são assim trazidas de volta de expedições de caça ou de coleta de produtos na floresta.

Essa breve síntese dos mecanismos em jogo na existência de uma dada diversidade agrobiológica ilustra a função relacional das plantas cultivadas. Além de ter funções produtivas, elas conectam grupos, indivíduos, normas e espaços vividos ao longo das histórias de vida. Os mecanismos descritos se diferenciam pelas escalas de tempo em jogo, as fontes, a amplitude geográfica e social das redes mobilizadas, a motivação dos agricultores para a incorporação de um novo material nas suas coleções (necessidade, oportunidade, curiosidade, laço afetivo, apreciação estética...). A conservação do bem constituído pela agrobiodiversidade é assumida coletivamente; solidariamente, é colocada em movimento por um sistema reticulado num modo policêntrico e não hierarquizado num espaço geográfico aberto, que vai incorporando fontes externas de diversidade. Qualquer inovação, salvo provavelmente plantas medicinais, é rapidamente colocada em circulação na escala regional pelas redes de troca das plantas. A existência dessas redes se fundamenta em decisões individuais, em formas de pensar e manejar a diversidade, enquanto as redes de distribuição de sementes (por exemplo, planos emergenciais) operam no nível de decisão dos poderes públicos que dificilmente reconhecem o papel dessas redes localizadas na conservação do germoplasma.

A diversidade das manivas é superior ao que seria necessário para responder à diversidade de condições ecológicas, de problemas fitossanitários ou de características organolépticas. O que saberes agrotécnicos formados na agronomia ou na agroecologia considerariam como uma hiperdiversidade é apenas a diversidade gerada por um conjunto de conceitos e práticas que permitem a plena realização, a completude, de uma roça. A diversidade das variedades com seus caracteres funcionais, produtivos, simbólicos e estéticos está na origem da subsistência como da susbtância da *dona de roça*. Emerge dessa análise sobre a produção da diversidade não apenas a amplitude absoluta da diversidade, mas a importância da noção mesmo de diversidade.

Quais complementaridades entre a conservação local e a conservação *ex situ*?

Esquematicamente, as instituições de conservação centram seus esforços na conservação estática de objetos biológicos, enquanto as populações de agricultores mantêm de modo dinâmico essa diversidade agrícola. São duas racionalidades, uma que visa, na escala nacional e mundial, conservar a diversidade e para tanto se apóia em processos normatizados e infraestruturas centralizadoras e de alto custo de manutenção,[20] e outra multilocalizada, complexa, variável, dinâmica e singular. No entanto, as duas modalidades são vulneráveis, uma por sua centralização e seu custo, outra por sua permeabilidade a novas dinâmicas exógenas e sua dificuldade a responder a novas exigências do mundo atual. Complementaridades são necessárias e, no Brasil, uma região como a do Rio Negro, entre outras, apresenta todos os requisitos para ser uma experiência piloto nessa interação. A diversidade presente interessa tanto às populações locais quanto ao Estado.

Quais poderiam ser as etapas da construção dessa interlocução? A primeira seria aprofundar a percepção local das dinâmicas ligadas à agrobiodiversidade. O que representa a perda, a substituição, o acréscimo de novas plantas? Como essa "erosão" é apreendida localmente? Em qual escala ela se manifesta para as populações? O esquema de base deve ser pensando de modo relacional, integrando plantas e significados locais (usos, saberes, manejos, formas de obtenção etc.). Estabelecer uma linha base da diversidade é indispensável para identificar plantas indicadoras dessas mudanças, bem como o é a necessidade de identificar instrumentos para resguardar os direitos das populações sobre a diversidade por ela produzida. Ações de salvaguarda da agrobiodiversidade fundamentadas sobre uma valorização econômica e cultural escolhida pelas populações (mercados, feiras, turismo, exposições, difusão, incentivo ao consumo de produtos locais...) estão dando resultados positivos em outros contextos, como o Parque de las Papas, no Peru, ou a Papas nativas de Chiloé, cujos atores estabeleceram novas relações com instituições de conservação ou de pesquisa.

20 No Cenargen, o custo de conservação por acessão foi avaliado em US$ 40/ano, mas ele varia em função da modalidade, do tempo da conservação e do número de amostras (Juliano Pádua, 2013). Outros dados levantados na bibliografia indicam valores da mesma ordem (Singh et al., 2012; Keller et al., 2013; Epperson, 1996).

Conclusão

A discussão sobre as complementaridades *ex situ/in situ* precisa ser colocada numa perspectiva mais ampla sobre o desenvolvimento das agriculturas familiares e camponesas tal como Sabourin (2007) o analisa. São novas políticas diferenciadas que permitirão dar visibilidade à diversidade de formas de produzir e conferir-lhes uma autonomia de escolha diante de uma inserção no mercado.

O reconhecimento patrimonial de sistemas de produção diferenciados, via registro ou via inventário nacional, de referências culturais (Iphan, 2010), pode se tornar poderosa alavanca para uma conscientização da sociedade sobre essa riqueza agrobiológica e cultural. Dar um selo de reconhecimento a todas as formas de agricultura diferenciada no Brasil é uma tarefa árdua, mas, no curto prazo, construir a partir de alguns exemplos um arcabouço legível para o grande público, defendendo a importância dessa diversidade em termos pré-históricos e históricos, culturais, ecológicos e de potencialidades para o futuro é essencial.

A proposta de modernização ainda está longe da situação de *expertise* compartilhada entre população local e agrônomos, como a que descreve Lucie Bolens (1975, p.1080):

> [...] a ação do homem não é reconhecida como uma perturbação da ordem da natureza mas como uma adaptação minuciosa, meticulosa a essa unidade. O camponês e seu duplo erudito, o agrônomo, não criam nada mas constatam a complexidade lá onde a encontram.[21]

O contexto dessa citação é o da Andaluzia dos séculos XI e XII, num tempo de grande avanços na agronomia e de fecunda integração de heranças de vários horizontes. Em termos mais contemporâneos, ressaltamos que a conservação das potencialidades dos sistemas agrícolas tradicionais passa por uma maior aproximação entre todos os atores: ampliando a proposta de Dufumier (2006, p.567), precisamos tornar inteligível a todos

21 "[...] l'action de homme n'est pas connue comme un bouleversement de l'ordre naturel mais comme une adaptation minutieuse, tatillonne à cette unité. Le paysan et son double érudit, l'agronome, ne créent rien mais constatent la complexité là où ils la trouvent." (Bolens, 1975, p.1080)

o funcionamento desses sistemas de produção diferenciados, com suas características agronômicas e culturais, e fazer reconhecer a capacidade de *expertise* dos agricultores e agricultoras, não tanto para agregar saberes quanto para entender suas diferenças.

A corrente do desenvolvimento econômico é potente, tende a unificar as práticas, as plantas e a categorizar sob uma forma genérica grandes segmentos da população como o de "população indígena" (Gallois, 2006). Grandes segmentos de formas de produzir são também categorizados de modo sumário, agricultura familiar, agricultura indígena, com seus respectivos instrumentos de políticas públicas. O ano 2014 é o Ano Internacional da Agricultura Familiar – notem o uso do singular: as Florestas mereceram um plural em 2011, as formas de produzir, não. Essas perspectivas são um tanto pessimistas, mas oportunidades existem. A Amazônia florestal como a Amazônia que se urbaniza podem ser também a de agriculturas de proximidade, ou de produções agrícolas que respondam a modelos alimentares diferenciados e ancorados nos territórios, valorizando a agrobiodiversidade local. Perspectiva um pouco longínqua, mas nada impossível.

Referências bibliográficas

ADELL, N. *Anthropologie des savoirs*. Paris: Armand Colin, 2011. 334p.

ALTIERI, M. A. The sociocultural and food security impacts of genetic pollution via transgenic crops of traditional varieties in Latin American Centers of Peasant Agriculture. *Bulletin of Science Technology Society*, v.23, n.5, p.350-359, 2003.

ANDRELLO, G.; OLIVEIRA, A. G. de. *Cachoeira de Iauaretê:* Lugar sagrado dos povos indígenas dos rios Uaupés e Papuri (AM). Brasília: Iphan, 2008. 148p.

BARRY, M. B.; PHAM, J.-L.; BÉAVOGUI, S.; GHESQUIÈRE, A.; AHMADI, N. Diachronic (1979-2003) analysis of rice genetic diversity in Guinea did not reveal genetic erosion. *Genetic Resources and Crop Evolution*, v.55, p.723-733, 2008.

BEZANÇON, G.; PHAM, J.-L.; DEU, M.; VIGOUROUX, Y.; SAGNARD, F.; MARIAC, C.; KAPRAN I.; MAMADOU, A.; GERARD, B.; NDJEUNGA, J.; CHANTEREAU, J. Changes in the diversity and geographic distribution of cultivated millet (*Pennisetum glaucum* (L.) R. Br.) and sorghum (*Sorghum bicolor* (L.) Moench) varieties in Niger between 1976 and 2003. *Genetic Resources and Crop Evolution*, v.56, n.2, p.223-236, 2009.

BOLENS, L. De l'idéologie aristotélicienne à l'empirisme médiéval. Les sols dans l'agronomie hispano-arabe. *Annales Économies, Sociétés, Civilisations*, p.1062-1083, 1975.

BONNEUIL, C.; DEMEULENAERE, E.; THOMAS, F.; ALLAIRE, G.; JOLY, P. B.; GOLDRINGER, I. Innover autrement? La recherche face à l'avènement d'un nouveau régime de production et de régulation des savoirs en génétique végétale. *Les dossiers de l'environnement de l'INRA*, n.30, p.29-51, 2006.

BRASIL, Conselho de Segurança Alimentar. Recomendação do Consea n. 009/2012. Conselho Nacional de Segurança Alimentar. Brasília, 2012. Disponível em: http://www2.planalto.gov.br/consea/plenarias/recomendacoes/recomendacao-no-009-2012. Acesso em: 25 nov. 2013.

______, Ministério do Desenvolvimento Agrário. Diagnóstico da unidade de produção familiar. Brasília, 2013a. Disponível em: http://www.mda.gov.br/portalmda/sites/default/files/chamadas/DIAGNOSTICO_DA_UPF.pdf. Acesso em: 15 jan. 2014.

______, Ministério do Desenvolvimento Agrário. Pronaf. Brasília, 2013b. Disponível em: http://portal.mda.gov.br/portal/saf/programas/pronaf. Acesso em: 15 jan. 2014.

CABALZAR, A.; RICARDO, A. (Eds.). *Povos indígenas do alto e médio Rio Negro*: uma introdução à diversidade cultural e ambiental do noroeste da Amazônia brasileira. São Gabriel da Cachoeira/São Paulo: Foirn/ISA, 2006, 128p.

CARDOSO, T. M. *Etnoecologia, construção da diversidade agrícola e manejo da dinâmica espaço-temporal dos roçados indígenas no rio Cuieiras, baixo Rio Negro (AM)*. Dissertação (Mestrado) – Inpa, Manaus: 2008. 156p.

CHERNELA, J. M. Os cultivares de mandioca na área do Uaupês (Tukâno). In: RIBEIRO B. G. (Ed.). *Suma Etnológica Brasileira – Etnobiologia*. Petrópolis: Vozes/Finep, 1986. p.151-158.

CLEMENTE, C.; CRISTO-ARAÚJO, M. de; COPPENS D'EECKENBRUGGE, G.; ALVES PEREIRA, A.; PICANÇO-RODRIGUES, D. Origin and domestication of native Amazonian crops. *Diversity*, v.2, n.1, p.72-106, 2010.

COPPENS D'EECKENBRUGGE, G.; DUVAL M. F. The domestication of pineapple: context and hypotheses. *Pineapple News*, n.16, p.15-27, 2009.

DEMEULENAERE, E.; GOULET, F. Du singulier au collectif: Agriculteurs et objets de la nature dans les réseaux d'agricultures "alternatives". *Terrains & Travaux*, n.20, p.121-137, 2012.

DUFUMIER, M. Biodiversité et agricultures paysannes des Tiers-Mondes. *Annales de Géographie*, n.651, p.550-568, 2006.

DUPUTIÉ, A.; DAVID, P.; DEBAIN, C.; MCKEY, D. Natural hybridization between a clonally propagated crop, cassava (*Manihot esculenta* Crantz) and a wild relative in French Guiana. *Molecular Ecology*, v.16, n.14, p.3025-3038, 2007.

ELIAS, M.; MCKEY, D. The unmanaged reproductive ecology of domesticated plants in traditional agroecosystems: an example involving cassava and a call for data. *Acta Oecologica*, v.21, n.3, p.223-230, 2000.

EMPERAIRE, L.; ELOY PEREIRA, L. Amerindian agriculture in an urbanising Amazonia (Rio Negro, Brazil). *Bulletin of Latin American Research*. DOI:10.1111/blar.12176, 2014.

EMPERAIRE, L.; OLIVEIRA, J. C. de. Redes sociales y diversidad agrícola en la Amazonía brasileña: um sistema multicéntrico. In: POCCHETINO, M. L.; LADIO, A. H.; ARENAS, P. M. (Eds). *ICEB2009 – Tradiciones & Transformaciones en Etnobotánica*. Bariloche, Argentina: Cyted-Risapred, 2010, p.180-185.

EMPERAIRE, L.; PINTON, F.; SECOND, G. Gestion dynamique de la diversité variétale du manioc (*Manihot esculenta*) en Amazonie du Nord-Ouest. *Natures, Sciences et Sociétés*, v.6, n.2, p.27-42, 1998.

EMPERAIRE, L.; VELTHEM, L. H. van; OLIVEIRA, A. G. de; SANTILLI, J.; CARNEIRO DA CUNHA, M.; KATZ, E. *Dossiê de registro do sistema agrícola tradicional do Rio Negro*. Brasília: ACIMRN/Iphan/IRD/Unicamp-CNPq, 2010, 235 p. Disponível em: http://www.iphan.gov.br. Aacesso em: 14 fev. 2012.

EMPERAIRE, L. Elementos de discussão sobre a conservação da agrobiodiversidade: o exemplo da mandioca (*Manihot esculenta* Crantz) na Amazônia brasileira. In: CAPOBIANCO, J. P. (Ed.). *Biodiversidade da Amazônia brasileira, avaliação e ações prioritárias para a conservação, uso sustentável e repartição dos benefícios*. São Paulo: ISA/Estação Liberdade, 2001, p. 225-234.

EPPERSON, J. E.; PACHICO, D. H.; GUEVARA, C. L. A cost analysis of maintaining genetic resources for cassava. *Acta Horticulturae*, n.429, p.409-413, 1996.

FAO. *The Second Report on the state of the world's plant genetic resources for food and agriculture*. Rome: FAO, 2010, 399p.

FAO. *Deuxième plan d'action mondial pour les ressources phytogénétiques pour l'alimentation et l'agriculture*. Rome: FAO, 2011, 108p.

FERREIRA, F. R.; DUVAL M. F.; COPPENS D'EECKEMBRUGGE, G.; SANTOS CABRAL, J. R.; BIANCHETTI, L. de B. Coleta e uso de germoplasma de abacaxi. In: TELES WALTER, B. M.; BARBOSA CAVALCANTI, T. (Eds.). *Fundamentos para a coleta de germoplasma vegetal*. Brasília: Embrapa, 2005, p.242-277.

FONSECA LONDRES, M. C. Sistemas agrícolas locais como patrimônio, 2010. Disponível em: http://muitoprazerbrasilblogspotcombr/2010/11/maria-cecilia-londres-fonseca--sistemashtml. Acesso em: 8 jan. 2014.

FREIRE, G. Indigenous Shifting Cultivation and the new Amazonia: a Piaroa example of economic articulation. *Human Ecology*, n.35, p.681-696, 2007.

GALLOIS, D. T. (Ed.). *Patrimônio cultural imaterial e povos indígenas*. São Paulo: Iepé, 2006, 96p.

GARNELO, L., BARRETO BARÉ, G. (Eds). *Comidas tradicionais indígenas do Alto Rio Negro*. Manaus: Fiocruz, 2009, 113p.

GOVERNO DO AMAZONAS. Secretaria de Produção Rural. *Amazonas Rural, Programa Amazonas Rural*. Manaus: Sepror, Governo do Estado do Amazonas, 2012, 10p.

GRENAND, F. Le manioc amer dans les basses terres d'Amérique tropicale, du mythe à la commercialisation. In: HLADIK, M. C.; HLADIK, A.; PAGÉZY, H.; LINARES, O. F.; KOPPERT, G. J. A.; FROMENT, A. (Eds.). *L'alimentation en forêt tropicale: interactions bioculturelles et perspectives de développement* (v.2: Bases culturelles des choix alimentaires et stratégies de développement). Paris: Unesco, MAB series, 1996, p.699-716.

HECKLER, S, ZENT, S. Piaroa Manioc Varietals: Hyperdiversity or Social Currency? *Human Ecology*, v.36, n.5, p.679-697, 2008.

IBGE. *Séries estatísticas*. 1991, 2000, 2010. Disponível em: http://seriesestatisticas.ibge.gov.br. Acesso em: 21 dez. 2013.

______ *Censo agropecuário*, 1996. Disponível em: http://seriesestatisticas.ibge.gov.br. Acesso em: 21 dez. 2013.

______ *Censo agropecuário*, 2011. Disponível em: http://seriesestatisticas.ibge.gov.br. Acesso em: 21 dez. 2013.

IPHAN. *O registro do patrimônio imaterial. Dossiê final das atividades da Comissão e do grupo de Trabalho Patrimônio Imaterial*. Brasília: Instituto do patrimônio Histórico e Artístico Nacional, 2000, 208p.

KELLER, E. R. J.; ZANKE, C. D.; SENULA, A.; BREUING, A.; HARDEWEG, B.; WINKELMANN, T. Comparing costs for different conservation strategies of garlic (*Allium sativum* L.) germplasm in genebanks. *Genetic Resources and Crop Evolution*, v.60, n.3, p.913-926, 2013.

KRISHNA, V. V.; DRUCKER, A. G.; PASCUAL, U.; RAGHU, P. T.; KING, E. Estimating compensation payments for on-farm conservation of agricultural biodiversity in developing countries. *Ecological Economics*, v.87, p.110-123, 2013.

MARCHETTI, F.; MASSARO Jr., L.; AMOROZO, M. M.; BUTTURI-GOMES, D. Maintenance of Manioc diversity by traditional farmers in the state of Mato Grosso, Brazil: a 20-year comparison. *Economic Botany*, v.67, n.4, p.313-323, 2013.

MARTINS, P. S. Dinâmica evolutiva em roças de caboclos amazônicos. *Estudos Avançados*, v.19, n.53, p.209-220, 2005.

MAZOYER, M.; ROUDART, L. *História das agriculturas no mundo*. São Paulo, Brasília: Unesp/Nead, 1997, 569p.

MORIN, S.; CALIBO, M.; GARCIA-BELEN, M.; PHAM, J.-L.; PALIS, F. Natural hazards and genetic diversity in rice. *Agriculture and Human Values*, v.19, n.2, p.133-149, 2002.

NARLOCH, U.; PASCUAL, U.; DRUCKER, A. G. How to achieve fairness in payments for ecosystem services? Insights from agrobiodiversity conservation auctions. *Land Use Policy*, v.35, p.107-118, 2013.

OLIVEIRA, A. G. da; BAPTISTA F. M.; ANDRELLO, G. Povos indígenas: patrimônio cultural, propriedade intelectual. In: ANDRELLO, G.; OLIVEIRA, A. G. de (Eds.). *Cachoeira de Iauaretê:* lugar sagrado dos povos indígenas dos rios Uaupés e Papuri (AM). Brasília: Iphan, 2008, p.13-17.

OLIVEIRA, A. G. da. *Parecer n. 26 sobre o Processo n. 01450.010779/2007-11 referente ao Registro do Sistema Agrícola Tradicional do Rio Negro tendo como base o município de Santa Isabel do Rio Negro/Amazonas*. Brasília: Iphan, 2010, p.19. Disponível em: http://www.iphan.gov.br. Acesso em: 20 nov. 2013.

PANTOJA, M.; ALMEIDA, M. W. B.; GOMES DA CONCEIÇÃO, M.; COFFACI DE LIMA, E.; VALLE DE AQUINO, T.; PIEDRAFITA IGLESIAS, M.; MENDES, M. K. Botar roçados. In: CARNEIRO DA CUNHA, M.; ALMEIDA, M. W. B. (Eds.). *Enciclopédia da floresta*. São Paulo: Companhia das Letras, 2002, p.249-283.

PASCUAL, U.; PERRINGS, C. Developing incentives and economic mechanisms for in situ biodiversity conservation in agricultural landscapes. *Agriculture, Ecosystems & Environment*, v.121, n.3, p.256-268, 2007.

PEREIRA, K. J. C. *Agricultura tradicional e manejo da agrobiodiversidade na Amazônia Central*: um estudo de caso nos roçados de mandioca das Reservas de Desenvolvimento Sustentável Amanã e Mamirauá, Amazonas. Tese (doutorado) – Esalq, Universidade de São Paulo, Piracicaba, 223p., 2008.

PERONI, N.; HANAZAKI, N. Current and lost diversity of cultivated varieties, especially cassava, under swidden cultivation systems in the Brazilian Atlantic Forest. *Agriculture Ecosystems and Environment*, v.92, p.171-183, 2002.

PRADO SOARES, I. V. Responsabilidade civil e acesso aos conhecimentos tradicionais no Brasil. In: SHIMADA KISHI, S. A.; KLEBA, J.B. (Eds.). *Dilemas do acesso à biodiversidade e aos conhecimentos tradicionais*: direito, política e sociedade. Belo Horizonte: Fórum, 2009, p.275-296.

PUJOL, B.; DAVID, P.; MCKEY, D. Microevolution in agricultural environments: how a traditional Amerindian farming practice favours heterozygosity in cassava (*Manihot esculenta* Crantz, Euphorbiaceae). *Ecology Letters*, v.8, p.138-147, 2005.

PUJOL, B.; RENOUX, F.; ELIAS, M.; RIVAL, L.; MCKEY, D. The unappreciated ecology of landrace populations: Conservation consequences of soil seed banks in Cassava. *Biological Conservation*, v.136, n.4, p.541-551, 2007.

RIBEIRO, B. G. *Os Índios das águas pretas*. São Paulo: EDUSP/Companhia das Letras, 1995, 270p.

RIVAL, L.; MCKEY, D. Domestication and diversity in manioc (Manihot esculenta Crantz ssp. esculenta, Euphorbiaceae). *Current Anthropology*, v.49, n.6, p.1125-1128, 2008.

ROBERT, P. de; LOPÉZ GARCÉS, C.; LAQUES, A. E.; COELHO-FEREIRA, M. A beleza das roças: agrobiodiversidade Mebêngôkre-Kayapó em tempos de globalização. *Boletim do Museu Paraense Emílio Goeldi Ciências Humanas*, v.7, p.339-369, 2012.

SABOURIN, E. *Paysans du Brésil, entre échange marchand et réciprocité*. Paris: Quae, 2007, 240p.

SANTILLI, J. *Agrobiodiversidade e direitos dos agricultores*. São Paulo: Peirópolis, 2009, 519p.

SILVA, F. P. E. da. *Plantas alimentares cultivadas nas roças baniwa*: mudanças e participação dos jovens. Dissertação (mestrado), Universidade de Brasília, Centro de Desenvolvimento Sustentável, Brasília, 123p., 2013.

SILVA MARIANTE, A. de; AMSTALDEN SAMPAIO, M. J.; VALADARES INGLIS M. C. (Eds). *State of the Brazil´s plant genetic resources. Second national report. Conservation and sustainable utilization for food and agriculture*. Brasília: Embrapa, 2009, 163p.

SINGH, A.; VARAPRASAD, K.S.; VENKASTEWARAN, K. Conservation Costs of Plant Genetic Resources for Food and Agriculture: Seed Genebanks. *Agricultural Resources*, v.1, n.3, p.223-239, 2012.

TREFAUT, M. da P. *Dona Brazi, cozinha tradicional amazônica*. São Paulo: BEI, 2013, 254 p.

UNESCO. Convenção para a salvaguarda do patrimônio cultural imaterial, 2003. Disponível em: http://unesdoc.unesco.org/images/0013/001325/132540por.pdf. Acesso em: 14 jan. 2014.

VELTHEM, L. H. van. Cestos, peneiras e outras coisas: a expressão material do sistema agrícola no rio Negro. *Revista de Antropologia*, v.12, p.401-438, 2012.

ZIMMERER, K. S. Multilevel geographies of seed networks and seed use in relation to agrobiodiversity conservation in the Andean countries. In: ZIMMERER, K.S. (Ed.), *Globalization & new geographies of conservation*. Chicago/London: Chicago University Press, 2006, p.141-165.

Comunicações pessoais

ALFAIA, Sônia. Secretária executiva do Sepror, 18 de fevereiro, Manaus (AM), 2014.

MOTTA FILHO, Antônio C. da. Gestor do IDAM em Santa Isabel, 19 de abril, Santa Isabel do Rio Negro (AM), 2013.

NERY, Carlos. Presidente da ACIMRN e Secretário de Produção e Abastecimento de Santa Isabel, 18 de abril, Santa Isabel do Rio Negro (AM), 2013.

PÁDUA, Juliano. Pesquisador da Embrapa, 3 de novembro, Brasília (DF), 2013.

SILVA VIEIRA, María Auxiliadora da. Gerente de Agricultura Indígena, Sepror, 24 de abril, Santa Isabel do Rio Negro (AM), 2014.

Tabela 1 – Dados populacionais dos municípios de Barcelos, Santa Isabel e São Gabriel (fonte IBGE). Os dados em destaque indicam o reagrupamento dos dados censitários de vários municípios

Áreas	População	1872	1900	1920	1940	1950	1960	1970	1980	1991	2000	2010
Barcelos	Total	9.427	6.970	3.508	5.511	4.911	12.060	9.628	9.091	11.026	24.121	25.718
	Rural					3.941	10.695		7.089	7004	16.169	14.561
	Urbana					970	1.365		2.002	4.022	7.952	11.157
	% Urbana					**19,8**	**11,3**		**22,0**	**36,5**	**33,0**	**43,4**
Santa Isabel do Rio Negro	Total			2.204			4.212	3.646	4.974	15.407	10.547	18.146
	Rural						3.537		3.947	13.303	6.329	11.290
	Urbana						675		1.027	2.104	4.218	6.856
	% Urbana						**16,0**		**20,6**	**13,7**	**40,0**	**37,8**
São Gabriel da Cachoeira	Total		5.606	13.206	12.954	14.208	13.948	13.423	19.571	23.144	29.951	37.896
	Rural					12.795	12.591		15.689	16.308	17.586	18.842
	Urbana					1.413	1.357		3.882	6.836	12.365	19.054
	% Urbana					**9,9**	**9,7**		**19,8**	**29,5**	**41,3**	**50,3**
Manaus	Total	17.686	65.380	75.704	105.350	108.400	173.703	311.622	633.392	1.010.544	1.403.796	1.802.014
	Rural					18.788	21.271		21.629	4.910	9.072	9.133
	Urbana					89.612	152.432		611.763	1.005.634	1.394.724	1.792.881
	% Urbana					**82,7**	**87,8**		**96,6**	**99,5**	**99,4**	**99,5**
Estado do Amazonas	Total	57.610	249.756	363.166	433.477	514.099	714.774	955.235	1.430.089	2.102.901	2.813.085	3.483.985
	Rural					376.363	478.120	549.404	573.472	601.094	708.795	728.495
	Urbana					137.736	236.654	405.831	856.617	1.501.807	2.104.290	2.755.490
	% Urbana					**26,8**	**33,1**	**42,5**	**59,9**	**71,4**	**74,8**	**79,1**

Tabela 2 – Área cultivada e número de espécies e variedades cultivadas nas três localidades pesquisadas entre 2006 e 2009 do Médio Rio Negro, entorno da cidade de Santa Isabel do Rio Negro, nas comunidades de Tapereira e Espírito Santo (adaptado de Emperaire; Eloy Pereira, no prelo)

	Localização	Santa Isabel	Espírito Santo	Tapereira	Total
Número de informantes		N=17	N=9	N=4	N=30
Número de roças					
	média / informante	2,9	3,3	2,25	3
	tipo de roça (nova, madura e replante)	23 / 8 /19	15 / 3 / 12	6 / 0/ 3	89
	total	50	30	9	
Superfície cultivada (ha)					
	média / informante	0,98	1,0	1,1	1,0
	tipo de roça (nova, madura e replante)	8,3 / 4,1 / 4,2	4,3 / 2,6 /2,3	2,4 / 0 / 2,2	30,5
	total	16,7	9,2	4,6	
Número de variedades de mandioca cultivadas		84	35	28	106
Número de outras plantas cultivadas		259	129	113	328

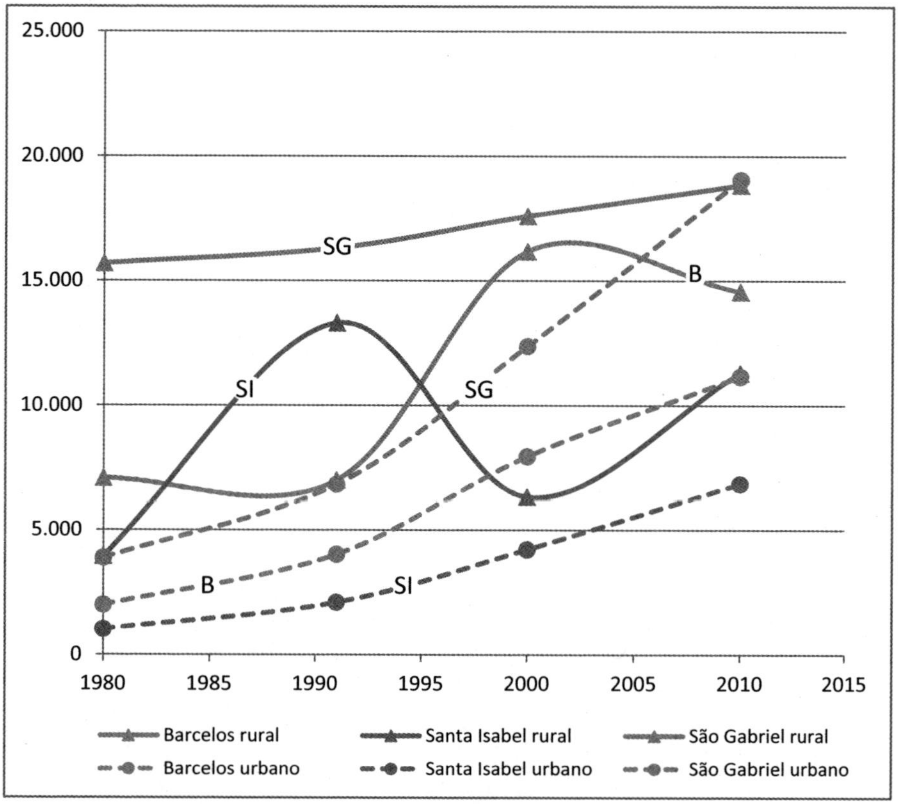

Figura 1 – Evolução da população rural e urbana entre 1980 e 2010 nos três municípios de Barcelos, Santa Isabel e São Gabriel (fonte IBGE).

3
A INTERNACIONALIZAÇÃO DO KAMPÔ (VIA AYAHUASCA): DIFUSÃO GLOBAL E EFEITOS LOCAIS

Edilene Coffaci de Lima

Desde o começo deste século, uma prática indígena – principalmente, mas não exclusivamente, de populações localizadas no sudoeste amazônico –, usada como propiciadora de sorte na caça e vigor para o desempenho de atividades cotidianas, ganhou popularidade em grandes centros urbanos, no Brasil e no exterior. Conhecida popularmente como *kampô* ou kambô, o uso da secreção cutânea da perereca *Phyllomedusa bicolor* alcançou um sucesso difícil de ser imaginado anos atrás.

Sem querer alcançar qualquer apreciação estética, é possível dizer que a aplicação da secreção do *kampô* entre os Katukina é marcada por um acentuado minimalismo: com um pedaço de cipó titica incandescente são feitas pequenas queimaduras nos braços e peito, no caso dos homens, ou nas pernas, no caso das mulheres. Sobre as pequenas queimaduras – chamadas, em português, de "pontos" – é colocada a secreção extraída da pele da perereca kambô ou *kampô* (*Phyllomedusa bicolor*), sem tantos detalhes mais. Os efeitos secundários sucedem-se de imediato, sendo os mais frequentes: calor, rubor, taquicardia e vômitos. Lavando os "pontos" em que foi colocada a secreção, os efeitos cessam quase imediatamente – o que depende, claro, da quantidade de "pontos" em que a secreção foi depositada. O mais frequente é que as pessoas recebam poucos "pontos", menos de dez, embora seja possível aumentar em muito esse número, alcançando uma centena ou mais, uma alternativa menos frequente nos dias de hoje.[1]

1 Entre os Katukina e os Yawanawá, seus parentes linguísticos, há registros de que a secreção do *kampô* poderia ser aspirada, como rapé, e também ingerida após sua diluição em água. Nos

Escrevendo a partir do que pude conhecer entre os Katukina (atuais *Noke kuin*) de língua pano – moradores da Terra Indígena do Rio Campinas, localizada entre as cidades de Cruzeiro do Sul e Tarauacá, no Acre –, o que se pode saber é que o ritual para receber aplicações de secreção do *kampô* sempre foi marcado pela simplicidade e discrição. Como o *kampô* é em um primeiro momento indicado para pessoas empanemadas (azaradas na caça) ou preguiçosas, restituindo-lhes a boa sorte e o vigor, seu uso não era alardeado, mas discretamente buscado. Assim, um homem de pouca sorte na caça buscaria por outro, geralmente de uma geração acima da sua e de melhor sorte, e receberia aplicações de *kampô* à beira do igarapé, após ingerir grandes quantidades de caiçuma (bebida preparada à base de macaxeira, que há certo tempo os Katukina tomam sem deixar fermentar). À parte a discrição, é preciso saber que na concepção nativa a secreção do *kampô* não é concebida em si mesma como um antídoto contra a panema ou a preguiça, mas como um veículo de transmissão das qualidades – sorte na caça e virtuosidade – que estão contidas no corpo – estão incorporadas – daquele que manipula a secreção do *kampô* para fazer em outro a aplicação. Sem as qualidades pretendidas, um velho homem ou uma velha mulher não será requisitado como aplicador pelos mais jovens.

O uso da secreção cutânea do *kampô* fora das aldeias indígenas e dos seringais localizados no Acre difundiu-se rapidamente a partir do final do século passado, tendo como foco inicial dessa difusão os Katukina. O processo dessa difusão, com exceção de significativas diferenças, pode ser aproximado daquele do uso da *ayahuasca*, a partir da qual, aliás, o próprio uso do *kampô* teve sua difusão incrementada.[2] Não cabe aqui retomar todo o itinerário, mas inevitavelmente algumas palavras terão de ser ditas sobre essa difusão para alcançar sua internacionalização, que é justamente o contexto

---

dois grupos, ambas as possibilidades de consumo do *kampô* deixaram de ser praticadas (Lima, 2005; Perez Gil, 1999).

2 Não tenho maiores informações, mas é preciso destacar que, aproximadamente na mesma época, em meados da década de 1990, o jornalista Peter Gorman conheceu o uso da secreção do *kampô* entre os Matsés, grupo indígena também de língua pano, localizado na fronteira entre o Brasil e o Peru. Sobre suas reações físicas, trocou informações com Vittorio Ersparmer, um bioquímico italiano, autoridade internacional sobre *Phyllomedusa bicolor*. Coincidentemente ou não, com o relato de Peter Gorman o *kampô* e *ayahuasca* também foram aproximados, conforme consta em seu livro sugestivamente intitulado *The ayahuasca in my blood* [A *ayahuasca* em meu sangue] (Gorman, 2010).

atual, no qual, com relativa facilidade, é possível ter notícias do *kampô* sendo utilizado no Acre ou no Amazonas, ou em São Paulo, Belo Horizonte e Curitiba sem reservas. Ultrapassando as fronteiras nacionais, tem-se notícias jornalísticas e registros eletrônicos – informações na *internet* – de uso do *kampô* seja no Chile, na Holanda, nos Estados Unidos ou na Austrália.

Falar em "internacionalização do *kampô*" inevitavelmente remete à difusão do uso da secreção da pele da *Phyllomedusa bicolor* em centros urbanos que pude acompanhar, a partir dos Katukina, desde a passagem deste século (Lima; Labate, 2008; Lima, 2009). De qualquer maneira, o uso do *kampô*, repetindo o que se passa com a *ayahuasca*, é compartilhado entre diversos grupos indígenas em diferentes fronteiras nacionais. Assim, pode-se dizer que a internacionalização é anterior ao processo contemporâneo de difusão do uso da secreção do *kampô*, resguardado o fato de que tais fronteiras não necessariamente têm de fazer sentido para os grupos indígenas envolvidos. Percorrendo a literatura etnológica e herpetológica, é possível saber que grupos indígenas de diferentes filiações linguísticas (pano, aruak, arawa e tikuna) partilham o uso do *kampô*. Um artigo publicado em 2009 destacava que existem registros sobre o uso da secreção da pele do *kampô* em mais de uma dezena de grupos indígenas, localizados no Brasil e no Peru (Lima, 2009). Tais registros iniciam-se na segunda década do século passado (Tastevin, 1925) e aumentam de forma gradativa, alcançando maior expressão, sobretudo a partir da década de 1980, com o incremento dos estudos etnográficos naquela região.

Com a continuidade da minha procura por referências bibliográficas, mais um grupo passou a compor esse conjunto disperso, com o registro de uso da secreção da pele da *Phyllomedusa bicolor* e da *Phyllomedusa tarsius* também entre os Waiãmpi da Guiana Francesa (Lescure et al., 1995, p.40), que só fui conhecer tardiamente.[3] No último registro mencionado – dos Waiãmpi, de língua tupi-guarani –, reaparece o mesmo fim cinegético anotado entre os grupos de língua pano, pois consta que "[...] os homens colocam essa secreção em escarificações feitas nos braços e isso tem o efeito de dar força para puxar o arco, assim como provoca uma diminuição da sensação de câimbras". Com tal acréscimo, alcança-se então referências de uso

3 Agradeço a Ulisses Caramaschi e Carlos Alberto Cruz, herpetólogos do Museu Nacional da UFRJ, por terem me facilitado o acesso ao artigo de Lescure et al. (1995).

da secreção da *Phyllomedusa bicolor* em grupos indígenas de cinco famílias linguísticas, localizados em três fronteiras nacionais – Brasil, Peru e Guiana Francesa. Assim, contrariamente ao que se tem anotado antes (Lima, 2009; Carneiro da Cunha, 2009), o uso da secreção do *kampô* não está restrito ao sudoeste amazônico, espalhando-se mais do que indicado anteriormente – embora a concentração de grupos indígenas usuários do *kampô* esteja na região anotada. Indiferente à distância que separa o sudoeste amazônico da Guiana Francesa – e sem qualquer simpatia por impulsos difusionistas –, chama a atenção a semelhança da forma de aplicação – as escarificações (Waiãpi) – no lugar das pequenas queimaduras simetricamente alinhadas (entre grupos indígenas localizados no sudoeste amazônico), nas quais são depositadas a secreção – e também o fim a que se destina, sendo o principal entre os povos de língua pano facilitar a caça.

Neste artigo, busco abordar o tema do *kampô*, que tem grande repercussão nos últimos anos, a partir de duas frentes. Na primeira, trato de sua difusão urbana e internacionalização recente, através dos ayahuasqueiros, entendidos aqui como terapeutas esotéricos. Essa difusão do *kampô*, além das fronteiras nacionais e latino-americanas, segue de perto a própria internacionalização da *ayahuasca*, que teve início e é conhecida há mais tempo (Labate; Pacheco, 2011; Losonczy; Mesturini, 2011). Em segundo lugar, buscarei tratar dos efeitos sociológicos que a difusão e a circulação internacional de uma prática indígena têm entre aqueles que originariamente se envolveram nela, isto é, os próprios Katukina. Se não se põe em questão que foram antigos Katukina que outrora, na década de 1960, ensinaram um vizinho seringueiro – Francisco Gomes –, no riozinho da Liberdade, a servir-se do *kampô*, tampouco se põe em dúvida que foi inicialmente ele e seus familiares quem deram início à difusão urbana da substância, a partir da qual acabaram atraindo os terapeutas esotéricos aos Katukina, tidos como os legítimos conhecedores dos "ancestrais" e "misteriosos" saberes que a cercam. Como não poderia deixar de ser, esse interesse pelo *kampô*, de tantas pessoas oriundas de diversas localidades, acaba por produzir efeitos inesperados entre os próprios Katukina que, já há mais de uma década, tecem relações – ora cordiais, ora conflituosas – com diferentes pessoas que os procuram por esse exclusivo motivo: o uso da "vacina de sapo", como é regionalmente conhecida a aplicação da secreção do *kampô*.

O *kampô* está no mundo

Pode-se ouvir a frase "O *kampô* está no mundo" de diferentes pessoas na Terra Indígena do Rio Campinas. Todas, com diferentes graus de entusiasmo ou preocupação, surpresas com a difusão do uso do *kampô* entre os não índios, mesmo que sem muitas informações sobre a extensão que tal difusão alcança fora do Brasil.

Para organizar a apresentação sobre o próprio processo de popularização do uso do *kampô*, é possível dizer, a partir do contexto acriano, que no início houve um período "estatizado" ou "acreanizado", no qual uma imagem do *kampô* chegou a constar do *site* do governo estadual e foi também estampada na capa de uma revista publicada pela Secretaria Estadual de Cultura, praticamente inaugurando uma série de matérias jornalísticas sobre o uso da secreção do sapo-verde além das aldeias (Lopes, 2001). Na sequência, o *kampô* foi "nacionalizado"; quando passou a ser tido como um recurso genético de inestimável valor para a ciência brasileira, delineou-se a iniciativa de realizar o Projeto Kampô (Martins, 2006; Carneiro da Cunha, 2009; Lima, 2009; Góes, 2009). Finalmente, alcançou sua "internacionalização", com notícias de seu uso ocupando uma página inteira no caderno *Business* de um jornal tão afamado quanto o *The New York Times* e informações sobre o seu uso podendo ser encontradas na internet em diferentes países, sobretudo a partir da primeira década deste século. A celeridade de todo o processo faz quase indistinguível cada uma das etapas indicadas: "estatização", "nacionalização" e "internacionalização".

A internacionalização do uso do *kampô* que se dá contemporaneamente – pode-se ter notícias e/ou encontrar informações sobre o uso do *kampô* em países tão distantes entre si, como o Chile ou a Holanda – responde a outros contextos (não cinegéticos, certamente) e traz o *kampô* para perto do xamanismo, via *ayahuasca*, dado que os principais difusores não índios do *kampô* são facilmente identificados a partir de uma das religiões de matriz ayahuasqueiras que têm origem no Brasil, no Acre e em Rondônia (Labate; Pacheco, 2011). Se inicialmente é fácil reconhecer os membros dessas religiões – União do Vegetal e Santo Daime, especialmente – na difusão urbana do *kampô*, pouco a pouco saem de cena as igrejas e entram os terapeutas *new age*, que acentuam o papel terapêutico do uso da substância – de modo muito próximo ao que se passa com o uso da *ayahuasca*. De toda maneira, é importante notar que essa associação entre o *kampô* e a *ayahuasca*, promovida, sobretudo, por pessoas externas à vida nas aldeias, desconsidera que nos contextos indígenas ambos não operam a partir do mesmo campo de ação. Mesmo que se reconheça que a caça tem um forte componente xamânico (Lima, 2009), os ayahuasqueiros e terapeutas *new age* nem sempre perceberam a dissociação entre as duas substâncias nos contextos nativos e aproximam-nas pelo viés da cura, do uso terapêutico.[4] Como o uso terapêutico não chega a estar completamente ausente entre os próprios índios, privilegia-se essa possibilidade comunicativa àquela outra que remete à caça e ao vigor físico, ou, para trazer mais próxima a concepção nativa, à depreciação da preguiça.

Esse viés terapêutico está na base do início da difusão do *kampô*, a partir de Francisco Gomes, que aprendeu com os Katukina a usá-lo quando moravam próximos nas imediações do riozinho da Liberdade, em meados dos anos 1960. Segundo consta (Lopes, 2001), o seringueiro aprendeu a servir-se da secreção do *kampô* com os Katukina, com os mesmos propósitos cinegéticos e, após mudar-se para Cruzeiro do Sul, já no período de acentuada decadência do seringal, passou a usá-lo também na cidade. Nesse percurso da mudança de uma área rural para o perímetro urbano de Cruzeiro do Sul, consta que Francisco Gomes, já na metade da década de 1990, aplicou o *kampô* em um homem diagnosticado com uma doença cardíaca, que teria apresentado uma expressiva melhora. A partir de então, o uso da secreção do *kampô* desperta a atenção de muitas pessoas, incluindo alguns médicos, e Francisco Gomes passa a ser cada vez mais requisitado para fazer aplicações, o que acabou por dar início à própria difusão do *kampô*, já no final do século passado. Entre os médicos que utilizaram o *kampô* estava ao menos um membro da União do Vegetal (UDV), Glacus Brito, médico da Faculdade de Medicina da Universidade de São Paulo (FMUSP), que teria particularmente se interessado pelos efeitos que ele mesmo experimentou, quando recebeu aplicações de *kampô* pelas mãos de Francisco Gomes (idem).

Daí em diante começa a popularização do *kampô*, tendo Francisco Gomes à frente e, após sua morte, os seus familiares e terapeutas holísticos do centro-sul do país, alguns dos quais chegaram aos Katukina por intermédio dos

4 É interessante observar que no início do século XX o missionário francês C. Tastevin também aproximou, por outras vias, o *kampô* e a *ayahuasca*, indicando que os processos de aplicação de ambas as substâncias foram "invenções" de grupos Yaminawa, ressaltando assim sua "selvageria".

primeiros. Nesse sentido, não deve passar despercebido que a matéria jornalística que foi publicada na revista *Outras Palavras*, editada pelo governo do Acre, foi assinada por Leandro Altheman Lopes (2001), então genro de Francisco Gomes e que tinha escrito seu trabalho de conclusão da graduação em Jornalismo, defendido na Universidade de São Paulo, tendo justamente a trajetória de seu sogro como tema (Lopes, 2001).

A etapa seguinte, que chamei acima de "nacionalização" do *kampô*, com sua indicação de ser um importante "recurso genético de inestimável valor para a ciência", envolveu ainda familiares de Francisco Gomes. Assim, na carta enviada para a ex-ministra do Meio Ambiente, Marina Silva, em abril de 2003, estava claramente indicada a parceria. Conforme consta da carta, os Katukina solicitavam apoio para irem a Brasília, acompanhados de Leandro Altheman Lopes, então representante da Ajurema (Associação Juruaense de Medicina Alternativa), organização não governamental criada logo após a morte de Francisco Gomes com o objetivo de preservar seus conhecimentos.

A referida carta é que principia a iniciativa governamental, o Projeto Kampô, no interior do Ministério do Meio Ambiente, de conceber e executar um projeto que pudesse reunir índios e cientistas com vista à valorização e ao aproveitamento econômico dos conhecimentos indígenas relativos ao uso do *kampô* (Lima, 2009). Da parte do MMA, esperava-se contribuir para tirar o país da defensiva no que diz respeito à discussão sobre o reconhecimento dos saberes tradicionais associados à biodiversidade. No entanto, a realização do projeto não teve o sucesso imaginado quando de sua formulação e este foi interrompido antes mesmo que tivesse sido efetivamente iniciado. A proatividade não deu mais que poucos passos.

Resumidamente, o Projeto Kampô era composto de duas frentes que se articulavam: a) tratava do "uso sustentável da biodiversidade" e abrangia a secreção do *kampô* em sua forma integral, a "vacina de sapo", tal como utilizada pelos diversos grupos indígenas; e b) tratava "das moléculas e princípios ativos da secreção", envolvendo "as questões de propriedade intelectual e de repartição de benefícios relacionadas a novos produtos advindos de atividades de bioprospecção a partir destes compostos". Os problemas com a efetiva implementação e realização do projeto deram-se na segunda frente, por falta de acordo com os cientistas.

De todo modo, ainda que essa etapa pudesse ser ultrapassada com o estabelecimento de algum tipo de acordo com os cientistas, é possível imaginar que outros obstáculos, nenhum deles simples, ainda teriam de ser transpostos para ser bem-sucedida a realização do projeto, pois estariam envolvidas mais de uma dezena de grupos indígenas, localizados em três fronteiras nacionais, com expectativas e efetivo uso da secreção do *kampô* bastante diversos.

Caso o projeto tivesse tido continuidade, entre outras dúvidas possíveis, como indiquei em trabalho anterior (Lima, 2009), caberia indagar, por exemplo, o que se deveria compreender como "usuários tradicionais" do *kampô*: todos os grupos indígenas sobre os quais existem registros históricos e etnográficos sobre seu uso? Essa definição contempla aqueles entre os quais a prática entrou em desuso ou apenas aqueles que a mantiveram e recentemente a revigoraram ainda mais? Os seringueiros, que aprenderam a servirem-se do *kampô* com os índios ao longo do século passado, deveriam também ser compreendidos como codetentores desses conhecimentos? Considerando o número expressivo de codetentores dos conhecimentos sobre o *kampô*, como se dariam as negociações? Se um dos grupos indígenas se recusasse a participar ou continuar nelas, todo o percurso de negociação e de pesquisa deveria ser interrompido e refeito ou tudo deveria ser suspenso? Finalmente, quais seriam os benefícios, como seriam repartidos e em que momento?

Nenhuma dessas perguntas que se faziam – seja pelos próprios índios, pelos técnicos do MMA ou pelos pesquisadores envolvidos no Projeto Kampô – ao longo do percurso é de resposta fácil ou trivial. A falta de respostas claras para cada uma delas serve como índice das dificuldades de aproximação entre regimes de conhecimento e de propriedade diversos.

Apesar da iniciativa interrompida – o Projeto Kampô foi lentamente desarticulado em 2007 –, de terapeuta em terapeuta, nadando contra a corrente de medidas governamentais que chegaram a indicar a proibição do uso e da propaganda do *kampô* – como é o caso da Resolução n.8 da Anvisa, de 29 de abril de 2004, ainda vigente –, o uso do *kampô* alcançou proporções internacionais. Se da parte dos cientistas eram sedimentadas as dúvidas sobre a contribuição que os conhecimentos indígenas poderiam trazer à pesquisa científica, a valorização bastante positiva dos conhecimentos indígenas sempre esteve presente entre os terapeutas esotéricos, que invariavelmente destacavam, e ainda destacam, sua "ancestralidade". Uma concepção exógena que dialoga bem com a concepção katukina de que os conhecimentos bem estabelecidos devem ser longevos (Lima, 2012).

Apresentado ora como um "remédio da ciência", ora como um "remédio da alma" pelos terapeutas urbanos (Lima; Labate, 2007), a pendularidade das compreensões sobre o uso da secreção do *kampô* se vê continuamente reforçada pelo interesse que desperta na ciência ocidental. Assim, pode-se ler em encartes ou em *sites* na internet sobre o potencial curativo das moléculas presentes na secreção do *kampô* – com destaque para a demorfina e a detorfina – e chega-se a elencar uma infinidade de doenças (depressão, câncer e aids são apenas algumas delas) em que seu uso seria indicado.

A matéria publicada no *The New York Times*, em maio de 2006, também colaborou no entendimento do *kampô* como uma nova panaceia. Mais recentemente, em janeiro de 2013, com o anúncio de que um funcionário da Polícia Federal, Cézar S. Gomes, especialista em Química Forense, havia desenvolvido um dispositivo para identificar o transporte de *kampô* em aeroportos, visando impedir o tráfico da secreção da pele do *kampô*, entendido como biopiratária, ficou ainda mais reforçada o quão "poderosa" é a substância (Minuano, 2013). A nova tecnologia, de qualquer maneira, parece passar ao largo das preocupações dos terapeutas esotéricos e dos próprios índios, pois, até o momento, o uso do *kampô* em centros urbanos não se vê interrompido nem ocultado.[5]

Sobre a "internacionalização", é possível encontrar na internet variadas informações sobre o uso do *kampô*, que acabam, na maior parte das vezes, repetindo o que já se conhece a partir do que se passa em território nacional. Essa relativa repetição das informações deve-se certamente ao fato de que são ayahuasqueiros os terapeutas que estão à frente do processo de internacionalização, sendo importante notar que, à exceção do que se passa no

5 A recente iniciativa de combater o tráfico do *kampô* chama a atenção por seu caráter criminalizante, o que permite pensá-la conjuntamente com a Resolução n.8 da Anvisa, de abril de 2004, que proíbe a publicidade e o uso do *kampô*. Acaba não sendo despropositado notar como tal situação assemelha-se àquelas de outras substâncias que, como notou Appadurai (2008, p.45), a partir do artigo de Lee Cassanelli (2008) sobre o *Qat*, na Somália, "mudanças rápidas nos hábitos de consumo, quando não reguladas pelos que estão no poder, tendem a lhes parecer ameaçadoras".
Post scriptum: Possivelmente é tal contexto criminalizante que explica o fato de que, em 20 de abril de 2014, fui presa por agentes da Polícia Federal, "para averiguação", no aeroporto de Cruzeiro do Sul, quando iniciava meu retorno para Curitiba após ter participado do VI Festival dos Povos Katukina que teve lugar na Terra Indígena do Rio Campinas. Para saber sobre o contexto integral do fatídico evento, ver: http://www.portal.abant.org.br/images/Noticias/Etnografia_involunt%C3%A1ria_abr2014_v3.pdf. Acesso em: 31 de julho de 2014.

Chile, aparentemente não há índios à frente ou participando ativamente da difusão internacional.[6] No Chile e na Holanda, especialmente, o *kampô* é divulgado sempre acompanhado da menção ao nome dos Katukina e dos Matsés, apresentados como usuários tradicionais. Além de se fazer acompanhar, ao menos em sua divulgação, do uso da *ayahuasca*, junto a outras práticas, como rapé, *San Pedro* e *iboga*.[7]

Difusão global e efeitos locais de uma "coisa"

As transformações do uso do *kampô* que se iniciaram desde a passagem para este século são notáveis. Não reconhecendo nada de produtivo em buscar pelo que é "autêntico" ou "original", prefiro emprestar a ideia de Nicholas Thomas (1991), de que "os objetos não são o que eles foram feitos para ser, mas aquilo em que eles se tornaram". Tomando por base a simplicidade (produtiva) de tal ideia, que permite destacar a própria dinamicidade dos processos em que os Katukina estiveram envolvidos, apresentarei, na sequência, os efeitos e repercussões dessas transformações do *kampô*. Esclareço que tomo a liberdade de fazer o *kampô* passar-se por um "objeto"

---

6 Está fora do escopo deste trabalho fazer um apanhado exaustivo das informações sobre a difusão do *kampô* disponível na internet. De todo modo, para algumas informações sobre o uso do *kampô* no exterior, ver: http://sacredvalleytribe.com/kambo-therapy/ e http://spiritofkambo.com/ (Peru); http://polymathbrotherhood.blogspot.com.br/2013/04/kambo-forest-medicine.html (Estados Unidos da América); http://www.kambo.nu/article_view.phtml?art_id=418 (Holanda); http://www.medicinakambo.cl/html/ (Chile) e http://www.highonhealth.org/my-kambo-frog-medicine-experience/ (menção ao uso do *kampô* em Bali, Austrália e Reino Unido). O acesso a todos esses *sites* se deu em 26 de agosto de 2013. Finalmente, um *site* tem a estreita associação da *ayahuasca* e do *kampô* em seu próprio título: Ayakambo Kura. Plant & Animal Spirit Healing: www.ayakambo.org (Alemanha). Acesso em: 16 set. 2013. A partir de *sites* localizados no exterior, é possível ainda saber que o *kampô* já consta em roteiros de turismo voltados a estrangeiros que vão conhecer a Amazônia colombiana e peruana, conforme https://www.pulsetours.com/tour/andes-amazon-vision-quest-adventure. Acesso em: 3 nov. 2013. No Brasil, aplicações de *kampô* foram sugeridas a turistas na programação do "Mariri Yawanawá", um festival organizado pela Associação Sociocultural Yawanawá, que aconteceu entre os dias 20 e 28 de julho de 2013, conforme http://gknoronha.com.br/yawanawa/. Acesso em: 1º jul. 2013.

7 *San Pedro* é um cacto utilizado em cerimônias xamânicas conduzidas por *curandeiros* principalmente na Bolívia e no Peru (cf. Ghasarian, 2010, p.293) e *iboga* é uma planta, *Tabernanthe iboga*, usada em um rito de iniciação africano, *Bwiti*, de nativos do Gabão. A referida planta é usada tradicionalmente com fins visionários (cf. Bonhomme, 2010). Ambos, *San Pedro* e *iboga* são plantas que produzem efeitos psicoativos e que também se internacionalizaram, descolando-se e transformando seus contextos tradicionais de uso.

porque os próprios Katukina assim o fazem, quando o incluem entre as ações e objetos que podem ser tidos como "coisa", *hawe*, em sua própria língua. A definição katukina de *hawe* é bastante próxima da nossa versão dicionarizada para "coisa": "tudo quanto existe ou possa existir, de natureza corpórea ou incorpórea" (Houaiss, versão eletrônica). Em verdade, como *hawe*/coisa pode ser compreendida toda a cultura, com e sem aspas, katukina (Lima, 2012).

A conceituação katukina de "coisa" dialoga bem com a ideia de Tim Ingold, inspirada em Heidegger, de que falar em "coisa" é mais apropriado que falar em "objeto", pois faz visível sua forma "aberta", ou um fazer prospectivo. Nas palavras do próprio Ingold (2012, p.29):

> [...] a coisa tem o caráter não de uma entidade fechada para o exterior, que se situa no e contra o mundo, mas de um nó cujos fios constituintes, longe de estarem nele contidos, deixam rastros e são capturados por outros fios noutros nós. Numa palavra, as coisas *vazam*, sempre transbordando das superfícies que se formam temporariamente em torno delas.

Tal definição é bastante adequada para tratar da recente translocalização do uso do *kampô* – ou do seu uso em diferentes partes do mundo. Este, como "coisa" que é, está em contínua transformação pelos lugares onde anda. Assim, à diferença das concepções nativas que, conforme destacado anteriormente, colocam em relevo as qualidades dos aplicadores do *kampô* e sua capacidade de transmitirem-nas àqueles que recebem de suas mãos a aplicação, pouco a pouco, a secreção cutânea passou a despertar interesse em si mesma e a compor outras práticas.

A existência de um "selo de origem indígena" (Lima; Labate, 2005) continua a ser valorizada, mas o que se percebe na divulgação das aplicações de *kampô*, nacional e internacionalmente, é que seu suposto potencial curativo passou a ocupar a cena principal, sendo que há certo tempo, em meio à publicidade do *kampô*, algumas vezes encontram-se disponibilizados – com acesso às versões eletrônicas (pdf) – artigos científicos sobre as espécies do gênero *Phyllomedusa*.[8] Assim, não deve ser exagerado dizer que o "selo de origem indígena" vem agora acompanhado de um "selo científico".

---

8 Neste sentido, ver: http://www.heartoftheinitiate.com/files/Kambo-Scientific-Research-Healing-Treatments.pdf e http://terranauas.blogspot.com.br/2013/05/links-de-pesquisas-cientificas-sobre-o.html. Acesso em: 11 jul. 2013.

Como afirmado antes, concentram-se no *kampô* ao menos duas possibilidades de compreendê-lo como uma "medicina", como um "remédio da ciência" e como um "remédio da alma" (Lima; Labate, 2007). Essas possibilidades não necessariamente se comunicam entre si, embora convivam contraditoriamente. De tal maneira que me parece perfeitamente possível falar em uma compreensão "ayahuascarizada" do *kampô*, que enfatiza seu potencial emético, que seria responsável pela eliminação das impurezas que se acumulam no corpo, debilitando-o. Com a expulsão de tais impurezas, restitui-se a plena saúde. Por seu turno, tal compreensão convive com a outra, que aproxima o uso do *kampô* ao que se tem divulgado a partir de pesquisas científicas – que, até o momento, indicam um potencial uso farmacológico. Essa "dupla face" do uso terapêutico do *kampô* é característica da cultura *new age*, a qual é conhecida pela associação que promove entre um imaginário científico e um imaginário primitivista (Bonhomme, 2010, p.327).

Ambas as compreensões do *kampô* como uma "medicina" – a "ayahuascarizada" e a "cientificista" – reforçam sua transformação, ou, abusando de uma metáfora biológica, sua metamorfose sociológica.[9] Particularmente, na primeira possibilidade, de compreensão "ayahuascarizada", tal transformação se dá a partir de um conjunto que supõe uma aproximação genérica ao xamanismo, ou propriamente ao "xamanismo genérico", no qual, de acordo com Conklin (2002, p.1056), o xamanismo está divorciado de qualquer imagem sugestiva de conflito – como é tradicionalmente o caso entre povos amazônicos, inclusive entre os Katukina (Lima, 2000) – e a ênfase recai sobre os supostos conhecimentos e *expertise* no uso de plantas – o que nem sempre é o caso, restando, muitas vezes, os conhecimentos de plantas medicinais distribuídos entre diversas pessoas, especialmente entre as mulheres. Desses vários arranjos e ajustes que fazem a aproximação entre *ayahuasca* e *kampô*, sobressai igualmente um processo de "moralização" e "ecologização", tal como registrado por Calávia (2011, p.135), ao tratar da expansão da *ayahuasca*, a qual "não faz justiça nem à complexidade do xamanismo indígena

9 É inevitável mencionar como tal metamorfose aproxima-se da discussão de Appadurai (2008, p.31), na qual são apresentados os quatro tipos de mercadorias, conforme Jacques Maquet. Em tal discussão, o segundo tipo de mercadoria é definido "mercadorias por *metamorfose*, coisas destinadas a outros usos que se colocam no estado de mercadoria". Embora fosse possível, não tratarei aqui da mercantilização do *kampô*.

nem ao uso da *ayahuasca*". Parafraseando a elaboração de Calávia, pode-se dizer que tal "moralização" não alcança a complexidade do uso do *kampô*.

A propósito, neste caso, pode-se chegar a pensar que a "moralização" poderia alcançar a valoração positiva do *kampô* como um antídoto antipreguiça, mas não é o que se passa, e é mesmo duvidoso que os terapeutas esotéricos alcancem esse entendimento. De todo modo, na compreensão nativa há, sim, essa apreensão "moralista" do *kampô*, mas é preciso reconhecer que o entendimento do que é traduzido como "preguiça" (*tikish*) não tem entre os Katukina o mesmo sentido que pode ter para nós. Assim, no entendimento nativo, a "preguiça" diz respeito menos a um "genuíno" torpor ou indolência e mais ao fraco rendimento social, ou seja, sua avaliação atrela-se mais aos resultados (ou ausência deles) produzidos pela falta de engajamento na vida social do que à falta de ânimo em si mesmo. Ou, como traduzem os Katukina para explicar aos brancos a finalidade do uso do *kampô* – explicação dada também por Shere, professor e liderança política da aldeia Samaúma, no programa televisivo *Tabu Brasil*, do National Geographic Channel –,[10] o *kampô* propicia "coragem" àqueles que o recebem. Nesse contexto, a tradução de "coragem" vincula-se mais ao ânimo e à boa disposição do que à intrepidez.

Quanto à "ecologização" do uso do *kampô*, chama a atenção a forma como ela é considerada, concebida como uma prática de "medicina natural" ou de "medicina da floresta", na qual sobressai o argumento de que não se fere ou mata o *kampô* na retirada de sua secreção. Entretanto, silencia-se ou pouco se especula sobre o que se passa depois, quando o espécime é devolvido à mata sem sua secreção – que serve para sua defesa, sobretudo por sua característica mansidão. Não deve ser inapropriado observar que o *kampô* "seco" ou "vazio" (*shaká*), como traduzem os Katukina, deve ficar mais vulnerável

10 O *kampô* foi abordado no programa *Tabu Brasil* em um episódio dedicado a "Tratamentos Polêmicos", que teve sua primeira exibição em 26 de junho de 2013, dividindo espaço com a apresentação de outras práticas controversas, como a Eletroconvulsoterapia (ECT) e cirurgias espirituais na cidade de Abadiânia, em Goiás. A sinopse e o próprio programa podem ser consultados a partir de http://www.natgeo.com.br/br/especiais/tabu-brasil/episodios/7942. Acesso em: 10 jul. 2013. A parte relativa ao kampô foi conduzida por Amir El Aouar, que se define um "agente de transformação humana" e tem suas atividades profissionais voltadas à promoção de "suporte psicoenergético e presta consultoria em Ecologia Humana para pessoas e organizações que buscam qualidade de vida com sustentabilidade", conforme consta de seu *blog*: http://amirelaouar.com/amir-el-aouar/. Acesso em: 10 jul. 2013.

à predação de outros animais. Tendo em conta a forte procura pela secreção do *kampô*, não exclusivamente entre os Katukina, mas envolvendo outros grupos indígenas e populações rurais da região do Juruá e de toda a Amazônia, não devem ser pequenos os impactos sobre a população dos anfíbios.[11] De todo modo, até onde sei, não existem em andamento, nem foram ainda realizadas, quaisquer pesquisas que permitam mensurar tal impacto.

Entre os próprios Katukina, os efeitos da popularização do *kampô* são bastante diversos e não é de estranhar que nem todos, especialmente os mais velhos, têm dimensão da extensão que o uso do *kampô* tomou fora de suas terras ou mesmo do Acre. Nos primeiros anos da popularização, no começo deste século, houve certo entusiasmo coletivo com a difusão do *kampô*, em especial porque o "selo de origem indígena" que aparecia nas propagandas dos terapeutas alternativos era "impresso" a partir deles próprios. Prova disso é que que um desenho do *kampô* passou, desde então, a compor a logomarca da Associação Katukina do Rio Campinas (AKAC). No mais, toda a publicidade do *kampô*, o acolhimento da carta encaminhada ao Ministério do Meio Ambiente e o início das tratativas para a realização do Projeto Kampô permitiam reverter a posição periférica ocupada pelos Katukina no indigenismo acriano – ocupado majoritariamente pelos Ashaninka, Yawanawá e Kaxinawá.

As parcerias com os terapeutas foram pensadas, em um primeiro momento, de modo coletivo, a partir de lideranças de diferentes aldeias, especialmente a partir de duas delas: das aldeias Campinas e Samaúma. Pouco a pouco, entretanto, as divergências entre as duas principais lideranças das duas aldeias – dois ex-cunhados – apareceram e as lideranças da primeira empenharam-se em ocupar a direção da AKAC e a exigir que quaisquer parcerias com os terapeutas se desse a partir do consentimento da diretoria. A ideia do consentimento assentava-se, sobretudo, a partir da expectativa de retornos financeiros. Afinal, se o *kampô* atraía tantos interessados não índios, deveriam ser proporcionais os retornos aos maiores usuários nativos, que passaram a se identificar também como detentores do conhecimento, em virtude de seu uso contínuo e ininterrupto da secreção ao

11 Segundo consta da tese de doutorado de Carvalho (2013, p.285), uma palheta de *kampô* era vendida em 2010 por R$ 200,00. Como são feitas várias aplicações com a secreção seca depositada na palheta, a totalidade das aplicações pode gerar ao aplicador nos centros urbanos aproximadamente R$ 5.000,00.

longo de anos. Nessa época, em abril de 2006, a diretoria da AKAC chegou a divulgar um documento em que denunciava a ação de uma terapeuta com as quais alianças já haviam sido estabelecidas, mas com a qual parte das lideranças (da aldeia do Campinas) tinha desconfianças (Lima; Labate, 2007). As lideranças que assinavam o documento eram justamente aquelas das aldeias Campinas e Samaúma. A primeira solicitação contida no documento era que se parasse de usar o nome da AKAC na divulgação do *kampô* – o referido foi encaminhado à Polícia Federal de Cruzeiro do Sul e ao Ministério Público –, por se tratar de um uso "ilegítimo, ilegal e difamatório".

Nesse contexto, as desconfianças e as expectativas de retornos financeiros, vindas da diretoria da AKAC, se generalizam e os retornos financeiros passaram a ser esperados também de pesquisadores individuais, especialmente dos antropólogos, que àquela altura, e desde o início do Projeto Kampô, acompanhavam justamente os efeitos da popularização do *kampô* (Lima, 2014).

Em um período levistraussianamente "quente", em torno das discussões sobre o *kampô*, índios de diferentes etnias – Katukina, Kaxinawá, Yawanawá e Ashaninka, entre outros – se misturavam, se confundiam e, por vezes, desentendiam-se, não necessariamente nos mesmos espaços, com terapeutas *new age*, ayahuasqueiros, pesquisadores acadêmicos e cientistas. Ao mesmo tempo, estava em curso no Acre o projeto Aldeias Vigilantes, executado pela organização não governamental Amazonlink e financiado pelo Ministério do Meio Ambiente, que objetivava levar aos índios de todo o Acre esclarecimentos sobre a legislação atinente aos direitos intelectuais e culturais, particularmente daqueles relativos aos seus conhecimentos tradicionais associados à biodiversidade.

Os executores do projeto Aldeias Vigilantes pareciam não se dar conta do que se passava, das alianças estabelecidas entre algumas lideranças katukina com terapeutas esotéricos do centro-sul do país e mesmo do exterior. Digo isso porque chama a atenção um relatório do projeto Aldeias Vigilantes sobre a "oficina de empoderamento" realizada na Terra Indígena do Rio Campinas, em julho de 2006 – portanto, aproximadamente três meses após a divulgação da carta mencionada antes. Conforme consta do relatório, em apenas dois dias foram apresentados e debatidos temas bastante complexos: Constituição Brasileira, Convenção da Diversidade Biológica, Anuência Prévia, Conhecimento Tradicional Associado e Repartição de Benefícios. É difícil imaginar o que deve ter sido a apresentação e o debate sobre temas tão complexos em período tão exíguo, tanto pior se se considera o limitado domínio do português entre os Katukina, mesmo entre adultos jovens, que compunham a maior parte da audiência da oficina.

Ao final dos dois dias de reunião, a equipe do projeto registrou que ficou "surpresa" com o fato de que a "comunidade", em nenhum momento, citou o caso do *kampô*, que a essa altura já experimentava sua difusão urbana. Os próprios oficiantes notaram que, contrariamente, em outras aldeias no Acre o assunto gerava sempre bastante discussão. Surpreenderam-se, mas não atentaram para o fato de que as lideranças katukina da Terra Indígena do Rio Campinas tinham parcerias bem encaminhadas com os terapeutas esotéricos e estavam divergindo entre eles, sem que necessariamente desejassem fazer de tais divergências objeto de discussão pública – na oficina, por exemplo.

Com o fim precoce do Projeto Kampô e com a popularização de seu uso fora das aldeias, cresceram as desconfianças em relação aos trabalhos de pesquisa. Em virtude do entendimento nem sempre claro do que fazem os pesquisadores e se são todos biopiratas – portanto, interessados em acessar conhecimentos tradicionais associados a recursos genéticos e deles tirarem proveitos financeiros –, algumas situações em que se misturavam diferentes agentes da trajetória do *kampô* acabaram resultando em tensões. Assim, Paulo Homem de Góes, em sua pesquisa de campo para o mestrado (2009, p.156), acabou sendo acusado de biopirataria por um rapaz que havia recém--chegado do Chile, onde acompanhava terapeutas esotéricos que se servem do *kampô*. Não deve ser coincidência que o rapaz fizesse a acusação contra Paulo Góes empunhando um *folder* justamente do projeto Aldeias Vigilantes, e sem ver problemas com a parceria estabelecida com os terapeutas chilenos. Poucos meses depois, em março de 2009, eu mesma acabei também me desentendendo com diretores da AKAC pelo mesmo motivo, com a reiterada exigência de pagamento para a realização da pesquisa (Lima, 2014).

Do final da iniciativa do Projeto Kampô restou a aprovação do projeto de construção de uma Casa de Cultura Katukina (CCK) pelo PDPI,[12] como um "prêmio de consolação" pela descontinuidade da iniciativa anterior. Quando da elaboração do projeto de construção da CCK, redigido pela diretoria da

12 Trata-se do Programa Demonstrativo dos Povos Indígenas (PDPI), uma linha de financiamento, com recursos do governo alemão, coordenada pelo Ministério do Meio Ambiente. Entre seus objetivos está contribuir com a qualidade de vida dos povos indígenas e com a conservação dos recursos naturais presentes em suas terras.

AKAC, com apoio de Paulo Góes, tendo então à frente Benjamim André (Shere), liderança da aldeia Samaúma, estava prevista a construção para recepção de visitantes, de pessoas interessadas em conhecer de perto a "cultura" katukina. Com o CCK seria possível às lideranças, a partir da AKAC, centralizarem e terem pleno controle das aplicações do *kampô*, além de conter as viagens de jovens aplicadores pelo centro-sul do país. Ao invés de deslocarem-se longamente para fazer as aplicações de *kampô*, a ideia era atrair e recepcionar os interessados em experimentar as aplicações na terra indígena, no CCK, oferecendo também outros serviços "culturais".

Passaram-se vários meses até a aprovação e o início da contratação e execução do projeto de construção da CCK pelo PDPI. Tendo em conta que a duração da gestão da Associação é de dois anos, quando o projeto pôde ter início a diretoria da AKAC já havia mudado, era ocupada então por Fernando Rosa (Kapi), da aldeia Campinas. Em meio a tensões e divergências entre as duas lideranças que se sucederam na presidência da Associação, cada uma delas de duas diferentes aldeias (Samaúma e Campinas), dado que muito tempo havia se passado e os projetos tendem a ser compreendidos como pertencentes àqueles que devem executá-los, houve um esvaziamento das discussões na Associação e o projeto de criação da Casa de Cultura acabou sendo abandonado. Sem sua conclusão, não se alcançaram os objetivos previstos.

Com o fim malsucedido do projeto de construção do CCK, de 2009 em diante, é possível dizer que se acentuou a atomização de cada uma das aldeias localizadas na Terra Indígena. A expectativa inicial das lideranças da AKAC de conseguirem organizar as alianças com os terapeutas de forma centralizada não se concretizou e a tendência acabou sendo justamente no sentido contrário: a fragmentação ou a atomização dessas relações. As parcerias com os terapeutas urbanos são persistentes, mas se fazem a partir de lideranças individuais, de aldeias específicas. A ambição inicial de se coletivizar e centralizar as iniciativas que envolviam alguns katukina com a difusão urbana do *kampô* foi totalmente interrompida, e assim permanece até hoje.

Pondo rapidamente à parte a complexidade das relações que tiveram início a partir da aproximação entre os Katukina e os terapeutas *new age*, é preciso dizer que nem tudo pode receber a rubrica da "novidade". Para quem é minimamente familiarizado com a literatura da região do Alto Juruá, não é trabalhoso reconhecer que a forma atomística das relações estabelecidas entre os Katukina e os terapeutas contemporaneamente assemelha-se bastante às outras relações estabelecidas com não indígenas, particularmente com agentes da empresa seringalista.

Conhecendo algo da literatura da colonização do Alto Juruá, é possível perceber como tais alianças acabam, por vias tortuosas, replicando a atomização que marcou a presença dos Katukina nos seringais, nas primeiras décadas do século passado. Se alguns grupos indígenas no Alto Juruá inequivocamente foram submetidos a um único patrão – como foi o caso dos Poyanawa, com Mâncio Lima, e dos Kaxinawá, com Felizardo Cerqueira (Iglesias, 2010) –, os Katukina estiveram, pelo menos até a metade do século passado, dispersos em vários rios e seringais, tendo vários diferentes patrões. Nas narrativas dos Katukina mais velhos e nos registros sobre história do grupo (principalmente Tastevin, 1924, 1926 e 1928), é recorrente a afirmação de tal quadro dispersivo. Os rios Liberdade, Tauari, Gregório e Tarauacá, dizem os mais velhos, devem ainda estar repletos de capoeiras que indicam os lugares dos antigos roçados das famílias dispersas em vários seringais.

Dos seringais às clínicas de terapias alternativas, certamente muitas coisas mudaram, mas chama a atenção a persistente atomização das relações com os brancos, raramente conduzidas coletiva ou centralizadamente a partir de alguma liderança ou, antigamente, de algum chefe forte. Bem diferente disso, as relações de patronagem eram feitas, no período dos seringais, a partir de enclaves familiares, uma forma que se repete, hoje, nas relações estabelecidas com os terapeutas urbanos, que os procuram para difundir o uso do *kampô*.

À guisa de conclusão: *no game, no pain*

Traçados os contornos de pouco mais de uma década de difusão urbana do uso do *kampô*, já é possível dizer que existe certa estabilização de seus efeitos, que redundam na sua repetição. Não se trata de proclamar o encerramento das transformações em torno da substância, mas apenas de dizer que os efeitos mais pronunciados até aqui foram os acima descritos, sem pretender que outros não poderão advir.

A esoterização do uso do *kampô* é marcante, mas vigora muito mais no discurso público pronunciado pelas lideranças engajadas em sua difusão.

Nesse caso, é importante não esquecer, os Katukina não estão sozinhos. Alguns Kaxinawá e Yawanawá, seus parentes linguísticos, igualmente empenham-se na difusão e divulgação do *kampô*, estabelecendo alianças com terapeutas esotéricos no sul e sudeste do Brasil, no caso dos primeiros; ou estabelecendo tais alianças e servindo-se delas para empreender regularmente festivais culturais, nos quais o uso da secreção do *kampô* consta como ponto alto na programação, como é o caso dos segundos (Oliveira, 2012; Coutinho, 2012; Coutinho; Labate, 2013). De qualquer maneira, nas duas alternativas – dos Kaxi e dos Yawa –, a *ayahuasca* ocupa o lugar principal, sendo o *kampô* coadjuvante nas alternativas "culturais" oferecidas.

Nos dias atuais, o uso regular do *kampô* entre os Katukina acaba igualmente por se fazer muito mais pelo seu potencial terapêutico, em dosagens menores, mas ainda assim mantendo como fim garantir a boa disposição, a "coragem". Se este artigo teve início com a indicação do fim cinegético do uso das aplicações de pontos do *kampô* entre os Katukina e demais grupos descritos na literatura, tal fim está hoje longe de ser o principal. O motivo é de fácil compreensão e não diz respeito exclusivamente às transformações que tiveram início com a difusão urbana e a acentuada esoterização do *kampô*. Concomitante a tais processos, a pavimentação da BR-364 não apenas facilitou a aproximação dos terapeutas *new age* – afinal, em menos de duas horas qualquer veículo pode alcançar a Terra Indígena do Campinas –, como também afugentou os animais de caça. A tal ponto que podem se passar semanas ou meses sem que se coma carne de caça, apesar da perseverança de alguns caçadores que vão à mata à procura de algum bicho, mas voltam, na maior parte das vezes, frustrados, sem ter tido sucesso na iniciativa. Com o recebimento regular de recursos de alguns salários (de professores, merendeiras e agentes de saúde), benefícios de aposentadoria, além de recursos dos programas sociais governamentais, o aporte de proteína animal se faz mais frequente, embora apenas eventualmente, com a compra de carne de boi, frango e peixes no mercado de Cruzeiro do Sul.

Assim, a transformação do ambiente e da paisagem a partir da pavimentação da rodovia que corta a Terra Indígena do Campinas acaba conjugando-se à transformação do uso do *kampô*; ambas são concomitantes. Agora, sem os animais na mata, qualquer pessoa admite, nem a retomada das superaplicações de *kampô*, que chegavam a ultrapassar uma centena de "pontos", seria capaz de tornar bem-sucedido um caçador. Não sem ironia, para dar conta do que se passa nos dias de hoje entre os Katukina, talvez seja mais adequado emprestar e inverter o título do artigo de Catherine Milton (1994) ao falar do uso da secreção do *kampô* entre os Mayoruna: *no game, no pain* – em lugar do *no pain, no game* do título original. A mudança de posição das palavras, e das ações que nelas estão implicadas, resulta em uma profunda alteração, tendo em conta de que nas concepções nativas os processos dolorosos são parte constituinte da construção da pessoa socialmente plena, vigorosa e produtiva. Assim, no fluxo das transformações em torno do uso do *kampô*, como se tentou mostrar, há um conjunto muito maior de coisas que se altera.

Referências bibliográficas

AMAZONLINK. *Registro de viagem e ações da 2ª fase do Projeto Aldeias Vigilantes.* Rio Branco. Terra Indígena Campinas. Povo Katukina. Ms, 2006.

APPADURAI, A. Introdução: mercadorias e a política de valor. In: APPADURAI, A. *A vida social das coisas.* As mercadorias sob uma perspectiva cultural. Niterói: Editora da UFF, 2008, p.15-88.

ÁVILA, T. *"Não é do jeito que eles quer, é do jeito que nós quer"*: biotecnologia e o acesso aos conhecimentos tradicionais dos Krahô. Dissertação (Mestrado), UnB, Brasília, 2004.

BRASIL. Ministério do Meio Ambiente. *Projeto Kampô*: integrando o uso tradicional da biodiversidade à pesquisa científica e ao desenvolvimento tecnológico (Versão 2.2). Documento eletrônico, 2005.

BONHOMME, J. Les ancêtres et le disque dur: visions d'iboga en noir et blanc. In: BAUD, S.; GHASARIAN, C. (Eds.). *Des plantes psychotropes.* Initiations, thérapies et quêtes de soi. Paris: Imago, 2010, p.313-336.

CALÁVIA, O. A vine network. In: LABATE, B.; JUNGABERLE, H. (Eds.). *The internationalization of Ayahuasca.* Zürich / Berlin: Lit Verlag, 2011, p.131-144.

CARAMASCHI, U.; CRUZ, C. A. G.*Phyllomedusa*: posição taxonômica, hábitos e biologia (Amphibia, Anuara, Hylidae). *Phyllomedusa*, v.1, n.1, p.5-10, 2002.

CARNEIRO DA CUNHA, M. *Cultura com aspas.* São Paulo: Cosac Naify, 2009.

CARVALHO, M. B. *Articulações para o desenvolvimento na floresta*: populações locais e políticas públicas em torno da natureza na microregião de Cruzeiro do Sul, Acre. Tese (Doutorado em Antropologia Social), Unicamp, Campinas, 2013.

CASSANELLI, L. *Qat*: mudanças na produção e no consumo de uma mercadoria quase-legal no nordeste da África. In: APPADURAI, A. *A vida social das coisas.* As mercadorias sob uma perspectiva cultural. Niterói: Editora da UFF, 2008, p.299-325.

CONKLIN, B. Shamans *versus* Pirates in the Amazonian Treasure Chest. *American Anthropologist*, v.104, n.4, p.1050-1061, 2002.

COUTINHO, T. A questão da legitimidade e da legalidade dos usos contemporâneos da ayahuasca: um estudo de caso. *Dilemas*. Revista de Estudos de Conflito e Controle Social, v.6, n.2, p.331-355, 2012.

COUTINHO, T.; LABATE, B. "O meu avô deu ayahuasca para o mestre Irineu": reflexões sobre a entrada dos índios no circuito urbano de consumo de ayahuasca no Brasil. *Revista de Antropologia* (no prelo), 2013.

GHASARIAN, C. Introspections néoshamaniques au travesr du *san Pedro*. In: BAUD, S.; GHASARIAN, C. (Eds.). *Des plantes psychotropes*. Initiations, thérapies et quêtes de soi. Paris: Imago, 2010. p.287-312.

GÓES, P. R. H. *Infinito povoado*: domínios, chefes e lideranças em um grupo indígena do alto Juruá, Dissertação (Mestrado em Antropologia Social), UFPR, Curitiba, 2009.

GORMAN, P. *Ayahuasca in my blood*. 25 years of medicine dreaming. Gorman Bench Press, 2010.

IGLESIAS, M. P. *Os Kaxinawá de Felizardo*: correrias, trabalho e civilização no alto Juruá. Brasília: Paralelo 15, 2010.

INGOLD, T. Trazendo as coisas de volta à vida: emaranhados criativos num mundo de materiais. *Horizontes Antropológicos*, n. 37, p.25-44, jan./jun. 2012.

LABATE, B.; PACHECO, G. The historical origins of Santo Daime: academics, adepts and ideology. In: LABATE, B.; JUNGARDELE, H. *The internationalization of Ayahuasca*. Zürich/Berlin: Lit Verlag, 2011.

LESCURE, J.; MARTY, V. C.; STAREGE, F.; AUBER-THOMAY, M.; LETELLIER, F. Contribution à l'étude des Amphibiens de Guyane française. X. Les *Phyllomedusa* (Anura, Hylidae). *Revue Francaise D'Aquariologie et Herpetologie*, n.22, p.35-50, 1995.

LIMA, E. C. de. *Katukina*: história e organização social de um grupo pano do alto Juruá. Dissertação (Mestrado), USP, São Paulo, 1994.

______. Kampu, kampo, kambô: o uso do sapo-verde entre os Katukina. *Revista do IPHAN*, n.32, 2005.

______. Entre o mercado esotérico e os direitos de propriedade intelectual: o caso do kampô (*Phyllomedusa bicolor*). In: KLEBA, J.; KISHI, S. (Orgs.). *Dilemas do acesso à biodiversidade e aos conhecimentos tradicionais* – direito, política e sociedade. Belo Horizonte: Editora Fórum, 2009.

______. "*A gente é que sabe* ou sobre as coisas katukina (pano)". *Revista de Antropologia*, v.55, n.1, p.139-169, 2012.

______. "Nosso conhecimento vale ouro": sobre o valor do trabalho de campo. *Anuário Antropológico*. v.1. 2014, (no prelo).

LIMA, E. C. de; LABATE, B. C. A expansão urbana do kampô: notas etnográficas. In: LABATE, B.; GOULART, S.; FIORE, M. (Orgs.). *Drogas*: perspectivas em ciências humanas. Salvador: Editora da UFBA, 2008.

LIMA, E. C. de; LABATE, B. C. "Remédio da ciência" e "remédio da alma": os usos da secreção do kambô (*Phyllomedusa bicolor*) nas cidades. *Revista de Antropologia Social*, Campos, v.8, n.1, p. 71-90, 2007.

LOPES, L. A. Herança da floresta. *Outras Palavras*, Rio Branco, n.13, 2001.

LOSONCZY, A-M.; MESTURINI, S. Por que a *ayahuasca*? Da internacionalização de uma prática ritual ameríndia, *Anuário Antropológico,* 2010-2011, p.9-30.

MARTINS, H. M. *Os Katukina e o Kampô*: aspectos etnográficos da construção de um projeto de acesso a conhecimentos tradicionais. Dissertação (Mestrado), Universidade de Brasília – UnB, Brasília, 2006.

MILTON, K. No pain, no game. *Natural History*, September, 1994.

MINUANO, C. Promessa de cura para doenças, "vacina de sapo" está na mira da Polícia Federal. Disponível em: http://noticias.uol.com.br/saude/ultimas-noticias/redacao/2013/01/19/promessa-de-cura-para-diversos-males-vacina-de-sapo-esta-na-mira-da-policia-federal.htm. Acesso em: 19 jan. 2013.

OLIVEIRA, A. F. *Yawa-nawa*: alianças e pajés nas cidades. Dissertação (Mestrado), PPGAS/UFSC, São Carlos, 2012.

PEREZ GIL, L. *Pelos caminhos de Yuve*: cura, poder e conhecimento no xamanismo yawanawa. Dissertação (Mestrado), UFSC, Florianópolis, 1999.

PRADA, P. Poisonous Tree Frog Could Bring Wealth to Tribe in Brazilian Amazon. *The New York Times*, 30 maio 2006.

TASTEVIN, C. Chez les indiens du Haut-Jurua, *Missions Catoliques*, t.LVI: 65-67; 78-80; 90-93;101-104, 1924.

______. Le fleuve Muru. *La Geógraphie*. t. XLIII, XLIV: 403-422, 14-35, 1925.

______. Le Haut-Tarauaca. *La Géographie*, XLV: 34-54; 158-175, 1926.

______. Le Riozinho da Liberdade. *La Géographie*, XLIX: 205-215, 1928.

THOMAS, N. *Entangled objects.* Exchange, material culture and colonialism in the Pacific. Cambridge, Mass./ London: Harvard University Press, 1991.

4
"Perguntas demais" – Multiplicidades de modos de conhecer em uma experiência de formação de pesquisadores Guarani Mbya[1]

Joana Cabral de Oliveira e Lucas Keese dos Santos

Abertura

A "falta de imaginação" para pensar outros modos de conceber conhecimento e aprendizado é uma das questões criticamente abordadas por Carneiro da Cunha (2009), que aponta a necessidade de aprofundar os estudos de caso sobre o tema, com o intuito de alargar nossa compreensão sobre modos de conhecer e circular saberes.

Os povos indígenas apresentam concepções que desafiam nossa compreensão de conhecimento, como se pode notar nas falas e situações que seguem:

> "O xeramo" (pajé/meu avô) sempre fala que as palavras dos livros duram pouco. Ele fala que pode deixar os brancos escreverem seus livros, porque um dia tudo vai acabar. O papel rasga, queima ou molha na água e derrete, já a palavra que é falada dentro de cada um não morre. Ela passa por dentro de mim e passa por dentro dos outros e, mesmo quando eu morrer, as palavras que forem verdadeiras vão continuar circulando entre meus filhos e netos. [Verá Mirim, fala registrada no Tekoá Pyáu (apud Testa, 2008)]

1 Uma parte dessa reflexão foi apresentada no seminário "Políticas culturais e povos indígenas: a escola e outros problemas" (CEstA-USP). Os comentários elaborados nesse contexto foram fundamentais para desenvolver o presente artigo, em especial os apontamentos de Valéria Macedo e Ana Gomes. Agradecemos também Daniel Pierri, Maria Inês Ladeira e Jera Giselda pelas leituras e comentários da primeira versão deste texto.

Entre os Wajãpi:

> [...] [a] reclusão [da menarca] finda com a saída da jovem de sua casa, quando, então, é aplicado sobre seu corpo a trama de arumã repleta de formigas, todas presas com os ferrões na mesma face. Nessa ocasião as demais crianças da aldeia também recebem ferroadas [...] É preciso ressaltar que só devem aplicar as formigas as pessoas consideradas sabidas: as mulheres que trabalham bem nas roças, os bons caçadores, os bons artesões, as boas tecelãs, aqueles que falam e cantam bem, etc., pois tais capacidades serão transmitidas por meio das ferroadas. Por esse motivo fui exortada a picar diversas crianças, que a contragosto mostravam suas línguas, para que eu aplicasse a trama de formigas sobre elas e, assim, lhes transmitisse a capacidade de falar português. (Cabral de Oliveira, 2012, p.162)

> Os Caxinauá, quando questionados por Kenneth Kensiger acerca de onde residiria o conhecimento, responderam-lhe: "nukun yuda yamakidi nun xinanmiski" (nós sempre pensamos através de todas as partes de nosso corpo). (Kensiger, 1995, p.244)

Esses três exemplos etnográficos desestabilizam aspectos fundamentais de nossa compreensão: o caráter efêmero dos saberes escritos no papel em contraposição ao peso e à constância da palavra falada; saberes que são passados pelo contato entre corpos por meio das ferroadas de formigas; e conhecimentos espalhados pelo corpo e não exclusivos ao cérebro. De um lado, a afirmação guarani contrasta com a tradição linguística e antropológica de Walter Ong e Jack Goody, segundo a qual a escrita corresponderia a uma tecnologia capaz de fixar e materializar saberes, algo necessário ao pensamento crítico e reflexivo. De outro, as proposições wajãpi e kaxinawá opõem-se a uma concepção mentalista presente em alguns ramos da ciência, que colocam o cérebro como sede e processador do conhecimento que, por isso, é transmitido exemplarmente através da linguagem.

Diante de ideias tão diversas, como é possível desenvolver parcerias na produção de saberes? Como podemos equacionar e constituir um espaço para outros modos de conhecer?

As experiências cada vez mais comuns de formação de pesquisadores indígenas parecem ser um lócus exemplar para pensar as possibilidades de diálogo (ou de falta dele) entre modos de conhecer, uma vez que o pesquisar tem aparecido como um meio a ser apropriado e transformado pelos agentes indígenas. Enfim, é em vista a esse complexo pano de fundo que pretendemos apresentar as questões suscitadas em uma formação de pesquisadores Guarani Mbya.

O contexto

A formação e a realização de pesquisa por jovens Mbya se deram no âmbito de um projeto colaborativo entre o Instituto do Patrimônio Histórico e Artístico Nacional (Iphan), o Centro de Trabalho Indigenista (CTI) e os Guarani de algumas aldeias do estado de São Paulo.[2]

Como decorrência da 1ª fase do Inventário Nacional de Referências Culturais (INRC) Guarani, realizada entre os anos 2009 e 2011,[3] surgiu o interesse de todos os envolvidos em dar continuidade ao inventário cultural. Diante dessa demanda, foi proposto que, ao invés de ser uma equipe de antropólogos a realizar a tarefa, seria feita uma formação para que um grupo de jovens Guarani pudesse pesquisar coletivamente um "bem cultural" (termo usado pelo órgão oficial).[4]

A formação teve como objetivo principal discutir e refletir conjuntamente sobre as possibilidades de apropriação, por parte desses jovens Mbya, do instrumental de pesquisa como uma ação política de produzir para o Estado, especificamente; e, para os brancos, de um modo geral, um discurso sobre eles próprios. Nesse processo, foi fundamental trazer à tona a questão da multiplicidade de formas de conhecer, tendo como foco, de um lado, os modos apropriados de aprender dos Guarani e, de outro, as técnicas de pesquisa antropológica e as regras e concepções do conhecimento científico a ela subjacentes.

2 Participaram do projeto as aldeias Tenonde Porã, Krukutu, Ribeirão Silveira, Peguaoty e Jaraguá.

3 Uma parceria entre Iphan, CTI e Comissão Guarani Yvyrupa.

4 Visando manter aqui um diálogo com as políticas públicas fomentadas pelo Iphan, faremos uso do vocabulário da instituição, mas não perdemos de vista a crítica antropológica à noção de cultura realizada por diversos autores (Wagner, 2010; Carneiro da Cunha, 2009).

A escolha de iniciar o caminho pela questão dos modos de conhecer foi importante para a tentativa de construir algo próprio a esse contexto; para criar um espaço em que os Guarani pudessem apontar quais eram as questões relevantes e o modo adequado de abordá-las, tendo em vista alguns dos procedimentos e compreensões dos brancos em relação ao conhecimento. Assim, talvez pudéssemos elaborar conjuntamente uma estratégia de pesquisa que ao menos respeitasse determinadas particularidades locais.

Tal discussão foi necessária para construir um processo de distanciamento e uma reflexão crítica das atividades de pesquisa e, em especial, para compreender as dificuldades que surgiam ao longo do processo, destacando-se alguns embates e diálogos fomentados pela inadequação tanto do uso de perguntas retóricas dirigidas aos jovens durante a formação, como também do uso de entrevistas e de registros (escrito e audiovisual) das conversas e ações observadas em campo, atividades comuns a uma metodologia de pesquisa em antropologia.

Por fim, antes de dar seguimento às questões que pretendemos discutir, é preciso apresentar uma especificidade dessa formação de pesquisadores Guarani: a presença constante de um *xeramoĩ* (avô-conhecedor), afamado por executar e mostrar a dança do *xondaro* (tema da pesquisa). Sua participação começou tímida, mais restrita aos momentos em que os jovens eram chamados a executar a dança no pátio e nas *opy* (casa de reza), mas, pouco a pouco, ele ocupou o espaço das discussões conduzidas pela equipe de formadores *jurua* (não indígenas),[5] colocando-se como mais um responsável por essa tarefa.

O mote: perguntas demais

O tema escolhido pelos Guarani envolvidos no projeto foi o *xondaro*. Inicialmente apresentado como uma dança, não tardou para emergir a complexidade em que estava envolta essa manifestação, a começar pela

5 A equipe *jurua* responsável pela formação era composta por Joana Cabral de Oliveira e Lucas Keese dos Santos, que contaram com a participação e com o diálogo constante de Daniel Pierri, Maria Inês Ladeira e Eliza Castilla. Ao nosso lado, atuou também uma equipe de formadores Guarani: Marcos Tupã dos Santos e os *xeramoĩ* Hortêncio e Pedro Vicente.

polissemia do termo *xondaro*: uma dança, uma função social, uma forma de expressão e um modo de relação.[6]

Não nos deteremos, aqui, sobre o *xondaro* propriamente dito, mas sim sobre suas particularidades e problemas suscitados no processo de pesquisa dos jovens Guarani, a começar por um ponto que nos leva diretamente aos distintos modos de conhecer que se colocaram em relação nesse contexto – a maneira como os *jurua* fazem perguntas.

O incômodo com as perguntas surgiu de início: os cursos eram conduzidos com questões que tinham como objetivos gerar uma compreensão da equipe guarani sobre as possibilidades de apropriação da pesquisa e fomentar um distanciamento reflexivo para tratar o tema que estava sendo investigado e documentado coletivamente. Contudo, ao avesso do que esperávamos, as perguntas começaram a gerar grande incômodo, sobretudo no *xeramoĩ* que acompanhava as atividades de perto, figurando lado a lado à equipe *jurua*. Mais de uma vez ele reclamou: "Vocês perguntam demais, assim vocês judiam dos meninos".

Perguntar não é a maneira correta de se proceder uma conversa com os velhos e velhas, *xeramoĩ* (avô-conhecedor) e *xejaryi* (avó-conhecedora), o que de partida colocava grandes problemas para a nossa ideia de pesquisa por meio de entrevistas, gerando alguns mal-entendidos na parceria com esse *xeramoĩ xondaro*.

Recuperemos um desses episódios em que o *xeramoĩ xondaro* manifestou sua desavença com o que, para ele, era um excesso de perguntas. Pautados em uma metodologia de inspiração construtivista, nós, os formadores *jurua*, recorríamos a perguntas retóricas para pensar *o que é* e *como é* fazer pesquisa, de modo a auxiliar na produção de uma descrição/explicação acerca do *xondaro*. Na ocasião, a pesquisa já havia andado bastante, e Joana, responsável pela formação antropológica, tentava problematizar com a equipe como eles lidariam com as falas dissonantes dos velhos sobre o *xondaro*. Por que havia diferenças? Como equacioná-las nas explicações que eles estavam produzindo, de modo a contemplar essa diversidade interna? E, afinal, por que havia modos distintos de dançar o *xondaro*? Foi essa última questão o estopim para que *xeramoĩ xondaro* interviesse:

---

6 Para mais detalhes sobre o tema, ver os produtos resultantes do projeto: o livro e o filme *Xondaro Mbaraete – A força do xondaro* (CTI; Iphan, 2013).

Xeramoĩ: *Você gosta de dançar forró?*

Joana: *Gosto.*

X: *E você tem irmã?*

J: *Tenho uma irmã e um irmão.*

X: *E eles gostam de dançar forró?*

J: *Não.*

O *xeramoĩ* parou, coçou a cabeça, pensou e ignorou.

X: *E será que você vai dançar igual a sua irmã?*

J: *Se nós aprendemos com nossa mãe, sim! Se ela teve aula de forró com o mesmo professor que eu, sim...*

X: *Eu estou chateado com você! Você pergunta demais... Você acha que sua irmã vai dançar forró igual a você? Não, não vai! Tem um que pode dançar assim* [demonstrando, ele balançou o tronco de um lado a outro], *outro que vai dançar assim* [com um pé na frente e outro atrás, alternava um no chão e outro fora, em pulos seguidos], *outro assim* [e demonstrou movimentos de quem valsa]. *Não tem uma pessoa que vai dançar igual à outra, não é porque é irmão que vai dançar igual, cada um sente de um jeito e vai dançar de um jeito! Não existe um que vai dançar igual ao outro!*

Sobre teorias de conhecimento

O incômodo com as perguntas em excesso e, em especial, com nossa ânsia em que os jovens produzissem uma reflexão acerca das diferenças internas aos Mbya, que era algo óbvio ao *xeramoĩ xondaro* – que, diga-se de passagem, já havia afirmado inúmeras vezes que "guarani não é tudo igual" –, parece ser fruto da divergência de teorias de conhecimento confrontadas nesse momento.

No exemplo citado, temos, de um lado, um método pedagógico que objetivava uma produção autônoma de discursos e argumentações verbais, utilizando, entre outros recursos, as perguntas como estímulo, o que se somou a uma suposição (didática)[7] de que o conhecimento seria homogêneo de acordo com o vértice de aprendizado, ou seja, se duas irmãs aprendem com a mesma pessoa, seja um parente ou professor, teremos

7 Ou seja, como estímulo para a produção de uma crítica por parte dos pesquisadores Guarani.

saberes semelhantes. Do outro lado, uma concepção complexa de conhecimento, que se articula a toda uma cosmologia guarani. A afirmação forte com que *xeramoĩ xondaro* termina sua fala – "Não existe um que vai dançar igual ao outro!" – remete diretamente a uma ontologia da diferença, sobre a qual falaremos mais adiante, e à compreensão que os Guarani têm acerca das rotas de aquisição dos conhecimentos, sendo uma das principais a relação pessoal que se estabelece com os *nhanderu kuery*, as divindades celestes. Nas esferas celestes, os *nhanderu kuery* estão dançando, cantando e fumando; na terra, os Guarani fazem como eles, em suas casas de reza (*opy*) e pátios. Como explica Pierri (2013), os Guarani emulam as divindades para se mostrarem a elas, afirmando lembrarem sua origem (os Mbya são descendentes dos *nhanderu kuery*).

A princípio, poderíamos pensar que a resposta do *xeramoĩ* se assemelha justamente a uma concepção construtivista, na qual cada indivíduo traça seu caminho de aprendizado, o que gera, no limite, sempre um conhecimento singular. Contudo, o *xeramoĩ* parece falar de uma diferenciação extrema. Por mais que haja diferenças na forma de dançar forró entre duas pessoas, compreendemos que há um padrão de movimentos que determina que aquela dança pode ser caracterizada como forró – e não tango ou *funk*. Os exemplos corporais dados pelo *xeramoĩ* fugiam de qualquer padrão, ele parecia dizer que é possível dançar e ter um conhecimento radicalmente distinto de uma pessoa a outra. Para aprofundar a discussão é preciso nos alongarmos na teoria de conhecimento que subjaz a fala do *xeramoĩ* e seu incômodo com as perguntas.

A relação com os *nhanderu kuery* é individualizada, ou melhor, pessoalizada,[8] e se dá desde o pré-nascimento, quando os *nhe'ẽ kuery* (as alma-palavras)[9] ainda estão nas moradas celestes (*amba'i*), vivendo junto com as divindades. Quando são enviadas para a terra, por ocasião de um nascimento, cada *nhe'ẽ* vem com conhecimentos que foram adquiridos pelo convívio com os *nhanderu kuery*. Contudo, os conhecimentos não se efetivarão necessariamente

8 A opção por esse neologismo, e não pelo termo "personalizada", visa enfatizar que estamos diante de uma noção de pessoa particular, que não se confunde com a noção de indivíduo.

9 Conforme Macedo (no prelo), *nhe'ẽ* foi traduzido por dois grandes guaraniólogos, Pierre Clastres e Léon Cadogan, como "palavra habitante" e "alma-palavra" respectivamente. Esse termo compreende, segundo a autora, o princípio que confere capacidades singulares de linguagem e agência a cada sujeito.

na Terra, isso dependerá das ações da pessoa, de "sua vontade", conforme insistem em explicar.

A jovem pesquisadora Kerexu produziu um texto, durante a formação, que explicita essa concepção de conhecimento e mostra como ela se tornou evidente justamente nesse contexto de encontro entre regimes de conhecer:

> No quarto curso que aconteceu aqui na aldeia Krukutu vivi uma experiência muito boa em relação ao modo de conhecimento guarani sobre o *xondaro*. Numa noite houve a dança do *xondaro* na *opy*, com o *xondaro-ruvixa* Wera Sílvio, um dos pesquisadores. Fiquei muito feliz ao ver as crianças dançando, os mais velhos ainda estavam sem vontade de dançar, mas na noite seguinte os adultos também se animaram e se juntaram e todos dançaram juntos. Depois daquela emocionante noite me veio uma curiosidade enorme sobre o conhecimento. Tinham crianças de 4 a 9 anos daqui da aldeia que praticamente vi crescerem, e nesse período eu não tinha mais visto a prática do *xondaro* aqui na aldeia Krukutu, inclusive meu irmão caçula de 10 anos.
>
> Minha curiosidade era: "como as crianças sabem dançar o *xondaro* sem nunca ter visto antes?". Eu vi aquelas crianças dançando tão bem, com uma sintonia inexplicável que me deixou muito emocionada. Para tentar esclarecer essa minha curiosidade eu pensei em fazer umas perguntas para alguns meninos: "Onde eles tinham visto o *xondaro*?". Primeiramente perguntei para o meu irmão Kuaray se ele já tinha visto a dança do *xondaro* antes, ele me disse que sim, perguntei onde ele tinha visto, mas ele não soube me responder, ele apenas disse que já tinha visto, mas não sabe onde. Isso aumentou mais minha curiosidade, então eu perguntei para meu tio e ele me disse que todos sabem dançar o *xondaro* porque eles já tinham praticado no "*nhande amba*" de onde viemos todos. Ele me disse também que todos os meninos sabem que o *xondaro* existe. Mesmo nunca tendo visto a dança do *xondaro* na Terra, eles já tem isso dentro de si, eles apenas precisam relembrar. Então me dei conta de que não iria adiantar perguntar para as crianças, porque elas não saberiam responder.
>
> Esclareci uma parte da minha curiosidade, pelo que eu entendi já nascemos com o conhecimento do nosso povo, apenas praticamos o que sabemos desde sempre. Por isso que o fato de hoje em dia os índios serem modernos, não quer dizer que perdemos nossa cultura, nossa cultura estará sempre dentro de nós. (In: 2013, p.51, grifos da autora)

Essa reflexão explicita não só as concepções e teorias guarani, mas também o processo de distanciamento proporcionado por essa interlocução entre distintas formas de conhecer. Podemos ver nesse texto como a necessidade de produção de explicações, criada pelo projeto e pelo procedimento de pesquisa antropológica, fomentou tanto a formulação de questões aos pesquisadores Guarani, como também estimulou um esforço de tradução com cunho político, no qual a conclusão de Kerexu aponta para o desmonte do argumento de aculturação.[10]

Retornando às concepções guarani de conhecimento, em suma os saberes são parcialmente adquiridos em um momento anterior ao nascimento, quando as almas-palavras estão na companhia de seus pais celestes, sendo o conhecer, portanto, um "relembrar".[11] Isso, por sua vez, implica em uma ação do sujeito que aprende: é preciso interessar-se, engajar-se nas atividades e rememorar o que foi vivido em outro espaço-tempo; é preciso "ter vontade" de aprender/lembrar. Na Terra, cada pessoa deve, portanto, estabelecer uma relação contínua com os *nhanderu kuery*, uma conexão constante entre patamares celeste e terrestre, que permita um fluxo de saberes.

O ponto que parece central para compreender o incômodo do *xeramoĩ* é algo que ele e outros Guarani disseram insistentemente ao longo desse processo: em ações como dançar, cantar, fumar cachimbo, sonhar e se concentrar, entra-se em contato com os *nhanderu kuery*, e os saberes vindos das divindades são colocados no coração, como dizem em português, ou no *nhandepy'a,* em guarani, que se refere à larga região do peito. Essa relação, como dizíamos, é pessoalizada, cada um terá a seu modo uma ligação com as divindades celestes e conhecimentos singulares. Cada um dança *xondaro* à sua maneira, pois cada um "sente o *xondaro* dentro de si", expressão correntemente usada pelos Guarani, de modo particular. O "sentir o *xondaro* dentro de si", no peito, refere-se a esse aprendizado pessoal que

---

10 Os temas relacionados ao conceito de cultura, bem como o argumento da perda de cultura (aculturação) foram trabalhados nos cursos, justamente para discutir a importância de boas traduções, que não fiquem restritas a um mero exercício antropológico, mas incluam importantes desdobramentos políticos.

11 Pierri (2013, p.166-168) aponta que essa compreensão do lembrar poderia ser relacionada à teoria platônica da reminiscência. Na teoria platônica, a reminiscência é a explicação usada para contornar a contradição entre o carácter imutável e divino das "ideias" e a experiência concreta. Na teoria guarani, tem função análoga, fazendo a relação entre as formas originárias e imperecíveis do mundo celeste e suas emulações terrenas.

vem da concentração que permite conectar-se com o mundo celeste e ter um conhecimento colocado em seu peito. Como apontou o *xeramoĩ* em um dos cursos, uma tradução possível do verbo "pensar" para a língua guarani é *anhemomby'a*, que pode ser analisado da seguinte maneira: *a-* primeira pessoa do singular; *-nhe* reflexivo; *-mbo-* causativo; *-py'a* peito, coração; literalmente, "fazer-se dentro de seu próprio peito".

A fala que uma liderança guarani proferiu, por ocasião de uma conversa sobre o projeto, pode nos dar mais elementos. Ele nos dizia que os *xeramoĩ* não deviam contar sua sabedoria, aquela adquirida na relação forte com os *nhanderu kuery*; os jovens que gostariam de aprender deveriam ir atrás do conhecimento, buscá-lo. Isso implicava em conversar de maneira apropriada com os *xeramoĩ;* não se deve perguntar, pois eles falarão de acordo com o que sentem no peito, no coração. Como insistiu o *xeramoĩ xondaro* em muitos momentos, quem o faz falar são os *nhanderu kuery,* que colocam sabedoria e palavras em seu peito. A liderança então explicou: "Primeiro, o conhecimento entra pela orelha, depois ele desce para o coração, e só depois ele sobe e sai pela boca". Em suma, não é qualquer um que pode falar e ensinar – só aqueles que têm saberes devidamente assentados no peito (*nhandepy'a*), plenamente colocados pelos *nhanderu kuery*, é que podem dá-los a outrem por meio da palavra.

Essa concepção nos conduz ao problema enfrentado pelos pesquisadores Guarani ao tentarem conduzir entrevistas com os mais velhos. Após seguirem um método de elaborar um roteiro de perguntas em guarani, que serviria de inspiração para os diálogos, eles enveredaram pelas aldeias a conversar com seus avós e, nessa experiência, sentiram tremenda dificuldade. Dificuldade de se fazer entender pelos mais velhos. Afinal, o que eles gostariam de saber? Dificuldade de compreender as longas falas proferidas, que não davam espaço a perguntas. Quando os mais velhos falam, sobretudo em sua forma de aconselhamentos (*nhemongueta*), eles não devem ser interrompidos, o que se pronuncia são apenas interjeições de concordância: "*Anhete ko*" (mesmo, é verdade!). Sua fala expressa as palavras e saberes provenientes de *nhanderu kuery*: fala-se o que se sabe dentro do peito e nada mais. Por isso, não adianta perguntar, muito menos interromper um fluxo discursivo, ato que, além de indelicado, seria colocar uma barreira ao que se tem a dizer.

Outra dificuldade apontada, que está diretamente relacionada às concepções de como conhecer e circular saberes, foi quanto à forma de expressão dos mais velhos. Além de usarem um vocabulário e figuras de linguagem que os jovens não dominavam, os mais velhos, conforme explicaram os pesquisadores, desviavam-se do ponto perguntado, falavam de outros assuntos, não respondiam de maneira pontual às questões. Esses desvios e voltas argumentativas parecem se ligar tanto ao fluxo discursivo dos saberes que saem do peito pela boca, como também a um modo enigmático de expressar conhecimentos, típico dos mais velhos, que colocam à prova o interesse dos neófitos em aprender: é preciso esforço para adquirir conhecimento.

Além disso, não se aprende tudo, nem de uma só vez. Conta-se apenas uma pequena parte do que se sabe, como nos explicaram os pesquisadores ao discutir suas dificuldades com as falas dos mais velhos. Por isso, talvez, as palavras dos *xeramoĩ* sejam tortuosas, enveredando por diversos assuntos. Isso ficou explícito ao ouvirmos furtivamente um comentário de uma avó que assistia sentada ao fundo da *opy* uma das aulas do curso de formação. Diante das "perguntas estímulo" dos formadores *jurua*, ela disse, inconformada: "Mas eles querem saber de tudo!". As perguntas incomodavam, pois eram entendidas pelos velhos como uma ânsia de saber tudo e de uma só vez; não como estímulos, mas como um meio dos *jurua* aprenderem sobre o mundo guarani.

Apesar de tantos desencontros, vale notar um ponto que parece ser confluente. Uma das suposições sobre o conhecimento, tanto dos Guarani como dos formadores *jurua*, parece ser semelhante: cada pessoa deve adquirir um saber por caminhos próprios, o "ensinador" (como gosta de falar o *xeramõi xondaro*) não tem como função transmitir um saber a um neófito, mas de estimulá-lo para que ele consiga elaborar um entendimento ou uma habilidade, o que no limite gera conhecimentos particulares. As perguntas dos formadores feitas aos jovens Mbya, assim como as falas enigmáticas e poéticas dos mais velhos tinham, afinal, por objetivo, estimular reflexões próprias, fomentar o esforço necessário ao aprendizado, ainda que por rotas divergentes.

Metodologias e cosmologias

A partir desses relatos e de formulações propostas na literatura recente sobre os Guarani, talvez possamos nos perguntar sobre algumas relações entre formas de ensino-aprendizagem, práticas políticas e as cosmologias guarani. Relações que podem ser postas em evidência nesse jogo de divergências e conjunções, levadas a cabo por ambos os lados dessa parceria.

Conforme vimos, o método das "perguntas estímulo" provocou reclamações por parte dos mais velhos, algumas fundamentadas no fato de que tal método não é compatível com os modos de conhecer guarani. Nestes, a relação com as divindades celestes e a prática pessoal impõem um processo de observação e imitação. A fala é um recurso utilizado apenas por aqueles em um estágio mais avançado do saber: os mais velhos, que possuem conhecimentos mais assentados e que, por isso, podem deixá-los fluir pela boca. Não é recomendado aos mais novos usar a retórica para aprender; eles devem, ao contrário, concentrar-se em ouvir, observar e imitar.

Outras reclamações parecem ter ocorrido em razão da ontologia da diferença que possuem os Guarani e que, para o *xeramoĩ xondaro*, era posta em xeque pelas perguntas dos formadores *jurua*. A insistência do *xeramoĩ* em explicar que cada um necessariamente vai dançar de um modo diferente buscava deixar claro que indagar repetidamente sobre a existência de diferenças na dança não fazia sentido algum. Afinal, para ele, esse é um pressuposto básico da existência.

Detenhamo-nos um pouco sobre essa ontologia da diferença guarani para, posteriormente, seguirmos com as questões referentes aos modos de aprender e conhecer.

Esse regime ontológico da diferença, muito presente nas cosmologias ameríndias, ficou conhecido na literatura antropológica sobretudo através das formulações de Lévi-Strauss (1993 [1991]) acerca da *abertura ao outro* e do *dualismo em perpétuo desequilíbrio,* caracterizado pela produção incessante de diferenças a partir da instabilidade no interior de pares de oposição.

Maria Inês Ladeira (2007 [1992]) coletou diversos relatos de como entre as divindades também operaria essa produção de diferenças:

> Conforme explicação de alguns Mbya, Anhã quis ser mais criativo que Nhanderu, inventar mais coisas. Para tanto baseou-se nas criações de Nhanderu, exagerando suas formas e cores.
>
> Entre as plantas, Anhã "inventou" as raízes coloridas como a beterraba, a cenoura. As verduras como a couve, o repolho, e outras folhas são a imitação das plantas e ervas dos matos usadas como remédio. Também os palmitais, vários

> tipos de banana (como a nanica, a maçã) e o milho híbrido (avaxi tupi) são suas invenções. Frutos tais como manga, abacate, jaca, abacaxi, limão, várias espécies de laranja, e árvores como o eucalipto e alguns tipos de pinheiro também são de sua autoria.
>
> Entre os animais de Anhã estão, sobretudo, os ferozes, entre os quais as cobras venenosas, diversas aves e felinos. Incluem-se na sua lista os animais de criação do homem branco, como galinhas, gado, porco, cavalo e os animais de outras regiões, que conhecem através de fotos, filmes e visitas ao zoológico, como os leões, tigres, girafas e zebras. (Ladeira, 2007, p.157-158)

Anhã, ou *Xariã*, é muitas vezes descrito como um irmão de *Nhanderu Tenonde*, a divindade criadora da qual foram se desdobrando as demais. Se em muitos dos exemplos *Xariã* poderia ser visto como um polo negativo em oposição a *Nhanderu Tenonde*, por fazer animais venenosos, entre outras criações, essa posição moral apressada é facilmente desfeita pelos Guarani, que explicitam de forma elogiosa o caráter diferencial – a inovação – das criações de Xariã. Ao exagerar nas formas e nas cores, buscando ser "mais criativo" que *Nhanderu*, as imitações de *Xariã* reafirmam a diferença entre os seres no mundo.

É para esse aspecto positivo da diferença nas criações de *Xariã* que um xamã Guarani certa vez atentou ao discorrer sobre os variados grafismos trançados nos cestos: quando disse que *Nhanderu Tenonde* havia criado um único e simples padrão de trançado, afirmou que foi *Xariã*, buscando superá-lo, que criou novos e complexos desenhos.[12]

Conforme enfatiza Pierri (2013), mesmo entre os irmãos Sol (*Kuaray*) e Lua (*Jaxy*) – figuras importantes das cosmologias guarani –, cuja relação é marcada por um companheirismo em que não há a disputa de poder movendo a criação de diferenças, estas vão persistir nos intentos de Lua imitar as façanhas de seu irmão. Mais frágil e desajeitado, as falhas e desvios de Lua são responsáveis por importantes reviravoltas na trajetória dos dois na Terra, não apenas conduzindo-os ao destino final junto ao pai *Nhanderu Tenonde*, mas também produzindo o mundo e deixando ensinamentos – derivados da diversidade de suas experiências e ações – a seus parentes

12 Ver vídeo *Orereko Mbaraeterã: valorização do mundo cultural Guarani* (Oficinas de difusão dos saberes artesanais guarani).

mais novos, os Guarani, que viriam habitar a Terra. O que é próprio e definidor das imitações, portanto, é menos o caráter moral de suas intenções e resultados, mas a inevitabilidade da produção da diferença. A imitação, aqui, não aponta para a identidade, mas para a variação, algo que parece ser fundamental em outras ontologias tupi-guarani como aponta Gallois (2012) para o caso wajãpi.

Assim, o aprendizado para os Guarani é marcado pela observação dos exemplos realizados pelos que vieram antes – das divindades, passando pelos ancestrais que atingiram as esferas celestes, até os sábios contemporâneos, os *xeramoĩ* e as *xejaryi*. Há uma diversidade de mediações que os Guarani vão observar e imitar, uma imitação que vai ser motor de mais diferenciações que, em seguida, podem servir de exemplo aos mais novos, em um moto perpétuo de variação. É dessa maneira que se atualizam transformações no conhecimento guarani. Trata-se de um processo que relaciona a terra e as esferas celestes, os Guarani e as divindades, através de séries de diferenças.

Contudo, entre os Guarani, como destaca Pierri, há um caso preponderante de oposição que atravessa as demais: o par perecível/imperecível. Tudo que existe nesta terra, segundo os Guarani, possui um protótipo na esfera celeste, mas, ao contrário daqui, tudo lá é marcado pela imperecibilidade (*marã e'ỹ*), fazendo de seus correlatos terrenos meras imagens, cópias perecíveis e, portanto, essencialmente mutáveis, temporárias.

Na prática do *xondaro*, conforme vimos, os Guarani dançam seguindo o modelo das divindades, numa reafirmação de seus laços com estes. Os *Tupã kuery* dançam *xondaro*, como também os *Karai kuery*, e assim por diante. Entretanto, mesmo que os Guarani busquem dançar à semelhança das divindades, usando-as como referências, as diferenças não cessam. Há diferenças no Céu, cada divindade dança a seu modo, o que, consequentemente, é reproduzido na Terra. Mas há também diferenças que são notadas inclusive entre aqueles que são provenientes de um mesmo *amba'i* – morada celeste de um grupo específico de divindades (Karai, Tupã etc.).[13] Afinal, a execução da dança, marcada por um sentimento e contato pessoal com o conhecimento proveniente dos *nhanderu kuery*, será sempre distinta, algo

13 Conforme descrevem diversos guaraniólogos, cada alma-palavra é proveniente de uma morada celeste; trata-se um arranjo espacial complexo em que cada divindade se localiza em local do céu. O nome das pessoas (Karai, Tupã, Jera etc.) identifica justamente sua filiação celeste.

que possibilita a disputa sobre as formas como dançam as divindades, logo, sobre o exemplo a ser seguido.

Do mesmo modo vai operar a forma de ensino do *xeramoĩ xondaro*. No momento em que conduz a dança e é seu "ensinador", seu "mostrador" (*xondaro ruvixa*), ele é o exemplo a ser perseguido pelos demais, que literalmente o seguem imitando seus movimentos. Se é verdade que cada um executará a sua maneira os movimentos, fazendo valer a máxima que ninguém dança igual, produzindo novas diferenças, tampouco é possível ignorar a condução e o estilo do *xondaro ruvixa*. Sem a imitação, também não haverá transformação. Tal jogo mantém o debate sobre as formas de dançar em aberto, ao mesmo tempo em que impede uma diferenciação excessiva rumo à inexistência de padrões e características próprias à dança do *xondaro*.

Podemos agora retornar à disjunção com o método das "perguntas estímulo". Nessas últimas descrições dos aprendizados guarani e suas relações cosmológicas, demos destaque ao par "observar/imitar (fazer prático)". Entretanto, há ainda o par "ouvir/falar", chave para pensarmos nos embates experimentados nesse processo. Se a passagem da observação à imitação de práticas corporais é mais rápida, podendo os jovens ou mesmo crianças realizá-la, o mesmo não ocorre no caso do "ouvir/falar". O tempo de aprendizado, neste último par, é claramente mais longo. Além dos já citados incômodos por parte dos mais velhos, que podem ser associados à questão da maturação do conhecimento necessário à fala, é notável o caso da modalidade de discurso divino, o *ayvu porã*, as belas palavras. Repleta de metáforas, construções complexas de orações pronunciadas em ritmo distinto, por vezes mais rápido, tal modalidade discursiva é praticada com maestria apenas por alguns *xeramoĩ*, e a quase totalidade dos jovens Guarani, segundo alguns de nossos interlocutores, nem sequer consegue atingir o primeiro termo desse par, o ouvir. Se lhes é difícil compreender[14] esse estilo oratório, que dirá reproduzi-lo. O *ayvu porã* é um dos elementos que exprime o lugar elevado que é designado à fala no modo de conhecer guarani, destacando sua maturação mais demorada e sua existência como caminho privilegiado – porém, de difícil acesso, exigindo esforço e respeito – aos conhecimentos *marã e'ỹ* (imperecíveis) oriundos das esferas celestes.

14 O verbo em guarani utilizado nesses casos reforça essa acepção ativa do "ouvir": *-endukuaa*, cuja tradução literal é "saber ouvir".

Já os saberes que a metodologia empregada na formação dos pesquisadores buscou estimular é, evidentemente, um conhecimento específico e relacionado ao modo de conhecer e aprender dos brancos. O horizonte desse processo era que os pesquisadores indígenas tivessem autonomia na construção de suas argumentações e traduções sobre sua cultura para os *jurua*, contribuindo, dessa forma, para um maior empoderamento político dos Guarani em suas relações com o mundo dos brancos. As "perguntas estímulo", portanto, convidam a uma produção de reflexões e enunciações que possuam agência na sociedade dos *jurua*. De modo próximo às novas gerações de lideranças guarani, que desde jovens são instadas a falar e a dominar essa retórica e seus efeitos políticos nas reuniões junto a instituições e organizações dos brancos, os pesquisadores também são encorajados a produzir falas e a articular discursos mais cedo do que a tradição legada pelos mais velhos aponta.

Apesar do incômodo e dos embates, o *xeramoi xondaro* permaneceu até o final da formação e reafirmou, através de sua participação e da aprovação dos produtos, a importância do trabalho. A capacidade de agência contida na formação dos pesquisadores, conforme sugere o texto da pesquisadora Kerexu aqui citado, que explicitou a articulação entre o processo de pesquisa e a elaboração de uma tradução/explicação politicamente marcada sobre o universo guarani, é reconhecida por esse *xeramoĩ*. Pode não possuir as mesmas causas e efeitos, mas tal agentividade do *kuaxia* (o papel, uma das maneiras pela qual os Guarani se referem ao modo de conhecer dos brancos) parece justificar para ele parte da importância desse projeto. Ou seja, do mesmo modo que o dançador, o pesquisador, tal qual um *xondaro* (em sua função social de auxiliar e guerreiro), deve dominar as potencialidades dessa forma de conhecer.

Se é verdade que a formação de pesquisadores foi marcada por um festival de equívocos[15] que geravam e explicitavam disjunções, e às vezes conjunções, entre os regimes de conhecimento, é preciso enfatizar o papel produtivo desses equívocos. Ao ceder à "retórica do papel", para que assim os Guarani obtenham cada vez mais um controle consciente de sua expressão no mundo

15 Entendido aqui a partir da formulação de "equivocação controlada" de Viveiros de Castro (2004), que a *grosso modo* se refere aos eventos que evidenciam divergências ontológicas e de mundos.

dos brancos, a permanência conflituosa de nosso *xeramoĩ xondaro* foi também uma maneira de pressionar para que a metodologia da formação cedesse ao seu lado. Trata-se tanto de mudanças operadas pelo primado da diferença próprio à ontologia guarani, como uma forma de reduzir a hegemonia dos exercícios verbais praticados no campo da abstração, abrindo mais espaço ao aprendizado através do fazer corporal.

Saberes horizontais

Se até aqui o que ganhou relevância na epistemologia guarani por nós delineada foi uma relação duplamente vertical (de descendência e celeste) na aquisição de saberes, contemplando tanto as relações com os *nhanderu kuery* como com os mais velhos Guarani, é preciso pontuar agora o plano horizontal que também compõe os processos de aquisição de conhecimento e habilidades.

Pierri (2013) etnografou cuidadosamente como a construção da pessoa guarani passa por apropriações de afecções de animais e outros habitantes da plataforma terrestre, demonstrando o alto rendimento das relações horizontais, aspecto até então pouco explorado entre os guaraniólogos. Esse tema apareceu também na pesquisa dos jovens Guarani, que descobriram que na formação de *xondaro* (dançadores, guardiões) se recorre a procedimentos que recortam qualidades animais para compor as capacidades altamente valoradas em um *xondaro*.

Como já mencionado, o *xondaro* se refere também a uma função, a de auxiliar da vida aldeã. Definido em alguns contextos como *tembiguai* (ajudante/auxiliar), eles podem ajudar nas tarefas da *opy*, cuidando de sua entrada, distribuindo mate, ou qualquer outra demanda do *xeramoĩ* (pajé, rezador), ou nas atividades ordinárias como derrubar roça, embarrear casas, caçar, fazer mercado etc. Em tempos antigos, os *xondaro* exerciam ainda a função de guerreiros habilidosos.[16]

---

16 Note-se que o termo *xondaro* é uma corruptela de soldado, algo mencionado por Cadogan (1992, p.38) e que também apareceu ao longo da pesquisa. Esse termo remete, pois, a essa função guerreira.

A dança, por sua vez, e todo o aquecimento que costuma antecedê-la é também compreendida como uma forma de habilitar o corpo às diversas atividades, mas não só. Por meio da dança do *xondaro*, busca-se leveza e destreza, aspectos apreciados por sua beleza e, também, pelo desejo de atingir uma plenitude na composição corpo-alma. Através da dança, dos cantos, do tabaco e da alimentação anseia-se alcançar o estado de *aguyje* – no qual a alma se torna corpo e o corpo alma, permitido o ingresso em *yvy marã e'ỹ* (a terra imperecível, o patamar celeste) sem passar pelas provações das doenças e da morte (tema amplamente descrito pela extensa bibliografia guarani). Como aponta Pierri (2013, p.216), trata-se de um "estado de imperecibilidade corporal", uma vez que a alma já é imperecível.

É nesse contexto de valoração da destreza, da leveza, da precisão e da agilidade dos movimentos que o uso de remédios se apresenta. Os remédios (*poã*) devem ser aplicados ainda na infância, e entre eles há: o casco e o coração da tartaruga usados para que o *xondaro* tenha capacidade para aguentar pancadas e ser resistente; a mamangava e a abelha *kyre'ymba* para adquirir movimentos rápidos; a banha do esquilo caxinguelê e da ave *tangara* para dar precisão aos movimentos e tornar o *xondaro* habilidoso; a gordura de gavião passada nas pálpebras do futuro *xondaro* para aperfeiçoar sua visão; o peixe muçum para que ninguém consiga agarrá-lo; e assim por diante.

Esses *poã* capacitam os movimentos do *xondaro*. Por meio deles afecções corporais desses animais são recortadas e tomadas de empréstimo para compor as habilidades, os saberes corporais, dessas pessoas.

Ao longo da formação de pesquisadores, diversas ações que incidem sobre o corpo também foram processadas pelo *xeramoĩ xondaro*, que tomou para si a responsabilidade de ensinar esses jovens. Além do constante aconselhamento de como comportar-se, dos cuidados com a alimentação, eles foram veementemente chamados a praticar a dança do *xondaro*. Para adquirir esse saber, os modos *jurua* de conhecer (por meio da escrita, do audiovisual, de entrevistas, observação e das aulas) eram insuficientes. Se queriam aprender sobre o *xondaro* era preciso dançar incansavelmente, era preciso fumar, ouvir as palavras dos mais velhos com atenção (*-japyxaka*, o ouvir de maneira concentrada), frequentar a *opy*...

Foi a partir dessa concepção, de que o conhecimento também se constrói por hábito e por ações que incidem no corpo, que o *xeramoĩ xondaro* os estimulava a realizar atividades próprias ao *xondaro*. Por ocasião de uma das viagens de pesquisa do projeto, o *xeramoĩ* fez com que os jovens pesquisadores auxiliassem nas tarefas de buscar lenha, construir barracões, buscar madeira para fazer esteios, etc. Eles não deveriam comer demais, dormir demais, e por isso o *xeramoĩ* os acordava cedo a despeito do descontentamento expressado pelos jovens. Em uma dessas manhãs, antes de o sol nascer, *xeramoĩ xondaro* os acordou e mandou que eles lavassem os rostos com o orvalho gelado que se acumulava na grama (*ixapy*). Lavar o rosto com o orvalho é uma ação fundamental para espantar a preguiça e constituir um *xondaro* e (por que não?) um pesquisador bem dispostos.

Por fim

Essa experiência passou longe de concordâncias, foi antes composta por dissensões que permitiram evidenciar a todos as diferenças e convergências sobre como conhecer apropriadamente, algo fundamental para realizar comparações e controlar as relações com os brancos. Aos trancos e barrancos, tentamos abrir espaço, mas também cedemos ante a força de alguns sábios Guarani que insistiam em colocar seus modos apropriados de aprender nesse processo de formação de pesquisadores.

Talvez as considerações de Almeida (2003) acerca da construção de comensurabilidades entre mundos distintos por meio de "acordos pragmáticos" possa ser uma chave de compreensão interessante. A despeito das divergências, tão exaltadas aqui, o projeto se firmou sobre um fundo comum construído ao longo do processo; um acordo pragmático de que os jovens pesquisadores desempenhariam um papel de agentes políticos, capazes de dialogar com os brancos nos termos destes, mas sem perder de vista o devido lastro dos conhecimentos guarani. Emprestando as palavras de Almeida (2003, p.16), podemos dizer que "diferentes sistemas do mundo podem entrar em acordo sobre certas consequências pragmáticas de seus postulados, sem que haja correspondência entre esses postulados ou sobre visões de mundo respectivas", algo que nos leva também a ideia de comunicação disjuntiva de Viveiros de Castro (2004).

Por certo não construímos uma forma de pesquisa singular em um modelo replicável, mas talvez tenhamos (nós e os Guarani que tomaram parte do projeto) composto uma forma de pesquisa com diferentes modos de conhecer, a exemplo do que os Guarani fazem ao compor pessoas habilidosas por meio de afecções de outros seres e ao compor um conjunto de saberes celestes que são executados, ensinados e transformados na vida terrena. Assim, também não estamos distantes de concepções mais atuais da metodologia antropológica, que apontam a semelhança do antropólogo ao xamã, àquele que deve proliferar mundos ao experimentá-los (Viveiros de Castro, 2002), e que, como aponta Almeida (2003, p.21), também passa por uma construção e alteração corporal.

Referências bibliográficas

ALMEIDA, M. Relativismo antropológico e objetividade etnográfica. *Campos*, v.3, p.9-29, Florianópolis, 2003.

CADOGAN, L. *Diccionario Mbya-guarani* – Castellhano. Asunción: Fundación León Cadogan Ceaduc, Cepag, 1992.

KENSINGER, K. The body knows. Cashinahua perspectives on knowledge. *How real people ought to live*. Waveland, Illinois, 1995.

CABRAL DE OLIVEIRA, J. *Entre plantas e plavras*. Tese (Doutorado em Antropologia Social), USP, São Paulo, 2012.

CARNEIRO DA CUNHA, M. "Cultura" e cultura: conhecimentos tradicionais e direitos intelectuais. *Cultura com aspas*. São Paulo: Cosac Naify, 2009, p.311-374.

GALLOIS, D. T. Donos, detentores e usuários da arte gráfica *kusiwa*. *Revista de Antropologia*, v.55, n.1. São Paulo: Departamento de Antropologia da USP, 2012.

LADEIRA, M. I. *O caminhar sob a luz* – Território Mbya à beira do oceano. São Paulo: Unesp, 2007 [1992].

LÉVI-STRAUSS, C. *História de lince*. São Paulo: Companhia das Letras, 1993 [1991].

MACEDO, Valéria. *Guarani Cosmopolitics and the World of Projects*. [no prelo.]

PESQUISADORES GUARANI. *Xondaro Mbaraete* – a força do xondaro. São Paulo: Iphan, CTI, 2013.

PIERRI, D. C. *O perecível e o imperecível*: lógica do sensível e corporalidade no pensamento guarani-mbya. Dissertação (Mestrado em Antropologia Social), USP, São Paulo, 2013.

TESTA, A. Q. Entre o canto e a caneta: oralidade, escrita e conhecimento entre os Guarani Mbya. *Educação e pesquisa*, São Paulo, v.34, n.2, p.291-307, 2008.

VIVEIROS DE CASTRO, E. O nativo relativo. *Mana*, Rio de Janeiro, v.8, n.1, 2002.

______. Perspectival anthropology and the method of controlled equivocation. *Tipití*, Oxford, v.2, n.1, p.3-22, 2004.

WAGNER, R. *A invenção da cultura*. São Paulo: Cosac Naify, 2010.

Filmografia

Centro de Trabalho Indigenista (CTI); Comissão Guarani Yvyrupa (CGY); Instituto do Patrimônio Histórico e Artístico Nacional (Iphan) (Orgs). *Orereko Mbaraeterã:* valorização do mundo cultural Guarani (Oficinas de difusão dos saberes artesanais guarani). 2001. DVD. 25 minutos.

PESQUISADORES GUARANI. *Xondaro Mbaraete* – a força do xondaro. São Paulo: Iphan, CTI, 2013.

5
Ritual, "cultura" e transformação: a Festa do Jacaré entre os Arara de Rondônia[1]

Júlia Otero dos Santos

O corpo da cultura

Pelo menos desde Sahlins (1997), a antropologia anda preocupada com a indigenização da modernidade. No final da década de 1990, o antropólogo americano foi uma das vozes mais contundentes em defesa do conceito de cultura, atacado pela crítica pós-modernista por sua vinculação com o racismo e o imperialismo ocidental. Desde então, a ideia de que os povos indígenas "vêm tentando incorporar o sistema mundial a uma ordem ainda mais abrangente: o seu próprio sistema de mundo" (Sahlins, 1997, p.52) é o ponto de partida obrigatório para aqueles de nós que buscam entender esses outros mundos.

Dentre as novidades trazidas pelo "sistema mundial" está a noção de cultura, prontamente incorporada por esses povos para nomear aquilo que anteriormente era percebido simplesmente como vida (Wagner, 1981) e defender seus direitos e modos particulares de existência. Atenta a esse movimento, Carneiro da Cunha nos coloca a seguinte questão: "como se dá a indigenização da cultura?" (2009, p.314) e nos convida a refletir

1 Este artigo é fruto das discussões travadas no âmbito do projeto "Effects of intellectual and cultural rights protection on traditional people and traditional knowledge: case studies in Brazil". Agradeço a todos os integrantes pelas contribuições e aprendizado, especialmente a Manuela Carneiro da Cunha, coordenadora do projeto. Boa parte do trabalho de campo realizado junto aos Arara foi financiado por este projeto.

etnograficamente sobre os usos nativos deste termo de empréstimo. De que forma a circulação da noção de cultura é apreendida, transformada e incorporada pelos povos indígenas? Interessam-me, aqui, as percepções e os efeitos da cultura entre os Arara de Rondônia, investigados a partir das transformações de um ritual que passa por algumas transformações a partir de sua inserção no mundo dos projetos e da participação de brancos no evento.

É nos contextos de relação com brancos que a ideia de cultura emerge e ganha força. Ela é algo que faz sentido nesse encontro, nesse corpo a corpo com não índios. Fora deste contexto, os Arara parecem recorrer a outros discursos para elaborar similaridades e diferenças com seus outros. Na comparação com outros povos, por exemplo, costumam recorrer a: i) diferenças linguísticas: por falarem uma língua isolada (ramarama, uma língua pertencente ao tronco Tupi), sendo eles, em sua maioria, incapazes de se comunicar com os grupos vizinhos em seu próprio idioma, é recorrente a afirmação de que estão *isolados*; ii) diferenças de *ethos*: pensam a si mesmos como pacíficos e hospitaleiros, em oposição, sobretudo, aos Zoró e aos Gavião, tidos como *brabos* e mesquinhos.

Para algumas antropologias culturalistas, tratar-se-ia de diferenças culturais que os Arara estabeleceriam entre si e os povos vizinhos. A interpretação desses modos de diferenciação ante a outros coletivos humanos como variantes de uma noção do tipo cultura dificilmente cabe para falarmos de sociedades que professam um multinaturalismo em lugar do multiculturalismo ocidental (Viveiros de Castro, 2002a). Para o pensamento indígena, a diferença está localizada no corpo – como diria Gow: "o que distingue os diferentes tipos de gente são seus corpos, não suas culturas" (apud Viveiros de Castro 2002b, p.138). Os Arara diferem-se dos Gavião, Zoró, Cinta-Larga e Surui (todos esses falantes de tupi-mondé) na medida em que fabricam corpos diferentes por meio do parentesco e da intervenção e manipulação corporal.

Assim, aprender a falar a língua nativa é resultado, além da convivência no seio do grupo, prontamente reconhecida pelos Arara, da ingestão quando criança de uma lagarta grande (*nék*) que dá no tronco de algumas árvores. Outros tipos de manipulação visam à produção de corpos *xopût* (fortes e esbeltos). Para se tornarem corpulentos, os meninos podem, por exemplo, sentar-se sobre uma anta abatida. Não devem, contudo, ser barrigudos, *toxi man nan*. Dessa forma, após a primeira menstruação da mãe depois do parto, o bebê é pendurado no alto do açaizeiro e puxado pelas pernas para baixo para não ficar com a barriga protuberante. Para terem dentes afiados e fortes – importantes em uma dieta carnívora –, as crianças tomam o sumo de uma folha apreciada pela onça.

Há ainda uma série de intervenções corporais cujo objetivo é preparar pessoas para o convívio harmonioso entre os parentes e para o trabalho – caçar, no caso dos homens, e cozinhar e cuidar das crianças, no caso das mulheres. Um bom desenvolvimento dos sentidos, principalmente os da visão e audição, é requerido para a sociabilidade e o trabalho. Assim, a manipulação de folhas e partes de animais com vista à produção de uma boa visão (para enxergar presas ou frutas ao longe, por exemplo) e audição (para discernir os barulhos na mata ou responder quando se é chamado) também é imprescindível nesta modelagem dos corpos.

Neste sentido, são os corpos de Gavião, Zoró e outros povos que são, em maior ou menor grau, diferentes dos corpos dos Arara. Há alguns anos, essas diferenças expressavam-se, principalmente, nas pinturas e nos ornamentos corporais. Os Arara usavam uma pena de arara vermelha no septo nasal e pintavam o corpo inteiro de urucum – daí o nome dado pelos brancos – e desconheciam a tintura de jenipapo, que vieram a adotar após a conhecerem com os Gavião e Zoró. Os colares reconhecidamente arara são de *mâi kap*, uma pequena semente preta que dá em um arbusto. Atualmente, é mais comum encontrarmos nas aldeias os *makâri*, produzidos incessantemente pelas mulheres, tanto para a venda na cidade e na aldeia, como para presentear seus parentes. Confeccionados com o coco de tucumã, foram copiados (*koara*), como costumam dizer, dos Zoró e são feitos por quase todos os povos da região.

Por meio das pinturas e colares, não seria mais tão fácil diferenciar Arara, Gavião e Zoró. Na fabricação dos cocares, contudo, há certa preferência pelo modelo que julgam ser genuinamente arara. Apesar da presença nas festas dos mais diversos tipos de cocares inspirados nos de outros povos, a espécie de tiara tecida de algodão e adornada com penas de arara, preferencialmente vermelha (mas também em composições de azul e amarelo), é fabricada por alguns velhos e ostentada por jovens e velhos.

Esses são só alguns dos signos por meio dos quais os Arara elaboram sua especificidade em relação aos outros. Até onde vai o meu conhecimento, as pessoas não se utilizam da nossa noção de cultura para explicar as diferenças com seus vizinhos (o que possivelmente fala mais sobre o enfoque da minha pesquisa do que sobre o uso de fato). Na medida em que ela se torna relevante em alguns contextos de relação com os brancos, seria perfeitamente esperado que se espalhasse para outros contextos nos quais o foco da relação não estivesse sobre os brancos.

Os Arara preferem utilizar o termo cultura em português, ainda que admitam que *i'yat kanã* ("nossas coisas") ou *i'yat kanã xét* ("nossas histórias") sejam traduções possíveis para o termo estrangeiro. Os principais contextos em que o recurso ao discurso em torno da cultura é posto por eles em primeiro plano são o que podemos chamar de eventos culturais (como a Festa do Jacaré e o Encontro dos Pajés), as relações e os debates engendrados pela Licenciatura Básica Intercultural da Universidade Federal de Rondônia (Unir) e os diálogos que meus anfitriões e eu, a antropóloga interessada na cultura deles, travamos.

Neste artigo, o contexto em análise é a Festa do Jacaré, *Wayo Akanã*, uma reinvenção de um ritual que consiste no assassínio do animal que dá nome ao rito, impetrado por mulheres *brabas*. É no âmbito do programa Projetos Demonstrativos dos Povos Indígenas, do Ministério do Meio Ambiente (PDPI-MMA), que esse ritual é retomado e pensado reflexivamente por aqueles que dele participam.

Os Arara habitam desde tempos imemoriais a bacia do Rio Machado, afluente da margem direita do Rio Madeira, no estado de Rondônia, e compartilham com os Gavião a Terra Indígena Igarapé Lourdes, no município de Ji-Paraná. À época de meu primeiro contato com o povo, em setembro de 2010, viviam em duas aldeias, Iterap e Paygap,[2] nas quais realizei meu trabalho de campo por 11 meses, entre setembro de 2010 e fevereiro de 2013. Em virtude da aprovação de um projeto pelo PDPI para a aldeia Paygap – que incluía, além do plantio de roça e da construção de maloca para a associação, a realização da Festa do Jacaré – no mesmo ano, essas mesmas aldeias comprometeram-se a realizar anualmente a festa (a cada ano em uma aldeia)

2 Uma terceira aldeia foi fundada em julho de 2011 por uma família que vivia há décadas em Porto Velho e que retornou duas vezes (a primeira em 1994 e a segunda em 2005) para junto dos parentes do Paygap. Nesta segunda tentativa, decidiram permanecer definitivamente. Devido a uma série de divergências que não caberia abordar aqui, os regressos abriram a aldeia Cinco Irmãos, mais conhecida por Palhoça.

que vinha acontecendo esporadicamente em ambas as aldeias. O ritual costuma ser realizado na estação seca, no fim de setembro, quando é mais fácil capturar o animal vivo no rio menos cheio.

No âmbito da retomada dessa celebração, tive a oportunidade de participar de três festas: i) uma primeira edição realizada em 2010, em Paygap, sob o comando de Pedro – o cacique da aldeia, principal idealizador do projeto do PDPI e fortemente engajado no discurso do resgate e revitalização cultural – e de Cícero, o grande pajé arara e morador da outra aldeia; ii) a segunda edição, organizada em Iterap no ano seguinte pelos irmãos Peme e Karay'ã Pew, ambos professores indígenas; iii) e, por último, um terceiro evento, celebrado em Paygap na estação chuvosa (ao contrário das anteriores) em 2012. Pensado inicialmente como um encontro de pajés, a partir dos desígnios de Cícero, acabou virando Festa do Jacaré. Se a primeira festa foi considerada por convidados e anfitriões exitosa e animada, a segunda foi marcada por alguns desentendimentos e pouco envolvimento dos participantes. A intenção deste trabalho é oferecer uma descrição e análise mais aprofundada da edição de 2010, para cotejá-la brevemente com a festa realizada no ano seguinte, buscando entender o que determina o sucesso ou fracasso de um ritual pensado por seus realizadores, entre várias outras coisas, como uma *apresentação* para os brancos.[3]

"Cultura" e transformação: Paygap, 2010

Alguns dias antes da data marcada para o início da festa, os jacarés da espécie jacaretinga (*wayo pûk*, jacaré escuro) foram coletados por alguns homens da aldeia anfitriã com uma corda em um açude próximo e trazidos para a beira do igarapé da aldeia, onde permaneceram com a boca amordaçada e amarrados a uma árvore até o dia da execução. Os caçadores lograram capturar três jacarés, mas um conseguiu se soltar e fugir. Com exceção dos pajés, ninguém deve aproximar-se dos bichos. Alguns meninos e jovens,

3 Como não seria possível abarcar neste espaço a discussão sobre as edições do Encontro dos Pajés – uma iniciativa do cacique do Paygap em conjunto com o Cimi, cujo objetivo principal é transmitir o conhecimento acerca dos *remédios do mato* e os saberes sobre a cura aos jovens e crianças –, optei por não incluir a festa de 2013, de certa forma, uma mistura de festa e encontro.

porém, visitaram os animais em um misto de curiosidade e demonstração de coragem.

Durante a manhã do primeiro dia do evento, os moradores de Paygap foram aos poucos se reunindo no pequeno tapiri erguido especialmente para a festa, atrás da maloca construída com o dinheiro do PDPI para abrigar a associação. Ali se concentraram para se pintarem com tintura de jenipapo e desfiarem palha de buriti para a confecção de saias, lanças e feixes de palha a serem amarrados transversalmente no peitoral, de modo a formar um x. A macaloba – designação regional para *na'mèk kap xa'yõk,* a bebida fermentada de macaxeira, cará ou milho imprescindível para um bom desenrolar do ritual – já tinha sido preparada pela sogra do cacique, o dono da festa, processo que não acompanhei. A bebida não alcóolica, *na'mèk kap pe'wit,* denominada doce ou boa em português (que também pode ser feita com as mesmas espécies), também é servida. É, contudo, em sua forma azeda (alcoólica) que ela não deve(ria) faltar em uma celebração ritual que coloca anfitriões, convidados, humanos e não humanos em interação.

Ao final da tarde, os convidados de Iterap chegaram. Um pouco antes de o jantar ser servido, os pajés, a maioria oriunda da aldeia visitante, fizeram um breve ensaio da apresentação envolvendo canto e dança. Após comerem, já devidamente paramentados com os adornos feitos da palha do buriti, cocares, flechas e pintura de jenipapo, uma cerimônia de abertura teve lugar na maloca da associação. Uma série de *parceiros* e autoridades foi convidada a falar: Funai, Licenciatura Intercultural, Heliton Gavião (liderança do povo Gavião), Karay'ã Pew, Cícero, Conselho Indigenista Missionário (Cimi), Conselho de Missão entre os Índios (Comin).

Encerradas as falas, o xamã principal cantou e dançou, o tempo todo acompanhado pelos outros pajés e suas esposas, que seguiam seus passos, mas não cantavam. Alguns homens e mulheres juntaram-se a eles, inicialmente dentro da maloca. Com o aumento da temperatura – a maloca é de tijolo e com teto de amianto –, as pessoas seguiram com a dança no terreiro em frente à construção.

O canto era entoado somente por Cícero. Os demais o seguiam na dança, cuja coreografia mais comum consiste em dar quatro passos marcados para a frente e quatro para trás. Em diversas filas, homens e mulheres misturados e de braços dados – eram, em sua maioria, jovens solteiros ou recém-casados – executavam os movimentos. A marcação do ritmo era auxiliada pela batida do pé de Cícero, no qual tinha amarrado uma tornozeleira, espécie de chocalho confeccionado com fio de algodão e caroço de pequi, dentro do qual são introduzidas sementes de mulungu.

Na manhã do segundo dia da festa, os pajés, Pedro e um de seus filhos, que esteve o tempo inteiro à frente do projeto, foram os primeiros a seguir para o tapiri atrás da maloca. Diante do não comparecimento dos mais novos, alguns homens adultos saíram em sua busca. Os homens mais velhos pintaram o rosto das crianças e jovens de urucum, pintura usada pelos Arara antigamente. Depois colocaram os meninos uns ao lado dos outros em fila. Alguns homens discursaram sobre a importância da cultura e da realização daquela festa, o que pude depreender a partir das falas de Karay'ã Pew e Pedro, ambas proferidas em português.[4]

À tarde, os pajés beberam macaloba azeda e dançaram dentro da maloca. À tardinha foram para a beira do rio ver o jacaré. À noite todos dançaram. A bebida fermentada foi servida novamente.

No terceiro dia da festa, os jacarés – amordaçados e carregados nos braços por Cícero, o grande orquestrador da "liturgia ritual",[5] e por Pedro, o dono da festa – adentraram o terreiro da família do cacique. Um dos jacarés tinha o tronco e o pescoço amarrados com palha de buriti, em uma espécie de colar, e a boca amordaçada com uma corda vermelha. O outro tinha a boca e o pescoço amarrados com palha de buriti. Abrindo alas, o genro e o sogro do cacique, devidamente paramentados, batiam um pedaço de pau similar a um porrete no chão. Outros homens mais velhos, também considerados pajés, e acompanhados de suas esposas, vinham atrás do jacaré. Em sinal de

4 Karay'ã Pew começou sua fala em português, de olho em parte na audiência composta por não índios, e depois falou em arara, uma prática usual de sua parte. Outros Arara costumam ser menos condescendentes com a presença de não índios e se expressar exclusivamente em seu próprio idioma, mesmo aqueles que têm um bom domínio do português. Já Pedro diz não saber falar o idioma nativo. Embora deem tanta importância ao domínio da língua materna e a utilizem frequentemente como marcador de diferença, uma das mais reconhecidas lideranças arara só é capaz de se pronunciar em português, ainda que compreenda perfeitamente a língua nativa. O cacique do Paygap é um dos cinco homens que deixaram seu povo na época da seringa e retornaram ao final da década de 1960 por ocasião da chegada do SPI.

5 Jamais obtive uma descrição detalhada das etapas do ritual. A festa parece ocorrer de forma fluida e sem grandes formalidades, mas sempre conduzida em parceria entre o xamã e o cacique. Na edição de Paygap, outra figura importante, uma espécie de braço direito do cacique, foi seu cunhado (WB), sempre pronto a executar as tarefas solicitadas por Pedro.

alegria, os homens presentes no terreiro batiam com pedaços de pau no chão. As mulheres observavam.

Após o protagonismo masculino na condução dos animais do rio até o terreiro da casa do cacique, os jacarés foram entregues às mulheres, que dançaram com eles nos braços, em fila, umas ao lado das outras, de braços dados. O cacique juntou-se às mulheres e aos poucos os homens foram tomando parte na dança, formando uma fila própria. Alguns, principalmente os mais jovens, misturaram-se às mulheres, a maioria jovens solteiras ou recém-casadas. As mulheres mais idosas, já avós, também compunham o corpo de dançarinas.[6] Os jacarés eram carregados nos braços por uma dupla, geralmente formada por pessoas do mesmo sexo, que dançava com os animais por um curto período e passava-os adiante para a próxima dupla. No caso de duos *cross-sex*, seus componentes não eram da mesma geração. A exceção ficou por conta de um casal de não índios formado por uma missionária do Cimi que trabalha com os Arara, principalmente em Paygap, desde 2005, e por seu companheiro.[7]

Após a dança, que deve ter durado cerca de uma hora, os bichanos, praticamente desfalecidos devido ao período que passaram sem se alimentar no rio, foram depositados no chão. Cícero escolheu duas mulheres – Marisa, única filha casada do cacique e mãe de duas crianças pequenas, e Susana,

6 Parece-me que, na Festa do Jacaré, a dança figura como apropriada para jovens, velhos e velhas que já são avós. Interessante notar que a única vez que observei mulheres adultas, casadas e mãe de várias crianças e jovens tomarem parte em uma dança foi em uma festa junina organizada por uma professora branca. As mulheres dançaram em duplas ao estilo regional uma espécie de forró, configurando, assim, uma dança *same-sex*, o que remete às festas de antigamente, quando homens e mulheres dançavam (e comiam) separadamente.

7 Em seguida ao sacrifício dos jacarés, este casal protagonizou uma etapa imprevista do ritual: a celebração do seu casamento. A missionária e o companheiro foram pegos de surpresa e cercados por um grupo de pessoas. O cacique de Iterap conduziu a rápida cerimônia. Disse, em português, que agora eles estavam casados, que não poderiam mais separar-se e perguntou mais de uma vez se eles queriam mesmo ficar juntos. Uma outra missionária do Cimi também abençoou o casamento e outros homens também falaram, sendo que um deles, de Iterap, puxou uma oração. Duas alianças de coco de tucumã, doadas na hora por uma mulher, foram colocadas no dedo anelar direito dos "noivos", conforme o costume católico.
A seriedade dos participantes neste momento contrastava com a alegria e descontração que deram a tônica do ritual, com exceção do momento do sacrifício animal. Algumas associações entre a Festa do Jacaré e o casamento foram sugeridas após esse episódio. O xamã principal garantiu-me que casamento tinha que ter jacaré, o que não foi confirmado por outras pessoas. Este episódio é analisado em maiores detalhes em minha tese de doutorado, que se encontra em fase de redação.

solteira e filha do cunhado do cacique – para executarem os animais. Cada qual se posicionou ao lado de sua vítima e, ao sinal do xamã, no ápice da festa, desferiram golpes de pau em suas presas. Mortas as presas, começaram a ecoar pelo terreiro os assovios, executados pelos homens, cujo objetivo é avisar ao espírito auxiliar do xamã sobre a presença do animal para que o primeiro possa proteger a todos dos perigos de *wayo aximito*, o espírito do jacaré.

As matadoras foram servidas consecutivamente de macaloba azeda em uma quantidade deliberadamente excessiva; a mais velha por seu tio materno (MyB), cunhado de Pedro, em uma panelinha similar a uma cuia, e a mais nova por seu primo cruzado (FZS), em uma cuia. Elas eram incentivadas a tomar a bebida de uma só vez. Os recipientes eram então enchidos novamente. As duas mulheres vomitaram seguidamente para conseguir tomar toda a macaloba. Ainda assim, a julgar pelos comentários posteriores, não beberam a quantidade que seria correta (ao menos em outro contexto) porque se tratava ali, como insistiu Nakyt, professor e um dos mais envolvidos na organização e condução da festa, marido de uma das matadoras, de uma *apresentação*.

Os bichanos, então, foram cozidos e misturados à sopa de milho – *nâya mane*[8] (milho de verdade) –, servida à noite. Matadoras e caçadores, homens e mulheres, crianças, jovens, adultos e velhos tomaram essa sopa no último dia da festa. Mulheres grávidas e casais com filhos recém-nascidos não podem tomar o caldo nem tampouco participar do ritual.

No discurso nativo, o projeto do PDPI aparece como uma motivação extra para se empreender *Wayo Akanã*. Como me disse Pedro, sempre fizeram essa festa, "o projeto fez só motivar o povo de novo". Esta frase do dono da festa pode nos levar a considerar que o ritual era realizado em um passado longínquo. Isto não é, contudo, totalmente verdadeiro. Tenho notícias de uma festa realizada em Iterap por volta de 2006 e outra realizada em Paygap alguns anos antes. Mais do que "resgatar algum ritual perdido" – uma das ações privilegiadas na maioria das carteiras de projeto destinadas aos povos indígenas –, a novidade que o projeto do PDPI parece trazer para o âmbito do ritual é a discussão em torno da "cultura". Não pretendo, com esta

8 *Nâya mane* é uma variedade da espécie reputada como sendo *mole*, em oposição ao milho produzido pelos brancos, tido como *duro* e, por isso, impróprio para o preparo da sopa. Quando não há *nâya mane* disponível, o caldo pode ser de cará.

afirmação, negar que este debate estivesse ausente em edições anteriores do evento, que não acompanhei. Trata-se de apontar para o fato de que *Wayo Akanã* passar a ser concebida e apresentada enquanto emblema da cultura e do povo arara.

Sua prática no passado é atribuída ao desejo de se tomar caldo de jacaré (*wayo ixu*, outra das expressões com que nomeavam o rito), bem como ao de fazer festa. No tempo em que viviam em malocas, as ações em torno da captura e ingestão dessa presa também apresentavam uma dimensão ritualística bem marcada, e eram organizadas com mais frequência ou, pelo menos, toda vez que desejavam tomar a sopa de jacaré. Diz-se que eram então as mulheres mais velhas que matavam o animal. Os homens adentravam o terreiro da maloca com presas vivas em suas costas. Aos que estavam na aldeia, era proibido olhar diretamente para os bichos capturados. A macaloba azeda de quem ia matar era separada em um pilão à parte. As matadoras eram coagidas a beber tudo, caso contrário o que sobrava da bebida era despejado sobre suas cabeças. Crianças não participavam do ritual para que os espíritos dos jacarés não lhes fizessem mal. Enquanto os animais permaneciam vivos, ninguém chegava perto.

Haveria, ainda, outra razão – elencada como a principal por todos com quem conversei – para a realização de *Wayo Akanã*: amedrontar e punir as mulheres que impõem castigos excessivos aos seus filhos. Pois as mulheres matam os jacarés para *descontarem a raiva que sentem dos filhos* e mostrarem que têm coragem (não somente para baterem em sua prole, mas também) para matar esses animais tidos como *bichos brabos*. Ou, segundo interpretação nativa complementar, para as mulheres tirarem a raiva e, consequentemente, não agredirem seus filhos.

Envolta em um campo de relações em que os brancos ocupam uma posição de destaque, a realização da Festa do Jacaré foi caracterizada por dois professores arara, em momentos distintos, como uma *apresentação*. Entender o sentido desse termo é um dos objetivos deste trabalho. Em primeiro lugar, é preciso afastar qualquer conotação de falseamento ou encenação que a palavra costuma carregar. Ao adotar o termo de dois dos meus principais interlocutores, a intenção não é compactuar com alguns entendimentos acerca dos rituais que integram os brancos como parte importante do evento enquanto autorrepresentações manipuladas. Não estamos diante, é preciso reforçar, da construção de uma fantasia da identidade indígena "para branco ver".

Em diferentes graus, algumas ações contribuem para esta denotação de apresentação. A primeira vez que escutei a formulação foi em uma conversa alguns meses após a festa de 2010, quando Nakyt comentou que as matadoras não tinham tomado muita macaloba porque "[aquela festa] era só uma apresentação". Uma mulher brincou dizendo que na próxima vez elas teriam que tomar tudo, ao que meu interlocutor insistiu: "não, é só apresentação".

Alguns "arremedos" ao rito também passam a ser elucidados pela imersão do ritual neste universo em que os Arara são impelidos a mostrar a sua cultura para os brancos e, como espero tornar claro mais adiante, para si mesmos, tendo sempre em vista outros povos, mormente os Gavião. Na edição de 2010, a única das três edições mencionadas em que houve a matança dos jacarés, duas mulheres, uma mãe e outra solteira e sem filhos, foram escolhidas pelo pajé para dar fim aos animais momentos antes do sacrifício. A morte impetrada por uma jovem que não é mãe também aparece na fala nativa como decorrente desse aspecto de demonstração da cultura para os brancos.

Karay'ã Pew argumentou mais de um ano depois que as duas mulheres foram escolhidas no momento em que os jacarés deveriam ser mortos "só para mostrar que quem mata o jacaré é a mulher que judia dos filhos. Isso não significa que elas eram mulheres que judiam dos filhos".[9] Arõy, esposa do cacique, mãe da matadora casada e tia materna da matadora solteira, ao ser indagada por mim sobre a execução levada a cabo por uma mulher sem filhos, lamentou: "não era pra ter sido ela não". Segundo me disse Peme, professora da aldeia visitante e que viria a ser uma das donas da festa realizada no ano seguinte, as mulheres foram escolhidas na hora. A mulher casada, para descontar a raiva que sente dos filhos, e a solteira, para tirar a raiva para em um futuro não ser violenta com sua prole. Esta última explicação difere das anteriores por não supor um equívoco. A frouxidão do rito, que não segue um protocolo estrito, me faz apostar que o fato de uma das matadoras não ter filhos não é tão dissonante assim. Para ser bem-sucedida, veremos, a festa só não pode prescindir de matadoras, jacaré e macaloba.

Na visão de Karay'ã Pew, o ar de *apresentação* da festa está associado ao fato de a motivação principal para sua realização ser, nas suas palavras, a "divulgação da cultura arara". Neste sentido, há um desvio de função na passagem do ritual feito no tempo da maloca para a festa celebrada no presente,

9 Em comunicação por correio eletrônico.

que parece ser o motor desta compreensão da festa enquanto, entre outras coisas, uma *apresentação*.

Como já aludido, fundamental para a inovação destacada pelos Arara é a presença dos brancos no ritual. Se, antigamente, *Wayo at Kanã* reunia moradores da maloca que empreendia a festa e das malocas próximas, na edição de 2010, Funai, Cimi, Comin, Licenciatura Intercultural, Secretaria de Educação do Estado (Seduc) e os vizinhos das pequenas fazendas próximas estiveram presentes. A todo o momento, chegavam e partiam convidados brancos. Trata-se de mostrar ao outro o que é ser Arara. Há uma preocupação declarada em se *apresentar* como índios de verdade na frente dos brancos, ou seja, em executar música e dança tradicionais, em se alimentar de comidas que consumiam antes do contato e em ornamentar seus corpos.[10] Todo este processo de, digamos, "virar índio" (ver Soares-Pinto, neste volume) é conduzido de uma forma propriamente arara. E, como em qualquer ritual, seus efeitos são, ou buscam ser, transformativos (Wagner, 1984, p.143), o que pretendo tornar claro mais adiante.

Apresentação, diferenciação, reunião e devir: os movimentos da festa

A motivação de Pedro para a retomada da festa é fazer os Arara aparecerem. No discurso do grande idealizador da Festa do Jacaré, está explícito que para se mostrar de uma forma apropriadamente arara é preciso simultaneamente diferenciar-se dos Gavião, povo Tupi-Mondé, com quem dividem a Terra Indígena Igarapé Lourdes e com quem mantêm relações instáveis. Os Gavião, segundo Leonel Jr. (1983), chegaram à Serra da Providência e ao igarapé Lourdes (onde até hoje encontra-se sua aldeia mais antiga) por volta dos anos 1940, hostilizados por fazendeiros e pelos Cinta-Larga. Ainda

10 Neste sentido, o discurso do cacique do Paygap na abertura da festa de 2010 é bastante ilustrativo. Pedro fez uma longa fala, convocando todos a se enfeitarem, se pintarem e se envolverem com a festa. Lamentou não saber de muitas coisas por ter crescido *na rua*, ou seja, na cidade, longe de seus parentes. Atentou, porém, para a necessidade de, nas suas palavras, "fazer as coisas do índio", o que incluía comer macaxeira e praticar a caça. "Arroz, feijão, macarrão é comida de branco", declarou – embora, ao longo dos três dias de ritual, esses alimentos e a carne adquirida nos mercados tenham sido servidos em todas as refeições.

que a população Arara fosse mais numerosa, os Gavião a atacaram várias vezes. A última grande investida ocorreu em 1959, quando quatro aldeias arara e urubu (grupo também falante de ramarama dizimado pelos Arara) foram atacadas pelos Gavião, que mataram sete pessoas e levaram algumas mulheres (Leonel Jr., 1983, p.81).

Toda a fala do cacique em torno da festa reitera a necessidade de os Arara mostrarem (para os brancos) que não são Gavião. Nas palavras de Pedro,

> nós não era reconhecido aqui no Igarapé Lourdes como Arara. Os brancos pensava que nós era tudo um povo só. Eu pensei, eu digo "não". Vamos fazer que nós somos Arara, nós não somos Gavião. Então eu comecei, essa ideia minha [de fazer a festa] começou assim, que eu vi que a gente realmente não queria caminhar no mesmo caminho que os outros, que nós era diferente mesmo.

Se a festa tem essa dimensão de apresentação em virtude de um desejo arara de mostrar para os brancos quem são, o que comem e bebem, que língua falam, como se adornam, cantam e dançam, para se concretizar, ela também precisa acionar outras diferenças que aquelas estabelecidas no contato com os não índios, a saber, aquelas entre eles mesmos, entre eles e seus vizinhos, entre eles e o espírito do jacaré. Afinal, não há como o branco adentrar esse campo de relações sem se correlacionar com estes outros. Como coloca Pedro, "só assim [fazendo a Festa do Jacaré] a gente vai parecer mais como um povo diferente". O movimento de [a]parecer e de se diferenciar são os dois lados de uma mesma moeda. A Festa do Jacaré é, assim, um grande evento que envolve um movimento a um só tempo de apresentação e de diferenciação. Porque se, em alguma medida, a relação entre a coragem feminina e o ritual enfraqueceu, o desejo de fazer festa e de mostrar aos brancos como são e/ou o quão distintos são dos Gavião dá margem a uma reinvenção ritual.

Virar Arara implica, portanto, um não (deixar-)se metamorfosear em Gavião. É (também) a esta diferenciação que a festa vem responder em um contexto de intensa troca cultural. Os Arara usam pinturas, paneiros e artesanato Gavião, bem como costumam fazer a macaloba do modo que copiaram desses.[11] Mesmo *Wayo Akanã* dizem ter aprendido com os Zoró e

11 A bebida tida como genuinamente arara é produzida ralando a mandioca e recebe o nome de *marixá*. Ocasionalmente, as mulheres ainda a fazem desse modo, porém o mais comum é

os Gavião. Estes dizem ter aprendido a ser pajé com os Arara. Os casamentos com Gavião não são usuais, mas sempre aconteceram e geram alguma preocupação. Embora os Arara não o formulem dessa maneira, pode-se dizer que é um contexto de mistura que subjaz essa intenção de se diferenciar. Entra aí um terceiro, contudo: é principalmente, mas não exclusivamente, para os brancos que meus interlocutores pretendem aparecer ou mostrar-se. Trata-se de não ser Gavião aos olhos desse outro em um contexto regional de grande visibilidade e atuação política destes temidos vizinhos.

Apresentar-se *e* diferenciar-se. Na Festa do Jacaré do Paygap, as duas ações constituem-se em um único e mesmo movimento. Este, porém, não é o único. Os Arara estão preocupados com brancos, Gavião e, evidentemente, consigo mesmos quando mobilizam uma série de pessoas e relações para a realização de uma festa. Nesse sentido, o movimento de apresentação/diferenciação não dá conta completamente da complexidade do ritual. Reunir-se e transformar-se, veremos, também são ações que compõem a festa.

Uma vontade de estar junto é imprescindível para que o evento possa acontecer de forma exitosa. *Wayo Akanã* une aquilo que na vida cotidiana encontra-se separado, a saber, as diferentes famílias e aldeias. Dessa forma, a festa é uma celebração da singularidade arara (ante os Gavião), bem como das relações entre as duas aldeias. Tornar-se um espaço no qual a forma povo pode emergir não é pouca coisa no atual contexto de disputas internas vigentes no Iterap (o que será explicado melhor adiante) e de desentendimentos entre esta aldeia e Paygap, principalmente em torno do processo de conversão que vem se desenrolando na primeira há cerca de cinco anos. Os Arara de ambas as aldeias identificam uma alteração na disposição de se proporcionar uma interação entre grupos domésticos distintos ou entre parentes mais distantes, enfim, de se estar em coletivos mais amplos. Ou, mais precisamente, nos termos de alguns deles, de estar ou fazer (certas) coisas *juntos*.

Nesse sentido, a Festa do Jacaré reinstaura convenientemente um espaço em que as diferentes famílias podem estar *juntas*, o que é altamente valorizado pela ética arara. Não há dúvidas de que a edição de 2010 da festa foi considerada muito bem-sucedida sob esse ponto de vista. Durante três dias,

cozinhar a mandioca em pedaços (e não ralada), técnica que aprenderam com os Gavião. A bebida servida durante a festa, curiosamente, não foi o *marixá*, mas a versão dos Gavião.

os Arara das duas aldeias dançaram e cantaram *música tradicional*, beberam macaloba azeda e doce, conversaram e tomaram caldo de jacaré. Na última noite, dançaram até a madrugada. As mulheres bailaram juntas. O clima de animação (*wãw nãn*: estar alegre, animado) – categoria fundamental para se medir o grau de envolvimento dos participantes e o êxito do evento – contagiou a todos. Embora os convidados de Iterap não tenham comparecido massivamente, aqueles que estiveram presentes compartilharam de um espaço-tempo positivo, no qual os valores do parentesco, da aliança e da amizade puderam ser cultivados.

O conceito de espaço-tempo (positivo ou negativo) foi pensado por Munn (1992) para mensurar a experiência da viabilidade da vida em comunidade em Gawa, pequena ilha da Papua Nova Guiné envolvida no circuito de trocas *kula*. Para a autora, o valor de um ato – seja ele dar comida a determinados outros, abrir uma roça ou doar uma concha – deve ser expresso em termos de um parâmetro. Alguns atos muito significativos são percebidos como tendo resultados positivos ou negativos. Em Gawa, o parâmetro do valor é o que Munn chama de noção de um espaço-tempo sociocultural, mais especificamente "a capacidade relativa do ato de expandir o espaço-tempo intersubjetivo (um espaço-tempo de relações entre o *self* e o outro formado por meio de práticas e atos)" (Munn 1992, p.9).

Entre os Arara, a festa configura-se justamente como um espaço-tempo estendido e altamente valorizado desde que algumas condições sejam preenchidas, as quais incluem a assunção de algumas posições e a execução de certas tarefas por parte de anfitriões e convidados. Uma festa boa, em que as pessoas ficam animadas e expressam o desejo de estarem *juntas*, deve ser conduzida pelo seu dono em conjunto com o xamã. Ao primeiro, cabe atrair os moradores de sua aldeia para executar os trabalhos necessários para a realização da festa (como caçadas, limpeza da área comum da aldeia, produção de alimento e bebida) e receber os convidados de forma a ser possível o estabelecimento de relações amistosas. O xamã é o responsável por cantar, conduzir a dança e todas as demais etapas do ritual, principalmente no dia em que os jacarés são mortos. Ele protege as matadoras, *segurando* o espírito dos jacarés.

Cabe aos anfitriões, principalmente na pessoa do dono da festa e sua família, receber seus convidados, oferecendo-lhes hospedagem, caça, macaloba (doce e azeda), conversas e uma experiência estética que inclui a ornamentação corporal e a apresentação de dança e canto. Convidados e anfitriões enfeitam-se com saias de palha de buriti,[12] cocares e colares de tucumã, bem como pintam o rosto com urucum e o corpo com desenhos de animais em tinta de jenipapo. É indispensável que os anfitriões recebam seus convidados devidamente paramentados. A ausência de ornamentação dos anfitriões é tida como uma grave ofensa. O mesmo não pode ser dito quanto aos convidados, que também se adornam, mas, caso não o façam, não estão sendo indelicados.

Cumpridas as etiquetas de hospitalidade e instaurado um espaço para o estabelecimento de relações amistosas, todos devem mostrar-se animados e alegres, *i'wãw nãn*. A expressão pública que representa tal estado se dá por meio do engajamento em atividades coletivas, como idas à roça ou saídas para caçar, participação nas danças, ornamentação do corpo, riso, disposição para se beber macaloba e tomar parte em conversas. Para que o ritual constitua-se enquanto um espaço-tempo estendido, é preciso que todos atinjam tal estado.

Diferentemente das crianças, que vivem contentes à toa, ou de alguns pássaros, que, ainda que solitários, podem ser alegres porque cantam, para adultos, o estado *wãw nãn* é eminentemente sociável[13] e imprescindível para a criação da sociabilidade. Existe um debate considerável sobre o papel das emoções na produção da socialidade entre os povos ameríndios. Não sendo aqui o lugar para tal discussão, recupero rapidamente algumas ideias que nos ajudam a entender o ritual como o espaço por excelência de emergência de uma coletividade mais ampla que aquela conformada pelo grupo doméstico.

Em seu estudo sobre as improvisações *Pawana* – ritual em que relações de comensalidade, comércio e casamento com vizinhos considerados selvagens pelos Waiwai são representados pela via do humor –, Howard afirma que "o processo de produção da alegria (*tahwore*) é uma forma de construção da sociedade" (1993, p.237). A maioria dos rituais performados por esse povo teria como objetivo explícito justamente a geração desse sentimento, o qual é associado a "uma intensificação do *ethos* de 'equanimidade' (*tawake*)" (p.253).

---

12 O uso do buriti é mais uma aquisição estrangeira. Foi com os Zoró que os Arara aprenderam a usar a palha dessa espécie. Antigamente fabricavam seus enfeites com a palha de babaçu.

13 Já dizia Howard sobre o sentimento de alegria: "a mais obviamente social de todas as emoções culturalmente reconhecidas" (1993, p.255).

Certamente, o *wâw nãm* arara e o *tahwore* waiwai nos falam ambos do que Ewart (2005, p.14) descreveu para os Panará como uma disponibilidade intersubjetiva presente na condição física e moral de *suakiin*, entendida pela autora como um estado "disposto" e "sociável". Aqueles que não estão alegres (*makõn*, no caso arara) não conversam, preferem ficar sozinhos, quase não saem de casa e, como também observa Howard, não se adornam, recusando, dessa forma, o embelezamento, ou seja, "o correlato visual da alegria" (Howard, 1993, p.255). Há, portanto, uma indisponibilidade de se abrir aos outros, um estado preguiçoso ou insociável, conforme Ewart (2005, p.14).

Ser sociável ou insociável em todos esses casos remete, respectivamente, às qualidades de bonito e feio. Um estado psicofísico é exteriorizado, portanto, no corpo, o qual é a objetificação de uma série de capacidades e atributos (cf. Ewart, 2005, p.19). Assim, "a condição física de uma pessoa é considerada um reflexo de sua condição moral e do estado de suas relações sociais" (Howard, 1993, p.246). O corpo que ri, brinca e se embeleza é o epítome do sentimento de alegria, afirma Howard. A beleza apresenta-se, portanto, como uma das principais formas de aferição da alegria.

O que importa aqui é que as pessoas nessas sociedades buscam produzir deliberadamente o sentimento de alegria em vários de seus rituais. É justamente a alegria forjada por estar junto que os Arara pontuavam reiteradamente durante e após a festa. O sentimento de *wãw nam* é imprescindível para a realização plena da Festa do Jacaré. Quando todos estão alegres e animados, os corpos se mostram exuberantes e adornados, o riso ecoa pelo terreiro, a conversa, permeada pelo consumo da macaloba doce, anima homens e mulheres, a bebida fermentada anima o corpo para a dança, configurando um espaço-tempo positivo e estendido.

A animação dos participantes da festa é função principalmente do consumo da macaloba azeda. A bebida esquenta o corpo para a dança e a matança dos animais. As cauinagens foram abandonadas pelos Arara há cerca de sete anos. Em Iterap, as pessoas dizem não tomar mais a bebida fermentada porque são *crentes*. Em Paygap, onde não há missão nem *crentes*, os índios não tomam bebida fermentada porque, dizem-me, "não tem mais macaxeira", o que nos fala mais das transformações na socialidade arara – sobre a pouca disposição de se estar, nos termos de Lima (2005), entre outros – do que propriamente sobre a produtividade das roças.

Para se fazer festa e proporcionar reuniões de várias famílias ou grupos domésticos, é preciso ter grandes roças, algo que os Arara queixam-se de não ter mais. Esta alteração é sentida com pesar e aparece constantemente não só nas falas daqueles que chegaram a vivenciar o que os índios percebem como sendo um modo de vida oposto ao atual: em malocas distribuídas em um território, fazendo festa, sem permanecer por muito tempo em um mesmo lugar e assentando-se para *dentro* (no interior do que hoje é a Terra Indígena, região de floresta densa). Os jovens também expressam certa nostalgia por este tempo, referido, em português, como aquele em que moravam e faziam coisas *juntos*.

Com a intensificação do contato por volta da década de 1960, desentendimentos em torno da extração e venda de madeira no início da década 1990 e, mais recentemente, com o processo de conversão em massa dos moradores de Iterap a uma linha batista do protestantismo, os Arara, principalmente os moradores de Paygap, passaram a demonstrar grande preocupação com o que identificam como uma vontade generalizada de se se viver *individual* ou *separado*, termos usados em português.

Essas mudanças na socialidade identificadas ao movimento de "virar branco" são motivo de grande preocupação para grande parte das pessoas. A Festa do Jacaré – momento da alegria, de restauração do espaço do *junto* e, neste caso, da emergência da forma povo – é uma tentativa deliberada de reverter esse movimento. Trata-se de virar índio, ou, mais precisamente, virar Arara. Se uma das matadoras não era mãe, se a quantidade de macaloba ingerida não foi suficiente para *derrubá-las*, se a embriaguez não atingiu seu ápice, pouco importava para os festejadores. Interessava ali estar novamente *junto* para virar Arara, aqueles que não querem virar brancos ou confundirem-se com seus vizinhos.

Por que não seria exatamente isso que muitos dos povos indígenas estão a fazer, como bem observou Soares-Pinto (neste volume) para os Djeoromitxi e Coelho de Souza (2010) para os Kisêdjê? Com dilemas parecidos aos dos Arara, outros povos parecem transitar conscientemente entre dois polos transformativos. Assim, "o revivalismo kisêdjê é um esforço de fato consciente, mas eles não me parecem, em todas as suas inciativas, mais preocupados com o diferenciar-se de seus vizinhos (ou dos brancos) do que com o *diferenciar-se de si mesmos*" (Coelho de Souza, 2010, p.106). Tal processo de autotransformação comporta dois movimentos não contraditórios: um virar branco e um virar índio. Virar índio, entre os Kisêdjê, refere-se a um engajamento em "uma série de ações depurativas no sentido de manter o caráter 'jê' (em oposição a xinguano) e 'indígena' da sua 'cultura'" (p.104). Já o virar branco, expressão corriqueira em Paygap (justamente onde um movimento deliberado de virar arara está em curso...), caracteriza um modo de vida marcado por experiências diversas com os conhecimentos, roupas, bens, tecnologia e comidas obtidas nas relações com não índios (Coelho de Souza, 2010, p.106).

O ritual, máquina de transformação por excelência, é um espaço-tempo expandido, o que torna propício grandes metamorfoses. Ao modo dos rituais de casamento celebrados pelos Chachi (Praet, 2009, p.746), todo mundo muda a sua forma *junto*, para ficarmos com uma expressão cara aos meus amigos. Na visão de Praet, os casamentos coletivos configuram-se como um momento de suspensão da sociedade chachi e sua mudança para uma forma monstruosa devido à violência dos policiais ao uso excessivo do tabaco e da bebida. Eu diria que isso não é totalmente verdadeiro na medida em que a metamorfose coletiva não implica a dissolução da "sociedade". Ao menos entre os Arara, a transformação talvez seja justamente um meio possível para a emergência da forma povo.

Tenho em mente aqui outro movimento de transformação conectado ao que identifico como um virar Arara. Afinal, trata-se de capturar, dançar, matar e ingerir jacarés, ou, nos termos de uma das filhas do xamã principal, virar jacaré. Convidado pelo xamã em seu canto para subir das águas à superfície, *wayo aximito*, o espírito do jacaré, ronda a festa. Quem dança e toma macaloba está sujeito a essa transformação.

Se ficarmos com a teoria do ritual esboçada por Wagner em *A invenção da cultura*, podemos pensar a identificação dos humanos com animais ou espíritos como um modo de reinstaurar a convenção, que na vida cotidiana vacila a partir das ações das pessoas. Sendo jacarés, os Arara contraproduzem a convenção humana como diferente de outras em um mundo em que as convenções não podem ser humanamente produzidas por serem da ordem do dado. O virar, já dizia Viveiros de Castro (1999, p.193-4), é sempre um processo de diferenciação diante de uma série de coletivos humanos e não humanos. Para ser Arara, é preciso (não) ser Jacaré.

Trata-se, ainda assim, de um devir-Jacaré. É com esta espécie e não com outra que os Arara têm de se haver; é jacaré que dizem virar. No dia a dia, o animal não chega a ser uma caça totalmente interdita, embora os Arara não se arrisquem a comê-la sempre, e, disse-me certa vez uma jovem professora, só possam fazê-lo com a condição de "fazer ritual", até onde sei, prática prescrita somente para esta caça. À ingestão desta carne sem a observância de certas regras para o seu abate e preparo, estão associadas histórias de doenças causadas por *wayo aximito*. Não se pode, por exemplo, pronunciar o nome do animal quando se sai em sua captura sem correr o risco de ele não aparecer. Quando se tem criança pequena em casa, não se deve cozinhá-lo em pedaços. É necessário cozinhar o jacaré inteiro ou em pedaços grandes, se não a criança adoece e só pode ser curada com uma massagem em seu corpo com os utensílios usados para matar e cozinhar o animal. Um dia massageia-se o corpo da criança com o facão usado para cortar a carne, no outro com a panela meio quente na qual ele foi cozinhado. Um senhor que teve seu filho batizado com o nome do jacaré, *Wayo*, disse-me que o menino, com um ano na época, adoeceu porque ele não cozinhou a carne assim que chegou em casa. Se assim o tivesse feito, o menino não teria ficado enfermo.[14]

Os cuidados e restrições que cercam a caça desse animal refletem, de certa forma, a indecisão que ronda as relações entre os humanos e o jacaré, ora presa, ora predador. Em um encontro entre uma pessoa e esse ser, não se pode assegurar de partida quem irá ocupar cada uma dessas posições. O ritual coloca, portanto, o jacaré em seu devido lugar: o de presa animal. Todavia, não é somente essa espécie que faz das pessoas suas presas, seja atacando-as na floresta ou no rio ou levando seu *-ximito*, dando início a um processo de adoecimento. A onça, a ariranha, a sucuri e a capivara também são predadores temidos. É verdade que a possibilidade de vacilação na imposição do ponto de vista espreita toda e qualquer relação que envolva humanos e não humanos, mas, no caso desses animais, as chances de que o ponto de vista do Outro se imponha são menos facilmente eclipsadas, pois essas espécies são, ou melhor, podem ser, *kopât*, espíritos maléficos cuja forma, ou roupa, como diriam alguns de meus interlocutores, é a de grandes

14 Não é somente a carne de jacaré que é objeto de restrições durante o período da couvade. Todos os bichos do mato devem ser evitados, com exceção dos animais de pena, como mutum e jacamim. Alguns peixes também são permitidos. À diferença das doenças imputadas ao consumo dessas presas (queixada, veado, caititu), a criança que tem seu *-ximito* ("alma", sopro vital) levado pelo jacaré não apresenta um estado febril. Ao contrário, seu corpo fica gelado. Matar outros animais de rio (como a ariranha) acarretaria o mesmo mal.

predadores. Sendo todos possíveis *kopât*, a diferença entre o jacaré e estes outros predadores é que estes jamais são consumidos pelos Arara, que evitam inclusive matá-los para não correrem o risco de serem vítimas de sua vingança. É em torno do único *kopât* que faz parte da dieta alimentar arara, mais precisamente, de uma versão reduzida dele,[15] que o ritual é celebrado.

Um outro espaço-tempo para o ritual: Iterap, 2011

Assim como o ritual que teve lugar em Paygap, a Festa do Jacaré realizada no ano seguinte em Iterap também é qualificada pelos participantes como motivada por interesses da ordem da "cultura". No caso em questão, não em virtude do projeto do PDPI, mas de um trabalho sobre a festa para ser entregue a uma professora da Licenciatura Básica Intercultural. Se a edição de 2010, conduzida sem titubeios pelo cacique e pelo xamã, foi, pelo que podemos depreender das falas dos participantes, bem-sucedida, o mesmo não pode ser dito da festa realizada no ano seguinte em Iterap. Organizada por um professor e uma professora, irmãos e estudantes do Intercultural, o evento configurou-se enquanto um espaço-tempo contraído e marcado por uma série de mal-entendidos.

A principal razão para certa insatisfação generalizada com o evento parece ter sido o pouco envolvimento dos moradores de Iterap com a festa. Nessa aldeia, as pessoas estão distribuídas em pequenos núcleos, distantes entre 300 e 800 metros uns dos outros, compostos por várias casas que contêm, cada uma, uma família nuclear que compartilha com as demais um *terreiro* e uma cozinha. Cada núcleo comporta um casal mais idoso, seus filhos e filhas solteiros, filhos recém-casados com suas esposas e filhos e, mais raramente, filhas recém-casadas, configurando uma família extensa distribuída em várias casas contíguas.

---

15 Na realidade, literalmente isso se aplica ao jacaré-açu, *wayo kût* (jacaré branco), espécie imprópria ao consumo humano, embora tenha sido ingerida pelas pessoas na Festa do Jacaré/Encontro dos Pajés de 2012, quando um jacaré-açu foi morto pelo motorista do Cimi, que desconhecia a restrição que pesava sobre a espécie. No pensamento arara, *wayo pûk*, o jacaré escuro, espécie sacrificada no ritual, é, no entanto, uma versão reduzida e, portanto, um pouco menos perigosa da versão branca. Ainda assim, é a única caça para a qual já ouvi afirmações quanto à necessidade de uma mediação ritual e intervenção do xamã para amenizar os perigos que rondam sua ingestão.

Chamo esses núcleos de grupos domésticos por eles manterem uma contiguidade espacial e relações de produção e consumo mais próximas do que com outras residências, algo bastante similar ao que Lima (2005, p.98) descreve para os Yudjá. Cuido, contudo, de observar que no caso arara, contrariamente ao que se passa entre os Yudjá, é mais comum as pessoas residirem virilocalmente. Assim, embora essa regra não seja compulsória e tampouco uma formulação nativa recorrente, até que um casal tenha consolidado o casamento com a produção de várias crianças e a construção de sua própria casa, o mais usual é que a mulher vá morar na casa dos pais do marido, conformando conjuntos plurifamiliares mais comumente formado por pais, filhos, sogras e noras.

Este arranjo social em Iterap não transforma automaticamente uma festa organizada por pessoas pertencentes a determinado núcleo em uma cerimônia de toda a aldeia, ou seja, de todos os grupos domésticos. Uma adesão mais "espontânea" ocorre com mais facilidade em Paygap, uma aldeia menor, composta pela família do cacique e pelos pais, irmãos e irmãs de sua esposa. O esquema de residência em casas compostas por famílias nucleares se repete, mas as casas são bem próximas umas às outras e, embora os descendentes do cacique sejam maioria e ocupem mais casas, o discurso de que ali vive uma só família é bem difundido.

Em Iterap, um momento de tensão entre grupos domésticos e a frágil liderança exercida pelos organizadores da festa tornaram o ritual demasiadamente fluido e ofensivamente desanimado, pelo menos aos olhos dos convidados de Paygap. Há cerca de dois anos, os diversos núcleos residenciais de Iterap solicitaram à Funai o reconhecimento como aldeias independentes e "elegeram", cada um, um cacique. Mesmo algumas famílias que se concentram na parte principal da aldeia, que conta com um posto médico e uma escola, estão se preparando para se mudar para locais que possuem roças, em um trecho do igarapé Prainha bastante próximo ao Rio Machado.

Não sou capaz de precisar o conjunto de motivos que levou à tomada dessa decisão. De certo, uma tensão em torno das posições de chefe, professor e agente de saúde está em curso. Cada filho ou genro de um casal idoso (aqueles que têm bisnetos) que origina um grupo doméstico chamou para si a tarefa de falar por sua família extensa e apresentar para os brancos as demandas de seu grupo familiar. Sobre a abertura em curso de aldeias mais distantes, as explicações giram em torno da necessidade de estarem mais perto das roças e, principalmente, da busca por tranquilidade, longe da confusão de uma aldeia que consideram superpovoada, repleta de crianças e acusações de roubo de animais, especialmente galinhas. No que tange ao evento, os moradores de Iterap pertencentes a outros grupos domésticos que não os dos organizadores queixaram-se de que não haviam sido convidados para a festa. Os de Paygap mostraram-se descontentes com notícias que circularam dias antes de o ritual começar de que seriam eles, e não os moradores do Iterap, os donos da festa.

Os organizadores da celebração, desautorizados pelos moradores de sua própria aldeia e com dificuldades de juntar os diferentes grupos domésticos em um entre si alegre, recorriam frequentemente ao cacique de Paygap para decidirem sobre a condução do ritual. Um tanto quanto perdidos no papel de donos da festa, o professor e a professora pareciam não ter a autoridade e o prestígio necessários para angariar pessoas e fazer a festa acontecer. Confessaram-me que não queriam estar à frente do ritual, que se não fosse pelo Intercultural não teriam se envolvido com "este negócio de festa". Em uma confusão de papéis e posições, não foi possível discernir claramente anfitriões e convidados na festa realizada em Iterap.

Outros fatores contribuíram para o empeço da edição de 2011. Os personagens principais da festa – os jacarés – foram meros coadjuvantes. O marido da dona da festa e o marido da irmã dos donos da festa saíram para uma caçada, mas só conseguiram capturar dois jacarés muito pequenos. Além de as presas serem pequenas, elas foram mortas na caçada e não no ritual. Uma pequena quantidade de caldo de jacaré foi servida no último dia da festa para os velhos, que comeram em pé todos juntos em uma grande panela. Em compensação, três antas foram mortas, o que gerou comentários irônicos por parte de um dos convidados, que brincou dizendo que o evento tinha virado festa da anta quando a dona da festa dançou com a bacia contendo a carne do animal *pisada* sobre a cabeça e foi seguida por algumas pessoas.

Com a conversão, os moradores da aldeia anfitriã não se mostraram dispostos a participar das apresentações de dança e canto. Por este mesmo motivo, aliado a uma colheita fraca da macaxeira em função de as roças terem sido arrasadas pelo gado criado na aldeia, não foi servida macaloba doce nem azeda. Essa ausência é sintomática e parece refletir certa intenção de se estar, nos termos nativos, *separado*, ou seja, no interior de seu grupo doméstico.

Até abandonarem as práticas de bebida, a macaloba azeda era sempre tomada quando estavam *juntos*, para além da célula familiar composta por um casal e seus filhos e filhas e mesmo do grupo doméstico (espaços de circulação e consumo da bebida em sua versão doce). Ou "entre outros", na definição precisa de Lima sobre as *cauinagens yudjá*. É o cauim, nos diz a autora, que proporciona a vida entre outros: ele "retira os companheiros e as famílias de sua intimidade e os mistura uns aos outros, em um estado de alegria que pode ser maior ou menor, mas nunca pouco atrativo" (Lima, 2005, p.116). Como me disse o cacique de Paygap, "só faltou a macaloba pra molhar a boca".

É claro que família, grupo doméstico ou povo, enquanto configurações do tipo entre si ou entre outros – formas de agrupamento que manifestam o desejo de se estar junto ou separado –, não estão dados *a priori*, mas aparecem contextualmente. Em uma constatação de Lima que julgo muito iluminadora, um "entre si" pode ter várias facetas:

> [...] os Yudjá, por meio do que não deixariam de ser categorias, introduzem linhas que atravessam o *socius* de modo que faz que, contra o pano de fundo deste, se destaquem grupos (um povo, uma aldeia, um grupo doméstico, uma família ou um pessoal) que se concebem como um "entre si" (2005, p.111).

O que a *cauinagem yudjá* proporciona é justamente que as formações de feição "entre si"– seja uma família, uma aldeia ou um povo – abram-se à vida entre outros. Por meio da alegria e da embriaguez, o cauim provoca "a abertura das unidades sociais para uma socialidade distinta da que prevalece no seio de cada uma e que é codificada segundo as posições de parentesco" (ibid., p. 116).

O processo de evangelização em curso em Iterap explica em parte o envolvimento acanhado de seus moradores com a festa. Engajados em um movimento de afirmação de sua indianidade, os moradores de Paygap mostram-se extremamente preocupados com aquilo que caracterizam como um *virar branco*, movimento que atribuem aos moradores de Iterap e a si mesmos. Assim, o pouco engajamento dos anfitriões da festa com o ritual foi interpretado pelos convidados como parte desse processo. Nas palavras de Pedro: "você tem que ser o que você é [índio] e não querer ser o que você não é [branco]".

A participação dos brancos, contudo, foi um pouco mais tímida que em Paygap. A assessora do Comin esteve presente durante os três dias de festa. O Cimi, em contrapartida, não apareceu. Forneceram parte da alimentação, mas preferiram não estar presentes, possivelmente, suspeito, em virtude do processo de conversão em curso em Ietrap. Duas professoras do Intercultural chegaram após o fim da festa, que acabou terminando um dia antes com volta antecipada dos moradores de Paygap para casa, em função do desânimo generalizado.

Em comparação com a edição de 2010, a festa de 2011 foi mais fragmentada, sem uma sequência clara e determinada de eventos. Praticamente só os homens mais velhos pintaram-se e enfeitaram-se. Houve pouca dança e somente uma noite de cantos conduzidos por Cícero no terreiro ao lado da cozinha de Peme, a dona da festa. Um dos poucos momentos em que se mostraram animados foi quando um senhor importante da igreja cantou uma música dele, *Xiweri*, Pica-Pau. Os jovens o acompanharam na dança, cuja coreografia consistia em pular com os dois pés juntos. Um dos ápices da festa foi o momento em que uma senhora pintou o rosto de três policiais que estiveram presentes no evento. Os presentes deliciaram-se com o desconcerto visível dos homens e a autoridade da senhora a esfregar aqueles rostos de urucum.

Sem jacaré, macaloba, matadoras e animação, a Festa do Jacaré realizada em Iterap em setembro de 2011 foi incapaz de criar uma forma povo e, assim, de aparecer como uma manifestação cultural do povo Arara, como bem esperaria a professora que solicitou o exercício sobre o ritual. Ao contrário da edição anterior da festa, na ocasião o ritual configurou-se em um espaço-‑tempo contraído e dominado pelo desânimo e pela fofoca, esta antítese da conversa e do parentesco. Em lugar da animação, alegria, conversação e vontade de estar junto, o que se viu foi uma festa esvaziada e desanimada que, de certa forma, traduzia uma (dupla) reserva por parte dos moradores de Iterap de conformar um entre si: não foram capazes de se reunirem enquanto anfitriões e tampouco com aqueles que em outros contextos são concebidos como outros, os convidados vindos de outra aldeia. O ritual, assim, não foi feliz em juntar aquilo que estava separado.

A descrição das duas ocasiões em que a Festa do Jacaré foi realizada faz transparecer como os efeitos do uso da "cultura" não estão postos de partida, só podendo ser compreendidos etnograficamente. Fazer uma festa com o propósito declarado de, nos termos de Karay'ã Pew, divulgar a cultura de um povo não sela inexoravelmente o destino e as consequências do ritual. As transformações que acompanham esta nova motivação geram questionamentos e dúvidas entre alguns dos meus interlocutores, é verdade. A continuidade entre um ritual do presente e um do passado não parece, porém, deixá-los intranquilos. Atualizar um protótipo do ritual com maior ou menor fidelidade não é, desconfio, a questão que os Arara se colocam. Mais importante que seguir à risca um modelo de festa, interessa a eles a constituição de um espaço-tempo ritual estendido que propicie relações não hostis e de respeito – baseadas na animação, conversa e alegria – entre convidados e anfitriões e relações de predação com o Jacaré.

É este e não outro *kopât* que o ritual convoca a comparecer. É interessante notar que o jacaré tem uma relação direta com o gênero feminino. No mito sobre o Jacaré Grande (*Wayo Xû*) – em que um dos desdobramentos da narrativa é a origem do *Awây Ixû* (Rio Grande), o Rio Machado –, uma menina é atraída pela imitação do canto de um pássaro reproduzido pelo Jacaré Grande enquanto caminhava na beira de um pequeno igarapé. Quando ela para e olha para trás para iniciar seu retorno, a estrada havia se transformado em mar e ela se encontrava no meio do Rio Grande. Após uma série de desventuras, a menina retorna para sua aldeia e vai banhar-se no igarapé com outras garotas. Jacaré Grande sai à procura dela, tateando os pés de todas as moças embaixo da água. Quando reconhece os pés da menina, a come para vingar-se da acusação da moça de que ele havia transmitido o seu fedor para ela.[16]

O ritual, portanto, encena duas torções em relação ao mito: (1) não mais uma criança, mas duas mulheres que (2) ao invés de presas passam a ser predadoras. Vale recordar que antigamente eram as mulheres mais velhas que matavam os jacarés, um contraste ainda mais intenso em relação ao mito (criança/velhas) do que o atual.

É interessante notar ainda que a festa arara promove uma alteração em relação ao ritual dos Gavião (Mindlin; Tsorobá; Catarino, 2001), com quem

16 Coletei duas versões deste mito, uma narrada por Cícero e outra pelo casal Maria 'Ora Yõ e José Dutra Yohwãy, ambas gravadas em outubro de 2012 em Iterap. Por questões de economia do espaço, ofereço aqui somente o mote central do mito.

dizem ter aprendido a fazer esta festa.[17] No ritual gavião das flautas de taquara, que era também a festa de colheita do milho verde – denominado de festa dos *goihanei,* nome dado aos espíritos da água e às flautas[18] –, os convidados levavam entre 50 e 100 jacarés para serem mortos pelos donos da festa. Na festa gavião eram, portanto, os convidados e não os anfitriões que forneciam os jacarés. Apesar dessa inversão, tanto o ritual arara como o gavião delegam aos últimos a tarefa de matar o animal. A diferença que julgo, contudo, marcar a apropriação do ritual, com perdão do pleonasmo, de um modo apropriadamente arara, concentra-se no gênero dos matadores. Se na festa para os *goihanei* são homens que matam os animais, em Wayo Akanã e na Festa do Jacaré são as mulheres que executam os jacarés.

Mesmo localizando a origem da festa em um rito gavião, é de uma forma propriamente arara que Wayo Akanã pode se desenrolar. Afinal, não poderia ser diferente: somente enquanto Arara as pessoas podem se diferenciar dos Gavião e apresentar-se para si mesmas e para os brancos.[19]

***

O termo *apresentação* é, portanto, apenas uma das descrições possíveis para se falar da festa. De forma alguma, ele resume o significado do ritual para os Arara. Ao escolherem-no, meus interlocutores parecem estar

17 À exceção da descrição oferecida por Mindlin, Tsorobá e Catarino (2001), não encontrei na literatura disponível nenhuma exposição do ritual realizado pelos Gavião. Conforme Rodolpho Bento (2013), a origem da matança ritual de jacarés é atribuída prelos Gavião aos Arara. Já segundo Lediane Felzke (comunicação pessoal), alguns Gavião dizem que os Arara aprenderam a fazer festa do jacaré com eles, mas que o componente da dança é invenção arara. Evidentemente, interessa-nos menos traçar as origens do rito do que compreender as analogias e diferenças entre eles.

18 Os Arara também tocavam grandes flautas (*payan*) durante *Wayo at Kanã,* mas não o fazem mais. Os homens que tocavam as flautas ficavam todos cobertos de palha de buriti, deixando somente seus olhos à vista. Os demais participantes também se vestiam com essa roupa denominada *payxûp*.

19 Esta forma propriamente arara não parece supor um modo correto e inescapável de fazer as coisas, uma vez que elementos centrais do ritual são assumidamente de origem estrangeira. A maloca era de alvenaria, a bebida era gavião, parte da comida era de branco, alguns ornamentos eram de outros povos (saias de buriti, pintura de jenipapo e alguns cocares e colares). Tudo se passa como se bastasse os Arara disporem desses elementos em um ritual conduzido por eles para que estas coisas tornassem-se imediatamente deles. A autenticidade parece não ser uma questão para os meus interlocutores.

apontando não para um efeito corruptor da "cultura", mas para um desejo consciente de "virar Arara".[20] As consequências desta transformação deliberada em Arara precisam ser melhor analisadas e entendidas a longo prazo. Em regimes de simbolização diferenciante (Wagner, 1981) o que acontece quando estabilizar a convenção passa a ser uma ação explícita do ritual? Estariam meus interlocutores em dúvida quanto ao que está dado? Parece-me que a Festa do Jacaré dá forma a uma indagação fundamental que aparece em diferentes graus na vida cotidiana: o que é ser Arara quando (também) se está virando branco?

Assim como tantos povos indígenas, os Arara estão engajados neste duplo movimento de virar índio e virar branco. Um pouco alarmados com as transformações que a inserção mais intensa no mundo dos não índios vem acarretando, é verdade. Mas experimentando, testando, refletindo. Os rituais reatualizados a partir do acesso a editais e projetos são, de certa forma, um laboratório. Povoada por parentes e não parentes, pessoas e animais, humanos e espíritos, a Festa do Jacaré é um espaço-tempo poderoso para a experimentação. E como qualquer experiência, pode dar certo ou não.

Referências bibliográficas

BENTO, R. C. *A flecha mata porque tem vida*: um estudo etnográfico sobre os artefatos de caça dos Gavião Ikólóéhj. Dissertação (Mestrado), em Antropologia Social, PPGAS-UFSCar, São Carlos, 2013.

CARNEIRO DA CUNHA, M. "Cultura" e cultura: conhecimentos tradicionais e direitos intelectuais. In: ______. (Ed.). *Cultura com aspas*. São Paulo: Cosac Naify, 2009, p.311-373.

COELHO DE SOUZA, M. S. A vida material das coisas intangíveis. In: COELHO DE SOUZA, M.; COFFACI DE LIMA, E. (Orgs.). *Conhecimento e cultura: práticas de transformação no mundo indígena*, v.97-118. Brasília: Athalaia, 2010.

EWART, E. Fazendo pessoas e fazendo roças entre os Panará do Brasil Central. *Revista de Antropologia*, v.48, n.1, pp.9-35, 2005.

20 Longe de uma ideia de fantasia ou farsa a que a palavra pode nos remeter, apresentar-se tem muito mais a ver com a exibição – um *display* do qual nos fala Strathern – de quem os Arara são ou podem ser. O desejo é mostrar-se com todas as relações que compõem as pessoas: exibir-se na frente dos Outros, mas com determinadas relações em vista. Apresentando-se, as pessoas se reúnem, realizando, assim, uma ação conjunta. Apresentar-se é tomar a forma povo na prática.

HOWARD, C. *Pawana*: a farsa dos "visitantes" entre os Waiwai da Amazônia setentrional. In: VIVEIROS DE CASTRO, E.; CARNEIRO DA CUNHA, M. (Eds.). *Amazônia:* etnologia e história e indígena. São Paulo: NHII/USP, Fapesp, 1993. p.229-64.

LEONEL JR., M. de M. *Relatório de avaliação da situação dos Gavião (Digüt) – P.I. Lourdes.* [S.l]: Ministério do Interior e Fundação Instituto de Pesquisas Econômicas (FIPE), 1983.

LIMA, T. S. *Um peixe olhou pra mim*: o povo Yudjá e a perspectiva. São Paulo: Unesp/ISA/ NUTI-MN-UFRJ, 2005.

MINDLIN, B.; TSOBORÁ, D.; CATARINO, S. *Couro dos espíritos*: namoro, pajés e cura entre os índios Gavião-Ikolen de Rondônia. São Paulo: Terceiro Nome e Senac, 2001.

MUNN, N. *The fame of Gawa: a symbolic study of value transformation in a Massim (Papua New Guinea) scoiety*. Durham e Londres: Duke University Press Books, 1992.

PRAET, I. Shamanism and ritual in South America: an inquiry into Amenrindian shape--shifing. *Journal of the Royal Anthropological Institute*, v.15, p.737-754, 2009.

PINTO, N. S. Sobre alguns modos de usar a cultura dos Outros, 2014.

SAHLINS, M. O pessimismo sentimental e a experiência etnográfica: porque a cultura não é um objeto em vias de extinção (parte I). *Mana*, v.3, n.1, p.41-73, 1997.

VIVEIROS DE CASTRO, E. Etnologia Brasileira. In: MICELLI, S. (Org.). *O que ler na ciência social brasileira (1970-1995)*, v.1: Antropologia, 1999, p.109-223.

______. Perspectivismo e multinaturalismo na América indígena. In: ______. *A inconstância da alma selvagem*. São Paulo: Cosac Naify, 2002a, p.345-99.

______. O nativo relativo. *Mana*, v. 8, n.2, p.113-48, 2002b.

WAGNER, Roy. *The Invention of Culture*. Chicago: The University of Chicago Press, 1981.

______. Ritual as communication: order, meaning, and secrecy in Melanesian initiation rites. *Annual Review of Anthropology*, v.13, p.143-55, 1984.

6

Não cutuque a cultura com vara curta: os Palikur e o projeto "Ponte entre Povos"[1]

Artionka Capiberibe

As relações entre índios e não índios são responsáveis, há tempos, por algumas das muitas reflexões antropológicas sobre o que vem a ser cultura. Esta foi vista ora como objeto passível de ser perdido, aculturado, assimilado (Galvão, 1979; Ribeiro, 1996); ora como sujeito suscetível a transformações, recriações (Sahlins; Ramos, 1998; Oliveira, 1999), reflexão nativa (Carneiro da Cunha, 2009) ou "invenção" – aqui numa autoanálise do fazer antropológico (Wagner, 2010).

É nessa seara das relações dos índios com os não índios e das indagações a respeito do sentido de cultura e transformações sociais que, há alguns anos, venho desenvolvendo pesquisas. Tais pesquisas têm tido como foco central compreender como os Palikur, população ameríndia falante de uma língua arawak-maipure (o *parikwaki*) que vive na região de fronteira entre o Brasil e a Guiana Francesa, lidam com as questões do mundo contemporâneo, entenda-se, com um horizonte que contempla igrejas cristãs (católicas, evangélicas e adventistas), casamentos interétnicos, consumo de bens industrializados, viver em cidades e assim por diante.

---

1 Versões prévias deste texto tiveram leituras atentas de Oiara Bonilla e Silvia Lopes Macedo, a quem agradeço as observações, em grande parte incorporadas aqui. Agradeço, também, a Pedro Cesarino por suas sugestões como editor da coletânea. O trabalho beneficiou-se ainda de uma pesquisa de campo realizada em maio de 2013 e financiada pelo projeto Ford/Cebrap "Effects of intellectual and cultural rights protection on traditional people and traditional knowledge. Case studies in Brazil". Ressalvo, por fim, que as eventuais fragilidades presentes neste texto devem-se somente a mim.

Este texto tem como foco um evento pontual que faz parte desta longeva relação dos Palikur com o mundo dos brancos, ou seja, sua participação em um projeto singular de produção músico-cultural que envolveu cinco populações indígenas (Palikur, Tiriyó, Kaxuyana, Aparai e Wayana) e não índios de diferentes procedências, com diferentes vocações e atribuições: músicos de formação erudita e popular, engenheiros de som, diretor de teatro, técnicos e assessores do governo do Estado do Amapá, de associações indígenas, do Sesc São Paulo, antropólogos e uma linguista. O megaprojeto, denominado Ponte entre Povos, não poderia deixar de produzir em suas filigranas entendimentos distintos para os envolvidos: índios e não índios.

O foco deste texto são as motivações, justificações e consequências (não sem implicações) da participação de uma população ameríndia em uma iniciativa proposta por não índios, ou seja, que parte de uma solicitação externa às suas atividades e preocupações correntes e que, sobretudo, demanda a realização de ações não corriqueiras, como é o caso dos rituais encenados no Ponte entre Povos. A intenção é a de mostrar que elementos culturais foram acionados na realização desse evento (tais como: relações de parentesco, cosmologia, ritualística, língua e regras da religião cristã) e refletir a respeito dos espaços de significação que se apresentaram no encontro/desencontro de alteridades propiciados por essa situação particular de interculturalidade, buscando dar conta dos entendimentos formulados pelos Palikur a respeito desta experiência.

O Ponte entre Povos

O projeto *Ponte*[2] nasceu do encontro de uma artista única, a música Marlui Miranda, com um programa de governo também especial, o Programa de Desenvolvimento Sustentável do Amapá (PDSA),[3] que tinha como um de seus pilares a valorização da "cultura local". Por conta disso, em abril de 2001,

2 Para simplificar, doravante o nome do projeto será grafado em itálico como um sujeito masculino singular.

3 Iniciado em 1995 e encerrado em 2002, o PDSA foi um programa de governo construído a partir das diretrizes da "Agenda 21", relatório oficial da "Cúpula da Terra" ocorrida em 1992 no Rio de Janeiro, que estabeleceu as bases para se pensar em um modelo de desenvolvimento econômico e social apoiado na sustentabilidade ambiental.

Marlui Miranda, detentora de uma experiência acumulada de mais de vinte anos com música indígena, foi convidada a participar da Semana do Índio em Macapá, capital do Amapá. Sua função foi a de organizar oficinas de trabalho reunindo estudantes de música clássica da Escola de Música do Estado *Walkíria Lima*, um público de músicos populares locais e índios Wajãpi, Kaxuyana, Tiriyó, Wayana e Aparai.

A experiência foi tão bem-sucedida que gerou um espetáculo apresentado no réveillon de 2002, na praça mais bem localizada de Macapá, situada à beira da foz do Rio Amazonas, reunindo milhares de pessoas. Naquele ano, o tema do show organizado pelo governo foi a "Pluralidade cultural do estado do Amapá". No palco, o público viu se revezarem: uma orquestra erudita; um balé clássico; um balé afro moderno; o marabaixo, dança tradicional de origem africana; a apresentação de danças e músicas indígenas; tambores e batuques das populações de origem quilombola do estado.

Desse evento surgiu a ideia do *Ponte*, projeto que seria desenvolvido, a *grosso modo*, em quatro etapas: a primeira e a segunda consistiram, respectivamente, na pesquisa de participantes e repertório, e na produção e gravação de três CDs de música: O *Kiyeminaki* (recordação), composto por músicas palikur; o CD *Tumukumaki Yoremuru* (cantos do Tumucumaque), formado por um repertório aparai, wayana, tiriyó e kaxuyana; e o CD *Ponte entre Povos*, que reúne músicas clássicas e composições em que os instrumentos da orquestra – violinos, flautas transversais, violas, violoncelo, trompa, entre outros – aliam-se aos cantos e instrumentos indígenas: cascos de tracajá, clarinetes de bambu, maracás de cuia, chocalhos de sementes, flautas de pan, entre outros.[4]

Na terceira etapa, deu-se a produção de um livro sobre o projeto (Miranda, 2005), contendo: informações sobre as populações indígenas envolvidas, escritas por antropólogos e por uma linguista; as partituras das músicas indígenas, escritas por Marlui Miranda; e as letras das músicas nas línguas originais. O livro é multilíngue, com as letras das músicas grafadas nas línguas originais e traduzidas para o português e o francês, idiomas que têm uma relação histórica com os povos envolvidos no projeto.

---

4 Para que a gravação ocorresse, um antigo estúdio de televisão de Macapá foi convertido em estúdio de gravação móvel. Nesse espaço, os participantes compuseram *in actu* o CD Ponte entre Povos.

A última etapa foi a dos espetáculos, ocorridos, no ano de 2005, em dois grandes teatros do eixo centro-sul do Brasil. Nesta, foi incorporado um diretor de cenografia e teatro e criada uma peça que, por ser musicada, foi chamada de ópera e, por ser encenada por índios, de etno-ópera. No palco dos teatros, os grupos indígenas participantes apresentaram trechos pertencentes a seus conjuntos rituais específicos e junto com a orquestra sinfônica, executaram as músicas do CD Ponte entre Povos.[5]

O foco deste texto são os espetáculos. Mas, antes de entrar propriamente neles, há um excurso que interessa fazer aqui, na medida em que expõe mal-entendidos ou "equivocações" – no sentido proposto por Viveiros de Castro (2004) de um desentendimento de mão dupla – propiciadas pelo Ponte. Na fase de gravação e composição das músicas, Marlui Miranda teve a precaução de tomar medidas para que a participação de todos fosse consentida, ressarcida e tivesse reconhecimento, o que está não somente nas autorias expressas no livro, como nos registros da música indígena feitos na Biblioteca Nacional. Atribuir autoria aos intérpretes enquanto representantes de seus grupos indígenas foi a estratégia encontrada para garantir a proteção dos "direitos de autor" e escapar do registro como "domínio público", que liberaria o uso do repertório sem nenhum retorno para o meio onde o conhecimento foi desenvolvido (Miranda, 2005, p.50-51).

No entanto, são vários os problemas quando se trata de "direitos de propriedade" e "representação" no âmbito dos "conhecimentos tradicionais" (Arantes, 2007; 2008; Baptista Valle, 2004; Carneiro da Cunha, 2009). Para o caso Palikur, o problema consiste, fundamentalmente, em atribuir uma autoria individual a um intérprete de um canto cujo autor é conhecido e se encontra morto e que, se estivesse vivo, poderia ainda dizer que a autoria é compartilhada com os *imawri*, seres que vivem no *pahakap* ("outro mundo", cf. definição *infra*) e que, nos sonhos, repassam seus cantos aos xamãs. Como se vê nesta explicação do canto *Wakahgo* ("o avô das garças"):

> Esse cântico foi criado pelo pajé [Pagupmin = finado Pagup]; ele viu no sonho a sucuri de três cabeças, as cabeças parecem o bico da garça. A sucuri cuida

5 Os Palikur apresentaram dois gêneros de rituais: *kayka aramteman* (dança de turé), liderado pelos homens, que são os tocadores das clarinetas de bambu (*aramtem*, ou turés, como são conhecidos na região); e *kayka wawahmna* (dança de maracá), no qual as mulheres são as principais executoras, fazedoras e tocadoras dos maracás de cabos longos deste ritual.

> das garças, como a gente cuida dos pintinhos, ela é o avô das garças. O pajé tá dirigindo o barco dele, o barco dele é a sucuri, o pajé toma conta da sucuri. O pajé toma conta do barco dele no campo, no lago, onde ele para, as garças aparecem; elas vêm comer. (Wet apud Capiberibe, 2005, p. 145, complementado com informações do caderno de campo).

É complicada a ideia de que um membro do coletivo possa, como um indivíduo, "representar" um conhecimento construído na inter-relação entre diferentes atores, como se vê na citação acima, que expõe a conjugação entre o xamã e o mundo extra-humano da sucuri (avô das garças). Sem contar que, ao ser executado, o ritual também sofre o acréscimo criativo das ações dos participantes. O ato de criação é, portanto, da alçada da "pessoa" e não do "indivíduo", "pessoa" constituída de maneira fundamental a partir de uma relação social alargada, constituída por humanos e não humanos.[6]

Em poucas palavras, isso diz o quão distintas podem ser as concepções de invenção e autoria indígenas em relação tanto a noções de criatividade e posse associadas a um indivíduo, como a uma hipotética noção de criação coletiva ou comunitária, no sentido de um "indivíduo corporativo" (Carneiro da Cunha, 2009, p. 328-329).

Apesar do aspecto positivo presente no subterfúgio encontrado por Marlui Miranda (ressalte-se que ela é sabedora das implicações apontadas acima) para resguardar os direitos da produção e criação das coletividades indígenas participantes no projeto, nota-se que os entendimentos envolvidos nesse caso possuem significações distintas. Para os Palikur, o material registrado no CD tem autoria, no entanto, esse conhecimento pode vir a ser usado por outros que não seu(s) criador(es) original(is), a criação tornando-se, de certa forma, coletiva. Mas, ao adentrar nosso sistema de autoria, o conhecimento palikur se vê colocado numa cama de Procrusto, voltando a ser puramente individual. Esse conflito entre o que é próprio do plano coletivo e o que é próprio do plano individual reaparecerá no final do texto, desta feita, posto como questão para os próprios Palikur.

---

6 A "noção de pessoa" ameríndia é um tema fundante na etnologia das Terras Baixas Sul-Americanas (Cf. Overing, 1975; Seeger; Da Matta; Castro, 1979), cujos rendimentos destacam dois aspectos inter-relacionados: a corporalidade indígena e uma socialidade que se expande para além das fronteiras da pessoa humana. Destacam-se aqui duas teorias: o "animismo" de Philippe Descola e o "perspectivismo" de Viveiros de Castro (2002a) e Lima (1996).

Os Palikur e o Projeto

A sugestão aos Palikur de participar no *Ponte* foi feita por mim, uma estrangeira (*nawwotunye*), fato que o marca como "projeto" no sentido de uma ação que se insere do exterior numa dada sociedade, mas que, no entanto, não se dá de maneira impositiva, e sim por uma abertura nativa a processos de autonomia nos quais o antropólogo exerce um papel muitas vezes determinante (Albert, 2002).[7] Se, nesse sentido, o *Ponte* entra na mesma chave de leitura de um projeto para estudar o manejo do jacaré ou para fabricar objetos da cultura material para o Museu Kuahi,[8] propor realizar rituais condenados pela igreja cristã (instalada há mais de quarenta anos entre os Palikur) dá ao termo "projeto" uma semântica com variáveis específicas.

Tudo começou com uma carta, enviada em março de 2002, aos cuidados do senhor Manoel Labonté,[9] na qual explicava o projeto e lhe pedia que perscrutasse "a comunidade" a busca de possíveis participantes. Para consultar a "comunidade", o senhor Manoel deveria fazer uma reunião pública na *pahadguhwaket* ("casa da comunidade").[10] Acontece que o tema não era de fácil abordagem e aqui abro parênteses para contextualizar a população e tornar compreensível tal dificuldade, antes de relatar a estratégia adotada pelo senhor Manoel.

---

7 Como apontam alguns antropólogos (cf. Turner, 1993; Albert, 1995), essa situação diz também sobre as condições de trabalho de campo entre minorias que se põem aos pesquisadores, desde o último quarto do século XX. Estas nos têm convidado a pensar cada vez mais em uma aproximação entre a pesquisa e a ação, mediando a distinção pesquisa aplicada/pesquisa científica (Albert, 1995).

8 Trata-se do museu indígena localizado no centro da cidade de Oiapoque. Elaborado numa parceria entre os povos indígenas da região (Palikur, Karipuna, Galibi-Marworno e Galibi-Kali'na), uma equipe de pesquisadores coordenada por Lux Boelitz Vidal e o governo do Estado do Amapá.

9 Manoel Labonté, um senhor que tem hoje mais de 70 anos, é o principal colaborador de todos os pesquisadores que passam pelos Palikur. Ele é um "tradutor de mundos" (A. Capiberibe, 2007), uma pessoa que recebe os estrangeiros na aldeia, busca entender o que querem e auxilia em suas missões, repassando-lhes informações e retransmitindo os quereres estrangeiros para os Palikur.

10 Este termo vem da palavra *pahadguh* (ajuntar, reunir) e está na raiz de um vocábulo cuja acepção se aproxima à de grupo étnico, *pahadguhwaki*.

Os Palikur vivem, há mais de quatro séculos, na região do baixo Oiapoque,[11] que, em 1900, foi cortada pela definição da fronteira entre o Brasil e a Guiana Francesa. Hoje, a população Palikur é de aproximadamente duas mil pessoas, dividida à metade em núcleos populacionais fixos em cada um dos lados da fronteira. Os Palikur do lado brasileiro vivem ao longo do Rio Urukauá, em uma Terra Indígena demarcada e homologada, numa situação de maior afastamento em relação aos estrangeiros (índios e não índios) se comparada à situação presente no lado francês. Na Guiana, eles compõem bairros indígenas em pelo menos quatro localidades diferentes.

Um aspecto que sobressai na comparação dos dois contextos, e que interessa pôr em relevo, são as formas distintas de lidar com a religião cristã presente nos dois lados da fronteira. No Brasil, o maior isolamento em que vivem promoveu, nos últimos trinta anos, uma centralização em torno da Igreja Evangélica Assembleia de Deus (IEAD). Essa Igreja foi introduzida nos anos 1970, após um processo de missão promovido pelo *Summer Institute of Linguistics* (SIL) e pela *New Tribes Mission*, mas hoje é uma Igreja nativa. Para os Palikur, a evangelização significou uma reordenação nas práticas que compõem sua socialidade, principalmente no que diz respeito ao domínio do xamanismo, que foi lançado para um plano social discreto, com seus xamãs (*ihamwi*) banidos da região do Urukauá.

Para falar das coisas do xamanismo no Urukauá – lembrando que música e ritual também fazem parte deste estoque, embora não pertençam exclusivamente a ele –, é preciso, portanto, ser muito cauteloso. Esse assunto costuma gerar mal-estar e mau humor ou ser recepcionado com pilhéria, o que é um outro modo de constrangimento. Assim, por temer pôr em risco minha pesquisa inicial, cujo tema era justamente a conversão religiosa, e por respeito devido aos meus interlocutores, até então sempre havia bordejado o xamanismo, catando as migalhas que me eram jogadas ao azar e tomando muito cuidado para nunca avançar os limites.[12]

11 Para um mapeamento da ocupação indígena da região da foz do Amazonas ao baixo Oiapoque, a história da localização dos Palikur nesta região e sua organização em um grupo coeso, ver Françoise Grenand e Pierre Grenand (1987) e Alan Passes (2004).

12 Este temor também aparece em outros pesquisadores que trabalham com os Palikur, como no relato da antropóloga sul-africana Lesley Green sobre o cuidado redobrado que teve para construir uma imagem neutra em relação ao xamanismo e também à religião evangélica, neste último caso, para não contaminar sua imagem de antropóloga com a de seus sogros, visto que ela é nora do casal de missionários do SIL que traduziu o Novo Testamento para o *parikwaki*.

Já na Guiana francesa, o quadro religioso é bastante diferente, as atenções são divididas igualmente entre a Assembleia de Deus (IEAD) e a Igreja Adventista do Sétimo Dia. A descentralização religiosa tem um papel fundamental na presença marcante do xamanismo e do xamã na vida cotidiana dos palikur franceses, diferentemente do que se vê no Brasil. Portanto, para entender o que são as religiões cristãs seguidas pelos Palikur, é preciso deter-se também no xamanismo.

De modo geral, o xamanismo palikur é um sistema que se aproxima da definição de xamanismo horizontal de Stephen Hugh-Jones (1994, p.32-33). Segundo Hugh-Jones, o tipo horizontal está presente em sociedades "mais igualitárias", "orientadas para a floresta", com uma "ênfase ideológica" voltada para a guerra e para a caça. Nesse tipo de xamanismo, o poder "secular" está separado do poder "sagrado" e, destaque-se, o xamã é moralmente ambíguo, podendo gozar de pouco prestígio e de um "baixo *status*". Além disso, é uma prática feita de maneira individual e aberta a todos os adultos, por fim, o envolvimento do xamã na "reprodução ritual da sociedade" é periférico (1994, p.33). Estas características maleáveis contribuíram e contribuem para que o xamanismo palikur se mantenha ativo, a despeito do combate empreendido contra ele pela religião evangélica e da presente inexistência de um xamã palikur atuante do lado brasileiro da fronteira.

Enfim, o que se vê entre os Palikur brasileiros e franceses é um xamanismo que age: curando enfermidades; tornando uma criança de frágil saúde um ser "forte como uma onça, bom caçador e forte para trabalhar"; provocando uma atração amorosa; a fertilidade ou infertilidade de uma mulher; o controle de natalidade; mudando a sorte de um caçador azarado; curando ou jogando um feitiço mortal etc. Isso quer dizer que o saber xamânico,

---

Este relato dá a exata noção do sentimento que toma aquele que passa a conhecer o que significam a prática xamânica e a religião evangélica para os Palikur e, de maneira importante, indica que estes mundos não se apresentam separados de modo absoluto: "Quando a Kiyavunoh [senhora] Puptah começou a cantar as músicas [cantadas em rituais xamânicos], tive um sentimento desconfortável de que estava cruzando uma fronteira fora do espaço "neutro" que havia esculpido tão cuidadosamente, e que provavelmente nós [ela e seu marido David Green] tínhamos ultrapassado os limites do que seria aceitável para os fiéis [fiéis palikur da Igreja]. No caminho para casa, David e eu nos perguntávamos como seu marido [o marido de Pupta, ausente naquele encontro] se sentiria a respeito do fato de sua esposa ter cantado para nós. Eu tinha certeza de que quando os outros moradores soubessem disso, eles ficariam tristes conosco. Se não fosse cuidadosamente administrado, isto poderia ter consequências infelizes para futuros trabalhos de campo (Green, 2005, p.95, tradução minha).

associado às terapias de cura de doenças – que são feitas por meio do fabrico de remédios à base de ervas,[13] óleos e minerais, de banhos, e das encantações feitas com o sopro e o sussurro –, é, com maior ou menor intensidade, presente entre os Palikur em ambos os lados da fronteira.

Tanto no Urukauá como no Village Espérance (bairro palikur situado na cidade fronteiriça de Saint-Georges de l'Oyapock, na Guiana francesa), assembleianos e adventistas recorrem – em graus diferentes, seja dito – a um ou outro dos tipos de xamanismos existentes (sopros/encantações, remédios, sessões xamânicas, banhos de ervas, por exemplo). A grande diferença é que, no Urukauá, a ação do xamã foi eliminada, o uso de encantações/sopros é mais reduzido e ainda mais escondido que no Village Espérance, restando apenas os remédios que, como aponta o significa do termo que os designa, *iveyti* (remédio, veneno ou feitiço), também carregam a possibilidades de se tornar venenos, mas, a despeito disso, são bem aceitos e tidos como meios de tratamentos eficazes.

De modo diferente aos fiéis da Assembleia de Deus, entre os adventistas o que se observa é outro tipo de convivência da religião com o xamanismo, uma que se dá em paralelo. Essa situação parece ser também aquilo que faz com que os adventistas se mantenham fiéis à sua religião, uma religião que, se não dá espaço para que uma experiência com o transcendente se manifeste dentro da igreja, parece deixar a opção de buscar outras alternativas fora de seu espaço de culto.

Os rituais e as curas xamânicas frequentadas pelos adventistas palikur são o principal contraponto em relação à Assembleia de Deus, na qual, por conta do pentecostalismo, o transcendente tem seu espaço garantido dentro da Igreja, manifestando-se principalmente na forma de sonhos reveladores, êxtases religiosos (batismo com o Espírito Santo), curas milagrosas e no falar em línguas estranhas (glossolalia).[14]

---

13 Para um estudo sobre a farmacopeia Palikur e indicações sobre seu uso em terapias de cura, conferir Grenand, Moretti e Jacquemin (2004).

14 O pentecostalismo é o modo de ação desta Igreja, suplantando em muito a exegese bíblica. Ao tratar das Igrejas evangélicas pentecostais de modo geral, Otávio Velho chama a atenção para os significados que podem ser atribuídos à "reduzida presença explícita de uma teologia no sentido mais estrito" (1997, p.144) que se observa no pentecostalismo. O autor mostra que, aliada a essa "desteologização", estaria uma ênfase no "Espírito" (ibid.), exatamente como se vê entre os Palikur.

Trata-se, portanto, de um universo que partilha de uma linguagem xamânica, a qual, a meu ver, teria propiciado uma aproximação dos Palikur com a religião cristã. Esta linguagem comum seria aquilo que teria gerado "pontos de ressonância" (Carneiro da Cunha, 1998)[15] entre os dois universos de entendimento, pois, para que a conversão se realize, é preciso produzir uma tradução capaz de transformar uma linguagem religiosa alheia num conhecimento compartilhado. No caso palikur, tais "pontos de ressonância" (que se relacionam, sem dúvida, a uma linguagem transcendente comum) teriam permitido não só que a religião evangélica se instalasse, mas que ela tivesse os contornos que tem hoje.[16]

Dito isso, retornemos à carta. Como o convite havia sido inicialmente endereçado aos Palikur do lado brasileiro, a religião evangélica foi determinante na vontade de participação no projeto. Explico, todos os Palikur do Urukauá se dizem crentes, mas há duas condições de crente: o "firme na fé", que é aquele considerado pelo conjunto dos membros da Igreja como purificado para a participação na vida religiosa; e o "desviado" da fé, que é alguém que foi batizado na Igreja, que a frequentava, mas que transgrediu alguma das condutas prescritas por esta. Neste campo, as proibições são diversas, como não jogar futebol e não casar com alguém de fora da Igreja, mas as principais estão relacionadas ao universo xamânico, quais sejam: não beber, não fumar, não praticar xamanismo. Portanto, somente pessoas que estivessem "desviadas" poderiam se dispor a embarcar no *Ponte*.

Assim sendo, o recrutamento dos participantes não foi feito do modo como a carta pedia: uma convocatória pública na *pahadguhwaket* (casa da comunidade), na qual os interessados pudessem propor suas candidaturas. Contudo, em se tratando de uma população ameríndia cuja socialidade é estruturada e fundamentada nas relações de parentesco – veja-se a vasta bibiografia sobre o tema, entre muitos outros, Overing (1975) e Gow (1991) –, a solicitação da carta era já em si uma "equivocação". Pode-se dizer que, mesmo não havendo o empecilho da religião, a participação no *Ponte* provavelmente passaria pelo mesmo critério definidor utilizado no recrutamento

15 Valendo-se das teorias de Walter Benjamim, Carneiro da Cunha (1998) coloca que "[...] A boa tradução é [...] aquela que é capaz de apreender os pontos de ressonância, de fazer com que a *intentio* [os modos de intenção] em uma língua reverbere em outra" (1998, p.13).

16 Para uma análise mais detalhada desta comparação que envolve religiões cristãs, xamanismo, relações transfronteiriças, conferir Capiberibe (2009).

para outras atividades remuneradas, como professor e agente de saúde, a saber: o parentesco.[17]

Foi deste modo que se constituiu o grupo inicial formado por dez pessoas, cinco homens e cinco mulheres, todos com algum tipo de laço de parentesco entre si (cf. genealogia – Figura 1), e dividido em dois subgrupos liderados por dois dos homens mais velhos. O maior deles tinha como líder o senhor Manoel Labonté (o que se pode imaginar dada a função de porta-voz e de suposto recrutador que recaiu sobre ele), sendo composto por uma de suas filhas, uma sobrinha de sua esposa (WZD), um primo paralelo (FBS),[18] um cunhado classificatório e dois germanos, cunhados do cunhado classificatório de Ego. O outro grupo era formado por um casal, o senhor Emiliano Iaparrá e sua esposa Odília Batista, uma filha deste casal e uma prima paralela (ou seja, uma irmã) do senhor Iaparrá (FBD), que, por sua vez, interligava os dois grupos, pois também era sobrinha da esposa (WZD) do senhor Manoel Labonté. Apesar deste elo, neste caso, o principal motivo para que eles integrassem o projeto foi seu maior conhecimento dos cantos e rituais palikur.

Na fase dos espetáculos, foram convidados ainda outros dois homens mais velhos que, embora tivessem algum parentesco com os participantes já constituídos, foram incorporados por seu interesse, por seu conhecimento sobre o mundo dos rituais e por sua proximidade comigo, pode-se dizer que neste caso foi minha relação de "parentesco" com eles o fator determinante de sua entrada no projeto. Estes foram o senhor Nenélio Batista, um "firme na fé", que se decidiu por entrar no *Ponte* somente após conseguir o aval de sua família (esposa e filhos) e a anuência da Igreja (voltarei a falar deste caso adiante). O outro, foi o senhor Georges Labonté, um Palikur da Guiana que, como praticante regular dos rituais presentes no *Ponte*, era o único que não

---

17 São as relações de parentesco estabelecidas no grupo doméstico (composto por um sogro, seus filhos (as) solteiros (as), suas filhas casadas e eventualmente seus filhos casados) que regem a vida cotidiana, definindo, por exemplo, quem participa dos mutirões de roça, das expedições de caça e da distribuição dos alimentos obtidos em uma situação de cooperação entre famílias nucleares distintas.

18 No sistema de parentesco palikur – uma variante do dravidianato amazônico, que divide o universo de relações de Ego em duas categorias maiores: consanguíneos = parentes paralelos e afins = parentes cruzados (Dreyfus, 1993; Viveiros de Castro, 2002) – os primos paralelos e cruzados são tidos como irmãos. Assim, diferentemente do sistema dravidiano amazônico clássico, entre os Palikur, na geração de Ego, ocorre o que Eduardo Viveiros de Castro chamou de "uma certa inflexão 'havaiana'" (2002, p.108), ou seja, a distinção paralelos/cruzados é neutralizada.

tinha dúvidas sobre a realização dos cantos e danças, nem tampouco se via transgredindo regra alguma.

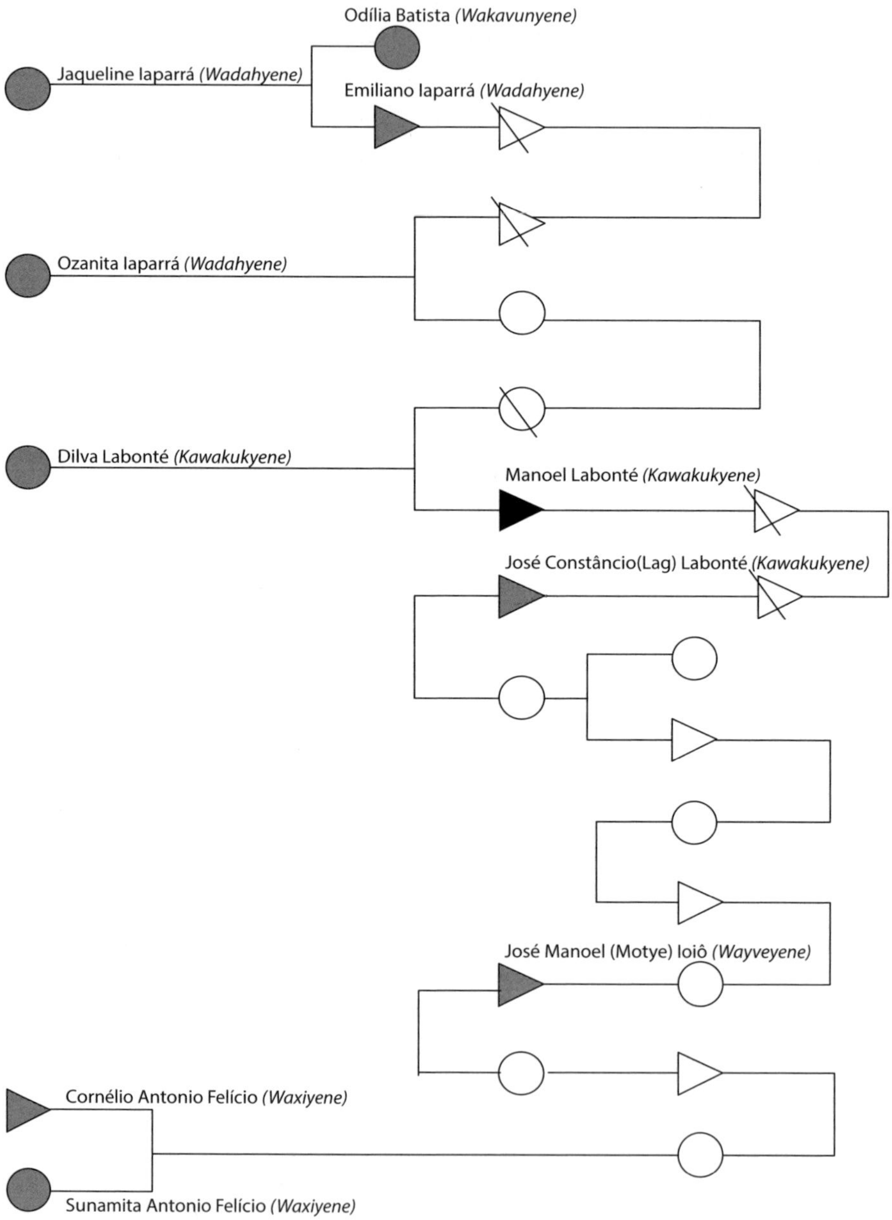

Figura 1 – Genealogia do grupo de participantes das gravações em estúdio

O repertório do CD *Kiyeminaki* foi montado pelo casal Emiliano e Odília, pois os mais jovens, pelo fato de terem crescido dentro da religião evangélica, desconheciam este universo para sequer dar um palpite. Quanto ao senhor Manoel Labonté, embora mais velho, havia passado boa parte de sua infância e juventude entre os vizinhos Karipuna, grupo indígena que fala o patoá, uma língua de origem francesa, e é formado a partir de casamentos entre índios e não índios (Tassinari, 2003). Os Karipuna destacam-se por ser o grupo da região onde a prática ritual, que, diga-se, possui diversas características semelhantes às práticas Palikur, é mais intensa. Assim, o senhor Manoel Labonté conhecia a dinâmica dos rituais, mas não os cantos em *parikwaki*, a língua palikur.

No momento de traduzir as letras das músicas palikur para o português, revelou-se que a maioria dos membros do grupo do *Ponte* não só desconhecia as músicas, como não as compreendia em absoluto. Estas eram cantadas em outras línguas, não em *parikwaki*; logo, do grupo de participantes do *Ponte*, apenas o senhor Emiliano Iaparrá saberia traduzi-las.

As línguas reveladas nos cantos são relacionadas a um passado mais antigo, a uma época em que cada clã[19] falava um idioma distinto. Com a redução da população, ao longo da história, a variedade linguística foi paulatinamente desaparecendo, as poucas línguas que sobreviveram foram deslocadas para fora do campo da vida cotidiana. Foi isto que se viu na gravação do CD Palikur: dentre as músicas cantadas, havia uma na língua do clã *waxriyene* (clã da Montanha) e o restante em *Kiyaptunka*,[20] idioma que os velhos apontam como língua franca usada nas relações interétnicas de antigamente. Esta, muito presente nos cantos, é conhecida apenas por algumas poucas pessoas da geração dos mais velhos.

19 Os Palikur são divididos em seis subgrupos, chamados de clãs pela bibliografia. No passado, havia muitos mais clãs (cf. Grenand; Grenand,1987; Passes, 2004; Nimuendaju, 2009). O clã palikur é um nome transmitido do pai para os filhos formado pela junção de uma raiz de origem zoológica, botânica ou astronômica e o sufixo -ene, que acrescenta ao nome o significado "gente". Os clãs atuais são: gente da lagarta (*Wayveyene*); gente do abacaxi (*Kawakukyene*); gente do esteio (ou acapu) (*Wakavunyene*); gente do bagre (*Paraymeyene*); gente da montanha (*Waxiyene*); e gente da lagartixa (*Wadahyene*).

20 O *Kiyaptunka* é também chamado de "língua de respeito". A explicação que me foi dada para esta denominação é a de que se deve ao uso corrente desta língua (num passado não tão distante) nas relações transgeracionais e, especificamente, no trato entre genro/sogro(a) e nora/sogro(a), relações que devem ser baseadas no mais estrito respeito/temor, conforme mostra P. Rivière (1984) para a organização social na região da Guiana.

Como a tradução foi feita posteriormente à gravação, num momento em que o senhor Emiliano Iaparrá se encontrava trabalhando na Guiana francesa, teve de ser feita com o auxílio de outro senhor. Essa pessoa conta hoje mais de 80 anos e havia sido insistentemente convidada pelos participantes do *Ponte* a fazer parte do grupo, para que não "passassem vergonha", demonstrando sua falta de familiaridade com um mundo que os não índios supunham que eles dominavam. Mas, estando à época "firme na fé", o "velho" se recusou a participar.

Motivações e justificações

Após alguns anos de pesquisa sobre o tema da religiosidade entre os Palikur, um temor parecido ao de Lesley Green (mencionado na nota 12) me perseguia, pressentindo que o evento poderia ter efeitos colaterais para todos os envolvidos, inclusive para mim.

Ao me dedicar à pesquisa sobre a Igreja, passei a frequentá-la assiduamente, fato que me rendeu uma imagem muito aproximada a de um "firme na fé". Embora tenha sempre explicitado que estava ali para conhecer a religião e não para "participar" dela, meus atos, aos olhos palikur, pareciam dizer diferentemente. Todos os dias, ao ser chamada ao púlpito para "dar meu testemunho",[21] repetia um agradecimento à acolhida que estava recebendo, como se com este discurso estivesse me mantendo afastada do modo como os fiéis proferiam seus testemunhos.

Contudo, minha estratégia ingênua não me livrou de ser apreendida pela da estrutura vigente: "firme na fé"/desviado. O *Ponte* iria me fazer ocupar o outro polo da dicotomia e, junto com os demais participantes do projeto, passei para a posição de "desviada".[22]

21 O "testemunho" é a prática das igrejas evangélicas que consiste em um depoimento público com dupla finalidade. Ao relatar uma experiência pessoal que ateste a convicção religiosa, o fiel visa, simultaneamente, dar um exemplo de vida e ganhar novos adeptos para a religião. O "testemunho" faz parte do ritual das igrejas evangélicas, inclusive da IEAD palikur, mas não está limitado ao espaço da igreja, pois é próprio do evangélico ser um propagador de sua fé. Veja Fernandes et al. (1998) e Almeida (2002).

22 Essa situação tem um paralelo com aquela descrita por Jeanne Favret-Saada (1977) em relação à feitiçaria numa região camponesa da França, que mostra que o "poder" atribuído a esta não está nos atos e sim nas palavras. Ao tratar a feitiçaria como verbo, os camponeses franceses

Mas esta é uma reflexão *a posteriori*, no calor do momento só conseguia pensar que o temor que sentia não era maior do que a vontade que movia o pequeno grupo de pessoas que se engajou no projeto. Ou seja, havia gente disposta a "colocar em jogo" as construções culturais vigentes após a conversão religiosa, no sentido dado pela noção de "estrutura da conjuntura" de Sahlins (1990), segundo a qual, quando as pessoas usam as ordens culturais para modelar sua ação no mundo, estão pondo em jogo suas próprias construções culturais.

Contudo, a despeito da disposição que os movia, para as pessoas que se engajaram no *Ponte*, esta não foi uma tarefa tranquila: fosse por terem de enfrentar elementos da "tradição" palikur que não dominavam, fosse pelas desconfianças e pressão que sofreriam na volta a casa. Estas últimas, com um teor tanto religioso quanto econômico.

O motivo do engajamento dos participantes foi o de reviver um conhecimento que somente os mais velhos haviam vivenciado e, ao mesmo tempo, registrá-lo para que as futuras gerações pudessem conhecê-lo. Foi com isto em mente que o grupo escolheu nomear o CD de músicas palikur com o título: "recordação". Houve aqui uma convergência com o engajamento da antropóloga, o que, é claro, não se deu por acaso. Os Palikur se apropriaram do discurso que lhes foi oferecido para se envolver no projeto à sua própria moda, como veremos adiante.

É preciso informar que, embora este "conhecimento", que aparece nas músicas e rituais palikur, não seja vivido como tal no cotidiano contemporâneo (pelo menos não do lado brasileiro da fronteira), ele é vivenciado num sentido lato. Primeiramente, é parte da cosmologia que explica o mundo e os humanos, aquilo que funda e fundamenta a vida palikur e que é transmitido às crianças por meio dos relatos míticos e de situações experimentadas no dia a dia da aldeia. As músicas falam principalmente dos *wahawkri* e os rituais são os momentos em que os Palikur entram em contato com eles, oferecendo-lhes algo em troca desta relação (fundamentalmente, tabaco e *wohska*, bebida fermentada de mandioca). Mas, eles não são apenas personagens de letras musicais, como se poderia entender de um ponto de vista

---

indicam que não há possibilidade de existência de fala neutra. Assim, qualquer um em contato com o sistema, aí incluída a etnóloga, é posicionado dentro dele seja como "*um sujeito suposto ter poder (um feiticeiro, um désenvoûteur* [aquele que desfaz o feitiço]*) ou não ter poder (uma vítima, um enfeitiçado)*" (1977, p.29, tradução minha).

estrito. Os *wahakri* são pessoas que fazem parte da vida no Urukauá, não são meros frutos de uma criação delusória do xamã.

O *wahawkri* palikur faz parte desta categoria indígena que costuma ser traduzida pelos termos "mestre" ou "dono", definida de maneira ampla por Carlos Fausto como algo que designa "um modo generalizado de relação, que é constituinte da socialidade amazônica e caracteriza interações entre humanos, entre não humanos, entre humanos e não humanos e entre pessoas e coisas" (2008, p.329). Os *wahawkri* – que costumam ser chamados de "avôs" pelos Palikur[23] – compõem um dos tipos de seres que habitam o *pahakap*, o "outro mundo", localizado em paralelo a este mundo, nos planos celeste, subterrâneo e/ou subaquático. Eles são seres cronologicamente anteriores aos outros seres, maiores (às vezes, em tamanho, como o *maruksi wahawkri*, o ancestral gigantesco das guaribas) e mais fortes que estes. Em geral, são fundadores e, por isso, "donos" de alguma espécie animal ou fenômeno da natureza, como o *Wakahgo* (avô das garças), citado no início deste texto; como as cobras *Arukwa*, *Kwip* e *Wahama* que abriram os três principais rios da Área Indígena do baixo Oiapoque;[24] e como os "avôs da chuva" (*wahawkri muwok*), que distribuem os peixes sazonalmente pelos rios da região e, com sua periodicidade, organizam o ciclo de produção da mandioca.[25]

---

23 Nas traduções da monografia de Nimuendaju em português (s/d, p.47) e em francês (2009, p.101), o termo aplicado aos avôs da chuva é, respectivamente, "senhores da chuva" e "mestres da chuva". Lévi-Strauss em *O Cru e o Cozido* cita a parte em que Nimuendaju fala sobre os avôs da chuva, mas os trata como "donos da chuva" (2004, p.266). Opto aqui por utilizar o termo "avôs da chuva", porque é assim que os Palikur o traduzem para o português (a raiz de *wahawkri* é *ahawkri*, que significa avô), mas, sobretudo, porque este suaviza o sentido de propriedade, pois, embora os *wahawkri* sejam "donos" daquilo que criam, são vistos mais como seres que dominam e são mestres de suas crias, algo associado também à imagem da categoria geracional "avô".

24 Os quatro povos indígenas que habitam a margem brasileira do baixo Rio Oiapoque (Palikur, Galibi-Marworno, Karipuna e Galibi-Kaliña) vivem em três reservas contíguas demarcadas e homologadas. Para uma etnografia dos Karipuna, ver Tassinari (2003); para informações contemporâneas sobre os Galibi-marworno, ver Andrade (2007); e para Galibi-Kaliña, ver Vidal (2000).

25 Na região Amazônica e nas Guianas, a chegada ou a partida das chuvas são anunciadas por constelações de estrelas, como as Plêiades, Orion e a Constelação do Escorpião (Lévi-Strauss, 2004, p.252-83). Entre os Palikur, a chuva, ou melhor, as chuvas são diferenciadas em cinco momentos, assinalados por cinco constelações. Quatro destas constelações são consideradas *wahawkri muwok*. Para uma análise da relação entre os avôs da chuva e a astronomia do Urukauá, ver Green e Green (2010).

Todos esses seres que fundaram algum lugar no Urukauá (ilhas, igarapés, rios) ou que criaram os animais do lugar, hoje habitam o *pahakap*, onde vivem despidos de suas vestes animais (ou zoomorfas). Os Palikur explicam que a transformação desses "bichos", que se dá na passagem de um mundo a outro, é como uma troca de pele, ou seja, quando estão no *pahakap*, os "bichos" despem-se de seus "paletós" (*givalita* ou *paleto*, do português), ganhando a forma humana. Isso aparece em muitos mitos palikur, nos quais a apresentação do *pahakap* é feita, quase invariavelmente, pela experiência vivida por uma pessoa (homem ou mulher) que, ao cair por acaso em um buraco ou ao ser puxado para o fundo do rio, passou deste mundo para o "outro mundo". No *pahakap*, a pessoa encontra cobras-grandes, mapinguaris, urubus de duas cabeças, onças, gaviões gigantes etc., passando a conhecê-los também em suas formas humanas. Mas, se em seu mundo são humanos como nós, em nosso mundo eles estão na categoria de animais aos quais se aplica o perspectivismo, a saber, a de grandes predadores e carniceiros (Viveiros de Castro, 2002a, p.353). E, como tais, são ameaças reais aos Palikur, podendo devorá-los, afogá-los, arrastá-los para o *pahakap*, entre outras coisas.

É disso que falam os mitos e as músicas palikur. E, ainda que a religião evangélica tenha se esforçado para jogar os *wahawkri* e todos os seres do *pahakap* – os espíritos auxiliares do xamã, os espíritos das montanhas (*imawi*), os que falam várias línguas (*imusri*), os que comem cadáveres de gente (*uruku*) e são chamados em português de lobisomens, entre outros – para a categoria "diabo", o fato é que eles continuam influentes no Urukauá. Mexer com este mundo é, portanto, temerário.

Assim, no momento em que o projeto foi iniciado, quando os palikur começaram a cantar e dançar (pois são partes de um único movimento), e, com isso, a mencionar os seres do *pahakap*, estavam trazendo para o palco mais do que palavras e melodias. Era preciso, então, acautelar-se, proteger-se de alguma forma, pois o perigo era fato. O risco se mostrava nas palavras escolhidas por eles para traduzir e descrever o que nos estavam apresentando. Como, por exemplo, a expressão "músicas dos antigos", que significa simultaneamente um conhecimento ancestral, mas também algo delegado ao passado pré-conversão religiosa, ou seja, a um universo de coisas usualmente relacionado ao xamanismo (como, festas, bebidas e tabaco), o qual foi banido com a finalidade de uma vida terrena mais harmônica, sem brigas e feitiçaria, para se obter a vida eterna.[26]

Isto pode explicar porque, quando os Palikur começaram a receber cachês por suas "atuações", houve um deslizamento paulatino, a princípio silencioso, dos motivos de participação no projeto. Desse momento em diante, o dinheiro passou a concorrer, como motivo principal da participação, com a vontade de reviver e registrar o conhecimento dos antigos. Os Palikur pareciam se libertar de um fardo, justificando para si próprios, mais do que para os outros, que tudo era feito somente pelo dinheiro.

Embora sua participação no projeto fosse declaradamente voluntária, era visível o conflito que alguns participantes, principalmente os mais velhos, viveram durante as gravações e espetáculos. Isso ficava explícito em situações propícias a "equivocações". Uma destas ocorreu na visita que todo o grupo de participantes indígenas do *Ponte* fez à gráfica que editou o livro *Ponte entre Povos* (2005). Os diretores executivos da gráfica mostraram ao grupo o processo de confecção do livro e depois lhes ofereceram um pequeno coquetel. Uma das diretoras, visivelmente emocionada por estar na presença de representantes dos "habitantes ancestrais do Brasil", de detentores de uma "sabedoria milenar", pediu ao senhor Emiliano Iaparrá, que era o mais paramentado do grupo, portando o belo chapéu cerimonial palikur (*Iyuwti kavanyahaki*), que proferisse umas "palavras mágicas", "umas palavras do pajé" para trazer "bons fluidos" a todos. Qual não foi sua surpresa quando, no lugar de um encantamento, ouviu uma oração evangélica ao Senhor Jesus. Afinal, para os Palikur bons fluidos só podem vir de Deus, do xamã não se sabe muito o que esperar.

Faço minhas as palavras de Viveiros de Castro para apontar o que de fato interessa na exposição deste evento que, diga-se, não foi exemplar único ao longo das expedições que acompanharam o projeto *Ponte*: "O ponto crucial aqui não é o fato empírico de que existem mal-entendidos, mas o fato transcendental de que não era o mesmo mal-entendido" (2004, p.11, tradução minha). E, não por coincidência, tais mal-entendidos divergentes eram quase sempre relacionados aos desencontros entre religião cristã e xamanismo.

26 Para uma exposição detalhada deste processo, uma análise dos motivos que levaram à conversão e uma descrição do modo de operação da Igreja Evangélica Assembleia de Deus Palikur, ver Capiberibe (2007).

As consequências do Ponte

Quando o *Ponte* estava em andamento, com os CDs já gravados, finalmente o projeto foi apresentado publicamente no Urukauá – fato que ocorreu em meio a uma reunião cujo objetivo principal era discutir o período do defeso do pirarucu. Dentre as reações imediatas a esta apresentação destacaram-se uma zombaria em relação à ideia de gravar "música de pajé" e a falta de interesse em saber o que era de fato o projeto ou de se candidatar a participar de uma próxima etapa dele.

Mas, depois da fase dos espetáculos, quando os participantes do *Ponte* voltaram para casa carregados de bens eletrônicos que haviam adquirido com o dinheiro pago em troca de "cultura" (Carneiro da Cunha, 2009),[27] o projeto entrou, enfim, na pauta do dia. Dessa vez, sob fogo cruzado. Questionavam-se principalmente dois aspectos: o modo como haviam sido escolhidos os participantes e o dinheiro gasto com "coisa de pajé", quando a "comunidade" tinha outras prioridades. A esta última crítica, o senhor Manoel Labonté retorquiu da seguinte forma:

> Muitas pessoas disseram que esse projeto quer fazer os Palikur voltarem para o passado. Eu queria que a comunidade entendesse sua importância. Uma vez, eles colocaram assim: por que, quando os brancos chegam aqui, só conversam com o Manoel Labonté? Aí eu expliquei que não é um trabalho só para o Manoel Labonté, é um trabalho para a comunidade.
>
> Eu não pensava que ia ter essas coisas, fiquei muito triste, porque eu tô vendo que a comunidade está contra as coisas que vão ajudar eles. Eles estão falando mal da gente, eles deviam evitar isso. (Aldeia Kumenê, 2005)

Como alerta o senhor Manoel Labonté, cultura é um valor para o qual poucos Palikur atentaram. É valor – e aqui revela-se a porção "cultura" de

27 Utilizo aqui a diferenciação proposta por Carneiro da Cunha entre uma noção de cultura como "esquemas interiorizados de percepção do mundo" (2009, p.358 e ss.) e um metadiscurso sobre "cultura", cujo efeito é o de sua reificação. Esta diferenciação é demarcada pela autora a partir do uso de aspas aplicadas à cultura objetificada. Na Amazônia, os processos de auto-objetificação vem sendo analisados há um certo tempo, tendo como principal material de reflexão a relação índios/não índios, como em Terence Turner (1993) e Bruce Albert (2002). Para um estudo que pensa a explicitação do contraste entre uma "cultura objetificada" e uma "cultura invisível" a partir do fazer antropológico, ver Roy Wagner (2010).

sua fala –, no mesmo sentido que os outros postos de trabalho (e valor)[28] da aldeia. Para deixar isto claro, o senhor Manoel complementa a explicação sobre a importância do *Ponte*, da seguinte forma:

> Quando mandam uma voadeira para a saúde ou um motor gerador para a escola, é para a comunidade, mas não para passear, pescar na voadeira da saúde ou usar o gerador na Igreja. Quando veio o gerador para a escola teve uma grande briga, porque queriam usar o gerador da escola para a Igreja e se não fosse assim esse motor não deveria ser usado por ninguém. Mas eu penso que, se o motor é para a escola, nem eu que moro ao lado devo usá-lo. (Aldeia Kumenê, 2005).

A questão aqui é: como lidar com a separação entre o que é de benefício coletivo e o que é de benefício individual quando há dinheiro (energia elétrica ou outros bens de valor) em jogo? Na fala nota-se que a separação coletivo/individual é marcada pela introdução da Igreja na discussão, colocada de maneira significativa no plano do individual. Se o senhor Manoel Labonté se sente impedido de usar o gerador da escola, por que a Igreja poderia utilizá-lo? Já que este é "para a comunidade".

Para o senhor Manoel Labonté, a participação no *Ponte* é vista como uma escolha da pessoa do mesmo modo que a participação na Igreja, ou seja, como uma motivação que parte do indivíduo. No entanto, no momento em que o *Ponte* foi monetarizado, ou seja, que o sentido de "cultura" embutido nele tornou-se explícito, seu espaço de controle não poderia se restringir a escolha do indivíduo, a despeito do sentido que o projeto carrega para quem é um firme na fé. Por isso o questionamento dirigido à forma como foram escolhidos os participantes, ou seja, sem consulta à "comunidade", ao coletivo.

Entenda-se, no entanto, que este coletivo não é sinônimo de "comunitário", no sentido apontado anteriormente do "indivíduo corporativo". Significa, em lugar disso, uma discussão e uma consequente partilha conduzida pelos chefes (*akivara*) dos principais grupos domésticos do Urukauá, ou

---

28 As principais funções são de professor, vereador, agentes de saúde e ambientais. Estes trabalhos remunerados influenciam fortemente a política palikur, fato também apontado por Bruce Albert ao indicar a transformação dos "projetos" (de instituições privadas ou governamentais) em elementos centrais na política indígena contemporânea (apud Carneiro da Cunha, 2009, p.340).

seja, do mesmo modo como é decidido quem irá ocupar (individualmente) os postos assalariados das aldeias.

Entretanto, o sentido de cultura, dado na expressão "história dos antigos", é, ao mesmo tempo: cosmologia, mitologia e xamanismo. Este último, um aspecto renegado pela religião cristã. Com isso, o projeto Ponte entre Povos, ao dificultar a junção "cultura"/coletivo, pôs em questão o sentido assentado de "cultura", aqui, com todas as aspas possíveis. Em outras palavras, o *Ponte* parece dizer que mesmo objetificando, transformando a cultura em uma coisa, aquilo que é reificado carrega em si elementos significativos provenientes do outro sentido de cultura, aquele sem as aspas. Em suma, a fronteira entre os dois sentidos de cultura é mais tênue do que dá a entender sua distinção analítica.

Este fato se confirma também pelas invectivas da Igreja sobre o único participante que não era um "desviado", o senhor Nenélio Batista. Ao voltar para casa, Nenélio foi surpreendido com as portas da Igreja fechadas e acusações de comungar com as coisas do diabo. É bom lembrar que a Igreja não se havia oposto à sua participação no projeto (ver *supra*). Diante dessa recepção, ele se manteve distante da Igreja e taciturno, por um longo tempo. Até que um dia conseguiu ser "perdoado"[29] pelos fiéis e voltou a ser um "firme na fé". Depois disto, não quis mais participar das outras etapas do *Ponte*.

Comentando a atitude da Igreja, seu Manoel disse o seguinte:

> Afastar o Nenélio da Igreja é muita bobagem. Essa apresentação não vai durar para sempre, e só mesmo para relembrar. Então a gente tem de pensar nisso, deixar para o futuro, o que para mim é uma grande satisfação. (Kumenê, 27 de março de 2005).

Se para o senhor Manoel a apresentação dos rituais era algo passageiro que não deveria ter mais consequências, pois não ia "durar para sempre", para a Igreja, o *Ponte* havia retomado o mundo do xamanismo condenado a permanecer no passado.

29 Um "desviado" pode retornar à Igreja desde que se "reconcilie" com ela. A reconciliação consiste em pedir um perdão público pela falta cometida.

Corpo/alma: xamanismo/religião

Para concluir, remeto a uma pequena anedota que permite organizar alguns aspectos apresentados, e outros subentendidos, ao longo deste texto: uma antropóloga amiga, no final do espetáculo, em São Paulo, disse, indignada: "isso não é um ritual, é uma colcha de retalhos!". Por trás da cobrança estavam pressupostos sobre ritual que previam, principalmente, um processo no qual todos que participam da cena sejam igualmente actantes (tantos os executores diretos do ritual, como aqueles que parecem ser apenas observadores), ainda que as ações se produzam em níveis diferentes; e, por outro lado, uma temporalidade de execução mais alargada, adaptada a um acordo entre os participantes e não recortada por mudanças de cena, próprias daquele gênero de apresentação que se propunha a descrever uma história dentro de um horário delimitado e balizado pelo horário de uso do espaço do teatro.[30]

De minha parte, pensei: mas, afinal, se a intenção aqui não é a de "fazer um ritual" do modo como ele se produz no contexto local, como cobrava minha amiga, por que ficar tão indignada? Assim sendo, essa provocação faz pensar, de modo que, anos depois da realização do *Ponte*, ao serem indagados a respeito do estatuto das danças e cantos encenados no palco, os Palikur irão dar respostas que põem em questão uma oposição simples entre encenação teatral e realização ritual.

Embora, durante as apresentações, os participantes do *Ponte* tenham buscado fazer uma distinção no nível do discurso entre o ritual "de verdade" e a apresentação no teatro, como se vê nas justificações de participação (ver *supra*), suas falas ulteriores demonstram uma imbricação mais complicada entre esse dois sistemas. Isto também é atestado pelo fato de o espetáculo não ter se dado sem consequências para suas vidas pós-evento.

Desse modo, ainda que o que tenha sido apresentado fossem pedaços de ritual, estes tiveram efeitos equivalentes aos da realização de um ritual completo. Quando as pessoas que participaram do espetáculo se paramentaram como para uma festa e se puseram a cantar, tocar e dançar em volta

30 Haveria aqui considerações a fazer a respeito da complexa distinção teatro/ritual e rituais indígena/rituais no Ocidente, mas por falta de espaço e por não ser propriamente este o tema do texto, reservo esta discussão para um trabalho futuro.

do banquinho zoomorfo e de uma grande panela repleta de Coca-Cola (fazendo as vezes da *wohska*), estavam realizando, praticando em cena um ritual e não "meramente" encenando uma apresentação. Por outro lado, essa situação também questiona a distinção polar entre ritual (indígena) e espetáculo (ocidental), expondo uma proximidade maior entre estas duas formas de ação. A oposição radical não passaria de um meio ingênuo de tratar uma situação tensa e complicada, buscando diminuir o peso de seus efeitos. Um olhar ligeiro sobre as sete funções possíveis de uma performance (1 – entreter; 2 – construir algo belo; 3 – formar ou modificar uma identidade; 4 – construir ou educar uma comunidade; 5 – curar; 6 – ensinar, persuadir e/ou convencer; 7 – lidar com o sagrado e/ou profano) trabalhadas por Schechner (2006, p.46), dá ideia da complexidade e do tamanho do equívoco que é tratar um espetáculo como algo "meramente" sem transcendência.

O engajamento afetivo dos participantes, no sentido de ser "tomado" pelo evento (Favret-Saada, 1977), deu-se no espetáculo do teatro de modo tão eficiente quanto ter-se-ia dado em um ritual produzido em contexto local. Isto se vê na preocupação expressa em não contrariar a Igreja, assim como na denegação relacionada a um possível contato, durante as apresentações, com domínios de existência que ultrapassassem os atos executados em cena, como se observa na seguinte fala:

> Quando a gente foi cantar, não aconteceu nada. A gente cantou, dançou e bebeu refrigerante. Eu não fiquei preocupado com os espíritos e nem com a Igreja. Mas, eu só fiz esse negócio porque eu não tava na Igreja, se eu tivesse na Igreja eu não fazia (Emiliano Iaparrá, Kumenê, 20 de maio de 2013).

Já na fala do senhor palikur que vive na Guiana Francesa – aquele que não tinha dúvidas sobre o sentido dos espetáculos e de sua participação neles –, o que se vê é a explicitação do caráter múltiplo que carregava o espetáculo, ou seja, de um diálogo envolvendo mais gente do que as pessoas visíveis na cena:

> Os karuanã[31] tavam junto lá em Brasília, eu senti, todos os dias o pessoal [os Karuanã] tavam comigo, todas as noites eu sonhava com eles (Tig, Saint Georges, 26 de maio de 2013).

Lembremos que se trata de uma sociedade amazônica cuja ontologia tem no corpo sua baliza central de percepção do mundo. Portanto, seus cantos e danças, ainda que ensaiados e com o tempo de execução limitado, poderiam ter a força de relembrar (*Kiyemnene*) algo que estava adormecido, quase esquecido.

Para entender o alcance disso é preciso saber que o "corpo" guia o entendimento palikur do e no mundo, do nascimento da pessoa a sua morte. Isto se dá desde a concepção pela combinação dos fluidos corporais do homem (sêmen) e da mulher (sangue menstrual), combinação que irá gerar o feto. No entanto, o parentesco, visto como o garantidor da humanidade de um ser, só se inicia após o parto, o que faz o recém-nascido chegar ao mundo sem um estatuto definido. A couvade e as prescrições alimentares[32] são os meios para tentar garantir que estes "outros seres", que se veem como humanos, não se apropriem da criança e a transformem num ser de natureza (ou corpo) semelhante a deles. É por isso que não se deve deixar crianças pequenas sozinhas em casa, pois corre-se o risco de que pequenos animais, como aranhas e lagartixas, que estão sempre nas paredes e têm contato direto com o bebê, enganarem e enfraquecerem o *ganmap* do bebê, dizendo, por exemplo, que sua mãe morreu.

O *ganmap* e o *givit* (corpo físico) constituem a "pessoa" palikur. Um sem o outro significa uma não pessoa. Nessa conjunção, o *ganmap* é aquilo que anima o corpo, que o faz vivo:

---

31 Karuanã é um termo utilizado pelos diversos povos indígenas que vivem na região do baixo Oiapoque (cf. também Vidal, 1999); designa uma miríade de seres do "outro mundo", que são bichos no nosso mundo e gente em seu mundo. Os karuanã atuam ainda como ajudantes do xamã nas sessões xamanísticas, é a isto que o sr. Tig se refere nesta citação.

32 Antes da influência da Igreja, o xamã também tinha um papel fundamental na negociação com os outros seres que povoam o mundo; hoje, esta estratégia é mais explícita na Guiana Francesa. É também importante assinalar uma mudança de valoração quanto aos cuidados com a couvade, desta vez pela influência da educação escolar. Embora respeitem as posições de seus pais e avôs, para alguns jovens (principalmente para aqueles que migram para as cidades a fim de concluir suas formações) os cuidados nas relações entre humanos e não humanos podem ser vistos como: "crendice deles [dos mais velhos], eu acreditava, mas agora não, porque isso não influencia em nada, mas só que eles tem esse pensamento" (jovem de 24 anos, Macapá, 2007).

> O *ganmap* é entendido como o ser falante dentro da própria pessoa. Quando a pessoa morre, esse ser falante se vai, deixando o corpo só. Isso quer dizer que seu espírito saiu, nós falamos assim: *ganmap pese*, quer dizer "seu espírito saiu", ou seja, aquele que fala saiu do corpo e subiu para o céu junto de Deus.[33] (Awdy, Macapá, 2007).

A sombra é a manifestação visível do *ganmap*, ou melhor, ela é o próprio *ganmap*. Assim, para os Palikur, uma vez que todos os seres animados e inanimados têm sombra, todos têm *ganmap*. Portanto, vivemos num mundo povoado por "duplos" incorpóreos de animais, humanos, plantas e minerais que tem a faculdade de se comunicar entre si.[34]

Essa possibilidade de comunicação entre os diferentes *ganmap* é vista como algo que deve ser mantido sob controle. Se, no passado, o controle era uma atribuição principalmente do xamã, com a religião evangélica ele passou a ser também da Igreja, que transformou os diferentes tipos de manifestações extramundo em espécies do gênero "diabo". Assim, quando os participantes realizaram no palco trechos de rituais que justamente provocam e permitem a relação entre os humanos deste mundo terreno e os seres do *pahakap*, o que executaram não foi um relembrar no plano do pensamento, foi um reviver, no plano da prática. Ao mesmo tempo, o ato significou uma abertura dos corpos dos participantes para o extramundo.

É por saber disso que, ao ser acusado pela Igreja de pactuar com o diabo, o senhor Nenélio não teve forças para desmentir a repreensão. Ele havia, segundo suas palavras, "errado com Deus". E sua explicação sobre isso reforça a conexão entre o significado do ritual, presente no espetáculo. Diz ele: "Quando eu fiz isso, eu errei com Deus, voltei para o antigamente, porque a palavra de Deus diz assim: quem me ama tem que deixar o outro Deus, andar só comigo" (Nenélio Batista, Kumenê, 19 de maio de 2013).

---

33 Uma das estratégias do cristianismo é se apropriar de alguns sentidos da cosmovisão do povo no qual se instala (para um detalhamento de tais estratégias, ver R. de Almeida, 2002); isto se deu com o *ganmap* que, por sua qualidade de parte imortal da pessoa, pôde ser apropriado como "alma" cujo destino pós-morte ganhou tintas cristãs, como se vê na citação acima.

34 Possuindo significado intricado, a noção de "duplo", que é recorrente na etnologia das Terras Baixas Sul-Americanas, aponta de modo fundamental para a constituição da vida e da morte, como bem mostram os trabalhos pioneiros de Carneiro da Cunha (1978) e Viveiros de Castro (1986).

Por isso, quando o reencontrei no Urukauá, mais de seis meses depois dos eventos, ainda desviado da Igreja, custava-lhe muito falar sobre o fato, dizia apenas que não queria mais mexer com "essas coisas", que isto lhe havia feito "mal". Um "mal" que atingiu diversos planos de sua vida: sua sociabilidade, sua integridade física, a de sua família (ele e a esposa, em momentos diferentes, ficaram muito doentes por longos períodos) e sua situação financeira.

Em suma, corpo e "alma" estão imbricados um no outro. Ao experimentar com (e no) seu corpo uma vivência condenada pela Igreja e relacionada ao universo do xamanismo, o senhor Nenélio não poderia deixar de sofrer as consequências disto em sua "alma".

"Alma" entendida, aqui, em pelo menos duas conotações: por um lado, em um sentido religioso cristão de uma interioridade regida por uma consciência *a priori* culpada, que vê o "Homem" como um sujeito decaído a partir do pecado de Adão e Eva, culpa constantemente reavivada nos cultos da Igreja Evangélica Assembleia de Deus do Urukauá, como é comum nas Igrejas Evangélicas de modo geral. Foi esta consciência culpada, assim como o desejo de reintegrar-se à comunidade religiosa, que moveu o senhor Nenélio a pedir perdão público para os fiéis da Igreja. Alguns podem questionar isto, dizendo que, para voltar a frequentar a Igreja, o senhor Nenélio teria obrigatoriamente de submeter-se a seus desígnios. Seguir esta interpretação seria ao mesmo tempo considerar seu sofrimento de maneira superficial, como se tivesse apenas usado de uma atitude estratégica para retomar sua vida social na Igreja, e desconhecer que há muito mais em jogo no processo de "reconciliação" (*kabeyot* = reconciliar-se, fazer as pazes) pública do fiel com a Igreja. Ao que interessa aqui,[35] basta dizer que para "fazer as pazes" com Deus e a Igreja, a pessoa tem que sentir um "chamado de Deus", algo descrito como uma voz que fala diretamente ao interior da pessoa.

E este é o gancho para a outra conotação de "alma", pois nem só de culpa cristã se constrói a relação dos Palikur com o mundo da transcendência, ou seja, aquela que vem da explicação ontológica da "pessoa" palikur, a noção de *ganmap*. Como vimos, o *ganmap* é um espaço aberto à intercomunicabilidade para os mais diversos seres que compõem o mundo (como humanos,

35 Para uma etnografia detalhada do processo de reconciliação palikur, ver Capiberibe (2009, p.321-22).

animais, espíritos dos animais, dos mortos e Deus). Desse modo, a participação no *Ponte* significou a abertura do *ganmap* ao contato com elementos do mundo xamânico que a Igreja palikur trabalha constantemente para manter a distância.

Desde o começo do projeto, todos os participantes, inclusive eu, sabíamos que estávamos mexendo com algo ao mesmo tempo delicado e perigoso. Mas a disposição em participar nisso prova que os Palikur nunca tiveram medo de encarar a onça. E, a despeito de toda a confusão gerada pelo projeto, o grupo do *Ponte* continua disposto a entrar numa nova empreitada do mesmo gênero, provando com isso como é operante a tal "abertura para o outro" ameríndia (Lévi-Strauss, 1991).

Encerro aqui abrindo para uma nova discussão. Um dos filhos do senhor Nenélio, professor de português na Educação de Jovens e Adultos (EJA), simultaneamente criado dentro da Igreja e na escola não indígena, mostra que há mais voltas a dar com o parafuso quando se trata de temas elaborados na interculturalidade:

> Os Palikur têm duas religiões, a da Igreja e a dos remédios, porque o velho Wet me falou: "quando eu faço remédio de casca de pau para curar doença, eu coloco esse remédio e acredito que ele vai curar, é uma religião!" (Kumenê, 2011).

Referências bibliográficas

ALBERT, B. Anthropologie appliquée ou "anthropologie impliquée"? Ethnographie, minorités et développement. In. BARÉ, J.F. (Dir.). *Les applications de l'anthropologie*: un essai de réflexion collective à partir de la France. Paris: Karthala, 1995, p. 87-118.

______. O ouro canibal e a queda do céu. Uma crítica xamânica da economia política da natureza. In. ALBERT, B.; RAMOS, A. R. (Orgs). *Pacificando o branco*: Cosmologias do contato no norte-amazônico. São Paulo: Unesp/Imprensa Oficial do Estado, 2002, p. 239-74.

ALMEIDA, R. de. *Traduções do Fundamentalismo Evangélico*. Tese (Doutorado em Antropologia Social), Faculdade de Filosofia Letras e Ciências Humanas, Universidade de São Paulo, 2002.

ANDRADE, U. M. *O real que não é visto*. Xamanismo e relação no baixo Oiapoque. Tese (Doutorado em Antropologia Social), Faculdade de Filosofia Letras e Ciências Humanas, Universidade de São Paulo, 2007.

ARANTES, A. A. Sobre inventários e outros instrumentos de salvaguarda do patrimônio cultural intangível: ensaio de antropologia pública. *Anuário Antropológico*, Brasília-DF, p.173-222, 2007-2008.

BAPTISTA, F. M.; VALLE, R. S. T. do. *Os povos indígenas frente ao direito autoral e de imagem*. São Paulo: Instituto Socioambiental, 2004.

CAPIBERIBE, A. *Nas duas margens do rio*: alteridade e transformações entre os Palikur na fronteira Brasil/Guiana francesa. Tese (Doutorado em Antropologia Social), PPGAS, Universidade Federal do Rio de Janeiro/Museu Nacional, 2009.

______. *Batismo de fogo*: os Palikur e o cristianismo. São Paulo: Annablume, 2007.

______. Os Palikur. In: MIRANDA, M. (Org.). *Ponte entre Povos/Pont entre Peuples*. São Paulo: Sesc, 2005, p. 115-99.

CARNEIRO DA CUNHA, M. Conhecimentos, Cultura e "Cultura". In: ______. *Cultura com aspas*. São Paulo: Cosac Naify, 2009, p. 277-373.

______. Pontos de vista sobre a floresta amazônica. *Mana*, Rio de Janeiro, v.4, n.1, p. 7-22, 1998.

______. *Os mortos e os outros*: uma análise do sistema funerário e da noção de pessoa entre os índios Krahó. São Paulo: Hucitec, 1978.

DESCOLA, P. *Par-delà nature et culture*. Paris: Gallimard, 2005.

______. *La nature domestique*: symbolisme et praxis dans l'écologie des Achuar. Paris: Maison des Sciences de l'Homme, 2005 [1986].

DREYFUS, S. Systèmes dravidiens à filiation cognatique en Amazonie. *L'Homme*, v.XXXIII, n.2-4, p.121-140, 1993.

FAUSTO, C. Donos demais: maestria e domínio na Amazônia. *Mana*, Rio de Janeiro, v.14, n.2, p.329-66, 2008.

FAVRET-SAADA, J. *Les mots, la mort, les sorts*. Paris: Éditions Gallimard, 1977.

FERNANDES, R. C. et al. Coordenador e redator R. C. Fernandes. *Novo Nascimento*: os evangélicos em casa, na igreja e na política. Rio de Janeiro: Mauad, 1998.

GALVÃO, E. Estudos sobre aculturação dos grupos indígenas do Brasil. In: GALVÃO E., *Encontro de sociedades* (índios e brancos no Brasil). Rio de Janeiro: Paz e Terra, 1979, p.126-134.

GRENAND, F.; GRENAND, P. La côte d'Amapá, de la bouche de l'Amazone a la baie d'Oiapoque, à travers la tradition orale Palikur. *Boletim do Museu Paraense Emílio Goeldi*, Belém-Pará, n. s. Antropologia, v.3, n.1, 77p., 1987.

GRENAND, P.; MORETTI, C.; JACQUEMIN, H. *Pharmacopées traditionelles en Guyane*: Créoles, Palikur, Wayãpi. Paris: IRD Éditions – Institut de Recherche pour le Développement, 2004.

GREEN, L. J. F. "Ba pi ai?" – Rethinking the relationship between secularism and professionalism in anthropological fieldwork. *Anthropology Southern Africa*, v.28, n.3 e 4, p.91-8, 2005.

GREEN, L.; GREEN, D. The Rain Stars, the World's River, the Horizon and the Sun's Pat: Astronomy along the Rio Urucauá, Amapá, Brazil. *Tipití*. Journal of the Society for the Anthropology of Lowland South America, v.8, n.2, artigo 3, 2010. Disponível em: http://digitalcommons.trinity.edu/tipiti/vol8/iss2/3. Acesso em: 18 jun. 2014.

GOW, P. *Of mixed blood*: Kinship and History in Peruvian Amazonia. Oxford: Clarendon Press, 1991.

HUGH-JONES, S. Shamans, prophets, priests, and pastors. In: THOMAS, N.; HUMPHREY, C. *Shamanism. History & The State*. Michigan: The University of Michigan Press, 1994, p.32-75.

LÉVI-STRAUSS, C. *O cru e o cozido*. Trad. Beatriz Perrone-Moisés. São Paulo: Cosac Naify, 2004.

______. *História de Lince*. Trad. Beatriz Perrone-Moisés. São Paulo: Companhia das Letras, 1993.

MIRANDA, M. (Org.). *Ponte entre Povos/Pont entre Peuples*. São Paulo: Sesc, 2005.

NIMUENDAJU, C. *Les Indiens Palikur et leurs Voisins*. Introdução, edição e notas de Pierre Grenand. Trad. Wolfgang Steiner e Joëlle Lecler. Orléans (Fr.): Presses Universitaires d'Orléans/CTHS, 2009.

______. *Os índios Palikur e seus vizinhos*. Manuscrito em fase de tradução por Thekla Hartmann, NHII/USP, [1926] s/d.

OLIVEIRA, J. P. de. Uma etnologia dos índios misturados: situação colonial, territorialização e fluxos culturais. In: OLIVEIRA, J. P. de (Org.). *A viagem da volta*: etnicidade, política e reelaboração cultural no Nordeste indígena. Rio de Janeiro: Contra Capa Livraria, 1999, p.11-39.

OVERING, J. *The Piaroa*: a People of the Orinoco Basin. Oxford: Clarendon Press, 1975.

PASSES, A. The gathering of the clans: the making of the Palikur Naoné. *Ethnohistory*, v.51, n.2, p. 257-291, 2004.

RIBEIRO, D. *Os índios e a civilização*. São Paulo: Companhia das Letras, [1970] 1996.

RIVIÈRE, P. *Individual and society in Guiana*: a comparative study of Amerindian social organization. Cambridge: Cambridge University Press, 1984.

RAMOS, A. R. *Indigenism*: ethnic Politics in Brazil. The University of Wisconsin Press, 1998.

SAHLINS, M. *Ilhas de História*. Trad. Bárbara Sette. Rio de Janeiro: Jorge Zahar Editor, 1990.

SCHECHNER, R. *Performance studies*: an introduction. 2. ed. USA/UK: Routledge, 2006.

TASSINARI, A. *No bom da festa*: o processo de construção cultural das famílias Karipuna do Amapá. São Paulo: Edusp, 2003.

TURNER, T. De cosmologia a História: resistência, adaptação e consciência social entre os Kayapó. In: VIVEIROS DE CASTRO, E.; CARNEIRO DA CUNHA, M. (Orgs.). *Amazônia: etnologia e história indígena*. São Paulo: NHII/USP/Fapesp, 1993, p.43-66.

VELHO, O. Globalização: antropologia e religião. *Mana*, Rio de Janeiro, v. 3, n.1, p.133-54, 1997.

VIDAL, L. Outros viajantes: de Maná ao Oiapoque, a trajetória de uma migração. *Revista USP*, São Paulo, n.46, p.42-51, junho/julho/agosto de 2000.

______. O modelo e a marca, ou o estilo dos "misturados". Cosmologia, História e Estética entre os povos indígenas do Uaçá. *Revista de Antropologia*, São Paulo, v.42 n.1 e 2, p.29-45, 1999.

VIVEIROS DE CASTRO, E. Perspectival anthropology and the method of controlled equivocation. USA. *Tipití*. Journal of the Society for the Anthropology of Lowland South America, v.2, art. 1, p.3-22, 2004. Disponível em: http://digitalcommons.trinity.edu/tipiti/vol2/iss1/1/. Acesso em: 18 jun. 2014.

______. O problema da afinidade na Amazônia. In: VIVEIROS DE CASTRO, E. *A inconstância da alma selvagem* – e outros ensaios de antropologia. São Paulo: Cosac Naify, 2002, p.87- 180.

______. Perspectivismo e multinaturalismo na América indígena. In: VIVEIROS DE CASTRO, E. *A inconstância da alma selvagem* – e outros ensaios de antropologia. São Paulo: Cosac Naify, 2002a, p.345-99.

______. *Araweté:* os deuses canibais. Rio de Janeiro: Jorge Zahar Editor/Anpocs, 1986.

WAGNER, R. *A invenção da cultura*. Trad. Marcela Coelho de Souza e Alexandre Morales. São Paulo: Cosac Naify, 2010.

7

Conhecimento indígena e seus conhecedores: uma ciência duas vezes concreta

Marcela Stockler Coelho de Souza[1]

Quando Lévi-Strauss, em sua Huxley Memorial Lecture de 1965, *The Future of Kinship Studies*, se pergunta o quanto, no passado (ou seja, no seu livro de 1949, as *Estruturas elementares do parentesco*), teria tentado talvez contornar o problema do conhecimento indígena invocando processos inconscientes da mente humana,[2] e vai então buscar exemplos de, como diz, "um pensamento teórico da mais alta ordem" entre os "ditos primitivos", ele naturalmente os encontra entre aqueles eruditos anciãos autralianos cujas

---

1 Versões preliminares deste artigo foram apresentadas no colóquio *Hommage à la Pensée Sauvage: what is autochtonous knowledge? Contributions and relations to other knowledge* (Collège de France, Paris, 14-15 de maio e 2012), e no Seminário Políticas Culturais e Povos Indígenas: a escola e outros problemas (Cebrap/CEstA (USP, São Paulo, 1-4 de outubro de 2013). A pesquisa junto aos Kïsêdjê vem sendo desenvolvida desde 2004, tendo contado com o apoio do Programa Pronex CNPq/Fapesp (como integrante do projeto coletivo Transformações Indígenas: os regimes de subjetivação ameríndia à prova da História), da Wenner-Gren Foundation, por meio de uma Post-Doctoral Research Grant (Gr. 7355, 2005), pela Finatec/UnB e pela Ford Foundation (como integrante do projeto Effects of Intellectual and Cultural Rights Protection on Traditional People and Traditional Knowledge. Case Studies in Brazil).

2 "Em meus trabalhos anteriores, parece que tentei fugir do assunto [do conhecimento "primitivo"] quando invoquei um tanto apressadamente os processos inconscientes da mente humana, como se o chamado homem primitivo não pudesse usar intelecto em especulações. [...] não vejo razão de negarmos que um pensamento teórico da mais alta ordem se tenha realizado durante todo o tempo não entre todos os representantes da espécie humana – o que não acontece mesmo entre nós – mas entre uma minoria de indivíduos de grande capacidade" (Lévi-Strauss, 1969[1965], p.129-130).

> elegantes soluções, como as regras de casamento bilateral, patrilateral ou matrilateral, tão bem adaptadas a grupos pequenos e estáveis, longe de constituírem produto recente de processos inconscientes, aparecem agora como verdadeiras descobertas, legado de uma sabedoria milenar da qual encontramos muitas outras evidências em outras partes. (Lévi-Strauss, 1965, p.15 – *tradução minha*)

Parece significativo que o conhecimento em questão refira-se a relações sociais. Não que Lévi-Strauss não reconhecesse outros exemplos de conquistas do pensamento mítico, selvagem ou não domesticado – como atesta, por exemplo, sua discussão do "paradoxo neolítico" em *O pensamento selvagem*. Mas o que eu gostaria de explorar aqui é a maneira como estas realizações podem estar ligadas a uma atenção especial para as relações sociais – não apenas para a natureza social das conexões entre sujeitos conhecedores, mas também para natureza *relacional* do próprio conhecimento. Acolho, assim, a pergunta posta por Barth (2002, p.2): "é o conhecimento mais bem entendido como uma coisa ou como uma relação?", e aposto na segunda resposta, tentado tirar dela consequências compatíveis com uma interpretação (que considero pan-ameríndia) da ideia de "relação" como sinônimo de "relação social" (cf. Viveiros de Castro, 1996, 2002; Descola, 2005).[3] Isso não significa que o conhecimento não possa ser também, ou alternativamente, uma "coisa": é possível, com efeito, argumentar ser justamente este tornar o conhecimento uma "coisa" (transmissível, apropriável) o trabalho que chamar algo de "conhecimento tradicional" faz. Optar pela segunda resposta tem o objetivo estratégico de deixar em aberto a questão dos *efeitos* produzidos por tal conversão, ao abstrair o conhecimento das relações interpessoais em que este se determina (cf. Leach; Davis, 2012). Faço isso tendo em mente o alerta de Tony Crook (Crook, 2007, p.246) quanto à inclinação a tomar o conhecimento como uma categoria universal, designando algo passível de ser genericamente produzido, possuído ou transmitido (sem prejuízo da variação nos conteúdos e nos regimes de sua produção, detenção ou transmissão). Uma inclinação que – como instância de "property-thinking applied to knowledge" (idem) – pode levar a um privilégio do conhecimento sobre os

---

3 No sentido precisado por Tânia Stolze Lima (2002): "Não se trata de considerar as relações humanas com os numerosos corpos não humanos como relações sociais (ou projeções destas), mas de considerá-los tendo a mesma natureza da relação social. Tomar como sua propriedade comum o fato de que só existem para, são imanentes ao corpo".

conhecedores, em um movimento que torna difícil ver como as pessoas permanecem implicadas no seus conhecimentos quando estes são "passados adiante" – quando vêm a circular enquanto, por exemplo, "conhecimentos tradicionais". Assim, se a separação ou o desacoplamento das relações entre pessoas, de um lado, das relações entre as ideias, de outro, forneceu à antropologia as condições para sua atividade de reacoplá-las – para "routing connections through persons", como diz Strathern (1995, p.11)[4] –, o fato é que hoje assistimos, fora da antropologia, alguns "des-acoplamentos" e "re-acoplamentos" plenos de consequências, entre pessoas e ideias, no que se refere ao conhecimento indígena. Nessas circunstâncias, perguntar-se que tipo de pessoa é o conhecedor dessa ciência concreta pode nos abrir uma perspectiva valiosa sobre que tipo de conhecimento tal ciência pode se tornar quando outros vêm a conhecê-la.

Vou tentar colocar o problema em termos que me parecem congruentes com os desafios práticos enfrentados pelos Kĩsêdjê – também conhecidos como Suyá, um povo jê setentrional com uma população de quase 500 pessoas vivendo na Terra Indígena Wawi, adjacente ao Parque Indígena do Xingu.[5] Eles se encontram tão engajados no projeto de conhecer o conhecimento de outros (na escola da aldeia, em cursos de formação de professores, agentes de saúde, cinegrafistas, agentes de manejo etc., promovidos pelo Estado ou ONGs, ou mesmo nas escolas não indígenas em cidades próximas) quanto em ver seu conhecimento conhecido por outros (por meio de projetos de documentação e "revitalização" linguística e cultural, contratos comerciais e diversas parcerias e iniciativas, incluindo a colaboração com esta antropóloga). Na verdade, eles estão bem mais engajados no primeiro tipo de projeto, mas preocupam-se muito com este segundo... Suas preocupações

4 A ferramenta antropológica fundamental aqui é a Relação enquanto um *duplex*, operando simultaneamente nos planos conceitual (ou categorial) e interpessoal: "it is the facility to deal with both together, to operate two kinds of relation at the same time, that is the [anthropological] tool" (Strathern, 2005, p.7).

5 São conhecidos na literatura antropológica principalmente por meio dos trabalhos de Anthony Seeger, que iniciou sua pesquisa nos anos 1970, oferecendo-nos tanto uma etnografia geral focada nos temas clássicos dos estudos jê (o dualismo na cosmologia, no ritual, no parentesco) – entretanto centrada menos no dualismo natureza/cultura e mais nas transformações que este opera/supõe – quanto, agora com o foco na (etno)musicologia, uma compreensão original da socialidade kĩsêdjê tal como percebida a partir de sua música (Seeger, 1981, 2004 [1987], e inúmeros artigos).

giram, creio, em torno de duas questões. A primeira: como desconectar, desacoplar pessoas e o que elas sabem, de maneira que "partes" do seu conhecimento possam ser transacionadas para além da sua esfera de circulação ordinária, seu "contexto social" tradicional – isto é, o círculo de pessoas previamente conhecidas, com as quais se mantém relações sociais determinadas? O problema aqui diz respeito aos conhecedores singulares, à forma que pode tomar a separação entre cada conhecedor e seu conhecimento. A segunda questão se refere a como dar forma a essas transações particulares, de modo que possam ser apreendidas como tendo lugar entre esses conhecedores *enquanto uma coletividade* e outros externos a ela. Pois em regimes em que o conhecimento é demonstrado nas pessoas, na pessoa dos conhecedores, assim como nas pessoas que eles conhecem, o desafio crítico não é a *preservação* de conhecimentos eventualmente "passados adiante", mas a sua *continuação* nas pessoas, enquanto *efeitos* perceptíveis em corpos que conhecem e são conhecidos (efeitos em/de suas "relações"). Este é um dos argumentos que procurarei explorar aqui.

A compreensão dos *efeitos* das políticas culturais sobre os regimes de criatividade e conhecimento nativos é um dos objetivos centrais do projeto coletivo de pesquisa, intitulado *Effects of intellectual and cultural rights protection on traditional people and traditional knowledge. Case studies in Brazil* (Carneiro da Cunha, 2008), que constituiu um dos contextos da presente investigação. Procuro aqui replicar este foco sobre *efeitos* nos quadros de uma indagação sobre o que particularizaria esses regimes perante a imagem mesma de "conhecimento" que as políticas culturais (baseadas em conceitos como "conhecimento tradicional" ou "propriedade intelectual") supõem. A aposta é de que se, em lugar de nos perguntarmos sobre a veracidade ou autoria dos conhecimentos indígenas, nos indagarmos sobre seus múltiplos *efeitos*, distanciando-nos da ideia de conhecimento como representação da natureza (mais ou menos fiel ao objeto na razão direta de sua separabilidade do sujeito) da qual dependem as práticas de conhecimento ocidentais, podemos então atentar para as definições de conhecimento de nossos interlocutores em campo: o que eles chamam conhecimento, de que esse reconhecimento depende, e o que ele implica (Leach; Davis, 2012). Trata-se, entretanto, menos de sondar o vocabulário nativo em busca de uma noção que possa (se) traduzir (por) "conhecimento" do que de perseguir de que maneira capacidades e relações ganham *efetividade*, isto é, produzem efeitos, ao serem acionadas como "conhecimento". Assim, se hoje novos atos, objetos e relações são rotulados como de "conhecimento", uma indagação centrada nos efeitos pode talvez nos conduzir, sem solução de continuidade, da "incorporação" do conhecimento "alheio" à "excorporação" dos conhecimentos "próprios", e vice-versa, jogando talvez alguma luz sobre as interferências entre esses processos ou projetos.

No que segue, tentarei primeiro criar, por meio de exemplificação etnográfica, um solo para a posição das duas questões apontadas mais acima (a separação entre conhecimento e conhecedor; a generalização/abstração do seu conhecimento como conhecimento-representação "coletivos"), descrevendo como a terra (e a água) é conhecida pelos Kĩsêdjê – isto é, por diferentes tipos de conhecedores: xamãs, narradores e agricultores. Eles são todos "especialistas", se por conhecimento especializado entendemos aquele que implica um tipo particular de conhecedor.[6] Isso é importante para uma compreensão das condições necessárias para que esse conhecimento "especializado" se torne "comum", e das implicações de um tal movimento. Para nos aproximarmos deste problema, introduzirei então uma quarta figura, o "pesquisador indígena", vista pelos Kĩsêdjê, e não sem receios, como essencialmente um "não conhecedor", mas ao mesmo tempo como a encarnação potencial do "conhecimento geral" a ser criado por meio das transações em que agora estão envolvidos com o mundo não indígena.

Por fim, o que está em jogo nessa problematização é a *compatibilidade* entre, de um lado, práticas de conhecimento ancoradas em ideias como a de que "todo conhecimento é performance por parte de um grupo ou pessoa particulares", como diz Helen Verran a propósito dos aborígenes australianos (Verran, 2007, p.215), ou de que "conhecer é estar em uma relação particular

6 Em tempo: existe, quanto à tradição oral kĩsêdjê, um gênero de discurso ainda "mais especializado" que o das narrativas a que me refiro aqui; assim como elas, este gênero é uma forma de *sarën*, "contar, relatar, instruir". Todavia, ao contrário das *methumjê jarêni*, "histórias dos antigos", os recitativos consistem num gênero erudito, e esotérico, de discurso, com um repertório relativamente fixo, memorizado, um padrão sonoro distintivo (Seeger, 1981, p.263 n.10; 2004, p.26, 31-2), e um uso extensivo de metáforas convencionais opacas para a maioria dos ouvintes. Além daqueles listados por Seeger (*huru jarën, ngadji jarën, ngáty jarën*), integrados a certas cerimônias, o projeto de documentação da língua kĩsêdjê (Prodoclin Kĩsêdjê), coordenado por Rafael Nonato (MIT) junto ao Museu do Índio, registrou ainda outros tipos de recitativo com padrões formais aparentemente similares, apropriados a outras ocasiões. O estudo destas formas é tido como difícil e complexo pelos próprios kĩsêdjê, remetendo a um registro a que se referem como o da "língua profunda".

com outros nos quais efeitos específicos são gerados e reconhecidos", como diz Leach a propósito dos moradores de Reite na Nova Guiné (Leach, 2012, p.263), e, de outro lado, práticas de conhecimento voltadas para a produção de representações despersonalizadas de um objeto "externo" ao sujeito, bem como ao ato de conhecer. À guisa de conclusão, retorno brevemente a este "dilema" (Verran, 2007, p.215) não no espírito de apenas sublinhar, como fazemos frequentemente os antropólogos, os mal-entendidos ou equívocos decorrentes – os aspectos sob os quais práticas e conceitos indígenas e não indígenas apresentam-se como *incomparáveis* ou incomensuráveis –, mas, sobretudo, no espírito de compreender melhor quais vêm sendo, outra vez, os *efeitos* de sua difícil, mas muitas vezes inelutável, *compatibilização*.[7]

I. Conhecendo a terra: narradores e xamãs

Nos primeiros momentos de minha pesquisa, quase dez anos atrás, testemunhei uma conversa aparentemente banal entre dois homens eminentes da principal comunidade kĩsêdjê, a aldeia Ngôjhwêrê.[8] Eram eles o chefe

7 Ver Strathern (2001, p.53-4) para esta passagem da *comparabilidade* (concebida como algo inerente às entidades comparadas) para a *compatibilidade* (como criação de conexões que, como na imagem do *cyborg* tomada de Haraway, "juntam partes que não podem ser comparadas na medida em que não são isomórficas umas às outras"), por meio do argumento de que é, ao contrário do suposto pela primeira noção, na própria comparação que semelhanças e diferenças são criadas. Este movimento pode ser aproximado de outros esforços para contornar ou evitar o dilema da (in)comensurabilidade de paradigmas, culturas ou jogos de linguagem, frequentemente posto como uma questão de tudo ou nada (Almeida, 2003): dos "working misunderstadings" de Bohannan e Sahlins, à "equivocação controlada" (Viveiros de Castro, 2004) e ao "acordo pragmático" (ou "comensurabilidade pragmática") de Almeida (1999; 2003). O que me parece comum a todos esses conceitos – o que eu buscaria neles se fosse desenvolver este ponto aqui – é o tomar comparabilidade, comensurabilidade ou compatibilidade (os rótulos aqui não são importantes) não como algo inerente a essas entidades, sobre o que teríamos de, antropólogos-tradutores, decidir se está lá ou não, e sim como algo que é produzido pela própria prática etnográfica (entre outras práticas). Como diz Almeida, "para nós, o problema etnográfico não é 'traduzir' os mundos múltiplos, mas também de comensurá-los e de transformá-los. Não devemos aceitar o papel de criptógrafos e 'tradutores', pois somos coautores e corresponsáveis" (2003, p.19).

8 Os Kĩsêdjê encontram-se hoje distribuídos em quatro aldeias na TIW, colada ao limite leste do Parque Indígena do Xingu (PIX): Ngôjhwêrê, Roptotxi, Horehusîkhrô e Ngôsoko. O Ngôjhwêrê localiza-se no mesmo sítio em que se situava uma das duas aldeias existentes no momento do contato, às margens do Rio das Pacas, um afluente do Suiá-Miçú, cuja bacia

Kuiussi (reconhecido pelos Kĩsêdjê como seu "cacique" desde a morte do pai, pouco após o contato, no início dos anos 1960) e seu meio-irmão paterno, Ntoni, um xamã do tipo visionário (capaz de, em sonho, ver não humanos enquanto pessoas, e comunicar-se com eles trazendo cantos e nomes, além de notícias dos mortos, para seus coaldeões). Este xamã andara pescando em um pequeno afluente rio abaixo, Wanhõngô ro Twâ ("nossa/o água/rio de banhar"), e notara padrões incomuns na superfície de uma lagoa; ele queria saber se seu irmão já tinha escutado alguma história sobre a presença ali de um daqueles entes que eles denominam *komndu* ("bicho da água").[9] Ele tinha.

Essa interação é exemplar da combinação de duas capacidades muito diferentes que são cruciais para o conhecimento que os Kĩsêdjê têm da terra (ou, neste caso, água). Digo "conhecimento" ali onde eles talvez dissessem "ação", pois a arte de conhecer os rios e a floresta reside em comportar-se apropriadamente em (relação a) determinados *lugares* – nexos de relações que constituem uma população heterogênea, mas interdependente de seres, humanos e não humanos, enquanto contexto espacial e temporalmente determinado que implica parâmetros particulares para qualquer ação. Conhecer um lugar é assim conhecer sua história e seu potencial – o que e quem fez dele um ponto de referência significativo para ações e experiências futuras – e para isso é preciso ou lembrar as histórias, ou ser capaz de ver o invisível e ouvir o inaudível. Duas habilidades complementares, mas não perfeitamente congruentes, que requerem talentos heterogêneos.[10]

O chefe é um respeitado contador de histórias:[11] ele conhece muitas *methumjê jarën*, "histórias dos antigos", que remetem ao "tempo das transformações" (expressão que ouvi utilizada por um dos professores indígenas

---

adentraram no início do século XX para evitar os conflitos e ataques que vinham experimentando no Xingu. Sobre a história kĩsêdjê, ver Seeger, 1981; Coelho de Souza, 2009.

9 Esta é a tradução que os Kĩsêdjê dão para o termo, que designa uma categoria de seres áquaticos de características monstruosas, entre elas a capacidade de, quando perturbados, provocar tempestades, enchentes, maremotos e mesmo tsunamis (já escutei, por exemplo, quem os responsabilizasse pelo desastre de Fukushima).

10 Isso não significa que não existam narradores que sejam também xamãs ou xamãs que sejam narradores; pessoas podem ter habilidades diversificadas e mesmo incongruentes.

11 Hoje com mais de 70 anos, Kuiussi já era respeitado como narrador nos anos 1970-1980, ainda relativamente jovem, conhecendo histórias que outros não sabiam contar (cf. os apontamentos de Seeger em Wilbert; Simoneau, 1984, p.8). Ele próprio atribui esse conhecimento aos ensinamentos do pai, um dos dois chefes kĩsêdjê "em exercício" por ocasião do contato.

para denotar o regime em que humanos, animais, artefatos e espíritos podiam comunicar-se e transformar-se uns nos outros facilmente, objeto do que costumamos chamar mito), bem como narrativas referentes a eventos tidos como mais recentes, na sua maior parte episódios de guerra, em que a cena é dominada pelas ações de guerreiros, especialmente dos *wajanga*, os poderosos (e letais) xamãs que retiveram algo daquele potencial metamórfico original.[12] Vou me restringir aqui a estas narrativas que tenderíamos a chamar "históricas", situadas no tempo pós-mítico, especificamente conectadas ao conhecimento do território. A história kĩsêdjê é, como disse Anthony Seeger faz algum tempo, uma "história espacial": "history (time) is remembered through space" (1981, p.79), sob a forma de uma sequência de deslocamentos, efetuados pelos personagens e reatualizados, seja física, seja narrativamente (como veremos), por narradores e ouvintes. Correlativamente, o conhecimento que os Kĩsêdjê têm de seu território – do emaranhado de lugares enquanto eventos (isto é, enquanto constituídos pelas ações de sujeitos específicos) significativos para a sua vida como coletivo – é um conhecimento *histórico*: ele depende de trajetos *particulares* e contingentes. Uma viagem é sempre a viagem de alguém. De modo que o território kĩsêdjê vê-se diferenciado pelas experiências concretas tanto daqueles que viveram quanto daqueles que recontaram as histórias: pode-se dizer que a história, aqui, é em grande parte reminiscência pessoal.[13]

---

12 Os Kĩsêdjê traduzem esta sua categoria, *wajanga*, pela palavra *pajé*, de origem tupi, e amplamente usada no Xingu (como alhures) para referir-se a especialistas xamânicos. Ela não inclui – pelo contrário, contrasta com – a categoria de xamãs visionários a que me referi antes, na qual se reconhece Ntoni (cf. *infra*).

13 Meu contraponto aqui são as formulações de Santos-Granero sobre os Yanesha, para quem essas reminiscências pessoais só se tornam propriamente "história" (coletiva e permanente) por meio da sua inscrição mítica ou ritual: "Com efeito, mesmo que certos traços da paisagem tenham sido originalmente dotados de significado histórico por meio de reminiscências pessoais ou tradições orais coletivas, é apenas quando esses traços foram de certa forma sacralizados por meio do mito que topogramas e topógrafos adquirem significância coletiva e uma maior resistência às forças erosivas do tempo e do esquecimento", passando a fazer parte de uma "geografia sagrada" (Santos-Granero, 1998, p.141 – tradução minha). No caso dos Kĩsêdjê, as narrativas de sabor "histórico" distinguem-se das *mëthumjê jarën* ("mitos") por meio das relações de parentesco particulares, especificáveis, que ligam seus personagens principais, em geral nomeados, à cadeia de narradores. Toda narração desse tipo termina em algo como: "estou te contando isso como meu avô fulano me contou, ele que ouviu do tio sicrano dele". Se existem diferentes versões de uma história, é pois porque elas dependem de diferentes reminiscências, diferentes experiências, de narradores que, se não experienciaram os eventos em si, experienciaram narrações determinadas deles, e dos lugares onde estes

Lugares persistem, assim, sendo narrados. Essas narrativas são duplamente situadas: pelo "quem", mas também pelo "onde" da narração. Histórias de eventos passados (encontros e confrontos com potenciais inimigos, tipicamente) podem ser contadas por pessoas mais velhas a seus filhos e netos *em casa*; nessas circunstâncias, lugares são especificados, mas o fio da narrativa é dado pela sequência de atos dos personagens. Outro cenário típico deste tipo de narração são as reuniões noturnas masculinas, uma das poucas oportunidades de ouvi-las para um jovem em cuja casa não viva um bom narrador.[14] Mas as histórias podem também ser contadas *in loco*, quando se acampa ou descansa em um sítio, ou simplesmente se passa por ele numa viagem: neste caso, é o lugar mesmo que evoca os episódios, e a narração toma a forma de uma conversa que começa com a pessoa mais velha dizendo algo como: "Foi aqui que seu tio Fulano quebrou o arco daquele homem yudjá". "É mesmo? E o mataram aqui?" "Não, isso aconteceu mais acima, na lagoa tal e tal." "Aquela em que paramos esta manhã para comer macaco?" "Esta mesma". Ou então: "Foi aqui que seu avô Sicrano perturbou o *komndu* que quase virou a canoa dele; ninguém nunca mais tentou pescar aqui". Foi desta maneira que o chefe adquiriu conhecimento sobre o *komndu* no Wanhõngô ro Twâ. Seu pai lhe havia mostrado aquele remanso...

Mas o passado não é a chave de tudo: existem também encontros que se situam no futuro, como uma trajetória possível para os eventos que as ações das pessoas produzirão. Os xamãs do tipo que os Kĩsêdjê chamam *me khatwãn khêrê*, "pessoa sem espírito",[15] são capazes de antecipar tais trajetórias. Trata-se de pessoas (homens na maioria, mas nem sempre) que

transpiraram, tendo aprendido, possivelmente *in situ*, de um pai, tio, avó, sua versão pessoal dos fatos que tornaram o lugar memorável para eles (por meio de narrações prévias em que esses narradores eram ouvintes). Detive-me sobre isto em outra oportunidade (Coelho de Souza, 2009).

14 Novos contextos pragmáticos estão sendo criados pelos projetos de registro da tradição oral kĩsêdjê, a que voltaremos ao final. Todavia, os efeitos da emergência desses contextos não poderão ainda ser plenamente explorados aqui. Isso exigiria um tratamento comparativo das narrativas e narrações que ultrapassa os limites deste artigo, e reservo, pois, essa análise para uma outra oportunidade.

15 A palavra *khatwâni* se refere ao interior ou fundo de alguma coisa: *hwyka khatwâni* é o "embaixo" da terra, *ngô khatwâni* é o fundo do rio, *ndêkrêttá khatwâni o*, de uma bolsa. O termo pode ser também usado para denotar o que em português chamam "alma" ou "espírito" de uma pessoa, humana ou não humana (tratei disso com mais detalhe em Coelho de Souza [2011]); o que se segue retoma trechos daquele texto.

se encontram separadas de suas almas, as quais vivem, alhures, na companhia de outros seres – pássaros, abelhas, "flechas" (taquaras), peixes, os mortos. Capazes de escutar e compreender os cantos e fala destes seres, de enxergá-los como as pessoas que são, os *me khatwân khêrê* são a fonte de novas músicas (e nomes pessoais) para os Kĩsêdjê. Uma pessoa sabe que se tornou um *khatwãn khêrê* (uma condição irreversível) quando, em um sonho, vê a própria alma – como em um espelho. Um pássaro (um xexéu) foi quem mostrou ao irmão do chefe a sua, cerca de duas décadas atrás. Como outros xamãs na Amazônia, *me khatwãn khêrê* são ex-doentes, ou melhor, "doentes crônicos". Sua condição contrasta com a de seres humanos plenos, saudáveis, "bons/belos" – os *me thiri* (cf. Seeger, 1981, p.199), a pessoa viva, da qual poderíamos talvez dizer ser "gemelada para dentro" (*inwardly twinned*, cf. Wagner, 2001, p.48) na forma da dualidade corpo e alma, os dois lados unidos numa espécie de "integração lateral" (como a dos nossos hemisférios cerebrais direito e esquerdo) sem a qual nenhum relacionamento "externo" seria possível, já que o espírito (*khatwâni*) é o sítio da memória e intencionalidade que permitem a partilha e troca de alimentos, o "pensar uns nos outros" que denota os cuidados mútuos definidores do relacionamento entre parentes. Em contraste com isso, o *me khatwân khêrê* é uma figura "sem interior": semiausente, e assim "menos completo socialmente", como diz Seeger (1981, p.198). Eles têm parentes e vivem com suas famílias, de modo que isto não pode ser tomado em um sentido absoluto, mas são indubitavelmente menos relacionados aos demais humanos do que unidos a seu *lado outro*, seu "interior" (*khatwâni*) exteriorizado e, por assim dizer, exilado entre Outros.

A habilidade dos *me khatwãn khêrê* é fundamental quando se trata de conhecer as intenções dos seres que constituem cada lugar enquanto contexto relacional para a ação. Detenhamo-nos um instante sobre isso. Esta ideia de lugar como evento (resultado de ações) e contexto (para a ação), como uma *conjuntura* gerada na interação de seres humanos e não humanos, se apóia numa reflexão anterior sobre a toponímia kĩsêdjê (Coelho de Souza, 2009), na qual predominam, entre as várias categorias de nome de lugar, aquelas que indicam a presença de coletividades ou indivíduos de diversas espécies animais e vegetais. Estes animais e plantas aparecem aqui, entretanto, não tanto como "recursos" a serem aproveitados, mas como agentes a serem levados em conta – como se esperaria em um mundo em que as espécies encontradas nesses lugares nomeados, e no nome desses lugares – árvores, pássaros, abelhas, tracajás, taquaras etc. – são vistas, por si mesmas e pelos xamãs, como coletivos de pessoas humanas. As próprias características topográficas dos lugares tendem a ser atribuídas à agência secreta desses seres, como ocorre com as curvas e canais moventes dos córregos e rios provavelmente criados por aqueles magníficos Bichos da Água, ditos habitar certos tipos de remanso e lagoas que ainda não aprendi a reconhecer. Assim, para os Kĩsêdjê, habitar a terra, levantando casas e aldeias, abrindo roças, viajando e acampando, coletando frutos ou rachando lenha, sem provocar desastres ou conflitos, é uma arte baseada na capacidade de identificar essas agências. Conhecer a terra é perceber suas características como aspectos ou produto dos atos de um ou vários Outros (sujeitos/pessoas). Desse ponto de vista, alguns nomes de lugar parecem consistir em hipóteses concernentes à identidade desses sujeitos; outros são como que relatórios de encontros particulares em que tais hipóteses foram validadas ou refutadas... O sonho de um xamã *me khatwân khêrê* é um dos procedimentos heurísticos de construção dessas hipóteses; o testemunho de ancestrais próximos, nomeados, é outra. Mas "prova" e "validação" são coisas que residem alhures.

Ver nomes de lugar como registro de tais interações ajuda a compreender alguns aspectos salientes da toponímia kĩsêdjê: seu caráter mutável e múltiplo, lugares mudando de nome com o tempo, ou sendo nomeados diferentemente por diferentes pessoas, criando a impressão de uma multiplicidade de mapas que não representariam rigorosamente um só território (Coelho de Souza, 2009). Outra vez, tudo depende de quem está contando a história. Em relação ao passado, as consequências disso podem ser bem limitadas, inflexões pessoais que dão um sabor de originalidade às atualizações de uma tradição coletivamente partilhada e valorizada, na qual se entremeiam feitos guerreiros e cinéticos, a aparição assombrosa de espíritos e monstros, e o trabalho duro de abrir e limpar roças. Essa tradição forma uma malha de lugares-eventos narrativamente conectados que, enquanto produto de interações passadas que constituem o "terreno" para interações futuras, os Kĩsêdjê reconhecem como *sua* terra ou território. Mas a ocupação – a recriação – de lugares *no presente* ativa e atualiza essas conexões de maneiras sempre particulares e muitas vezes inusitadas: e é aqui que a inflexão pessoal pode fazer uma grande diferença. Pois não há duas pessoas que tenham de um lugar o mesmo conhecimento; isso significa que elas não terão neles as mesmas posssibilidades de ação (o que talvez preferíssemos chamar "direitos"). Assim, a "posição" de conhecedor de narradores e xamãs como o chefe e seu irmão se expressa não apenas nos conteúdos do conhecimento que eles detêm ou transmitem: ela está registrada neles próprios, e nos objetos de seu conhecimento, como a fonte de sua mútua – às vezes mesmo comum – *constituição corporal*.

Pode-se dizer que o conhecimento em que narradores como o chefe se especializam, de fato, é o de nomes de pessoas e lugares, nomes que contêm as ações e interações, as relações, constitutivas de uns e outros. Trata-se de conhecimento que chega ao narrador por uma via particular – direta ou indiretamente, por meio de uma cadeia de narrações apoiada fundamentalmente no parentesco (ou em relações rituais e onomásticas que se conjugam às primeiras de modos determinados). Não é supresa se os narradores parecem assim aparentados a quase todo mundo: o cacique, além de ser filho de um narrador (e *me khatwân khêrê*) respeitado, tem a mais extensa e profunda genealogia que fui capaz de elicitar (repetindo a experiência de Tony Seeger nos anos 1970), chama quase toda a população por termos de parentesco, e observa restrições alimentares por ocasião do adoecimento de muitas pessoas fora de seu círculo familiar imediato – um sinal seguro de sua "magnitude corporal". Conexões do passado, ao serem reavivadas por narrativas, observância de tabus, partilha alimentar e oferta de presentes (todos atos referidos pelos Kĩsêdjê como manifestações do "pensar em" ou "lembrar de" outros), tornam-se visíveis no presente, evidentes na vitalidade das coisas conectadas por meio da ação da pessoa: os corpos daqueles que vivem em sua casa (especialmente crianças), seus filhos, suas roças e cultivos, os artefatos que fabricam, o peixe que pegam, irão todos exibir a beleza (fartura, colorido, brilho, limpeza – e em geral uma instável simetria dual, afinal estamos entre os Jê) que atestam a "veracidade" – a eficácia – de seu conhecimento. Isso se expressa variadamente pelos idiomas da "carne" (*nhï*) e "pele" (*khá*), cujas sutilezas não teremos tempo de explorar aqui. O que importa é como esta evidência, enquanto evidência ("prova") material, valida quaisquer afirmações de conhecimento baseadas apenas em conexões passadas (em mecanismos de "transmissão").

Vê-se como aquilo que chamamos "conhecimento", aqui se dirigindo (conforme suas inclinações "selvagens") às propriedades concretas dos objetos, envolve uma conexão material – sensível – entre conhecedor e conhecido. Transmissão, neste caso, torna-se uma questão de *participação* em tal conexão.[16] Algo similar pode ser dito sobre o xamã – considerando-se o fato de que suas conexões estendem-se em direções diferentes, como sugeri acima, e que seu corpo toma uma forma diferente – uma forma à qual os Kĩsêdjê chamam "alma", na verdade, mas essa discussão nos levaria longe demais. Em lugar de tomar esse caminho, opto por discutir algumas implicações possíveis da desconexão ou abstração do conhecimento desses corpos de sujeitos e objetos, por meio de exemplo dos agricultores.

II. Corpos de conhecimento: cultivadores e cultivares

Os Jê setentrionais contam um mito segundo o qual a origem das plantas cultivadas deve-se à Mulher-Estrela, que se transforma em mucura para revelar à humanidade o segredo da árvore do milho – um mito extensamente analisado no primeiro volume das Mitológicas (Lévi-Strauss, 1964). Para os Kĩsêdjê, o milho – revelado para eles por um pequeno roedor equivalente (um *amthô*, "rato") – não estava (mais) em uma árvore, mas flutuava em um "rio das comidas" (Twâ Nhõ Ngô), juntamente com batatas-doce, inhames, cabaças, mandioca... Seus ancestrais costumavam banhar-se neste rio, evitando os vegetais sem saber que eram comestíveis. Rato os ensina a fazer massa de milho, embrulhá-las em folhas de banana e cozinhá-la em fornos de terra – receita específica para um famoso prato jê, os "paparutos" dos Timbira. Mas eles só aprenderam a *cultivar* essas plantas quando um homem queimou sua sogra:[17]

16 O que Gow (1996) descreve como "implicação" das pessoas nos lugares é uma instância da participação a que me refiro aqui.

17 A versão deste mito coletada por Seeger nos anos 1970 (Wibert; Simoneau, 1984), narrada por Mbeni (hoje com cerca de 95 anos), costura essa história com a da derrubada da árvore do milho, que segundo os Kĩsêdjê consiste numa narrativa separada. Kujusi me disse não acreditar "muito" nessas histórias: "O pessoal antigo que contava, mas agora ninguém sabe bem mesmo...". Perguntou-se também (espontaneamente) sobre a relação entre aquelas referentes à comida: "Qual veio primeiro? Acho que primeiro a derrubada [da árvore de milho], depois a do rato [o rio da comida], depois a da barriga...". O que segue é um resumo da versão narrada por Kuiussi a Rafael Nonato e transcrita pela pesquisadora indígena Kujajutxi Suyá (filha do narrador), em janeiro de 2011, como parte das atividades do Prodoclin Kĩsêdjê.

> *Wanãjê thõ thik khãm twâ* ("A comida na barriga de uma de nossas 'mães'")
>
> A barriga de uma ancestral estava cheia de comida: milho, mandioca, batatas. As pessoas não sabiam. O filho de sua filha tinha fome, e chorava. Ela pediu que ele lhe trouxesse um cesto e começou a expelir massa de mandioca pelo ânus. Cozinhou em bolos e o menino os achou muito saborosos. Toda vez que ele tinha fome e chorava, ela fazia bolos de milho ou mandioca retirados de sua barriga pelo ânus. Um dia, ela se cansou disso e pediu à filha que mandasse o marido abrir uma roça. Ele fez uma grande clareira. Quando as chuvas se aproximaram, a ancestral pintou-se com urucum, foi para o meio da roça e instruiu o genro para que queimasse toda a vegetação. Ela ensinou a ele uma música, que deveria ser sempre entoada antes da queimada (como ainda ocorre). Depois disso, ele incendiou o mato. A mulher explodiu, e plantas e sementes espalharam-se por toda parte.

De cada parte do corpo da ancestral originou-se uma planta diferente. Da cabeça, vieram as cabaças; de seus ossos, o cupá (um cipó comestível, *Cissus* sp.); das pernas, milho; dos pés, inhames. Essas origens têm consequências sobre as práticas de cultivo contemporâneas: pessoas com pés pequenos não devem plantar inhames, pois estes não crescerão (uma variedade especialmente diminuta é associada não aos pés, mas aos dedos); mulheres de perna fina não devem plantar milho, por razões do mesmo tipo; e pessoas com cabelo enrolado são melhores cultivadores de algodão. Isso se deve a preferências que cada planta pode ter em relação aos plantadores: parece que essas são influenciadas por afinidades na forma corporal. Pés de mandioca, todavia (sempre plantados por homens), são sujeitos caprichosos: nunca se sabe se eles irão gostar de você, então é preciso experimentar com diferentes variedades e se uma delas não cresce bem, você pode pedir a outra pessoa que a plante em seu lugar. Sabe-se quem tende a ser favorecido por esta ou aquela (variedade da) planta, e essas pessoas podem ser solicitadas para ajudar nas roças de seus parentes. Se ninguém em uma família é favorecido por certa planta ou variedade, os agricultores podem continuar plantando apenas a quantidade necessária para a produção de novas sementes ou mudas, enquanto testam cada filho, filha ou neto, conforme esses crescem, em seu plantio, para ver se a planta gosta daquela criança. Sementes são guardadas em cabaças, mas a maior parte dos cultivares é armazenada em roças antigas, onde membros da família retornam para buscar sementes ou mudas para plantá-las outra vez. O laço entre as plantas e o plantador é explicitamente associado àquele entre pais e filhos: durante o período do plantio, o agricultor deve observar as mesmas restrições alimentares e sexuais recomendadas para a gravidez. Existem também cantos especiais (*huru jarën*), executados para alegrar as plantas e estimular seu crescimento – muitos agora esquecidos, na medida em que as pessoas concentram-se cada vez mais exclusivamente na mandioca.

Os agricultores – homens e mulheres – são assim pessoalmente conectados às plantas. Partilham traços físicos; estão ligados por "relações de substância" similares em seus efeitos àquelas entre parentes próximos; e fazem crescer uns aos outros, como também o fazem os parentes entre si. Como no caso de narradores e xamãs, é isso que faz do conhecimento do agricultor um conhecimento especializado, particularizado: não existe um *corpus* de conhecimentos agrícolas comum a todos os Kĩsêdjê. Biodiversidade aqui (como alhures, mas descaradamente) é sociodiversidade – ou, pelo menos, costuma ser. Pois, como também acontece com os parentes, plantas (e variedades) podem ser esquecidas e perder-se. Houve pelo menos duas ocasiões em que isso ocorreu em grande escala na história kĩsêdjê.

A dependência da mandioca (e do peixe) é um desenvolvimento "recente" (entre cem e duzentos anos): remonta ao período de fixação dos Kĩsêdjê no Xingu e à adoção da tecnologia para o processamento da mandioca brava, aprendida junto aos vizinhos xinguanos.[18] "Antes do Xingu", como dizem, quando moviam-se muito, dependiam mais de outros cultivos,[19] como batatas-doce, inhames e especialmente milho – uma planta de crescimento

18 A tecnologia do processamento da mandioca (o sistema de extração do veneno por meio de raladores, lavagem em esteiras, com o uso das grandes panelas de cerâmica produzidas pelos grupos aruak) foi adotada desses vizinhos. O uso do tipiti (uma tecnologia alternativa), que os Kĩsêdjê chamam *rotxi* (sucuri), por sua vez, foi apreendido dos Yudjá, juntamente com técnicas de produção de farinha (e da bebida fermentada, localmente chamada caxiri, que os Yudjá consomem abundantemente e que os Kĩsêdjê apenas ocasionalmente produzem). Os vários mingaus de mandioca, e o costume de misturar o beiju ou farinha na água para bebê-la, são uma aquisição que marca para os Kĩsêdjê os benefícios trazidos pelo contato com as culturas xinguanas (assim como o uso de redes, de canoas etc.): "antes só bebíamos água" é como se referem ao período pré-xinguano de sua história (Seeger, 1980).

19 E da caça. O gosto pelo peixe é outro aspecto que pode ser ligado à influência xinguana e à orientação mais ribeirinha resultante da entrada na bacia do Xingu. O uso de canoas e o hábito de viajar pelo rio são indicados como costumes adquiridos de vizinhos xinguanos. Diferentemente dos alto-xinguanos, entretanto, os Kĩsêdjê continuam apreciando a carne de caça, sobretudo na época da escassez de peixes.

rápido cujas sementes são mais fáceis de transportar que as manivas.[20] Os Kĩsêdjê adotaram a mandioca amarga e a cozinha xinguana com entusiasmo ainda maior do que o demonstrado pelas músicas e danças de seus vizinhos. Sua ideia de uma refeição perfeita é agora beiju de mandioca com peixe cozido ou assado. Ninguém parece dar muita importância a inhames e batatas (com exceção talvez das mulheres tapayuna, um grupo culturalmente próximo dos Kĩsêdjê cujos sobreviventes reuniram-se a eles nos anos 1970 e não haviam sido "xinguanizados" como os Kĩsêdjê foram).[21] Mesmo o milho, um alimento cerimonialmente importante, tem sido negligenciado e nem toda família o tem plantado.

A segunda ocasião é agora. Na medida em que o trabalho nas áreas de saúde e educação, no órgão indigenista, e em outras posições remuneradas retira algumas pessoas da rotina agrícola, e em que o recurso a alimentos comprados nas cidades próximas se torna uma opção, sente-se que a conservação de algumas plantas e variedades está em risco (mandioca não inclusa). Alguns dizem ser necessário fazer expedições a aldeias antigas para procurar variedades de milho, batatas, inhames e pimentas não mais encontradas na região do Ngôjhwêrê. Parte do problema reside aqui: embora não haja falta de terra cultivável na Terra Indígena Wawi, bons solos próximos ao Ngôjhwêrê são outra questão, uma vez que a tradição de mudar de aldeia a cada dez anos vê-se contrariada pelas estruturas "fixantes", que são as edificações representadas pela escola, unidade básica de saúde, o posto da Funai ou da sede da Associação Indígena Kĩsêdjê (AIK). As pessoas estão enfrentando isso reduzindo os períodos de pousio, e/ou abrindo roças mais distantes, em geral próximas a aldeias antigas. O direito de cultivar antigas roças, perto ou longe, reside primeiramente com o dono anterior ou seus descendentes imediatos;

20 Eles também contam que as pessoas então costumavam alimentar-se de cogumelos e madeira podre – uma dieta que evoca eras mais priscas, antes da aquisição das plantas cultivadas.

21 Os Tapayuna viviam nas proximidades do Arinos, onde após décadas de conflito procuraram estabelecer contato pacífico com os brasileiros, com resultados desastrosos. Reduzidos a 41 sobreviventes, foram transportados em 1969 ao Parque do Xingu para serem ali reunidos aos Kĩsêdjê (Seeger, 1980, p.160; 1981, p.49-55). Alguns permanecem hoje entre estes últimos; os demais residem na Terra Indígena Capoto-Jarina, dos Kayapó Metyktire, tendo construído em 2009 uma aldeia separada, Kawêrêtxikô, situada na margem esquerda do Rio Xingu (*Povos Indígenas no Brasil*, verbete Tapayuna, "Relações com outros povos", Instituto Socioambiental. Disponível em: http://pib.socioambiental.org/pt/povo/tapayuna/2259). Cf. Lima, 2011, sobre a história deste povo.

em escalas temporais mais longas, a determinação desses direitos pode abrir-se à controvérsia. Observa-se aqui como o caráter *concreto* (particular, pessoal, contingente) do conhecimento em questão pode complicar as coisas. Não tanto porque, assim "situado", sua objetividade se veria comprometida, submetida ao jogo de interesses conflitantes, mas porque o critério que permite às pessoas decidirem entre reivindicações rivais está sendo minado por sua falha em *agir*. Isso porque uma maneira de verificar e validar uma reivindição sempre foi ir adiante e plantar a roça: aqueles capazes de obter uma boa colheita são certamente pessoas que, deduz-se, conhecem a terra – e neste sentido, são seus donos: as sementes e mudas que eles carregavam eram sem dúvida de plantas que gostavam desses lugares; da mesma maneira, as sementes, dormentes, floresceram com a abertura das roças, gostavam dessas pessoas. Pois elas, as plantas – este o ponto – também conhecem...

Mas então, por que as pessoas estão falhando em agir? Os Kĩsêdjê perguntam-se isso o tempo todo. Tomemos um de meus mais constantes interlocutores, Winti Suyá, atual presidente da Associação Terra Indígena do Xingu.[22] Trata-se de um homem jovem, de cerca de 35 anos, da primeira geração dos Kĩsêdjê a adquirir um domínio mais completo do português e da escrita, e uma compreensão mais clara e ampla da escala e (des)funcionamento do mundo social e político dos brancos. Ele é também filho daquele xamã de quem falamos antes. Conversávamos sobre a ideia de documentar e registrar os sistemas agrícolas xinguanos por meio do Programa Nacional do Patrimônio Imaterial.[23] Ele estava muito preocupado: via as pessoas negligenciando suas roças, restringindo-se às mandiocas básicas (não há nos Kĩsêdjê muitas variedades), e pensava que a associação deveria fazer alguma coisa sobre isso. Por exemplo, promover "pesquisas" por meio de um projeto financiado com recursos externos. O conhecimento tem de ser recuperado, dizia, pois é provável que muito já se tenha perdido. Note-se, entretanto,

---

22 Esta é uma organização que reúne todos os povos do PIX; Winti Suyá foi também presidente da AIK desde sua fundação em 2004 até o ano de 2011.

23 A exemplo da experiência do projeto de colaboração internacional Brasil-França Pacta (Populações Locais, Agrobiodiversidade e Conhecimentos Tradicionais) do Rio Negro, com a qual os Kĩsêdjê se familiarizaram durante o Encontro Produção e circulação de conhecimentos indígenas: troca de experiências, realizado no Ngôjhwêrê, principal aldeia kisêdjê, de 4 a 9 de setembro de 2011 (como parte das atividades do projeto Ford/Cebrap "Efeitos da proteção de direitos intelectuais e culturais em povos e conhecimentos tradicionais. Estudos de caso no Brasil").

a forma desta perda: o que ele me diz é que, se as pessoas não "pensam" nas plantas nem "cuidam" delas, elas irão embora – como fazem parentes maltratados e esquecidos. Você pode até ir às roças antigas buscá-las, mas elas não se mostrarão a você, e muito menos crescerão com você. Se a perda é uma questão de esquecimento, não é apenas a memória dos humanos que precisa ser recuperada, mas sim seu parentesco – com as plantas, neste caso.

Essa parte do problema se refere à "concretude" que estou reivindicando para o conhecedor de conhecimentos como os que os Kĩsêdjê têm da terra, água, e seus habitantes, de seus "recursos" e "produtos" agrícolas. O caráter "encorporado" do conhecimento indígena na Amazônia foi já comentado por muitos;[24] se isso geralmente é compreendido como envolvendo o corpo do conhecedor, nosso exemplo incitaria a considerar também sua inscrição no "corpo" que é conhecido. Minha preocupação aqui é com o que a "ex--corporação" deste conhecimento implica, em termos de que tipo de pessoa o conhecedor precisa se tornar, e que tipo de coisa aquilo que é conhecido precisa se tornar, para que sua ciência seja traduzida em algo que *nossas* ciências reconheçam como conhecimento – já que, por alguma razão, alguns Kĩsêdjê sentem (meu amigo não está só) que estender suas transações para abarcar relações com agências não indígenas pode ajudá-los a enfrentar esta parte do problema. Mas qual é o efeito de desacoplar as pessoas e o que elas sabem de modo que esse conhecimento abstraído se torne disponível para transações além do círculo de suas relações, passadas ou presentes? Como passar da participação para a transmissão? (Note-se, todavia, que minha preocupação é menos com a "objetificação" ou "reificação" do conhecimento indígena que estes processos reconhecidamente implicam, isto é, com os efeitos dos processos sobre o conhecimento abstraído na forma de resultado ou produto do ato de conhecer, e assim com a separação entre processos e produtos do conhecimento, do que sobre os seus efeitos entrecruzados sobre o sujeito conhecedor e o objeto conhecido).

Os jovens kĩsêdjê reclamam que os velhos não querem mais ensinar nada a eles. Os velhos respondem que os jovens não estão interessados em aprender. Ambos parecem estar certos. As ocasiões para essas trocas

24 As referências aqui seriam por demais numerosas; limito-me assim a remeter a uma reflexão anterior em que transparece meu entendimento dessa questão (Coelho de Souza, 2010; 2010b).

estão desaparecendo, especialmente para os homens: expedições de caça ou pesca, aquele momento do início da noite quando todos descansam em suas redes antes da reunião noturna no pátio, longas tardes na casa dos homens, quando costumavam ocupar-se na confecção de flechas e cestaria... Todas essas ocasiões tornaram-se raras. Pais olham para seus filhos e o futuro que prefiguram para eles – alguns com satisfação, outros nem tanto, enquanto os jovens geralmente se entusiasmam com tais prospectos – é de professores, agentes de saúde (quem sabe um dia médicos e enfermeiros!), cinegrafistas ou líderes políticos (empregados em associações, ONGs ou no Estado). Se isto é assim, qual o sentido da transmissão de conhecimentos – para os velhos, para começar, se o conhecimento não se manifestará em outras pessoas de maneira reconhecível para eles? Se ele não terá, nesta medida, *efeito*?

Há um sentido, meu amigo insiste. Pois existem também novas possibilidades a explorar. Relações com os brancos – governo, empresas, ONGs, antropólogos – interessados em seus conhecimentos ou cultura, além de fornecerem aos Kĩsêdjê recursos monetários muito desejados, criam novas ocasiões e motivações para trocas de conhecimento entre eles mesmos, bem como novas maneiras de conhecer, na forma de uma pletora de técnicas (escrita, gravação, transcrição, contagem, medição) e de tecnologia (computadores, gravadores, camêras, gps, internet). Suas implicações, que tipos de corpo e de relação serão produzidos por esses diferentes tipos de interação, não são claras para os Kĩsêdjê (ou para quem quer que seja), mas há uma coisa que eles percebem (e formulam) lucidamente: o que quer que seja que nos apresentem no curso dessas transações como seu conhecimento, tem de aparecer como uma "propriedade" que eles detêm enquanto uma entidade única, um "grupo": como sua "propriedade coletiva". Conhecedores precisam ser desparticularizados; devem aparecer como "anciãos kĩsêdjê", mas não como (mais) parentes de algumas pessoas e não (ou menos) de outras... Para tornar essa conversão possível, sugiro, é que entram em cena os "pesquisadores indígenas". Tentarei concluir com algumas palavras sobre eles, porque se queremos interrogar o conhecimento indígena, não podemos passar ao largo daqueles por meio dos quais esse conhecimento é (neste caso como em outros) posto a nossa disposição.[25]

25 É claro que várias outras figuras (os xamãs, narradores e agricultores, para começar) estão envolvidas nas transações em questão, muitas das quais tiveram lugar sem a presença de

III. Pesquisadores indígenas

Em maio de 2012, participei de uma expedição a aldeias antigas (a mais antiga delas, abandonada há cerca de 80 anos) em um rio chamado Hore Nhõngô ("rio das taquaras" – usadas para fazer flechas).[26] Tratava-se da segunda expedição a esta área nos últimos dez anos. A primeira, em 2007, que também acompanhei (juntamente com duas consultoras, uma bióloga e uma educadora, do Instituto Socioambiental, que apoia múltiplos projetos entre os Kĩsêdjê), foi uma iniciativa das e para pessoas maduras. Identificamos, na ocasião, uma série de lugares nomeados (cerca de 200), e, a partir dos dados então obtidos, um mapa foi gerado.[27] Nossa tarefa agora, em 2012, era corrigir as informações ali contidas e desembarcar em cada sítio de aldeia para tentar localizar e documentar vestígios de ocupação, como plantas e árvores específicas ou restos de cerâmica. Também procuramos verificar o quanto os "recursos" indicados pelos nomes, ou mencionados nas histórias, ainda existiam ali.

E esta era uma expedição de jovens. Afora três anciãos, e quatro homens adultos (incluindo meu amigo presidente da ATIX), todos os outros (umas vinte pessoas) eram rapazes jovens (e duas moças) que atuam como "pesquisadores indígenas" ou estão sendo treinados como professores na escola e centro cultural kĩsêdjê. Eles vêm trabalhando em vários projetos, nos últimos seis anos, com a missão expressa de entrevistar os velhos sobre vários temas (incluindo mito, canto, ritual, língua, parentesco e, agora, lugares) e de gravar, transcrever e depois traduzir para o português as narrativas, repertórios musicais e explicações registrados.

Essas interações não têm sido sempre fáceis. Embora a associação tente adaptar o trabalho a expectativas tradicionais – emparelhando quando

---

"pesquiadores indígenas". O destaque aqui dado a esses "pesquisadores indígenas", se dirigido a um "mediador" cada vez mais importante em diversos outros contextos etnográficos, responde todavia à centralidade desta categoria nas estratégias kĩsêdjê – que tem a particularidade de que os pesquisadores, aqui, são recrutados entre os alunos da escola indígena (e não professores, como em outros casos), sendo explicitamente construídos como não conhecedores, seja dos conhecimentos indígenas, seja dos conhecimentos dos brancos.

26 Trata-se do Suiazinho, um formador do Suiá-Miçú.

27 Por técnicos do ISA. A segunda expedição foi também apoiada por esta ONG, no contexto de um projeto financiado pelo Instituto do Patrimônio Histórico e Artístico Nacional (Iphan), e, embora não tenha incluído seus membros entre os participantes, foi preparada com a ajuda de Roseli Alvim Sanches, a bióloga que integrou a primeira expedição.

possível avós e netos para a tarefa – os velhos sentem-se desconfortáveis com o aparato técnico e, sobretudo, com a "artificialidade" da situação: "por que razão você quer aprender isso?". Os pesquisadores, de seu lado, não se sentem mais confortáveis: colocar questões diretamente requer uma intimidade que nem todos têm com o entrevistado que lhes coube. Mas eles vêm dando conta do recado: Mbeni (a mais idosa mulher kĩsêdjê, uma grande narradora de histórias), após alguma hesitação, decidiu relaxar e conversou livremente diante das camêras e gravadores de jovens de quem não é especialmente próxima: "Se meus próprios netos não estão interessados, vocês podem gravar isso para os filhos deles, assim poderão me ouvir depois que eu estiver morta". (Mas, atenção: o que ela oferece, oferece aos filhos de seus netos, não aos "pesquisadores indígenas" ou ao povo kĩsêdjê "em geral"...).

Livremente? A incerteza de não saber o que esperar como efeito dessas transações (para que você quer saber isso?) parece impor algumas restrições. Retornemos à concretude dos conhecedores, como posição "subjetiva" definida por um corpo particular, produto de interações passadas que registram seu resultado em signos de vitalidade física e saúde, em uma disposição alegre e energética, e em um comportamento adequado. Na medida em que a pessoa envelhece, e se torna mais sábia, esses signos devem aparecer mais e mais em seus filhos e netos, bem como em suas roças, casas e outras obras, vistas como extensões de seu próprio corpo, tanto quanto como produtos de seu conhecimento.[28] É como produto demonstrável de tal conhecimento que homens e mulheres em amadurecimento se provam preparados para recebê-lo e participar dele. E é essa demonstração que os jovens pesquisadores não parecem totalmente prontos para dar ou ser – não ainda.

28 Isto, todavia, não faz dessas coisas *propriedades* da pessoa (como tampouco era sua "propriedade" o conhecimento): se a pessoa pode ser dita *kandê* ("dono-mestre") dessas coisas, é porque, justamente, elas não são "suas próprias". Na expedição a que me referi, Ntoni disse-me, apontando para a árvore em que pendurara sua rede, que o dono (*kandê*) dela era sua alma, que não morre mesmo que a árvore seja derrubada (e pode vingar-se do derrubador). Isso me sugere que o "dono" ou "possuidor" esteja para a coisa "possuída" assim como a alma está para o corpo, mas isso não significa que a alma possua o corpo: significa antes que pode ser separada dela. Sem a separação, um não poderia aparecer como evidência (objetificação?) do outro. É claro que esta declaração algo enigmática exigiria todo um desenvolvimento sobre o problema da (de)composição da pessoa kisêdjê – uma primeira aproximação pode ser encontrada em Coelho de Souza, 2011.

E isso ocorre não apenas porque sejam jovens. Se algumas vezes eles aparecem – no discurso dos mais velhos – como protótipos de "não conhecedores", enquanto pessoas que não sabem ouvir e portanto não sabem se comportar apropriadamente, isso se relaciona às outras coisas que eles estão aprendendo – na escola, nos projetos, na internet... Estes jovens estão sendo deliberadamente construídos como mediadores e conversores, tornando diferentes tipos de conhecimento e modos de conhecer acessíveis uns aos outros. Mas no que se converterão *eles*? Esta parece ser a pergunta mais importante para os Kĩsêdjê.

Eles não têm para ela uma resposta, e preocupam-se terrivelmente com o quanto a participação no conhecimento dos brancos irá afetar os jovens e transformá-los, transformando seus corpos. Eles veem já mudanças de comportamento bastante preocupantes, mas também têm esperanças de que algo de bom possa resultar disso. Entrementes, seu estatuto de "aprendizes", não conhecedores – de que são constantemente lembrados no discurso dos adultos –, parece de fato apropriado à posição que esses jovens ocupam. Em concordância com este *status*, o conhecimento que recebem dos velhos tende a ser vago e simplificado, deficiente em detalhe e especificidade – como têm de ser, se precisa ser despido de sua concretude (perdendo assim seu caráter situado, personalizado, e contingente) para poder aparecer como conhecimento geral e comum dos Kĩsêdjê, a ser passado, transmitido, a outros não conhecedores, como os brancos. Enfim, se o conhecimento em questão, como objeto agora abstraído de quaisquer relações particulares, aparece ora como excessivamente genérico, ora estranhamente obscuro, bem, parece haver para isso uma boa razão...

Conclusão

A primeira parte desta discussão buscou estabelecer porque as múltiplas reivindicações típicas dos regimes indígenas de conhecimento "não poderiam jamais ser equivalentes a interesses coletivos ou comunais em regimes baseados na propriedade" (Strathern, 2004, p.102). Todavia, querendo-se ou não, certas transações do tipo em que os povos indígenas encontram-se cada vez mais envolvidos (não apenas os projetos de revitalização ou documentação, ou mesmo transações comerciais, envolvendo explicitamente a "cultura", mas iniciativas de etnomapeamento, elaboração colaborativa de planos de gestão territorial e os próprios processos de identificação fundiária, entre outros) vêm forçando conversões que, tudo indica, visam sim produzir, do ponto de vista indígena inclusive, uma equivalência desse tipo, ou pelo menos alguma compatibilidade. Uma cultura ou um conhecimento que possam ser atribuídos aos Kĩsêdjê como sujeito coletivo – os próprios Kĩsêdjê como sujeito coletivo – emerge então como condição e produto, causa e consequência das transações em questão. É certo que a equivalência não se aplica necessariamente às reivindicações e interesses, não se aplica sequer aos objetos transacionados – isto é, ela não precisa se estender aos regimes de conhecimento ou às ontologias dos "parceiros" envolvidos. Por outro lado, o fato de que os Kĩsêdjê se perguntem frequentemente o quanto isso já não aconteceu (debate que travam na linguagem do "virar ou não virar branco") deve nos alertar para o caráter imprevisível dos efeitos de tais transações. O que nos devolve ao projeto de etnografá-los.

Espero ter ilustrado de que maneira o nosso debate (antropológico, por exemplo) tende a centrar-se no conhecimento, enquanto o debate kĩsêdjê – e creio que isso se aplique a outros povos – tende a centrar-se nos conhecedores. Seguindo seu exemplo, sugiro que prestemos atenção não apenas ao conhecimento transacionado, mas às (relações entre as) pessoas, que aparecem como sua causa e efeito. Deveríamos de fato acompanhar aqueles anciãos aborígenes cumprimentados por Lévi-Strauss, e tentar imaginar "soluções [mais] elegantes" para os muito amplos, fluidos, instáveis "grupos" que nossas transações em conhecimento vêm gerando.

Referências bibliográficas

ALMEIDA, M. W. B. de. Guerras culturais e relativismo cultural. *Revista Brasileira de Ciências Sociais,* v.14, n.41, p.5-14, 1999.

______. Relativismo antropológico e objetividade etnográfica. *Campos,* v.3, p.9-29, 2003.

CARNEIRO DA CUNHA, M. *Effects of intellectual and cultural rights protection on traditional people and traditional knowledge. Case studies in Brazil.* Projeto de pesquisa coletivo apresentado ao programa International Initiative on Intellectual Property da Ford Foundation, 2008.

COELHO DE SOUZA, M. S. Três nomes para um sítio só: a vida dos lugares entre os Kisêdjê. Trabalho apresentado no IV Congresso da Associação Portuguesa de

Antropologia (Painel Convidado VII: Classificar: objectos, sujeitos, acções), Lisboa, 9-11 de setembro de 2009.

______. A vida material das coisas intangíveis. In: LIMA, E. C.; COELHO DE SOUZA, M. S. (Eds.). *Conhecimento e cultura: práticas de transformação no mundo indígena*. Brasília: Athalaia Editora, 2010.

______. True endogamy or the outcest taboo (for the Kĩsêdjê): how kinship (under) determines humans. Trabalho apresentado no seminário Antropologia da Raposa: Pensando com Roy Wagner. Florianópolis, UFSC, 8-11 de agosto de 2011.

CROOK, T. Figures twice seen: Riles, the modern knower and forms of knowledge. In: HARRIS, M. (Ed.). *Ways of knowing.* New approaches in the anthropology of experience and learnng. New York/Oxford: Berghahn Books, p. 245-265, 2007.

LEACH, J.; DAVIS, R. Recognising and Translating Knowledge: Navigating the Political, Epistemological, Legal and Ontological. *Anthropological Forum*, v.22, p.209-223. Taylor & Francis, 2012.

LEACH, J. Leaving the magic out: knowledge and effect in different places. *Anthropological Forum*, v.22, p.251-270. Taylor & Francis, 2012.

LÉVI-STRAUSS, C. The future of kinship studies. In: *Proceedings of the Royal Anthropological Institute of Great Britain and Ireland for 1965*. London, p.13-22, 1965.

LIMA, T. S. O que é um Corpo?. *Religião e Sociedade*, v.22, n.1, p.9-20, 2002.

SANTOS-GRANERO, F. Writing history into the landscape: space, myth and ritual in comtemporary Amazonia. *American Ethnologist*, v.25, n.2, p.128-148, 1998.

SEEGER, A. *Nature and society in Central Brazil*: the Suyá Indians of Mato Grosso. Cambridge, Mass.: Harvard University Press, 1981.

______. *Why Suyá Sing: a musical anthropology of an Amazonian people.* Urbana & Chicago: University of Illinois Press, 2004 [1987].

STRATHERN, M. *The Gender of the Gift*: problems with women and problems with society in Melanesia. Berkeley: University of California Press, 1988.

______. *Property, Substance and Effect*. Anthropological essays on persons and things. London & New Brunswick: The Athlone Press, 1999.

______. *Kinship, Law and the Unexpected*: relatives are always a surprise. Cambridge: Cambridge University Press, 2005.

TAYLOR, A-C. Le sexe de la proie: représentations jivaro du lien de parenté. *L'Homme* 154-155, p.309-334, 2000.

VERRAN, H. Using/designing digital technologies of representation in Aboriginal Australian knowledge practices. *Human Technology*, v.3, n.2, p.214-227, 2007.

VIVEIROS DE CASTRO, E. B. Perspectival anthropology and the method of controlled equivocation. *Tipití*, v.2, n.2, p.3-23, 2004.

WAGNER, R. *An Anthropology of the Subject*. Holographic worldview in New Guinea and its meaning and significance for the world of anthropology. Berkeley: The University of California Press, 2001.

WILBERT, J.; SIMONEAU, K. *Folk literature of the Gê Indians*, v.2. Los Angeles: Ucla, Latin American Center Publications, 1984.

8
Observações sobre o processo de patrimonialização dos Kene Huni Kuĩ[1]

Joaquim Maná de Lima, José Benedito Ferreira Kaxinawa, Marcos de Almeida Matos e Paulo Roberto Nunes Ferreira

I.

A partir da publicação do Decreto n.3551 de 4 de agosto de 2000, que institui o Programa Nacional do Patrimônio Imaterial (PNPI), o "registro de bens culturais de natureza imaterial" tem se oferecido como um dos caminhos possíveis para a continuidade dos processos de "valorização cultural" empreendidos por diferentes povos indígenas há décadas. Em certo sentido, o decreto procura colocar em prática conquistas do texto constitucional de 1988, amplamente determinado pela mobilização dos movimentos indígenas e indigenistas, bem como de outros segmentos identificados pelo rótulo "populações tradicionais". Sem dúvida, a produção de discos, livros, documentários e outros modos de pensar e de comunicar sobre a "cultura",[2]

1 O presente texto é fruto de um trabalho coletivo e constitui um passo inaugural de uma reflexão que será estendida. Agradecemos aos organizadores do seminário "Políticas culturais e povos indígenas: a escola e outros problemas", Dominique Tilkin Gallois, Manuela Carneiro da Cunha e Pedro de Niemeyer Cesarino, pela valiosa oportunidade de diálogo e pelos comentários que nos ajudaram a melhorar o que se segue. Somos gratos também a Nicole Soares Pinto, Alexandre Nodari, Camila Volker e Beatriz Matos, que leram versões anteriores e contribuíram para diminuir as imperfeições do texto.

2 Ao longo desse texto, seguindo a sugestão de Manuela Carneiro da Cunha (2009), aspeamos a palavra "cultura" para indicar o uso reflexivo ou metalinguístico deste conceito: "cultura" é o conjunto heteróclito de aspectos da cultura considerados e recrutados conscientemente pelos coletivos indígenas em suas elaborações e relações políticas com o Estado e com outros grupos. Ao utilizar a proposta de Carneiro da Cunha, é preciso atentar para o fato de que

levada a cabo por distintos projetos de formação de professores e pesquisadores indígenas, foi um dos propulsores para o estabelecimento deste tipo de política pública. Assim, não causa estranheza o fato de um dos dois primeiros bens registrados como patrimônio cultural brasileiro, apenas dois anos após a instituição do PNPI, ter sido a arte kusiwa dos índios Wajãpi do Amapá. E, dentre os 28 bens registrados como patrimônio cultural imaterial brasileiro, 6 são oriundos de populações indígenas.[3]

Também não chega a fazer surpresa que os Huni Kuĩ, povo pródigo em relações com brancos de variados tipos, fossem o primeiro coletivo indígena no Acre a solicitar do Instituto do Patrimônio Histórico e Artístico Nacional (Iphan) o registro de um dos aspectos de sua criatividade como patrimônio cultural brasileiro. Motivados pelo desafio de garantir uma participação ativa na operacionalização dessas políticas e de elaborar alguma forma de controle sobre a difusão do que passou a ser pensado como "cultura", professores, artesãs e outros atores huni kuĩ se dispuseram a dialogar com representantes do Iphan sobre a possibilidade de se registrar o *kene*[4] como patrimônio cultural imaterial brasileiro. Este texto apresenta uma reflexão inicial sobre alguns aspectos que despertaram a nossa atenção ao longo desse diálogo. Ele foi escrito depois de termos participado das seis reuniões realizadas em diferentes terras huni kuĩ, nas quais três de nós atuamos como membros da equipe técnica responsável pela mediação e pelo registro audiovisual.

"falar de cultura com aspas não significa perpetuar uma dualidade entre a cultura para dentro e cultura para fora, mas chamar a atenção para o fato de que a cultura se *enuncia*, sempre, imediatamente, *entre* o dentro e o fora" (Coelho de Souza, 2010b, p.107-108). No limite, em diversos casos, seria adequado afirmar que, se há cultura, esta é uma decantação ou uma estabilização da "cultura".

3 São eles: a Arte Kusiwa – pintura corporal e arte gráfica Wajãpi, registrado na categoria "Formas de Expressão" em 2002; a Cachoeira de Iauaretê – lugar sagrado dos povos indígenas dos rios Uaupés e Papuri, registrado na categoria "Lugares" em 2006; o Sistema agrícola tradicional do Rio Negro, registrado na categoria "Saberes" em 2010; o Ritual Yaokwa do povo indígena Enawene Nawe, registrado na categoria "Celebrações" em 2010; os Saberes e Práticas Associados ao modo de fazer Bonecas Karajá, registrado na categoria "Saberes" em 2012; e o Ritxoko: Expressão artística e Cosmológica do Povo Karajá, registrado na categoria "Formas de Expressão", em 2012 (segundo dados disponibilizados pelo Iphan em seu sítio eletrônico: http://www.iphan.gov.br/bcrE/pages/conOrdemE.jsf?ordem=3 – acesso em fev. 2014).

4 Como são chamados os grafismos ou desenhos produzidos pelas mulheres huni kuĩ.

II.

Os Huni Kuĩ (também conhecidos como Kaxinawá), falantes de língua Pano, constituem uma população de aproximadamente 9.112 pessoas no Brasil, e 2.419 no Peru.[5] No Peru, habitam as margens dos rios Curanja e Purus. No Brasil, suas terras concentram-se no estado do Acre, onde constituem a maior população indígena do estado, distribuída em doze terras indígenas, localizadas nos rios Jordão, Tarauacá, Murú, Envira, Humaitá, Purus e Breu.[6]

Em outubro de 2006, representantes de quatro destas terras indígenas huni kuĩ[7] realizaram uma grande reunião, na qual nasceu a Federação do Povo Huni Kuĩ do Acre (Fephac). Além de professores, lideranças, agentes de saúde e outros "funcionários" (como são chamadas nas aldeias as pessoas que recebem salário), estiveram presentes integrantes de quatro organizações huni kuĩ: a Associação dos Produtores Kaxinawá da Aldeia Paroá (Aprokap), a Organização dos Povos Indígenas do Rio Envira (Opire), a Associação dos Seringueiros, Agricultores e Artesãos Kaxinawá de Novo Olinda (Aspakno), e a Organização do Povo Huni Kuĩ do Alto Purus (Opiharp). A Fephac foi pensada nesta reunião como uma organização de articulação que representaria todas aquelas doze terras indígenas e que, segundo os seus idealizadores, não executaria projetos, mas seria instância de discussão de temas políticos que envolvessem mais do que uma terra indígena.

Dentre os primeiros desses grandes temas, extensamente discutidos nesta mesma reunião, estava a questão dos *kene*, cuja difusão, já havia alguns anos, impressionava qualquer interessado no assunto, principalmente os Huni Kuĩ. O que começara ainda na década de 1980 como um processo de "valorização cultural", empreendido principalmente pelos primeiros professores das escolas indígenas com o incentivo de organizações indigenistas, tomou

---

5 Os dados brasileiros foram obtidos através de um censo que realizamos durante as reuniões acima referidas. Os dados relativos aos Huni Kuĩ no Peru foram obtidos no sítio eletrônico do Instituto Socioambiental, Fonte: Inei, 2007 (disponível em: http://pib.socioambiental.org/pt/c/quadro-geral; acesso em: fev. 2014).

6 Um mapa com todas as terras indígenas no Acre e a sua localização pode ser consultado no sítio eletrônico da Comissão Pró-Índio do Acre, disponível em: http://www.cpiacre.org.br/pdfs/atuacaoCPI_TIS.pdf (acesso em: fev. 2014).

7 São elas: Terra Indígena Seringal Curralinho, Terra Indígena Katukina/Kaxinawá, Terra Indígena Nova Olinda, localizadas nas margens do Rio Envira, e Terra Indígena Alto Rio Purus.

proporções muito maiores, chamando a atenção de diversos grupos urbanos para a "cultura" daqueles que viviam nas florestas acreanas.

O "tempo da cultura" (Aquino, 2006) trouxe um interesse muito grande dos citadinos pelas coisas feitas pelos Huni Kuĩ, ao mesmo tempo em que expandiu o interesse dos próprios Huni Kuĩ por essas dimensões que eles agora chamavam de "cultura". Ocorreu um aumento progressivo da "exportação" dos desenhos, das músicas e de representações mais ou menos sumárias de aspectos da vida na floresta. Neste processo, os *kene* se espalharam, seja através da edição e divulgação de livros didáticos produzidos para as escolas indígenas, seja pela comercialização de artesanato, fonte de renda cada vez mais apreciada pelas mulheres huni kuĩ. Até o ponto em que o próprio governo do Estado, ocupado pela coligação partidária Frente Popular a partir de 1999, começou a se apropriar dos *kene*, imprimindo em diversos materiais publicitários os grafismos huni kuĩ com o objetivo de consolidar uma identidade visual associada à ideia de um "governo da floresta".

A difusão dos *kene* fomentou desconfiança: se os trajes, objetos e corpos desenhados dos jovens professores e lideranças despertavam admiração quando estes viajavam à capital do Acre e de outros estados, se a produção das artesãs huni kuĩ era cada vez mais procurada e se tornava uma fonte constante de recursos financeiros, essa "riqueza" produzida pela arte e pelo conhecimento huni kuĩ poderia ser apropriada por outras pessoas, por gente não huni kuĩ. Uma das primeiras questões postas para a articulação da Fephac centrava-se em como organizar algum tipo de controle sobre a difusão e a exploração comercial dos *kene*.

Com esse intuito, ao final daquela reunião produziu-se um documento, endereçado ao então presidente do Instituto do Patrimônio Histórico e Artístico Nacional, Luis Fernando de Almeida, pedindo o "registro do kene, pintura corporal e arte gráfica Kaxinawá, como Patrimônio Cultural Brasileiro".[8] A carta leva a assinatura de 65 pessoas, em sua maioria homens. Dentre os seus seis parágrafos, quatro se ocupam em definir o que é o *kene* enquanto "marca importante da identidade kaxinawá". Os outros dois, o primeiro e o último, pedem explicitamente o registro ao Iphan. Ainda no último parágrafo, apresenta-se a justificativa do pedido: "por entendermos

8 As citações presentes neste parágrafo se referem ao documento intitulado "Registro do Patrimônio Imaterial – Kenê Kaxinawá", enviado ao Iphan em 30 de outubro de 2006.

que o kene é uma das referências mais marcantes para o povo Kaxinawá, e por vermos estas representações gráficas estampadas em elementos não indígenas, percebemos a necessidade de garantir o reconhecimento deste conhecimento tradicional, tão importante para a história dos nossos antepassados".

As características do documento nos levam a crer que ele foi redigido por algum assessor não indígena. Além de ter sido digitado em computador (e em 2006 não se dispunha de tantos computadores com impressora nas terras indígenas, como é o caso agora), ele apresenta uma ordem de razões familiarizada com os procedimentos de instauração do "registro de bens culturais de natureza imaterial" conduzidos pelo Iphan.[9] Além de ser endereçada ao seu presidente e ter a forma de um pedido, o seu estilo incorpora uma leitura de textos antropológicos sobre o *kene* huni kuĩ.

Os Huni Kuĩ não obtiveram resposta para este primeiro documento, e no ano seguinte, durante outra reunião (esta já organizada pela Fephac), redigiu-se novamente uma carta ao Iphan, com o mesmo objetivo: pedir o registro do *kene* como patrimônio cultural imaterial, como forma de dotar a Fephac de algum controle sobre a difusão dos grafismos. Este documento, diferentemente do anterior, contava com a adesão de um número maior representantes de distintas terras indígenas,[10] bem como de mais mulheres. O estilo dessa segunda carta é totalmente diferente do estilo da carta anterior. Manuscrita, ela não exprime a familiaridade com textos antropológicos, e tampouco com as formas padrão da escrita em língua portuguesa, o que nos leva a crer que ela tenha sido escrita por um dos huni kuĩ presentes da reunião. Talvez valha a pena transcrever aqui o seu conteúdo na íntegra, do modo como ele foi escrito:

> Nós, povos Huni Kuĩ das região do município de Santa Rosa, Feijó, Tarauacá, Jordão, Marechal Thaumaturgo, perante o encontro que foi realizado pela Federação do Povos Huni Kuĩ do Acre, no dia 23 a 27 de agosto de 2007 na Terra Indígena Kaxinawá da Praia do Carapanã, encaminhamos este documento

9 Procedimentos que constam no Decreto n. 3.551 de 4 de agosto de 2000, e que seriam normatizados pela Resolução do Iphan n. 001, de 3 de agosto de 2006.

10 Dessa vez, além das terras indígenas angariadas pelo documento anterior, somavam-se as terras indígenas Kaxinawá Praia do Carapanã, Kaxinawá do Baixo Rio Jordão, Kaxinawá do Alto Rio Jordão, Kaxinawá/Ashaninka do Rio Breu e Kaxinawá do Rio Humaitá.

para IPHAN, solicitando o registro do nosso kene e bens material que são de nossa origem tradicional e cultural. Por motivo que algumas delas já se encontra sendo usado ilegalmente por outras pessoas não permitido por próprio o nosso conhecimento do povo huni kuĩ.

É interessante comparar o texto das duas cartas. A primeira apela para noções eminentemente antropológicas, apresentando um resumo brevíssimo de uma descrição etnográfica do *kene* com o objetivo de retratar a sua importância enquanto "marca da identidade". Ela dialoga quase sem ruídos com o Iphan, colocando o *kene* como um objeto natural para os conceitos de "referência cultural" ou de "bem cultural", presentes nos documentos norteadores da ação governamental. Por fim, como citamos acima, ela alega a necessidade de se reconhecer o *kene* como "conhecimento tradicional", isto é, como algo "importante para a história dos nossos antepassados". Já a segunda carta, de 2007, não se preocupa em dizer o que é o *kene*, mas apenas afirma que ele está ligado à origem "tradicional e cultural" dos Huni Kuĩ. Enquanto uma expõe razões tomadas da antropologia e semelhantes àquelas utilizadas pelo Iphan, a outra expõe razões que poderíamos chamar de mitológicas, que explicam ou justificam pelo apelo às origens da "cultura" ou da "tradição" huni kuĩ, para onde convergem as explicações indígenas sobre o *kene*.[11]

III.

A diferença entre as duas cartas é uma metonímia de uma série de outras diferenças, que transformam este encontro entre o Iphan e os Huni Kuĩ[12]

11 A diferença entre o apelo à imagem do "conhecimento tradicional", ligado à "história dos antepassados" presente na primeira carta, e o apelo à "origem tradicional e cultural" da segunda carta poderia ser pensada à luz da distinção proposta por McCallum (2000): seguindo Peter Gow, ela propõe distinguir entre *miyui* e *shenipabu miyui*. Enquanto o primeiro tipo de história trata dos acontecimentos testemunhados por alguém, o segundo fala sobre acontecimentos ligados à formação do mundo, não se referindo à experiência vivida (2000, p.386). Assim, enquanto a primeira carta apela para a história e a ameaça da perda, a segunda carta apela para o papel constitutivo do *kene* como parte da origem do povo Huni Kuĩ.

12 Esta não foi a única vez em que os Huni Kuĩ buscaram apoio e diálogo com representantes do Iphan. Dois outros projetos foram apoiados pelo Programa Nacional do Patrimônio Imaterial:

em um caso significativo de equivocação (Viveiros de Castro, 2004). E o *kene* não é a única homonímia relevante: a própria ideia de registro, e da sua utilidade, precipita outra disjunção entre as intenções em jogo. Observemos que ambos os documentos deixam clara a motivação do pedido: combater os usos que os autores dos documentos consideravam indevidos.[13] O que os *Huni Kuĩ* solicitavam ao Iphan foi muito facilmente compreendido como a aplicação de alguma forma jurídica de proteção da propriedade intelectual. Justamente por isto, na época, o Iphan compreendeu que não poderia atender ao pedido da Fephac, arquivando-o e aconselhando seus representantes a se informarem sobre o processo de registro de marcas e patentes conduzido pelo Instituto Nacional de Propriedade Industrial.[14] Com efeito, o objetivo do Iphan ao reconhecer algo como bem cultural imaterial é, *prima facie*, contrário às formas padrão da propriedade intelectual. Por isto Coelho de Souza afirma que "os direitos de propriedade intelectual fazem, sob importantes aspectos, o trabalho inverso dos 'direitos de propriedade cultural': o de reservar a particulares certos direitos de propriedade sobre o que tende a ser apreendido, por motivos morais ou práticos, como coletivo ou público: o conhecimento, por exemplo" (2010a, p.166, n.5).

Como se sabe, enquanto política pública aplicada aos conhecimentos indígenas, o processo de patrimonialização promovido pelo Iphan faz parte do conjunto de políticas associadas à "multiculturalização" do Estado brasileiro, cuja condição de possibilidade é a inscrição de conhecimentos e práticas indígenas no âmbito conceitual da "cultura". Na operacionalização dessas políticas, o Iphan se apoia principalmente nos artigos 215 e 216

---

um em 2007, que resultou no filme *As voltas do Kene*; e outro em 2010, para a produção do filme *Xuku Xukuê*.

13 Proteger as artes gráficas do uso indiscriminado foi também um dos motivos que levaram os Wajãpi a solicitar do Iphan o registro da arte Kusiwa como patrimônio cultural brasileiro (Gallois, 2005, p.112). Neste sentido, seria interessante contrastar essas relações de desconfiança que se estabelecem no Brasil entre as lideranças e artesãos ou artesãs indígenas e o "mercado", frequentemente mediadas por instituições públicas ou por organizações não governamentais, e o que se passa com outros povos amazônicos. O processo de patrimonialização dos *kene* dos Shipibo-Conibo, por exemplo, parece ter sido motivado pela necessidade percebida pelas jovens shipibo-konibo de acessar fontes de financiamento com vistas a fortalecer a economia centrada na venda de objetos decorados com *kene* (Belaunde, 2012, p.127).

14 Essas causas para o arquivamento inicial dos pedidos da Fephac estão descritas no Projeto Básico que compunha parte do edital para a contratação de consultores para o trabalho de consulta às comunidades huni kuĩ acerca de seu interesse pela continuidade do processo de registro do *kene*, divulgado pelo Iphan em 2011.

da Constituição Federal de 1988. O artigo 215 versa sobre a obrigação do Estado em garantir "acesso a fontes de cultura nacional", determinando que para isso ele deverá apoiar e incentivar a "valorização e a difusão das manifestações culturais". O artigo 216 define o "patrimônio cultural brasileiro" como o conjunto de "bens de natureza material e imaterial, tomados individualmente ou em conjunto, portadores de referência à identidade, à ação, à memória dos diferentes grupos formadores da sociedade brasileira".

No Manual de Aplicação do Inventário Nacional de Referências Culturais (INRC), o Iphan consolida o objeto de sua ação através de três palavras-chave presentes no texto constitucional: "bem", "referência", e "cultural". Os objetos da ação de patrimonialização são assim definidos como "bens culturais" – sendo pensados sob a ótica museológica e expressivista já determinada no *Anteprojeto para a Criação do Serviço do Patrimônio Artístico Nacional*, escrito por Mário de Andrade em 1936; ou como "referências culturais", noção que desloca a atenção das políticas patrimoniais para aquilo que os textos oficiais do Iphan chamam de "atribuição de valores e sentidos".[15] Daí a ênfase que se dá ao que tais desenhos querem dizer, como se obrigatoriamente eles devessem ter um significado que não eles próprios, o que constitui ainda um outro polo de disjunção diante dos modos huni kuĩ de pensar os seus desenhos. De qualquer forma, o processo de patrimonialização vai, assim, no sentido de fazer o Estado legitimar o "bem cultural" em nome de um interesse público, obrigando-o a ajudar na preservação e na reprodução do patrimônio cultural do Brasil, incluindo-se aí a divulgação e a facilitação do acesso a esse patrimônio.

A legislação sobre direitos autorais, por sua vez, tem sua história marcada por um esforço constante no sentido oposto: a Convenção de Paris (1883) e a Convenção de Berna (1886) tiveram entre seus objetivos restringir o acesso a obras artísticas ou a invenções aplicáveis na indústria, protegendo

15 Parece-nos que em documentos oficiais mais recentes há um favorecimento desta segunda definição. Assim, lemos no Manual de Aplicação do INRC: "a expressão 'referência cultural' tem sido utilizada sobretudo em textos que têm como base uma concepção antropológica de cultura, e que enfatizam a diversidade não só da produção material, como também dos sentidos e valores atribuídos pelos diferentes sujeitos a bens e práticas sociais. [...] Orientar um trabalho de preservação a partir da noção de "referência cultural" – tal como foi entendida neste texto – significa buscar formas de se aproximar do ponto de vista dos sujeitos diretamente envolvidos com a dinâmica da produção, circulação e consumo dos bens culturais" (Célia Maria et al., 2000, p.13, 19).

o direito de propriedade seus autores. A lei brasileira de Direito Autoral[16] opera segundo este sentido de propriedade, definida como o poder irrestrito de uma pessoa física ou jurídica sobre um bem por ela criado ou adquirido, dando a ela o direito para o uso e a disposição desse bem. Ela reconhece direitos exclusivos ao autor, que em seu artigo 11 define como "a pessoa física criadora de obra literária, artística ou científica".

Assim, no primeiro caso, a lei serviria para proteger (no sentido de garantir a permanência), mas também para difundir, espalhar, ampliar o acesso aos bens considerados pelo artigo 216 como "patrimônio cultural brasileiro". Como observa Coelho de Souza, "ela desempenha a função [...] de restringir o direito de propriedade de particulares em prol de interesses mais coletivos ou 'públicos'" (2010a, p.151). No segundo caso, a lei se exerce para restringir ou controlar o acesso a obras literárias, artísticas ou científicas, segundo os direitos exclusivos conferidos aos seus autores.[17]

IV.

Em 2012, contando com uma recém-estruturada Superintendência no Acre (criada em 2009), o Iphan retomou o diálogo com a Fephac, ampliando o escopo da conversa. Fez sucessivas reuniões com os principais atores indigenistas no estado, do governo e de fora dele, convidando também para as reuniões a presidente da Associação de Produtoras de Artesanato das Mulheres Indígenas Kaxinawá de Tarauacá e Jordão (Apaminktaj). No entanto, a retomada do pedido de registro não poderia se dar imediatamente, pois a diferença entre o que o Iphan oferecia e o que os Huni Kuĩ haviam pedido estava clara. Além disso, como de praxe, qualquer acesso àquilo que se entende por "conhecimento tradicional" depende hoje da obtenção da chamada "anuência prévia, livre e informada", o que, como mostra Carneiro da Cunha, está longe de ser uma questão simples (2009, p.335 e ss.). Afinal,

16 Lei n. 9.610/98.

17 Essa diferença poderia também ser compreendida a partir da diferença entre a ideia de "proteção", termo mais usado pela Organização Mundial da Propriedade Intelectual e pelo Instituto Nacional de Propriedade Industrial, e "salvaguarda", termo preferencialmente usado pelos órgãos ligados ao trabalho com a cultura, como a Unesco e o Iphan (cf. Carneiro da Cunha, 2005, p.16, 17).

em sociedades que puderam ser descritas como "contra o Estado", quem ou qual coletivo teria o poder de anuir a um projeto ou ação governamental em nome de todos os outros?

Seguindo a sugestão de José Carmélio Kaxinawá (atual presidente da Fephac) e outros, os membros da superintendência do Iphan resolveram que, uma vez que o pedido dos Huni Kuĩ havia sido feito há alguns anos, e dado que a sua motivação básica não ia ao encontro do trabalho do Iphan, seria adequado realizar um processo de consulta o mais abrangente possível. Estabeleceu-se assim um plano de trabalho para a realização de seis grandes "fóruns de consulta", nos moldes do que preconiza a Convenção 169 da Organização Internacional do Trabalho, ao término dos quais os Huni Kuĩ poderiam ou não optar pela continuidade do processo de registro do *kene* como patrimônio cultural imaterial brasileiro. Cada fórum aconteceria em uma das cinco regiões/rios nas quais se localizam as terras indígenas huni kuĩ: Jordão e alto Tarauacá, Tarauacá e Muru, Breu, Purus e Envira. Para consolidar um documento final, seria realizado um último fórum, com a participação de três representantes de cada terra indígena, escolhidos em cada uma dessas reuniões regionais.

O primeiro fórum de consulta foi realizado na aldeia São Joaquim, na Terra Indígena Kaxinawá do Baixo Rio Jordão, em dezembro de 2012. Foi a reunião com o maior número de presentes: haviam pelo menos três pessoas de cada uma das 35 aldeias huni kuĩ do Rio Jordão, além de representantes da Terra Indígena Kaxinawá Seringal Independência, no alto Tarauacá. O segundo fórum foi realizado na aldeia Vida Nova, na Terra Indígena Kaxinawá/Ashaninka do Rio Breu, em janeiro de 2013. Em fevereiro foi realizado o fórum na Terra Indígena Kaxinawá Praia do Carapanã, na aldeia Água Viva. Para esta reunião vieram muitos representantes, homens e mulheres, das terras indígenas Kaxinawá do Rio Humaitá, Kaxinawá da Colônia 27 e Igarapé do Caucho. Ainda em fevereiro aconteceu a reunião na aldeia Boca do Grota, na Terra Indígena Seringal Curralinho (ainda não demarcada). Nesta reunião estiveram presentes também pessoas vindas das terras indígenas Katukina/Kaxinawá, e Kaxinawá Nova Olinda. O quinto fórum foi realizado na aldeia Nova Mudança, com diversos representantes (em sua maioria homens) da Terra Indígena do Alto Rio Purus. Uma última reunião, destinada a esclarecer quaisquer dúvidas e a consolidar uma posição final, foi realizada novamente na aldeia Água Viva, na Terra Indígena Kaxinawá

Praia do Carapanã, em maio deste ano.[18] Para esta reunião, se deslocaram até a Praia do Carapanã três (e em alguns casos mais) representantes de cada terra indígena. Os únicos ausentes no último fórum foram os representantes das terras indígenas Kaxinawá do Baixo Rio Jordão, Kaxinawá do Alto Rio Jordão, e Kaxinawá Seringal Independência. Os motivos que os levaram a não participar dessa reunião não estão claros, mas pode ser que esta ausência proposital indique uma atitude política, uma espécie de "votar com os pés".

Apesar da relevante ausência dos representantes das terras indígenas do Rio Jordão, pode-se dizer que o processo de consulta pela anuência foi exitoso (inclusive porque os representantes ausentes já haviam dado sua anuência durante a primeira reunião na Terra Indígena Kaxinawá do Baixo Rio Jordão). Com efeito, seguindo um caminho aberto pela própria Fephac, o Iphan pôde produzir um grande sistema de representação, levando à formação de uma instância geral que anuiu à continuidade do processo de registro, dispondo de um certo nível de legitimidade. Produziu-se assim uma documentação (relatórios e cartas de anuência) que conferia realidade "jurídica" a um coletivo – os Huni Kuĩ do estado do Acre – que, na maior parte dos casos, existia apenas nos discursos indigenistas; ou, em outro sentido, virtualmente, como um horizonte relacional usado para pensar um coletivo por oposição aos "outros de fora", provenientes de outros grupos indígenas ou brancos.[19]

18 Em todos os fóruns estiveram presentes os três membros da equipe técnica (os quais estão entre os autores deste texto), um ou mais representantes da Superintendência do Iphan no Acre, e pelo menos um representante da Funai. No último fórum, além das pessoas mencionadas acima, estiveram presentes também o atual superintendente do Iphan no Acre, um representante do Departamento de Identificação e Documentação e uma representante da Coordenação Geral de Salvaguarda, ambos do Iphande Brasília, e os atuais coordenadores das Coordenações Regionais do Alto Purus e do Alto Juruá, da Funai.

19 Como Patrick Deshayes e Barbara Keifenheim mostraram, qualquer definição geral de um coletivo huni kuĩ se faz não pela designação de um conjunto fixo, mas pelo complexo jogo de oposição entre um "eu" e um "outro", modalizado pela dupla de modificadores *kuĩ* ou *kuĩ ma, kayabi* ou *bemakia* (2003, p.151-215 – aqui alteramos a grafia dos termos em *hãtxa kuĩ*, seguindo as convenções adotadas para esta língua no Brasil). Assim, um coletivo *huni kuĩ* só poderia ser definido por oposição a *huni kuĩ ma* (todos aqueles não huni kuĩ). Além disso, como se tem mostrado na etnologia amazônica nos últimos anos, os termos usualmente utilizados como etnônimos possuem um aspecto irredutivelmente pronominal, apesar de seu uso "substancializante" no cenário indigenista ou governamental (cf., por exemplo, Lagrou, 2007, p.141).

Esse tipo de processo, que naquele momento estava sob a moderação do Iphan, não é desconhecido para nenhum *huni kuĩ* acostumado a participar de trabalhos de educação escolar indígena ou das reuniões nas quais se discute a saúde indígena no estado. E, como vimos, as duas reuniões que engatilharam o diálogo com o Iphan estavam cheias de organizações, "funcionários" e representantes huni kuĩ, isto é, gente acostumada a jogar o jogo das associações e cooperativas. A própria Fephac foi criada, se não de fato ao menos de direito, como possibilidade de realização de uma estrutura comunicativa semelhante ao processo de consulta encadeado pelo Iphan. Se é verdade que acordos criam as suas próprias condições de possibilidade, e contratos e outras formas de troca criam os sujeitos que através delas se relacionam (Carneiro da Cunha, 2009, p.335), é também verdade que o Iphan não precisou criar muito, já que encontrou entre os Huni Kuĩ elementos suficientes para a produção das bases de um acordo de anuência em grande escala.

Como exemplos destes elementos, pudemos observar durante as reuniões sucessivas expressões de uma confiança espontânea nos processos de representação, que tornava razoavelmente não problemática a escolha de responsáveis por acompanhar os desenvolvimentos ulteriores do processo de registro. Observamos também a facilidade com que mulheres e homens nas aldeias confiavam suas assinaturas aos documentos que íamos redigindo, com a familiaridade de quem já havia participado inúmeras vezes na composição destes atos performativos necessários para o início de qualquer projeto governamental ou das associações indígenas. Além disso, como sugerimos acima, essa instância englobante de representação pôde ser preenchida também com um estofo que ressoa uma dimensão da sociologia huni kuĩ muito descrita pelos etnólogos que com eles estiveram: a diferença entre *nukũ yura* ("nosso corpo", usado para referir às pessoas que vivem juntas) e *huni kuĩ* (neste sentido, "gente como nós", usado para se referir a todos que falam a mesma língua, partilham um sistema onomástico etc.).[20] Constatamos assim o uso constante, por parte dos presentes nas reuniões, da expressão "povo huni kuĩ", para indicar os detentores últimos de qualquer direito sobre a "cultura", que não deveria ser atribuído apenas aos moradores de uma região ou aldeia específica.

20 Cf., por exemplo, Lagrou, 2011, p.754.

Devemos observar, no entanto, que os termos ou os atores colocados em cena – comunidade, técnicos do Iphan, membros da equipe técnica, representantes de governos municipais e estaduais, etc. – devem, em sua delimitação, mais aos conceitos governamentais do que aos conceitos huni kuĩ. Isto é, logo ao início de cada reunião, a lista das possíveis entidades representadas que pactuariam os acordos discutidos já estava relativamente fechada. O diálogo sobre a possibilidade de se registrar o *kene* como patrimônio cultural imaterial supunha que os Huni Kuĩ aceitassem este cenário, concordando em pensar, ao menos temporariamente, as formas de conhecimento relacionadas ao *kene* nos moldes propostos pelo Iphan.

Ainda sobre a questão da anuência, é interessante observar a recorrência de um mal-entendido inicial, que no geral demorava um pouco para passar. Em cada reunião, várias pessoas entendiam que o que começava ali era já o próprio processo de registro. O uso constante de gravadores e câmeras fotográficas, somado ao entendimento comum da palavra "registro" (como quando se fala em "registro audiovisual", por exemplo), contribuía para dar a impressão de que "o *kene* já estava sendo registrado". Se ali estavam os antropólogos e representantes do Iphan falando sobre registro do *kene*, ficava a dúvida: afinal, o que exatamente estava sendo perguntado aos Huni Kuĩ? Além disso, como em outros casos, especialmente em reuniões de anuência, a forma da pergunta tendia a pressupor o conteúdo da resposta. Este mal-entendido se mantinha durante as reuniões, dissipando-se apenas quando se contrapunham os objetivos expressos nas cartas enviadas pela Fephac e as explicações sobre os objetivos da política empreendida pelo Iphan. Alguns representantes huni kuĩ pareciam então compreender que o Iphan não poderia proteger o *kene* contra os usos considerados indevidos, e passavam a tomar como foco da discussão aquilo que os representantes da superintendência do Iphan chamavam de "salvaguarda".

V.

A ideia de "salvaguarda", levada pelo Iphan para as aldeias, foi também objeto de discussões nas quais as equivocações proliferavam. Em seu sítio eletrônico, o Iphan define "salvaguardar um bem cultural de natureza imaterial" como "apoiar sua continuidade de modo sustentável. É atuar no sentido da melhoria das condições sociais e materiais de transmissão e reprodução que possibilitam sua existência".[21] Facilmente, as lideranças *huni kuĩ* tomavam essa ideia como sinônimo da ideia geral de "projetos", onipresente no cenário indigenista acreano (isto é, processos de obtenção de financiamento para as ações e aquisições que são parte da "valorização" ou da "revitalização da cultura").

Preocupados com os impactos de tais mal-entendidos sobre os limites orçamentários de sua Superintendência, os representantes do Iphan procuraram deixar claro que o que os interessava era, mais do que comprar coisas ou pagar passagens, apoiar o reconhecimento e a valorização das artesãs e mestras do *kene*. Para isso contribuía a definição da "natureza imaterial" do objeto em discussão: o que o Iphan queria apoiar era, dizia-se, mais as formas de transmissão e de permanência do conhecimento e da cultura, e não aspectos materiais da produção. Quando perguntados sobre como isso seria feito, eles respondiam que caberia definir, através da realização de reuniões e de grupos de trabalho, um "plano de salvaguarda", que determinaria quais tipos de ação ou de apoio poderiam ser objeto de financiamento. Em especial, buscou-se inicialmente separar essas ações de valorização ou reconhecimento das artesãs da questão mais complexa e conflituosa da comercialização dos objetos produzidos com *kene*.

De uma maneira interessante, a questão acima elicitava pelo menos duas posições contrapostas, não obstante complementares. De um lado, lideranças masculinas e professores, que detinham a palavra na maior parte do tempo das reuniões, alegavam prontamente compreender a importância do registro do *kene* em um sentido próximo ao que era sempre destacado pelo Iphan: tratar-se-ia de formatar e fortalecer um trabalho de "valorização cultural" e de visibilização da "cultura" huni kuĩ para fora das aldeias. Neste sentido, o trabalho em parceria que nascia naquelas reuniões infletiria sobre a constituição de arranjos políticos e no fortalecimento da capacidade articuladora da própria Fephac. Além disso, a constituição do "inventário" e da pesquisa que instruiriam o pedido de registro poderia, segundo os professores huni kuĩ, ser pensada como parte dos trabalho de salvaguarda do *kene*,

21 Texto disponível em: http://www.iphan.gov.br/portal/montarPaginaSecao.do;jsessionid=9770F01A966571F82CF88AB503103548?id=12553&retorno=paginaIphan (acesso em: fev. 2014).

colaborando ainda com a produção de material didático e com a formação dos professores-pesquisadores.

Em oposição a esse entendimento, certamente bem recebido pelos representantes do Iphan, a maioria das artesãs e lideranças mulheres pareciam sistematicamente não compreender a proposta. Elas insistiam em enumerar como possíveis ações de salvaguarda a compra de roçadeiras, botas, barcos e outros utensílios e ferramentas úteis, bem como a construção de casas de artesanato nas aldeias. Parece-nos que essa diferença de compreensão aponta para uma diferença entre a agência masculina e a agência feminina nessas negociações. Os homens, falantes mais proficientes da língua portuguesa, e mais acostumados com os meios de negociação política com os *nawa*,[22] pensavam com mais facilidade no *kene* como "cultura", e assim se colocavam prontamente mais próximos da perspectiva oferecida pelo Iphan. As mulheres, por sua vez, produtoras de *kene*, diziam que qualquer auxílio deveria vir através de meios concretos para facilitar o seu trabalho. Para grande parte das artesãs, reuniões, rodas de conversa, oficinas, acordos políticos e etc. em pouco ajudariam na produção das situações domésticas necessárias para a aprendizagem do *kene*. É importante observar aqui que os desenhos *kene* são, desde a sua origem entre os huni kuĩ,[23] objetos do conhecimento feminino, e que as mulheres detêm sobre estes desenhos um direito inalienável. Assim, em certo sentido, elas buscavam estabelecer relações diretas com os *nawa* (diretas inclusive porque baseadas em trocas materiais), sem depender demasiadamente das formas masculinas de mediação política.[24]

---

22 *Nawa* é o termo que os Huni Kuĩ mais usam para se referirem aos brancos.

23 Os *kene* foram inicialmente obtidos por uma mulher, *Muka Bakãku*, da jiboia (nomeada no mito de origem dos desenhos como *Yube Dunuã Aĩbu*). Atualmente, diversos homens jovens são capazes de desenhar e produzir objetos decorados com *kene*, mas isto não parece conferir aos homens qualquer direito ou privilégio sobre os desenhos (para uma versão do mito de origem dos *kene*, seguida de uma discussão sobre essas relações de posse, cf. Lagrou, 2007, p.193 e ss.).

24 Seria interessante contrapor essa inflexão da diferença entre as agências masculinas e femininas, e especialmente a vontade das mulheres em estabelecer relações com os *nawa* através dos *kene*, à explicação proposta por McCallum acerca dessa mesma diferença. Simplificando o argumento de McCallum, diríamos que para a autora os homens são responsáveis pela captura dos elementos estrangeiros necessários para a produção da socialidade (sendo o estabelecimento de relações políticas umas das formas de se fazer isso), enquanto as mulheres cuidam da produção doméstica, ou da "domesticação" do mundo na aldeia (McCallum, 1999). Dessa forma, a autora afirma que "a agência masculina inclui manter relações de troca com o 'exterior', enquanto a feminina envolve transformações no 'interior'" (McCallum, 2000, p.391). A antropóloga Beatriz Matos, que trabalha junto aos Matsés, chamou-nos a atenção

Esta diferença de perspectiva tomou por vezes uma feição conflituosa durante as reuniões, ocasião em que as artesãs mais experientes acusavam os professores (em sua maioria homens) de terem sido os primeiros a "piratear" os *kene* para fora das aldeias. Segundo elas, os primeiros professores insistiam muito para que elas desenhassem em seus cadernos os grafismos, que eles levavam orgulhosos para os cursos de formação, exibindo-os como produtos de sua pesquisa. A esse tipo de acusação, os professores e lideranças masculinas respondiam que certamente o *kene* é um conhecimento feminino, especificamente das *aĩbu keneya* (mulher que possui os desenhos), mas que é, antes disso, "cultura" *huni kuĩ*: não fazia sentido deixá-lo escondido. Professores e lideranças jogavam assim com o sentido coletivizador da "cultura", sobrepondo um regime coletivo à rede de direitos diferenciais, marcada por acordos, relações de parentesco e transmissões pessoais (cf. Carneiro da Cunha, 2005, p.21; 2009, p.363). Para as lideranças masculinas, mais do que pedir coisas ao Iphan, cabia insistir para que o processo de patrimonialização ajudasse a tornar os *kene* visíveis, atribuindo-lhes a autoria dos desenhos, e possibilitando-os ganhar dinheiro e produzir mais conexões com pessoas e grupos de fora das aldeias.

Vale a pena relatar brevemente a explicação dada por José de Lima Yube, assessor especial para assuntos indígenas do Governo do Estado do Acre, para a diferença explicitada entre as mestras do *kene* e os professores huni kuĩ. Segundo José de Lima, esta oposição entre mestras artesãs e homens professores poderia ser compreendida a partir da intervenção de um dos pioneiros do indigenismo no Acre, *Txai* Terri de Aquino. Quando Terri iniciou seus trabalhos no Rio Jordão, uma das filhas do velho Sueiro, Erundina, pediu para que ele ajudasse a obter financiamento para o seringal Fortaleza junto aos bancos que então financiavam a retomada da produção de seringal nos interiores do Acre. Sem outra alternativa, Terri teria se inspirado em um livro sobre a "cultura material kaxinawá" escrito pelo antropólogo Kenneth Kensinger (entre outros),[25] propondo ao velho Sueiro e às suas parentes

para esta diferença, um dos temas sobre os quais trabalhou em sua tese de doutorado. Paulo R. N. Ferreira (2010) observou também que a inserção dos *kene* no currículo das escolas se apresenta como uma forma de dotar as mulheres de uma posição privilegiada em um dos principais focos de relação com os brancos e suas instituições governamentais.

25 Trata-se do livro escrito por Kensinger e outros, e organizado por Jane Powell Dwyer, *The Cashinahua of Eastern Peru*, publicado em 1975.

mulheres que produzissem objetos variados, como aqueles mostrados no livro. O velho Sueiro teria ficado animado com a ideia, e as mulheres teriam conseguido juntar uma coleção grande de objetos, que foi comprada pela Universidade Federal do Acre. Essa teria sido a primeira fonte de financiamento para colocar uma cooperativa huni kuĩ em movimento, dando marcha aos diversos projetos conduzidos no sentido da autonomia territorial dos *huni kuĩ* do Jordão. As artesãs que "dominaram" a conversa durante as reuniões de anuência eram justamente essas filhas, netas e sobrinhas das mulheres que então se colocaram a produzir objetos já quase deixados de lado, e assim viram na prática como tal produção poderia ser o canal para o estabelecimento de uma relação diferente com os brancos. O princípio motivador dessa produção era justamente a aquisição das mercadorias que a cooperativa forneceria aos Huni Kuĩ, libertando-os da necessidade de endividar-se com os brancos.[26]

Assim torna-se compreensível que as artesãs mais antigas estranhassem agora a mensagem contraditória que lhes era trazida durante as reuniões, de que todos aqueles objetos que elas produziam desenhados com *kene* não interessavam mais pela possibilidade de venda ou troca, mas antes porque deveriam simbolizar uma "cultura".

VI.

Para terminar este texto, gostaríamos de levantar ainda algumas questões. Caberia perguntar sobre a possibilidade do Iphan atuar realmente sobre "as condições sociais e materiais de transmissão e reprodução" dos *kene*. Pois, com efeito, na aprendizagem da arte dos *kene*, as mulheres por vezes

26 Deshayes e Keifenheim relatam que os Huni Kuĩ habitantes do Rio Curanja, no Peru, trocavam inicialmente peles e outros artigos pelas desejadas mercadorias dos brancos. No início dos anos 1980, entretanto, este tipo de comércio foi se tornando mais raro, obrigando os Huni Kuĩ a buscarem outros meios de troca. Neste contexto, Richard Montag, missionário do Summer Institute of Linguistics que então vivia entre eles, teria dado início à fundação de uma cooperativa, com o objetivo de levar mercadorias mais baratas para as aldeias (Deshayes; Keifenheim, 2003, p.14-15). Em contraste com a situação que relatamos aqui, os autores enfatizam que os *Huni Kuĩ* intencionalmente não trocavam objetos culturalmente relevantes por mercadorias, mas apenas peles de animais e outras coisas que não tinham muita importância (2003, p.50-51).

recorrem a expedientes que dificilmente seriam compreendidos pelos órgãos governamentais senão como expressões de uma "cultura".

Por exemplo, o costume de pingar o sumo de certas folhas no olho da aprendiz, como o *bawe*, o *manipei keneya* ou o *dunu make*, para acelerar o aprendizado das meninas (Carneiro da Cunha; Almeida, 2002, p.595; Lagrou, 2007, p.206). Além dos meios de aquisição, a própria definição *huni kuĩ* do conhecimento desafia a dicotomia "material" e "imaterial", nuclear no esquematismo conceitual com o qual o Iphan opera, apesar de suas tentativas de superá-lo no INRC. Como outras formas de conhecimento, a arte do *kene* é pensada pelos Huni Kuĩ como residindo no corpo, no caso primordialmente nos olhos e nas mãos da artesã, instâncias que devem ser objeto de uma construção cotidiana, e que por isso teriam pouca relação com as ações do Iphan. Trata-se da bem conhecida "teoria do corpo que conhece" huni kuĩ, classicamente descrita por Kensinger (1995, p.237-246), e posteriormente estendida por muitos antropólogos ao conjunto das sociedades amazônicas. Segundo Kensinger, *una* (conceito huni kuĩ que poderia ser usado para traduzir "conhecimento") é aquilo que o corpo adquire pela experiência ou pela vivência. Grande parte do conhecimento necessário para a feitura dos roçados, por exemplo, estaria acumulada nas mãos dos trabalhadores (*mekẽ una*), uma vez que a mão é a parte do corpo mais diretamente relacionada com o trabalho de limpeza, derrubada etc. para o plantio das roças (Kensinger, 1995, p.239). Da mesma forma, o conhecimento relacionado à ambientação do corpo, como saber prever um dia frio, ou quando esperar chuva forte, ou ainda o conhecimento sobre o sol e o vento enquanto condições climáticas, é pensado como um conhecimento da pele (*bixi una* – Kensinger, 1995, p.240).

Coelho de Souza observou que o problema nesse tipo de negociação não reside simplesmente em objetificar uma cultura, o que de resto é, em geral, uma das condições do exercício antropológico (2010a, p.152). O problema está mais na conformação da objetificação segundo o modelo de patrimônio e de propriedade que preside a discussão acerca do registro de bens culturais. Como também mostrou Gallois para o caso wajãpi, nas discussões sobre patrimonialização há uma tendência ao fechamento do discurso sobre o conhecimento como "bem", e assim como expressão intimamente ligada a uma cultura coesa e a uma identidade criadora (Gallois, 2012).

Entretanto, não se pode negar que existam forças atuando em um sentido inverso ao desta modalização do debate. Há um englobamento de toda a discussão na dinâmica política própria dos Huni Kuĩ, que submete a discussão aos meandros das alianças e das oposições políticas entre os diversos grupos presentes em cada uma das terras indígenas. Além disso, os Huni Kuĩ, como poderíamos esperar, escolhem metáforas (ou, no caso, metonímias) um pouco diferentes para as suas próprias objetificações ou produções de "cultura". Em língua hãtxa kuĩ, há pelo menos três termos amplamente usados para falar de políticas de "revitalização cultural": *beya xarabu*, que se traduz comumente por "cultura" ou por "conhecimentos" (sendo *beya* um termo normalmente usado para designar as festas); *mimã xarabu*, cuja tradução comum é "artesanatos"; e *mimawa xarabu*, que podemos traduzir por "muitas músicas", ou "todas as músicas". Nestes três casos, os termos escolhidos para falar da "cultura" exemplificam práticas ou saberes específicos, não se colocando assim como uma totalidade representada ou significada por um artefato ou ação. Não há, nestes casos, uma ênfase sobre a relação significativa ou de "querer dizer" entre "bens" ou "patrimônios" mais ou menos coletivos e culturas compartilhadas, ou identidades sociais. Como observou Cesarino, para os *kene marubo*, o desenho produz pessoas e não aponta para referentes objetivos (Cesarino, 2012, p.106) ou externos a ele. Dessa maneira, ele importa mais pelo que faz do que pelo que quer dizer.

Como forma de produzir pessoas e relações, um dos focos do interesse indígena na discussão sobre esses conhecimentos está em determinar ou explicar caminhos de circulação legítima, como no caso Wajãpi mostrado por Gallois (2012). E, de certo modo, garantir uma ampla circulação legítima é uma das promessas do Iphan, ou ao menos assim os Huni Kuĩ pareceram compreender.

Dessa forma, pudemos observar durante as reuniões a preocupação acerca da legitimidade da circulação dos *kene*: mais do que restringir o uso, parece que o que importa é obrigar aqueles que usam um objeto decorado com *kene* a reconhecerem que este só poderia ter sido adquirido de uma mulher artesã huni kuĩ. Assim, interessa aos Huni Kuĩ a promessa do Iphan, de "carimbar" sobre os desenhos que circulam longe das aldeias alguma marca de sua origem, em consonância com a segunda carta que analisamos no início deste texto. Parece-nos que essa marca deseja mais potencializar as capacidades de conexão possibilitadas pelo conhecimento, baseadas em formas de mediação e de transmissão, do que relações identitárias ou de propriedade intelectual (Gallois, 2012, p.36). Talvez um dos principais frutos dessas reuniões tenha sido a validação de experiências ocorridas durante os encontros e as negociações. Desse ponto de vista, o que o registro proporcionaria não seria propriamente garantir meios de transmissão de um saber, de resto dependente de processos muito alheios às ações do Iphan, mas antes o estabelecimento ou a extensão de redes de relações cada vez maiores. Mesmo as demandas insistentemente colocadas pelas mulheres apontam mais nesse sentido: que elas sejam as emissoras e as receptoras desses objetos que relacionam.

Referências bibliográficas

AQUINO, T. V. de. Prefácio. In: WEBER, I. *Um copo de cultura*. Rio Branco: Edufac, 2006, p. 17-27.

BELAUNDE, L. E. Diseños materiales e inmateriales: la patrimonialización del *kené* shipibo-conibo y de la ayahuasca en el Perú. *Mundo Amazônico*, n.3, p. 123-146, 2012.

CARNEIRO DA CUNHA, M.; ALMEIDA, M. (Orgs). Verbete "Jiboia". *Enciclopédia da Floresta*. São Paulo: Companhia das Letras, 2002, p. 592-597.

CARNEIRO DA CUNHA, M. Introdução. *Revista do Patrimônio Histórico e Artístico Nacional*, n. 32, p. 15-27, 2005.

______. "Cultura" e cultura: conhecimentos tradicionais e direitos intelectuais. *Cultura com aspas*. São Paulo: Cosac Naify, 2009, p. 311-373.

CESARINO, P. de N. A escrita e os corpos desenhados: transformações do conhecimento xamanístico entre os Marubo. *Revista de Antropologia*, v.55, n.1, p. 75-137, 2012.

COELHO DE SOUZA, M. S. A cultura invisível: conhecimento indígena e patrimônio imaterial. *Anuário Antropológico*, 2010a, p. 149-174.

______. A vida material das coisas intengíveis. In.: COFFACI, E. L.; COELHO DE SOUZA, M. S. (Orgs). *Conhecimento e Cultura*. Brasília: Athalaia, 2010b, p.97-118.

CORSINO, C. M.; LONDRES, C.; ARANTES NETO, A. A. *Manual de aplicação do Inventário Nacional de Referências Culturais*. Iphan, 2000 (disponível em: http://www.iphan.gov.br/baixaFcdAnexo.do?id=3275).

DESHAYES, P.; KEIFENHEIN, B. *Pensar el otro*: entre los Huni Kuin de la Amazonía peruana. Trad. Balbina Vellejo. Lima: Ifea & Caap, 2003.

FERREIRA, P. R. N. *Na remenda do céu com a terra*: escolas diferenciadas não são huni kuĩ. Dissertação (Mestrado em Antropologia Social), Universidade Federal do Paraná, Curitiba, 2010.

______. Espaços de homens e conceitos de mulheres: o feminino em escolas Kaxinawá (Huni Kuĩ).In.: COFFACI, E. L.; COELHO DE SOUZA, M. S. (Orgs). *Conhecimento e Cultura*. Brasília: Athalaia, 2010, p. 141-165.

GALLOIS, D. T. Os Wajãpi em frente de sua cultura. *Revista do Patrimônio Histórico e Artístico Nacional*, n. 32, p. 110-129, 2005.

_______. Culturas indígenas e processos de patrimonialização. In: SILVA BARROS, B.; LÓPEZ GARCÉS, C. L.; PINTO MOREIRA, E. C.; FERREIRA PINHEIRO, A. S. (Orgs). *Proteção aos conhecimentos das sociedades tradicionais*. Belém: Museu Paraense Emílio Goeldi, 2007, p. 259-264.

_______. Donos, detentores e usuários da arte gráfica *kusiwa*. *Revista de Antropologia,* v.55, n.1, p. 19-49, 2012.

KENSINGER, K. *How real people ought to live*. Illinois: Waveland Press, 1995.

LAGROUS, E. *A fluidez da forma*: arte, alteridade e agência em uma sociedade amazônica (Kaxinawá, Acre). Rio de Janeiro: Topbooks, 2007.

_______. O que nos diz a arte Kaxinawá sobre a relação entre identidade e alteridade?. *Mana,* v.8, n.1, p. 29-61, 2002.

_______. Existiria uma arte das sociedades contra o Estado?. *Revista de Antropologia,* v.54, n.2, p. 747-780, 2011.

_______. Linhas, duplos e peles – a arte e seus diferentes suportes. Texto apresentado no Seminário MIRA: Artes Visuais Contemporâneas dos Povos Indígenas, em Belo Horizonte, no dia 17 de junho de 2013.

MANÁ, J. de L. *Nukũ Kene Xarabu*. Rio Branco: Comissão Pró-Índio do Acre, 2008.

MCCALLUM, C. Aquisição de gênero e habilidades produtivas: o caso Kaxinawá. *Estudos Feministas,* v.157, n.1 e 2, p. 157-175, 1999.

_______. Incas e nawas. Produção, transformação e transcendência na história kaxinawá. In: ALBERT, B.; RAMOS, A. *Pacificando o branco*: cosmologias do contato no Norte-Amazônico. São Paulo: Unesp, 2000, p. 375-398.

MILEO, B. A. P.; SOARES, G. A. A cultura tradicional e o direito autoral. In: MOREIRA, E.; BELAS, C. A.; BARROS, B.; PINHEIRO, A. (Orgs.). *Propriedade intelectual e patrimônio cultural*. Belém: Cesupa/MPEG, 2004, p. 177-193.

VIVEIROS DE CASTRO, E. Perspectival anthropology and the method of controlled equivocation. *Tipití,* v.2, n.1, p. 3-22, 2004.

YUBE, J. de L. (diretor). *Kene yuxi – As voltas do kene*. Vídeo nas Aldeias, 2010. DVD (48 min.).

9
A descoberta da cultura pelos Maxakali e seu projeto de pacificação dos brancos[1]

Marina Guimarães Vieira

Introdução

Há algum tempo, a antropologia vem assistindo à apropriação, por parte de diversos agentes, de um de seus maiores patrimônios, a noção de cultura. Esta seria uma daquelas categorias "de ida e volta" que, ao ser adotada e renovada na periferia, tornou-se argumento central na reivindicação de terras e outros direitos na América e alhures. Colocam-se então diversos problemas etnográficos, que poderiam ser resumidos na questão de como se daria a "indigenização da cultura", fenômeno para o qual Sahlins chamou a devida atenção (cf. Carneiro da Cunha, 2009). É justamente a apropriação Maxakali da noção de cultura que pretendo perseguir aqui.

Os grupos conhecidos como Maxakali usam o termo *Tikmu'un*[2] como autodenominação, e são falantes de uma língua classificada pelos linguistas (cf. Urban, 2002) como pertencente ao tronco Macro-Jê. O território

---

1 Esse artigo apresenta os resultados da pesquisa de campo realizada entre os meses de maio, junho e julho de 2013, em diversas aldeias localizadas nas três Terras Indígenas habitadas pelos Maxakali, com financiamento da Fundação Ford, através do projeto "Efeitos da proteção de direitos intelectuais e culturais sobre povos e conhecimentos tradicionais: estudos de caso no Brasil", sediado no Centro Brasileiro de Análise e Planejamento (Cebrap) e coordenado pela professora Manuela Carneiro da Cunha. Agradeço a Pedro Cesarino e Manuela Carneiro da Cunha pela leitura e comentários valiosos que, por falta de tempo, não puderam ser bem aproveitados aqui. Toda a argumentação é de minha inteira responsabilidade.

2 Para as palavras em Maxakali, sigo a grafia adotada nas publicações mais recentes de autoria indígena. Devo observar que há variações de obra para obra.

tradicionalmente ocupado por esses povos compreende uma vasta região correspondente hoje aos estados de Minas Gerais, Bahia e Espírito Santo. Atualmente, a população Maxakali soma aproximadamente 2.000 pessoas. A maior parte delas habita a Terra Indígena Maxakali (5.305 ha.), que possui diversas aldeias dispersas em duas glebas conhecidas como Pradinho, próxima ao município de Bertópolis, Minas Gerais, e Água Boa, no município de Santa Helena de Minas. Em 2005 graves conflitos levaram ao deslocamento de alguns grupos Maxakali, aproximadamente 300 pessoas, que hoje vivem em duas diferentes Terras Indígenas: Aldeia Verde (522 ha.), localizada no município de Ladainha, Minas Gerais, e Cachoeirinha (606 ha.), no município de Teófilo Otoni, também em Minas.

A partir da criação da ortografia ou escrita Maxakali pelo casal de missionários Frances e Harold Popovich, entre os anos 1960 e 1970, os Maxakali inauguraram uma nova forma de relação com os brancos. No início da década de 1980 foram formados monitores indígenas bilíngues e iniciado o processo de alfabetização nas aldeias através do uso de cartilhas produzidas pelos missionários e usadas nas escolas implantadas pela Funai. A partir de 1995, os Maxakali passaram a contar com escolas indígenas diferenciadas, gerenciadas e financiadas pela Secretaria Estadual de Educação de Minas Gerais, em Convênio com a Universidade Federal de Minas Gerais (UFMG). Em 2006, a primeira turma de professores Maxakali ingressou no curso de Formação Intercultural de Educadores Indígenas (Fiei), de nível superior, oferecido pela Faculdade de Educação da UFMG. Desde a implantação das escolas indígenas diferenciadas até hoje, vários projetos relacionados à pesquisa, documentação e divulgação da cultura foram desenvolvidos por pesquisadores não índios e pesquisadores Maxakali, resultando na produção de diversos tipos de material didático bilíngüe, livros de cantos e mitos, CDs e filmes. Nos últimos dez anos, a intensidade da interação entre os Maxakali e instituições como universidades, o Museu do Índio, ONGs e outras aumentou significativamente.

A escrita, a escola e dois novos tipos de branco

Em trabalhos anteriores (cf. Vieira, 2006, 2010) sugeri, a partir da etnografia, que assim como os cantos xamânicos são usados pelos Maxakali para pacificar os espíritos, a escrita é usada para pacificar os brancos. As relações guerreiras ou de aliança mantidas no passado com os povos estrangeiros, incluindo os *yãmiyxop* (traduzidos pelos Maxakali como espíritos), e os *ãyuhuk* (brancos), seriam então atualizadas no plano da cosmologia e do pensamento, nos contextos do ritual e da escola. Foram analisadas as analogias entre o *minkuin* (instrumento mnemônico utilizado para o aprendizado dos cantos xamânicos, chamado pelos Maxakali o ABC dos antepassados) e a escrita, entre o *kuxex*[3] (casa de religião) e a escola, entre o xamã e o professor, e tantas outras feitas pelos próprios Maxakali.

O discurso mítico Maxakali sobre a distinção entre eles e os brancos através do *domínio* (cf. Viveiros de Castro, 1996; Fausto, 2008) de diferentes armas (arco e flecha x espingarda), técnicas (canto x escrita) ou fontes de alimento (caça x criações),[4] pode ser compreendido como uma forma de antropologia Maxakali sobre os brancos ou, nos termos de Roy Wagner (1981), como uma antropologia reversa. Os Maxakali vêm utilizando a escrita e a escola para a produção, num primeiro momento, de um conhecimento *sobre* os brancos – tal como antropólogos – e, num segundo momento, de um discurso *para* os brancos – tal como missionários – usado como estratégia de pacificação dos brancos.[5]

Anos atrás, quando mostrei minha monografia para o xamã Totó Maxakali, ele comentou: "Aroldo (o missionário) também escreveu uma cartilha". Ele se referia ao Novo Testamento, traduzido para o Maxakali. De forma semelhante, Manoel Kelé Maxakali contou-me que muitos anos atrás fez uma viagem ao Rio de Janeiro junto de um padre e levou as cartilhas escritas pelo missionário, "para os brancos que moram longe ficarem conhecendo os Maxakali". As cartilhas de alfabetização e a bíblia (um livro que conta a

3 Os Maxakali traduzem *kuxex* por "casa de religião", e quando falam em português dizem o *kuxex*. Alguns pesquisadores têm optado por escrever a *kuxex*, mas optei por manter a forma como os Maxakali a designam.

4 Viveiros de Castro (1996) colocou em discussão o tema dos donos ou mestres, que ganhou diversos desenvolvimentos entre os etnólogos americanistas.

5 Em várias narrativas (cf. Vieira, 2006, p. 164), os Maxakali associam a apropriação da escrita aos missionários e a conquista da escola aos últimos e principalmente aos antropólogos, que participaram dos primeiros momentos do processo construção de escolas indígenas diferenciadas. Missionários e antropólogos seriam, para os Maxakali, dois tipos de brancos com quais puderam inaugurar novas relações, diferentes dos colonizadores, administradores ou fazendeiros, tipos agressivos que não se interessam em aprender a língua indígena e em estabelecer uma relação de troca de conhecimentos.

história dos brancos) foram as primeiras obras escritas em língua indígena e parecem consistir, para os Maxakali, na ideia do que vem a ser um livro: algo que carrega histórias sobre um povo, algo que pode informar sobre um povo não para si mesmo, mas para os outros, podendo atuar na transformação desses outros em aliados ou, como dizem os missionários, em irmãos. Alguns professores maxakali me disseram que queriam escrever a "bíblia Maxakali". Quando eu perguntava em que língua essa bíblia seria escrita, eles respondiam: "tem que escrever em Maxakali e em português, para *ãyuhuk* (branco) ver que nós temos língua e história".

Em 2005, quando os professores Maxakali manifestaram esse desejo, pelo menos três livros bilíngues e uma cartilha de alfabetização já tinham sido produzidos por eles em parceria com a Secretaria Estadual de Educação de Minas Gerais. Nos anos seguintes alguns outros livros foram produzidos no âmbito dos cursos de formação e de projetos de documentação. Entre eles destacam-se três exemplares acompanhados de CDs que apresentam um grande volume de transcrições e traduções de mitos e, principalmente, cantos xamânicos.[6] Diferentes projetos ensejaram também a produção de ensaios fotográficos e filmes de autoria indígena, além de exposições, lançamentos e atividades em eventos com a participação de vários Maxakali.

No primeiro semestre de 2013, parti para o campo me perguntando se esses livros bilíngues de cantos e mitos seriam a realização da "bíblia Maxakali", da qual falavam os professores indígenas. Tinha o intuito de buscar compreender quais seriam, do ponto de vista maxakali, os efeitos dos diversos projetos em sua relação com os *ãyuhuk*, ou ainda, em seu projeto de pacificação dos brancos.

Livros e rituais

Logo que encontrei em Água Boa o professor indígena Joviel, que tinha me falado sobre a "bíblia Maxakali" e participou da produção de um grande

---

6 As publicações aqui referidas são resultantes de diferentes projetos e constam nas referências bibliográficas.

livro de cantos e mitos,[7] perguntei se ele achava que tinha alcançado seu objetivo. Ele respondeu que aquele livro era sim a "bíblia Maxakali", que agora estava sendo lida pelos *ãyuhuk*, mas que ainda faltava escrever várias bíblias com outros cantos e histórias. Contou que no mês seguinte iria para Belo Horizonte, para trabalhar, escrever e fazer muitos desenhos. Comentou que alguns Maxakali foram ao Museu do Índio para "representar" *yãmiyxop*,[8] e expressou o desejo de fazer ele também essa viagem.

Em Água Boa, fui hospedada na aldeia do professor João Bidé Maxakali. Em sua companhia, visitei todas as aldeias, inclusive as de Pradinho. Em cada aldeia, assim como fiz nas outras áreas Maxakali, eu explicava que estava fazendo uma avaliação participativa dos projetos culturais e educacionais para o Cebrap, e que gostaria de saber especialmente sobre os livros, filmes e exposições produzidos recentemente. No geral, os moradores das aldeias que não participaram ativamente do processo de produção de tais itens e eventos não sabiam do que eu estava falando, diziam nunca ter visto esses livros ou filmes. Muitos disseram que ficaram de fora porque sua aldeia não tem professor e nem escola, e lamentavam o fato de estarem, em suas palavras, "ficando para trás". Solicitavam a realização de projetos em suas aldeias para a construção de escolas, de casas, para a compra de roupas e principalmente de alimentos e animais (principalmente bois) para a realização de rituais. Outros diziam que não queriam "nem saber de conversar sobre projeto", pois muitas pessoas já tinham passado por lá fazendo promessas não cumpridas.

É importante observar que os grupos locais Maxakali são extremamente fluidos; deste modo, a configuração das aldeias muda de acordo com as alianças ou rompimentos entre os grupos de parentes. As famílias se agregam em aldeias para realizar os *yãmiyxop*, rituais onde os espíritos visitam os Maxakali, compartilhando com eles cantos, danças e alimentos, atingindo assim o estado *hitup* do bem viver, da saúde, alegria e harmonia entre os parentes. Os

7 *Cantos e histórias do Gavião-Espírito/Mõgmõka yõg Kutex xi Ãgtux*. Ver referências bibliográficas, Tugny, 2009a.

8 Para melhor compreensão do leitor, devo observar que o termo *yãmiyxop* é igualmente empregado pelos Maxakali para designar o que traduzem por espíritos, os cantos xamânicos e os rituais, dependendo do contexto. A multiplicidade de sentidos desse termo tem importantes implicações, que deverão ser discutidas em um trabalho ulterior, dadas as limitações deste artigo.

cantos xamânicos trazidos pelos *yãmiyxop* são propriedade de determinadas pessoas. Os Maxakali dizem, por exemplo, "esse canto de *mõgmõka* (espírito gavião) é de Totó", o que indica algo como uma propriedade compartilhada entre o *yãmiy* e a pessoa Maxakali. Na verdade, o que a pessoa Maxakali parece dominar é a relação com o *yãmiy* portador do canto, é a capacidade de chamá-lo a cantar nos rituais.

Assim, quanto mais famílias e xamãs um líder agregar, maior será a frequência e a opulência dos rituais em sua aldeia. Da mesma forma, um professor precisa atrair famílias aliadas para que o número de alunos justifique a construção de uma escola, ou sua permanência no cargo. Seguindo essa lógica, uma grande aldeia, capaz de realizar grandes rituais, atrairá os pesquisadores e a atenção dos órgãos responsáveis pela formação de professores indígenas. Grande parte das gravações que subsidiaram a produção de livros, CDs e filmes foram realizadas em uma aldeia de Pradinho, que chegou a reunir, entre 2008 e 2010, quase 500 pessoas, praticamente toda a população dessa gleba na época. Quando visitei essa aldeia e fui conversar com seu líder sobre a realização dos projetos de documentação e as perspectivas de novos projetos, ele disse:

> Muitos pesquisadores vieram aqui, tiraram fotos, filmaram, fizeram livros, e eu não ganhei nada, não adiantou nada. Agora eu só vou aceitar projeto se o pesquisador já chegar com o dinheiro pra mim, porque aqui é igual com o comerciante, a pessoa pega uma feira fiado, aí diz que vai pagar outro dia, aí pega mais uma feira, vai enrolando, não paga nunca. Eu não vou mais fazer projeto fiado.

Perguntei se não tinha sido bom fazer os livros para as crianças aprenderem os cantos, e ele disse "não adiantou nada, eu quero ver o dinheiro". Devo observar que essa aldeia vinha sendo abandonada por grande parte dos antigos moradores, o que deu origem a duas novas aldeias, que passaram a sediar processos relacionados a projetos culturais. Este fato pode ter motivado a postura do líder da aldeia citada sobre a realização de projetos "fiado".

Pelo que me relataram os Maxakali, os livros produzidos no âmbito de diferentes projetos foram distribuídos entre algumas pessoas que participaram diretamente das atividades e alguns exemplares foram deixados sob a guarda de professores nas aldeias que contam com escolas, mesmo aquelas onde as pessoas não participaram da produção das obras. No entanto, apenas em Aldeia Verde pude testemunhar um maior manuseio de um livro de autoria Maxakali, motivado talvez pela presença, em julho de 2013, de cinco pesquisadores não índios, ligados a diferentes projetos. Essa área recente, de extensão muito reduzida (522 ha.), passa a sensação de constituir uma única aldeia, mas é na verdade subdividida em diferentes grupos locais com seus próprios líderes. É marcada pela liderança feminina, que tem sido capaz de agregar os diferentes grupos em torno de uma associação ou sob a rubrica de comunidade, produzindo uma paisagem de unidade, necessária à atração dos mais variados tipos de projetos culturais e educacionais.[9]

Durante minha estadia em Aldeia Verde, várias pessoas, principalmente os jovens, os pesquisadores e professores indígenas, se mostraram muito solícitos e organizados na busca de atender às demandas dos muitos pesquisadores *ãyuhuk* em campo. As pessoas em geral se mostravam satisfeitas com a atenção dispensada pelos *ãyuhuk* a sua comunidade, e alguns contavam alegremente sobre as viagens que fizeram a diferentes cidades, para participar da produção de obras, de lançamentos e exposições. Observaram que em alguns casos os livros eram vendidos e a verba destinada à associação, que traria o "retorno" para a comunidade. Fausto (2008, p.355) observa que, entre os Kuikuro, com a proliferação de objetos de maior valor, aquilo que é particular passou a ser distinto dos objetos da comunidade, sendo que estes últimos pertencem ao chefe sem serem de seu domínio privado. Parece-me ser também dessa forma que os Maxakali entendem os bens da comunidade, sendo a associação algo que estaria inteiramente sob o domínio e responsabilidade de seu presidente. Mas nem por isso o usufruto dos bens da associação pode adquirir caráter privado; do líder espera-se generosidade.

A nova configuração da associação parece funcionar entre os Maxakali da mesma forma que a aldeia e a escola.[10] Deve haver um dono ou líder capaz de agregar moradores, alunos ou associados. Se estes se sentirem descontentes, não tentarão derrubar o líder, mas se afastarão, mudando-se ou deixando de participar das aulas ou reuniões. Essa mesma dinâmica se aplica aos projetos e seus proponentes *ãyuhuk*. Se antes os presentes que eu levava deveriam ser destinados aos meus anfitriões mais próximos, que me

9 Nesse sentido, Gallois (2005, p.114) observa que a necessidade de demonstrar uma unidade étnica e política diante da lógica dos projetos é um dos maiores desafios enfrentados pelos Wajãpi, o que parece ser uma questão complicada para os povos indígenas em geral.

10 Sobre o tema, ver Alvares (1999) e Vieira (2004, 2006, 2010).

abrigavam e alimentavam, hoje os pesquisadores precisam seguir uma nova lógica que vem se desenvolvendo nas aldeias que se acostumaram a sediar projetos com uma dinâmica bem diversa daquela da pesquisa etnográfica realizada individualmente. Os presentes precisam ser distribuídos de modo equitativo e algo impessoal, para que todas as famílias compareçam às reuniões e concordem em se engajar nas atividades que se espera que sejam propostas, sejam elas rituais a serem documentados ou oficinas de produção de textos.

Os cantos, a pessoa e a cultura[11]

Para os Maxakali, humanos, animais e espíritos distinguem-se não em essência, mas através dos bens culturais atribuídos pelo demiurgo *topa* ou adquiridos através de eventos relacionais. As características corporais são conhecimentos que definem o *koxuk* (alma, imagem, sombra)[12] de cada sujeito. Os mitos falam de apetrechos como o chapéu vermelho do pica-pau, que vem a ser o conhecimento do fogo.[13] No cotidiano, os Maxakali fazem comentários como "a cobra coral gosta de pintar de vermelho, preto, e branco". Assim, o *koxuk* é imagem, mas pode também ser glosado como alma. Mas alma aqui, como entre outros grupos ameríndios, remete a uma potencialidade transformacional, a uma capacidade de produzir um outro corpo.[14]

Esses bens culturais – alimentos, cantos, danças, adereços, roupas, pinturas, instrumentos e técnicas específicas – devem ser entendidos como conhecimentos que podem ser doados, tomados, trocados ou perdidos, como contam os mitos. Em um trabalho anterior (Vieira, 2006), busquei compreender como ocorrem entre os Maxakali alguns processos de "predação ontológica" (Viveiros de Castro, 2002) a partir de um mito[15] que conta como

11 A questão da relação entre a noção de pessoa e a noção de propriedade entre os Maxakali, aqui apenas anunciada, deverá ser mais bem investigada e desenvolvida em trabalhos futuros.
12 Conforme o *Dicionário Maxakali – Português* (Popovich; Popovich, 2005).
13 Ver uma versão do mito em "The Sun and the Moon, a Maxakali Text" (Popovich, 1971).
14 Ver discussão sobre o tema feita por Vilaça (2002, 2005), entre outros.
15 Ver o mito contado a mim por João Bidé Maxakali (Vieira, 2006, p.129-130).

o *yãmiy putuxop* (papagaio) foi adquirindo os cantos dos "reis" dos animais que ele matava e comia.

Deve-se notar que os cantos pertenciam não a animais comuns, mas aos "reis" de coletivos animais. Hoje os Maxakali indicam as relações de maestria ou domínio de uns animais sobre outros. O ancião e xamã Totó Maxakali explicou-me que Topa é o dono de tudo no mundo, e designou alguns animais para serem chefes ou donos de outros, assim como cada *yãmiy* possui seus alimentos e presas preferenciais.

Para se desenvolver como pessoa humana, os Maxakali precisam possuir cantos, *yãmiyxop*. Estes são transmitidos pelos parentes em momentos importantes da vida, como o ritual de iniciação masculina ou o casamento. Em Aldeia Verde, Isael Maxakali me explicou:

> Quando alguém fica muito velho ou doente, vai dando os *yãmiyxop* para aqueles que gostam mais, que cuidam mais do *yãmiy*, que dão comida e que sabem cantar. Cada desenho desse *mimãnãm* é o canto de *yãmiyxop* de alguém da aldeia. Por isso que cada tempo que faz ritual tem um *mimãnãm* diferente.[16]

Tugny observa que, durante as transcrições realizadas para a produção de livros, os Maxakali sempre indicavam enfaticamente os donos dos cantos. Citando a autora:

> O que foi possível observar é que o conhecimento, tal como ele é praticado entre os *Tikmu'un*, não é algo de que se possa dispor, um conjunto de conteúdos onde se pode servir, menos ainda um patrimônio público, indiferente da pessoa que o carrega. (Tugny, 2009a, p. 26).

A partir do momento em que livros e outros itens foram vendidos, ou que os Maxakali imaginaram que foram vendidos, como alguns comentaram sobre a exposição de filmes em festivais, algumas pessoas que não participaram da sua produção começaram a achar que deveriam receber algum "retorno" em dinheiro, pois, como afirmavam, também são Maxakali e, afinal, o que se está vendendo é a "cultura Maxakali". Se em muitos

16 O *mimãnãm*, traduzido pelos Maxakali como pau de religião, é produzido e instalado pelos *yãmiy* em frente ao *kuxex*, no início de cada ciclo ritual.

momentos eu ouvi dos Maxakali que os *ãyuhuk* deveriam fazer um projeto para cada aldeia, ou até mesmo para cada pessoa, durante essas discussões sobre o "retorno" dos livros, filmes e CDs alguns afirmavam que "*tikmu'un* é um povo só, todos têm a língua". Uma liderança disse "aqui também é Maxakali, aqui é a raiz", reclamando sobre o suposto melhor atendimento nas áreas da educação e saúde que as aldeias que sediam projetos culturais estariam recebendo.

Entre os Maxakali, a condição humana é construída e assegurada por meio da posse de cantos, um processo que se dá no corpo, através da relação com os *yãmiyxop* e com os parentes (cf. Alvares, 1992; Vieira, 2006, 2009). Os cantos *yãmiyxop* possuem donos, mas não autores.[17] Quando esses cantos são apresentados em livros ou outros suportes despersonalizados, fora dos contextos específicos onde existem como subjetividades atreladas a pessoas de corpo presente, se tornam "cultura Maxakali", objeto vendável sobre o qual todos os Maxakali desejam obter seu "retorno". Por mais que os organizadores de tais publicações se dediquem a explicar qual é a natureza dos cantos xamânicos em seu universo próprio, é como "conhecimento tradicional" ou "cultura" dos Maxakali como um todo que elas são entendidas tanto pelos indígenas, quanto pelo grande público não índio.

Restituição da mata, domínio dos *yãmiyxop*

Nas aldeias, quando eu perguntava para as pessoas que tipo de projeto elas gostariam que fosse realizado, elas falavam, sobretudo, em receber bois e outros alimentos, ou o dinheiro para adquiri-los, para a realização dos *yãmiyxop* que, como já compreenderam, é aquilo que os *ãyuhuk* chamam cultura. Para os Maxakali, portanto, qualquer projeto cultural deve viabilizar a obtenção de animais e alimentos para serem consumidos por grupos de humanos e *yãmiyxop*.

Há vários anos, alguns Maxakali vêm buscando uma forma de recuperar a mata, morada dos *yãmiyxop* e da caça, necessária à dinâmica de obtenção de cantos e de realização de rituais. Já participaram de projetos como os

17 Refiro-me aqui às análises de Fausto (2008) e Cesarino (2010) sobre o sentido dos conceitos de dono, chefe ou mestre, e de autor, no mundo ameríndio e no ocidental.

chamados "Queremos a mata de volta", realizado pelo Conselho Indigenista Missionário e Universidade Federal de Lavras, e a pesquisa "Cura da terra", realizada como percurso acadêmico dos professores Maxakali no Fiei.[18] Projetos voltados à promoção da sustentabilidade, como o Carteira Indígena, financiado pelo Ministério do Meio Ambiente em parceria com o Programa das Nações Unidas para o Desenvolvimento, e executado pelo Cedefes,[19] foram batizados pelos Maxakali com nomes como, por exemplo, "*Ponoyet Yãmiyxop Mai*"/"Projeto Religião Bonita". Trabalhei na assessoria antropológica desse projeto, realizando oficinas de produção de textos e desenhos junto aos Maxakali de Cachoeirinha e Aldeia Verde, para publicações que tinham o objetivo de apresentá-los à comunidade dos municípios onde se inserem, já que estão nessas áreas há pouco tempo e não são bem compreendidos e aceitos pela população não índia.[20] Nessas publicações, os Maxakali optaram por falar principalmente sobre a necessidade das matas e rios para sua vida cotidiana, para o desenvolvimento apropriado da pessoa humana, para a realização dos rituais, ressaltando a necessidade de reflorestar e aumentar as terras onde vivem.[21]

A Publicação de Aldeia Verde foi intitulada "Uxixjok Ugmu Yõg Hã Hãm" ("O Direito a Nossa Terra"). Foi no contexto da oficina que, após longas discussões, foi criado o termo *uxixjok* para traduzir o conceito de direito. Pelas explicações que me deram os Maxakali, o termo engendra uma ideia de retidão e de "agir da forma correta". Tentei discutir com os Maxakali também a ideia de uma forma de propriedade em potencial que o termo direito recobre, ou seja, a ideia de que alguém deveria estar de posse

18 Essa pesquisa resultou no projeto "Conhecimentos Maxakali sobre a Mata Atlântica: no livro e na web", realizado pelos autores Maxakali com a Associação Bichinho Gritador – Casa de Artes e Ofícios.

19 O Cedefes – Centro de Documentação Eloy Ferreira da Silva é uma entidade sem fins lucrativos que há 28 anos vem acompanhando e documentando as lutas pela terra em Minas Gerais.

20 Participei também da organização dos eventos onde foram distribuídas as publicações, entre 5 e 8 de novembro de 2013. Foram realizadas pela equipe do projeto oficinas de direitos indígenas nas aldeias, e seminários de direitos indígenas em escolas dos municípios onde se encontram as aldeias, com a presença dos autores Maxakali, de alunos e professores da rede pública, e de membros de órgãos governamentais da região.

21 Falam, por exemplo, que os *yãmiyxop* precisam levar as crianças para banhá-las no rio, para que cresçam, mas o rio passa fora da Terra Indígena, numa fazenda. Enumeram as espécies de plantas necessárias para a confecção de ornamentos cerimoniais, da lagarta *kutekut* encontrada no bambu *kutehet* para o uso durante a reclusão dos meninos no *kuxex*, afirmando o desejo de se obter mudas para o plantio.

ou usufruindo de algo, mas não necessariamente está. O que vale a pena ressaltar aqui é a falta de sentido que tinha para os Maxakali a ideia de que eles têm direito a um território mais extenso do qual, de fato e no presente, não podem usufruir. Pode-se talvez depreender dessa discussão que, para os Maxakali, a propriedade sobre o que quer que seja está potencialmente ao alcance de quem for capaz de se apropriar e, ao mesmo tempo, que a propriedade de fato só pode ser concebida como efetivamente atual ou real. Os bens (materiais ou imateriais) estão sempre sob o domínio de quem os pode garantir, e não sob o domínio de quem a eles tem o "direito". Observei alhures (cf. Vieira, op. cit.) que, como nos mostram os mitos, os bens culturais (alimentos, línguas, técnicas, pinturas corporais, cantos etc.) atribuídos pelo demiurgo *topa* a diferentes pessoas, povos, espécies, devem ser compreendidos como conhecimentos que podem ser adquiridos ou perdidos através de guerras, trocas, alianças, doações. Assim, Maxakali e missionários afirmam que a escrita, antes destinada apenas aos brancos, foi levada pelos Popovich aos Maxakali a mando de *topa*.

Quando eu cheguei a sua aldeia falando sobre a avaliação de projetos culturais e educacionais, o professor João Bidé resolveu engajar seus parentes

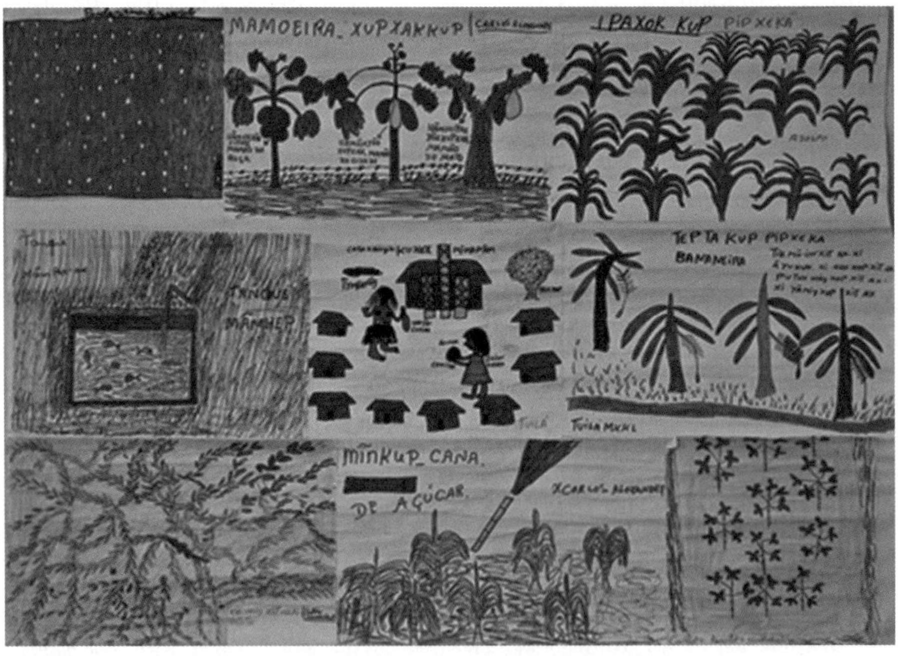

Figura 1

na produção do que chamou "Projeto de Fortalecimento do *Kuxex* (casa de religião)". Foi desenhado o painel abaixo que, conforme explicou o professor, mostra como os alimentos produzidos em roças, sistemas agroflorestais e criações que deveriam ser estabelecidas ao redor de *cada aldeia* seriam levados para o *kuxex*, para dali serem distribuídos entre humanos e *yãmiyxop*, durante os rituais, e para cada casa, no cotidiano.

Hoje os brancos são os donos de grande parte do que há na terra, como os animais de abate e as mercadorias-alimentos dos mercados, usados nos rituais. Os *yãmiyxop* continuam existindo no *hãmnõy* (outra terra), assim como no cosmos que é cada pessoa Maxakali, em seus cabelos,[22] sua memória, seu coração. Transcrevo abaixo a fala do professor João Bidé Maxakali, cuja mensagem foi repetida em diferentes publicações realizadas ao longo dos anos de parceria com os *ãyuhuk*:

> Espíritos de religião, queremos a mata de volta! A mata acabou, mas temos nossos cabelos para morar nossos espíritos. A mata acabou. Mas temos nossas cabeças para guardar nossas histórias e para ensinar às crianças! (Maxakali, s/d, p.1)

Com os projetos citados acima, os Maxakali buscam restituir a morada e o domínio dos *yãmiyxop*. João Bidé ressaltou que, em sua análise, as falhas de alguns dos projetos devem-se ao fato de que as mudas, animais, ferramentas e implementos eram destinados aos Maxakali em geral, e quando não se define quem será o dono, "ninguém cuida".[23] Visitou comigo todas as aldeias de Água Boa e Pradinho, convidando as lideranças a aderir ao seu projeto, que inspirou um grupo de pesquisadores – no qual me incluo – a submeter uma proposta a um edital do Fundo Nacional do Meio Ambiente.

O projeto de pacificação dos brancos

Em trabalhos anteriores (cf. Vieira, op. cit.), sugeri que os livros de cantos e mitos produzidos como materiais didáticos a serem utilizados nas escolas

22 Por esse motivo, os Maxakali observam restrições relacionadas ao corte de cabelo.

23 A fala do professor Maxakali remete à expressão Kuikuro *tatutolo engü*, "coisa de todos", o que, segundo Fausto (2008, p.339), equivale a dizer que não há ninguém para cuidar.

são, para os Maxakali, na verdade mais direcionados aos *ãyuhuk* do que aos alunos indígenas.[24] A escrita, mesmo em Maxakali, possuiria uma eficácia não na transmissão de algum tipo de conhecimento tradicional para as crianças, mas sim na relação com os brancos. Tal como ocorre com os cantos xamânicos, alguns deles compostos apenas por vocalizes em línguas dos *yãmiy*, sem significado traduzível em Maxakali, a eficácia da escrita não está ligada necessariamente a um conteúdo semântico. Se os cantos são eficazes na produção do *hitup*, do "bem viver", propiciado pela boa relação com os *yãmiyxop*, a escrita é eficaz na produção do "bem viver" propiciado pela boa relação com os *ãyuhuk*. Por essas razões, os professores e pesquisadores Maxakali desejaram, e continuam desejando, escrever as "bíblias Maxakali", no intuito de pacificar os *ãyuhuk*, mostrando que têm língua e cultura singulares, sendo portanto merecedores de admiração e respeito, através da garantia de direitos, da promoção de políticas públicas e da realização de diversos tipos de projetos. Encontraram parceiros para realizar esse projeto de pacificação dos brancos, no qual aqueles Maxakali que têm oportunidade continuam se engajando, apesar dos desafios colocados pela empreitada.[25]

Inspirada em teorias etnológicas, Tugny (2009a, p.14) observa que o xamanismo pode ser compreendido enquanto um "projeto", no qual aquilo que se deseja conhecer é pessoa, é sujeito. É através da posse sobre cantos transmitida por parentes, da execução dos mesmos e da relação ritual com os *yãmiyxop*, que os Maxakali se constituem como pessoas humanas. O xamanismo e os projetos são eventos relacionais através dos quais os Maxakali buscam produzir um mesmo efeito, *hitup*, de cura, bem-estar e harmonia, através de relações apropriadas com os outros, *yãmiyxop* e *ãyuhuk*. Mas são dois tipos diferentes de processos. O xamanismo, tal como vivido pelos Maxakali, opera processos (nunca acabados) de subjetivação, enquanto a escrita de seus cantos e a produção de obras conexas nas quais se engajam são processos de auto-objetivação como cultura para os brancos.

---

24 Pode-se observar, ao longo dos últimos anos, uma mudança no estilo dos trabalhos realizados em parceria por pesquisadores não índios e Maxakali. Se antes o material produzido era voltado primordialmente para as escolas indígenas, hoje há publicações voltadas principalmente para os brancos, como, por exemplo, o livro *Hitupmã' ax/Curar*, idealizado para qualificar o trabalho dos profissionais da saúde junto aos Maxakali.

25 Entre os desafios, pode-se elencar, como exemplo, o dilema envolvido na escolha de que aspectos da cultura mostrar para garantir visibilidade entre os não índios. Há relatos da perda da eficácia de cura de certos processos quando filmados, por exemplo.

Referências bibliográficas

ALVARENGA, A. e fotógrafas *Tikmu'un* de Aldeia Verde. Koxuk Xop/Imagem. Rio de Janeiro: Azougue, 2009.

ALVARES, M. M. *Yãmiy, os Espíritos do Canto*: a construção da pessoa na sociedade Maxakali. Dissertação (Mestrado), Unicamp, Campinas, 1992.

______. A educação indígena na escola e a domesticação indígena da escola. *Boletim do Museu Paraense Emilio Goeldi*, Belém, v.15, n.2. Série Antropologia, 1999.

CARNEIRO DA CUNHA, M. "Cultura" e cultura: conhecimentos tradicionais e direitos intelectuais. In: ______. *Cultura com aspas e outros ensaios*. São Paulo, Cosac Naify, 2009, p.311-373.

CESARINO, P. de N. Donos e duplos: relações de conhecimento, propriedade e autoria entre os Marubo. *Revista de Antropologia*, v.53, p.147-199, 2010.

FAUSTO, C. Donos demais: maestria e propriedade na Amazônia. *Mana*, v.14. p.280-324, 2008.

GALLOIS, D. T. Os Wajãpi em frente da sua cultura. In: CARNEIRO DA CUNHA, M. (Org.). *Patrimônio imaterial e biodiversidade*. Revista do Patrimônio Histórico e Artístico Nacional, n.32, 2005.

MAXAKALI, T.; ROSSE, E. P. (Orgs). *Komãyxop*: cantos xamânicos Maxakali/*Tikmu'un*. Rio de Janeiro: Museu do Índio – Funai, 2011.

MAXAKALI, J. B.; MAXAKALI, Z.; MAXAKALI, M. (Trads). *Queremos a mata de volta!* CIMI-Leste / Universidade Federal de Lavras, s/d.

MAXAKALI, P. *Mõnãyxop 'ãgtux yõg tappet*/O livro que conta histórias de antigamente. Belo Horizonte: Secretaria Estadual de Educação de Minas Gerais, SEE/MG/Brasília, MEC, 1998.

______. *Ûxuxet ax, hãm xeka ãgtux*/Geografia da nossa aldeia. Belo Horizonte: SEE/MG/ Brasília, MEC, 2000.

______. *Mãxakani yõg hãm yumug ax mai yõg tappet*/Cartilha de alfabetização em língua maxakali. Belo Horizonte, SEE/MG, 2001.

______. *Yãmiy xop xohi yõg* tappet/Livro de cantos rituais maxakali. Belo Horizonte: SEE/ MG/Brasília, Funai, 2004.

______. *Penãhã* – livro de Pradinho e Água Boa. Belo Horizonte: Faculdade de Letras da UFMG/CGEEI/SECAD/MEC, 2005.

______. *Hitupmã'ax*/Curar. Belo Horizonte: Faculdade de Letras/UFMG; Edições Cipó Voador, 2008.

POPOVICH, H.; POPOVICH, F. *Diconário Maxakali-Português*. SIL, 2005.

POPOVICH, H . The Sun and the Moon, a Maxakali text. Edição Especial – Trabalhos linguísticos realizados no Brasil. Summer Institute of Linguistics, 1971.

TUGNY, R. P. (Org.) e narradores, escritores e ilustradores *tikmu'un* da Terra Indígena de Água Boa. *Cantos e histórias do Gavião-Espírito/Mõgmõka yõg Kutex xi Ãgtux*. Rio de Janeiro: Beco do Azougue Editorial, 2009a.

TUGNY, R. P. (Org.) e narradores, escritores e ilustradores *tikmu'un* da Terra Indígena do Pradinho. *Cantos e histórias do Morcego-Espírito e do Hemex/Yãmiyxop Xunim yõg Kutex xi Ãgtux xi Hemex yõg Kutex*. Rio de Janeiro: Beco do Azougue Editorial, 2009b.

URBAN, G. A história da cultura brasileira segundo as línguas nativas. In: CARNEIRO DA CUNHA, M. (Org.). *História dos Índios no Brasil*. São Paulo: Companhia das Letras, 2002.

VIEIRA, M. G. *Desenhando o canto*: a apropriação da escrita pelos Maxakali como instrumento de pacificação dos brancos. Monografia (Bacharelado), UFMG, Belo Horizonte, 2004.

______. Guerra, ritual e parentesco entre os Maxakali: um esboço etnográfico. Dissertação (Mestrado). PPGAS – Museu Nacional/UFRJ, Rio de Janeiro, 2006.

______. Virando *inmõxã*: uma análise integrada da cosmologia e do parentesco maxakali a partir dos processos de transformação corporal. *Amazônica* n.1, v.2, p. 308-329, 2009.

______. A gente não faz mais guerra, agora a gente está pensando: xamanismo e educação escolar entre os Maxakali. *Cadernos de Campo*, n.19, p.135-150, 2010.

VIEIRA, M. G.; BARROS, A.; CAMPOS, R. CAMARGO, P. M.; narradores, escritores e ilustradores Maxakali de Cachoeirinha. *Ponoyet Yãmiyxop Mai*/Projeto Religião Bonita. Belo Horizonte: Cedefes, 2013.

VIEIRA, M. G.; BARROS, A.; CAMPOS, R. CAMARGO, P.M.; narradores, escritores e ilustradores Maxakali de Aldeia Verde. *Uxixyok Ugmu Yõg Hã Hãm* /O direito à nossa terra. Belo Horizonte: Cedefes, 2013.

VILAÇA, A. Making kin out of others in Amazonia. *Journal of the Royal Anthropological Institute*, (N. S.) v.8, n.2, p.347-365, 2002.

______. Chronically unstable bodies. Reflections on Amazonian corporalities. *Journal of the Royal Anthropological Institute*. (N. S.), v.11, n.3, p.445-464, 2005.

VIVEIROS DE CASTRO, E. Os pronomes cosmológicos e o perspectivismo ameríndio. *Mana*, v.2, n.2, 115-44, 1996.

______. O problema da afinidade na Amazônia. In: ______. *A inconstância da alma selvagem*. São Paulo: Cosac Naify, 2002.

WAGNER, R. *The invention of culture*. Chicago: University of Chicago Press, 1981.

10
Sobre alguns modos de usar a cultura dos Outros[1]

Nicole Soares-Pinto

Todo pensamento se torna uma agressão.

(Gilles Deleuze, *Diferença e repetição*)

Introdução

Meu interesse neste artigo se concentra nos efeitos produzidos pelas políticas baseadas em direitos culturais entre os Djeoromitxi, povo de língua Macro-Jê, residente na T. I. Rio Guaporé, no estado de Rondônia. Interessam-me as mudanças embutidas no campo do parentesco, em particular aquelas referentes às relações intergeracionais. Buscarei ressaltar, também, que os direitos culturais vêm introduzindo movimentos ressonantes na (re)organização espacial (de parte) do coletivo djeoromitxi nas últimas décadas. Como ponto de partida para a investigação, abordarei a construção e o reconhecimento dos conhecedores, no âmbito do que é habitualmente

1 Agradeço aos integrantes do projeto "Effects of intellectual and cultural rights protection on traditional people and traditional knowledge. Case studies in Brazil" na pessoa de sua coordenadora, professora Manuela Carneiro da Cunha, pelos diálogos concernentes às questões aqui apresentadas. O trabalho de campo do qual este artigo é fruto foi em grande parte financiado pelo referido projeto. Meus agradecimentos a Aline Iubel e Eduardo Soares Nunes, pelas leituras prévias e comentários críticos ao texto. As sugestões de João Vianna e Marcos Matos foram de radical importância para meus argumentos. Toda e qualquer imprecisão são de minha inteira responsabilidade.

caracterizado como conhecimento tradicional. Essa construção e esse reconhecimento se tornarão, aqui, relevantes quando aliados à questão da transmissão. Para tal, transitarei entre o campo de conhecimentos xamânicos e aqueles que avizinham a educação diferenciada na escola da aldeia Baía das Onças. É onde residem três dos professores (irmãos) de cuja interlocução este artigo se vale, bem como mais um irmão deles, um jovem pajé cujas atividades têm grande impacto nas ideias aqui apresentadas. Por fim, pretendo analisar um caso de resgate cultural no âmbito do projeto "Valorização da Cultura Material Djeoromitxi", a saber, a construção de uma maloca.

Quero entender algumas questões relativas aos direitos culturais e ao conhecimento tradicional sem prescindir de sua dupla direcionalidade. Ou seja, se por um lado estou preocupada com os efeitos das políticas culturais entre os Djeoromitxi, por outro, quero também focalizar os efeitos que têm as formulações djeoromitxi sobre a ideia de direitos culturais, contando aí, principalmente, o conceito de cultura e conhecimentos nela implicados. Tenho com isso, no entanto, uma dupla intenção. A primeira delas é demonstrar como perdas de conhecimentos – incorporados em indivíduos específicos – podem ter uma dimensão positiva, a saber, gerar um senso de criatividade naqueles a quem este conhecimento escapa (pois não lhes foram transmitidos). A segunda intenção é sublinhar o modo como cultura *não pode ser* uma entidade autocontida. Esse é um aspecto evidente, por exemplo, nas apropriações e passagens entre culturas, operadas pelos sujeitos em um campo relacional que tem na perda de informação uma de suas dimensões constitutivas.

Seguindo as pistas de Strathern (2004), acompanharei os movimentos de subjetivação e externalização de conhecimentos, para investigar a construção de especialistas/conhecedores. Creio que a questão da subjetivação e externalização de conhecimentos ficará esclarecida ao focalizarmos a construção de um corpo de pajé (*embodiment*) através da introjeção e externalização de armas que compõem este corpo. Proponho considerarmos, a partir de Kelly (2001), uma pessoa relacionalmente dual para o caso dos especialistas xamânicos djeoromitxi.

Pode-se dizer que um dos desenvolvimentos recentes do campo da etnologia indígena das Terras Baixas da América do Sul parte do postulado de que a relação entre índios e brancos seria melhor entendida por meio da noção de transformação. Nesse quadro, "índios" e "brancos" são posições cambiáveis entre as quais nossos interlocutores indígenas podem se deslocar, sem nunca permanecer definitivamente em uma delas. Hoje, contamos com um corpo teórico que nos mostra tanto como a alteridade dos brancos foi absorvida pelas sociedades indígenas nos seus próprios termos (Fausto, 2002; Albert; Ramos, 2002), como também o modo de "um eixo de transformação em branco pode[r] ser visto enquanto uma inovação do espaço convencional ameríndio, retendo muitas de suas características" (Kelly, 2005, p.227). A variedade com que essa transformação aparece para as pessoas envolvidas, os significados específicos que detém e os efeitos que produz, são alguns dos sabores que só um tratamento etnográfico nos concede.

No entanto, se um dos ganhos recentes na etnologia das Terras Baixas foi realçar a consistência entre o processo de "virar branco" e outras formas de "devir-Outro" (Vilaça, 2000; Gow, 2001; Kelly, 2005; Nunes, 2012), o que acontece quando os mesmos indígenas são convidados a "virar índio"? Coloco essa questão nem tanto como uma provocação inicial, mas como uma maneira ligeiramente diferente de frasear as operações pelas quais os indígenas são convidados a representar (ou apresentar) sua cultura para outros povos, incluindo aí os brancos, e, igualmente, para si mesmos. Refiro-me à formulação de Manuela Carneiro da Cunha acerca dos movimentos de criação indígenas que acionam a "cultura com aspas". Movimentos que podem ser descritos, conforme a autora, como "uma continuação natural da teoria lévi-straussiana do totemismo e da organização das diferenças" (Carneiro da Cunha, 2009, p.356).

Com a expressão "virar índio" proponho para falar dos movimentos de aspeamento da cultura sem perder de vista que eles se referem a coletivos que estão, desde sempre, mas não da mesma maneira, virando indígenas.[2] Talvez essa embocadura nos permita realçar uma organização das diferenças direcionada ou produzida pelas formas de "devir-Outro". Não por acaso,

2 Recorro aqui às asserções de Viveiros de Castro (1999), das quais eu gostaria de obter parte do sentido da expressão "virar índio", sob a qual se pode entender: "uma 'distintivação' ativa e não um dado cultural passivo ou 'naturalizado', [...] um processo politicamente ativo e contínuo de diferenciação política: diferenciação frente a outros coletivos, aos espíritos, aos animais" (p.193). A questão agora é que esse tipo de "processo politicamente ativo" inclui o idioma da exibição (e produção) de uma cultura em específico, quando se sabe, também por Viveiros de Castro (1999), que na Amazônia o dado é a (a)culturação mútua entre povos indígenas distintos.

Manuela Carneiro da Cunha nos convida a entender os *efeitos* das políticas baseadas em direitos culturais – e quem supõe efeitos, não menos pressupõe transformações. Quando referido ao aspeamento da cultura, o fraseamento "virar índio" não visa a produzir um contraste entre "ser" e "virar". Com isso, espero escapar da ideia de que a indianidade possa ser uma questão de substância identitária. A expressão "virar índio" extrai seu rendimento do contraste com o "virar branco" e capta um movimento de fuga em que, posta como devir, a indianidade se coloca como alteridade. Contudo, assim como a descrição do "virar branco", depende de atualizações etnograficamente situadas. "Virar índio" tampouco pode ser entendido fora de suas interações locais. Vejamos.

A ideia de "usar a cultura dos outros" apareceu quando eu conversava com um professor djeoromitxi. Na ocasião, ele me explicava que nas outras localidades em que morou com sua família, acabava por "usar a cultura dos outros". Meu interlocutor referia-se principalmente às músicas makurap (grupo indígena vizinho e "afim") que reinavam quase absolutas nas festas regadas à cerveja fermentada de macaxeira na aldeia Ricardo Franco (a maior da T. I. Rio Guaporé), onde morava anteriormente:

> Quando a gente morava no Ricardo Franco, o papai não tinha esse tempo de sair conosco para ensinar esses conhecimentos. A gente cantava as músicas dos Makurap, parecia que a gente não tinha música. Então ele tomou uma decisão de nos trazer para cá [aldeia Baía das Onças]. E lá, enquanto a gente não tinha esse conhecimento, a gente praticava o dos outros. Por isso que aqui estou dizendo que a gente *usava a cultura dos outros* e desvalorizava a nossa, que a nossa não era mostrada. Hoje você vê uma criancinha aqui, eles cantam música djeoromitxi. E o conhecimento nosso veio quase agora junto com o deles. Depois que a gente veio pra cá [aldeia Baía das Onças], que a gente se organizou direitinho, aí a mamãe, com o papai, já tiveram essa oportunidade de ensinar a gente.

A diferenciação produzida entre a "cultura dos outros" e a "nossa cultura" revela, entre outros, o movimento de reorganização de um coletivo – uma retirada estratégica – com vistas a manter a integralidade de suas relações (Coelho de Souza, 2010), glosadas por meu interlocutor sob o signo de "conhecimentos". No caso em análise, lidamos com um campo relacional que se define pela disputa por – e circulação de – elementos diacríticos entre diversos povos indígenas. "Virar índio" se refere, neste contexto, a acionar conhecimentos específicos – músicas, histórias dos tempos passados e artesanatos são os principais exemplos – e relacioná-los a um grupo indígena em especial. O mais adequado, então, seria acompanhar o movimento de "virar Djeoromitxi". Quero reter esse aspecto do problema, para esclarecer o contexto sociológico em que me inseri. Em seguida, abordarei um segundo ponto registrado por meu interlocutor: o "conhecimento", tal como o é distribuído pela (ideia de) relação intergeracional.

Virar Djeoromitxi

Os Djeoromitxi, de língua Macro-Jê (Ribeiro; Van der Voort, 2010), são hoje cerca de 200 pessoas que moram em sua maioria na T. I. Rio Guaporé, no baixo curso do rio de mesmo nome, no sudeste do estado de Rondônia – divisa entre Brasil e Bolívia. São pouco conhecidos na bibliografia etnológica e historiográfica, mas sabemos que conviveram desde tempos imemoriais com povos vizinhos nos afluentes do Médio Rio Guaporé. Dentre esses, destacam-se povos de língua Tupi-Tupari: os Wajuru, Makurap e Tupari; de língua Tupi-Mondé, os Aruá; e os Arikapo, de língua Macro-Jê. Nesse quadro de parcas referências, a notável exceção são os estudos etnográficos de Franz Caspar sobre os Tupari,[3] realizados nas décadas de 1940 e 1950. Tais povos mantiveram (e mantêm) trocas regulares, de cônjuges, bebida fermentada, músicas, capacidades agentivas de todo tipo. Localizados nas primeiras décadas do século XX nos afluentes do médio Guaporé, situado na Amazônia meridional, integravam numa área geográfica contínua o que Eduardo Galvão (1960) denominou a "área cultural do Guaporé", e o que Denise Maldi (1991) caracterizou como o "complexo cultural do Marico".

Epidemias de sarampo ocasionadas com a chegada da empresa seringalista, transferências realizadas pelo Serviço de Proteção ao Índio (SPI) entre as décadas 1940 e 1960, bem como expulsões compulsórias desses territórios, engendraram, para as famílias extensas, percursos bastante serpentinos

3 Ver Caspar (1953a; 1953b; 1955a, 1955b; 1958; 1976).

e diferentes entre si. Hoje, boa parte dessas populações está na T. I. Rio Branco e na T. I. Rio Guaporé. A população na T. I. Rio Guaporé ultrapassa 700 pessoas, e é composta por Makurap, Wajuru, Djeoromitxi, Tupari, Aruá, Arikapo, Canoé, Kujubim, Massaca e alguns indivíduos Wari. Nesse cenário, os Makurap são os mais populosos (220 pessoas), seguidos pelos Djeoromitxi (187 pessoas) e Wajuru (110 pessoas).

A vida nos afluentes do Médio Rio Guaporé é lembrada como o "tempo da maloca", em referência a um modo de sociabilidade antigo. Segundo Maldi (1991), no passado do médio Guaporé existiam subgrupos nominados e territorialmente segmentados. Tais coletivos mantinham-se separados sob uma regra de casamento endogâmico, aliada à residência de molde virilocal, e conjugados à patrilinearidade. Com a chegada da empresa seringalista e a decorrente sucessão de várias epidemias de sarampo, meus interlocutores marcam a saída da maloca, para encontrarem-se "no meio dos brancos", como dizem em referência à vida nos barracões e nas colocações de seringa. Esse tempo "no meio dos *eré*" (o modo como os Djeoromitxi referem-se aos não indígenas) se estende até hoje, ainda que a T. I. Rio Guaporé seja de acesso exclusivamente fluvial e o casamento com não índios seja muito pouco valorizado e praticado. O mais comum desde que "saíram da maloca" é que uma pessoa tenha sempre pai e mãe de diferentes filiações indígenas. Assim, ainda que se tenha um ideal de endogamia linguística passada, o que parece sobressair atualmente é um campo de parentesco "misturado". Nesse campo, convivem na esfera doméstica – de aspecto virilocal, num agregado de um conjunto de casas construídas no estilo regional – pessoas de vários grupos linguísticos.

Caspar (1955a, p.118) observa que à época da visita de Snethlage, na década de 1940, todos os povos da região dos afluentes do Médio Rio Guaporé se encontravam "num rápido processo de assimilação cultural". Mas ao contrário do que poderíamos pensar, esse processo não se refere aos não indígenas. Dos Makurap e através de suas mulheres que se espalhavam em outros grupos locais, "as outras tribos recebem e assimilam muitos elementos materiais e mesmo espirituais" (Caspar, 1955a). Sem surpresa, então, podemos observar que a língua makurap – ao lado do português –, atua ainda hoje como língua franca entre os povos. Além disso, as músicas makurap são frequentemente entoadas pelos velhos de outros povos – mas também pelos jovens.

Para entendermos a formulação de meu interlocutor anteriormente transcrita, é necessário atentar para a mudança que seu pai, Kubähi Arianõ Kurupfü,[4] empreendeu para a aldeia Baía das Onças. Tendo saído por volta da década de 1950 da maloca onde nasceu, Kubähi trabalhou para patrões seringalistas, de cujo jugo fugiu. Durante mais de dez anos, depois disso, Kubähi mudou-se várias vezes com sua esposa Wadidiká Arikapo e filhos. Andar e achar um bom lugar para viver, organizar os espaços para as roças, localizar lugares para pesca e caça, e depois achar outro bom lugar, e tudo novamente, durante sua vida, dizem-me, foi o que esse homem realizou. Não raras vezes abrira os locais e ia, de tempos em tempos, buscar outros parentes nas colocações de seringa dos afluentes do médio Guaporé – mas não sem grandes enfrentamentos com patrões seringalistas. Enquanto novos locais eram abertos, Kubähi incentivava seus filhos a frequentarem a escola na aldeia Ricardo Franco.

Ainda que seja reconhecido que Kubähi estava deliberadamente construindo seus filhos como mediadores e convertores entre regimes de conhecimentos diferentes, esse tempo da educação escolar regular é visto hoje com reservas: "A escola desvalorizava o conhecimento dos mais velhos. A escola não deixava nos valorizar, ela tinha outra ideia, que era integrar nós", disse-me um dos filhos de Kubähi. Para ele e seus irmãos, ocorre uma mudança significativa com o Projeto Açaí de formação de professores indígenas e, mais tarde, no curso de Licenciatura Básica Inter-Cultural (Unir/câmpus Ji-Paraná). Em suas palavras, começam a "trabalhar na sua própria cultura", em contraposição à "cultura dos brancos" reproduzida na escola que frequentaram na aldeia Ricardo Franco – ou da "cultura de outros povos indígenas" que ali convivem, em especial a makurap.[5]

4 Kurupfü é uma modalidade de subgrupo Djeoromitxi. O aspecto segmental da organização social djeoromitxi e dos outros povos vizinhos mereceria maior atenção. No entanto, escapa ao escopo deste artigo.

5 O Projeto Açaí reúne discentes indígenas de vários locais de Rondônia. Nesse contexto, os alunos são incitados a demonstrar aos demais colegas conhecimentos específicos – sob a alcunha de manifestações culturais – de seus grupos de pertencimento. Foi através dessas demonstrações que se iniciou, segundo meus interlocutores, o deslocamento para a cultura djeoromitxi e ao que lhe seria específico. Voltavam dos módulos do curso Açaí dispostos a se tornarem pesquisadores em sua própria aldeia, e aprenderem o que seria a sua própria cultura. Aliado a isso, retomam a nomeação de seus filhos com nomes indígenas de antepassados, pois até então os haviam nomeado em português.

Hoje, pode-se dizer que tais professores vivem a função de mediadores entre um tempo passado, na maloca, e um tempo presente, no "meio dos brancos". Nem tão velhos, como é o caso de seus pais que nasceram no "tempo da maloca", nem tão jovens, pois já são avós de crianças muito pequenas. A docência indígena para meus interlocutores encontra consistência através de mediações desdobradas a partir de um eixo temporal e espacial. Assim, é comum que na escola da aldeia Baía das Onças as aulas de conteúdo proposto pela educação regular sejam salpicadas por conselhos morais e avaliações sobre o modo correto de os jovens se comportarem num campo relacional que envolve tanto indígenas quanto não indígenas.

Um professor djeoromitxi, por exemplo, ministra suas aulas de matemática a partir de cálculos referentes aos meios de produção e à quantidade de bebida fermentada produzida pelas mulheres. Esse professor, o mais velho dos filhos de Kubähi, também organizou recentemente uma roça coletiva envolvendo as famílias da aldeia Baía das Onças, onde seus alunos devem trabalhar nos horários destinados às aulas. Seu objetivo é fazer com que os mais jovens aprendam como os velhos antigamente produziam, em contraposição às roças organizadas por casais que vigoram atualmente. O professor julga que a organização atual das roças de propriedade do casal não pressupõe ajuda mútua entre famílias nucleares em casos de doença ou afastamento da aldeia. A individualização dos produtos da roça por casais, em sua avaliação, não parece condizer com a ideia de valorização de uma cultura djeoromitxi, partilhada por jovens e velhos.

A formação continuada na aldeia coordenada por professores indígenas[6] é, ainda, segundo meus interlocutores, uma maneira de impedir a ida dos jovens para as cidades, onde, dizem-me, "até para comer precisa-se de dinheiro". Como ouvi certa vez de um professor: "A escola de antigamente só incentivava os conhecimentos dos brancos. Hoje, os jovens devem saber que não precisam sair da aldeia, podem pesquisar e fazer descobertas, aprofundar o conhecimento". Neste tempo presente, julgam os professores transmitir aos mais jovens – seus alunos – o desafio de transitar pelo mundo

6 Três irmãos, filhos de Kubähi, e uma irmã classificatória deles, são normalmente os únicos professores da escola na aldeia Baía das Onças. Quando muito, contam com a presença quase sempre transitória de um professor não indígena. A escola oferece apenas o ensino fundamental.

dos brancos sem perder a capacidade de reflexão indígena, quer seja a capacidade de se comportarem como parentes de seus avós. Vamos a isso.

Projetos culturais e a reversão do parentesco

Os professores e os jovens, em geral, relatam que seus parentes mais velhos, e principalmente os de geração imediatamente superior, se recusam a ensinar-lhes muito do que sabem, e morrem levando consigo seus conhecimentos, ao passo que alguns desses parentes ascendentes apontam a falta de interesse de seus parentes descendentes. Essas recusas recíprocas muitas vezes são apontadas como a causa para as perdas de informação das quais as pessoas que nasceram depois do "tempo da maloca" ou já "no meio dos brancos" são a personificação. Como registro desse tipo de perda de informação, uma imagem é sempre ativada quando se diz que as pessoas "guardam no pensamento" seus conhecimentos. De acordo com um professor, meu interlocutor, *Hi nipi kü ä*, em língua djeoromitxi, "aquilo que está no nosso pensamento" também é, numa tradução literal, aquilo que está dentro do buraco do ouvido. Como ele me disse certa vez: "*Hi nipi kü ä hi hõ nõ di. Hi nipi kü ä hi pirõ di* quer dizer: no pensamento guardamos o que sabemos fazer, no pensamento guardamos a fala nossa, que é essa de aconselhar, de conversar, falar nomes de animais".

Em contraposição aos ascendentes imediatos, os avôs e avós são sempre mencionados como aqueles que ensinam modos tradicionais de conhecimento: histórias e músicas dos tempos antigos, produção de artesanatos, habilidades na roça, na caçaria e pescaria. Mas exatamente porque esses velhos (os avôs e avós) exibem em sua fala e em seu corpo capacidades que são vistas como mais apropriadas (que a dos ascendentes imediatos). Sobre esse aspecto, pude escutar de uma menina que a sua avó produzia chicha – bebida fermentada de macaxeira, milho, amendoim ou cará – mais azeda, pois haveria mel em sua garganta, trazido do céu e introduzido por um pajé antigo no "tempo da maloca".[7] A menina estava, em meu entendimento,

7 A capacidade de azedamento da cerveja de macaxeira, milho, amendoim ou cará está localizada, para os Djeoromitxi, na mastigação de sua matéria-prima por sua produtora. Dessa maneira, produzir uma chicha embriagante depende das capacidades pessoais (incorporadas) de cada mulher.

colocando em foco sua pouca habilidade na produção da cerveja, ao projetar as maiores capacidades de sua avó.

Em ambas as relações, tanto entre pais e filhos, quanto entre avós e netos, os djeoromitxi ressaltam a convivência como meio de produção de seus conhecimentos. Essa convivência, no entanto, não deixa de ser marcada por relações de alteridade e distanciamento (Stasch, 2009). De um lado, projeta-se a distância temporal entre os velhos que nasceram no "tempo da maloca" e seus netos que já "nasceram no meio dos brancos", mas que partilham certos tipos de habilidades – que foram apreendidas por meio dos conselhos dos avós. De outro lado, os filhos replicam as habilidades de seus pais, mas os primeiros marcam seu próprio potencial ao explicitarem que dos segundos apreendem habilidades apenas pela observação e exemplo.

O que quero focalizar aqui são os efeitos provocados pelos projetos de educação diferenciada sobre este esquema conceitual de transmissão ou replicação intergeracional. Com a chegada da empresa seringalista, dizem, os velhos de hoje foram impedidos – de maneira brutal, por vezes – de "usar" a sua própria cultura e tiveram, então, que "usar" a cultura dos brancos. O que era revelado dizia respeito aos conhecimentos "não indígenas", enquanto que os conhecimentos indígenas permaneciam obscurecidos, "guardados no pensamento" destas pessoas. Aos poucos, e através do discurso de valorização cultural, os adultos e professores de hoje se veem como aqueles que produziram em seus pais um movimento de externalização dos conhecimentos indígenas. O objetivo desse movimento é claro: fazer com que os velhos revelassem aquilo que estava "guardado em seu pensamento" e impedir que, ao morrerem, levem consigo esses conhecimentos. Projetos em formatos de "oficinas" são um meio de forçar o movimento de externalização, por meio de uma operação que é, por definição, outra. Quer dizer, dos *eré*. Quero aqui sublinhar a formulação dessas perdas/esquecimentos como o principal motivo para se executar ações de registro ou resgate cultural, como me disse certa vez um dos professores:

> Hoje, acho que ninguém sabe fazer pente. E o velho (Paturi, pai classificatório de meu interlocutor) está vivo, mas não consegue mais fazer por ele estar velho demais e não enxergar [...]. Eu vi uma perda muito grande depois que o papai faleceu. Então, se eu tivesse feito isso antes, eu já tinha preservado um monte de conhecimento que ele levou. Porque o que papai levou, isso aí já se

perdeu. Então, eu analisando esse conhecimento, gravando, fotografando, já é um meio de preservar o conhecimento.

Somados ao pente, ninguém encontrará dificuldades em ouvir o quanto se perdeu na história djeoromitxi. Dizem, como exemplo, que quase ninguém, e somente os mais velhos da aldeia, sabem fazer a rede de algodão, os potes de cerâmica, os bancos dos pajés. Nenhum dos jovens, e essa é uma imagem recorrente, sabe adequadamente realizar aquilo que os mais velhos realizam. A própria língua djeoromitxi, dizem-me, se encontra ameaçada pela junção de vários povos num mesmo território. Por vezes, essas perdas são remetidas à mudança forçada de seu território imemorial e à recusa de transmissão por parte dos mais velhos. Noutras ocasiões, os mais velhos reclamam da falta de interesse dos jovens em aprender com eles e questionam o motivo pelo qual seus filhos, somente agora – no contexto de valorização cultural –, estariam nisso interessados. De qualquer maneira, os jovens parecem sempre arremedos de seus avós, o que é congruente com o fato sempre ressaltado de ser o tempo presente uma espécie de arremedo do "tempo da maloca".

Das formulações de meu amigo acima transcritas, imagino poder depreender os motivos pelos quais a transmissão de conhecimento é uma questão candente. O que é transmitido não são abstrações cumulativas. Antes, no caso aqui descrito, o que está em jogo são os conhecimentos incorporados em especialistas específicos. Nesse sentido, quero, agora, abordar a questão da transmissão e incorporação do conhecimento no âmbito do xamanismo. Meu objetivo é ressaltar que só se pode entender essa questão segundo um movimento duplo, que não deixa de produzir efeitos tanto em quem externaliza, quanto em quem subjetifica o conhecimento. Além disso, o xamanismo não se deixa agarrar pelo registro interétnico das disputas de conhecimento, já que o que conta é a transmissão de armas xamânicas entre especialistas, independente de suas filiações grupais.

Uma outra crise, a falta de pajés

Consideremos, então, uma outra imagem para pensarmos a transmissão de conhecimentos e avaliarmos a consistência desta noção de perda. Refiro-me ao xamanismo e à relação proposta pelas armas que compõem (internamente) todo o corpo de um especialista xamânico, *küero*, na língua djeoromitxi. Nessa relação, sublinha-se a transmissão e disputa pela posse das armas, bem como a consequente falta de posse por parte de alguns. Eu utilizo aqui o termo "especialista" sem pretender associar nenhum significado esotérico aos conhecimentos dos pajés. Como também não pretendo eludir ao fato de que das viagens xamânicas a outros domínios cosmológicos provenham muitas informações a partir das quais outras pessoas que não são pajés sabem sobre aquilo que não veem e, assim, dirigem suas vidas. O que quero, contudo, enfatizar é a capacidade detida por alguns em curar outras pessoas. Tal capacidade é exclusiva daqueles que passaram por um processo de formação sempre referido como um grande sofrimento corporal. Assim, eu utilizo o termo "especialista" para marcar uma especificidade corporal definidora dos pajés.

A principal arma de um pajé, em forma de uma taboquinha, localiza-se pouco abaixo de sua garganta e é invisível para as outras pessoas; dizem, inclusive, para médicos não indígenas, que podem proceder à abertura do seu corpo sem nada encontrar. Sem a colocação desta taboquinha por um outro especialista, um pajé nunca estará completamente "formado". É essa "arma" que proporciona a capacidade de sugar a doença, trazê-la para o interior do corpo e cuspi-la para fora em forma de pedra. Pajés não completamente formados só podem mesmo assoprar e esfriar as doenças, não podendo exibi-las em forma material. Antigamente, esse processo de formação se dava em ritos pós-homicídios.[8] Hoje, diz-se que basta que alguém tome rapé[9] seguidas vezes com alguns especialistas e vá para o mato acompanhado deles durante um mês. Durante esse período, têm lugar severas restrições alimentares, e a formação é vista como a introjeção no corpo do neófito de armas possuídas por outros pajés, principalmente já falecidos.

---

8 É preciso indicar as múltiplas possibilidades na incorporação dos conhecimentos xamânicos. Ainda que existam relatos muito específicos sobre a formação da maioria dos (velhos) pajés atuais a partir de ritos pós-homicídios (com a metabolização do sangue do inimigo), isso não exclui que a formação de um especialista possa se dar em ritos de outras ordens, e nem tampouco que se realize de uma só vez. É comum que a formação de um pajé – a introjeção de armas em seu corpo por outros pajés – possa ser realizada durante toda a sua vida, em sonhos ou no contexto do rapé.

9 O rapé utilizado por pajés é uma mistura de fumo com sementes de angico maceradas, de efeito alucinógeno. Essa mistura parece ser de uso bastante antigo dos grupos no Médio Rio Guaporé. Para isso ver, entre outros, Lévi-Strauss (1948).

No entanto, à crise de externalização dos conhecimentos dos mais velhos a que me referi acima, somou-se outra: a falta de pajés. Tenho a impressão de que o incremento na produção de lideranças e professores se articula com o – sempre lamentado – desaparecimento de pajés plenamente formados. Meus interlocutores recorrentemente reclamam da falta de interesse dos jovens a se submeterem ao sofrimento relativo ao processo de formação de especialistas xamânicos. Por outro lado, não é incomum que os jovens dispostos a isso reclamem da atitude sovina de alguns velhos pajés em lhe introduzirem as suas armas. Essa ambivalência parece ser constitutiva da própria formação xamânica. Um especialista sempre se dirá menos poderoso do que aquele de quem teve as armas (parcialmente) adquiridas. No mesmo passo, atribuirá a preguiça e características algo desrespeitosas dos jovens aspirantes o motivo pelo qual não lhe repassou as suas próprias armas. Isso faz com que, ainda que atualmente não faltem aspirantes a pajé, ninguém nunca esteja plenamente formado como tal. Temos, assim, uma crise de subjetivação, que se propaga como uma carência de introjeção de armas no corpo daquele que deseja se tornar um especialista.

Vários são os momentos nos quais um pajé pode repassar suas armas. Sessões de cura onde se toma rapé com vários outros especialistas são as ocasiões mais propícias, mas também mais perigosas para os não pajés, já que podem ser facilmente atingidos pelas flechas dos espíritos que vêm para a sessão. Outra ocasião de transmissão de armas é o funeral de um pajé, ou mesmo muito tempo após a sua morte. Uma vez recebidas as armas e observados certos resguardos que essa transmissão lhes infringe, uma arma se torna parte do corpo de um (novo) pajé. Pajés estão de posse de armas que, por definição, provêm de outros pajés, cujo vínculo parece nunca quedar apagado. Foi nesse sentido que ouvi de um jovem pajé que teria sido "patenteado" pelo especialista que lhe repassou as armas.

Idealmente, as armas estarão de posse de um pajé pelo menos até seu funeral, quando devem ser retiradas. Diz-se que a operação de retirada das armas pode ser realizada somente por outro pajé de mesmo poder que o falecido. Acontece que nenhum especialista nunca detém o mesmo poder que outro especialista. E mesmo aqueles que tentam retirar as armas parecem não ser completamente bem-sucedidos nas suas investidas. O caso é: de todos os pajés que tive notícia, todos permaneceram ainda armados depois de mortos. Seja porque ninguém se atreveu a lhe retirar as armas, seja porque foi reputada ao falecido a recusa em repassar todo o seu poder. Assim, o funeral de um pajé é visto como uma solução social que nunca é, na verdade, levada a cabo. Isso porque, por um lado, esta reminiscência das armas no corpo de pajés falecidos é o que possibilita que tais especialistas continuem formando, através dos sonhos, neófitos vivos. E, por outro lado, este mesmo estoque que permanece na posse de um especialista falecido – e numa relação de não possessão ou perda para com aqueles que aqui ficam – irá permitir ao pajé falecido levar consigo (matar) seus parentes na terra.

A elaboração de tais ambiguidades parece ser consequência de uma incapacidade minha: aquela que torna estranha ou demasiada esotérica a formação – habilitação – de um pajé pela implantação das armas em seu corpo. Não será difícil localizar esse misto de estranheza e exotismo se lembrarmos que comumente pensamos em formação como um processo cognitivo de aprendizagem, ou como um processo evolutivo e acumulativo de aquisição de habilidades. Isso faz com que enxerguemos transmissão de conhecimento como "educação", calcada, assim, em processos intelectuais, em geral, intangíveis. Todavia, a formação de um pajé entre os Djeoromitxi é sobremaneira material e ocorre por uma implantação externa. Minha sugestão é a seguinte: não se trata apenas de formação intelectual, mas da aquisição de uma herança tecnológica cuja origem está alhures, em outros corpos. O processo de formação do pajé é todo uma questão de introjeção e externalização material, ainda que invisível para as pessoas que não são pajés.[10] Se assim não fosse, soaria ainda mais estranha a sugestão, que escutei, de os pajés sentirem seus corpos mais pesados cada vez que lhes são transmitidas certas armas.

É preciso salientar que tais armas são externalizadas pelos pajés durante seus sonhos, num plano invisível para não pajés. Nesse outro plano, as armas mostram-se em forma de guerreiros auxiliares/protetores. As onças que estavam dentro de seu corpo tornam-se "os cachorros" de criação dos pajés e que lhes ajudam a caçar; as cobras que estavam dentro do corpo do pajé mostram-se como pessoas que ajudam no resgate das almas "roubadas"; e filhos "adotivos" dos pajés, interiorizados como pedras, nesse outro plano são também seus ajudantes guerreiros. Esse conjunto de armas/pessoas forma o que é, em português, referido como os "poderes" de um pajé,

10 Noto a semelhança – e a inspiração – com o "ter pajé" Waiãpi, tal como descrito por Gallois (1988, p.195-210).

remetendo às capacidades guerreiras de cada especialista. Essas armas, são assim, num plano interespecífico, "their inside turned outside", na expressão algo intraduzível de Coelho de Souza (2012, p6).

Essa ambiguidade deixa ainda obscuro o tipo de análise indígena que está sendo oferecido. Pois, enquanto podemos enxergar a formação de um pajé como algo calcado em parâmetros culturais compartilhados por todos, "uma cultura e ninguém em específico", diríamos assim, o que os Djeoromitxi estão oferecendo é uma outra imagem. Em primeiro lugar, os especialistas xamânicos são uma ilustração bastante profícua do modo como a questão da transmissão é constantemente entrecortada pela retenção (ou não circulação) de elementos ou informação. Nesse sentido, as perdas culturais das quais cada um pode ser a personificação não são absolutas, porque são, na verdade, relacionais. O importante é que, *em cada momento*, cada especialista de maior poder apareça como o *todo* do qual se é extraído uma *parte* e, assim, sucessivamente: com isso, é mantida a diferença de potencial (capacidade guerreira/xamânica) entre eles. Disso decorre ser cada pajé composto internamente de partes outros pajés: trata-se de uma inscrição (corporal) cuja origem não é apagada. E como as armas extraídas de um especialista são pessoas inteiras num plano invisível para não pajés, a relação mereológica que relaciona especialistas de poderes diferentes é desdobrada, assim, numa relação perspectiva.[11]

Quando observamos as relações que dispõem cada especialista em relação a outros especialistas, devemos considerar que a capacidade em anexar e desanexar pessoas é o que permite que os especialistas armados possam atravessar o divisor canônico "Eu/Outro" (cf. Kelly 2001) (nesse caso, correspondente à divisão entre vivos e mortos). As armas e o corpo do pajé

11 Utilizo o termo *mereologia*, o estudo das relações parte/todo, conforme Strathern (1992). "A mereological part is commonly taken as a part made up of what makes up the whole (e.g. branch of tree" (p.205). A autora contrasta esta ideia com a percepção ocidental segundo a qual "nothing is in fact ever simply part of a whole because another view, another perspective or domain, may redescribe it as a 'part of something else'"(p.73). Strathern se refere a esse tipo de operação descritiva como *merografia*: "the term recalls but is not identical with mereology". *Merografia*, por sua vez, "rests in the 'Western' apperception that persons work to bring one another whole different orders of phenomena, as different ways of knowing the world and as different perspectives *on* it" (p.205; grifo meu). A associação da *merografia* com o multiculturalismo é evidente, e suponho ser incompatível com uma descrição das operações perpectivas do (corpo do) pajé djeoromitxi.

assumem, em cada contexto, o valor de operadores entre termos. Operadores, "constituem a 'objetificação de uma relação', um valor puramente relacional" (Kelly, 2001, p.101). Podemos acompanhar essa constituição pelas seguintes proposições: 1) um *todo* (*termo*/pajé de maior poder) dá uma *parte* de si (arma/*operador*) para o outro pajé (*termo*/pajé de menor poder); 2) armas são pessoas inteiras (termos), quando externalizadas do corpo de um pajé (operador). É necessário ponderar, então, as condições de dualidade e divisibilidade dos especialistas xamânicos, uma "relacionalidade dual", nos termos de Kelly (2001). Isso porque o processo de introjeção e externalização das armas de um pajé enfatiza tanto "o encerramento de pessoas inteiras em partes de pessoas" (Kelly, 2001, p.1), quanto a relação perspectiva entre Eu e Outro. Sublinho, juntamente com Kelly (2001), o papel do corpo na sustentação dessas relações.

Em relação à construção de conhecedores, o efeito dessas relações registra o que é notoriamente formulado por Coelho de Souza:

> Nós devemos lembrar a concreticidade dos conhecedores [the concreteness of knowers], a concreticidade de uma posição de "sujeito" que é definida por um corpo particular, como consequência de interações passadas. (2012, p.14, tradução minha)

Essa particularização de uma posição de sujeito é, no nosso caso, e a cada momento de introjeção ou externalização de armas, distribuída segundo um jogo reversível de visibilidade e invisibilidade. Distribuição, perspectiva igualmente presente, como vimos, na capacidade de produção da chicha da avó de uma menina, por reter em sua garganta o mel do "tempo da maloca", ou na ideia de conhecimento como aquilo que está "dentro do buraco do ouvido".

Mas voltando à crise dos pajés: poderíamos pensar que a formulação do desaparecimento de pajés plenamente formados carregue consigo uma alusão ao fato de que todo o arcabouço conceitual (ou toda a cultura) ligado(a) ao xamanismo estivesse ausente. E, com isso, que a relação com os espíritos estivesse apagada. No entanto, não é isso que acontece. Ao invés de fazer com que desapareçam, a ausência de pajés permite a aparição dos espíritos no mundo dos vivos com cada vez mais frequência, o que causa profunda preocupação aos meus interlocutores. Pajés, *küeros*, assim, são operadores entre termos e planos distintos, justamente porque mantêm o afastamento e/ou a conexão controlada entre eles. Sem isso, o perigo se concentra na superposição desses planos. Parece sempre necessário sustentar diferenças. O que, não obstante, é também realizado pela capacidade diferenciadora da visão, própria aos pajés.

Um jovem pajé (não plenamente formado), filho de Kubähi, aposta em seu poder de discriminação por meio da observação dos aspectos visuais das plantas. "É preciso", disse-me ele, "porque são todas iguais, que o nosso olhar seja mais forte que o delas [as plantas], para que se possa saber de qual se trata". O conhecimento é visto aqui como um processo de diferenciação produzido por um encontro de olhares. Não por acaso, a palavra djeoromitxi para "conhecedor", *i ã nõ a*, é, numa tradução literal oferecida por um professor djeoromitxi, "aquele que enxerga". Assim, de um bom manipulador de venenos do mato, pode-se dizer *hi nõ bã ã nõ a*, quer seja, aquele que enxerga os venenos; de um bom cantador se diz *hi ho wawa ã na a*, aquele que enxerga as músicas.[12]

"Descoberta" é um termo usualmente utilizado em português pelos professores para designar as proposições provindas de experiências oníricas dos pajés: aquilo que os especialistas veem em seus sonhos. Essas proposições se referem mais comumente às qualidades medicinais de alguma planta específica; aos nomes pessoais pelos quais os bebês devem ser designados; e aos diagnósticos sobre os fatores que estão afetando algum doente na aldeia. De fato, as "descobertas" são quase sempre motivadas pelo adoecimento ou nascimento de um parente. São os diálogos dos pajés com os espíritos Donos (/-bzia/, em djeoromitxi)[13] de plantas, animais, peixes, árvores etc. uma

12 Dado este investimento na atividade do olhar, é comum que aos olhos das crianças e jovens sejam administrados os sucos de uma folha específica, para aprimorar sua visão e capacidade de trabalho. Assim, constroem-se bons caçadores e boas trabalhadoras da roça e de casa, evita-se que fiquem panemas ou cegos. Algum reconhecido conhecedor das plantas pode administrar o colírio hi nõ kai ä, traduzido como "folha/veneno no/dentro do espírito/alma". Depois de mais ou menos meia hora de muito ardor e, portanto, dos olhos cerrados, e também "de ouvidos abertos" aos conselhos dados por seus avós, os jovens por vezes são guiados pela mata, para que conheçam ("pesquisem", num vocabulário mais contemporâneo) as plantas.

13 /-bzia/ é o sufixo que designa os espíritos "Donos", como dizem, de tudo o que existe. Os Donos são vistos recorrentemente pelos pajés em forma de "pessoas". No caso dos Donos das caças, peixes e grandes árvores, estes recebem os pajés em suas próprias malocas, e lhes oferecem comida e cerveja fermentada. Dizem os Djeoromitxi que somente os Donos são pessoas, enquanto os animais de caça, por exemplo, são a criação doméstica de seus Donos.

maneira de aferição de rigor do aprendizado desses conhecimentos. Pelos diálogos e observações de um pajé, suas "descobertas" são sempre reconhecidas como um modo de manter o motor do tempo a favor dos humanos vivos na terra.

Perder, descobrir, resgatar

Segue interessante notar o papel que a recusa de transmissão realiza. Reter conhecimento – ou armas, no caso dos pajés – parece ser um momento conectado com sua externalização. E é isso o que possibilita diferenciar os conhecedores de outras pessoas. É nessa dobra que se concentra o papel das perdas, pois alguém só pode externalizar aquilo que um dia pôde reter. O que parece, todavia, óbvio, é na verdade o que proporciona o senso de criatividade.[14] No caso djeoromitxi, o movimento de externalização coloca sempre um deslocamento relativo ao que foi retido num tempo passado (nada permanece igual, nem mesmo o que é guardado no pensamento, como veremos para o caso de construção da maloca). E, fazendo isso, cria-se igualmente uma sensação (estabelece uma consistência) de diferença temporal entre velhos e novos, aqueles do tempo da maloca e os que já nasceram "no meio dos brancos".

Até aqui, tentei esclarecer como a perda de conhecimentos não pode ser vista como efeito de uma disrupção ou falência social. Tais perdas são vistas como efeito, de um lado, da recusa à transmissão dos mais velhos e, de outro, da interferência estrutural da "cultura" makurap e da "cultura" dos brancos na história djeoromitxi. Nesse sentido, a "interferência estrutural" a que me refiro é ela mesma causa e efeito de um campo social que distribui seu potencial criativo a partir das perdas de informação. Seja pelas apropriações entre povos indígenas, nas mediações realizadas pelos professores, ou nas

---

Assim, as antas são o gado de seus Donos, os veados são os carneiros de seus Donos etc. No caso do mundo subaquático, aos diferentes produtos da roça dos Donos correspondem as diferentes espécies pescadas no mundo terrestre.

14 De maneira comparável, podemos notar as asserções de Crook (2009) entre os Bolivip: "A cada momento em que algo é revelado e se torna claro, as pessoas imediatamente percebem que foi revelado ao lado [alongside] de outra coisa que permanece oculta. Dentro de toda e qualquer coisa que é tornada reconhecível [becomes clear] permanece alguma coisa oculta" (p.104, tradução minha).

"descobertas" dos pajés, a articulação do par conceitual "perda-descobertas" revela, creio, uma estrutura aberta para a história e para o Outro.

Lévi-Strauss (2004), ao acompanhar a introdução do discreto num campo contínuo na primeira parte d'*O cru e o cozido*, sugere que "um sistema discreto resulta de uma destruição de elementos, ou de sua subtração de um conjunto primitivo [...] para evitar que eles se encavalem ou se confundam uns com os outros" (p.75-76). Eu gostaria de reter essa imagem de "antiencavalamento" para pensar as perdas apontadas pelos Djeoromitxi, pois quero aqui insistir que as "descobertas" dos pajés são uma versão correlata das perdas, e não seu contrário. Como as perdas, as "descobertas" não visam a reintroduzir um plano contínuo, mas a revelar novas distinções até então insuspeitas.

Será sempre difícil aceitar a ideia de criação indígena, e não só transmissão de conhecimento como rememoração, a menos que atentemos para o vocabulário das perdas culturais que recorrentemente nos apontam.[15] Quero enfatizar, com isso, a reversibilidade criativa entre "perdas e descobertas", pois há uma maneira manifestada de mitigar tais perdas e se opor a elas. Essa oposição se mostra atualmente realizada pelos projetos relativos a direitos culturais, especialmente nas atividades conceituadas como de "resgate cultural". Tais atividades são vistas pelos Djeoromitxi como uma oportunidade de os jovens – e mesmo pessoas pouco mais velhas – aprenderem com seus avós da aldeia como eram as coisas no "tempo da maloca". Esse "tempo da maloca" e as transformações vividas a partir de seu estabelecimento passado, quero sublinhar, é algo como a premissa, a moldura do quadro da qual partem meus interlocutores para avaliarem seus papéis como lideranças/professores na escola da aldeia. São essas mesmas lideranças que visam a empreender modos de reversão, com vistas a mitigar a sensação das perdas estabelecidas contra o fundo "tempo da maloca". São eles que, em conformidade com toda a sua formação escolar, buscam projetos de revitalização cultural.

Trarei, agora, uma experiência de resgate cultural, como uma maneira de exemplificar a reversão das "perdas" na economia dos argumentos de meus interlocutores. Quero reter a imagem lévi-straussiana de "encavalamento"

15 Agradeço a Laura Perez Gil por ter formulado desta maneira as questões que eu apresentava na ocasião de um seminário em março de 2012 no PPGAS-UFPR.

para que possamos entender os efeitos desta experiência. Refiro-me à construção de uma maloca, uma forma antiga, no âmbito do "Projeto de Valorização da Cultura Material Djeoromitxi", financiado pelo Museu do Índio e executado entre 2010 e 2011, na aldeia Baía das Onças.[16]

Um modelo perigoso

"A comunidade está gostando, trabalhando no resgate cultural. Eles estão buscando viver não só a vida do dinheiro, mas a vida de alegria. Todos estão querendo falar e cantar como era antes, valorizar a própria cultura." Foi o que pude ouvir de um professor Djeoromitxi sobre as ações do projeto intitulado "Valorização da Cultura Material Djeoromitxi". Essa afirmação é, todavia, surpreendente pelos motivos que veremos a seguir, e que se referem aos efeitos bastante insuspeitados deste projeto.

Dos eventos que tiveram curso em 2011 no âmbito do projeto, um deles, senão o principal, consistiu na construção de uma "maloca".[17] Tal esforço, sem ao menos estar previsto na versão aprovada do projeto, substituiu várias de suas outras atividades (como algumas oficinas para a produção de marico e redes ou artefatos de caça e pesca). As malocas antigas eram estruturas arquitetônicas de tipo "colmeia", que Lévi-Strauus (1948) julgou ser exclusivo daqueles povos e que nenhum dos jovens de hoje teriam sequer visto.

Na construção da maloca no âmbito do projeto, estiveram ausentes todo tipo de artefato ou instrumento não indígena. Os trabalhos de sua construção foram coordenados por Kubähi Djeoromitxi, pois a forma da maloca permaneceu, como dizem os Djeoromitxi, "guardada em seu pensamento" durante anos a fio. Entretanto, como Kubähi não se lembrava muito bem de todo o processo de construção, foi por isso ajudado por uma cunhada Arikapo,

16 O projeto foi elaborado por mim e pelo professor Kodjowoi Djeoromitxi, e até onde sei foi o primeiro em que os Djeoromitxi estavam diretamente envolvidos. Sua execução não contou com a presença – ou "audiência" – de nenhum não indígena, inclusive a minha. Todas as ações do projeto foram executadas exclusivamente pelos Djeoromitxi na aldeia Baía das Onças.

17 Uma outra atividade do projeto consistiu em uma oficina de furada de tronco da palmeira de auricuri para produção de suas larvas, *hanõ*, alimento muito apreciado por todos. Minha intuição é que esta atividade replicou e acionou elementos de uma narrativa mítica bastante extensa sobre as aventuras de uma espécie de *trickster* [trapaceiro] chamado Nõnõbzia. Reservo para outra oportunidade sua análise.

trazida de outra aldeia. Mas mesmo aquilo de que se foi lembrado não foi completamente executado. Da maloca construída, falta-lhe o capote do cume, até hoje não colocado. Assim, a maloca construída apenas se parece com aquela que, ventila-se, um dia existiu. E não é, então, cópia fiel ao seu original.

Muitos jovens, comandados por Kubähi, envolveram-se na construção da maloca e, após seu término, tiveram lugar duas mortes: primeiro, de um jovem construtor, neto de Kubähi, vitimado por um acidente de moto numa cidade próxima; e, posteriormente, do próprio Kubähi. Tais mortes foram para mim atribuídas à construção desta (forma) maloca: estavam lidando com a casa dos espíritos e por eles foram seduzidos. Se a maloca é pertencente ao passado indígena, e diz respeito não só a uma forma de moradia, mas a um elemento de toda uma socialidade específica, essa forma e essa socialidade são, de igual maneira, as que existem atualmente em outro domínio cosmológico; o céu, lugar dos espíritos.[18] Kubähi estava "mexendo", quer dizer, intrometendo-se na casa dos espíritos, e estes se sentiram afrontados. *Mexer,* nesse caso, parece-me congruente com o perigo de se *lembrar* dos mortos – amplamente registrado e comentado na etnologia indígena.

Kubähi estava, então, replicando uma forma que existe no céu, pois enquanto aqui construía a maloca do projeto de valorização cultural, no céu também construía junto a seus parentes antigos a sua próxima morada. Lá, Kubähi se alimentava e, por isso, aqui não desejava comer: o perecimento físico de Kubähi dava mostras da convivência em outro plano cosmológico. Por isso, as comidas feitas por sua esposa na terra rapidamente azedavam, sem ao menos terem sido tocadas por Kubähi. Tal azedamento foi tomado como signo sensível da intervenção dos espíritos na matéria que se mostra aos olhos dos viventes, pois a alma da comida (seu aspecto invisível) já havia sido devorada.

As mortes subsequentes, tanto quanto as seduções por parte dos espíritos – em forma de chamados para casamento – dos jovens construtores da maloca, tiveram como contraefeito uma cantoria coletiva de claro aspecto guerreiro. Conduzidos por Paturi Djeoromitxi, um velho e afamado pajé, e por Nambuika Arikapo, a mais velha da Baía das Onças, meninas e meninos

---

18 Digo, de certos espíritos. Porque o céu é reservado para aqueles que não morrem vítimas de homicídios (causados por flechadas ou armas de fogo). Estes últimos têm destino errante e algo obscuro, cuja forma-pessoa se perde em uma série de transformações.

entoavam um coro. Questionava-se, através da música, o motivo dos espíritos estarem lá, aconselhando-os a ir embora. Instados a contar a seus parentes que haviam apanhado, a ideia era persuadir os maléficos sedutores a não mais ali voltarem.

É notável a intensificação das ações xamânicas como modo de (de)codificar os efeitos provocados pelas ações de resgate cultural. A revelação do que antes estava obscuro, guardado no pensamento de Kubähi, teve efeitos que não puderam ser plenamente controlados. Na contramão da "crise de externalização" dos conhecimentos a que me referi no começo, a transformação de uma imagem em negativo (aquilo guardado no pensamento de Kubähi) para uma imagem em positivo (a forma sensível da maloca construída) trouxe alguns perigos difíceis de manejar. Projetar para fora uma maloca como parte de si ensejou a morte no corpo de Kubähi, mas também de seu neto que o acompanhou nesta empresa, e subjetivou esses conhecimentos. Neto que hoje se diz ter sido o depositário das expectativas de próximo "chefe do pessoal" da Baía das Onças, e a quem Kubähi infligiu uma série de resguardos.

A construção da maloca promoveu uma expansão semântica da noção de "cultura material" (presente no projeto financiado pelo Museu do Índio). Esta última se viu englobada e mediatizada. Ao ser projetada para fora do pensamento de Kubähi e revelada aqui na Terra, a casa dos espíritos mortos – a maloca – produziu uma série de reversões. Em incursões ao céu visitando o jovem construtor acidentado, Paturi, um velho pajé, trazia notícias de que esse jovem tornou-se muito rico em sua nova vida no céu, possuindo computador, moto, caminhões. Ele, assim, agora é um "branco". Contava, ainda, um outro e jovem pajé que o menino falecido conseguia ver seus parentes vivos na terra através de um computador. Foi, então, advertido pelo morto que seus parentes vivos poderiam fazer o mesmo, e vê-lo assim em sua "nova vida". O único problema, disseram-me, é que o dito pajé esqueceu a tecla do computador que os vivos deveriam apertar para conseguir ver seu parente morto, e, assim, todos devem se resignar ante as saudades. O fato de que os vivos não pajés não possam ver os mortos resulte de um esquecimento ou "perda" de um especialista, restitui não obstante a própria capacidade subjetiva (possuidora de armas) desse especialista – capaz de ver os mortos sem maiores problemas.

Esse tipo de controle diferenciante (Kelly, 2005) na produção local de pessoas "conhecedoras" (como Kubähi e seu filho pajé) sobressai como o modelo para os movimentos que todavia estiveram descontrolados no caso da construção da maloca. Isso porque resgatar a cultura djeoromitxi desembocou em uma dupla operação diferenciadora: transformou um jovem envolvido nesse projeto em morto e branco. E isso me parece ser um aspecto consistente com a obviação da indianidade. Em detrimento de sua faceta "branca" e tornando proeminente sua indianidade, um jovem djeoromitxi acabou morrendo e se transformando em branco.[19]

Creio ser essa operação uma maneira de produzir diferenças duplamente torcidas num campo previamente convencionalizado pela oposição entre indígenas e não indígenas. Registrou-se, assim, uma espécie de dupla torção que entendo como uma contraefetuação que (re)produz "o exterior como fonte de recursos diferenciantes" (Kelly, 2005, p.218). Esse "exterior", no nosso caso de análise, apresenta-se como uma sobreposição do mundo dos espíritos e (das mercadorias) do mundo dos brancos. Nesse desafio de "virar índio", para retomarmos a questão com a qual começamos, foi necessário realizar uma série de torções. O xamanismo como "contraefeito" revela que, antes que pontos fixos e originais de um passado agora recuperado, o resgate efetuado trata exatamente de experimentações e estratégias de reversão, e as versões indígenas mantêm atenção aos seus efeitos. E, se alguns são incontornáveis, outros irreversíveis, certamente o foco se projeta na possibilidade de manejá-los, através das ações de mediadores específicos.

Como modos que necessitam da ação de mediadores (professores e pajés) para a introdução de afastamentos, não há contradição, sugiro, entre a forma tradicional da maloca e a forma escola. A primeira, onde antes se aprendia a conviver, e a segunda, onde hoje os professores djeoromitxi intentam ensinar aos seus alunos modos de formular as ambiguidades de sua condição atual, misturada e no "meio dos brancos". As duas formas, maloca e escola, são certamente diferentes, mas aparecem como versões transformadas uma da outra no que tange a seus modos diferenciantes de operação.[20] Somente assim

---

19 Faço uso de uma expressão utilizada por Kelly sobre o processo de "virar branco", inspirado, como diz este autor, "pela explicação de Wagner (1978, p.31-32) sobre os dois sentidos da palavra 'obviar': tornar proeminente certas associações de um símbolo – torná-las imediatamente aparentes – às custas de outras que, por implicação, passam assim 'despercebidas'" (Kelly, 2005, p.220).

20 Fui aqui inspirada pela formulação de Peter Gow, na qual o "mundo vivido" Piro só pode ser entendido como um "sistema de transformações": "A 'roupa dos antigos' e a 'roupa dos

consigo entender o que me disse a mãe do rapaz falecido, "A maloquinha só acabou de espalhar os espíritos que chegaram com a escola". O que aqui parece sobressair é a potência perigosa da alteridade tanto do passado indígena quanto dos brancos.

A maloca construída transformou-se em morada das cabas e de uma mulher-espírito solteira, cuja intenção é casar-se com os vivos e levar os jovens da aldeia para viver junto dela. De acordo com os conhecimentos próprios do "tempo da maloca", a maloca teria sido queimada após a morte de seu construtor, Kubähi. O que foi impedido pelos professores djeoromitxi: seus filhos quiseram, segundo meus interlocutores, "preservar o modelo", para que, assim, todos soubessem como são as formas propriamente djeoromitxi. A preservação desta imagem em positivo como "modelo" a ser visto, sem surpresas, deve também necessitar de algum gasto de energia a fim de manejar suas potências. As intensas preocupações ainda rondam os pais dos jovens recorrentemente seduzidos pelos espíritos que ali se instalaram – aspecto atualmente formulado como consequência do não atendimento aos ritos mortuários.

Destarte, é significativa a recusa dos jovens a se instalarem na maloca – ainda que instados por sua avó Wadidiká (viúva de Kubähi), que gostaria de ver a "maloquinha" funcionando como a casa dos homens solteiros – instituição que ela diz fazer parte do modo de organização das aldeias no passado nos afluentes do médio Guaporé. Mas não só a isso correspondem às expectativas sobre a nova maloca. Uma liderança e professor, filho de Wadidiká e Kubähi, intenta fazer da maloca – incrustada na aldeia de difícil acesso – um museu da cultura Djeoromitxi, para que, segundo ele, os jovens indígenas possam conviver com os "modelos" – objetificações materiais de seus conhecimentos antigos. A maloca, assim, disposta na tensão entre "casa dos homens solteiros" e "museu indígena", acaba abandonada, sem ser habitada ou sequer visitada. Eram, aliás, os brancos que visitavam a aldeia, conduzidos a se instalarem na maloca. Que não possamos saber de antemão o que exatamente seria tanto "a casa dos homens solteiros", quanto "um museu indígena", só faz realçar o debate existente entre meus interlocutores sobre os procedimentos ainda provisórios de domesticação da sua própria "cultura".

brancos' são certamente diferentes, mas são versões transformacionais da mesma transformação que toda roupa realiza" (Gow, 2001, p.309 apud Kelly, 2005, p.213).

Construir uma maloca, habitar um paradoxo (com agradecimentos a Marcos Matos)

"Usar a cultura dos outros" parece nos convidar a entender o quê? Até onde percebo, os Djeoromitxi estão nos sugerindo que o movimento de alteração – e apropriação – é constitutivo do conceito indígena de cultura. Nesse sentido, as culturas não são autocontidas, mas são maneiras de se produzir deslocamentos: *relações* que podem ser ativadas ou desativadas. Cultura é, antes de tudo, uma relação que se estabelece com Outros. Disso decorre, no caso djeoromitxi, ser também verdadeira a formulação de que cultura é uma *proposição* metacomunicativa (Coelho de Souza, 2010), porque é relacional. Isso diz respeito a uma empresa indígena que busca restituir o seu original, aquilo que um dia se foi: "agora a gente usa a nossa cultura", que, como vimos, não pode nunca ser alcançado, a menos que se lide com uma série de efeitos difíceis de manejar. Porque a "nossa cultura" é também uma relação que se estabelece com Outros.

Carneiro da Cunha (2009, p.355) nos adverte que, enquanto uma categoria reflexiva, a cultura aspeada depende que se mantenha seu contexto de enunciação separado da cultura sem aspas. Isso seria uma condição para se evitar os paradoxos da lógica, mesmo que tais contextos sejam formulados como ordens embutidas umas nas outras. A autora adianta, ainda, que

> as coisas não podem ser definidas em si mesmas, mas apenas como elementos deste ou daquele conjunto. A questão, então, é saber como as pessoas devem fazer para viver ao mesmo tempo na "cultura" e na cultura. (op. cit., p.359)

E o paradoxo que imagino estar envolvido em casos de resgate cultural – especialmente na construção da maloca entre os Djeoromitxi – seria exatamente este: implicar na definição de um conjunto, ao mesmo tempo, elementos que fariam parte dele. Recorro aqui ao que diz Bateson acerca dos paradoxos de autorreferência:

> A regra para se evitar os paradoxos insiste que os itens fora de qualquer linha de demarcação [an "enclosing line"] devem ser do mesmo tipo lógico daqueles que estão dentro desta linha, mas a moldura do quadro [the picture frame] [...]

é uma linha dividindo os itens de um tipo lógico daqueles de outros tipos lógicos (Bateson, 2000, p.189, tradução minha).

Definir "cultura" como uma metacategoria significa dizer que ela pode ser, se bem entendo Bateson, um "picture frame" sem especificar previamente o conteúdo do que ela fala. Ao mesmo tempo, essa definição detém o poder de dividir tipos lógicos diferentes, um nível de abstração específico: "cultura", enfim, como uma proposição predicativa.

No nosso exemplo, tínhamos a forma arquitetônica maloca como um elemento do conjunto "coisas do tempo da maloca", predicado como "cultura antiga". Na operação de conversão da "cultura antiga" na "cultura Djeoromitxi" operou-se um paradoxo. Construindo uma maloca para se resgatar a cultura, misturou-se no conjunto delimitado (a "cultura" djeoromitxi) coisas/pessoas de tipo lógico diferentes. No conjunto de coisas que não são maloca foi colocado o conjunto de coisas que são maloca, pois uma maloca não é um conjunto, tanto quanto "maloca" era um elemento do conjunto "coisas do tempo da maloca". Mas como na conversão da cultura antiga na cultura djeoromitxi, maloca (elemento de um conjunto "coisas do tempo da maloca") tornou-se o conjunto ele mesmo, junto com a maloca veio a cultura (dos espíritos).

É dessa maneira que a maloca, epítome do passado indígena, construída no presente, colocou aos meus interlocutores uma espécie de "encavalamento", que creio poder ser melhor entendido como um problema de moldura. Pois quando chamamos um dos elementos de um conjunto a realizar-se como o conjunto, subvertemos com isso "a necessidade lógica de uma outra moldura que delimite o fundo contra o qual as figuras podem ser percebidas" (Bateson, 2000, p.188; tradução minha). Sem um "outer frame", é como se a parede estivesse pendurada no quadro. E se cria, com isso, a sensação de que fundo e figura se revezam de maneira descontrolada. Isso porque se perdeu a moldura que delimitava o fundo contra o qual as coisas até então eram percebidas, visto que "o tempo da maloca" aparecia como o fundo a partir e contra o qual as pessoas avaliavam suas ações. Com projeto de resgate, figuram agora, num mesmo conjunto, coisas de tipos lógicos diferentes: os espíritos que viviam na maloca e agora vivem no céu, juntamente aos viventes na Terra. Isso causa, no nosso caso de análise, as mortes e o que por elas foi arrastado, como a atualização das agências dos espíritos, dos casamentos interespecíficos, e tudo o que supostamente teria sido deixado para trás em sua versão "forte", no tempo dos antigos.

Construir uma maloca entre pessoas que dizem não mais pertencer ao "tempo da maloca" é confundir, entendo, "aquilo sobre o que se reflete" com "as metacategorias por meio das quais se o faz" (Coelho de Souza, 2010, p.112). Foi na tentativa de habitar esse tipo de paradoxo que as pessoas morreram e continuam adoecendo – no intuito, lembremos, de *usar* a sua *própria cultura* e não mais a *cultura dos Outros*.

Considerações finais

Para meus interlocutores Djeoromitxi, a "própria cultura" se mostrou tão ou mais alteradora que a "cultura dos outros", a que estavam habituados. E o que eu quis aqui sublinhar é o seguinte: a questão da alteração é também expressado nos modos de transmissão de conhecimento. Assim é que o convívio como valor na produção do conhecimento indígena não remete a relações de identidade, a saber, relações calcadas na semelhança entre os seres, adjetivadas como pacíficas porque purificadas de seu conteúdo de periculosidade. Pelo contrário, o convívio se expressa através do componente de alteridade (intra ou interespecífica) entre os seres em relação, e o perigo nele incorporado é o que possibilita as operações de construção dos conhecedores.

Destarte, a necessidade de convivência para a produção do conhecimento indígena não registra somente um dispositivo epistemológico, mas uma "substância" positiva e incorporada do conhecimento. As pessoas são invólucros que obscurecem seu conteúdo ("guardar no pensamento" é a expressão djeoromitxi que tenho em mente), o que implica, não obstante, a recusa da separação entre conhecedor e as relações que o constroem como tal. "Convivência" como motor da produção de conhecimento me parece ter este sentido: os fenômenos não podem ser descritos a não ser por aqueles que deles participam (cf. Strathern, 2004). E partilhar desta descrição (aprender, escutar, reproduzir o conhecimento dos mais velhos, descobrir) não é menos experienciar, não obstante envolva outras relações, e assim por diante. É uma maneira recursiva de operar o conceito de "relação" (usar a cultura dos outros, por exemplo) e que impede, justamente, que as operações de sua produção sejam sobrepujadas.

Mas essa "relacionalidade" – um modo de objetivar o sentido de "convivência" – não nos indica que os processos indígenas sejam meramente simbólicos ou que devem ser relegados ao sobrenatural. Tudo o que quis apontar aqui foi a dimensão concreta dos suportes (pessoas no sentido mais amplo do termo) através dos quais se operam a criatividade e as transformações indígenas (Cf. Coelho de Souza, 2012). Para que se construam "conhecedores", as plantas precisam estar lá, domesticadas por seus espíritos Donos (-bzia), bem como os animais de caça ou os peixes no rio; a sua roça precisa ser mantida, os resguardos devem ser operados. Essas são questões que perpassam os direitos culturais, sinalizando que são, igualmente e no mesmo momento, direitos territoriais.

Assim sendo, a preocupação não se refere a assegurar uma cultura ou muitas. Se algo deve ser preservado, isto só pode ser o *modo* como os indígenas podem "usar a sua cultura ou a dos outros". O modo como nossos interlocutores, enfim, decidem sobre o rumo de suas vidas ao "se diferenciarem deles mesmos" (Coelho de Souza, 2010). Se bem entendidos, este modo e esta decisão dependem, no entanto, de seus direitos territoriais. Para subscrevermos isso, talvez seja necessário levarmos a cabo a sugestão de Roy Wagner:

> A prova de fogo de qualquer antropologia é se ela está disposta a aplicar [a] relatividade *objetivamente* – na nossa "realidade" como na dos outros – tanto quanto *subjetivamente*. A menos que sejamos capazes de fazer isso, a criatividade das outras culturas que estudamos será sempre derivada da nossa própria criação de realidade. (Wagner, 2012, p.220; grifo no original)

Cultura e símbolo, por conta da relatividade que emanam, podem nos obcecar a ponto de não entendermos que é através da materialidade dos processos que nossos interlocutores indígenas produzem parentesco e coletividades – sendo essa negação (e distinção) um dos meios pelo qual o nosso modo de invenção ocidental forja (e esconde) sua própria máscara. Se há um projeto que os Djeoromitxi da Baía das Onças instam-me recorrentemente a escrever, este se refere à aquisição de um trator. O objetivo é diminuir os desmatamentos e coivaras na abertura de suas roças. O que eu escuto – e tentei aqui replicar – é mais ou menos o seguinte: "Cabe a nós decidir se usamos a nossa cultura ou a dos outros, mas isso só será possível se pudermos nós mesmos senhorear nosso território".

Referências bibliográficas

ALBERT, B.; RAMOS, A. R. *Pacificando o branco.* Cosmologias do contato no norte amazônico. São Paulo: Editora Unesp,2002.

BATESON, G. A Theory of Play and Fantasy. In: ______. *Steps to an Ecology of Mind.* Chicago: The University of Chicago Press, 2000, p.177-93.

CARNEIRO DA CUNHA, M. "Cultura" e cultura: conhecimentos tradicionais e direitos intelectuais. *Cultura com aspas.* São Paulo: Cosac Naify, 2009, p.311-73.

CASPAR, F. *Tupari:* entre os índios, nas florestas brasileiras. São Paulo: Melhoramentos, 1953a.

______. Some sex beliefs and practices of tupari indian (Western Brazil). *Revista do Museu Paulista,* Nova Série. São Paulo, v.III, , p.201-48, 1953b.

______. A expedição de P. H. Fawcett a tribo dos Maxubi em 1914. *Anais do XXXI Congresso Internacional de Americanistas.* São Paulo: Anhembi, v.1, 1955a.

______. Um caso de desenvolvimento anormal da personalidade observado entre os Tupari. *Anais do XXXI Congresso Internacional de Americanistas.* São Paulo: Anhembi, p.121-26, 1955b.

______. Puberty rites among the tupari indians. *Revista do Museu Paulista,* Nova Série. São Paulo, v.X, p.141-54, 1958 [1956].

______. A aculturação dos Tuparis. In: SHADEN, E. (Org.). *Leituras de etnologia brasileira.* São Paulo: Companhia Editorial Nacional, 1976, p.486-514.

COELHO DE SOUZA, M. A vida material das coisas intangíveis. In: COELHO DE SOUZA, M.; COFFACI DE LIMA, E. (Orgs.). *Conhecimento e cultura:* práticas de transformação no mundo indígena. Brasília: Athalaia, 2010, p.97-118.

______. Autochthonous knowledge and knowers: a science twice concrete. *Hommage à la Pensée Sauvage:* what is autichtonous knowledge? Contributions and relations to other knowledge, paper apresentado. Paris, May 14th-15th, 2012.

CROOK, T. Exchanging skin: making a science of the relation between Bolivip and Barth. *Social Analysis,* v.53, n.2, p.94-107, 2009.

FAUSTO, C. The bones affair: knowledge practices in contact situations seen from an Amazonian case. *Journal of the Royal Anthropological Institute,* v.8, n.4, p.669-90, 2002.

GALLOIS, D. T. *O movimento na cosmologia Waiãpi:* criação, expansão e transformação do universo. Tese (Doutorado), PPGAS-USP, São Paulo,1988.

GALVÃO, E. Áreas culturais indígenas do Brasil: 1900-1959. *Boletim do Museu Paraense Emílio Goeldi,* Nova Série, Antropologia, Belém, v.8, 1960.

GOW, P. *An Amazonian myth and its history.* Oxford: Oxford University Press, 2001.

KELLY, J. A. Fractalidade e troca de perspectivas. *Mana,* v.7, n.2, p.95-132, 2001.

______. Notas para uma teoria do "virar branco". *Mana,* v.11, n.1, p.201-34, 2005.

LÉVI-STRAUSS, C. Tribes of the Right Bank of the Guaporé River. In: STEWARD, J. H. (Org.). *Handbook of South American Indians.* v.3. Washington: Smithsonian Institution. Bulletin, n.143, p. 371-9, 1948.

LÉVI-STRAUSS, C. *O cru e o cozido*. Trad. Beatriz Perrone-Moisés. São Paulo: Cosac Naify, 2004.

MALDI, D. O complexo cultural do marico: sociedades indígenas do rio Branco, Colorado e Mequens, afluentes do médio Guaporé. *Boletim do Museu Paraense Emílio Goeldi* (Antropologia), v.7, n.2, p.209-69, 1991.

NUNES, E. S. *No asfalto não se pesca*: parentesco, mistura e transformação entre os Karajá de Buridina (Aruanã-GO). Dissertação (Mestrado). PPGAS-DAN/UnB, Brasília, 2012.

RIBEIRO, E. R.; VAN DERVOORT, H. The inclusion of the Jabutí language family in the Macro-Jê stock. *International Journal of American Linguistics*, v.76, n.4, p.517-750, 2010.

STASCH, R. *Society of Others:* Kinship and Mourning in a West Papuan Place. Berkeley: University of California Press, 2009.

STRATHERN, M. *After Nature*: English kinship in the late twentieth century. Cambridge: Cambridge University Press.

______. *Partial Connections*. Updated Edition. Oxford: Altamira Press, 2004 [1991].

VILAÇA, A. O que significa tornar-se outro? Xamanismo e contato interétnico na Amazônia. *Revista Brasileira de Ciências Sociais*, v.15, n.4, p.56-72, 2000.

VIVEIROS DE CASTRO, E. Etnologia brasileira. In: MICELLI, Sergio (Org.). *O que ler na ciência social brasileira (1970-1995)*. v.1 (Antropologia). 1999, p.109-223.

WAGNER, R. *A invenção da cultura*. Trad. Marcela Coelho de Souza e Alexandre Morales. São Paulo: Cosac Naify, 2012.

11
Xamanismo e novas circulações de conhecimento na Amazônia indígena

Pedro de Niemeyer Cesarino[1]

Tratarei aqui dos processos de transformação de ontologias ameríndias e, em especial, dos Marubo da Amazônia ocidental, através de reflexões sobre situações de intercâmbio e/ou interlocução entre povos indígenas e pesquisadores não indígenas. Nas páginas seguintes, busco compreender os dilemas envolvidos na relação entre o conhecimento dito tradicional e suas formas de circulação, apropriação, aquisição e autorização. A primeira situação se refere a um encontro realizado em setembro de 2011 na Terra Indígena Wawi (sul do parque do Xingu), do povo Suyá ou Kinsêdjê, organizado por uma equipe de antropólogos e pelos anfitriões indígenas. A segunda se refere à vinda a São Paulo e ao Rio de Janeiro de dois interlocutores Marubo com os quais tenho trabalhado, Robson Dionísio Marubo e Matheus Txano Marubo, para desenvolver atividades de pesquisa. Tais momentos devem servir de gatilho para discussões relacionadas, mais especificamente, aos processos de equivocidade tradutória e às desarticulações entre distintos níveis de produção de conhecimento: aquele dos antropólogos e sua produção de discurso, aquele dos indígenas envolvidos na circulação de sua cultura e, por fim, aquele dos especialistas rituais genericamente conhecidos como xamãs ou pajés.

---

1 Uma primeira versão desse trabalho foi apresentada no simpósio "Amerindian modernity and political ontology" do 54º Congresso Internacional de Americanistas (Viena, 2012). Agradeço aos participantes e organizadores do simpósio pela possibilidade de discussão, bem como à Fapesp pelo apoio à participação no evento.

"Cultura" e equivocidade

Os pesquisadores participantes do projeto "Effects of intellectual and cultural rights protection on traditional people and traditional knowledge. Case studies in Brazil", concebido e coordenado pela antropóloga Manuela Carneiro da Cunha (University of Chicago), decidiram elaborar um encontro que, de alguma forma, estendesse nossas discussões sobre os conhecimentos tradicionais aos integrantes de diversos dos povos indígenas do Brasil. Para tanto, decidimos elaborar um encontro na Terra Indígena Wawi, do povo Kinsêdjê. Na situação, antropólogos (e profissionais do Instituto Socioambiental) acompanhavam as comitivas de aproximadamente dois representantes de povos com os quais trabalham. Havia, ali, representantes dos Kinsêdjê (os anfitriões), Marubo, Kuikuro, Ikpeng (que resolveram participar por iniciativa própria), Wayãpi, Krahô, Baré, Tukano, Desana e Katukina. Durante sete dias, o grupo assim constituído se dedicou a discutir temas diversos relacionados ao título do projeto, ou seja, os efeitos e as expectativas geradas pelos projetos de proteção de conhecimentos tradicionais, bem como as distintas estratégias empregadas por cada povo para lidar com a questão. Buscava-se, também, levantar os critérios locais de percepção do que, afinal das contas, se concebe como conhecimento "tradicional" passível ou não de ser protegido ou autorizado a circular. Cada delegação era responsável por fazer uma apresentação de seus projetos (que iam desde projetos audiovisuais, registros de conhecimentos imateriais diversos, tais como cantos e padrões gráficos, estratégias de manejo agrícola e outros). No final, os projetos todos eram submetidos a calorosas discussões que envolviam os índios e os antropólogos.[2]

A experiência de realizar uma reunião de índios e antropólogos em território indígena, inédita no Brasil, permitia que ambos se colocassem em um espaço comum, para realizar discussões coletivas sobre temas polêmicos. Cada equipe indígena trazia suas contribuições, a partir de pontos de vista e de experiências muito distintas com relação aos temas. Os dois

2 Na ocasião, estavam presentes, além de mim, os antropólogos e antropólogas Manuela Carneiro da Cunha (Universidade de Chicago), Marcela Coelho de Souza (UNB), Geraldo Andrello (UFSCar), Dominique Gallois (USP), Carlos Fausto (Museu Nacional), Edilene Coffaci de Lima (UFPR), Fernando Niemeyer (Unicamp), Joana Cabral de Oliveira (USP) e Carla Dias (ISA).

representantes dos Marubo convidados por mim, por exemplo, mal falavam português e pouco entendiam as categorias que circulavam no léxico do encontro (direitos, propriedade, conhecimento tradicional, proteção, plano de salvaguarda, Instituto do Patrimônio Histórico e Artístico Nacional, princípio ativo, biopiratária, manejo, comercialização, cultura, autoria, entre outras), ao contrário de outros representantes um pouco mais versados no assunto, como os xinguanos e os rio-negrinos. Nosso esforço (o meu especificamente, ao acompanhar os Marubo) era justamente o de realizar uma mediação tradutória entre o "léxico metropolitano", como diz Manuela Carneiro da Cunha (2009, p.311 e ss.) e os léxicos locais.

Mesmo no caso daqueles povos mais versados no mundo dos projetos e do diálogo com o universo não indígena, nada garantia que pressupostos basilares de nossas instituições fossem recebidos de modo claro ou consensual. Afinal, por que esperar que, ali, noções como as de propriedade e de autoria, marcadas pela matriz do individualismo capitalista, fossem compreendidas enquanto tais? Por que, mais ainda, imaginar que noções complementares tais como as de roubo ou de saque fossem entendidas nos mesmos termos que os nossos? E o que dizer, ainda, de categorias tais como "comum", "público" ou "democrático", lá onde vigora a lógica dos "donos/mestres" e seus campos de influência (cf. Viveiros de Castro, 2002; Costa, 2007; Fausto, 2008; Cesarino, 2010, entre outros), bastante distinta de nossa herança grega e suas noções de isonomia e de comunidade política (cf. Wolff, 1983)? O encontro trazia, assim, uma série de situações para o afloramento daquilo que Viveiros de Castro (2004) chamou de "equivocidade tradutória", uma dinâmica característica de momentos de entrecruzamento entre conjuntos de pressupostos distintos e suas consequentes calibragens conceituais.[3] Vamos

3 Para Viveiros de Castro, "traduzir é enfatizar e potencializar o equívoco, isto é, abrir e alargar o espaço que supostamente não existiria entre as linguagens conceituais postas em contato, um espaço ocultado justamente pelo equívoco" (2004, p.8). Entre outros diversos casos antropológicos possíveis, o processo evoca os "working disagreements" discutidos por Marshall Sahlins (1981, p.72), forjado a partir da expressão de Paul Bohannan (em seu trabalho sobre o colonialismo na África), mas reelaborado para o caso da antiga sociedade havaiana. Para Sahlins, os desentendimentos produtivos terminam por produzir alterações em ambos os lados envolvidos em dinâmicas relacionais, de modo a projetar uma nova ordem estrutural. Não se trata, portanto, apenas de um ajuste da ordem dos valores ou dos conteúdos, mas da instauração de um novo sistema, derivado de uma conexão entre distintos conjuntos de pressupostos. Veja Coelho de Souza, neste volume, para considerações análogas sobre conexão e compatibilização.

a um exemplo, que registrei a partir de um diálogo acidental entre a antropóloga brasileira Dominique Gallois, uma das mais experientes de nossa equipe em matéria de tradução, e Kumaré Ikpeng, um dos mais experientes dos índios em assuntos relacionados à circulação de imagens através de projetos audiovisuais (realizados em parceria com a ONG Vídeo nas Aldeias). Ele deve conduzir a uma das discussões centrais dessa apresentação: aquela referente ao sentido de categorias tais como "roubar" e "pegar".

Num determinado momento em que tais circulações eram discutidas, Kumaré Ikpeng dizia que "roubar imagem é sagrado". Dominique Gallois, talvez por conta do aspecto contraintuitivo de tal declaração, emendou por sua vez com uma pergunta: "você quer dizer sagrado ou perigoso?". Kumaré se explicava dizendo que é "sagrado" ou "perigoso" porque a pessoa pode adoecer quando tem a imagem dela transportada para uma fotografia ou filme. O episódio traz aí um bom exemplo do processo de equivocidade em questão. Muito embora estivesse ciente de tal processo, o que Dominique pressupunha por sagrado não era o mesmo que Kumaré; ela tomava a palavra pela nossa construção de sentido, distinta da reconceitualização feita por seu interlocutor (e, vale dizer, também por outros povos indígenas que a têm utilizado). O que Kumaré queria dizer com isso era algo próximo do que os antigos Marubo (antes de conhecerem melhor os brancos) e outros tantos ameríndios também achavam (e ainda acham): a noção de imagem, como sabemos, coincide com a de alma, duplo ou princípio vital.[4] Daí as consequências diversas derivadas de seu deslocamento ou reprodução a partir de seu suporte corporal de origem.

Da mesma maneira, o "roubo" de uma imagem (do qual antropólogos são frequentemente acusados) não significava exatamente uma violação de propriedade privada.[5] Ora, certo procedimento relativo à obtenção de conhecimento a partir de outrem, análogo a uma espécie de roubo ou saque, é um dos procedimentos basilares e mais conhecidos das ontologias ameríndias: espíritos roubam duplos/almas de pessoas para viverem consigo, de maneira homóloga àquela pela qual pessoas de outros coletivos inimigos são também roubadas para integrar um novo campo de parentesco;

4 Ver, para tanto, outros estudos etnográficos tais como os de Carneiro da Cunha (1978), Viveiros de Castro (1986) e, mais recentemente, Gow (1999) e Barcelos Neto (2008).

5 Devo a Joana Cabral de Oliveira, em comunicação pessoal, a inspiração para a formulação desse argumento.

antepassados roubam/adquirem conhecimentos de espíritos e de povos animais; indígenas, por fim, roubam/adquirem conhecimentos dos brancos tais como roupas, escrita e ferramentas. Nesse último caso, é possível que os índios concebam que tais saberes apenas estejam sendo tomados de volta, já que grande parte desses conhecimentos e tecnologias seriam já familiares a seus antepassados, como contam algumas narrativas dos tempos antigos. É o que dizem os Marubo sobre a escrita, já conhecida pelos antigos desde os tempos do surgimento, mas que teria sido abandonada em prol de um "pensamento desenhado" (*chinã keneya*), responsável por diferenciar, nos dias de hoje, o modo marubo de conhecer pelo corpo daquele modo objetificado dos brancos (Cesarino, 2011, 2012). Os outros procedimentos de aquisição de saberes alhures abundam na etnografia: os Marubo, mais uma vez, adquiriram a arquitetura da maloca e os outros implementos da atual cultura material através de Vimi Peiya, um antepassado que viveu entre o povo subaquático e lá "imitou" ou "pegou" o conhecimento alheio. Padrões gráficos, aliás, foram também obtidos de uma antiga árvore, derrubada pelos antepassados nos tempos primeiros (Cesarino, 2013, p.295 e ss.). Não é por acaso que, entre os Asuriní, os padrões gráficos tenham sido copiados do corpo de um espírito dono dos desenhos, observado de maneira discreta por um antepassado (Müller, 1993). Na mesma direção, os mitos wayana dizem que as pinturas corporais foram obtidas do corpo de uma anaconda morta há tempos pelos antigos (Van Velthem, 2003, p.293).

Roubo, cópia, obtenção, saque. O que esses termos afinal querem dizer? Vale a pena construir melhor o campo semântico de tais noções através de alguns exemplos extraídos da etnografia marubo. O termo "roubo" (*keroma*) é algo próximo de "pegar" (*viá*), "imitar/copiar" (*naroa*) ou "transferir" (*tekia*) um determinado saber de um coletivo, sujeito à influência de algum dono/mestre (*ivo*) específico, para outro. A noção de roubo está, portanto, intimamente relacionada à de cópia, central para a compreensão das epistemologias xamanísticas, dos processos de iniciação e de aquisição de saberes. O processo costuma, ainda, ser responsável pelo estabelecimento de um vínculo singular entre os dois polos unidos por tal relação: a pessoa que saqueou, transferiu ou copiou determinado conhecimento termina, em momentos diversos, por se tornar uma espécie de parente daquele outro saqueado/copiado. É assim que entre os Marubo, os Yanomami e os Achuar, por exemplo, se dá a aquisição de conhecimentos dos espíritos, concomitante ao estabelecimento de um vínculo de parentesco entre o neófito (o candidato a xamã) e as coletividades extra-humanas do cosmos com as quais ele estabelece contato.[6] Entre os Marubo, esse vínculo costuma ser categorizado por uma outra noção suplementar que abrange o campo semântico da "vingança" e da "retaliação", menos ou mais agressiva: *kopía*. (Dinheiro, não por acaso, diz-se *kopí-ma-ti*, "coisa de trocar"; ao receber um presente de alguém, diz-se polidamente que você irá "revidar" com outro presente/dote no futuro, *en mia kopikatsai*.) Se um pajé que estabelece contatos com determinados espíritos (dos quais consegue obter cantos, padrões gráficos, coreografias, conhecimentos da farmacopeia, nomes e outros saberes) negligencia essa relação por alguma razão e deixa de visitar esses seus parentes extra-humanos, os espíritos podem muito bem revidar/retaliar (*kopía*). Eles podem abandoná-lo ou, ainda, enviar projéteis (*rome*) para o corpo do pajé que, por consequência, tende a adoecer.

O que os brancos não costumam fazer, inclusive muitos dos antropólogos que deixam de trabalhar com os povos com os quais conviveram, é justamente perpetuar esse vínculo. Tomam-se imagens, cantos ou conhecimentos, insere-se tal "patrimônio imaterial", como dizemos, em teses, livros e projetos, mas não se imagina que, depois, isso possa gerar uma relação potencialmente infinita de dívida com seus "donos/mestres". Paga-se ou entrega-se a parte que cabe aos "detentores do conhecimento tradicional" e imagina-se que o vínculo está cancelado por contra de um contrato ou acordo cumprido. Mas, para o outro lado do processo, as coisas não são pensadas da mesma forma. Da parte dos "donos", solicita-se a manutenção de um vínculo frequentemente em termos pecuniários, muito embora, como sabem alguns etnólogos, não importe exatamente a *quantidade* do que se dá ou se paga, mas a sua *qualidade*: ou seja, algo que sirva como índice para a manutenção de uma relação potencialmente infindável. Em muitos casos, o que se solicita é que o não indígena reconheça a continuidade de uma relação e não que cancele sua dívida.

Trata-se de um processo capaz de gerar descompassos emocionais e institucionais complexos que, a rigor, estavam por trás dos enfrentamentos, cordiais e diplomáticos, que ocorriam entre os participantes do referido

6 Ver Taylor (1993, 2003) para o caso achuar; Cesarino (2011) para o caso marubo; e Albert, Kopenawa (2010) para o caso yanomami.

encontro. De um lado, a demanda pela continuidade do vínculo (muitas vezes expressado pelo idioma do parentesco); de outro, a manutenção do vínculo por questões profissionais, emotivas ou ativistas, ou sua recusa pela ideia de que um projeto específico já terminou. Os pontos são bem menos banais do que parecem, embora já sejam conhecidos por muitos dos etnólogos. Eles repousam sobre uma diferença ontológica (que não equivale a um Grande Divisor) entre um regime do dom e da mercadoria (*gift* e *commodity*), tal como a pensada por Marilyn Strathern para a Melanésia em *The gender of the gift* (a partir de um debate já iniciado por autores como Sahlins [1974] e Gregory [1982]). Mais do que reiterar um Grande Divisor, a diferença aponta para dois modos distintos de relação: uma interminável, na medida em que vincula dois sujeitos sociais; outra terminável, pois articula um sujeito e um objeto ou posição reificada. A partir de suas diferenças constitutivas, os dois modos de relação podem se reproduzir seja no interior do mundo não indígena (a internet é um mundo do *gift* que resiste ser colonizado pela *commodity*, por exemplo), seja no interior do indígena. Não se trata, portanto, vale insistir, em uma reiteração do Grande Divisor. A questão está, a rigor, em saber como tais reproduções se dão aqui e ali, quais efeitos geram neste ou naquele coletivo e por quais léxicos são pensadas e interpretadas.

Autoridade e circulação de conhecimentos

A diferença entre os dois modos de relação, como eu dizia, estava por trás das equivocidades tradutórias presentes no encontro entre indígenas e antropólogos no Xingu. Ela influencia, aliás, as atuais mudanças da posição do antropólogo que trabalha de perto com povos indígenas e que adicionam um grau de complexidade à discussão em pauta: o primeiro, como se disse, se refere àquele envolvido nas dinâmicas de saque/cópia e seus entrecruzamentos com o vínculo contratual/institucional; o segundo, às relações de autoridade e de representação envolvidas na transposição de conhecimentos de um registro (aquele das aldeias e de seus especialistas) para outro (o das pesquisas antropológicas e seus produtos). Esses dois patamares devem se encontrar mais adiante.

Uma das discussões mais acaloradas do encontro em questão se dava em torno da necessidade ou não de antropólogos no interior de terras indígenas.

Havia aqueles que viam antropólogos como parceiros (capazes de trazer conhecimentos que não temos, como na percepção dos Tukano), outros como tradutores (o meu caso com os marubo), outros como assessores (restritos às funções designadas pelos próprios indígenas), outros, ainda, como possíveis competidores. Em nenhum dos casos, no entanto, havia um consenso sobre o que, no final das contas, era um "antropólogo". E nem, aliás, entre nós próprios antropólogos. De toda forma, parecia bastante claro que os povos indígenas das terras baixas (não apenas os presentes no encontro) questionam cada vez mais a autoridade e legitimidade dos discursos que são produzidos em seu nome por não indígenas (tais como filmes, teses, livros, traduções, mas também atuações políticas, elaboração de projetos etc.). Em outras palavras, cada vez mais, e com todo o direito, eles querem ser os protagonistas dos próprios discursos e imagens suas que circulam para fora – e os antropólogos devem ser apenas auxiliares ou assessores de tal processo. Em que medida, porém, essa reivindicação de autonomia é compatível (1) com aquela epistemologia xamanística acima aludida (e à qual voltaremos abaixo) e seus processos de transferência/cópia de saberes e (2) com certa concepção da reflexão antropológica como uma forma de mediação tradutória, e não de explicação ou de representação do ponto de vista de outrem?

Em muitos casos (estudados de maneira mais detida por Carneiro da Cunha em *Cultura com aspas*), o protagonismo na constituição de discursos sobre si se dá a partir da apropriação de "cultura", "sagrado", "tradicional" e outros termos provenientes do léxico metropolitano que são acoplados por indígenas em traduções e produtos de circulação. Com frequência, esses produtos correm em paralelo à complexidade dos modos internos de produção de sentido (as artes verbais, as especulações e exegeses cosmológicas, os ciclos rituais) e projetam para o exterior uma espécie de discurso genérico permeado de lugares comuns sobre "o indígena". É o caso de muitas das publicações infantojuvenis produzidas por autores indígenas no Brasil, dos neoxamanismos acoplados às necessidades das subjetividades místicas da classe média urbana, dos festivais e ocasiões diversas nas quais a "cultura" indígena é mostrada e encenada. Isso costuma ainda ser acompanhado por dinâmicas de fechamento identitário, constantemente marcada pela recusa de antropólogos e outros profissionais não indígenas (acusados de roubar a imagem, de errar nas traduções, de abandonar o povo, de falar por conta própria sem ter autoridade, entre outras acusações frequentes).

Em outros casos mais pontuais, a recalibragem do problema da autoridade gera criações colaborativas interessantes, derivadas de uma nova e estimulante forma de interlocução entre especialistas indígenas e não indígenas, tal como no caso da relação entre Bruce Albert e Davi Kopenawa (cujo resultado é o livro *La chute du ciel*) e, de certo modo, da *Coleção narradores indígenas do Rio Negro* (elaborada pelos índios do Rio Negro em parceria com ONGs e antropólogos). As duas publicações têm, porém, pesos distintos: a primeira desemboca em um produto cultural de alto prestígio e poder de influência no mundo dos brancos; a segunda, por sua vez, circula de maneira mais restrita entre especialistas ou entre os próprios povos que a produziram, através de uma reelaboração de antigas dinâmicas rituais (cf. Andrello, 2010; Hugh-Jones, 2010). Devo mencionar aqui também outro trabalho recente produzido por mim (Cesarino, 2013), no qual organizo, traduzo e escrevo o estudo de apresentação a um conjunto de narrativas dos Marubo: o livro (também concebido para circular em um ambiente cultural mais amplo do que o da referida coleção do Alto Rio Negro) não é exatamente uma monografia etnográfica (tal como a que publiquei antes, em 2011) e foi produzido através de um trabalho de colaboração com Robson Dionísio Marubo, além dos cantadores mais velhos. Nas três situações, nota-se que a recalibragem do problema da autoridade demanda um reposicionamento do papel dos antropólogos e de suas formas de reflexão, tendo em vista os trânsitos de léxicos, processos e categorias envolvidos na passagem entre distintos modos de existência. Assessor para a elaboração e publicação de projetos, editor, tradutor ou coautor: posições que indicam, talvez, novas formas de interlocução intelectual com agentes nativos mais ou menos autônomos e protagonistas de seus próprios saberes e redes de influência.

Mas voltemos ao evento no Xingu. Nesse anseio de domesticar a figura do antropólogo e de neutralizar as suas iniciativas de circulação de conhecimentos, discutia-se ali se os "pesquisadores indígenas" (essa figura nova que cada vez mais se faz presente no cotidiano das aldeias) não seriam também equivalentes aos antropólogos. Alguns dos jovens presentes reivindicavam para si tal categoria e mostravam que, dessa forma, a presença de estrangeiros se tornava cada vez mais dispensável em suas aldeias. Eu e meus colegas dizíamos, no entanto, que as figuras do "pesquisador" e do "antropólogo" não são necessariamente as mesmas, na tentativa de calibrar outro desentendimento produtivo que aí surgia. Na circunstância, dissemos então que pesquisadores indígenas voltados para o interior de sua própria sociedade (frequentemente atrelada a projetos de "resgate cultural") não são exatamente antropólogos, a menos que passem a participar ou a pesquisar também os nossos mundos e instituições. Pensando em retrospecto, vejo, porém, que essa solução não me agrada de todo, pois os pesquisadores indígenas têm também que lidar com léxicos, processos e categorias alheias que se internalizaram na vida das aldeias (a própria ideia de "resgate cultural" é um efeito disso); eles também terminam por realizar, portanto, uma espécie de reflexão mediativa ou tradutória.

Ensaiou-se ali uma outra solução para a questão, por sinal já clássica: xamãs ou pajés seriam os verdadeiros antropólogos de lá, já que desde sempre foram especializados em traduzir e em mediar os distintos pontos de vista que constituem as cosmologias ameríndias e, também, o mundo dos brancos (cf. Carneiro da Cunha, 2009, p.101-115; Viveiros de Castro, 2002, p.345-401). Se essa solução pode parecer óbvia para etnólogos, ela esconde um nível de complexidade adicional, referente à articulação (ou à desarticulação) interna aos mundos indígenas da mediação xamanística especializada com as outras situações de mediação entre tais mundos e o exterior (precisamente aquelas que são levadas a cabo em projetos de preservação, de resgate, de performance da cultura, de negociação política). Em outros termos, o fato de que todos os representantes indígenas tenham ali se colocado de acordo sobre a aproximação entre pajés e antropólogos não implica que as categorias de pensamento e de ação xamanística tenham um trânsito fácil nas negociações e discussões políticas tais como as que ali aconteciam. De certa forma, como bem sabemos, o xamanismo opera por uma lógica inversa àquela do fechamento identitário: ele é uma operação positiva de saque e/ou de tradução, cuja abertura constitutiva para outrem determina o dinamismo daquilo que circula no interior de um determinado modo de vida.

O modo xamanístico de produzir conhecimento deixava de ganhar ali o seu devido espaço. Muitos dos participantes do encontro já não tinham acesso direto aos saberes veiculados por especialistas rituais, genericamente conhecidos como "pajés" nas terras baixas sul-americanas. Não por acaso, os dois participantes mais velhos do encontro, Manuel Sebastião Kanãpa e Getúlio Kruakrai, um senhor Krahô, ficavam à margem das discussões conduzidas pelos homens mais jovens acostumados a liderar projetos e intercâmbios. Parecia, em outros termos, haver ali dois planos de discurso capazes de gerar processos de equivocidade: um estabelecido entre nós, antropólogos, e os representantes indígenas; outro estabelecido entre os próprios indígenas, uma vez que as palavras daqueles dois senhores mais acostumados aos processos e categorias do xamanismo não chegavam a surtir grandes efeitos nas discussões gerais do grupo. Não é improvável que diversos dos problemas de equivocidade e de compreensão dos processos de circulação de saberes pudessem ser resolvidos, ou ao menos encaminhados, através do uso das categorias xamanísticas de pensamento. Mas estas, muito embora estivessem presentes ali através das referidas figuras, não adquiriam uma posição central – talvez por não oferecerem alguma forma de resposta para os conflitos pragmáticos derivados das conexões entre distintos regimes de conhecimento e suas formas de circulação através de produtos e projetos. Ou será que ofereciam respostas para tais conflitos através de outros critérios? É o que veremos adiante.

Algumas reflexões xamanísticas

Manuel Sebastião Kanãpa (o pajé rezador que nos acompanhava na viagem e com quem me hospedei quando trabalhava no Vale do Javari)[7] podia muito bem desconhecer termos tais como patrimônio, ONG, propriedade, pirataria, entre outras. No entanto, mais do que muita gente ali presente, ele era um grande entendedor das formas de produção, circulação e "proteção" de conhecimentos dentro de uma comunidade amazônica. O modo como entende e produz conhecimento (e, mais ainda, como esse conhecimento fora veiculado para mim, o seu interlocutor estrangeiro, ao longo de nossos anos de trabalho) não era exatamente o mesmo pelo qual determinados

7 Os Marubo têm dois tipos de xamanismo: os pajés rezadores (*shõikiya* ou *kenchintxo*) costumam passar por um processo de treinamento e de aprendizagem das narrativas míticas cantadas e da "fala pensada" (*chinã vana*) que inclui os cantos de cura. Os pajés *romeya*, por sua vez, costumam passar por uma crise em determinado momento da vida que os torna capazes de ejetar seus duplos para fora de seus corpos e, daí em diante, cumprir tarefas diversas em diversas posições do cosmos. Os rezadores atuam através de espíritos auxiliares e não ejetam seus duplos internos de maneira voluntária; não é incomum, no entanto, que um *romeya* seja também um *shõikiya*, mas a recíproca não é verdadeira (ver Cesarino, 2011, para mais informações a respeito do xamanismo marubo).

saberes passam a ser traduzidos e adaptados a uma noção de "cultura" e seus efeitos correlatos (em geral marcados pela simplificação e pelo fechamento identitário). Isso havia se tornado evidente em sua apresentação pessoal no encontro, que sucedeu à dos outros participantes indígenas munidos de seus projetos e colaborações com os parceiros não indígenas. Falando em marubo, que eu traduzia para os presentes, Kanãpa dizia ser um pajé que conhece a formação de tudo que está nos estratos celestes, do que está sobre a terra, do que está no fundo dos rios e nos inframundos. Dizia conhecer os longos cantos que narram a formação de todos esses fenômenos e entidades, cantos que levam uma vida para serem aprendidos. Dizia, também, que hoje em dia os jovens não sabem mais cantar, falar e pensar, já que também não sabem mais como se alimentar adequadamente; dizia que esqueceram as etiquetas da caça e as maneiras de se relacionar com as mulheres. Explicava ainda que, apesar de tudo isso, não tinha experiência com esse tipo de encontro, pois só conhecia as reuniões, em geral conflituosas, estabelecidas pelas organizações indígenas da Terra Indígena Vale do Javari. No final, os demais participantes indígenas disseram que ele era como os seus antepassados, que sabia coisas já desconhecidas por muitos, mas não foram muito além disso. Ou seja, o conhecimento de Kanãpa ficou, por assim dizer, sem um canal de interlocução mais efetivo, sem um desdobramento ou uma replicação (ao menos de maneira explícita) pelos seus próprios "parentes" ali presentes.

É verdade que Kanãpa pode ser descrito como um sujeito reservado. Além disso, preferia ser traduzido por mim e não por seu filho José, que também nos acompanhava e que fala português de maneira insuficiente para a complexidade do que era dito por seu pai. Kanãpa sabia que eu era familiar do seu universo ritual e intelectual, já que havia sido um de meus principais interlocutores ao longo de minha pesquisa. Dessa forma, imaginava que eu poderia ser um tradutor capaz de transportar a complexidade de suas categorias para as dos não indígenas, coisa que seu jovem filho não era ainda capaz de fazer (uma replicação, desta vez no nível interno aos próprios Marubo, daqueles dois estratos de equivocidade acima referidos). Afinal, o trabalho de tradução repousa mais nisso do que em qualquer outra coisa: o tradutor deve compreender bem o funcionamento da língua de chegada e de suas categorias, já que o conhecimento total da língua de partida é um ideal inatingível. Mas a minha tradução, muito embora tenha sido apreciada pelos participantes, não tem o mesmo impacto que a fala direta, a rigor impossível de ser transmitida naquele ambiente multilíngue. Além do mais, Kanãpa havia produzido apenas um resumo de apresentação do que tinha a dizer sobre si e sobre o seu conhecimento. Trata-se de algo destoante das longas apresentações verbais realizadas pelos Marubo em suas malocas e rituais (apresentações essas que são uma arte verbal), que se somava à pouca familiaridade com os modos de produção e de apresentação de "cultura" para eventos de intercâmbio.

Meu parceiro, em suma, não sabia apresentar "cultura" tal como outros ali presentes (entre os quais os próprios Kinsêdjê, que faziam apresentação de suas tradições em frente à escola, ou os Katukina, que possuíam CDs com cantos de *kampô*, a rã associada a rituais de interesse do mundo nova era não indígena), muito embora soubesse falar de alguma forma sobre os seus saberes. A questão está justamente aí: qual é afinal essa forma através da qual um pajé marubo dá a entender os seus conhecimentos? Em que medida ela pode se articular com os universos não indígenas? Para refletir sobre essa questão, devo apresentar alguns aspectos de tal regime de saberes que tende a ficar à margem dos processos de apresentação, negociação e discussão da "cultura" (entenda-se por isso as formas de circulação e de reinvenção do conhecimento tradicional), tais como os que ocorriam naquele evento. Tratarei, em primeiro lugar, de uma reflexão produzida por Kanãpa ao longo da viagem e, em segundo lugar, de alguns episódios da viagem de Robson Venãpa, outro pajé marubo, ao Rio de Janeiro e São Paulo em 2010 (também motivada pelo referido projeto coordenado por Manuela Carneiro da Cunha).

Muito embora estivesse motivado pelo evento e reconhecesse a sua relevância político-diplomática, o interesse de Kanãpa pela viagem estava em outro lugar. Entre outras coisas, ele se preocupava com a epidemia de malária e de hepatite que há anos assola o seu povo, bem como com a viagem de ônibus de dois dias até a aldeia, que partia de Brasília, passava pela famosa Serra do Roncador e atravessava o deserto da soja que devasta o cerrado brasileiro até chegar na Terra Indígena Wawi, no extremo sul da Parque Indígena do Xingu. Tudo o que passava por seus olhos durante a longa viagem de ônibus suscitava questões, sobretudo no que se referia aos nomes de lugares, que eram compartilhadas apenas comigo em marubo. Era essencial que lugares tivessem nomes e que esses nomes fossem conhecidos: daí as suas perguntas constantes por cada local notável pelo qual passávamos. Ao cruzarmos a Serra do Roncador, Kanãpa viu pela primeira vez em sua vida as montanhas altas de pedra formadas por rochas. Viu outras montanhas mais baixas e secas. Disse-me que, nessas montanhas, há buracos diversos na terra, nos quais as minhocas se escondem, minhocas diversas em suas formas e cores. São elas, talvez, as responsáveis pela malária, dizia-me.

Pajés rezadores como ele costumam procurar incessantemente, por meio da lógica da *chinã vana* (a "fala pensada"), pela gênese ou pela "formação" (*shovia*) de quaisquer fenômenos ou processos que lhes interesse – neste caso da malária, tendo em vista o controle de seus efeitos. Dentro do ônibus, em meio à confusão de outras conversas e de filmes projetados na televisão, ou seja, em um ambiente aparentemente inadequado para tal espécie de reflexão, Kanãpa começou a narrar para mim alguns versos de um canto *shõki* (em conversas mais intimistas, esses versos costumam ser entoados em voz baixa e não cantados) sobre o processo de formação dessas minhocas. Kanã Mari, o demiurgo que construía coisas ruins e estragava a terra boa outrora feita por seu irmão rival, Kana Voã, teria há tempos colocado artérias de tamanduás e de outros bichos dentro dos buracos de terra. Com isso, as miríades de minhocas se formaram – essas mesmas minhocas que entram (enquanto duplos, *yochin*) em nossos corpos para causar doenças tais como a malária (chamada em marubo de *noin shana*, "febre de minhoca").[8]

Nos cantos que ele me ditou em tal circunstância, faziam-se presentes os seguintes elementos utilizados para compreender a formação dos agentes agressores: "Artérias de anta-choque, artérias de anta-*txorã*, artérias de anta-catarro, artérias de anta-sangue, artérias de anta-esqualidez" (*senã awá pono, txorã awá pono, noro awá pono, imi awá pono, txo awá pono)*. Estas são algumas das artérias utilizadas por Kanã Mari para fazer as minhocas nos tempos míticos. Aqui como em outros casos do xamanismo marubo, elas são sempre acompanhadas de classificadores (ou de variadores) que indicam os seus distintos aspectos. Nos tempos antigos, Kanã Mari teria plantado na terra essa multiplicidade de artérias de anta a fim de que as minhocas se formassem. É o que podemos ver no processo visualizado no seguinte outro fragmento de canto (também ali ditado para mim por Kanãpa):

8 Veja Cesarino (2011) para mais detalhes sobre o conhecimento xamanístico marubo e o fenômeno da duplicação.

Senã shae ponõshki	Artéria de tamanduá-choque
pono meshka atãi	a artéria enfiaram
senã ako vototanairi	ao lado da árvore-choque
senã mai txinshãne	no buraco da terra-choque
potanavo atõ ash	ali mesmo jogaram

Assim diz uma das estrofes (gatilho para a sequência mais longa de um canto eventual), a que sucederia esta outra:

Txorã ako txinshãne	No buraco da árvore-*txorã*
potanavo atõ ash	ali mesmo jogaram
senã shovivãini	e choque assim formaram
noke senã mintxinõ	e ali enrolados
mintxinivo senãra	nós choques ficamos

Esses "choques" valem aí pelas minhocas-choque (causadoras de tremedeiras e fraquezas), que se transformam em locutoras dentro do canto e falam a partir do lugar que passam a ocupar depois de terem sido formadas. Tal foi um dos modos de apreensão verbal das coisas vistas pela janela do ônibus, entre as outras diversas novidades testemunhadas por Kanãpa ao longo da viagem. Através das categorias de pensamento do xamanismo marubo (discutidas por mim em outros trabalhos), ele projetou sua explicação sobre as doenças que circulam entre o mundo dos indígenas e dos não indígenas. Como tem origem nesse mundo exterior à sua terra, Kanãpa agora podia comprovar com os próprios olhos o que já pressupunha através da lógica de montagem característica de sua mitopoiese xamanística.

Essas mesmas minhocas, aliás, também haviam sido mobilizadas por Kanãpa para pensar o Congresso Nacional de Brasília, por ele visitado nos dias que antecederam a viagem. Para ele, que estava pela primeira vez em uma cidade grande, as pessoas de terno e gravata que circulavam pelos corredores subterrâneos do Congresso Nacional eram similaras aos duplos ou espíritos das minhocas (isto é, dos aspectos-bicho, *yoini*, visíveis como minhocas). Kanãpa não dizia que as minhocas que andam na terra têm por seus duplos exatamente os deputados e senadores de Brasília (o que, cá entre nós, não deixaria de ser oportuno...). A rigor, ele mobilizava uma configuração central da ontologia marubo (a de que todo aspecto "carcaça", *shaká*, se associa a um duplo, *yochin*, seja ele de tipo humanoide ou não [cf. Cesarino, 2011, p.183 e ss.]) para entender aquele estranho hábito brasileiro de andar por túneis debaixo da terra. O hábito era estranho, mas ainda assim compreensível através das categorias prévias do pensamento xamanístico.

O testemunho pessoal do panorama da cidade de Brasília, com seus diversos prédios de vidro e pedra, também levou Kanãpa a movimentar essa mesma configuração de pensamento. Os xamãs marubo costumam dizer que os espíritos das cigarras (*yene yochinvo)*, que são estrangeiros parecidos com peruanos, já conheciam a tecnologia de construção de prédios de vidro e pedra, que depois teria sido imitada (saqueada) pelos atuais estrangeiros brasileiros. Enquanto os animais-cigarra (*yoini*), ou seja, os seus corpos--carcaça, vivem por aí, coletivos semelhantes aos de seus duplos humanoides vivem em prédios tais como aqueles de Brasília com os quais Kanãpa travava contato pela primeira vez. Mais uma vez, aquela novidade visível por sua experiência direta confirmava as especulações realizadas entre os xamãs das aldeias. Tal como no caso da malária, para o qual Kanãpa conhecia os cantos que narravam o seu processo de formação pelos espíritos demiurgos, também os prédios (e potencialmente tudo o que é uma aparente novidade) possuem seus respectivos cantos, que versariam sobre o seu processo de formação de tais complexos arquitetônicos pelos espíritos demiurgos estrangeiros.

A desconexão aparente de tais explicações e inquietações de Kanãpa com a dinâmica do encontro (mas não com o seu tema) não deixa de ser interessante. Afinal, ali estava uma pessoa detentora e produtora do tão falado "conhecimento tradicional", cujas formas de circulação eram justamente discutidas pelos presentes, mas sem que houvesse um espaço maior para que seus modos de pensamento e de expressão pudessem ser consultados. A falta de tal espaço não decorre evidentemente de uma negligência dos envolvidos no evento. Deve ser concebida, antes, como sintoma das transformações do conhecimento indígena e das novas arenas através das quais ele é pensado e negociado.

Ver e ouvir dizer

Durante seu primeiro dia passado em Brasília, Manuel Sebastião Kanãpa me contou um sonho. Disse que estava comigo sobre uma colina e que tínhamos asas como as de pássaros. Podíamos, portanto, voar sobre a cidade e contemplá-la. O sonho vivido por Kanãpa é chamado pelos Marubo de *namá koin*, "sonho verdadeiro", ou seja, referente às experiências travadas pelo duplo (*vaká*) da pessoa quando ejetado de seu corpo (*yora, shaká*) e distinto, portanto, daqueles sonhos interpretáveis como sinais metafóricos para determinados eventos ou circunstâncias (sonhos que anunciam alguma caçada, a chegada de algum parente, a morte de alguém, entre outros exemplos). Não é à toa, aliás, que essa colina aparecia no sonho de Kanãpa. No léxico xamanístico marubo e em sua iconografia, colinas (*matô*) são signos de coletividades, são as moradas ou aldeias (*shavá*), onde vivem pessoas com seus parentes (Cesarino, 2011b). O conhecimento de tais pessoas e de suas maneiras de viver é uma das bases dos saberes xamanísticos. É através dele que se torna possível pensar/controlar potenciais agressões, capturas e seduções realizadas por agentes estrangeiros. Ora, Kanãpa realizava ali em Brasília e no trajeto que levava ao Xingu exatamente essa forma de apreensão intelectual: conhecia um lugar novo e seus respectivos habitantes (tão novos e diversos como são quaisquer moradas de espíritos pelas quais transitam os duplos dos pajés), e fazia-se necessário descobrir os seus modos de surgimento, de trajeto e de estabelecimento.

Como eu dizia, a figura em questão é um pajé rezador e não um *romeya*. Estes últimos são aqueles que, entre os Marubo, costumam ejetar voluntariamente seus duplos para fora de seus corpos e receber, nesse mesmo momento, a visita de outros tantos duplos e espíritos que cantam através de seus corpos. São acostumados, portanto, a tal da diplomacia sociocósmica comum aos xamanismos ameríndios. Muito embora tenha acesso a tais experiências vividas alhures por seu duplo através dos sonhos, Kanãpa precisa comparecer *em pessoa* noutras terras para aliar o conhecimento mediado ou reportado com aquele imediato ou experiencial (característico daqueles xamãs de tipo *romeya*). É revelador, portanto, que seu sonho não tenha ido além daquele acontecimento inicial: ele parecia indicar que a experiência só se completaria ou se tornaria realmente eficaz a partir do que Kanãpa pode testemunhar em pessoa nos dias seguintes.

Essa mesma relação entre o mediado (deferencial) e imediato (ostensivo) (cf. Déléage, 2009; Carneiro da Cunha, 2009) estava por trás de outros episódios ocorridos em 2010, quando Robson Venãpa, jovem pajé *romeya* (e também rezador *kenchintxo*) com o qual venho trabalhando há dez anos, veio a São Paulo e ao Rio de Janeiro. Ao visitar as grandes cidades, ele pode "ver com os olhos" (*verõsho ẽ oĩa*) o que antes apenas "reconhecia por ter escutado" (*yoãsho ẽ onãi*). *Ver* e *reconhecer* são categorias distintas de conhecimento que geram distintas formas de autoridade sobre o saber adquirido: o conhecimento derivado de experiência direta, tão fidedigno quanto o mediado pela palavra, serve para impulsionar novos ciclos narrativos ou reportativos; para colocar lenha na fogueira, por assim dizer, das especulações mitopoiéticas de que se faz o saber das aldeias. Tal foi exatamente a conclusão formulada Robson quando examinou as fábricas de Cubatão (impressionante cidade industrial do litoral de São Paulo): ele pode verificar que ali de fato está a origem das coisas feitas por Shoma Wetsa, a personagem mítica de ossos de ferro que dá origem aos brancos e aos artefatos tecnológicos, depois de ser queimada por seu filho (uma transformação marubo do tema de Aukê) (Cesarino, 2011; Melatti, 1985; Da Matta, 1977; Carneiro da Cunha, 1973). "Shoma Wetsa é fábrica, é para fazer tudo (*ano katsese shovima*)", dizem os Marubo com frequência.

Agora, o que se conhecia pela narrativa e pelos implementos acessíveis na área indígena (tais como motores de barco, os carros das cidades etc.) se tornava completo pelo testemunho direto de seus centros de formação ou de origem, ou seja, as fábricas apocalípticas de Cubatão. A famosa "fumaça-morte" (*vei koin*) e sua decorrente "febre-morte" (*vei shana*), que tanto assola esta terra e que é objeto de intensa especulação pela "fala pensada" (*chinã vana*) dos rezadores, foi, dessa vez, vista com os próprios olhos. Isso dava a Robson uma chave extra para a sua compreensão e possível controle através das atividades xamanísticas. Tal como Kanãpa, ele pode agora associar a experiência direta à composição de cantos *shõki* (análogos aos das minhocas acima referido) que tratam dos processos de surgimento, trajeto e estabelecimento de entidades e fenômenos diversos. Assim escreveu Robson nos relatos de registro de sua viagem:

> [...] Porque essa minha identificação e saberes todo que eu conheci as outras formas, quando eu retorno na minha comunidade eu vou explicar e ensinar para os alunos que eles vão saber e identificar. E também a gente viu as fumaças dos caminhões, carros e a grande fumaça da fábrica de Estado de São Paulo, eu vou contar para os curandeiros. É para eles descobrirem as doenças graves no mundo. Por exemplo, febre gripe além de ar poluído quase no mundo todo.

Note, aí, o papel central do termo "descobrir": ao conhecer pela experiência direta os centros de formação da fumaça e dos implementos tecnológicos, Robson Venãpa oferece aos pajés rezadores (entre os quais o próprio Kanãpa) uma potente informação adicional para as suas "descobertas", ou seja, os seus modos de compreensão e de formação poética de quaisquer fenômenos existentes, através de estruturas de cantos *shõki* idênticas àquelas empregadas por Kanãpa para compreender (ou "descobrir") as minhocas. Não por acaso, a visão das montanhas de pedra do Rio de Janeiro (Corcovado, Pão de Açúcar e outras) não deixou de passar pela mesma dinâmica de pensamento. Isko Osho, o duplo de Robson Venãpa, já havia visto as montanhas que se situam a oeste da cosmografia marubo. Montanhas muito maiores do que estas, que talvez sejam as do Inca, foram visitadas por seu duplo auxiliar que vive viajando por aí e que, com certa constância, retorna ao seu corpo para contar experiências. Mas essas montanhas foram vistas "em espírito" (*yove-namã*, "espírito"locativo), ou seja, na experiência do duplo externalizado da pessoa. Agora, ali no Corcovado, Robson via "em seu corpo", "com os próprios olhos" as montanhas sobre as quais apenas tinha ouvido falar. Mais uma vez, ele reunia elementos para corroborar o que diziam os velhos sobre as montanhas de pedra, ou ainda o que o seu próprio duplo, Isko Osho, disse para ele mesmo (isto é, para Robson "corpo" ou "carcaça", *shaká*).

Mais uma vez, é assim que se move a máquina mitopoiética. "Mito", aqui entendido como uma disposição ativa e especial do pensamento narrativo, é algo que se alimenta através da variação de fontes de acesso ao conhecimento e de seus critérios epistêmicos de validação (experiência ostensiva ou deferencial, imediata ou mediada). Uma coisa é conhecer montanhas através da fala dos xamãs rezadores (os *kenchintxo*), que é capaz de monitorar os processos de formação e de surgimento das coisas (*anõsh wenía, anõsh shovima*). Outra coisa é ver, seja através do duplo, seja através dos próprios olhos. Estes distintos níveis de acesso ao saber tendem a retroalimentar os circuitos de reflexão estabelecidos pelos xamãs nas malocas, através do entrecruzamento do conhecimento verbal reportado pela memória e dos relatos derivados de experiência direta.

Considerações finais

Essas são algumas das formas através das quais o conhecimento xamanístico marubo se estende para circunstâncias e experiências novas, tais como as acarretadas pelas visitas às cidades grandes e pela interação com antropólogos. O problema está, porém, no fato de que nem sempre tais formas de reflexão se conectam com a maneira através da qual a "cultura" é discutida em circunstâncias de negociação política e epistemológica, tal como a do encontro realizado no Xingu. Talvez seja possível vislumbrar aí um dos grandes dilemas contemporâneos enfrentados pelos povos indígenas e seus pesquisadores. A recategorização de papéis e de validações do conhecimento tem gerado fossos internos às próprias comunidades indígenas, que muitas vezes separam especialistas rituais, como Sebastião Kanãpa e Robson Venãpa, das lideranças e pesquisadores mais jovens especialistas no acesso ao mundo dos brancos. Conflitos entre gerações e expectativas de vida têm problematizado as dinâmicas de transmissão de conhecimentos tais como os xamanísticos, assim fazendo com que os novos mediadores indígenas fiquem, com frequência, em um limbo conceitual, a meio caminho entre os especialistas de seus povos e os dos brancos.

Na realidade, falta uma etnografia mais apurada precisamente dessa situação de descompasso ou, antes, de recalibragem da produção e circulação de conhecimentos. Em outros termos, uma etnografia que dê conta dos processos de transformação da especialização do conhecimento na Amazônia indígena, ou seja, das formas de conexão e desconexão entre aquele conjunto de pressupostos cosmológicos e intelectuais dominados por xamãs (os personagens conceituais característicos de monografias etnográficas "clássicas") e aqueles que começam a ser construídos pelos atores envolvidos nos processos de negociação da identidade e do conhecimento "tradicional" (em eventos tais como o citado ao longo desse texto e outros tantos promovidos pelo movimento indígena, pelas ONGs, por instituições governamentais e outros agentes possíveis).

Teorias etnográficas consagradas, como as do "perspectivismo ameríndio" (Lima, 1996; Viveiros de Castro, 1996), destacaram o papel da atividade permanente de mediação tradutória, ou seja, da produção de equivocidades derivadas da variação posicional a ser mediada por figuras tais como os pajés. Essa atividade sempre foi (e talvez sempre será, mas por quais termos?)

uma forma de conexão entre distintos coletivos e regimes produtores de conhecimento, sejam eles os brancos ou os espíritos das sucuris. Constituídas pelo contato permanente com redes de saberes e de relações, para as quais as novas informações são apenas outras (talvez mais contundentes e desafiadoras, é certo) entre tantas já conhecidas, as formas xamanísticas de pensamento se tornam especificamente moldáveis ao que chamamos de novidade. Herdeiros de uma experiência acumulada de cosmopolitismo, não é improvável que os povos ameríndios inventem para si mesmos uma outra modernidade ou pós-modernidade vizinha (mas potencialmente subjugável) àquela da cultura global contemporânea. Há que se investigar quais podem ser as categorias e os processos através das quais essa invenção, que já está em curso, se consolidará. Bruno Latour gostaria, em *Jamais fomos modernos* (1994), de reter a "temporalidade por intensidade" e a "multiplicação dos não humanos" que, de seu ponto de vista, caracteriza as ontologias pré- ou não modernas. Tentei mostrar aqui como essas duas características (em especial a segunda), bastante familiares a nós, não apenas se fazem presentes na contemporaneidade das terras baixas sul-americanas como estão, também, no cerne da produção e circulação de conhecimentos e de seus respectivos vínculos e formas de relação. A questão está em entender os léxicos e as estratégias através das quais elas criarão suas (des)conexões com a cultura mundial em sua versão ocidentalizada.

Referências bibliográficas

ALBERT, B.; KOPENAWA, D. *La chute du ciel – paroles d'un chaman yanomami*. Paris, Plon, 2010.

ANDRELLO, G. Falas, obetos e corpos: autores indígenas no Alto Rio Negro. *Revista Brasileira de Ciências Sociais,* v.25, n.73, p.5-26, 2010.

BARCELOS NETO, A. O universo visual dos xamãs wauja. *Journal de la société des américanistes,* n.87, p.137-160, 2001.

CARNEIRO DA CUNHA, M. *Cultura com aspas*. São Paulo, Cosac Naify, 2009.

______. *Os mortos e os outros.* São Paulo: Hucitec, 1978.

______. Logique du mythe et de l'action. Le mouvement messianique canela de 1963. *L'Homme,* v.XIII, n.4, cap.1, 1973.

CARRIER, J. Property and social relations in Melanesian anthropology. In: HANN, C. M. (Ed.). *Property relations – renewing the anthropological tradition*. Cambridge: Cambridge University Press, 1998, p.85-104.

CESARINO, P. de N. Donos e duplos: relações de conhecimento, propriedade e autoria entre os Marubo. *Revista de Antropologia* (Universidade de São Paulo), v.53, n.1, 2010, p.147-99.

______. *Oniska – poética do xamanismo na Amazônia*. São Paulo, Perspectiva, 2011a.

______. Entre la parole et l'image: le système mythopoétique marubo. *Journal de la Société des Américanistes*, v.91, p.50-75, 2011b.

______. A escrita e os corpos desenhados: transformações do conhecimento xamanístico entre os Marubo. *Revista de Antropologia*, v.55, p.75-137, 2012.

COLEÇÃO NARRADORES INDÍGENAS DO RIO NEGRO. São Gabriel da Cachoeira: Isa/Foirn (8 v.).

COSTA, L. A. L. da S. *As faces do jaguar*. Parentesco, história e mitologia entre os Kanamari da Amazônia Ocidental. Tese (Doutorado), Museu Nacional/ PPGAS/ Universidade Federal do Rio de Janeiro, 2007.

DA MATTA, R. *Ensaios de antropologia estrutural*. Petrópolis: Vozes, 1977.

DÉLÉAGE, P. *Le chant de l'anaconda – l'apprentissage du chamanisme chez les Sharanahua (Amazonie occidentale)*. Nanterre: Société d'Ethnologie, 2009.

FAUSTO, C. Donos demais: maestria e domínio na Amazônia. *Mana*, v.14, n.2, p.329-66, 2008.

GOW, P. A geometria do corpo. In: NOVAES, A. (Org.). *A outra margem do ocidente*. São Paulo: Companhia das Letras, 1999, p.299-317.

GREGORY, C. A. *Gifts and commodities*. Londres: Academic Press, 1982.

HUGH-JONES, S. Entre l'image et l'écrit. La politique tukano de patrimonialisation en Amazonie. *Cahiers des Amériques Latines*, v.63-4, p.195-227, 2010.

LATOUR, B. *Jamais fomos modernos*. São Paulo: Editora 34, 1994.

LÉVI-STRAUSS, C. *Histoire de Lynx*. Paris: Plon, 1991.

MELATTI, J. C. A origem dos brancos no mito de Shoma Wetsa. *Anuário Antropológico*, n.76, p.83-120, 1985.

MÜLLER, R. P. *Os Asuriní do Xingu* – História e Arte. Campinas: Editora da Unicamp, 1993.

SAHLINS, M. *Historical metaphors and mythical realities*. Ann Arbor: The University of Michigan Press, 1981.

______. *Stone age economics*. Londres: Tavistock, 1974.

STRATHERN, M. *The gender of the gift*. Berkeley: University of California Press, 1998.

VAN VELTHEM, L. *O belo é a fera* – a estética da produção e da predação entre os Wayana. Lisboa: Assírio & Alvim, 2003.

VIVEIROS DE CASTRO, E. *Araweté* – os deuses canibais. Rio de Janeiro: Zahar/Anpocs, 1986.

VIVEIROS DE CASTRO, E. *A inconstância da alma selvagem*. São Paulo, Cosac Naify, 2002.

______. Perspectival anthropology and the method of controlled equivocation. *Tipití*, v.2, n.1, p.3-23, 2004.

______. Os pronomes cosmológicos e o perspectivismo ameríndio. *Mana*, v.2, n.2, p.115-44, 1996.

TAYLOR, A-C. Les fantômes stupéfiants: langage et croyance dans la pensée achuar. *L'Homme*, n.126-28, p.429-447, 1993.

______. Les masques de la mémoire: essai sur la fonction des peintures corporelles jivaro. *L'Homme*, n.165, p.223-8, 2003.

WOLFF, F. Filosofia grega e democracia. *Discurso*, n.14, p.7-48, 1983.

PARTE II
Escola e língua

12
A cultura nas escolas indígenas

Clarice Cohn[1]

A educação escolar indígena é uma política cultural de dois pontos de vista – ou dos dois pontos de vista: é uma política de Estado, na medida em que se regulamenta desde a Constituição de 1988, e vem sendo legislada até hoje, merecendo inclusive uma Coordenadoria Geral na Secadi do MEC e cadeira no Conselho Nacional de Educação;[2] e é também uma difundida política *indígena*, pela qual cada aldeia ou comunidade indígena, e os índios citadinos, demandam a implantação de escolas para seus povos, a garantia da continuidade dos estudos até o ensino superior, e a ampliação deste direito,

1 Texto preparado para apresentação no Seminário "Políticas culturais e povos indígenas: a escola e outros problemas", realizado de 2 a 4 de outubro de 2013 na FFLCH/USP, com organização do Cebrap e da CEstA/USP. Agradeço a todos os participantes pelo debate profícuo das ideias trazidas neste texto e de tantas mais. Agradeço ainda aos pesquisadores do Observatório da Educação Escolar Indígena da UFSCar (OEEI/UFSCar), que permitiram que estas questões pudessem ser formuladas e ajudaram a dar forma a elas: Amanda Marqui, Ana Carolina Romão, Ana Elisa Santiago, Beatriz Patriota, Camila Beltrame, Custodio Benjamim da Silva, Daniel Benjamim da Silva, Eduardo Belezini, Erinilso Severino de Souza, João Claudio, Paula Marina Monteiro, Valdir Santana de Jesus, Xanda de Biase Miranda. A pesquisa teria sido impossível sem o auxílio da Capes, que também fornece bolsas de pesquisa, por meio dos Editais Observatório da Educação escolar indígena (2010-2012) e Observatório da Educação Escolar (Obeduc, 2013-2014), do CNPq e da Fapesp, que financiou pesquisas e forneceu bolsas individuais, a quem agradecemos. Por fim, agradeço a leitura cuidadosa de Manuela Carneiro da Cunha e de Pedro Cesarino, que auxiliaram a fortalecer e enriquecer o argumento, e as de Amanda Rodrigues Marqui e Camila Beltrame, a quem agradeço, especialmente, junto a Custodio Benjamim da Silva, pela parceria em pensar as escolas Xikrin e Baniwa.

2 Recentemente, foi dissolvida a Coordenação Geral de Educação da Funai, gerando diversos protestos.

incluindo-se o ensino infantil. Não seria insensato supor que esta é uma das políticas indígenas mais difundidas, ao lado do direito à terra. Por razões diversas, e de modos diversos, a maior parte da população indígena no Brasil tem demandado escolas, e em diversos lugares é hoje impossível "levantar uma aldeia" sem que se garanta para ela uma escola.

Sendo assim, a implantação e a formulação da escola nas terras indígenas e para um público indígena têm impactos econômicos – geração de renda e criação de postos de trabalho –, políticos – aspecto crucial da chefia e da liderança indígena atual, pauta na agenda dos direitos indígenas em nível nacional, debate sobre a representatividade em mecanismos de controle social, cargos no estado – mas, também, culturais.

Em que medida? Essa é a questão, e ela só pode ser respondida com um olhar cuidadoso no local e no particular. Isso porque são tão diversas as demandas sobre escolarização quanto são diversos os regimes de conhecimento em que se implanta um modelo de educação escolar. Os efeitos só podem ser diferentes a cada caso, e entendidos a partir destes dois pontos: que escola um ou outro povo indígena demanda, e por quê? E qual o regime de conhecimento – produção, geração e circulação de conhecimentos – em que ela incide, e como incide?

O debate sobre as políticas culturais e, inclusive, sobre os regimes de conhecimento indígenas não pode ser feito, hoje, sem passar pela escola. Atualmente, as crianças indígenas passam grande parte de seu dia na escola; jovens indígenas saem de suas comunidades para dar continuidade à sua formação em geral ou se formar professores em magistérios e licenciaturas interculturais; comunidades constroem e mantêm suas escolas; famílias investem na escola uma boa parte da criação de seus filhos, enquanto as próprias crianças investem seu tempo na escola. Com isso, grande parte dos conhecimentos que circula pelas aldeias e comunidades provém da escola, dialoga com ela, ou é (embora não devesse ser) dela proscrito; e a formação de novas pessoas, atualmente, passa pela escola, em formação e fabricação de corpos e no que diz respeito a conhecimentos e formações. Um dos exemplos mais fortes é o caso da formação xamânica e de xamãs, e em especial o impacto da escolarização na formação e nos conhecimentos xamânicos deve ser considerado com muito cuidado.

Tendo em vista que, como disse, tanto a escola em si, como os regimes de conhecimento sobre os quais ela incide e seu impacto só podem ser vistos localmente – porque nem mesmo a demanda pela escola é homogênea –, os maiores e mais difundidos riscos que se corre com a escolarização são a homogeneização dos conhecimentos e dos conhecedores. Aracy Lopes da Silva (2001), pioneira nesse debate, a partir de uma abordagem antropológica, já o anunciava, há mais de década, quando dizia que, se a escola diferenciada e específica é uma conquista de direito diante do integracionismo que marcava toda a experiência escolar indígena que a antecedia, o fato era que, ao se tornar política de estado, ela tenderia à homogeneização, e conquistar a especificidade dos modelos escolares como garante a legislação hoje é o grande desafio.

Por isso, enfatizo que é a etnografia o melhor instrumento que temos para enfrentar, analiticamente, este desafio: entender a(s) demanda(s) indígena(s) por escola, de um lado, as possibilidades de escolarização que se lhes apresenta, de outro, e os impactos que isto tem nos regimes de conhecimento ameríndios.

Os aspectos normativos da questão

Desde a Constituição Federal, a legislação permite que as manifestações culturais, além da língua e dos processos próprios de ensino e aprendizagem, sejam respeitados pela escola indígena. Mas o que se entende por cultura?

Na maior parte das vezes, isso leva a uma folclorização da cultura, ou à incorporação, no discurso e na prática da escola, de uma "cultura" indígena, mais ou menos específica conforme o caso. Vê-se isso na criação de "partes diferenciadas" dos currículos das escolas indígenas, em que os alunos permanecem na escola, em horários diversos dos do currículo pensado como normal (em oposição a diferenciado), para ter aula de "cultura indígena", ou como os únicos momentos em que saem do prédio escolar para andar pelos arredores na companhia do professor ou da professora (e um gravador, uma câmera fotográfica, uma prancheta para escrever etc.), como se não fosse exatamente a escola que lhes limita a utilização deste espaço, e como se isso não fosse, ainda mais, uma intromissão da escola nos modos indígenas de aprender, ensinar, participar e criar as crianças e os jovens.

Mais que isso, os estudos dos documentos normativos – como os Referenciais Curriculares para a Escola Indígena, RCNEI – mostram uma divisão entre os "conhecimentos universais" e os "indígenas", de modo a que estes ganhem um lugar diferenciado, e que aqueles sirvam para uma política de autonomização dos indígenas – como se se pudesse tornar alguém autônomo, como se autonomia não tivesse que ser conquistada *por si* (Santiago, 2010; no prelo). Assim como a legislação, o RCNEI, formulado por pessoas especializadas e com as melhores intenções, coloca também armadilhas. Ambos são, também, uma política cultural. E tendem também à homogeneização das experiências que visam a fomentar.

As oficinas de cultura são exemplos ilustrativos disso – como a que ocorre na escola estadual São Miguel, em Iauaretê, Alto Rio Negro, a cidade dos índios, como a chama Geraldo Andrello, em que, como relata Ana Carolina Romão, cabe a uma freirinha a aula de cultura, que ocorre fora do "currículo regular".[3]

Devemos, então, nos perguntar: como a escola indígena pode respeitar a cultura? Ou seja, de que cultura estamos falando? Coloca-se aqui, evidentemente, a questão da cultura e a "cultura" (Carneiro da Cunha, 2009). Infelizmente, na prática, assim como nas formações específicas para professores indígenas, é da "cultura" que se trata. No entanto, a cultura (sem aspas) está na escola: não pode deixar de estar. Ela entra na escola quando nela entra o aluno ou a aluna indígena, o professor ou a professora indígena. Mas, na maior parte das vezes, ela entra desapercebida e corre o risco de ser escanteada e sucateada por um predomínio da concepção da cultura como sendo aquela, a aspeada. É, portanto, só vendo a cultura em sala de aula que podemos entender como – e se, e por que – esta escola é específica. Por isso, etnografia.

As escolas indígenas nas etnografias

Muito tem se falado do uso da etnografia para analisar ambientes escolares, em especial na área da educação, e, aparentemente, justamente naquela

3 Ana Carolina Romão fez parte da equipe de pesquisadores do OEEI/UFSCar entre 2010 e 2012, quando fez, sob a orientação de Geraldo Luciano Andrello e como mestranda do PPGAS/UFSCar, pesquisa de campo nesta e sobre esta escola, assim como convidou e participou com Geraldo Veloso e Adão Oliveira, professores desta escola, de um debate promovido na UFSCar em 2012, quando discutiram a especificidade de uma escola indígena com ensino médio e sob a gestão da Seduc.

mais informada pela sociologia da infância. Que etnografia é essa, e de que trata, é uma outra questão. A que nos interessa mais diretamente é a seguinte: a maior parte das etnografias em contextos indígenas esquece das escolas. Frequentemente, apontam a existência da escola em uma introdução geral, mas não a comentam ou analisam ao longo do texto; um olhar atento revela algo ainda mais impressionante: prédios escolares muito frequentemente desaparecem nos croquis das aldeias. Assim, temos uma situação em que ou a escola é esquecida na análise antropológica, ou ela é o foco principal. Poucas são as análises que inserem a escola no mundo vivido indígena e veem a parte que lhe cabe neste mundo, o modo como as escolas acontecem, o valor que lhe é dado. Assim também, quando aparecem as escolas nas análises, é comum que apareçam em uma polarização que a marca como instituição externa imposta de modo violento, ou instituição externa que é apropriada e indigenizada. Tassinari (2001) já apontava para a necessidade de se ver como as coisas acontecem de fato, entre estes polos, ou na fronteira de encontros e desencontros de conhecimentos e práticas que a escola insere.

Por isso, nos propomos como grupo de pesquisa, o OEEI/UFSCar, realizar etnografias que atentem para as escolas, sem as isolar do mundo vivido indígena. Este é o esforço que embasa este texto, tendo em vista que esta abordagem tem nos permitido acompanhar o cotidiano e os processos relativos a essa escolarização, e, em especial, entender o ponto de vista e as perspectivas particulares das pessoas e dos agentes envolvidos nestes processos, frequentemente em disputa e conflituosas. Assim, a observação *in loco* deve ser acrescida de levantamentos e análises de documentos produzidos nos diversos níveis de atuação neste processo, desde os órgãos gestores até as atividades em sala de aula.

Realizar essa etnografia tem nos feito defrontar uma série de desafios. Em primeiro lugar, a não ser excepcionalmente, etnografias com populações indígenas não focam as escolas – como temos apontado: ou apresentam a existência da escola em um levantamento geral das condições de pesquisa, esquecendo-se dela e da parte que toma no cotidiano das famílias indígenas e de seu modo de ser indígena contemporâneo, ou realizam o exato contrário, focando exclusivamente na escola, esquecendo-se de que os alunos e professores desta escola têm diversas outras atividades fora dela, e que os modos de experimentar a infância, de aprender, de ensinar, que têm lugar fora da escola, são relevantes e reveladoras para a experiência escolar indígena.

Assim, temos buscado realizar etnografias de escolas indígenas percebendo, efetivamente, a relação que a escola estabelece com a comunidade que atende e, por outro lado, a relação que a comunidade estabelece com a escola que a atende. Raros são os casos em que isso é feito, e, pelo que percebemos, perde-se com isso a chance de entender o valor que os indígenas efetivamente dão à escola, a sua escolarização e à de seus filhos, e do que se aprende nas escolas.

Já se apontou que nem sempre o projeto de educação escolar diferenciada é partilhado pelas próprias populações indígenas, que frequentemente valorizam uma escola hoje amplamente criticada e que se costuma denominar "ensino tradicional" (Tassinari, 2000; Tassinari; Cohn, 2009; Cohn, 2001; Dias, 2001), ou, no Alto Rio Negro, "convencional". Entendemos que, para entendê-lo, temos que entender qual o valor que os indígenas dão à escola (Cohn, 2001). Dito de outro modo, se a experiência histórica demonstra que os povos indígenas dão grande valor e importância à escola, será a etnografia – uma etnografia atenta aos processos históricos e aos contextos políticos – que nos permitirá entender *que* valor eles dão à escola, e *por que* e *como* lhe reconhecem importância. Por essa via se poderá compreender melhor como o projeto da educação escolar bilíngue – ou multilíngue –, diferenciado, e que respeite os processos próprios de ensino e aprendizagem é percebido, apreendido e valorizado, na prática, pelos povos indígenas que por ele são atendidos nas escolas que se fazem nas suas aldeias e comunidades. Isso só pode ser respondido etnograficamente, exatamente porque o valor e o significado que cada população indígena confere à sua escolarização e à de suas crianças difere em cada caso.

Isso tem sido belamente demonstrado em etnografias como a de Alvarez (2004) sobre os Maxakali, em que se apresenta o valor conferido à escola e sua posição, e a do professor, a partir da grande importância que esse povo dá às crianças e seu papel de mediadoras, de Gomes (2006), em que se mostra o valor dado pelos Xakriabá, que parecem ter ganhado maior liberdade de construção de seu projeto pedagógico pela situação paradoxal de profundidade histórica da escolarização com uma ausência de gestão estatal, em que imperam o silêncio – de alunos como também de professores – e a presença, esta que ganha controvérsia quando a secretaria de educação passa a atuar mais proximamente dos "encostados", irmãos menores que acompanham os seus irmãos mais velhos a escola, e que, longe de ser uma demanda de escola infantil, é uma extensão à experiência de escolarização das relações de aprendizagem das crianças entre si, que neste caso permite que elas se apropriem dos ritmos e dos afazeres escolares em seu próprio ritmo.

Lasmar (2009) apresenta o projeto para a educação escolar da perspectiva dos índios do Uaupés, no Alto Rio Negro, e propõe que a educação escolar diferenciada foi tão bem recebida por eles, e os engajou tanto, como havia sido a experiência escolar de internatos salesianos, pelas razões opostas e complementares: se a escola salesiana permitia a recuperação dos poderes destes irmãos mais novos, os brancos, ela, no entanto, tendeu a uma homogeneização e indiferenciação de grupos e conhecimentos, que poderiam recuperar sua diferença e seu potencial de diferenciação, com a proposta política da escola indígena específica e diferenciada, levando a uma segunda leva de esforço e engajamento no projeto escolar.[4] O livro seminal de Gow (1991) mostra como, para os povos do Baixo Urubamba, a escola é percebida como um meio de evitar a escravidão que tinha sido sua experiência histórica recente, figurando, para esses povos que se concebem como índios misturados e em oposição ao xamanismo – conhecimento das florestas que os protegem dos "índios bravos" –, como um instrumento de proteção aos "civilizados" (Gow, 1993). Assim, é necessário, para os povos do Baixo Urubamba, manter os conhecimentos xamânicos, que protegem dos perigos da floresta, e deter os conhecimentos escolares, que os protegem dos "gringos", protegendo-os da escravização e exploração a que estavam sujeitos quando não detinham os conhecimentos necessários para reconhecer e evitar. Belaunde (2010) apresenta uma gestão indígena de conhecimentos em relação a escola. Partindo das razões mesmo das demandas indígenas por escola (a de construir uma relação mais igualitária e de formar profissionais indígenas que possam atuar nas suas comunidades) e das contradições que a escolarização gera (seu distanciamento com relação ao tipo de aprendizagem não escolar, que não é de instrução verbal, mas de vivência intersubjetiva,

4 Ver Luciano (2012) para uma discussão que entremeia os pontos de vista do aluno indígena, professor indígena, gestor e antropólogo para pensar os sucessos e insucessos deste projeto na região. Entre outras coisas, Luciano demonstra que as análises acadêmicas dos indígenas pautam maioritariamente a questão da escola, ao contrário das análises antropológicas na região; e que a escola específica e diferenciada acaba por não responder a nenhuma das demandas, ou seja, não oferece um ensino "convencional" de qualidade, nem e espaço eficaz de formação de pessoas, ou, como chama Benjamim da Silva (no prelo), cidadãos Baniwa.

e do fato de que grande parte dos profissionais indígenas formados não voltam as comunidades), ela apresenta as críticas indígenas à escola e suas propostas de solução. Se a grande crítica dos pensadores indígenas, como ela os chama, e o modo como os conhecimentos são transmitidos na escola, uma das soluções propostas por eles é a utilização das plantas – das plantas que dão conselho – na escola: a *utilização* e não o "ensino de suas partes", não a incorporação de conteúdos de botânica. Assim, os mais velhos propõem algo que é muito mais do que uma mudança de metodologia pedagógica ou conteudística: propõem a recuperação da aprendizagem vivenciada e intersubjetiva no ambiente escolar, a utilização de ervas e dos conselhos, porque, como disse o pintor e curandeiro Ashaninka Noe Silva, "o que falta na escola é o uso das plantas".

A escola entra na vida de comunidades e povos indígenas para atuar simultaneamente com seus próprios regimes de conhecimento. Em diálogo ou em confronto com eles, ela faz circular mais conhecimentos, ou os homogeniza, assim como suas práticas de aprendizagem. Assim, devemos levar em conta esta relação das práticas educativas escolares com as concepções de conhecimento, de conhecer, e a gestão, produção e circulação dos conhecimentos (Cohn, 2000; Calavia Saéz; Carid Naviera; Peréz Gil, 2003; Gow, 2010; Carneiro da Cunha, 2009).

Os Xikrin: regimes de conhecimento e escolas não diferenciadas

Meus estudos sobre os Xikrin têm demonstrado algumas coisas especialmente relevantes para se entender sua escola e as demandas por escola tal como eles a formulam. Ou, mais exatamente, para, à primeira vista, tornar muito difícil entender por que este povo, que tanto preza pela criação respeitosa de suas crianças para torná-las adequadamente *Mebengokré* (Cohn, 2006), demandam e mesmo exigem uma escola que em nada é, ela mesma, Mebengokré, e não trata suas crianças como tal.

No que diz respeito ao que a legislação chama de "processos próprios de ensino e aprendizagem", as escolas Xikrin seriam uma afronta a todos os seus preceitos. Os Xikrin aprendem *vendo (omunh)* e *ouvindo (mari)*, e por isso espera-se que as crianças possam ter ampla e quase irrestrita (restrita apenas quando perigos específicos estão em jogo) participação no que ocorre pela aldeia. Esses ver e ouvir devem ser desenvolvidos com o desenvolvimento dos olhos e dos ouvidos, órgãos do sentido que acolhem esta percepção, o que se dá pela ornamentação e por procedimentos operados pelos mais velhos. Mas nem a visão nem a audição são suficientes sozinhas: elas devem estar acompanhadas de uma ação de interpretação e compreensão, de uma reflexão, a que os Xikrin também chamam *mari*. As crianças devem tudo ver e ouvir, desenvolvendo assim não só sua capacidade de ver e ouvir, mas de entender o mundo. Elas fazem isso a todo o tempo e a todo momento, e a circulação das crianças pelas aldeias Xikrin é notável e sempre notada. Mas elas não fazem de tudo, e nem mesmo dizem saber tudo (tudo o que, eventualmente, sabem): o que se regulamenta, nos Xikrin, não é o momento de aprendizagem, mas o de demonstrar o que se sabe, e isso se dá por critérios tais como gênero, idade e paternidade/maternidade (Cohn, 2000, 2004).

A escola é o exato oposto disto tudo: encerra as crianças em um prédio, onde têm que trabalhar sozinhas, sem poder recorrer à opinião dos colegas, e responder a questões que se lhes fazem em nome do andamento da aula e da avaliação. Enquanto professores (não indígenas) reclamam do desinteresse e da pouca participação das crianças nas aulas, estas se esforçam para se portar de acordo com o que dita a "forma escolar"; este desencontro de esforços é visível no modo como as crianças, que chegam em grupos, gritando, cantando e correndo, se silenciam na entrada da escola e nela entram em fila, sentando-se cada qual em sua cadeira ou parte do banco escolar, aguardando o início da aula e os comandos do/a professor/a, de modo a agir como lhes parece ser o esperado, enquanto os professores reclamam do seu silêncio e da sua pouca participação, elementos que têm sido cada vez mais valorizados pela pedagogia contemporânea. De fato, as crianças respeitam uma ética Mebengokré: não se deve olhar nos olhos de um mais velho, não se deve interpelar quem ensina, não se deve responder a quem sabe mais. Esta ética é tão forte que passa, a um modo muito Xikrin, a ser parte das brincadeiras com os mais novos; assim, via Karangre provocando um rapaz, seu *tabdjuo* (sobrinho/neto), dizendo-lhe "olha nos meus olhos quando lhe falo", exatamente por ser isso impossível e impensável. No entanto, para que a escola funcione, em especial neste contexto observado, em que os professores são não indígenas, os alunos devem escutar em silêncio, mas interagir com os professores e responder a suas perguntas, demonstrando seu aprendizado. Isto é grandemente contraditório com as relações de aprendizagem e com as relações com o conhecimento e o conhecer que explicava acima: só se demonstra um conhecimento quando se está na situação apropriada para tal – por exemplo, um homem só vai demonstrar saber fazer um bracelete quando pela primeira vez o faz para seu primeiro filho, muito embora possa tê-lo aprendido muito antes e, até então, sequer afirmara sabê-lo. Assim também, quem deseja aprender algo pede a quem sabe mostrá-lo, ou se acerca de alguém que está em dado momento colocando em prática algum conhecimento e aguarda para saber se pode acompanhar e observar, jamais interpelando aquele que realiza o que se deseja aprender. O desejo do aprendiz é muito marcado como um impulso e uma condição para a aprendizagem, assim como sua discrição sobre o que sabe até que seja o momento de demonstrá-lo – seja porque tornou-se pai, ou mãe, ou avós, ou porque o momento é adequado, como seria o caso específico dos rituais.[5] Assim, a "forma escolar" é muito diversa do modo como os Xikrin concebem o conhecimento, sua aquisição e circulação, e a atitude adequada do aprendiz. O que salta aos olhos é o empenho das crianças em se adaptar a esta forma escolar – no que elas têm o auxílio dos mais velhos, jovens que já são escolarizados, e que, em um momento em que eram impedidos pelos professores (não indígenas, lembre-se sempre) de entrar na sala de aula para não dispersar os mais novos, permaneciam do lado de fora da escola, traduzindo por entre as frestas da parede da escola, feita de paus, os comandos dos professores, e acrescentando comandos que auxiliavam as crianças que adentravam a escola a entender sua lógica e seus modos (Cohn, 2005). Assim, coisas tão recorrentes para os não indígenas, e que são muito difíceis para os Xikrin, como, por exemplo, proferir o próprio nome, foi sendo negociado no espaço escolar, de modo que as crianças pudessem, na medida do (im)possível, respeitar os modos Mebengokré de se portar e aprender e a forma escolar.

No que diz respeito à cultura indígena, o desencontro se faz ainda mais visível. Enquanto professores não indígenas buscam trazer a cultura Xikrin para a escola, para a "valorizar", oferecendo, por exemplo, aulas de pintura

5 Ver para tal Cohn (2000, 2004), Beltrame (2013). Veja-se também Weber (2006) para o caso Huni Kuin, em que a intenção e o desejo do aprendiz também é marcado, o que ela relaciona com a ênfase da predação na obtenção do conhecimento, ou de uma atitude predatória e, portanto, ativa, que se faz necessária para a aquisição de conhecimento.

corporal em que não se respeita o gênero e a idade adequados para tal atividade, nem sua estética característica, os significados atribuídos a cada motivo e seu suporte (ou seja, os corpos que são pintados pelas mulheres e que comunicam estados, gêneros, situações [Vidal, 1992; Cohn, 2000]), e fazendo atividades escolares em que um jovem descreve para as crianças os motivos das pinturas e estas as fazem em papel com o contorno do corpo tendo sido pré-definido pelo professor, as crianças valorizam as aulas em que copiam textos da lousa e aprendem canções infantis vertidas para sua língua (Beltrame, 2013). Ou seja, enquanto os professores estão (inadequadamente) tentando incorporar a cultura Xikrin, Mebengokré, na escola, as crianças estão avidamente buscando os conhecimentos não indígenas, a escrita e as músicas infantis, nesta mesma escola.

Para os Xikrin, tudo o que deve ser aprendido pode ser resumido no termo *kukradjà*. Este é um termo polissêmico e é usado, especialmente pelos Xikrin do Bacajá, para se referir ao que se deve aprender, aos conhecimentos (Cohn, 2000). Refere-se ainda às prerrogativas rituais que são transmitidas pelas relações que também pautam a nominação (o que, para os demais Kayapó, também Mebengokré, é chamado de *nekrets*; para os Xikrin do Bacajá, esta última palavra refere-se apenas a um cocar específico, e as prerrogativas rituais são referidas por *kukradjà*, seguindo a mesma lógica da apresentada por Lea [2012]). *Kukradjà* é ainda tudo o que é partível, parte do todo (Lea, 2012), e também parte da pessoa (Fisher, 2000). É usado ainda para se referir aquilo que faz a condição Mebengokré, seja nas pessoas, seja nas coisas, seja nas relações, seja nos coletivos. Assim se referia Bep-tok, liderança conhecida como Onça, quando fazia um discurso incentivando os jovens a se portar como Mebengokré (Cohn, 2006b). *Kukradjà* é também aquilo que se busca e se traz (*o box*), seja na guerra, seja em trocas, para renovar a todo tempo rituais, conjuntos de nomes, adornos, roças....(Cohn, 2006, 2008). É como um ciclo que sempre se fecha: uma bela roça se faz com uma grande diversidade de sementes que são adquiridas por uma série de relações, de parentesco, bélicas, de troca; e uma boa roça alimenta muitos festeiros para um grande ritual que faz das pessoas belas; uma boa roça faz novas pessoas e novas relações em corpo, em parentesco, em nomes, em beleza (Cohn, 2012). Em suma, *kukradjá* é aquilo que produz pessoas, relações e coletivos verdadeiramente Mebengokré; é ao mesmo tempo processo e produto.

O *kukradjà* deve ser aprendido, e apreendido, de modo apropriado. Ele é renovado constantemente, de modo a permanecer belo e potente e produzir beleza. Para tal, as relações de diferença que se dão na caça, no xamanismo, na troca, na aliança e na guerra operam para trazer elementos diferenciadores, produzindo a todo o tempo a diferença que é condição da beleza (Cohn, 2006; Gordon, 2011). Ele deve ser aprendido por cada um, a partir de suas capacidades de ouvir, ver e entender o que vê, e a partir de seu interesse, por meio da observação, da participação – o que Belaunde chamava a atenção apontando para o caráter intersubjetivo da aprendizagem fora da escola e que citamos acima.[6] Cada um constrói seu próprio conhecimento a partir dos eventos de que pode participar, do que tem a oportunidade de ver e ouvir, e de seus interesses. Não há um *kukradjà* único e homogêneo a ser transmitido, exatamente porque ele nunca se cristaliza em um produto, sendo constantemente produzido, coletivamente ou por cada um ao longo de sua vida. Mas é algo extremamente caro aos Xikrin, que define o modo correto, adequado, bonito (*mex*) de estar no mundo.

Em um regime de conhecimento em que o *kukradjà* deve ser aprendido ao respeitar-se certas regras, como a do pedido, e de acordo com algumas relações, em que os conhecimentos são fragmentados e construídos por cada um e assim o devem ser, como ocorre entre os Saramaka (Price, 1983), em que *kukradjà* abrange um amplo campo semântico sendo ao mesmo tempo a condição de produção de Mebengokré e seu produto (Cohn, 2000, 2006, 2008), como fazer para que estes conhecimentos sejam transladados para o espaço escolar? A resposta dos Xikrin é clara: eles não querem escola para aprender seus conhecimentos, seu *kukradjà*, mas para aprenderem os conhecimentos dos brancos. Mais do que isso, para que suas crianças interajam com a alteridade, aprendam com ela, aprendam seus meios – participando. Algumas observações o corroboram: a de que, em um regime aberto de conhecimento, o conhecimento aprendido na escola é valorizado (Tassinari; Cohn, 2009, 2012), mas que este é tudo menos o que dele se espera – ou o que o discurso corrente e oficial dita: ele não é utilitário, não serve para que se aprenda a fazer as coisas do branco como o branco. Isso eles aprendem em outros espaços – dentre eles, sua casa, onde aprendem o significado das palavras em português que aprenderam na escola (Beltrame,

6 Isso está apresentado e desenvolvido em Cohn, 2000.

2013). O que eles esperam da escola é que suas crianças aprendam a lidar com a alteridade, e aprendam com ela: se as crianças aprendem a fazer cocar desde que têm a primeira oportunidade de observar um sendo feito, mas só podem demonstrar este conhecimento quando puderem fazer um cocar para um filho ou uma filha seu/sua (Cohn, 2000), os conhecimentos escolares são das crianças (Beltrame, 2013). Assim, as músicas aprendidas em carnavais pretéritos são hoje músicas rituais (Cohn, 2006), mas as músicas da escola ficam na escola ou, se saem deste espaço, se mantêm entre as crianças (Beltrame, 2013). Assim também, quem faz as listas de compras a serem realizadas na cidade é sempre um branco, por menos letrado que este seja, e nunca um dos jovens que, a esta altura, já foi alfabetizado pela escola ou pelos missionários. O que se percebe é que não são os conhecimentos e as técnicas dos brancos que os Xikrin esperam obter da escola, ou ao menos não principalmente. É verdade que lá eles aprendem a escrever, a fazer contas; mas sua aprendizagem da escrita, e a que eles valorizam, é a da cópia, é praticamente grafismo. Poucos Xikrin são capazes, hoje, de construir um texto, seja em Mebengokré seja em português, e o bom professor, para eles, é o que escreve muito na lousa para as crianças copiarem, assim como as crianças entendem que sua atuação como "alunas" na escola deve se dar prioritariamente quando copiam textos da lousa, após o que se reúnem em grupinhos, se dispersam, conversam (Beltrame, 2013). Como esta mesma autora aponta, os Xikrin dizem que devem ir a escola para aprender português, mas dizem aprender português em casa, com um parente. Assim, a escola se trata, antes de tudo, de *relações* – de aprender a lidar com esta alteridade, a de aprender, mas não adotar, o *kukradjà* do *kuben* (nesse contexto, o branco). Mas, como em tantos outros momentos da vida, o risco é grande – e o risco destas crianças se tornarem *kuben* é grande. Gordon (2006) já apontava isso como uma preocupação para os Xikrin do Cateté: afinal, comendo tanta comida de branco, se vestindo como brancos, não se estaria produzindo cada vez mais corpos brancos? A mesma preocupação expressava Bep-tok, quando demonstrava temer que cada vez mais eles fossem não exatamente incapazes de produzir novos Mebengokré, mas sim capazes apenas de produzir versões enfraquecidas de Mebengokré (Cohn, 2006). É como se temessem que seu sistema estivesse à beira do colapso, como bem formulou Gordon. Para evitá-lo, a aldeia Xikrin Mrotidjam, da Terra Indígena Trincheira-Bacajá, levou o risco ao seu potencial máximo:

alocou a escola fora do círculo da aldeia, voltada para as roças e a floresta, e ao lado do cemitério. Para um povo em que o maior risco de contato com os mortos é corrido pelas crianças, os doentes e os enlutados (Cohn, 2010), a escolha do posicionamento de escola e cemitério é surpreendente. Mas, se se pensa que o que está em jogo é se relacionar com a alteridade, a escola, com seu professor não indígena, sua comida não indígena, suas técnicas pedagógicas e conhecimentos não indígenas, e seus tempos, conviver com os mortos e o cemitério é submeter as crianças a uma proximidade com estes outros, mas de modo limitado e controlado.

Assim, o *kukradjà* não entra pela escola pela mão dos professores, nem é isso que eles esperam. Onde entra a cultura Xikrin? Esta questão é mais fácil de responder: entra na participação das crianças neste espaço de alteridade, onde veem, ouvem e aprendem, reflexivamente. Mas duas questões nos desafiam, especialmente a nós que não somos Xikrin e aprendemos a valorizar experiências escolares específicas e diferenciadas: a primeira, mais fácil de entender, mas ainda uma indignação: como os Xikrin deixam que suas crianças se submetam a alteridades tão radicais e perigosas sem intermediação? A segunda: por que se aprende na escola para se esquecer, como formulou Camila Beltrame (2013)? Afinal, como ela demonstra, o que se faz e se aprende na escola não se leva para casa – lições são deixadas na escola ou nos seus arredores, amarrotadas, jogadas, por exemplo –, as técnicas aprendidas não são usadas por eles nas aldeias – recorre-se aos *kuben* disponíveis, por menos letrados que sejam a produção de textos –, canções são restritas às crianças – uma das mulheres Xikrin gravou para Beltrame algumas canções "de quando era criança", em sua casa, protegida dos ouvidos dos outros, em uma gravação que poderia ser mostrada aos demais, canções que, ao contrário, não poderiam ser, diretamente, cantadas a eles –, e se controla pouco o modo como os professores e as professoras atuam na escola e tratam as crianças, ao contrário de todos os outros ambientes, em especial aqueles em que as crianças necessitam se relacionar com os *kuben*, como é o caso da farmácia na aldeia. As coisas da escola são das crianças também no seu cotidiano – são elas que auxiliam na limpeza do prédio, na capinagem dos arredores, na merenda, e sem elas a escola não poderia acontecer (Beltrame, 2013). Os Xikrin não trazem da escola novos conhecimentos, novas técnicas, nem buscam lá, como outros povos, produzir, ou reconstruir, sua cultura. Mas demandam a escola fortemente, e dela demandam bons prédios, bons materiais, mais horas de aula – a materialidade da escola (Santiago, 2014). Buscam um espaço relacional em que as crianças aprendem a viver a alteridade – mas o fazem, também, de modo diverso que se faz em outros espaços e com outras relações, em que o esforço é de "trazer" (*o box*) coisas novas. O que se traz pela escola fica na esfera das crianças[7] e não é conhecimento a ser demonstrado, explicitado, na idade adulta – em exata inversão do que relatávamos acima para o *kukradjà*. A relação entre a cultura escolar e o *kukradjà* ainda está se fazendo. Tanto analiticamente – e este é nosso desafio – quanto na prática – o desafio que enfrentam hoje os Xikrin do Bacajá.

Os Baniwa e a cultura indígena: entre a escola e a religião

Os Baniwa vivem um dilema muito diverso, e com diferentes implicações para o debate sobre a escola indígena e as políticas culturais. Como se sabe, a escola entrou no Alto Rio Negro pelas mãos dos salesianos (Weigel, 2003; Lasmar, 2009; Luciano, 2012), o que teve inúmeras implicações. Os salesianos chegaram ao Rio Içana, e aos Baniwa, mais tarde que aos outros rio-negrinos. Com menor tempo de experiência da instituição escolar, os Baniwa decidiram tomar a frente e acelerar não só seu processo de escolarização, como o de reflexão sobre a escola. Sua organização neste sentido é muito grande, e eles muito se orgulham de sua aceleração no processo de escolarização. Os Baniwa evangélicos remetem o início da escolarização

7 Em Cohn (2011) se desenvolve mais detidamente o que seriam as coisas "de criança" ou "para criança" para os Xikrin, a partir das observações nas aldeias contemporâneas da Terra Indígena Trincheira-Bacaja e a coleção mantida pelo Museu de Arqueologia e Etnologia da Universidade de São Paulo, MAE/USP. Pudemos observar "coisas de criança" em especial nos adorno para elas feitos e nos brinquedos, feitos para elas ou por elas. No entanto, não há "músicas de crianças" ou "contos para crianças", e as crianças cantam as músicas rituais e ouvem mitos. De fato, elas participam dos rituais desde muito novas, acompanhando suas *Kwatui* e *Nget*, seus nominadores e com quem compartilham papéis rituais, desde que são crianças de colo, em um tipo de participação contínua que faz com que iniciem sua participação ritual desde cedo (Cohn, 2000). A escola é o lugar em que se criam histórias para crianças, livros para crianças, atividades para crianças, inéditas aos Xikrin. O que chama a atenção é que elas são mantidas restritas à infância, uma solução também inédita.

a atuação da Sophia Muller, missionária norte-americana que iniciou a alfabetização deste povo, com a intenção de torná-los leitores do Novo Testamento (Diniz, 2011; Wright, 2005; Cláudio; Marqui, no prelo).

Os Baniwa se organizaram e realizaram diversos encontros para decidir o seu modelo de educação escolar (Diniz, 2011). Tendo tido experiências de escolarização em São Gabriel da Cachoeira e na escola salesiana de Assunção do Içana, discutiram uma organização e um modelo próprio de escola que lhes desse autonomia, organizados pela OIBI, Organização Indígena da Bacia do Içana, e que reuniu os mais velhos (como ressalta Diniz [2011], não os jovens, os futuros beneficiários deste projeto) para pensar uma educação escolar que lhes desse acesso aos conhecimentos e técnicas dos brancos, ao mesmo tempo em que permitissem a formação da pessoa Baniwa (Diniz, 2011). Para tanto, decidiram construir uma escola que não estivesse sediada em nenhuma comunidade, mas fosse uma outra comunidade, em que se reuniam alunos e professores nas etapas de ensino presencial, com as visitas periódicas de velhos Baniwa colaboradores e dos anciãos, lideranças e pais para vistoria do funcionamento da escola. Assim foi criada a Escola Indígena Baniwa e Coripaco – EIBC, também conhecida como escola Pamaali, em que professores, jovens, ensinavam aos alunos, estes também jovens – criando-se uma comunidade de jovens em que a hierarquia etária ainda valia porque os professores eram mais velhos que seus alunos, mas era enfraquecida pela ausência de verdadeiros velhos (Diniz, 2011). Para tanto, os velhos estabeleceram um regulamento e um Regimento Escolar, com grande rigidez nas normas de conduta, de modo que os alunos fossem formados como pessoa do modo adequado – regimento que os professores tinham dificuldade em implantar em sua integridade (Diniz, 2011). Essa escola piloto foi apoiada pelo Programa de Educação do Instituto Socioambiental (Isa) (Calbazar, 2011; Diniz, 2011). Os Baniwa mantêm os debates sobre sua escolarização, com a formação também da Rede de Escolas Baniwa e Coripaco (REBC), que está em seu terceiro encontro (Marqui, 2013; Benjamim da Silva, 2013).

Atualmente, há várias outras escolas, com ensino fundamental completo, funcionando nas comunidades, e salas de extensão de ensino médio, algumas ligadas ao colégio de Assunção do Içana, outras a escolas não indígenas da cidade de São Gabriel da Cachoeira. Este é o caso por exemplo da escola Paraatana, que reuniu as comunidades do Médio Içana I

(Castelo Branco, Belém, Nazaré e Ambaúba) em uma escola nucleada, e que hoje são várias escolas de ensino fundamental e uma escola de ensino fundamental e médio, esta sediada na comunidade de Castelo Branco. A formação dessa escola foi uma demanda destas comunidades à associação que as representava, e chegou-se a iniciar a construção de uma escola nos modelos da EIBC, em um local de importância mitológica, o que se mostrou impossível pela falta de apoio em assessoria pedagógica de Organizações Não Governamentais, como foi o ISA para aquela experiência, e de apoio logístico e financeiro com que a EIBC contou com seus "parceiros", como chamam os Baniwa (Silva, 2014). A escola Molinewi, da comunidade Vista Alegre, no Rio Cuyari, é ainda uma outra experiência, tendo em vista que contou como professor um egresso da EIBC, que debateu com a comunidade, a partir de sua experiência escolar, a formação de uma escola indígena específica e diferenciada (Cláudio; Marqui, no prelo). Ainda no Médio Içana, a experiência da escola Maadzero, da comunidade de Tunuí Cachoeira, ampliou o ensino ao médio, e recebe atualmente alunos de diversas comunidades, tendo que se ver com os desafios que os mais velhos apontavam como potenciais problemas desta situação – a dificuldade da convivência com afins, a sobrecarga à comunidade que recepciona os estudantes para alimentá-los, ou a dificuldade dos próprios estudantes, nestas condições, de se manter (Benjamim da Silva, 2012; Diniz 2011). Essa escola conta com amplo corpo docente, com formações variadas, seja no curso de pedagogia ofertado em São Gabriel da Cachoeira, seja na licenciatura intercultural ofertada nesta comunidade pela UFAM, seja nos cursos de licenciatura que acompanham pelo Pafor. Aliás, a maior parte das escolas na região conta com corpo docente de formação diversa, o que nem sempre facilita o consensuamento de práticas pedagógicas, mas que poderia ser muito rico exatamente para que se pudesse criar formas específicas de pedagogias e escolas. No entanto, salta aos olhos a expectativa deste povo pela assessoria pedagógica externa, não indígena, muito embora sua ampla formação em licenciaturas e cursos diversos de pedagogia, e sua constante reclamação de que não recebem devida assessoria pelas secretarias de educação. Quando conversava sobre isso com um professor que estava atuando como coordenador escolar, ele me disse que lhe parecia mesmo que eles haviam criado certa dependência de assessorias, mesmo que ele pudesse perceber o acúmulo cada vez maior de profissionais Baniwa qualificados para tal. Esse é um ponto que, acredito, mereceria maior atenção.[8]

Desde a formação da EIBC, iniciou-se a experiência pedagógica do *ensino via pesquisa,* que buscava solucionar a questão da confluência dos conhecimentos indígenas e não indígenas e dos modos de conhecer escolares e indígenas, com os alunos realizando pesquisas em suas comunidades nas etapas intermediárias, quando retornavam à convivência comunitária (Fernando, 2011). Atualmente, pude observar algumas tensões sobre o que se define como *ensino via pesquisa,* tendo em vista inclusive a formação diversa dos professores Baniwa, já que, por exemplo, aquele que se pratica na EIBC – cujos resultados foram divulgados no material didático *O que a gente precisa para viver e estar bem no mundo* (2011) – é diverso do elaborado na formação da Licenciatura Intercultural da UFAM. Assim, muito embora haja consenso a respeito da aplicação do *ensino via pesquisa* nas escolas içaneiras, e ele tenha se tornado política pública ao ser definido como metodologia pedagógica pelo município, sua prática é diversa e esta diversidade tem frequentemente gerado tensões. Por outro lado, a EIBC, que tem agora nova gestão e coordenação, tem buscado novos parceiros, já que o convênio com os órgãos financiadores finalizou e se encontra em reformulação. Este é um momento de redefinição da educação escolar Baniwa, seja em sua, digamos, geopolítica, com a difusão de escolas comunitárias, seja em suas práticas pedagógicas.

Para os Baniwa, tomar conta de suas escolas significou deixar de estar sob o jugo das demais etnias rio-negrinas, que, quando professores atuantes em suas escolas por conta de sua formação anterior nas escolas salesianas, tratavam suas crianças com desprezo e não entendiam suas línguas, nem eram residentes das suas comunidades. Assim, as relações com as crianças, com os pais e com a comunidade eram frequentemente difíceis, a comunidade reclamando da falta de compromisso dos professores, de que não se fixavam, não faziam roça etc., e as sobrecarregavam, os professores se ressentindo do pouco apoio, inclusive para sua alimentação, das comunidades (Claudio; Marqui, no prelo).

8 Este é um fenômeno em curso e sendo debatido pelos próprios Baniwa atualmente, e devemos, portanto, permanecer atentos e aguardar suas soluções e respostas a esta questão.

Mas, para eles, a escola específica e diferenciada se coloca também como um problema. Afinal, agora, eles têm que incorporar sua cultura na escola. E como fazê-lo? Como se sabe também (Wright, 1996), os Baniwa são evangélicos, conversos e fiéis a sua nova fé. Qual cultura então deveria ser incorporada à escola?

Em setembro e outubro de 2012, o Terceiro Encontro da Rede de Escolas Baniwa e Coripaco teve como tema um diálogo entre as gerações sobre o modo como se aprendia antes e agora, sendo que "agora" significava desde que a escola chegou nas comunidades. Os organizadores do evento[9] buscavam colocar em discussão a educação tradicional indígena em contraposição à escolar. Daniel havia participado conosco em um encontro realizado por um grupo de OEEIs,[10] em que se debateu a educação tradicional indígena, e isto parece ter-lhe inspirado o debate, que visava colocar em diálogo duas gerações que não mais dialogavam. O que não se previu, mas que de fato era previsível, foi que a maior parte dos mais velhos que foram convidados a falar no primeiro dia falou da educação religiosa, e não da educação "tradicional" (Marqui, no prelo). Dentre os evangélicos, um apenas contou aos mais novos presentes, professores, gestores e alunos das escolas Baniwa e Coripaco, como aprendia as coisas antes da escola e fora da religião.

A conversão às religiões evangélicas requereu desta geração uma abdicação de seu modo de criação e educação das crianças, inclusive o abandono dos rituais de aconselhamento e benzimento. Não era a eles que os velhos se reportavam quando falavam de seus tempos de jovens, mas ao modo cristão e escolar de ensinar. O que eles demandavam era que, na parte diferenciada do currículo, fosse ensinada a religião!

Essa questão aparece de modo diverso entre os Baniwa que se converteram ao catolicismo, os quais não tiveram que abandonar seus rituais de

9 Juvêncio Cardoso e Daniel Benjamim da Silva. O encontro se dividiu entre um que ocorreu na EIBC, sob coordenação de Juvêncio, e outro que ocorreu na Comunidade Castelo Branco, no médio Içana, este sob coordenação de Daniel, bolsista do OEEI/UFSCar, e que, inspirado também em nossas atividades, buscou extrapolar os típicos atores escolares – professores, gestores e alunos – e fomentar um diálogo entre as gerações, com a participação como palestrantes dos mais velhos. A relatoria esteve a cargo, além dos coordenadores, também de João Claudio e Custódio Benjamim da Silva, ambos bolsistas do OEEI/UFSCar.

10 Encontro que reuniu professores indígenas e pesquisadores dos Observatórios da Educação Escolar Indígena da UFMG, do Mato Grosso do Sul (UCDB, UFGD, UEMS e da UFSCar, sob coordenação da Profa. Dra. Ana Gomes (UFMG).

benzimento e aconselhamento. Assim, *dabocuris* são encenados pelas crianças destas escolas, para espanto dos velhos evangélicos; *dabocuris* estilizados são também feitos nas escolas evangélicas, recuperados na EIBC, gerando um grande debate, como é o caso de uma das escolas que lá acompanhamos, da comunidade Vista Alegre, em que o professor João Claudio, egresso da EIBC, propõe estas atividades (Claudio; Marqui, no prelo).

Nas comunidades escolares evangélicas, os alunos propõem que se possa praticar a cultura sem ferir os mandamentos da religião, e elaboram performances como a dança da Arara, feita pela escola de Castelo Branco, em que música, coreografia e figurino foram elaborados por alunos e professores.

Assim, aqui, a cultura indígena aparece ora como rituais Baniwa, ora como religião, ora como danças que são elaboradas em contextos escolares e apresentadas em situações de reunião, uma produção escolar. Ao mesmo tempo, se debate os modos de aprendizagem antigos, que se teme não se efetivem mais: os conselhos e o benzimento (Diniz, 2012). Como dissemos, a conversão às religiões evangélica e católica teve efeitos diversos sobre estas práticas: os últimos mantêm os rituais de iniciação e os conselhos, enquanto os primeiros os baniram. Os evangélicos então se veem com as questões de como aconselhar, atualmente, os mais jovens, e frequentemente se voltam à escola como uma resposta a esta demanda. De um lado, os professores cada vez mais reclamam da sobrecarga a eles imposta, já que deste modo teriam também que atuar como conselheiros; de outro, os mais velhos reclamam que, atualmente, simplesmente não se aconselha mais as crianças, esperando que os professores supram, com os pastores, essa lacuna. Por isso, professores têm tentado colocar em prática novas propostas pedagógicas, como Daniel Benjamim da Silva, que propôs, na Escola Maadzero em que atua como professor, na comunidade Tunuí Cachoeira, a pesquisa de relações de parentesco na comunidade, discutindo-se primos paralelos e cruzados – de modo a fazer os jovens aprenderem com quem podem ou não se casar, já que os velhos reclamavam que o pouco conhecimento dos termos corretos de parentesco estava levando os jovens a casar com quem não deviam. Assim, ao mesmo tempo em que estimulava os mais jovens a conhecer as relações de parentesco, ensinava uma terminologia antropológica – como apresentou aos alunos – de parentesco, com os ganhos mas também as confusões que se pode imaginar. Mas o desafio é insolúvel – seja porque os professores são muito jovens para dominar certas técnicas e conhecimentos, seja por conta das relações que ligam professores e alunos, e que perpassam o parentesco, seja porque não se definiu o que deve ser ensinado na escola sob a cunha de cultura – conselhos, práticas, técnicas, ou "cultura", como a dança da Arara em ritmo de Boi de Parintins, que foi orgulhosamente criada por alunos e professores da escola Paraatana, tendo em vista que uma das acepções deste termo que nomeia a escola é arara.

Mas algo me chama sempre a atenção, e que nos mostra, mais uma vez, que sempre que alunos e professores indígenas se encontram em sala de aula, a cultura indígena se faz presente: os mais velhos reclamam também que esta nova escola não é tão forte, nem tão rígida, quanto a de antigamente, e demandam aos professores que punam seus filhos, que não conhecem mais a cultura e os modos de tratamento, fisicamente. Ouvidos menos atentos reconheceriam práticas escolares salesianas, ou de internato; mas os meus não deixam de ouvir um ruído daqueles rituais de aconselhamento em que os aprendizes recebem os conselhos com pimenta e chicotes para melhor aprender. Mais uma vez, desafios aos analistas, sim, mas também aos Baniwa, que estão se vendo com esta difícil definição: o que temos que fazer para tornar nossa escola respeitosa de nossa cultura, como manda a lei?

Culturas e escolas indígenas

Espero ter mostrado que é a etnografia das escolas indígenas que nos permite entendê-las, em especial no que diz respeito àquilo que nos parece mais estranho, e que minhas questões buscam mais do que tudo sublinhar e provocar. Os modos como os Xikrin e os Baniwa vão para a escola, o que dela esperam, e o que com ela acreditam alcançar, só podem ser respondidos por este tipo de estudo. Porém, algo ainda ficou no ar: o risco de homogeneização que esta política cultural, de incorporar a cultura na escola, traz, em especial tendo isso em vista. Como já apontamos, esta é uma política pública de grande alcance e uma das mais difundidas reivindicações indígenas. Neste sentido, fecho recuperando uma formulação especialmente inspiradora de Manuela Carneiro da Cunha (1995), a de que o que devemos garantir não é a continuidade da cultura, mas a continuidade dos meios de produção desta. É, no fim, este o desafio: analítico, porque temos que aprender a fazer sentido, nos múltiplos sentidos que ganha a escola nas aldeias; e indígena, porque esta sua política cultural é, ao mesmo tempo que uma conquista, deixando para trás a escola integracionista e propondo pedagogias próprias, também um risco de banalização de suas culturas. Como a escola indígena, específica e diferenciada, poderá garantir os meios de produção das culturas indígenas, sabendo respeitar suas infâncias, seus modos de aprender e ensinar, seus regimes de conhecimento, suas culturas, é de fato um desafio imenso – porque a escola tende a ser, sempre, escola, e escolariza os modos de produção e transmissão cultural. Mas, apesar disso, os índios têm conseguido subverter as escolas e seus modos mesmo quando parecem, à primeira vista, se submeter a ela – só assim podemos entender, para dar mais um exemplo, porque os Xikrin pediram certa vez (Cohn, 2004, 2005) que a professora ensinasse às meninas, e o professor aos meninos: não por uma submissão a modelos "tradicionais" de escolas "convencionais", mas para manter uma lógica de relações de aprendizagem, clivadas, como são, pelo gênero em suas práticas não escolares.

Por fim, mais um desafio tem que ser apontado para que seja devidamente enfrentado: ser capaz de entender estes projetos de escolarização indígena sem cair no maniqueísmo que separa os que louvam a escola específica e diferenciada como um meio de autonomização indígena – como já dissemos, que autonomia poderá ser essa que é doada a outrem? – e os que execram esta política pública, vendo apenas a banalização da cultura indígena e de sua aprendizagem. Ou, como lembrava já Tassinari (2001b), entre os que acham que a escola é uma violência para as culturas indígenas ou os que acreditam, acriticamente, na indigenização da escola. Afinal, como esperamos ter mostrado, as apropriações indígenas da escola são variadas, e perpassam todo o arco que reúnem os dois polos, a indigenização revelando-se, frequentemente, dos modos mais inesperados, ou no que nos pareceria o maior de todos os tradicionalismos, enquanto a banalização pode advir do que poderiam parecer os projetos pedagógicos mais inovadores, que arriscam, ao contrário, "escolarizar" aprendizagens e conhecimentos que mantêm sua circulação e sua produção fora da escola, as quais devem ser respeitadas para que se respeite, efetivamente, infâncias e regimes de conhecimento indígenas. As experiências escolares indígenas atuais se fazem no Brasil no meio do caminho entre um polo e outro, e entender o que os indígenas valorizam nestas experiências é o que nos permitirá, efetivamente, olhá-las criticamente.

Referências bibliográficas

ANDRELLO, G. *Cidade do índio:* transformações e cotidiano em Iauaretê. São Paulo: Editora Unesp, 2006.

ALVAREZ, M. M. Kitoko Maxakali: a criança indígena e os processos de formação, aprendizagem e escolarização. *Revista Anthropologicas*, v.15, n.1, p.49-78, 2004.

BELAUNDE, L. E. Deseos encontrados: escuelas, profesionales y plantas en la Amazonía peruana. *Revista da FAEEBA – Educação e Contemporaneidade*, Salvador, v.19, n.33, 2010.

BELTRAME, C. B. *Etnografia de uma escola xikrin*. Dissertação (Mestrado), PPGAS Universidade Federal de São Carlos, São Carlos, 2013.

BENJAMIN, D.; SILVA, C. B. da; CLAUDIO, J. *Documento Final do III Encontro da Rede de Escolas Baniwa e Coripaco (RBC) – Castelo Branco*. São Gabriel da Cachoeira, 2012.

BENJAMIN, D. *Relatório Acadêmico*. Seminário de Educação Tradicional na Serra do Cipó. Observatório da Educação Escolar Indígena (OEEI-CAPES/UFSCar), 2012.

______. *Relatório Acadêmico*. I Seminário de Educação Escolar Indígena UFSCar. Observatório da Educação Escolar Indígena (OEEI-CAPES/UFSCar). São Gabriel da Cachoeira, 2012.

______. *Relatório Acadêmico*. Assessores pedagógicos indígenas – API. São Gabriel da Cachoeira, 2011.

CABALZAR, F. D. (Org). *Educação escolar indígena no Rio Negro. 1998-2011*. São Paulo: Instituto Socioambiental, 2011.

CALAVIA SAÉZ, O.; CARID NAVEIRA, M.; PERÉZ GIL, L. O saber é estranho e amargo. Sociologia e mitologia do conhecimento entre os Yaminawa. *Campos*, v.4, 2003.

CARNEIRO DA CUNHA, M. Children, politics and culture: the case of Brazilian Indians. In: STEPEHNS, S. (Ed). *Children and the politics of culture*. New Jersey: Princeton University Press, 1995.

______. *Cultura com aspas*. São Paulo: CosacNaify, 2009.

CLAUDIO, J. *Relatório da formação escolar e experiência profissional*. Observatório da Educação Escolar Indígena (OEEI-CAPES/UFSCar). São Gabriel da Cachoeira, 2012.

______. *Relatório Acadêmico*. Seminário de Educação Tradicional na Serra do Cipó. Observatório da Educação Escolar Indígena (OEEI-CAPES/UFSCar). São Gabriel da Cachoeira, 2012.

______. *Relatório Acadêmico*. III Encontro da Rede de Escolas Baniwa e Coripaco. Observatório da Educação Escolar Indígena (OEEI-CAPES/UFSCar). São Gabriel da Cachoeira, 2012.

______. *Relatório Acadêmico*. I Seminário de Educação Escolar Indígena da UFSCar. Observatório da Educação Escolar Indígena (OEEI-CAPES/UFSCar). São Gabriel da Cachoeira, 2012.

CLAUDIO, J.; MARQUI, A. R. Como fazer uma escola diferenciada? O caso da escola indígena Molinewi. In: COHN, C. (Org). *Escolas indígenas em etnografias*. (no prelo).

COHN, C. *A criança indígena. A concepção xikrin de infância e aprendizado*. Dissertação (Mestrado), PPGAS-USP, São Paulo, 2000.

________. Escolas indígenas do Maranhão: um estudo sobre a experiência dos professores indígenas. In: SILVA, A. L. da; FERREIRA, M. K. L. (Orgs.). *Práticas pedagógicas na escola indígena*. São Paulo: Global, 2001. p.107-122.

________. Os processos próprios de ensino e aprendizagem e a escola indígena. *Cadernos de Educação Escolar Indígena*, Barra do Bugres (Unemat), v.3, n.1, p.94-111, 2004.

________. *Relações de diferença no Brasil Central:* os Mebengokré e seus Outros. Tese (Doutorado), DA-FFLCH-USP, São Paulo, 2006.

________. *A tradução de cultura: os Mebengokré-Xikrin*. 26ª Reunião Brasileira de Antropologia Porto Seguro, junho 2008. Disponível em: http://www.abant.org.br/conteudo/ANAIS/CD_Virtual_26_RBA/grupos_de_trabalho/trabalhos/GT%2033/clarice%20cohn.pdf. Acesso em: 8 set. 2014.

________. *A "infância" nas propostas de educação escolar indígena diferenciada no Brasil*. Comunicação apresentada na Reunião de Antropologia do Mercosul, 2009.

________. A parte das crianças na coleção. In: SILVA, F. A. da; GORDON, C. (Orgs.). *Xikrin:* uma coleção etnográfica. São Paulo: Edusp, 2011.

COHN, C.; SANTANA, J. V. J. Sobre escolas indígenas e sobre crianças indígenas: algumas reflexões. In: CÉSAR, A. L. S.; COSTA, S. L. (Orgs.). *Pesquisa e escola: experiências em educação indígena na Bahia*. Salvador: Quarteto, 2013, p.155-75.

COHN, C.; SANTIAGO, A. E.; ROMÃO, A. C.; BELTRAME, C.; MIRANDA, X. B.; BELEZINI, E. C.; MARQUI, A.; CLAUDIO, J.; SILVA, C. B.; SILVA, D. B.; SOUZA, E. *Relatório Final do Projeto* "A educação escolar indígena em duas realidades: uma comparação entre os Territórios Etnoeducacionais da Amazônia Oriental e do Rio Negro", 2012.

DIAS, L. F. Curso de formação, treinamento e oficina para monitores e professores indígenas da reserva do Uaçá. In: SILVA, A. L.; FERREIRA, M. K. L. (Orgs.). *Práticas pedagógicas na escola Indígena*. São Paulo: Global, 2001.

DINIZ, L. L.; SILVA, D. B. Rede de Escolas Baniwa e Coripaco. In: CABALZAR, F. D. (Orgs.). *Educação escolar indígena do Rio Negro 1998-2011*. Relatos de experiências e lições aprendidas. São Paulo: ISA-Instituto Socioambiental, 2012.

GOMES, A. M. R. O processo de escolarização entre os Xakriabá: explorando alternativas de análise na antropologia da educação. *Revista Brasileira de Educação,* v.11, p.316-327, 2006.

GOW, P. *Of mixed blood: Kinship and History in Peruvian Amazonia*. Oxford: Oxford University Press, 1991.

GOW, P. ¿Podía leer Sangama?: sistemas gráficos, lenguaje y shamanismo entre los Piro (Perú oriental). *Revista da FAEEBA – Educação e Contemporaneidade*, Salvador, v.19, n.33, 2010.

GRUPIONI, L. D. B. *Olhar longe, porque o futuro é longe*. Cultura, escola e professores indígenas no Brasil. Tese (Doutorado), Universidade de São Paulo, São Paulo, PPGAS-USP, 2008.

LASMAR, C. Conhecer para transformar: os índios do rio Uaupés (Alto Rio Negro) e a educação escolar. *Revista Tellus*, v.9, n.16, 2009.

LOPES DA SILVA, A. Introdução. In: SILVA, A. L.; FERREIRA, M. K. L. (Orgs.). *Antropologia, História e Educação*. São Paulo: Global, 2001.

LUCIANO, G. J. dos S. *Educação para manejo e a domesticação do mundo entre escola ideal e a escola real*. Os dilemas da educação indígena no Alto Rio Negro. Tese (Doutorado). UnB, Brasília/DF, 2012.

MARQUI, A. R.; COHN, C. Etnografias em escolas indígenas: as kyringué da Amazônia e os Xikrin do Bacajá. In: GRANDO, B. S.; CARVALHO, D. C. de; DIAS, T. L. (Orgs.). *Crianças* – infâncias, culturas e práticas educativas. Cuiabá, MT: EdUFMT, 2012.

MARQUI, A. R. Tornar-se aluno(a) indígena – Uma etnografia de uma escola Guarani Mbya. Dissertação (Mestrado), PPGAS-UFSCar, São Carlos, 2012.

______. *Crianças Baniwa, entre as religiões católica e evangélica e a escola*. Projeto de pesquisa. Observatório da Educação Escolar Indígena (OEEI-CAPES/UFSCar), 2013.

______. Relatório de campo na Escola Moliweni. Comunidade Vista Alegre, rio Cuiarí, São Gabriel da Cachoeira, AM. Observatório da Educação Escolar Indígena (OEEI-Capes/UFSCar), São Carlos, 2013.

______. Dilemas sobre a educação indígena: a religião evangélica e a educação escolar indígena no Médio Xingu. In: COHN, C. (Org.). *Escolas indígenas em etnografias* (no prelo).

McCALLUM, C. Escrito no corpo: gênero, educação e socialidade na Amazônia numa perspectiva Kaxinawá. *Revista da FAEEBA – Educação e Contemporaneidade,* Salvador, v.19, n.33, 2010.

PRICE, R. – *First Time:* the historical vision of an afro-american people. The John Hopkins University Press, 1983.

SANTIAGO, A. E. *Interculturalidade nos Documentos Oficiais para a Escola Indígena*. Monografia de Conclusão de Curso, Ciências Sociais, UFSCar,. São Carlos, 2010.

______. Interculturalidade nos Documentos Oficiais para a Escola Indígena. In: COHN, C. (Org.). *Escolas indígenas em etnografias* (no prelo).

SILVA, F. A. *As tecnologias e seus significados*. Um estudo da cerâmica dos Asurini do Xingu e da cestaria dos Kayapó-Xikrin sob uma perspectiva Etnoarqueológica. Tese (Doutorado), PPGAS-USP, Universidade de São Paulo, São Paulo, 2000.

SILVA, C. B. da. A escola Paraatana. In: COHN, C. (Org), *Escolas indígenas em etnografias*, (no prelo).

TASSINARI, A. Da civilização à tradição: os projetos de escola entre os índios do Uaçá. In: SILVA, A. L. da; FERREIRA, M. K. L. (Orgs.). *Antropologia, História e Educação*: a questão indígena e a escola. São Paulo: Global, 2001a.

______. Escola indígena: novos horizontes teóricos, novas fronteiras de educação. In: SILVA, A. L. da; FERREIRA, M. K. L. (Orgs.). *Antropologia, História e Educação*: a questão indígena e a escola. São Paulo: Global, 2001b.

TASSINARI, A. M. I.; COHN, C. Opening to the Other: Schooling among the Karipuna and Mebengokré-Xikrin of Brazil. *Anthropology & Education Quarterly*, v.40, p.150-69, 2009. Special Issue Indigenous Education in Latin America, Elsie Rockwell y Ana Maria R. Gomes (eds.).

TASSINARI, A. M. I.; COHN, C. Escolarização indígena entre os Karipuna e Mebengokré-Xikrin: uma abertura para o outro. In: TASSINARI, A. M. I.; GRANDO, B. S.; ALBUQUERQUE, M. A. S. (Orgs.). *Educação indígena*: reflexões sobre noções nativas de infância, aprendizagem e escolarização. Santa Catarina: Editora UFSC, 2012, p.247-74.

TAUKANE, D. Y. *História da Educação Escolar entre os Kurâ-Bakairi*. Cuiabá: Gráfica Print, 1999.

WEBER, I. *Um copo de cultura*: os Huni Kuin (Kaxinawá) do rio Humaitá e a escola. Rio Branco: Edufac, 2006.

WEIGEL, V. A. C. de M. Os Baniwa e a escola: sentidos e repercussões. *Revista Brasileira de Educação*, n.22, jan./fev./mar./abr., 2003.

WRIGHT, R. *Aos que vão nascer – uma etnografia religiosa dos índios Baniwa*. Tese de livre docência. Unicamp, Campinas, 1996.

13
Reflexões e experiências de um estudante--liderança: sobre algumas políticas educacionais indígenas no Alto Rio Negro

Maximiliano Menezes e Raphael Rodrigues

Apresentação

Muitas iniciativas relacionadas à educação escolar indígena vêm sendo desenvolvidas na região do Alto Rio Negro desde as últimas décadas do século passado.[1] A formação continuada de professores via magistério indígena, escolas-pilotos em educação indígena diferenciada, acesso de jovens a cursos regulares no ensino superior e algumas experiências em terceiro grau indígena figuram entre essas políticas educacionais.

Neste artigo, a trajetória escolar e elementos biográficos de Maximiliano Correa Menezes, tukano do clã *Inapé-porã*, foram por ele relembrados junto ao antropólogo e aqui registrados com o intuito de delinear algumas dessas políticas educacionais escolares indígenas, desenvolvidas no noroeste amazônico. Max, como é amplamente conhecido regionalmente, nasceu no ano de 1961 na comunidade de Ananás, Baixo Rio Uaupés, um dos afluentes do Rio Negro. Max Tukano é o coordenador geral da Coordenação das Organizações Indígenas da Amazônia Brasileira (Coiab) na gestão 2014-2017.

---

1 Aqui considero a educação escolar realizada com os indígenas e não as políticas educacionais efetuadas pelos missionários (salesianos) na região desde a segunda década do século XX. Para um panorama mais amplo sobre as experiências em educação escolar indígena no Alto Rio Negro, ver Dias Cabalzar (2012), Oliveira (2005). O Instituto Socioambiental (ISA) através do Programa Rio Negro mantém notória divulgação de projetos concebidos e realizados nesta temática na região (www.socioambiental.org.br).

Uremini Maximiliano Correa Menezes também integrou a primeira turma em Licenciatura Indígena em Políticas Educacionais e Desenvolvimento sustentável da UFAM, com um trabalho de conclusão de curso sob o título *O que é educação escolar indígena para os povos do Rio Negro a partir da construção das escolas diferenciadas?*, defendido em 2013. O processo de criação, implantação e desenvolvimento da licenciatura será aqui retomado. Não se falará da licenciatura, somente. Considerar-se-á de maneira mais ampla o papel do ensino superior em sua trajetória escolar que se inicia com a alfabetização em internato infantil Salesiano (missionamento). Maximiliano atuou como professor em comunidades da região, o que permitiu seu envolvimento com o movimento indígena regional e, posteriormente, tornou-se estudante de ensino médio através de projetos de formação docente.

Max Tukano participa da Federação das Organizações Indígenas do Rio Negro (Foirn) desde 1987, ano de sua criação, como representante de sua região de origem, o Baixo Rio Uaupés. Tendo mudado de Ananás para São Gabriel da Cachoeira, definitivamente, em 1991, seu vínculo com esta organização tomou outras proporções. Entre os anos de 1993 a 1996 foi seu secretário geral, e vice-presidente na gestão 1997 a 2000. Durante os anos de 2001 a 2008, Maximiliano se envolveu em projetos relacionados à medicina tradicional através de uma organização não governamental (Saúde Sem Limites), foi assessor indígena do DSEI (Distrito Sanitário Especial Indígena) e trabalhou em Santa Isabel do Rio Negro, no baixo curso deste rio, em um projeto da Foirn e Ministério da Justiça chamado "Balcão da Cidadania". De volta à Foirn, foi vice-diretor durante a gestão 2009-2012, como representante da região do Médio Rio Tiquié e Baixo Uaupés.

Em 2013, atuou junto ao departamento de Educação da Foirn até ser aclamado coordenador geral da Coiab. À época da coleta dos relatos que construíram este texto, junho e julho de 2013, Maximiliano frequentou as aulas do último módulo da licenciatura indígena em Taracuá – ex-missão salesiana e atual comunidade multiétnica do baixo Uaupés –, onde possui vários parentes. Durante os finais de tarde e início de noite hospedados na casa de Gabriel Menezes, seu irmão, pudemos construir esta releitura de alguns aspectos da educação escolar no Rio Negro a partir destas conversas que foram gravadas para serem posteriormente transcritas, como se vê a partir da próxima seção.[2]

É importante destacar que a parte final de seu depoimento refere-se a uma contribuição para que, em suas palavras, a educação escolar diferenciada indígena no Rio Negro ocorra efetivamente. Neste sentido, o cunho político e as críticas às políticas educacionais elaboradas por Maximiliano devem ser compreendidos a partir de um complexo quadro de relações que envolvem o trabalho realizado em pesquisas colaborativas em antropologia, a atuação no movimento indígena nacional e efetiva participação em diversos fóruns mundiais de discussão.[3] Sobretudo, Maximiliano possui conhecimento de causa e atuação junto às populações rio-negrinas como liderança indígena ao longo das três últimas décadas, o que torna o conteúdo de seu depoimento digno de inúmeras reflexões.

Com relação à estrutura e composição do presente texto, optou-se pela transcrição do depoimento de Maximiliano seguido por meus comentários. A coautoria relacionou-se, então, à elaboração, em termos mais gerais, da proposta que tem como resultado o presente texto. Ou seja, eu e Maximiliano acordamos no decorrer das conversas quais elementos seriam trazidos à memória e os aspectos a serem destacados na confecção deste registro. Vale ressaltar que parte do material transcrito foi incorporada por Maximiliano em seu Trabalho de Conclusão de Curso. Desta forma, seu depoimento tornou-se parte integrante de sua própria produção acadêmica. O uso que Maximiliano tem feito dos resultados obtidos em projetos de pesquisas-colaborativas como este são indicativos, em minha opinião, de que no Alto Rio Negro há uma antropologia cada vez mais definida pelos próprios indígenas.[4] As seções que contêm a transcrição de seu depoimento foram

---

2 O interesse de Maximiliano na produção de registros escritos acerca de temas específicos remete ao ano de 2010, quando uma pesquisa com o intuito de esclarecer aspectos específicos da trajetória e posição hierárquica do clã tukano *Inapé-porã* foi iniciada (Rodrigues, 2012).

3 Entre alguns eventos que participou destacam-se a COP-15, Conferência das Nações Unidas sobre as Mudanças Climáticas de 2009 (Copenhague, Dinamarca); Rio + 20 (Rio de Janeiro, Brasil, 2012); COP-19, a Conferência das Partes das Nações Unidas sobre Mudanças no Clima (Varsóvia, Polônia, 2013), além de viagens para Áustria, Hungria, Eslovênia, Noruega, Polônia, Inglaterra, Argentina, Peru, Guiana Inglesa e Equador.

4 Para uma discussão acerca de algumas transformações relacionadas aos pressupostos clássicos do trabalho etnográfico, ver Albert (1997). Ver também Rodrigues, 2012; Scolfaro, 2012; Reis, 2013.

marcadas em itálico pelo fato de não terem sido redigidas diretamente por Maximiliano, embora seu conteúdo represente de maneira fidedigna as ideias por ele elaboradas.

Maximiliano Menezes relembra sua trajetória escolar e início de atuação política

No internato infantil dos salesianos, de manhã todos acordavam ao mesmo tempo e descíamos para o rio para nos banhar, depois íamos à igreja e tomar o mingau. As turmas eram divididas em dois turnos: manhã e vespertino. Uma turma ia para a sala de aula e a outra ia cortar capim, limpar com as mãos os "matinhos" que cresciam. Eu passei quase dez anos neste regime de internato e na minha época eu só aprendi a usar enxada e machado, nenhuma profissão. Voltava pra visitar a família somente no final do ano. Eu chorei muito.

Quando concluí o ensino fundamental, ingressei no Exército Brasileiro e lá fiquei durante um ano e depois voltei à comunidade de Ananás. No ano de 1984, comecei a fazer pesquisa de ouro. Pesquisar ouro é partir para viagens à procura de lugares para sua extração. Trabalhei alguns anos no garimpo, tive boas e más experiências, pude conhecer como atuam as empresas mineradoras e digo: não existe mineração sustentável. Em 1989, surgiu uma vaga para professor em Ananás e por lá trabalhei durante dois anos e mais um ano, também com alfabetização, na comunidade arapaço de São Luís, próximo a São Gabriel da Cachoeira. Foi quando comecei a participar do movimento dos professores indígenas de Roraima.

Pouco tempo depois ocorreu uma grande mobilização, e fui indicado para representar as comunidades do baixo Uaupés, Ananás, Açai e Matapí, em assembleia da Foirn. Foram criados vários setores: educação, saúde e cultura. Fui indicado para fazer parte do departamento de cultura. Nessa época estava dando aula na minha comunidade. Fui coletar e escrever algumas anotações sobre o que era a cultura – alguns textos sobre mitologia, pois era isso que eu entendia como cultura. Enviava textos para serem publicados na Wayuri.[5] *Com isso fui convidado para fazer parte da diretoria a partir de 1992.*

5 Wayuri significa "mutirão" em língua tukano. Publicada desde os primeiros anos da Foirn, atualmente a publicação é feita trimestralmente pelo seu setor de comunicação.

O ensino médio também foi uma história para mim. Apareceu um projeto discutido com o movimento indígena de reciclagem para professores que já atuavam em sala de aula. Como eu não estava em sala de aula, não poderia frequentar este curso, mas encaminhei um ofício em 1997. Muita gente questionou pelo fato de eu não atuar como professor naquela época. O curso durou quatro anos e foi realizado no Colégio Marquesi, em São Gabriel da Cachoeira. Foi muito bom porque aprendi e contribuí com as discussões sobre direitos indígenas. Lembro-me quando a antropóloga Marta Azevedo iniciou a aula perguntando quem dos alunos já havia lido a Constituição Federal, e ninguém sabia sobre a Constituição.

Toda manhã um professor fazia a abertura com reza inicial, como no internato da igreja. Eu sempre ponderava que se tratava de um curso de magistério indígena, que poderíamos cantar na língua indígena e tocar nossos instrumentos, pois se tratava de formação para os professores indígenas. Eu fiquei muito alegre, pois quando fui para o alto Tiquié anos mais tarde pelo movimento indígena encontrei com os colegas da turma e percebi que eles tinham se desenvolvido muito, haviam criado os PPP's [Projetos Políticos Pedagógicos] *das escolas da comunidade e estavam mais atentos para os direitos indígenas.*

Em 1998 ocorreu uma discussão em Taracuá sobre as políticas públicas do município de São Gabriel da Cachoeira, e havia um cartaz com os dizeres: amor, fidelidade, solidariedade, dever. Não aparecia a palavra "direitos". Eu disse que tinha estudado naquela escola [Sagrado Coração de Jesus] *e ponderei que sempre havia aquelas frases, mas nunca se falava em direitos. A escola tem que proporcionar o conhecimento para que os alunos saibam quais são seus direitos. A escola tem por obrigação ensinar o direito de todos. Na minha época ainda era ditadura, mas hoje as coisas mudaram. Muitos dizem que não se pode questionar uma autoridade, mas é preciso falar porque senão você se torna submisso e já passou essa época de ficar só dizendo sim. Quem sofreu muito com a questão de ser subordinado deve fazer um esforço para discutir em pé de igualdade. A licenciatura diferenciada da UFAM fortaleceu muito nesse sentido, os colegas chegaram tímidos e hoje se posicionam bastante com relação aos seus direitos.*

Ter cursado o ensino superior foi muito válido porque quando fiz a prova sabia que havia uma recomendação do conselho diretor da Foirn para que seus membros se dedicassem exclusivamente ao movimento indígena. Resolvi fazer a prova porque passei vinte anos no movimento indígena discutindo sobre a educação e a necessidade de melhorar a qualidade do aprendizado e dos cursos de formação continuada dos professores.

Passei no vestibular e em 2010 me pronunciei no Conselho Diretor indicando que era consciente de seu encaminhamento, mas argumentei que um mês de ausência para realizar os módulos semestrais não iria atrapalhar. Sou muito grato aos colegas do curso, dos três polos, que fizeram um documento de apoio à minha continuidade. Isto me marcou muito. Muitas vezes eu pensei em desistir por conta das dificuldades com a agenda, mas pela força de meus colegas consegui chegar ao final deste curso. Em junho de 2013 assumi o Departamento de Educação da Foirn e pude cumprir com o que prometi quando iniciei o curso: contribuir com o movimento indígena a partir do conhecimento que conquistei.

A nossa história, que os brancos chamam de mitologia, mas eu diria que é a nossa história – as Casas Sagradas e os locais de surgimento do povo nessa região[6] *– que diz respeito ao nosso patrimônio cultural imaterial, também sobre isto nós adquirimos conhecimento nas etapas deste curso (o conhecimento da cultura). Como somos sete etnias no mesmo curso, a gente também conheceu sobre a cultura e língua do outro, ou seja, os conhecimentos de cada região – Iauaretê, Tiquié, Taracuá – e houve trocas de experiências, já que cada um trouxe os conhecimentos de suas próprias raízes. Porque geralmente define-se interculturalidade a partir do contato entre conhecimento indígena e conhecimento ocidental, e muitas vezes se esquece da interculturalidade entre as diferentes etnias do alto Rio Negro. Este curso também me proporcionou um maior conhecimento das outras etnias para poder representá-los. Para isso é preciso conhecer a realidade de cada um, pois não adianta dizer que é representante do povo do Rio Negro se só conhece a sua etnia.*

Fiz o ensino superior escrevendo nas duas línguas (português e tukano), falando a língua indígena que era proibida no tempo do internato. Hoje escrevemos e falamos nas duas línguas. Para mim é muito interessante o fato de voltar na mesma escola para efetuar algo que não podia realizar no passado.

---

6 De uma maneira geral, a formação da humanidade para as sociedades tukano oriental é narrada a partir da viagem mítica de uma cobra ancestral, que durante seu percurso deu origem aos vários grupos étnicos da região e também aos não índios. Há variações de acordo com a narrativa de cada etnia. As Casas Sagradas ou Casas de Transformação são espaços territorialmente localizados em que ocorreram eventos míticos importantes – o conhecimento de espécies de plantas, o surgimento das diferentes línguas das etnias da região ou o início das regras de casamento, por exemplo (Andrello, 2006; Maia; Maia, 2004; Rodrigues, 2012).

Uma coisa que jamais sonhei naquela época: fazer o ensino superior na escola onde fui alfabetizado.

O que é viver bem no Rio Negro para Maximiliano

Passados esses quatro anos[7] *estou bastante otimista com esta primeira turma, pois os alunos serão multiplicadores de conhecimento e também já está marcada a prova para a próxima turma iniciar a partir de janeiro de 2014. A segunda turma, assim como a primeira, contará com 120 alunos, 40 alunos em cada polo linguístico.*

Penso que esta turma que está se formando tem uma missão muito grande e desafiadora em fazer mudanças, creio que daqui a cinco ou dez anos faremos esta transformação. Porque é necessário que nós indígenas possamos nos identificar como pessoas de outra cultura, pois ao longo de trezentos anos de contato os próprios professores que estão somente transmitindo conhecimento continuam dizendo que nós não somos mais indígenas porque falamos português, usamos roupas, calçados, andamos na cidade e comemos comida do branco e não precisamos mais voltar ao que nós éramos no passado. Mas não é isso que estamos pensando, pois podemos usar roupas e tecnologias, tudo ao que podemos ter acesso e não esquecer que somos povos indígenas com raiz, língua e cultura.

O importante é viver bem nessa região do Rio Negro, viver feliz. Para nós o importante é ter a família, os filhos que estudam ou ter estudado, ganhar o suficiente para ter alimentação, possuir terra para plantar e colher, acordar e dormir de barriga cheia. Isto que eu entendo que é viver bem. Para você viver bem não é preciso ir à cidade de São Gabriel ou Manaus, porque se sabe a dificuldade que estas pessoas têm para acessar o mercado de trabalho. A melhor coisa é fortalecer esta região na questão da educação.

Nesta licenciatura recebemos muitas informações sobre como é o sistema do governo, onde nós estamos do ponto de vista jurídico como povos indígenas e minoritários, pois precisamos estar muito fortalecidos para não sermos dominados. Penso que o Rio Negro tem mostrado para o Brasil essa capacidade de discussão e resultados positivos que se tornam modelos, como a cooficialização

---

7 A primeira turma do curso Licenciatura em Políticas Educacionais e Desenvolvimento Sustentável pela UFAM desenvolveu as atividades acadêmicas entre 2010 e 2013.

das três línguas indígenas nheengatu, baniwa e tukano. Hoje, os alemães e italianos que estão no Brasil trabalham para que essas línguas também sejam cooficializados em seus municípios. O exemplo do Rio Negro que discutiu pela primeira vez na história do Brasil cooficializar as línguas indígenas é o grande fato que marcou a educação escolar indígena dessa região, e foi uma discussão gerada a partir do movimento indígena.

Muitos questionam o fato de somente três línguas terem sido cooficializadas. Mas há um artigo da lei que garante a cada língua menos falada o caráter oficial dentro de seu território linguístico, portanto as escolas podem trabalhar e discutir a grafia, assim com os Desana, os Tuyuka, os Wanano e os Cubeo já fizeram. Com isso não houve o fortalecimento somente dessas três línguas, mas todas as outras também se fortaleceram. Eu vejo as pessoas colherem os frutos dessas discussões, isto pra mim é um motivo de alegria porque dessas discussões sou beneficiado, como participar desta licenciatura, porque também foi uma discussão gerada no movimento indígena.

A contribuição de Maximiliano à educação escolar indígena no Alto Rio Negro

O tema de meu Trabalho de Conclusão de Curso (TCC) é Educação Escolar Indígena no Rio Negro. O objetivo desse trabalho é propor uma mudança no sistema para que gestores trabalhem para uma educação diferenciada efetiva. Nós pretendemos divulgar para São Gabriel da Cachoeira e outras Terras Indígenas do Brasil o meu pensamento como tukano em relação à educação escolar indígena nesta região, porque penso que darei uma pequena parcela de contribuição ao desenvolvimento e fortalecimento da educação escolar indígena. O MEC garante a educação escolar diferenciada, mas os próprios gestores, que são indígenas, não conseguem colocar isto na prática.

Primeiramente, os PPP´s de algumas escolas não são voltados às escolas indígenas, mas sim construídos junto às irmãs salesianas, ainda gestoras em algumas comunidades. Os professores que atuam em sala de aula são pessoas que sempre trabalharam em escolas convencionais e têm muita dificuldade em mudar esse pensamento. Há também os professores que acham que discutir uma educação escolar indígena trata-se de um retrocesso. Os pais, por razão de o professor não entender, também compartilham o pensamento do professor de seus filhos.

Há um papel fundamental do assessor pedagógico indígena e, por isso, é preciso retomar a discussão sobre sua presença nas escolas indígenas. É preciso que se trabalhe com diferentes temas no Departamento de Educação da Foirn, educação escolar e temas relacionados à educação indígena. Duas coisas diferentes: educação indígena e educação escolar. Essas diferenças precisam ser trabalhadas de forma organizada com as escolas. É preciso conscientizar os alunos e os professores sobre esta diferença. Para muitos, educação escolar indígena é retrocesso, mas nós vivemos em dois modos de vida, precisamos entender duas situações: o fato de ser indígena e conviver em uma sociedade não indígena. É preciso que se aprenda como indígena aquilo que é da minha cultura, e como cidadão brasileiro é preciso saber sobre os direitos e deveres.

A escola deve preparar um bom cidadão indígena e um cidadão brasileiro. A escola tem que ensinar essas duas coisas ao mesmo tempo. Quando se trata da educação escolar indígena, muita gente acha que só se aprenderá sobre aquilo que é dele, que não se aprenderá sobre a tecnologia, português ou o que é preciso para o vestibular, como o inglês. Mas nós estamos falando o contrário, as nossas escolas têm que nos proporcionar essa educação que poderá nos levar mais adiante, graduação, mestrado, doutorado, mas sabendo que nós temos que nos identificar como indígenas, com as nossas histórias e nossos conhecimentos, da forma como nós somos dentro da nossa cultura. A gente pretende no futuro trazer para as escolas indígenas o curso de inglês, o curso de espanhol.

Sempre tenho falado que nem todo mundo vai sair da aldeia e vai continuar seus estudos. Mas é necessário que o indígena tenha capacidade de discutir com qualquer outro cidadão aquilo que é de seu direito, para não ser enganado é preciso passar pela escola. Não é porque eu sou indígena que não devo usar o notebook*, dirigir uma voadeira ou um carro. Nós queremos também acessar esse desenvolvimento, mas de uma forma mais organizada, consciente daquilo que se deve fazer para não trazer prejuízos para a comunidade. A gente precisa usar a internet como uma ferramenta de defesa de nossos direitos. Esses conhecimentos externos precisam ser selecionados, coisas que possam ajudar no nosso desenvolvimento intelectual e cultural de forma que não possa afetar nossas culturas ou acabar com nossas raízes.*

Nós precisamos estudar para engrandecer a nossa região, não necessariamente eu tenho que estar em Taracuá, mas em São Gabriel nos setores públicos para fazer diferença. Deve-se mostrar para os poderes públicos algo diferente e inovador daquilo que se construiu há noventa anos no que diz respeito à educação escolar indígena. Devemos estar dentro da civilização brasileira, ajudar a engrandecer o país assumindo a política do estado brasileiro. Mas como fazer isso sem olhar para as comunidades? Para isso é necessário que ocorra uma mudança do sistema educacional no Rio Negro.

Falta aplicar o ensino bilíngue, escrever a história da escola. Muitas ainda seguem as regras do MEC, ou seja, a educação convencional não indígena. Com isso, a educação convencional do estado brasileiro ainda está muito presente, apesar do trabalho para que escolas sejam realmente indígenas. Penso que nos próximos anos a minha proposta possa se concretizar, uma escola verdadeiramente indígena. Na minha proposta, estas escolas devem ter autonomia de gestão, pois os gestores ainda dependem muito do MEC e Seduc [Secretaria Estadual de Educação do Amazonas]. *O gestor deve trazer cursos voltados para os interesses da comunidade. Por exemplo, nunca foram abordados temas como sexualidade, problemas ambientais, festas tradicionais.*

Os alunos precisam participar das assembleias da juventude para propor e discutir suas perspectivas para o futuro. O professor deve participar das conferências sobre educação, mas o gestor não permite, pois o MEC diz que professor não pode sair da sala de aula. Pensa-se que a saída dos alunos vai ser prejudicial, mas é preciso que se tenha um calendário diferenciado, esta participação pode ser controlada através de um relatório ou outra forma de prestação de contas. Ao trazer informações discutidas para a sua escola, ele estará aprendendo na prática e fortalecendo a educação diferenciada.

Mudar o sistema educacional neste sentido, aumentar a liberdade de saída para buscar informações e trazer para a escola. Uma palestra relacionada à educação indígena é uma aula, cada oficina ou reunião é um aprendizado. Educação escolar é uma coisa que se aprende vivenciando politicamente todas as circunstâncias disponíveis para a formação de boas lideranças. No mais, deve-se ter um empenho em vencer a timidez, destruir a crença de que o índio deve ser governado e que só os brancos sabem dominar a política. É preciso (re) significar o sentido da educação no país, ou seja, mostrar uma coisa diferente e inovadora. Não se pode somente reproduzir o conhecimento, é preciso fazer mudanças. É preciso ter criatividade.

Necessariamente não precisariam de livros em uma escola indígena, estes deveriam ser usados apenas para consultar algumas orientações. Nós podemos chamar um conhecedor das histórias dos lugares sagrados para fazer uma palestra na escola, isto facilitaria o conhecimento da geografia desta região, por exemplo. Quando se fala das Casas Sagradas, trata-se de geografia e história, isto envolve o conhecimento da região e deste povo. O professor da escola indígena tem que trabalhar muito com conscientização, discutir um tema que traga um senso crítico sobre os problemas que nos afetam e como podemos buscar soluções.

Taracuá: do internato infantil salesiano ao polo linguístico Tukano

Maximiliano cursou o ensino fundamental no internato missionário infantil salesiano de Taracuá[8] a partir dos nove anos de idade, em 1970. Os alunos permaneciam distantes durante todo o ano letivo, pois à época não havia o período de férias em julho. Esta distância fez com que algumas famílias passassem a residir na missão, pois apenas alguns moradores habitavam o local antes da construção do internato. Embora não tenha sido o estabelecimento dos salesianos o que inaugurou a habitação indígena em Taracuá, a educação missionária aí desenvolvida constitui-se como um dos principais fatores de seu aumento populacional ao longo do século XX.

A indicação sobre a ausência do ensino profissional, no início do relato de Maximiliano, deve ser interpretada como referência ao objetivo original da missão salesiana em Turim, Itália, local de surgimento dos salesianos: a profissionalização de órfãos e crianças carentes a partir do regime de internato. Esta prática pedagógica teria ocorrido com relativo sucesso durante as primeiras décadas da missão em Taracuá, e entrou em decadência durante o período no qual Maximiliano foi interno. Ele relembra com detalhes as atividades distantes de qualquer caráter profissionalizante, como a construção de uma quadra poliesportiva, atualmente abandonada, e de um grande lago localizado na parte mais alta da comunidade. Referências a privações alimentares como forma de castigo também são rememoradas. Também é indicado algum fator positivo da educação salesiana: o aprendizado da língua portuguesa, recurso fundamental aos processos reivindicatórios em curso a

8 A missão salesiana de Taracuá foi fundada em 1923 e, em linhas gerais, deve ser compreendida como uma política de integração e civilização das comunidades indígenas do Baixo Rio Uaupés com o apoio do Estado brasileiro a partir do missionamento com uma prática pedagógica de ensino profissionalizante para crianças e adolescentes (Cabalzar, 1999).

partir das últimas três décadas do século passado. Entretanto, o ensino do idioma português através da imposição com a concomitante proibição das línguas indígenas é sublinhado.[9]

Atualmente, um dos prédios utilizados pelo internato infantil salesiano abriga a Escola Estadual Indígena Sagrado Coração de Jesus, que possui o ensino fundamental e o único PPP (Projeto Político Pedagógico) em educação diferenciada indígena da região reconhecido pela secretaria estadual de educação (Seduc). Embora os gestores e professores sejam indígenas moradores da comunidade (Gabriel Menezes, irmão de Maximiliano, é professor de geografia), as aulas são ministradas em português e o conteúdo disciplinar é estruturado em uma grade curricular comum com utilização de material didático não diferenciado fornecido pelo MEC. Embora haja do ponto de vista legal a efetivação de uma escola indígena, a prática escolar revela a reprodução do ensino não diferenciado.

A escola Sagrado Coração de Jesus também é sede do polo linguístico Tukano da licenciatura diferenciada da UFAM.[10] Desta forma, um antigo prédio da missão salesiana transformou-se em escola estadual indígena e um dos três núcleos da licenciatura indígena. Com quarenta vagas disponibilizadas em cada polo a professores das comunidades que não possuíam o terceiro grau, Maximiliano destaca o fato de tratar-se de um ensino superior bilíngue. As aulas são ministradas por pesquisadores não índios convidados pela UFAM, através de uma metodologia recorrente em cursos diferenciados conhecida como *ensino via pesquisa*. Na prática, os alunos atuam em grupos de trabalho, aproximando-se das temáticas definidas pelo conteúdo do curso que foi construído junto aos alunos indígenas. Estes

9 A perseguição às práticas rituais também é uma constante nos relatos dos moradores acerca da presença salesiana. Contudo, inúmeras maneiras de subversão à ordem dos missionários são relatadas, como a manutenção da ordem hierárquica dos clãs na formação das filas nos refeitórios diante dos discursos de igualitarismo salesiano ou a comunicação em língua indígena dos internos quando distantes dos olhares dos padres. Maximiliano aponta que o tukano era a língua utilizada pelos alunos de diversas etnias que se encontravam no internato. Em sua opinião, a língua tukano se fortaleceu pelo Rio Uaupés durante a presença salesiana, algo alheio aos planos dos missionários. A região de Taracuá juntamente a Pari-Cachoeira e Iauaretê, onde estrategicamente localizaram-se as missões salesianas, transformaram-se ao longo do tempo no que hoje é conhecido como Triângulo Tukano.

10 A licenciatura indígena estrutura-se a partir de territórios linguísticos referentes às calhas do Rio Içana (polo Baniwa), Rio Uaupés (polo Tukano) e Rio Negro (região de Cucuí, polo Nheengatu).

temas, via de regra, apresentados em forma de problemáticas, foram distribuídos semestralmente ao longo dos módulos que compõem a estrutura geral da licenciatura. A dinâmica das aulas envolve a escolha de um aluno para ocupar-se como tradutor tukano-português para que desta forma o professor convidado (não indígena) compreenda as discussões desenvolvidas ao longo do curso.

Terceiro grau indígena: a licenciatura diferenciada da UFAM

O ensino bilíngue representa para Maximiliano uma conquista sem precedentes, o que pode ser compreendido através de sua leitura a respeito da volta à mesma escola para efetuar algo que não podia realizar no passado. Desta forma, a alfabetização impositiva do português dos tempos do internato dá lugar à possibilidade de refazer ou fazer de uma nova forma a política educacional indígena.

As primeiras discussões sobre o terceiro grau indígena datam do início da década de 1990 em um quadro de fortalecimento político do movimento indígena rio-negrino. De uma maneira geral, o que se percebia à época era a necessidade da formação dos professores que atuavam nas escolas indígenas das comunidades. Ou seja, o terceiro grau indígena deve ser compreendido a partir do contexto que envolve a educação escolar indígena de uma maneira mais ampla. Os anos de 1980 e sua pauta a respeito dos direitos indígenas, terra e educação, principalmente, no contexto de emergência de reivindicações por direitos históricos das populações indígenas em âmbito nacional formam o pano de fundo mais geral destas iniciativas.

No início dos anos 1990 foi criado um curso de Filosofia pela UFAM em São Gabriel da Cachoeira. Este curso foi recebido com certa resistência, pois o que estava em pauta pela Foirn era a criação de cursos mais próximos dos interesses indígenas à época: engenharia florestal, geologia e direito. O movimento indígena indicava como prioritário a formação de pessoas para atuarem diretamente nos processos reivindicatórios junto ao Estado brasileiro. Ao curso de Filosofia, seguiu-se a oferta de cursos como Ciências Políticas, Letras e História. Estes cursos continuam sendo oferecidos e, por isso, egressos, professores, em sua grande maioria, trabalham nas escolas das comunidades ou em outras organizações – servidores municipais, terceiro setor ou autarquias federais – presentes no município.

Concomitantemente a essas primeiras experiências em terceiro grau indígena, apontava-se a necessidade em formação docente. Desta forma, a Foirn procurou encaminhar o que era debatido nas assembleias: a necessidade de formação em cursos estratégicos do ponto de vista das reivindicações que envolviam a demarcação e gestão territorial[11] (engenharia florestal, geologia e direito) e a formação docente como ponto central para o desenvolvimento da educação escolar indígena na região.

Poderíamos considerar que a educação compreendida aqui como formação escolar em seus diferentes níveis – fundamental, médio e superior – está na pauta dos encaminhamentos da Foirn conjuntamente com a luta pela demarcação de territórios e valorização da cultura desde seu surgimento, em 1987. Desta forma, acreditamos não ser possível compreender o processo de amadurecimento e fortalecimento do movimento indígena rionegrino sem considerar as políticas educacionais por ele cocriadas e implantadas nestas últimas décadas. A recíproca também é verdadeira. As políticas educacionais devem ser compreendidas a partir das pautas de luta trazidas pelo movimento indígena regional. Cursos *"necessários do ponto de vista dos direitos"* e formação docente parecem dar o tom geral desta primeira fase das políticas educacionais na região.

Já no início dos anos 2000, a criação de escolas indígenas diferenciadas através de projetos-pilotos em parceria com instituições do terceiro setor apoiadas por organizações transnacionais, como as escolas *Pamali*, entre os Baniwa, *Yupuri*, entre os Tukano e outras entre os Tuyuka e os Tariano, por exemplo, insere outros elementos nessas políticas educacionais. Não iremos nos ater sobre o projeto desenvolvido nesses aparentes centros de experimentação em educação indígena diferenciada. Por ora, é preciso que se atente para o fato de que as escolas pilotos constituem um dos vetores pelos quais as transformações ocorridas na educação indígena do Rio Negro

11 As discussões desta época remetem também à presença dos garimpos em Terras Indígenas. De uma maneira geral, empresas mineradoras atuavam na região e, também atualmente, diferentes interpretações indígenas a respeito da exploração mineral coexistem. A política mais recente de gestão territorial fomentada por organizações parceiras das comunidades indígenas incorporou a rubrica do "desenvolvimento sustentável indígena", como podemos perceber no título da licenciatura criada pela UFAM, por exemplo.

devem ser compreendidas. Entretanto, algumas experiências negativas teriam ocorrido em algumas destas escolas. Se o "resgate da cultura" seria, *a priori*, positivo dentro de um quadro que envolve a valorização dos saberes tradicionais abandonados pelo contato e catequese missionária, pondera-se que a escolarização de alguns conhecimentos nem sempre é indicada. Projetos que envolveram transmissão de conhecimentos sobre *benzimentos*,[12] por exemplo, figuram entre os mais problematizados. Conhecimentos sagrados não poderiam ser transplantados para uma reprodução escolar da forma como ocorreu, através de pesquisas e entrevistas junto aos velhos e apropriação pelos jovens estudantes, pois um quadro complexo de relações sociais conforma um contexto entremeado por condutas específicas a serem respeitadas. Quando diz que é preciso "revitalizar só o que é bom", Maximiliano nos dá pistas do cuidado que se deve ter com relação à transmissão de conteúdos específicos via escolas diferenciadas.

O fato é que, mesmo com o magistério indígena implantado desde 1997, estas escolas-pilotos reafirmaram a necessidade da formação continuada dos professores indígenas que aí atuavam. E este quadro é considerado como ponto limiar para o início da criação de uma universidade indígena. Porém, a própria definição "Universidade Indígena" dificultava a reflexão e discussão iniciadas pelo movimento indígena. Ou seja, não estava muito claro o que seria uma universidade aos modos indígenas.

O terceiro grau indígena a partir da maloca da Foirn

Em 2004, na maloca da Foirn,[13] continuou-se a discussão sobre a criação do ensino superior indígena, e a profa. Dra. Ivani Ferreira de Faria da UFAM figura entre uma das responsáveis pela ajuda em sistematizar a

12 De uma maneira geral, os *benzimentos* são narrativas utilizadas em contextos ritualísticos específicos (Buchillet, 1990; 1995).

13 A maloca da Foirn em São Gabriel da Cachoeira é o local onde se realizam as principais assembleias, encontros e eventos relacionados ao movimento indígena rionegrino. Como é indicado na literatura, as malocas eram, até a chegada dos missionários, a residência tradicional das etnias do Alto Rio Negro. Embora haja a existência de malocas além da fronteira colombiana, algumas malocas foram reconstruídas do lado brasileiro nos últimos anos, contexto relacionado à "revitalização cultural" em curso na região nas últimas duas décadas. A construção maloca da Foirn e suas atribuições deve ser compreendida a partir deste complexo quadro

proposta de um curso apropriado para atender às necessidades da formação dos professores indígenas. Para que isso ocorresse, no entanto, buscava-se a criação de um curso em que o professor indígena fosse criativo, ao invés de copiar o modelo existente de universidade não indígena. Nas palavras de Maximiliano, "fazer algo que não existia acontecer".

Em 2009, após cinco anos das discussões iniciais, a proposta de criação do terceiro grau indígena concretizou-se através da formulação da Licenciatura em Políticas Educacionais e Desenvolvimento Sustentável. A despeito do êxito desta formulação, dificuldades e muitas críticas compõem o caráter mais estrito do curso proposto: qual a formação alcançada com um curso inexistente nas grades das universidades não indígenas? Como ponderou Maximiliano, quem cursa História é historiador, mas quem concluirá Políticas Educacionais e Desenvolvimento Sustentável *será o quê*?

É preciso que se pontue o contexto específico que envolve as discussões mais gerais do movimento indígena no período de criação do referido curso. Desta maneira, o nome da licenciatura então recém-criada seria revelador do que se poderia considerar como os objetivos maiores ou estratégicos do movimento rionegrino a partir dos anos 2000: políticas educacionais e desenvolvimento sustentável. Como pano de fundo, um quadro de iniciativas vinculadas a "revitalização da cultura" – formas objetificadas de produção cultural materializada através da produção de registros escritos, audiovisual, reconhecimento de "lugares sagrados". Em outros termos, uma gama de projetos vinculados à cultura aspeada (Carneiro da Cunha, 2009) em franco processo de desenvolvimento na região. Como diz Maximiliano, se a terra havia sido demarcada, restava agora fortalecer a cultura que, via de regra, havia sido escondida ou esquecida em consequência do contato com a sociedade envolvente.

É interessante observar que na fachada principal da sede da Foirn em São Gabriel da Cachoeira lê-se "Terra" e "Cultura", elementos tidos por fundamentais para o movimento indígena regional. Mas, por que não leríamos "Educação" se esta aparece, como temos visto, intrincada ao processo histórico de reivindicações das sociedades rionegrinas? Poderíamos considerar que a educação se constituiria mais um "meio" a um "fim" em

político e ritual. Sobre a importância da maloca no contexto político-ritual do Uaupés e suas transformações, ver Cabalzar, 1999, p.363-98.

si mesmo? Ou seja, os projetos educacionais constituídos a partir de seu reconhecimento estratégico para as outras reivindicações? Por mais difícil que seja responder a esta questão, poderíamos indicar que o ensino superior indígena localizar-se-ia, historicamente, mais aproximado à "revitalização da cultura", enquanto a criação do magistério indígena aos processos de reivindicação por demarcação das terras indígenas. No entanto, o que nos parece salutar é o fato de a educação aparecer como categoria intrínseca a todo processo histórico em curso.

Muitos apontavam que a licenciatura recém-criada pela UFAM não seria reconhecida pelo MEC ou não haveria recursos suficientes para seu desenvolvimento e conclusão. Por outro lado, as lideranças indígenas avaliavam que, por tratar-se de um projeto construído de forma conjunta à Foirn, sua realização estaria assegurada. Apesar das desconfianças, certezas e dificuldades iniciais, a publicação de edital, inscrição e processo seletivo em três línguas distintas (Tukano, Baniwa e Nheengatu) foram realizadas. A escolha deste modelo e das referidas línguas justifica-se pela definição do movimento indígena em contemplar as línguas mais faladas e cooficializadas do Alto Rio Negro.[14] A cooficialização das três línguas indígenas em São Gabriel da Cachoeira é, de maneira geral, referenciada com uma grande conquista do movimento indígena regional. É neste contexto que deve ser compreendida a escolha das línguas supracitadas e da formulação dos polos linguísticos. Com isto, iniciaram em 2010 as atividades acadêmicas da licenciatura diferenciada nesses três pólos linguísticos. Vê-se que a diversidade linguística regional assumiu papel estruturador da sistemática de ensino da licenciatura em questão.

14 São Gabriel da Cachoeira goza de uma legislação municipal própria sobre a diversidade etno-linguística, expressa nas Leis n. 145 de dezembro de 2002 e n. 210 de outubro de 2006, da Câmara dos Vereadores do Município de São Gabriel da Cachoeira, que cooficializa e regulamenta as línguas Tukano, Nheengatu e Baniwa, atribuindo-lhes estatuto de uso obrigatório no sistema educacional, na mídia e no atendimento público aos cidadãos (de acordo com o IBGE, 80% dos cidadãos de São Gabriel da Cachoeira são indígenas). Na prática, isto ocorre de maneira desnivelada, principalmente, em relação a seu cumprimento pelas instituições não indígenas. Todavia, trata-se de um grande marco dentro do movimento indígena e educação escolar indígena no Brasil.

Alguns efeitos de uma licenciatura indígena

O Projeto Político Pedagógico da licenciatura diferenciada em Políticas Educacionais e Desenvolvimento Sustentável foi construído com o objetivo de proporcionar a formação de um professor pesquisador, intérprete e tradutor. A necessidade de pessoas com este perfil para participação nas assembleias, algo que a educação escolar indígena convencional, nas palavras de Maximiliano, não tem realizado, seria outro objetivo fundamental da formação. A pesquisa, interpretação, tradução e, finalmente, atuação nas organizações indígenas são primordiais para o que se pretende: a produção de conhecimentos a partir do mundo indígena e não indígena através de professores multiplicadores de conhecimento. O conteúdo curricular do curso feito *a posteriori*, por sua vez, valorizou os interesses de aprendizado dos estudantes indígenas. Um dos conteúdos curriculares diz respeito aos direitos que envolvem patrimônio material e imaterial, as leis que versam sobre a educação diferenciada, a questão ambiental e os territórios indígenas. De uma maneira geral, havia o desejo por parte dos estudantes da licenciatura pelo conhecimento das leis brasileiras sobre as populações indígenas e o arcabouço legal sobre as relações com não indígenas no que diz respeito aos conhecimentos tradicionais a serem salvaguardados.

O curso possuiu ênfase em linguística devido, principalmente, às dificuldades anunciadas pelos professores que atuam nas escolas de suas comunidades. Com isto, valendo-se do estudo dos principais linguistas da região, foi gerada pelos indígenas a proposta de um acordo ortográfico da língua Tukano. De uma maneira geral, a retirada de acentos, muitos destes considerados desnecessários pelos tukano-falantes e causa principal das dificuldades mencionadas, figuram entre as alterações previstas. A construção do acordo ortográfico da língua Tukano apoia-se no exemplo da reforma ortográfica da língua portuguesa. Uma grande Assembleia, o pleito junto aos vereadores de São Gabriel da Cachoeira para a criação do Conselho Municipal Linguístico e a publicação no Diário Oficial do Estado da oficialização da grafia Tukano formam as etapas a serem desenvolvidas.

Neste ponto, é interessante retomar as considerações de Franchetto (2008) acerca do processo de revisão das ortografias entre os Wapichana de Roraima. A autora indica que os indígenas manifestavam no final da década de 1980 o interesse na produção de uma escrita diferente das realizadas por missionários católicos e protestantes, às quais endereçavam críticas. Procurava-se, também, criar uma versão a ser apresentada para o Estado representativa da unidade dos Wapichana brasileiros e indicativa de um projeto de resgate e salvamento. O processo de grafia da língua pelos Wapichana envolveu, além dos embates políticos e ideológicos com os grupos representados pelos missionários (católicos e evangélicos) e com o Estado, reuniões lideradas pelos "mestres da língua", alguns dos últimos detentores da fala fluente do wapichana. Ensaios ortográficos precederam a grafia construída a partir de uma discussão coletiva e utilizada na elaboração de uma cartilha oficial.

Franchetto também pondera que sucesso ou fracasso do projeto wapichana são secundários ao processo de discussão marcadamente interessante que envolveu a "criação ortográfica" realizada pelos indígenas neste projeto de resgate linguístico. O estudo sobre as estruturas da língua bem como a história de cada grafia existente possibilitaram que a nova grafia surgisse como o resultado de distintas avaliações acerca da natureza do código escrito.

Num primeiro momento, a criação da grafia pelos tukano-falantes parece ter sido estimulada de maneira positiva através da realização da licenciatura supracitada. No entanto, é preciso atentar-se para os efeitos provocados pelo projeto na dinâmica interna dos grupos em questão. Maximiliano relatou que um dos principais sibs[15] tukano reivindicou legitimidade sobre a grafia que seria formulada. Outra maneira correta de se grafar a língua tukano foi, então, anunciada por alguns membros de um sib específico.[16] Ou seja, um quadro

15 Também referido como clã, o sib é geralmente considerado a unidade básica do sistema social do Uaupés. A troca de cônjuges realiza-se preferencialmente entre dois sibs de níveis hierárquicos equivalentes, pertencentes a grupos exogâmicos distintos. Os Tukano contam com cerca de 40 sibs.

16 Refutação e contra-argumentação entre os sibs também ocorrem na elaboração de registros de narrativas míticas, podendo haver, contudo, reconhecimento da autoridade de alguns sibs sobre conhecimentos específicos. O regime de conhecimento no Alto Rio Negro é extremamente complexo e, como exemplo disto, vale retomar aqui a fala de uma antropóloga waikhana proferida no I Encontro Nacional de Estudantes Indígenas na UFSCar. Na ocasião, disse a estudante indígena ter sido aconselhada pelos professores que compunham a banca de qualificação de seu mestrado a ler os volumes da coleção NIRN (Narradores Indígenas do Rio Negro), livros publicados a partir do trabalho de indígenas e antropólogos contendo o registro de narrativas e trajetórias de sibs de diferentes etnias do Rio Negro. No entanto, disse a estudante que seu sib não poderia acessar conhecimentos específicos presentes em alguns destes volumes. Também o que nos parece salutar aqui é o fato, *grosso modo*, das disputas hierárquicas estarem presentes em contextos específicos como este que estamos

de disputa interna foi iniciado e coube aos outros personagens envolvidos equalizar as vozes destoantes para, aparentemente, chegar-se a um consenso.

Se tomarmos em perspectiva os elementos formadores do imbricado quadro de relações advindas com o início da discussão, poderemos visualizar alguns elementos presentes. Primeiramente, emerge um aspecto de crítica à produção realizada pelos linguistas na região, acompanhada pela reivindicação de autoridade sobre o processo de criação da grafia, algo que denotaria, *a priori*, um franco empoderamento por parte dos indígenas. Posteriormente, percebe-se que disputas internas relacionadas à hierarquia, audiência e produção de conhecimentos também emergiram com a proposta da revisão ortográfica. Por último, consideremos a resposta dada por Maximiliano aos que criticaram a oficialização somente do Tukano, Baniwa e Nheengatu. O caráter oficial que cada língua menos falada possui dentro de seu território linguístico garantido em um artigo da lei e ressaltado em seu relato dá margem para pensarmos se também a grafia não será escrita de diferentes formas e por distintos personagens, ainda que uma "versão oficial" seja apresentada ao Estado. Desta forma, concomitante à importância dada ao reconhecimento pelo Estado, fez-se necessário resolver dissensos internos em uma complexa articulação.

Franchetto infere que a nova escrita dos Wapichana não deixou de ser outra versão escrita da "civilização" e, também, da integração. Para a autora, é necessária uma perspectiva crítica quanto à adesão da ideologia presente nos projetos com objetivo de "resgate" cultural e linguístico através da educação e da escrita. No caso Wapichana, a autora questiona qual língua e que tradições foram recuperadas, preservadas ou salvas. Contudo, durante o processo de criação da ortografia, a opinião dos falantes em relação à língua indígena migrou de uma adjetivação de "língua pobre" para "língua difícil", ao passo em que se afastaram dos preconceitos absorvidos no contato com os brancos.

Já para os tukano-falantes, Maximiliano disse que se tornaram linguistas com o ensino superior, uma posição fortemente marcada perante os até então detentores do conhecimento. Vitória indígena e abertura a uma série de implicações nas relações sociais específicas que conformam o regime de

relatando. Para uma discussão ampliada a respeito dos autores indígenas do Rio Negro, ver Andrello, 2010.

conhecimento no noroeste amazônico parecem fornecer pistas para avaliarmos alguns efeitos das políticas educacionais aí desenvolvidas.

Considerações finais

Procuramos neste artigo retomar alguns aspectos das políticas educacionais presentes no Alto Rio Negro nas últimas décadas a partir dos relatos e experiências de Maximiliano Menezes. As políticas educacionais nesta região remetem ao início do século passado, com a presença de missionários católicos salesianos e implantação dos internatos de educação profissionalizante para crianças e adolescentes indígenas, algo em decadência a partir da década de 1970, como podemos observar a partir do relato de Maximiliano. Um longo período de transformações desde as práticas missionárias até as mais recentes políticas em educação superior indígena marcaram contextos distintos, em que o movimento indígena regional se fez presente de maneira ascendente desde a criação da Foirn em 1987.

A partir dos elementos biográficos de Maximiliano, foi possível observar a estreita relação entre sua trajetória escolar e atuação política. Neste sentido, sua produção intelectual também se fez presente desde o início de sua participação no movimento indígena rionegrino enquanto colaborador nas publicações do periódico Wayuri da Foirn. A produção de um Trabalho de Conclusão de Curso sobre a temática da educação indígena diferenciada assume destaque peculiar, pois se trata de uma contribuição também política com ampla audiência.

Ao avaliar as conquistas do curso superior que realizou, Maximiliano apontou para o fortalecimento indígena com relação aos direitos desses povos. Neste sentido, indica que a educação escola indígena possui papel fundamental na criação de políticas públicas e exercício de cidadania. Mais que isso, os espaços escolares institucionais possibilitam troca de conhecimentos ao promover o encontro de etnias possuidoras de imenso arcabouço intelectual, no caso do Rio Negro, compartilhados e específicos. A interculturalidade entre as diferentes etnias do Alto Rio Negro, como pondera Maximiliano, por sua vez, também é necessária para que haja legitimidade ao se falar em nome dessas populações em âmbitos de representação política do movimento indígena. A interculturalidade proposta por Maximiliano possuiria um claro objetivo: defender os direitos das sociedades rionegrinas para além dos "problemas culturais internos" (disputas hierárquicas e acusações de feitiçaria, por exemplo).

Um campo aberto para disputas e transformações com gradativo aumento da agência indígena parece conformar o cenário onde foram desenvolvidas as políticas educacionais no Rio Negro. Valorização dos conhecimentos tradicionais e perspectiva de apreensão crítica dos saberes não índios aparecem como elementos primordiais. Não há traços de passividade nas palavras de Maximiliano quando propõe mudanças para que se efetive uma educação indígena diferenciada na região. Pelo contrário, um projeto ainda mais amplo se anuncia quando sugere que os indígenas participem cada vez mais da política do estado brasileiro.

Se como indicou Lasmar "[...] o problema posto atualmente para os índios do Uaupés é o de como de apropriar do conhecimento dos brancos sem precisar viver como branco, isto é, sem precisar viver como se vive na cidade" (2009, p.27-28), as palavras de Maximiliano figurariam como uma resposta não acabada quando anuncia que é preciso acessar o desenvolvimento de forma mais organizada e não necessariamente migrarem todos para as cidades. Como ensina Maximiliano, para ser povo indígena é preciso possuir língua, raiz e cultura. As investidas em educação bilíngue e produção de escrita parecem mais facilmente por nós assimiláveis com relação à primeira. Falta compreender mais amplamente o que pretende revelar com raiz e cultura. De toda forma, é instigante pensar que a insubmissão pode ser também realizada através da apropriação do conhecimento dos brancos, e ser índio pode conjugar maneiras não indígenas de se viver sem que se torne branco com isso. A erupção de uma gama de novas, ou eclipsadas, formas de saber fazer nativos acerca de processos de produção e reprodução de conhecimentos em contextos de constantes transformações sociais apontam para um horizonte sobre o qual as etnografias aí desenvolvidas muito terão ainda a considerar.

Referências bibliográficas

ALBERT, B. Ethnographic situation and ethnic movements. Notes on post-Malinowskian fieldwork. *Critique of Anthropology*, v.17, p.1, p.53-65, 1997.

ANDRELLO, G. *Cidade do índio.* Transformações e cotidiano em Iauaretê. São Paulo: Editora Unesp, ISA, NuTI, 2006.

______. Falas, objetos e corpos. Autores indígenas no rio Negro. *Revista Brasileira de Ciências Sociais*, v.25, p.73, p.5-26, 2010.

BUCHILLET, D. Los Poderes del Hablar. Terapia y agresión chamaníca entre los índios Desana del Vaupes brasilero. In: BASSO, E.; SHERZER, J. (Eds.). *Las Culturas Nativas a traves de su discurso.* Quito: Abya-Yala/MCAL, Coleção 500 anos, 1990, p.319-354.

______. Nobody is there to hear. Desana therapeutic incantations. In: LANGDON, L. M.; BAER, G. (Eds.). *Portals of power.* Shamanism in South America. Albuquerque: University of New Mexico Press, 1995, p.211-230.

CABALZAR, A. O templo profanado: missionários salesianos e a transformação da maloca tuyuka. In: WRIGHT, R. M. (Org.). *Transformando os Deuses*: os múltiplos sentidos da conversão entre os povos indígenas no Brasil. Campinas: Editora da Unicamp, 1999, p.363-98.

CAETANO DA SILVA, A. S. *Falas Waikhana*: conhecimento e transformação no alto rio Negro (rio Papuri). Dissertação (Mestrado em Antropologia Social). Universidade Federal de São Carlos, São Carlos, 2012.

CARNEIRO DA CUNHA, M. *Cultura com aspas e outros ensaios.* São Paulo: Cosac Naify, 2009.

DIAS CABALZAR, F. *Educação escolar indígena no Rio Negro 1998-2011.* São Gabriel da Cachoeira: Instituto Socioambiental, Foirn, 2012.

FRANCHETTO, B. A guerra dos alfabetos: os povos indígenas na fronteira entre o oral e o escrito. *Mana,* Estudos de Antropologia Social, v.14, n.1, p.31-59, 2008.

LASMAR, C. Conhecer para transformar: os índios do rio Uaupés (Alto Rio Negro) e a educação escolar. *Tellus / Núcleo de Estudos e Pesquisas das Populações Indígenas* – Neppi, Campo Grande: UCDB, ano 9, n.16, jan./jun. 2009.

MAIA, M.; MAIA, T. *O conhecimento de nossos antepassados.* Uma narrativa Oyé. São Paulo/São Gabriel da Cachoeira: Foirn/Coidi (ISA/H3000), 2004.

MENEZES, M. *O que é educação escolar indígena para os povos do Rio Negro a partir da construção das escolas diferenciadas?* Trabalho de Conclusão de Curso para obtenção do título de graduação em Licenciatura Indígena Políticas Educacionais e Desenvolvimento Sustentável. Universidade Federal do Amazonas, Manaus, 2013.

OLIVEIRA, L. A. A. de. *Os programas de educação escolar indígena no Alto Rio Negro* – São Gabriel da Cachoeira/ AM (1997-2003). Dissertação (Mestrado em Educação), Universidade Federal do Amazonas, Manaus, 2005.

REIS, O. *A Cruz do Turi.* Uma contribuição à etnografia do profetismo no rio Uaupés. Dissertação (Mestrado em Antropologia Social), Universidade Federal de São Carlos, São Carlos, 2013.

RODRIGUES, R. *Relatos, trajetórias e imagens*: uma etnografia em construção sobre os Ye´pa-masa do baixo Uaupés (alto rio Negro). Dissertação (Mestrado em Antropologia Social), Universidade Federal de São Carlos, São Carlos, 2012.

Sites consultados

Coordenação das Organizações Indígenas da Amazônia (Coiab) elege nova diretoria. Disponível em: http://www.socioambiental.org. Acesso em: 8 set. 2014.

Licenciatura Indígena Políticas Culturais e Desenvolvimento Sustentável. Disponível em: http://www.ensinosuperiorindigena.ufam.edu.br/. Acesso em: 8 set. 2014.

14
A demarcação das línguas indígenas no Brasil

José R. Bessa Freire

Introdução

Historicamente, língua e território costumam andar de mãos dadas, constituindo um binômio inseparável. Uma língua contém nela todo o território onde é falada, na medida em que classifica, nomeia, descreve, avalia, hierarquiza e dá sentido a tudo que nele existe: flora, fauna, acidentes geográficos, seres encantados e desencantados que o povoam, além de crenças e conhecimentos que revelam a relação entre eles. As línguas não só "comunicam" informações – segundo alguns autores, essa é apenas uma de suas tantas funções –, mas realizam toda uma série de práticas sociais, construindo discursos que estabelecem vínculos sociais, ritualizam, contam histórias, cantam, brigam, amam e contribuem para criar comunidades que se formam justamente com essas afinidades.

A(s) língua(s) falada(s) em determinada área serviram, historicamente, como critério importante, ainda que não exclusivo, para o reconhecimento da identidade de seus habitantes e para pensar o território que ocupavam, delimitando suas fronteiras. Neste caso, a extensão e a natureza do território são avaliadas pelo grau de intercomunicação entre os que convivem num dado espaço geográfico. Dessa forma, as fronteiras linguísticas contribuem para estabelecer os limites da jurisdição sobre determinada área e até as formas de ocupá-la e usá-la. Esta relação estreita entre língua e território explicitada poeticamente no verso de Fernando Pessoa – "*minha pátria é minha língua"* – serve como uma metáfora para representar o que estamos denominando aqui de "demarcação das línguas indígenas", útil para discutir o tratamento dispensado a elas ao longo de cinco séculos, incluindo as mudanças ocorridas a partir da Constituição de 1988 nas políticas públicas no campo da educação e da diversidade linguística, que culminou com a criação de um sistema de escolas bilíngues no âmbito do Ministério da Educação e com o processo de patrimonialização das línguas através do Inventário Nacional da Diversidade Linguística (INDL), sob gestão do Ministério da Cultura.

Tanto as escolas bilíngues como o INDL fazem parte da recente "política de línguas", termo usado pela sociolinguística para designar um conjunto de medidas, explícitas ou implícitas, adotadas predominantemente pelo Estado – mas também com interferência de outros agentes sociais – para estabelecer as funções das línguas faladas em um determinado território. Esse conceito abrange, portanto, as normas jurídicas e as ações deliberadas desenvolvidas pelos aparelhos burocrático do Estado, da mesma forma que inclui o conjunto de atividades sociais que de alguma forma afetam a trajetória das línguas, cujas funções são analisadas como um elemento de ordenamento social (Savedra; Lagares, 2012).

A premissa de que a língua constitui um dos espaços estratégicos na construção da hegemonia política esteve sempre presente na formulação das políticas. O lugar da língua na coesão social, bem como sua relação com o poder, ficam mais evidentes naquelas sociedades organizadas em torno de um Estado, o que pode ser avaliado através das decisões e das diretrizes tomadas em relação às línguas (Hamel, 1993).

No campo político, as decisões sobre línguas manifestam uma intenção deliberada da instância de poder, seja para reconhecer e demarcar os territórios ocupados, pelo menos simbolicamente, por seus falantes, seja para desconhecer sua existência, estimulando ou reprimindo seu uso. A metáfora da demarcação das línguas indígenas, se usada numa perspectiva histórica, pode revelar, no caso aqui abordado, como as medidas políticas formuladas e executadas pela Coroa portuguesa e, depois, pelo Estado nacional neobrasileiro, contribuíram para fortalecer algumas línguas em detrimento de outras e explicar porque algumas línguas desapareceram e outras se expandiram ou entraram em declínio, com consequências sobre a ocupação do território e sobre o direito à terra. Pode ser útil aqui a noção de "imperialismo linguístico" definida há mais de vinte anos por Robert Phillipson em seu clássico artigo que estuda a expansão do inglês e sua conversão em língua internacional. Por "linguistic imperialism" ele entende "ideologias, estruturas e práticas usadas para legitimar, tornar efetiva e reproduzir uma divisão desigual do poder e dos recursos tanto materiais como imateriais, entre grupos definidos tendo a língua como base de referência" (Phillipson, 2008).

O "imperialismo linguístico" da língua portuguesa provocou impactos com desdobramentos tanto nas sociedades indígenas quanto na sociedade nacional, desempenhando um papel, seja como instrumento repressivo às línguas que se rejeitava, seja como elemento de preservação e valorização das línguas consideradas como referências culturais da nação, da mesma forma que outros bens de natureza material ou imaterial. Para o debate sobre a situação atual, pode ser interessante destacar algumas linhas das políticas que interferiram nos destinos das línguas faladas em território nacional desde o período colonial.

Línguas desterritorializadas

No século XVI, no território que é hoje o Brasil, eram faladas mais de 1.300 línguas, de diferentes famílias e troncos linguísticos, todas elas portadoras de narrativas orais, de conhecimentos e de memória. Sua existência foi sendo percebida pelo poder público, gradualmente, na medida em que os portugueses penetravam os sertões e entravam em contato, quase sempre violento, com seus falantes. Mas longe de serem consideradas como patrimônio a ser cuidado e preservado, eram tratadas como obstáculo ao desenvolvimento da colônia e, mais tarde, à unidade nacional. O imperialismo linguístico construiu um discurso glotocêntrico sobre elas presente na documentação histórica, que coleciona uma série de adjetivos para desqualificá-las como "línguas pobres", "bárbaras", "inferiores", "toscas" "rústicas", "desarticuladas", "embrulhadas", "hórridas", "irracionais", "estragadas", "perdidas", "incompreensíveis" e "incapazes de pensamento abstrato" (Freire, 2011, p.33). No dizer do padre Vieira, eram "línguas bárbaras e barbaríssimas de umas gentes onde nunca houve quem soubesse ler nem escrever", acrescentando que eram "línguas brutas e de brutos, sem livro sem mestre e sem guia" (Vieira, 2001, v.I, p.338). Talvez por isso, entre outras razões, no período colonial, não foi realizado um inventário mais acabado; a notícia sobre elas, muitas das quais já extintas, foi registrada em documentação fragmentada e dispersa, produzida especialmente por missionários e em menor escala por cronistas e viajantes.

No século XX, a tentativa mais sistemática de identificá-las e de demarcar os territórios onde eram faladas foi feita por Curt Nimuendaju, no seu *Mapa Etno-histórico* elaborado em 1942-1944. Num trabalho meticuloso de cartografia linguística, ele emprega 41 cores e tons, em traços finos, para indicar a classificação e as famílias linguísticas. Usa o mapa do Brasil para localizar as línguas nos espaços ocupados por seus falantes em diferentes momentos históricos, tendo como referências a hidrografia e o traçado dos rios. Designa os nomes das línguas nas áreas indicadas pelas fontes bibliográficas ou pela pesquisa de campo. O tamanho de letras – maiores ou menores – assinala a importância demográfica e a extensão territorial de cada grupo. Os tipos de letras diferenciadas servem para distinguir as línguas ainda faladas daquelas que foram consideradas extintas. Desta forma, o *Mapa* registra cerca de 1.400 grupos indígenas em mais de 500 rios com 972 referências bibliográficas e anota, em muitos casos, as datas e a direção das migrações. Trata-se de um mapa em movimento, que formula questões relevantes sobre o destino das línguas, como observa Zarur: "Se numa área geográfica X, em um mesmo tempo, o grupo A desapareceu, o B continuou no mesmo local e o C migrou, a busca de explicação para tais consequências diferenciais do contato será mais uma pergunta entre as muitas que o mapa oferece" (Zarur, 1981, p.38). Este mapa foi considerado o "maior documento etnográfico brasileiro" por Aloísio Magalhães, presidente da Fundação Nacional Pró-Memória, que o publicou em parceria com o IBGE em 1981 (Nimuendaju, 1981). Constituiu-se o primeiro instrumento que criou as bases para a patrimonialização dessas línguas.

As línguas indígenas representadas no mapa de Nimuendaju sofreram as consequências das políticas de línguas que desde o período colonial interferiram nos seus destinos, em função das medidas formuladas e executadas pela Coroa portuguesa com a participação decisiva dos missionários, especialmente dos jesuítas. Tais políticas estabeleceram dois tipos de línguas: de um lado, as línguas particulares ou locais faladas como língua materna por grupos demograficamente limitados que compartilhavam determinado espaço geográfico, e, de outro, as línguas gerais, que permitiam a comunicação interétnica entre falantes de diferentes línguas particulares

(Freire, 2008, p.127). Embora inicialmente vários catecismos tivessem sido elaborados em algumas línguas indígenas locais, a tendência foi reprimi-las e enfraquecê-las, para fortalecer duas línguas gerais nos estados que os portugueses criaram na América: o Estado do Brasil e o Estado do Maranhão e do Grão-Pará. Essa foi a resposta para enfrentar os problemas comunicativos encontrados nas mais variadas situações de multilinguismo. Foram tomadas decisões na seleção das línguas, na definição de suas funções e na delimitação dos domínios e âmbitos em que deviam operar. Para isso, com finalidades didáticas, os missionários criaram instrumentos como gramáticas, dicionários, vocabulários, produzindo um metadiscurso sobre as línguas usadas nas suas áreas de atuação (Alfaro, 2001, p.31).

O processo de intervencionismo e de planejamento foi acionado pelas duas instâncias de poder: a Igreja – que era o órgão formulador e executor dessa política através da práxis das ordens missionárias, e a Coroa portuguesa – que era o órgão sancionador através do corpo de medidas legais que dão força de lei às propostas. O Estado colonial e a Igreja, como um dos seus braços, tomaram decisões e promoveram atividades nas três áreas propostas por Ninyoles (1976) como condição para desenvolver uma política de línguas:

1) na área "externa", que é de natureza "política", definiram os papéis de cada língua no contexto multilíngue, determinando seus usos e funções no âmbito público, com a elaboração de discursos legitimadores: eclesiásticos, jurídicos, eruditos;
2) na área "interna", que é de domínio "técnico", estabeleceram normas gramaticais e produziram dicionários e alfabetos dessas línguas; e, por último,
3) na área pedagógica, de caráter "ideológico", desenvolveram programas e metodologias de catequese e de ensino de conformidade com as duas áreas anteriores.

Na "área externa", houve uma tentativa inicial de optar pelo português – uma língua com escrita alfabética – como língua de comunicação interétnica da colônia, o que era inviável na babel do século XVI, por razões que já foram estudadas (Noll; Dietrich, 2010; Freire, p. 1983). A escolha de qual língua particular passaria a desempenhar tal função recaiu sobre o *tupi*, transformado em *língua geral*, um termo consagrado para designar línguas que extrapolavam sua base geográfica original, permitindo a comunicação entre diversos grupos que habitavam diferentes territórios, embora não fosse língua materna de boa parte deles. O *tupi* falado no litoral de São Vicente e serra acima na região de Piratininga e do Alto Rio Tietê passou a ser designado pelos jesuítas como *língua brasílica* ou *língua do Brasil*. Usado nas aldeias de repartição e na catequese pelos missionários e por índios de diferentes filiações linguísticas, assim como por mamelucos que integravam as bandeiras e por colonos portugueses, passou a ser chamada de *língua geral* e mais recentemente de *língua geral paulista* (LGP), cuja expansão se deu com a ação dos bandeirantes e missionários pelo interior de São Paulo, Minas Gerais, Goiás, Mato Grosso e nordeste do Paraná e "vigorou da segunda metade do século XVI até a segunda metade do século XIX" (Rodrigues, 2010, p.36). Isto no Estado do Brasil.

No Estado do Maranhão e do Grão-Pará, a língua escolhida como mais apropriada para tal função foi a dos *Tupinambá*, falada originalmente ao longo da costa do Salgado, entre São Luís e Belém, que ficou conhecida no século XIX como *Nheengatu* e no século XX também como *língua geral amazônica* (LGA). Em função das políticas de línguas da Coroa Portuguesa e da prática da catequese, e ainda como consequência da ação das expedições das tropas de descimentos, resgates e "guerras justas" que invadiam os territórios indígenas para aprisionar índios destinados ao trabalho compulsório, a LGA se expandiu, subiu os rios Amazonas e Solimões, entrou em vários de seus afluentes, onde se tornou língua majoritária até meados do século XIX, convivendo com a língua portuguesa nos espaços urbanos de Belém, Manaus, Santarém e outras vilas e povoados (Freire, 2010).

Assim, nos dois estados que Portugal criou em continente americano, o português não foi a língua de comunicação interna, função que nos três primeiros séculos foi desempenhada por duas línguas de base indígena. A explicação para tal fato pode ser encontrada no modelo proposto por Anderson (1983), quando analisa as medidas políticas relacionadas às línguas da Europa e do Sudeste asiático. Ele considera que a natureza do Estado é determinante nesta questão e estabelece uma diferença básica entre, de um lado, as políticas de línguas dos reinos dinásticos e, de outro, aquelas formuladas pelos Estados nacionais modernos, incluindo aqui as dinastias que adquiriram "um cunho nacional".

Na proposta de Anderson, no primeiro caso podemos situar as medidas da Coroa portuguesa até meados do século XVIII, que sacramentaram a *língua geral* como língua de catequese e de comunicação interétnica, reservando ao português a função de língua administrativa e de comunicação com a metrópole. Anderson observa com muita propriedade que as dinastias de Portugal e Espanha formularam suas políticas, nesse período, não com o objetivo de "hispanizar" ou "portugalizar", mas, antes, simplesmente de converter pagãos e selvagens. A motivação seria, portanto, mais religiosa do que geopolítica, ou, traduzida em outros termos, o político se manifestava através do religioso.

Essa explicação é parcialmente válida na medida em que, no período estudado, a formulação e a execução das políticas de línguas são de responsabilidade maior dos missionários, mas o modelo de Anderson não considera as motivações de ordem econômica, o que sem dúvida alguma deve ser feito para o caso do Brasil e mais especialmente do Grão-Pará, onde a força de trabalho indígena era absolutamente indispensável para a manutenção do sistema colonial. Nesse sentido, uma análise da política de mão de obra pode trazer respostas relevantes sobre o destino das línguas, inclusive porque a catequese estava estreitamente relacionada à reprodução da força de trabalho, que não estaria apta para entrar na produção sem a disciplina imposta pela ação dos missionários e sem o estabelecimento de uma língua de comunicação interétnica (Anderson, 1983, p.88, 97,98).

No segundo caso, em que as dinastias assumem um "cunho nacional", estão as decisões tomadas pela Coroa portuguesa, na segunda metade do século XVIII, com D. José I e Pombal, que proibiram a *língua geral* e oficializaram o português. Essas medidas foram, para retomar Anderson, "*intencionais, planejadas, produtos de um maquiavelismo consciente*", como aquelas decisões de modernos Estados nacionais, diante da ascensão de nacionalismos linguísticos hostis, ou como as decisões do Estado brasileiro nos séculos XIX e XX, em relação às línguas indígenas (Anderson, 1983, p.51-58).

Quando D. José I nomeia o Marquês de Pombal secretário de Estado do Reino, em meados do século XVIII, a *língua geral paulista* no litoral e a *língua geral amazônica* no Grão-Pará – e não o português – continuavam sendo as línguas usadas internamente para a comunicação interétnica, depois de dois séculos e meio de colonização lusa. No entanto, este quadro vai se reconfigurar diante do novo contexto criado pelos Tratados de Madri (1750) e Santo Ildefonso (1777) celebrados entre as Coroas ibéricas, que reconheciam o direito de cada parte sobre o território efetivamente ocupado, com base no princípio do direito romano do *uti possidetis, ita possideatis* (quem possui de fato, deve possuir de direito). O processo de demarcação, que deveria por fim às disputas, se fundamentava assim no princípio de que as terras habitadas por portugueses eram de Portugal (Serrão, 1976). A questão se complicava, no entanto, em relação às grandes extensões de terra na Amazônia, que não eram habitadas nem por portugueses, nem por espanhóis.

O Tratado de Madri, que estabelecia outro conceito de fronteira e abandonava as linhas convencionais, substituindo-as por marcos representados por rios, montanhas e diversos acidentes geográficos, acabou incorporando a língua como um dos critérios para definir a ocupação. "*Quando no Tratado de Madri se procura delimitar as fronteiras da América Portuguesa, o critério decisivo vai ser este: a América Portuguesa vai até onde se falar o português*" (Hoornaert, 1992, p.170). Ali onde se falava castelhano, era reconhecido definitivamente como território espanhol, seguindo a conhecida citação de Nebrija, autor da primeira *Gramática Castellana*, de 1492, para quem "*siempre la lengua fue compañera del Império*". Ali onde se falava português, não havia dúvidas de que se tratava de território luso, confirmando a antevisão do poeta Sá de Miranda que já havia vinculado, em 1538, o destino da língua portuguesa à expansão do comércio marítimo, quando a lançou aos mares do futuro: "*Provemos já esta nossa linguagem/e ao dar da vela ao vento: boa viagem*".

A demarcação do território exigia uma prévia "demarcação da língua". Esta forma de ocupação dos territórios americanos pelas duas Coroas ibéricas estava representada numa carta geográfica publicada pela Espanha em 1749. Trata-se do *Mapa de los confines del Brasil con las tierras de la Corona de España en la América Meridional*, com um texto-legenda explicando: "*lo que está de color blanco es lo que se halla ocupado por los portugueses; lo que está color de rosa es lo que tienen ocupado los españoles*". Posteriormente, durante as viagens da Comissão de Demarcação ao Grão-Pará, o governador espanhol, tentando colorir de rosa o Rio Branco, declarou que, naquela área, por exemplo, não fora encontrado "*portugués alguno, ni vestígios del menor establecimiento de esa nación*", fato parcialmente reconhecido por Portugal, mas contestado sob alegação de que "*embora os portugueses não tivessem até agora formado povoações no Rio Branco, nem por isso deixam de o ter ocupado, possuído e dominado"* (Sampaio, 1985, p.212-213). Um dos critérios básicos para afirmar tal ocupação não materializada era o argumento linguístico.

Não havia qualquer contestação sobre as áreas cujos habitantes, índios e/ou mestiços, falavam uma língua europeia. A questão residia em como provar essa ocupação em certas áreas litigiosas do Rio Branco, do Rio Negro e do Alto Solimões, com predominância da *língua geral*, onde não havia moradores portugueses ou espanhóis e onde nem o idioma português nem o espanhol haviam chegado. A toponímia, em Língua Geral, chegou a ser invocada em infindáveis discussões etimológicas, tanto por portugueses como por espanhóis, para reivindicarem o direito que cada parte pleiteava sobre o território do Alto Solimões (Noronha, 1997, p.45-46). A Espanha, finalmente, acabou reconhecendo que ali onde se falava a *língua geral* era território português, considerando que os responsáveis pela expansão dessa língua de base indígena, resultado do contato com a língua portuguesa, foram, de um lado, os missionários subordinados à Coroa Portuguesa no trabalho de catequese e, de outro, as tropas lusas de resgate e "guerra justa" no recrutamento da força de trabalho indígena. Tratava-se de um reconhecimento de que a expansão da *língua geral* era o resultado das políticas de línguas de Portugal.

As línguas conhecidas como gerais são, por definição, responsáveis pela função de estabelecer relações interétnicas num processo de natureza econômica vinculado ao intercâmbio de produtos, à formação de mercados e à organização do trabalho, que exigem uma língua de comunicação. Nos casos em questão, as duas línguas gerais, em situação de permanente contato com o português, com outras línguas indígenas de diversas filiações e até com línguas de origem africana, se distanciaram do *tupi*, no Brasil, e do *tupinambá*, no Grão-Pará para se tornarem línguas de uma região ou línguas suprarregionais ou ainda de zonas multilíngues, servindo de comunicação interétnica entre grupos que não as têm como língua materna.

De qualquer forma, não deixa de ser um paradoxo o fato de que a *língua geral*, que era uma língua de comunicação interétnica, inicialmente desterritorializada e depois supraterritorial, tenha contribuído para a formação das fronteiras nacionais, delineando *grosso modo* os contornos do Brasil de hoje.

A constatação da situação de colônias portuguesas que não falavam o português gerou mudanças radicais na política de línguas. Numa carta dirigida ao Marquês de Pombal, em 27 de fevereiro de 1759, seu meio-irmão, o governador do Grão-Pará, Xavier de Mendonça Furtado, mostrou-se escandalizado porque, ao receber em sua casa, em Belém, uma família de moradores portugueses tentou estabelecer comunicação com as crianças e descobriu "que entendendo pouco português, elas compreendiam e se explicavam bastante na Língua Tapuia, ou chamada Geral". A sua surpresa aumentou quando ouviu dois negros recém-chegados da costa da África, "falando desembaraçadamente a sobredita Língua [Geral] e não compreendendo nada da portuguesa" (Freire, 2011).

A questão evidenciou a Portugal que, para consolidar suas fronteiras na América, era necessário, no plano de línguas, portugalizar a região, garantindo o fundamento jurídico de sua conquista territorial através da língua portuguesa. A política de línguas sofreu, então, uma reviravolta, marcada por interesses geopolíticos, com um discurso oficial de hegemonia que demonstrava a percepção das relações entre língua, nação e estado, semelhante ao discurso formulado pelos modernos estados nacionais.

Em decorrência dessas escolhas, a partir da segunda metade do século XVIII, no Grão-Pará e de forma mais acentuada ainda no Brasil, foi proibido o uso público das línguas gerais. O imperialismo linguístico acelerou o processo de portugalização, que produziu grande deslocamento linguístico, entendido como um procedimento de transferência que se caracteriza pelo abandono de uso da língua materna em favor de outra ao longo de várias gerações.

Deslocamento linguístico

A catequese, o sistema de trabalho e as aldeias de repartição para onde índios de diferentes línguas eram descidos foram, no período colonial, as instâncias responsáveis pelo deslocamento linguístico ocorrido com indivíduos e comunidades linguísticas, o que acabou resultando na extinção de centenas de línguas particulares, substituídas num primeiro momento pela *língua geral* e posteriormente pelo português. O comerciante inglês John Luccock que viveu dez anos no Brasil (de 1808 a 1818) testemunhou esse processo ao visitar uma antiga aldeia de repartição – o povoado de São Lourenço – em Niterói, cujos moradores ceramistas, "empregados em fabricar panelas de barro", não falavam mais qualquer língua particular – "*perderam suas maneiras e idiomas próprios*" – e usavam a *língua geral* alternando seu uso com o português, numa situação de bilinguismo de transição, que caracterizava o "índio civilizado", conforme veremos a seguir. O comerciante, que esteve com os Puri no vale do Paraíba, encontrou ainda em Angra dos Reis e Parati "muitos índios civilizados que residem no distrito" e afirmou que eram afáveis se tratados com respeito. Embora a *língua geral* já estivesse em franco declínio no litoral do Brasil, sua relativa importância pode ser medida pelo fato de que Luccock achou necessário recolher um pequeno vocabulário nesta língua e deixou um manuscrito "Grammar and vocabulary of the tupi language", que é uma compilação das gramáticas dos jesuítas Anchieta e Figueira (Luccock, 1975, p.173-174; 180-181).

Na época em que Luccock registrou o declínio da *Língua Geral* no Rio de Janeiro, dois naturalistas alemães presenciaram os últimos momentos de sua expansão no Grão-Pará, onde ainda contribuíam para organizar o mundo do trabalho. O botânico Martius e o zóologo Spix, membros da comissão científica que acompanhou a Imperatriz Leopoldina, navegaram, em 1819-1820, pelo Rio Amazonas e seus afluentes, parando em cada povoação, onde observaram que a língua denominada de "*tupi*" ou "*língua geral brasílica*" era "o veículo mais poderoso da civilização dos índios", avaliando que ela "ainda hoje é necessária para as relações com o interior", porque servia de instrumento para organizar e disciplinar a força de trabalho indígena (Spix; Martius, 1981, p.343). As línguas particulares, território exclusivo dos índios não compartilhado com terceiros, eram consideradas como elementos perturbadores da ordem. Martius generaliza a partir da própria experiência no trato com índios tripulantes de suas embarcações: "quase todos os remeiros eram de tribos diferentes, cada um ignorando a linguagem dos outros", o que – segundo ele – estimulava a desordem, a desobediência e a preguiça. No entanto, "quando todos falavam a língua geral", isto facilitava "a organização de ofícios", permitindo que "reinassem a ordem, o sossego e até a alegria" (Martius, 1863). As línguas particulares eram vistas, assim, como obstáculo para organizar o trabalho dos índios e para a prática da catequese. Era preciso, portanto, eliminá-las para estabelecer um nível básico de comunicação, capaz de assegurar eficazmente a reprodução do sistema. O papel da língua neste processo é enfocado pelo padre Vieira: "Se eu não entendo a língua do Gentio, nem o Gentio entende a minha, como o hei de converter e trazer a Cristo?" (Vieira, 2001, p.607). Os colonos portugueses tinham a mesma percepção em relação ao sistema de trabalho (Freire, 2001).

O ritmo e a natureza de cada fase do processo de deslocamento, que retirou o falante de língua particular do seu território geográfico e linguístico, dependeu do tipo de contato, do lugar em que ele ocorreu e das práticas sociais, incluindo aí casamentos mistos, mestiçagem, escolaridade, atividades religiosas, fluxo de imigrantes europeus, sistema de comércio e de transporte, enfim do próprio processo de urbanização.

Em linhas gerais, o processo ocorreu da seguinte forma: os índios eram arrancados de seu território original, onde usavam uma língua vernácula (LV) em todas as práticas sociais da comunidade e dali eram levados para as aldeias missionárias ou de repartição, onde encontravam indivíduos de diversas procedências linguísticas, todos eles interagindo em outra língua – a *geral* (LG) –, o que implicava práticas bilíngues (LV x LG). Em duas ou três gerações abandonavam – por falta de interlocução – as suas práticas sociais em LV e deixavam de legar aos seus descendentes essa língua, criando as bases para o monolinguismo em LG, que passava a ser, então, a língua materna de seus filhos. Mantidas essas condições, a nova geração de falantes reproduzia o monolinguismo. No entanto, com a transformação das aldeias em vilas e povoados e a migração para os núcleos urbanos em formação, passavam a interagir necessariamente em língua portuguesa (LP) para certas práticas sociais e em LG para outras, integrando-se assim a uma comunidade bilingue (LG x LP). Nesses espaços urbanos, a LG perdia suas funções, que passavam a ser ocupadas exclusivamente pelo português, criando as condições para o monolínguismo (LP) (Freire, 2011).

A documentação histórica registra no Grão-Pará como o deslocamento, que pode ser datado para cada região, provocou mudanças identitárias, com a criação de léxico para designar categorias que identificassem os indivíduos de acordo com sua situação linguística, conforme o quadro abaixo:

SITUAÇÃO LINGUÍSTICA	REFERÊNCIA IDENTITÁRIA
1. Monolinguismo (LV)	Índio tribal, "selvagem", "brabo"
2. Bilinguismo (LV-LGA)	Índio "manso"
3. Monolinguismo (LGA)	Índio "tapuio"
4. Bilinguismo (LGA-LP)	Índio "civilizado"
5. Monolinguismo (LP).	"Caboclo": paraense, amazonense

Fonte: Freire, 2011, p.185

Enquanto no período colonial a catequese funcionou como instrumento de reprodução da língua geral e da força de trabalho, no Império e na República papel equivalente em relação à língua portuguesa foi desempenhado pela escola como demonstra a documentação, especialmente os relatórios elaborados pelo poeta Gonçalves Dias sobre as escolas no Amazonas.

A escola e as línguas

Nomeado, em 1861, pelo presidente da Província do Amazonas para o cargo de Visitador das Escolas Públicas de Primeiras Letras de suas Freguesias, Gonçalves Dias foi encarregado de avaliar o desempenho da instituição e de redigir "relatório circunstanciado acerca do progresso ou regresso da instrução primária naqueles lugares, com declaração das causas que tenham podido concorrer para aquele resultado" (Dias, 2002, p.8). Viajou, então, pelo Rio Solimões e pelo Rio Negro visitando escolas em cada localidade. Encontrou uma população majoritariamente indígena, que sequer falava o português, a língua usada na escola. Em alguns lugares, assistiu a aulas; em outros, entrevistou professores, folheou cadernos de alunos, confrontou o número de estudantes matriculados com os que estavam presentes, reelaborou dados estatísticos do censo escolar, verificou horários de funcionamento, calendário escolar, currículo, livros didáticos, observou os mobiliários e utensílios e registrou a situação dos professores: formação, seleção, salário, aposentadoria. No final, elaborou dois relatórios, cujas conclusões merecem ser aqui resumidas por constituírem uma das raras etnografias de sala de aula do século XIX e pelo peso que tiveram na formulação de políticas de línguas.

O primeiro relatório avalia as escolas do Rio Solimões, o segundo as escolas do Rio Negro, ambos foram reeditados em 2002 pela Academia Brasileira de Letras. A avaliação referente ao Solimões tece considerações sobre a formação de professores: "A primeira falta que se nota é a insuficiência dos mestres. Nada se tem feito para criar um pessoal habilitado para o ensino público" (Dias, 2002, p.5). O magistério era exercido por outros funcionários: diretor de índios, juiz, subdelegado de polícia, inspetor de quarteirão, pároco e até sacristão, nem todos eles competentes em língua portuguesa. Outro problema extremamente grave continuava sendo a evasão escolar por dois motivos: de um lado, a migração, com constantes mudanças de residência: "a gente menos remediada retirou-se com os filhos para outros lugares" e, de outro, as exigências do trabalho, que impunham "uma espécie de férias de cinco meses: de agosto a dezembro [...] toda a pobreza, e ainda os chamados ricos, correm à pescaria, levando toda a família consigo e principalmente os filhos, que por mais verdes que sejam sempre podem e sabem governar a canoa" (Dias, 2002, p.12). O visitador constata que os padrões de povoamento na Amazônia não favoreciam o funcionamento daquele modelo de escola, o que levou ao fracasso da alfabetização, porque, segundo ele, as crianças desaprendiam no longo período de recesso o que haviam aprendido no curto período escolar. No entanto, ele admite que o Estado não pode obrigar os pais a enviar seus filhos à escola, como determinava a lei, porque isso seria "ordenar-lhes que mudem radicalmente a sua norma de vida". Quanto à imposição de multa aos que não cumprissem a lei, ele pondera: "Hoje impô-la a um índio é tomar-lhe a palhoça e portanto obrigá-lo a procurar nova residência, ao que eles já de si são tão propensos" (Dias, 2002, p.22).

O relatório critica a ausência de papel, caderno, livro e outros objetos indispensáveis e questiona o currículo, especialmente o ensino de aritmética, bastante defasado, pois ensinava ainda as tabuadas portuguesas com o seu antigo sistema de pesos e medidas, quando inclusive em Portugal já se havia adotado o ensino do sistema decimal (Dias, 2002, p.16). No entanto, a conclusão mais importante, a nosso ver, está relacionada ao ensino da leitura e da escrita em língua portuguesa. Depois de assistir aulas e inspecionar cadernos dos alunos, ele constatou que estavam com "muitos erros de ortografia e lastimável emprego de letras grandes", verificando em seguida que os erros não estavam apenas nos cadernos, mas nos próprios livros de onde as cópias eram feitas. O problema consistia em que livros impressos eram "modelos de cacografia em vez de translados" (Dias, 2002, p.23).

O visitador conclui que o sistema de ensino do Amazonas não funcionava, em 1861, porque a língua empregada na escola – o português – não era a língua falada pelas comunidades locais. O uso do português, como língua oficial, era obrigatório na escola, mas a maioria da população desconhecia esta língua e falava a *Língua Geral* ou *Nheengatu,* algumas vezes em situação de bilinguismo com uma língua particular. Apesar dessa constatação, Gonçalves Dias recomenda ao Presidente da Província para que mantenha o português como língua de instrução, embora tal medida comprometesse o ensino de outras matérias, pois "a vantagem da frequência das escolas estaria principalmente em se desabituarem da Língua Geral, que falam sempre em casa e nas ruas, e em toda parte" (Dias, 2002, p.16).

A função da escola não era tanto transmitir conhecimentos e valores que não podiam ser veiculados num idioma ininteligível para os alunos, mas impor a língua dominante, como explicita o visitador:

> No falar a língua portuguesa já vai uma grande vantagem, e tal que, quando mesmo os meninos não fossem à escola para outra coisa, ainda assim conviria na atualidade e ficaria ainda sendo conveniente por bastante tempo, que o governo com esse fim criasse e sustentasse as escolas primárias do Solimões. (Dias, 2002, p.16)

As recomendações de Gonçalves Dias são levadas ao pé da letra pelo presidente da Província, Adolfo de Barros Lacerda, que já em 1864 anuncia as reformas promovidas no ensino, incluindo não apenas o ensino em português, mas o ensino de português:

> Das cadeiras que existiam supprimi as de latim, filosofia, rhetorica e música, deixando apenas as de francez, geometria e arithimetica, geografia e historia; e creei a de língua e grammatica nacional, estudo sem duvida muito mais necessário que o da latinidade, a quem fala a linguagem portuguesa, por via de regra a menos cultivada entre nós, e de todas a mais ignorada. (Lacerda, 1907, p.105-106)

Dez anos depois de Gonçalves Dias, Couto de Magalhães, com diferente perspectiva, faz balanço similar das escolas indígenas do Pará, Mato Grosso e Goiás, províncias por ele governadas em diferentes períodos, e conclui que a metodologia etnocêntrica por elas aplicadas *"é um atentado contra o senso comum"*. Em 1871, ele vai criar o Colégio Isabel, destinado a alunos de diferentes etnias do Araguaia, buscando, em forma pioneira, *"conservar-lhes o conhecimento da língua materna [...], seus costumes, sua alimentação e seu modo de vida"*. Tratou-se de uma experiência isolada, sem maiores consequências para o sistema escolar da época, que acabou, ao que parece, contrariando os objetivos anunciado por seu autor (Magalhães, 1876, p.136).

No Brasil, durante cinco séculos, a relação dos índios com a escola foi sempre tensa e conflituosa. Embora seu alcance tenha sido bem restrito, essa escola para índios, inaugurada com a catequese, atravessou o Império e a República. A escola, quando implantada em área indígena, excluía as línguas, a tradição oral, o saber e a arte dos povos indígenas. Historicamente, era o lugar por excelência onde começava a se operar o deslocamento linguístico e foi o instrumento de execução de uma política que contribuiu para a extinção de mais de 1.000 línguas.

A representação que os índios tem hoje da escola revelam uma consciência dos resultados desta política. Colecionamos alguns desenhos de escola feitos, em 2008, por índios guarani do Programa Kuaa Mbo'e de Formação de Professores Guarani da Região Sul. Um deles, Vanderson, nascido em Laranjinha (PR), onde a língua guarani já havia sido substituída pelo português, desenhou um grande prédio, com uma chaminé, tendo na fachada, com letras grandes, a inscrição: FÁBRICA DE FAZER BRANCOS. Ilustrou com imagens sobre o que acontecia lá dentro. Do lado esquerdo, na parte inferior, diante da porta de entrada, uma fila de crianças indígenas com cocar e tanga. Um agenciador com um megafone grita: "Entrem, entrem, crianças!". No quadro seguinte, as crianças que ingressaram encontram um cesto onde está escrito: "Deixem aqui os vossos adornos". As crianças se despem, então, do símbolo externo estereotipado de suas identidades. Prosseguem seu caminho em direção a um chuveiro, onde tomam banho de água sanitária para embranquecer. Daí, saem para outro espaço, onde os aguarda um laboratório. Lá, colocam na cabeça das crianças um capacete com fios para realizar uma lavagem cerebral, quando então trocam de língua. Depois de mudados por dentro e por fora, as crianças passam por uma engrenagem sofisticada, com rodas dentadas, onde são triturados, moídos, pulverizados e reformatados. Saem de lá para uma sala com guarda-roupa, vestem calça, camisa, sapato. No outro lado da página, no canto inferior, fica a porta de saída. O agenciador observa as crianças que saem e exclama com júbilo: "Deu certo! Eles viraram brancos!".

O processo de deslocamento linguístico representado aqui através de desenhos feitos por um guarani que sofreu na carne a experiência de sequestro de sua língua prosseguiu, portanto, no século XX, mas com um deslocamento direto das línguas particulares para o português, sem usar *a língua geral* como ponte. Com a República, o Estado nacional brasileiro, herdeiro da política colonial, manteve os fundamentos norteadores das políticas de línguas que vinculavam a identidade brasileira, o território brasileiro e a nação brasileira ao idioma português. Os discursos oficiais sobre línguas no contexto do imperialismo linguístico buscavam eliminar a glotodiversidade e reafirmar o monolinguismo ou o unilinguismo, que é "a declaração da unicidade da língua e a proclamação de uma língua como apta e suficiente para todos os atos comunicativos" (Melià, 2010, p.285).

Essa política unilingue, que vigorou no país durante quase cinco séculos, desqualificava todas as demais possibilidades de representação identitária ancorada em outras línguas. Como observa Morello: "Qualquer indício de composição mais ou menos organizada de agrupamentos linguisticamente coesos passou a ser interpretado como fator de ameaça ao estado nacional ou como distúrbio ao pleno desenvolvimento social dos grupos" (Morello, 2012, p.32).

O modelo da "fábrica de fazer branco", que negava a diversidade linguística, só começou a ser questionado legalmente a partir da Constituição da República Federativa do Brasil de 1988. Pela primeira vez na história do Brasil, o Estado nacional, depois de um longo debate com o movimento indígena e seus aliados, revelou vontade política de reconhecer e valorizar as línguas e culturas indígenas.

O campo político

Um rápido olhar sobre os três campos já citados onde se desenvolve a política de línguas – o político, o técnico e o pedagógico – pode esclarecer as intenções atuais manifestadas pelo Estado brasileiro em relação às línguas e o que vem sendo executado no que diz respeito à sua patrimonialização.

No campo político foram redefinidos os papéis das línguas indígenas no contexto multilíngue. A Constituição de 1988 une língua e território no mesmo artigo 231, determinando o reconhecimento das línguas indígenas e dos direitos originários sobre as terras que tradicionalmente os índios ocupam. À União compete demarcá-las, proteger e fazer respeitar todos os seus bens, incluindo entre eles língua e território. A diversidade linguística, até então considerada como capaz de colocar em perigo a unidade nacional, na letra da lei maior passa a ser reconhecida, estimulada, respeitada, protegida e promovida como patrimônio nacional. Não se trata apenas de "tolerar" as diferenças, mas de estimular a reprodução da diversidade linguística no país, onde são faladas mais de 180 línguas indígenas, que pertencem ao patrimônio cultural da nação.

A partir daí, registra-se a preocupação com os instrumentos capazes também de "demarcar as línguas" ignoradas pelo Estado, que sequer sabia quantas são e quantos falantes possuíam. Durante as comemorações do Quinto Centenário do Brasil, em 2000, o presidente da República assinou decreto determinando o Registro de Bens Culturais de Natureza Imaterial que constituem o patrimônio cultural brasileiro e criou o Programa Nacional do Patrimônio Imaterial, com recomendações para que o Instituto do Patrimônio Histórico e Artístico Nacional (Iphan), órgão do Ministério da Cultura, criasse instrumentos para o registro desse patrimônio. Saberes, celebrações e rituais, lugares e formas de expressão passaram a ser registrados em livros, tendo como referência sua continuidade histórica e sua relevância nacional para a memória, a identidade e a formação da sociedade brasileira. Entre esses bens, as línguas (Decreto n.3.551, de 4 de agosto de 2000).

A questão que se colocava era, no caso das línguas, o que é que devia ser registrado. O problema ficou patente em 2004, quando foi entregue à Câmara de Educação e Cultura do Legislativo uma petição para a abertura do Livro de Registro das Línguas. Foi então realizado um seminário na Câmara Federal, em Brasília, em 2006, organizado pelo Iphan e pelo Ipol – Instituto de Investigação e Desenvolvimento em Política Linguística. Uma das propostas aprovadas no seminário foi a criação de um Grupo de Trabalho da Diversidade Linguística do Brasil (GTDL), que em 2006-2007 elaborou a metodologia a ser usada para o Inventário Nacional de Diversidade Linguística (INDL). O GDTL classificou as línguas faladas no Brasil em seis categorias histórico-sociológicas, de acordo com sua origem histórica e cultural e sua natureza semiótica: Indígenas, de Imigração, de comunidades Afro-Brasileiras, de Sinais, Crioulas e Língua Portuguesa com suas variações dialetais (Iphan, 2007, p.16). As cerca de 230 línguas (indígenas e de imigração) foram classificadas, por sua vez, em categorias cabendo destacar aqui quatro delas:

1. Línguas desprestigiadas, em que os falantes não mais se reconhecem nelas.

2. Línguas de base oral com pouca representatividade social, mas forte elã identitário e subjetivo.
3. Línguas ou grupo delas melhor aparelhadas institucionalmente ou que gozam de prestígio como objeto de estudo e de políticas específicas.
4. Línguas amparadas em um estatuto jurídico como o da cooficialização

Neste último caso, cinco línguas indígenas já foram decretadas como cooficiais em seus respectivos municípios: em 2002, *Nheengatu, Tukano* e *Baniwa* em São Gabriel da Cachoeira (AM); em 2010, o *Guarani* nos municípios de Tacuru e Paranhos (MS), e em 2011, a língua *Akwê Xerente* em Tocantínia (TO). A cooficialização implica atribuir novas funções a essas línguas, obrigando os órgãos dessas prefeituras e os demais poderes sediados nesses municípios a usarem essas línguas na documentação oficial juntamente com o português, dentro de prazos estabelecidos, assim como prestar serviços públicos básicos na área de saúde nas duas línguas. As prefeituras também se comprometem, pela lei, a apoiar e incentivar o ensino das línguas indígenas nas escolas do município e nos meios de comunicação aí existentes.

A cooficialização das línguas, articulada com o INDL, representa no plano das políticas de línguas um notável avanço em defesa da diversidade linguística e da patrimonialização das línguas indígenas como bens culturais do Brasil e da humanidade, com desdobramentos em outras áreas. É o caso do Censo Demográfico de 2010, organizado pelo IBGE, que incluiu o recenseamento linguístico para obter informações sobre as línguas faladas em território nacional, diminuindo a margem de precariedade dos dados e criando bases para orientar o planejamento educativo no que diz respeito às línguas.

O campo técnico

O INDL, imprescindível para a gestão da diversidade linguística, foi enfim instituído em dezembro de 2010 com o objetivo de "demarcar as línguas", ou seja, de identificar, documentar, reconhecer e valorizar as "línguas portadoras de referência à identidade, à ação e à memória de diferentes grupos formadores da sociedade brasileira". O processo de inclusão no inventário nacional implica o reconhecimento das línguas que receberão o título de "Referência Cultural Brasileira" expedido pelo Ministério da Cultura, além de envolver um conjunto de ações para preservá-las, de acordo com a especificidade de cada uma.

O processo de inclusão de línguas no inventário nacional começa com seu reconhecimento, seguido de ações de preservação, que variam conforme a especificidade de cada uma. O reconhecimento serve para determinar a pluralidade linguística do país e identificar os falantes do idioma, tornando possíveis políticas patrimoniais que colaborem para sua continuidade e valorização. O Inventário, segundo o decreto, deve mapear, caracterizar e diagnosticar as diferentes situações relacionadas à pluralidade linguística brasileira, sistematizando esses dados em formulários específicos. Para isso, se recomendou dotá-lo de um sistema informatizado de documentação e informação, gerenciado, mantido e atualizado pelo Ministério da Cultura. Os arts. 5 e 6 determinam que as línguas inventariadas farão jus a ações de valorização e promoção por parte do poder público e que os Estados, o Distrito Federal e os Municípios serão informados pelo Ministério da Cultura, em caso de inventário de alguma língua em seu território, para que possam promover políticas públicas de reconhecimento e valorização. Mas a Comissão Técnica do INDL só foi instalada em junho de 2012.

É muito cedo para avaliar o impacto da política que pretende demarcar as línguas. O processo, segundo os critérios estabelecidos pelo GTDL, passa pela identificação da língua, a demografia (estimativa do número de falantes), caracterização linguística e histórico-cultural, distribuição geográfica, usos na sociedade, ações sobre a Língua no plano jurídico, cultural e educacional, além do levantamento da literatura oral e escrita na língua, produção audiovisual e identificação dos estudos e da bibliografia sobre a língua. Mas é interessante destacar que, como política pública, o INDL conduz a uma reinterpretação da história das línguas e das comunidades linguísticas, na constituição do Estado e da sociedade brasileira, combatendo o unilinguismo e a monoidentidade. Ele pode ter um papel relevante, incidindo sobre o silenciamento e a invisibilidade das línguas e das múltiplas identidades linguísticas.

Embora o Inventário tenha sido criado há menos de três anos, foram realizados projetos-piloto com algumas línguas em diferentes situações sociolinguísticas (Decreto federal n. 7.387, de 9 de dezembro de 2010). O resultado do primeiro deles concebido como projeto piloto já foi publicado – o *Inventário da Língua Guarani Mbya* –, realizado pelo Instituto de Investigação e Desenvolvimento em Política Linguística (IPOL) em 69 aldeias de seis estados brasileiros (RS, SC, PR, SP, RJ e ES), somando um total de 928 questionários respondidos, com informações complementares existentes em arquivo e base de dados.

O INDL acontece em um quadro de multilinguismo ativo, que começa a se manifestar e que tem contribuído para o desenvolvimento de projetos que estão sendo desenvolvidos em alguns centros de pesquisa como o Museu do Índio, o Museu Goeldi e o Instituto Nacional de Pesquisas da Amazônia (INPA) e em laboratórios de línguas de várias universidades públicas, entre outras, as universidades federais do Rio de Janeiro, Brasília, Goiás, Pernambuco, Pará, Santa Catarina.

Cabe destacar o Projeto de Documentação de Línguas e Culturas Indígenas (Prodoclin), criado em 2008 no Museu do Indio do Rio de Janeiro, em parceria com diversas instituições de pesquisa e com o apoio da Unesco, que entre as 35 línguas indígenas consideradas como as mais ameaçadas, selecionou 13 e desenvolveu um ambicioso projeto que conta com pesquisadores indígenas e não indígenas, com capacitação específica para realizar trabalhos de coleta e registro de línguas durante as oficinas, com treinamento em técnicas de filmagem e fotografia (Franchetto, 2010).

Dessa forma, foi feito um levantamento e diagnóstico sociolinguístico e construída uma base de dados lexicais, com publicação de material didático e paradidático. Foram criados arquivos digitais multimídia com gravações transcritas e traduzidas: são 5.612 arquivos sonoros, 493 horas de filmes, mais de 50 mil fotografias. Os vídeos e fotos documentam atividades cotidianas, rituais, entrevistas e aspectos considerados relevantes pelas comunidades para a preservação da memória, da cultura e da língua. À medida que vão sendo recebidos, os novos acervos são selecionados para o devido tratamento e sistematização, de acordo com os critérios estabelecidos no projeto, e as informações nele contidas são incorporadas ao respectivo banco de dados ou coleção. Parte do material, devidamente classificado, retorna às aldeias indígenas e o conjunto da documentação é conservado no Museu do Índio.

Com relação à documentação histórica existente no arquivo do Museu do Índio, alguns grupos, como os Kayapó-Gorotire e os Xavante, enviaram representantes que desenvolveram atividades de consulta e qualificação dos acervos, incluindo registro fotográfico e fílmico do processo de identificação dos documentos, explicações e interpretações das informações neles contidas fornecidas pelos índios. Coleções doadas por pesquisadores de todo o país passaram por um processamento técnico. Num total de quase 9.000 itens – dos quais cerca de 6.200 já digitalizados –, tais acervos contêm um volume exponencial de informações culturais, registrando, em imagens e sons, desde os anos 1940 até os dias de hoje, sucessivas gerações desses povos: suas populações, aldeias, modos de vida, atividades cotidianas e rituais, saberes e técnicas, formas de expressão e modos de fazer, vocabulários, cantos, música instrumental, narrativas míticas, históricas e pessoais, gêneros de fala formal ou cerimonial, artes verbais, conversações, diálogos etc. (Franchetto, 2010).

Com a identificação, catalogação, digitalização e reprodução dos itens audiovisuais de cada coleção, o Museu do Índio preserva um expressivo conjunto de bens culturais disponibilizados e entregues aos seus respectivos povos e abertos aos pesquisadores. A mesma instituição, preocupada com o uso das línguas indígenas na educação escolar, começou a desenvolver um projeto de construção de gramáticas pedagógicas, dando um tratamento diferenciado para o ensino de línguas.

O campo pedagógico

No Brasil, o lugar da língua na escola – espaço preferencial de aplicação das políticas de línguas – passou por três fases, segundo Queixalós e Renault-Lescure (2000). A primeira fase da escola do *monolinguismo civilizador* durou todo o período colonial com o uso das duas *línguas gerais* já mencionadas, que serviram de ponte para a portugalização que se consolidou no Império e na República. Seu objetivo último era mesmo a assimilação linguística coercitiva mediante a imposição da língua europeia. O missionário jesuíta João Daniel, que viveu no Grão-Pará no século XVIII, explicita os princípios que orientaram essa política: "Se o que se pretende nos índios é civilizá-los, e fazê-los gente, este fim só, ou mais depressa e com mais facilidade, se consegue com a língua portuguesa, do que com a linguagem dos índios" (Freire, 2011).

A segunda fase, a partir de meados do século XX, é representada pela *escola do bilinguismo civilizador*, quando "os idiomas nativos se convertem em instrumentos de sua própria extinção". O procedimento consiste na introdução, através da língua indígena, de conteúdos alheios às culturas locais e na utilização desta para facilitar a aprendizagem da língua oficial. O processo de substituição desemboca no monolinguismo (Quixalós; Renault-Lescure, 2000).

A terceira – *escola do bilinguismo identitário* – ocorre a partir de 1988, depois que o Congresso Nacional Constituinte aprovou a nova Constituição da República Federativa do Brasil, que reconheceu aos índios, pelo menos em tese, o direito de usarem suas línguas maternas em espaços públicos. A Lei de Diretrizes e Bases da Educação Nacional, de 1996 e outros documentos normativos, ajustando-se à letra constitucional, determinaram que a a alfabetização seja feita em língua materna, que deve ser empregada como língua de instrução nos primeiros anos de escolaridade. Assim, as línguas indígenas que se limitavam aos espaços domésticos ganharam um novo espaço: a sala de aula.

Segundo o Censo Escolar de 2008 elaborado pelo INEP – Instituto Nacional de Estudos e Pesquisas Educacionais – existem 205.871 alunos que estudam com aproximadamente 11.000 professores (mais de 10.000 são indígenas), em 2.698 escolas primárias, das quais 1.783 são escolas bilíngues, 128 monolíngues em línguas indígenas e 787 monolingues em português. No entanto, o material de leitura nessas línguas é ainda escasso e, além disso, os programas de rádio e de televisão que chegam às aldeias transmitem somente em português. Para fortalecer suas línguas e tradições, os movimentos indígenas reivindicam, agora, o uso de novos tipos de oralidade e de escrita surgidos com as novas tecnologias da informática, do vídeo, em seus novos suportes: rádio, telefone, gravador, filmadora, TV, computador e suas combinações – *fax modem*, base de dados, multimídia, conforme documentos apresentados na I Conferência Nacional de Educação Escolar Indígena realizada em Luziânia, em 2009.

Do ponto de vista de formulação de políticas de línguas houve, no Brasil, um notável avanço nos últimos 25 anos, com respostas positivas ao alerta feito pela Unesco para a necessidade de frear o rápido desaparecimento do patrimônio linguístico da humanidade, como foi a criação de instrumentos de salvaguarda do patrimônio imaterial, permitindo que se conheça melhor a situação das línguas indígenas e de seus falantes. No entanto, existe uma longa estrada ainda a caminhar.

Um caminho a percorrer é o da memória, do conhecimento da trajetória histórica dessas línguas. Uma das questões paradoxais é a defasagem que existe entre, de um lado, a importância dessa diversidade para o patrimônio histórico do país e, de outro, a sua representação na memória coletiva. Essas línguas foram não só silenciadas, como também a memória sobre elas foi apagada, deixou de circular, ficou ausente nos currículos escolares e na mídia. Deleuze diz que "aquilo que se opõe à memória não é o esquecimento, mas o esquecimento do esquecimento". O Brasil esqueceu essas línguas, e esqueceu que as esqueceu.

Quanto às políticas de línguas, não foi feita ainda uma avaliação mais fina e sistemática da forma como vêm sendo executadas, sobretudo no que diz respeito ao papel da língua nas escolas indígenas. Qual o bilinguismo e a interculturalidade praticados? Na I Conferência Nacional de Educação Escolar Indígena, os delegados de vários estados avaliaram que muitas escolas indígenas, em vez de "ensinar na língua indígena", dedicam um curto tempo para "ensinar a língua", sem recursos adequados como material de leitura em línguas indígenas; criticaram os currículos que nem sempre são interculturais e a formação de professores que não é centrada no bilinguismo. Em relação ao contexto, avaliam que diante da televisão monolingue que invade as aldeias, crianças, jovens e até muitos pais se perguntam por que preservar uma língua indígena, sem prestígio e sem serventia? Manifestaram preocupação de que o bilinguismo desenvolvido na escola seja um bilinguismo de transição, mera ponte para o monolinguismo em português e reivindicaram, para a manutenção do bilinguismo, a ampliação dos espaços dos usos sociais das línguas indígenas, com a realização de programas bilíngues de rádio e televisão, a produção de livros bilíngues, com lugar nas bibliotecas, nos museus, nos centros culturais que abriguem arquivos sonoros com material coletado em línguas indígenas.

Bartomé Meliá (2010) compartilha essa preocupação manifestada por professores indígenas, com a qual gostaríamos de concluir essa apresentação. Ele considera que

> a interculturalidade é uma teoria bonita e uma proposta racional, ao se constituir também como pedagogia do diálogo e exercício de superação de diferenças

sem eliminá-las, inclusive potencializando-as. A interculturalidade tem sido, no entanto, na prática, um rotundo fracasso. E precisamos perguntar: por que?

Para Meliá, "a farsa" engloba uma área particular da interculturalidade que é o bilinguismo: "Sem bilinguismo, ao menos intencional, não existe interculturalidade. O fracasso de um leva ao fracasso da outra". Ele adverte ainda para o bilinguismo de transição, que estaria sendo estimulado pelos sistemas escolares da América Latina:

> O suposto bilinguismo do Paraguai – escreve Meliá – apenas camufla um empreendimento forçado de castelhanização [...] A teoria do bilinguismo que se pratica, teoricamente viciado, mal programado e pessimamente administrado, é a maior ameaça que pesa sobre as línguas da América Latina: o dogma se tornou superstição. (Meliá, 2010, p. 273, 278)

As desigualdades do imperialismo linguístico, consequência do modelo político-econômico, podem ser reconhecidas na situação de diglossia em que ainda se encontram essas línguas, que correm o risco de não mais conseguir garantir a sua territorialidade. A educação escolar bilíngue, apesar das propostas inovadoras que em princípio foram concebidas para restituir a vitalidade às línguas em perigo, não tem apresentado resultados satisfatórios que garantam a reprodução da diversidade. Por último, a ideologia do monolinguismo leva a sociedade nacional a elaborar uma política de esquecimento na memória coletiva sobre elas.

Referências bibliográficas

ALFARO, C.. As políticas linguísticas e as línguas ameríndias. *Liames – Línguas Indígenas Americas*. Revista do Instituto de Estudos da Linguagem. Campinas: Unicamp, p.31-42, 2001.

ANDERSON, B. *Nação e consciência acional*. São Paulo: Ática. 1983.

DIAS, A. G. *Relatórios e diário da viagem ao Rio Negro*. Rio de Janeiro: ABL, 2002.

FRANCHETTO, B. *Relatórios do Prodoclin*. Rio de Janeiro: Museu do Índio, 2010.

FREIRE, J. R. B. *Rio Babel*. A história das línguas na Amazônia. 2. ed. Rio de Janeiro: Eduerj, 2011.

FREIRE, J. R. B. Nheengatu: a outra língua brasileira. In: LIMA, Ivana stolze; CARMO, L. do. História Social da Língua Nacional,Rio de Janeiro: Casa de Rui Barbosa, 2008, p.119-150.

______. Da "fala boa" ao português na Amazônia brasileira. *AMERINDIA: Revue d'Ethnolinguistique Amérindienne*. Paris, p. 39-83, 1983.

______. As relações históricas entre o Português e o Nheengatu nos universos urbano e rural da Amazônia. In: NOLL, V.; & DIETRICH, W. (Orgs.). *O português e o tupi no Brasil*. São Paulo: Contexto, 2010, p.183-210.

______. A organização da força de trabalho indígena na Pan-Amazônia: os casos do Brasil e do Peru. In: BERG, W. et al. (Orgs). *As Américas do Sul: o Brasil no Contexto Latinoamericano*. Tübingen: Niemeyer, 2001, p.140-150.

HAMEL, R. E. Políticas y planificación del lenguaje: una introducción. *Iztapalapa* – Revista de Ciencias Sociales y Humanidades de la Universidad Autónoma Metropolitana. México, p.5-39, 1993.

HOORNAERT, E. *História da Igreja na Amazônia*. Petrópolis: Vozes, 1992.

Iphan/GTDL. Grupo de Trabalho da Diversidade Linguística do Brasil. *Relatório de Atividades (2006-2007) sobre Diversidade Linguística do Brasil*. Brasília: Iphan, 2007.

LACERDA, A. de B. *Relatórios da Presidencia da Provincia do Amazonas*, Rio de Janeiro: Tipografia do Jornal do Comércio, 1907.

LUCCOCK, J. *Notas sobre o Rio de Janeiro e partes meridionais do Brasil*. São Paulo: Edusp, 1975.

MAGALHÃES, J. V. C. de. *O selvagem*. Rio de Janeiro: Typographia da Reforma, 1876. (Outra edição: Belo Horizonte/São Paulo, Itatiaia/Edusp, 1975.)

MARTIUS, C. F. P. von. *Glossaria Linguarum Brasiliensium. Glossários de diversas lingoas e dialectos, que fallão os índios no Império do Brazil*. Erlange: Druck von Junge & Sohn, 1863.

MELIÀ, B. *Pasado, presente y futuro de la lengua guaraní*. Asunción: Ceaduc, 2010.

MORELLO, R. Uma política pública e participativa para as línguas brasileiras: sobre a regulamentação e a implementação do Inventário Nacional da Diversidade Linguística (INDL). *GRAGOATÁ*. Publicação dos Programas de Pós-Graduação do Instituto de Letras da Universidade Federal Fluminense, Niterói: EdUFF, n.32, p.31-42, 2012.

NIMUENDAJU, C. *Mapa Etno-Histórico*. Rio de Janeiro: IBGE, 1981.

NINYOLES, R. L. *Idioma y poder social*. Madrid: Tecnos, 1976.

NOLL, V.; DIETRICH, W. (Orgs.). *O português e o tupi no Brasil*. São Paulo: Contexto, 2010.

NORONHA, J. M. de. *Roteiro da viagem da cidade do Pará até as últimas colônias dos Domínios Portugueses em os Rios Amazonas e Negro*. Rio de Janeiro: Edição de José Pereira da Silva, 1997.

PHILLIPSON, R. The linguistic imperialism of neoliberal empire. *Critical Inquiry in Language Studies*. Oxford: Routledge, v5, p.1-43, 2008.

QUEIXALÓS, F.; RENAULT-LESCURE, O. (Orgs). *As línguas amazônicas hoje*. São Paulo: Instituto Socioambiental, 2000.

RODRIGUES, A. D. *Tupi, Tupinambá, Línguas Gerais e Português do Brasil*. In: NOLL, V.; DIETRICH, W. (Orgs.) *O português e o tupi no Brasil*. São Paulo: Contexto, 2010, p.27-48.

SAMPAIO, F. X. R. de. Diário da viagem que em visita, e correição das povoações da Capitania de São José do Rio Negro fez o ouvidor, e intendente geral da mesma. ______. *As viagens do Ouvidor Sampaio*. Manaus: Fundo Editorial ACA, 1985.

SAVEDRA, M. M. G.; LAGARES, X. C. Política e planificação linguística: conceitos, terminologias e intervenções no Brasil. *GRAGOATÁ*. Publicação dos Programas de Pós-Graduação do Instituto de Letras da Universidade Federal Fluminense. Niterói: EdUFF, p.11-30, 2012.

SERRÃO, J. (Org.) *Pequeno Dicionário de História de Portugal*. Lisboa: Iniciativas Editoriais, 1976.

SPIX, J. B. von; MARTIUS, C. F. P. von. *Viagem pelo Brasil*. v.3, 4. ed. Belo Horizonte: Ed. Itatiaia; São Paulo: Edusp, 1981.

VIEIRA, A. *Sermões*. Org. Alcir Pécora. São Paulo: Hedra, 2001, 2v.

ZARUR, G. de C. L. *Significados e efeitos da publicação do mapa etno-histórico de Curt Nimuendaju para a antropologia brasileira*. In: NIMUENDAJU, C. *Mapa Etno-Histórico*. Rio de Janeiro: IBGE, 1981.

15
KAGAIHA AKISÜ ETĨBEPÜGÜ – A CHEGADA DA LÍNGUA DOS BRANCOS

Mutuá Mehinaku

Introdução

Este artigo[1] analisa a mistura entre línguas indígenas e a língua dos brancos, o Português. Práticas e fenômenos linguísticos, hoje, dos povos falantes das variantes da língua karib do Alto Xingu são o foco do meu estudo. Eu mesmo sou falante nativo de uma destas variantes, conhecida como Kuikuro.

Começo o meu texto com as memórias narradas pelos anciões da aldeia Kuikuro de Ipatse sobre a chegada dos primeiros brancos (*kagaiha*)[2] em nosso território. Com o "aparecimento dos *kagaiha*", entraram várias coisas novas em nossa cultura. Personagem em destaque é Karl Von den Steinen, que atravessou o Alto Xingu no final do século XIX, como relatam as narrativas contadas por Hopesé, um *akinha oto* (mestre de narrativa) kuikuro. Vindo dos Bakairi, Steinen teria chegado até a antiga aldeia de Kuhikugu depois de visitar os Mehinaku e os Nahukwá, sempre dando muitos presentes, como

1 Este artigo resulta de uma revisão do último capítulo da minha dissertação de mestrado, defendida em 17 de dezembro de 2010 no Programa de Pós-Graduação em Antropologia Social do Museu Nacional, Universidade Federal do Rio de Janeiro, sob a orientação da Profa. Dra. Bruna Franchetto (Mehinaku, 2010).

2 Palavras, frases e discursos em língua Kuikuro são apresentados usando a escrita estabelecida, no final da década de 1990, por professores das aldeias karib alto-xinguanas e a linguista Bruna Franchetto. Esta é a escrita usada hoje por todos os alfabetizados em língua materna. As correspondências entre sons que não existem em português e grafemas são as seguintes: [ɨ] > ü; [ɾ]flap uvular > g; [ɟ] consoante obstruinte palatal vozeada > j; [ɲ] nasal palatal > nh; [ŋ] nasal velar > ng.

miçangas, machados e facas. Na aldeia Kuhikugu, Steinen e Tagukage, o avô de Hopesé, trocaram entre si os seus nomes. Como a língua faz adaptação para a sua fonologia, Karl virou Carlos em português, e Carlos virou Kalusi, digerido pela fonologia kuikuro e, assim, adaptado à sua estrutura silábica (CV). É daquele tempo a palavra *kamaga*, um empréstimo já muito antigo; ela vem de "camarada" e entrou no léxico karib alto-xinguano, sendo de uso corrente e frequente, tornando-se sinônimo de *ãda* e de *supisü*, que significam "acompanhante, seguidor, séquito".

Na fase mais antiga dos encontros entre índios e brancos, se as primeiras palavras do português começaram a entrar em nossa língua e em nossa vida, a necessidade de dar nome a novos objetos e a novos eventos levou a um esforço de criatividade por meio de extensões de significado de palavras já existentes ou por meio de processos morfológicos derivacionais. Nomes já existentes para se referir a objetos familiares passaram a denotar novos objetos (sobretudo ferramentas), como veremos neste artigo.

Antes de os irmãos Villas-Bôas chegarem à região do Alto Rio Culuene, alguém já havia aprendido a falar um pouco de português. Era o meu avô, Nahu, e seu primo Luís, além de dois rapazes de outras aldeias, Polinhu (Paulinho) Jagamü e Tsitsapalo Mehinaku. Todos eles tinham aprendido a língua do branco no antigo Posto Simões Lopes, na terra dos Bakairi, na época do Serviço de Proteção aos Índios. Naquela época já existiam em Kuikuro, como nas outras línguas alto-xinguanas, vários empréstimos vindos do português, como *atatu*, "soldado", nome presente nas narrativas que contam acontecimentos e personagens da época dos bandeirantes até a viagem de Karl Von den Steinen, entrando no século XX.

A maioria dos empréstimos, contudo, eram termos referentes a ferramentas, os objetos que conquistaram, de fato, os povos indígenas. Como se vê nas palavras acima, a apropriação dos sons dos nomes em português fez com que eles sofressem mudanças para se ajustar à fonética e à fonologia do Kuikuro.

A geração do meu finado avô Nahu aprendeu com os trabalhadores do SPI; depois, foi a vez da geração que aprendeu com os irmãos Villas-Bôas (1946-1970) e usando os rádios nas aldeias e nos postos da Funai. Em seguida, veio a minha geração (1980), formada no meio de ONGs, escolas e universidades.

Tenho me perguntado se saber falar (e escrever) em português dá algum tipo de poder ou prestígio. Certamente, quem aprende a falar português acha que poderá saber da vida, ou melhor, dos conhecimentos dos brancos. Quando era pequeno, eu admirava ao mesmo tempo o prestígio de Nahu como *tisakisü oto*, "mestre de nossa língua ou tradutor", e a fala do meu pai, que sabe pouquíssimo português.

Hoje, vivemos uma série sem-fim de reuniões sobre saúde, educação, cultura, projetos; os que não entendem o português ficam de fora do que está sendo discutido e de qualquer decisão. As jovens lideranças falam definitivamente uma língua misturada, já que não conseguem, ou não querem, traduzir palavras como: coordenador, cota (de gasolina), conselho, orçamento, recurso, gasolina, diesel, frete, fiscalização, projeto, equipe, motorista de barco, de carro, voo, convênio, contrato, radiograma, preocupação, planejamento etc. Falamos uma língua misturada, porque as palavras precisam acompanhar um pensamento rápido, onde surgem substantivos, verbos, advérbios, adjetivos, interjeições, e até mesmo frases completas ou incompletas em português. Às vezes, completamos uma frase em Kuikuro usando o português.

Neste trabalho, apresento a fala "misturada" de hoje com dois exemplos. Observaremos as palavras e expressões usadas ao se referir às coisas dos brancos.

Outra face desta nova mistura é a tradução do português para o Kuikuro. Tenho observado, nos últimos anos, principalmente na fala de alguns jovens (homens e mulheres) que viveram na cidade, mudanças devido à criação de construções que procuram reproduzir expressões na língua do branco. Novos significados são, assim, produzidos, com anomalias semânticas, apesar de ser sempre possível entender o que está sendo dito.

Esta nova mistura, apresentada aqui, resulta numa nova cor que se acrescenta à língua e à fala. Qual será a história, a partir de hoje, do *tetsualü* (mistura, misturado) lingístico alto-xinguano kuikuro? O português entrará cada vez mais até dominar e excluir a língua indígena? Ou está nascendo uma nova língua? Estas perguntas não podemos responder agora, mas precisamos estar atentos ao que está acontecendo e continuar pesquisando. Antes de concluir este texto, porém, quero apresentar um outro contexto de usos linguísticos *testualü* cada vez mais importante, especialmente para os jovens: quando a internet chegou na nossa aldeia, nosso modo de viver mudou muito, e nós, jovens kuikuro, fomos muitas vezes criticados pelos velhos e outros povos vizinhos.

É importante lembrar que o contato permanente com o mundo não indígena é recente, datando do início da década de 1940, e teve consequências desastrosas para a população indígena xinguana, que foi reduzida em menos da metade em razão de doenças e mortes por armas de fogo. Outros povos se aproximaram: os Ikpeng foram transferidos para dentro dos limites do Parque Indígena do Xingu e "pacificados"; os Kawaiwete, conhecidos como Kayabi, também foram transferidos pelos próprios irmãos Villas-Bôas. A justificativa foi de protegê-los, mas, ao mesmo tempo, eles foram retirados de suas terras tradicionais que acabaram liberadas para a ocupação de colonos e fazendeiros.

Na visão dos xinguanos, os brancos estavam – como dizem os Kuikuro – *sakihekugitsako* e *sukugekitsako*, "pacificando" e "humanizando" os *ngikogo*, os "índios xinguanos". A primeira palavra significa que os brancos ensinaram aos índios bravos a terem "palavras boas" (*aki hekugu*), a não praticarem mais a guerra. A segunda palavra significa que eles precisavam ser humanizados à maneira do pessoal do Alto Xingu, tornando-se "gente" (*kuge*). Era esse o entendimento dos xinguanos quando viram os irmãos Villas-Bôas trazendo os índios bravos para o Parque Indígena do Xingu. Neste momento, línguas que tinham se separado e se diferenciado se encontraram de novo.

Voltemos no tempo. Como já foi dito, o primeiro branco a chegar com a palavra boa, depois de uma longa história de escravização e matanças do nosso povo, foi o médico psiquiatra, filósofo e etnólogo alemão Karl Von den Steinen, no final do século XIX. Sua obra clássica *Entre os aborígenes do Brasil Central* (Steinen, 1940) apresentou as primeiras informações sobre os povos indígenas que se encontravam na região do Alto Xingu.

Primeiros encontros com os *kagaiha*: ouvir nomes novos, dar nomes a novos seres, objetos e eventos

Antes do encontro com Steinen, no final do século XIX, os mestres das narrativas contam que os primeiros brancos chegaram pelo Rio *Agaso* ou *Angahuku*, hoje conhecido como Rio Mirassol, ao longo de cujas margens, na época, se encontravam muitas aldeias populosas. Os narradores fazem listas das aldeias que eram atacadas pelos brancos: *Agapa otomo, Ugihihütü otomo, Agatahütü otomo, Uahütü otomo, Sahutaha otomo, Kunagü, Ahakugu otomo, Isanga otomo, Ĩtagü otomo, Ipatse otomo.* Apenas esta lista das aldeias antigas nos dá um quadro das muitas localidades povoadas ao longo do Rio Angahuku. Como foi que estes povos desapareceram? As mesmas narrativas nos contam que os brancos e as doenças por eles trazidas acabaram com a maioria desses índios. Eram povos que falavam outras variantes da língua karib do Alto Xingu. *Amagü otomo* falava ainda outra variante do Kuikuro. Conta-se que havia canibais, como os *Sahutaha otomo*, que comiam as crianças recém-nascidas e as placentas das mulheres.

Conta-se que a finalidade das incursões dos *kagaiha* era a de raptar os chefes das aldeias, os quais, espertos, fugiam. Os brancos continuavam a persegui-los de aldeia em aldeia. Os povos do Angahuku chamaram os brancos de *akaga,* tuiuiú,[3] visto que eles usavam roupas brancas e um lenço em volta do pescoço. Realmente a ave tuiuiú é vista de longe como se fosse uma pessoa vestindo roupa branca. Os povos de Angahuku tinham razão em chamar assim os brancos. Nessa época, estes ainda matavam e escravizavam os povos antigos.

As narrativas históricas confirmam esses acontecimentos conflituosos com os *akaga*. Os nossos antigos chamaram os brancos também de *itseke*, porque viram pessoas estranhas, algo que nunca tinham visto antes; apenas *itseke*, espíritos, poderiam aparecer assim, carregando objetos que impressionavam profundamente. *Akaga* devia ter um espírito muito forte; *kuge* não teria maldade para matar um povo inteiro, só *itseke* poderia. Hoje em dia, continuamos a usar este termo quando ficamos impressionados com a capacidade de saber e fazer coisas novas e variadas, como quem usa uma câmera digital, um computador etc. Somente *itseke* poderia fazer aquilo.

Os mestres contam que quem entendia a fala dos primeiros *akaga* era alguém que tinha sonhado com o canto do xexéu[4] no primeiro dia após o ritual de furação de orelha, porque este pássaro "entende" os *itsu* das outras espécies de aves. Por isso, essa pessoa "entendia tudo" o que os *akaga* falavam.

---

3 Tuiuiú é o nome de uma ave ciconiforme da família Ciconiidae. O tuiuiú também é conhecido como Jaburu, tuim-de-papo-vermelho (em Mato Grosso e Mato Grosso do Sul) e cauauá (no estado de Amazonas). Ele é conhecido principalmente como jabiru no sul do Brasil, enquanto que o nome tuiuiú é usado para designar o cabeça-seca (*Mycteria americana*).

4 O pássaro xexéu, *Cacicus cela*.

Os *akaga* perseguiam os chefes das aldeias. Contam que a guerra com os brancos acabou quando Kuigalu, um jovem *tahaku oto*, mestre de arco, conseguiu golpear o seu chefe.

Para termos uma ideia do que ocorreu antes de Steinen, a penetração dos bandeirantes teria acontecido já no ano de 1660 – ou até antes. Na época, os "caçadores de índios" percorreram a porção oriental da bacia do Alto Xingu aprisionando e assassinando os índios. Em 1684, o famoso desbravador Antonio Pires de Campos conduziu uma expedição punitiva de São Paulo a Bananal, a "ilha dos Karajá". Nessa ocasião, os Kuikuro viviam às margens da lagoa de Tahununu, ao leste do Baixo Rio Culuene (Dole, 2001, p.68).

Depois, por volta de 1755, outra expedição de bandeirantes, liderada por Antonio Pires de Campos Filho, conseguiu entrar na região centro-oeste, hoje estado de Mato Grosso, acompanhada por outros índios. Os povos do Angahuku e outros ouviram o nome Antonio Pires como Pai Pires e o transformaram em Pai Pirá, ou *Paipegü*, transposição (*igükugipügü*) do português para a língua karib do Alto Xingu. É esse claramente um exemplo de como uma palavra "estrangeira" pode ser entendida e pronunciada.

Basso (1993, p.321) reproduz e analisa uma narrativa kalapalo, onde se conta o roubo de um jovem, *Saganaha*,[5] enquanto pescava com seu avô. Ele foi pego e levado por um "Cristão" para ser esposo da sua filha. Esta narrativa mostra como era o tratamento dos escravos nos aldeamentos dos brancos. Conta-se que quando os escravos não trabalhavam ou ficavam com preguiça, o Cristão cortava o seu pescoço e tirava sangue para misturá-lo e, com isso, fabricar facões e machados. Kuge tinha medo do branco, de tanto ouvir esses relatos. Interessa-nos, nessa narrativa, a menção a nomes próprios dos brancos:

> Ela ficou grávida, sua esposa ficou grávida. Finalmente nasceu um menino.
> Outra vez ela ficou grávida com um menino.
> Outra vez ela ficou grávida com um menino.
> Outra vez ela ficou grávida com um menino
> Então havia quatro filhos de *Saganaha*

5 Narrativa intitulada *Saganaha*, narrada por Muluku em Aifa para Ellen Basso, em 8 de fevereiro de 1979. *Saganaha* tinha saído de casa pelo fato de o pai tê-lo espancado como punição por ele ter namorado uma menina antes desta sair da puberdade.

Kagaihuku (esse era seu nome)
e ***Kagasafegi***
e ***Paymigasa***
e depois ***Paypegi***
Quatro deles.
Teh! Aquele último era o mais lindo de todos!
Lindo
Só *Paypegi*.
Ele se tornou o mais lindo de todos os seus filhos.

Em seu relato de viagem, Steinen fala que não chegou a conhecer os povos que viviam na margem do Rio Culuene mas, mesmo assim, apresenta uma lista contendo seus supostos etnônimos. Ele também foi, posso dizer com convicção, o primeiro etnólogo a escrever de maneira errada os nomes dos povos indígenas. Com certeza, foram os antigos Mehinaku a dar tais informações a Steinen. Hoje sabemos que os Mehinaku chamam os Kuikuro de *Yanapukwa, angahukogo,* por isso na lista feita por Steinen para as aldeias do Culuene encontramos nomes como: *anuakugu, anahuku, aluiti, yamurilumá ou yaurikumá, apalakiri, puikuru ou guikuru, mariape, guaipiri, yanumakapü(hü) ou yanumapü(hü)-nahuquá*. São todos nomes dados pelos Mehinaku a aldeias antigas habitadas pelos povos karib do Culuene,[6] mas transcritos de modo bastante aproximado.

Aqui notamos que, quando escutamos palavras de outra língua, é muito difícil entender e pronunciar. Assim, acabamos chamando o nome de uma pessoa ou de um lugar de forma "errada". Um estrangeiro ouve outra língua como "diferente". Isso aconteceu muito durante o contato entre xinguanos e brancos. Steinen escreveu os nomes dos povos conforme seu ouvido permitia e conforme a fonte; por outro lado, os xinguanos começaram pronunciando seu nome "errado", Kalusi, forma que ficou no estoque dos nomes próprios do Alto Xingu.

Assim é a narrativa de Hopesé, um *akinha oto* (mestre de narrativa) kuikuro, sobre a chegada de Steinen; vindo dos Bakairi, Steinen chegou a Kuhikugu depois de visitar os Mehinaku e os Nahukwa, sempre dando

6 O próprio termo Culuene é de origem arawak (Mehinaku e/ou Wauja): *kulu* (concha), *ene* (rio), ou seja, rio das conchas.

muitos presentes como machados e facas.[7] Na aldeia Kuhikugu, Steinen e Tagukage, o avô de Hopese, trocaram entre si os seus nomes:[8]

isinügü uãke ingila Ĩtagü Ĩtagü ilá ande Ĩtagü ilá
ele veio há muito tempo até Ĩtagü, Ĩtagü fica para lá,

Kuhikugu imünhige Lahatua imünhige
na direção de Kuhikugu, na direção de Lahatuá

titalüpeinhe hüle egei
foi de lá mesmo

isitühügü Kalusi etsühügüha
que ele chegou, Kalusi chegou

Maginatu hekeha ingitühügü
foi Maginatu que o trouxe

Maginatu akatsange ingitinhi uãke Kuhikugunaha Kuhikuguna
faz tempo Maginatu é quem trouxe ele para Kuhikugu, para Kuhikugu

atütü atütü atütü atütü taletsügüha apakilü Kalusi apakilü
ele apareceu falando bonito, bonito, bonito, bonito, Kalusi apareceu

anetão ihilü leha tetijipügüko imbingenügü letsügü leha ihekeni
os chefes fugiram e esconderam seus filhos

Tagukage geletüha anetü uẽtinhí
Tagukage foi o único chefe que ficou esperando-o

7 Narrativa gravada por Bruna Franchetto na aldeia Ipatse em julho de 2000 e incluída no acervo digital resultante do projeto de documentação da língua Karib Alto-Xinguana ou Kuikuro, Programa DoBeS (http://dobes.mpi.nl/projects/).

8 Narrativas e discursos são apresentados com a transcrição ortográfica (primeira linha) e tradução livre (segunda linha).

anetüha aetsiunkgutüha anetüha
o chefe, somente um chefe (ficou esperando)

tatute leha anetão ihilü leha
todos os chefes fugiram

tetijipügüko imbingetagü hegei iheheni
eles escondiam seus filhos

engüha kuí etsühügü ijanahonga isonitümi
dizem que xexéu veio, no sonho, pousar na corda da rede dele

üngele heke hegei isakisüko tatagü akisüko tatagü leha kagaiha akisü tatagü
Por isso ele entendia as palavras deles, entendia as palavras deles, entendia todas as palavras do branco.

tüinhakagülüki ingilango heke hegei
os antigos (usavam) *inhakagü*[9]

inhakagü ekü sombõu igatatühügü
inhakagü é como os antigos chamavam o sabão

tüinhakagülüki osoguko gekügükitagü tsügüha iheke
os seus tios se ensaboavam com *inhakagü*

ikongotsügüha ikongotsügüha ikongotsügüha ikongotsügüha
dizem que os companheiros dele, os companheiros dele, os companheiros dele, os companheiros dele

igiako tsügü uãke ike
eram assim os companheiros dele

9 *Inhakagü* é o nome de uma raiz usada tradicionalmente para lavar-se; esfregada em contato com água, ela produz espuma.

timüho
dez

ingilango hekeha igatatühügü itsamagagü igatatühügü
antigamente eram chamados de *kamaga*, eram chamados assim

supisü tagü uãke ihekeni
antigamente eles os chamavam de *supisü*

Atua Kalusi kamagagüpetsügüha
Atua era o *kamaga* de Kalusi

ugeha eititüpei uitsomi nügütsügüha iheke
dizem que ele falou "deixe eu ficar com o seu nome"

Kalusi kilü
Kalusi falou

ugeha eititüpe uitsomi
"deixe eu ficar com o seu nome"

uititüpeiha eitse
"pode ficar com o meu nome"

nügütsügüha iheke apitsi hekeha
dizem que falou para o meu avô

ülepei uãke apitsi itsagüha ülei uãke Kalusi tsügüha uãke
é por isso que meu avô ficou com esse nome, de Kalusi

Tühopese muguha ekisei apitsiha Tagukagei apitsi
aquele era o filho de Tühopese, meu avô, Tagukage, meu avô

Tuhule isuü ititüha egei Tuhulei anetü
o nome do pai dele era Tuhule, ele era chefe

eteh igelü leha ihekeni Kalapalupena leha
nossa! eles o levaram para a antiga aldeia dos Kalapalo

titá gehale nago ahehitsagü iheke
lá ele estava de novo tirando foto deles

tamitsi tsügüha, Kalapalu ituteha
dizem que demorou na aldeia dos Kalapalo

ailohoko ahehitsagü isügühütuko
estava tirando fotos das festas e dos costumes

tatute
de tudo

ilá tsügüha uãke itsagü tsügüha
assim dizem que ele ficou faz muito tempo

hotugui hekisei ü ingitinhimbüngü taho ingitinhimbüngü hekisei Kalusi
ele foi o primeiro que trouxe machado, trouxe faca, ele foi Kalusi

inhalü jatsikope muketsüha ingilangoi ngiholoi tsüha
os antepassados, eram probrezinhos

inhalüma tahoi nhipini inhatsüma igei muke inkomukei
eles não tinham facas, nenhuma dessas coisas

Tugumai ügü Tugumai tsale hüle ilangope hüle egei ü hegei tuhugu
era machado de Trumai que tinha aqui, de Trumai, todos os machado eram de lá

ü oto jogu Tugumai hekisei
os donos do machado eram os coitados dos Trumai

ehe ületsügütse
sim, é só isso

Essa narrativa nos mostra alguns dos primeiros nomes que surgiram a partir do encontro com os brancos. Temos um novo nome próprio que resultou da troca entre o chefe Tagukage e Steinen. Como já disse, Kalusi é Carlos digerido pela fonologia kuikuro e assim adaptado à sua estrutura silábica (CV). Além disso, aqui encontramos a palavra *kamaga*, um empréstimo já muito antigo. Ele vem da palavra portuguesa "camarada" e entrou no léxico karib alto-xinguano, sendo de uso corrente e frequente, tornando-se sinônimo de *ãda* e de *supisü*, que significam "acompanhante, seguidor, séquito". Tanto *kamaga* como *ãda* ocorrem quase sempre "possessivos", mas podem ocorrer sem afixos relacionais ou de posse (no exemplo abaixo, o prefixo de 3ª pessoa *i(s)-* e o sufixo *-gü*):

i-kamaga-gü > *itsamagagü* "o grupo dele"
is-ãda-gü

O outro sinônimo de *kamaga* é *supisü* – de *(i)supijusü*, "o *piju* dele" – nome que deriva de *piju*, o *itseke*/máscara que sempre acompanha o *itseke*/máscara *jakuikatu*. Observamos também que o velho narrador explica o uso da raiz *inhakagü* através do nome *sobõu* (sabão), outro empréstimo, posterior a *kamaga*, ou seja, mais recente.

Na fase mais antiga dos encontros entre índios e brancos, se as primeiras palavras do português começaram a entrar em nossa língua e em nossa vida, a necessidade de dar nome a novos objetos e a novos eventos levou a um esforço de criatividade por meio de extensões de significado de palavras já existentes ou por meio de processos morfológicos derivacionais.

A gramática diante de novos objetos

Nomes já existentes para se referir a objetos familiares passaram a denotar novos objetos (sobretudo ferramentas). Aqui estão alguns exemplos:

[ɨ] *ü* "machado de pedra/machado de ferro"[10]

10 Coloco entre colchetes a transcrição usando símbolos do Alfabeto Fonético Internacional (IPA). Ao lado dela está a transcrição ortográfica.

[ɨρɨ] *ügü*	"anzol"
[ɛwɛ] *eue*	"enxada"
[kiŋɨ] *kingü*	"recipiente/roupa"
[hɛŋi] *hengi*	"dente de piranha/tesoura"
[tuŋa] *tunga*	"água, espelho"
[akʷalɨ] *akualü*	"caroço, munição, pilha"
[taρɨ] *tagü*	"folha/dinheiro"
[ŋunɛ] *ngune*	"lua/lanterna"
[iᵐbɔ] *ĩbo*	"luz do fogo/lanterna"
[itɔ] *ito*	"fogo/fósforo"
[tsaρakɨ] *tsagakü*	"fósforo" (onomatopeia, ideofone)
[kakaρa ŋikiɲuρu] *kakaga ngikinhugu*	"beijo de galinha/biscoito"
[amɛlɨ] *amelü*	"encher/gravar"
[ahɛhi] *ahehi*	"rabiscar/desenhar/representar/ escrever/fotografar/filmar"

A gramática kuikuro permite a formação contínua de nomes através de uma rica morfologia flexional e derivacional. Não foi difícil produzir novos signos para novas designações.[11]

[kiŋũdepuluρu]	*k-inguN-tepulu-gu*
	12-olho-proteger-REL
	"que serve para cobrir os olhos/óculos"
[tɨhitsɛŋɛkiɲɨ]	*tü-hitsenge-ki-nhü*
	AN-cheiro-INST-AINR
	"aquilo que tem cheiro/cheiroso" (sabonete)

O sufixo nominalizador instrumental *-toho* (e seus alomorfes) é muito produtivo para esta finalidade:

11 Os exemplos que seguem são apresentados com uma primeira linha na transcrição ortográfica onde as palavras são segmentadas em seus morfemas constituintes; uma segunda linha com a transcrição interlinear, onde para cada morfema lexical é dada uma tradução e para cada morfema gramatical uma glosa. As abreviaturas das glosas são: 1, prefixo de 1ª pessoa; 12, prefixo de 1ª pessoa dual inclusiva; AINR, nominalizador de argumento interno; AN, anafórico; CONT, aspecto continuativo; COP, cópula; DTR, detransitivizador; ERG, ergativo; INSTNR, nominalizador instrumental; PNCT, aspecto pontual.

[atahehitsɔhɔ]	*at-ahehi-tsoho* DTR-rabiscar/escrever-INSTNR "que serve para rabiscar/escrever/fotografar filmar (caneta, câmera)"
[ɔtɔŋitɛpɔhɔ]	*ot-ongite-goho* DTR-esconder-INSTNR "que serve para guardar/mala/arquivo/mochila/documentação"
[piti hutɔhɔ]	*giti hu-toho* sol imitar-INSTNR "que serve para representar o sol/relógio"
[kɛtikitsɔhɔ]	*k-et-iki-tsoho* 12-DTR-amolar-INSTNR "que serve para amolar/lima"
[kɛmɨtatitsɔhɔ]	*k-em-üt-ati-tsoho* 12-DTR-boca-lavar.dentro-INSTNR "que serve para limpar a boca/escova de dente"
[kɛtiŋitɔhɔ]	*k-et-ingi-toho* 12-DTR-ver-INSTNR "feito para nos olharmos/espelho"

Kagaiha engikogu: coisas do branco

Após Steinen, outras expedições científicas e militares entraram na região e registraram a presença de seus habitantes: Hermann Meyer (1897 e 1900, referente à viagem de 1896), Max Schmidt (1905 e 1942, referente à viagem de 1900), Ramiro Noronha (1952, referente à viagem de 1920); Vicente de Vasconcelos (1945, referente à viagem de 1924-25); Vincent Petrullo (1932, referente à viagem de 1931), aquele que chegou de hidroavião. Os anciãos contam que Petrullo chegou para procurar o Coronel Fawcett.[12]

12 Em 1906, através da Sociedade Geográfica Real Inglesa, o coronel Percy Harrison Fawcett foi contratado pelo governo boliviano para traçar os limites com o Peru, pois era intenso na ocasião o litígio de fronteira. Em 1908, por conta própria, o coronel decidiu traçar também os limites da Bolívia com o Brasil, única parte do mapa que ainda permanecia em branco. O jornalista Hermes Leal conta em seu livro *Coronel Fawcett – A verdadeira história de*

A partir dos anos 1940, se abre um novo capítulo da história dos povos xinguanos, confundindo-se com a história da criação do Parque Nacional do Xingu. Em 1943, foi criada a Expedição Roncador-Xingu (ERX), vanguarda da Fundação Brasil Central, para a ocupação das regiões centrais do Brasil. Em 1946 os irmãos Villas-Bôas chegaram à região dos formadores do Rio Xingu. Eles observaram que os povos encontrados descendo o Rio Culuene até a confluência dos formadores do Rio Xingu eram os mesmos povos lá encontrados no final do século XIX por Steinen.

Nos anos 1940, também começam as expedições científicas do Museu Nacional, que registraram um quadro de grandes mudanças. No primeiro século depois da celebrada viagem de Cabral para a costa brasileira, as grandes comunidades xinguanas sofreram perdas populacionais catastróficas, sobretudo como resultado das primeiras epidemias causadas pelas doenças infectocontagiosas provenientes do Velho Mundo. Um declínio demográfico drástico depois de 1500 até 1884, quando começou a história escrita do Alto Xingu, é claramente sugerido pela redução significativa do tamanho e número das aldeias em toda a região da fase pré-histórica tardia até o século XX (Heckenberger, 2001). Entre 1884 e 1960, quando começaram os programas de vacinação sistemática pela Escola Paulista de Medicina no Alto Xingu, a população da região diminuiu ainda mais (Agostinho, 1972; Heckenberger, 2001).

Antes de os irmãos Villas-Bôas chegarem à região do Alto Rio Culuene, alguém já havia aprendido a falar um pouco de português. Era o meu avô, Nahu, e seu primo Luís, além de dois rapazes de outras aldeias, Polinhu (Paulinho) Jagamü e Tsitsapalo Mehinaku. Todos eles tinham aprendido a língua do branco no antigo Posto Simões Lopes, na terra dos Bakairi, na época do Serviço de Proteção aos Índios. Conto em outro lugar a história de Nahu e do seu papel como tradutor e assessor da ERX. Naquela época já existiam em Kuikuro, como nas outras línguas alto-xinguanas, vários empréstimos vindo do Português, como, por exemplo, [atatu] *atatu*, "soldado", nome presente nas narrativas que contam acontecimentos e personagens da época dos bandeirantes até a viagem de Karl Von den Steinen e o começo do século XX.

Indiana Jones (Leal, 1996) que ele "foi o último dos exploradores individualistas" (apud Grann, 2009).

A maioria dos empréstimos, contudo, eram termos referentes a ferramentas, os objetos que conquistaram, de fato, os povos indígenas. Vejamos alguns deles:

[pɔsɛ] *pose* “foice”
[kaρahina] *kagahina* “carabina”
[kɔla] *kola* “colar” (miçangas)
[paρatsu] *pagatsu* “prato”
[kuɟɜ] *kuje* “colher”
[pɑρaka] *pagaka* “barraca”
[kaρamɛ] *kagame* “arame”
[kupɛtu] *kupetu* “cobertor”
[tiɲeρu] *tinhegu* “dinheiro”
[papɛ] *pape* “papel/carta/caderno/livro”

Como se vê nas palavras acima, a apropriação dos sons dos nomes em Português fez com que eles sofressem mudanças para se ajustar à fonética e à fonologia do Kuikuro, através das seguintes regras:

1) CCV > CV.CV
2) tepe alveolar [ɾ] > flap uvular [ρ]
3) oclusivas vozeadas (b, d, g) > oclusivas não vozeadas (p, t, k)
4) p > h
5) ʎ > ɟ

A anciã Ajahi me contou uma história de como os Kuikuro se sentiram assustados antes mesmo de os brancos chegarem na aldeia. Na época em que ela era ainda jovem, contavam que um tal de [petuρu] “Pedro” tinha acampado na foz do Rio Ahukugi. Ao saber disso, muita gente foi ao acampamento para ganhar presente. Pedro, porém, *itakingu*, “fez mal” para um bebê kuikuro, visto que o pai do menino fora visitar o acampamento. A criança ficou muito doente e por isso o menino foi chamado de *Petugu*. Os brancos deixaram muitas enxadas, facas e machados; quando viram a tinta vermelha das ferramentas, disseram que era sangue de alguma vítima.

Durante uma entrevista, perguntei a Ajahi o que ela mais sabia sobre os primeiros brancos. Ela me respondeu que uma vez Milo (Nilo Velozo) foi para a antiga aldeia de Lahatua. Ela lembra como a chegada de Nilo causou desespero e medo nas pessoas. Para ficarem mais tranquilos, decidiram procurar Sakuhe, uma mulher para quem pediram para rezar de modo que Nilo não os matasse. Mandaram-na ficar no *tanginhü*, "caminho principal", para rezar, de modo a deixar manso o branco "malvado". E a *akinha* (narrativa), obviamente, acabou lembrando os muitos presentes que Nilo levou para os Kuikuro.

Curiosamente, em seu diário, o livro *Rumo ao desconhecimento*, Nilo Velozo (1960) conta uma história oposta. Ele teria saído do Rio de Janeiro no dia 5 de julho de 1944 e no dia 19 de setembro conseguiu chegar ao porto dos Kuikuro. Ele escreve: "encontramos um grupo de 50 índios kuikuro, que começaram gritar, karaiba, karaiba! Um negro e um soldado velho, que trabalhavam conosco, começaram a rezar". Cada um temia a maldade do outro: o "negro" deveria estar pedindo proteção a Deus, enquanto Sakuhe estava usando uma reza forte de Taũgi.

Ajahi lembrou-se das *palena*, "panela", de Popi (o antropólogo norte-americano Robert/Bob Carneiro), responsável por ter trazido os primeiros caldeirões de alumínio; lembrou-se também de outro *kagaiha* que na aldeia Lahatua gostava de entreter as crianças, ficando conhecido como Tipeleli, por causa do canto que mais cantava.

Nomes próprios

Vimos nomes próprios "digeridos" nas narrativas que contam *kagaiha apakipügü*, "o aparecimento dos brancos". Hoje, Kalusi, de 78 anos, é o neto daquele chefe que trocou o nome com Karl (Carlos) Von den Steinen. Na memória dos mais velhos está a origem de outros nomes: Dzou (John em inglês ou João em português), Tomái (Thomas), Petuguju (Petrullo). Geralmente, eles são lembrados também por ter deixado seus *kugihe*,[13] "feitiços". Depois vieram os da geração que aprendeu a falar português: Luisi, Palinhu,

13 A doença dos brancos é chamada *kugihe*, generalizando *kagaiha kugihüngü*, "doença de branco": gripe, conjuntivite, tuberculose, câncer etc. *Kagaiha hekisei kugihe oto*, "branco é dono de feitiço, de doença".

Magia, Juse, Petugu, Jaigu. Foram estes os *kagaiha akiti*, os que "gostam dos brancos" (e que falam como os brancos).

Na pesquisa realizada em janeiro de 2009, observei que, hoje, os pais da nova geração estão cada vez mais nomeando seus filhos com nomes dos brancos. Os pais entrevistados justificam que os nomes dos avôs não são mais suficientes para tantos netos, outros afirmaram que foi por opção mesmo, por ter gostado do nome de um amigo, por ter gostado do seu som, ou por ser nome de algum personagem de novela transmitida pela televisão. Por que não haveria mais nomes suficientes a serem transmitidos aos netos? Os anciões da aldeia contam que antigamente muitas crianças morriam de doença causada por feitiçaria, mas hoje a população aumenta e nascem mais crianças do que nomes disponíveis. Deixe-me retomar a questão da atribuição dos nomes próprios.

O menino ganha um nome de cada lado dos pais e fica com ele até o ritual de *iponge*, "furação de orelha". Depois desse ritual, cada um dos pais dos iniciados pede à pessoa que furou que anuncie em voz alta os dois novos nomes do menino, para todos ouvirem e passarem a usar os novos nomes. Há um período em que todos devem se acostumar aos novos nomes para os nomes antigos não prevalecerem. Até os pais devem se acostumar aos dois nomes novos do filho. Se não acontecer um ritual na aldeia, é preciso esperar que ele seja realizado em outra aldeia.[14] Há famílias que resolvem "furar" o seu bebê[15] logo após a cicatrização do umbigo: neste caso, ele "não tem nome de infância". Este nome que recebe desde bebê pode ser nome de infância, de juventude ou adulto; nome de velho pode ser atribuído mais tarde.[16]

Cada família tem seus *sepagü* "pacote" e *engagü* "linha" de nomes. Todos os nomes estão na memória de cada família ou do povo. Quando o estoque de nomes acaba, é preciso *ihipütelü*, "comprar", nomes de parentes, ou

---

14 A pessoa não leva seu filho para qualquer aldeia, mas, sim, o leva para uma com a qual ele se identifica ou tem afinidade. Por exemplo, meu pai levou meu irmão à aldeia dos Mehinaku para furar a orelha, no mês de agosto de 2001.

15 A pessoa que foi "furada" quando bebê não pode ver ou saber o seu destino, porque não sonhou após o ritual, só pode saber algo pelos sonhos que os pais tiveram quando ainda estava na barriga da mãe. Por isso, muitas famílias preferem esperar o ritual.

16 Muitas pessoas são conhecidas por apelidos, o que esconde o nome verdadeiro. O apelido contém referências a características da pessoa. Um exemplo: a bisavó da minha mãe era chamada de *ipije* por ter clitóris grande, "pendurado", e este nome foi passado para a bisneta. O nome Lũbu vem de caxumba, de *tigũbukuinhü*, "ventre elevado".

ganhá-los, como doação, de primos, primas, avôs etc, ou pegá-los (*itühügü*) dos *kagaiha*.

As crianças que nasceram depois dos anos 1990 receberam, quase todas, nomes de brancos. Há muitos nomes de pessoas famosas, principalmente atores e atrizes da TV Globo, cantores (Kelly-Key, Leandro e Leonardo), pesquisadores (e seus parentes), jogadores de futebol (Ronaldo, Romário, Robinho), pilotos de Fórmula-1 (Shumaki), até políticos (Maluf).

Os empréstimos mais recentes

Com o passar do tempo, várias entradas e saídas foram se abrindo cada vez mais. Na primeira metade dos anos 1970 foi aberta a estrada BR 080, que cortou a Terra Indígena do Xingu (antes Parque), ao norte. Os xinguanos começaram a viajar à cidade de Bang Bang, hoje São José do Xingu, onde conseguiam vender ou trocar seu artesanato. Ainda nessa época, poucos eram aqueles que conseguiam sair das aldeias para viajar. Os objetos dos brancos ainda eram escassos, mas o número de índios viajantes foi crescendo. A chegada dos colonos gaúchos marcou o chamado "desenvolvimento" do entorno meridional da TIX. A história da cidade mais frequentada pelo xinguanos, Canarana, é exemplar. Ela surgiu nos anos 1970, quando se instalaram os primeiros agricultores recrutados no município gaúcho de Tenente Portela, pela Coopercol – Cooperativa Colonizadora 31 de Março Ltda., fundada e dirigida pelo pastor Norberto Schwantes e por um "economista".[17] Alguns anos depois da criação dessa cidade, estradas e fazendas começaram a estrangular as fronteiras da terra indígena. Os anos 1980 foram uma década de muitas mudanças, entre elas e não última, a entrada do português nas aldeias e nas próprias línguas indígenas.

17 Não é por acaso que às escolas estaduais de Canarana foram dados os nomes de Colégio Norberto Schwantes e de Escola Estadual 31 de Março. Nascia a primeira cooperativa colonizadora do país, que, em tese, não visava ao lucro. A primeira ideia de Schwantes era assentar famílias gaúchas luteranas em território sul-matogrossense. O nome da cidade de Canarana (um capim da região) foi escolhido por ocasião da elaboração do anteprojeto, criando-se o núcleo de colonização, em 1972. Dizem que o nome também foi escolhido por lembrar o nome "Canaã", a terra prometida, também uma propaganda para atrair os agricultores para a região.

Começamos pelo mundo do futebol, hoje esporte-ritual diário intra-aldeia e periodicamente interaldeias. O jogo de bola de resina de mangaba (*Hancornia speciosa*) desapareceu: *katuga ikugu kuẽgü* em Kuikuro, *ketulanha* em Mehinaku, *mangap* em Kamayura. Os mestres da narrativa contam que foi Olympio Serra, antropólogo e sucessor dos Irmãos Villas-Bôas na direção do então Parque Indígena do Xingu (PIX), quem ensinou as regras do jogo aos xinguanos. Os mais velhos dizem que, depois de ter aprendido como organizar seu próprio time e de ter escolhido seu próprio técnico, cada aldeia começou a visitar outras aldeias em jogos de futebol. O técnico foi designado para desempenhar as funções de *anetü* (chefe), aquele que leva o time visitante para outra aldeia ou que cuida dele como técnico-*anetü* da aldeia anfitriã. Antes de usarem barcos a motor, bicicletas, motos e carros, os jogadores iam de canoa e correndo até chegarem à aldeia que os tinha convidado. Hoje não há aldeia sem time e, no final do ano, sempre acontecem torneios de futebol com troféus muito disputados: uma nova "tradição", transformada no *ügühütu* (maneira de ser) típico de um ritual alto-xinguano. Graças ao predomínio do futebol, uma neotradição, o léxico nativo acolheu novas palavras:

[atraɸiu] *atrafiu* "trave"
[ŋgɔlɛɾu] *nkgoleru* "goleiro"
[katʃiʊ] *katxiu* "escanteio"
[apitu] *apitu* "apito/juiz"
[ʃuisi] *juisi* "juiz"
[ɸauta] *fauta* "falta"

[^{m}bɔlʌ] *bola* "bola"
u-bola-gü "minha bola"
1-bola-REL

[ʃutɛɾa] *chuteira* "chuteira"
u-chutera-sü "minha chuteira"
1-chuteira-REL

Olhando os exemplos do vocabulário do futebol, vemos que, através dos empréstimos, chegam novos sons na fala kuikuro (o tepe alveolar, a fricativa lábio-dental, a africada palatal) e novas letras (f, r, tx, ch). Por outro lado, algumas destas palavras podem ser "possuídas" e neste caso recebem a flexão relacional fornecida pela gramática kuikuro: novos signos, roupa "velha".[18]

Os mais jovens já se acostumaram a ouvir e a usar a expressão "novas tecnologias", embora estas já estivessem entre nós antes dos computadores, como mostram palavras de uso corrente e nada recente, como:

[ahaɟu] *ahaju* "rádio"
[latena] *latena* "lanterna"
[mɔto] *moto* "motor"
[ahiɟão] *ahijão* "avião"
[mɔto] *moto* "motocicleta"
[bisi] *bisi* "bicicleta"
[lãʃa] *lancha* "lancha"

As chamadas "novas tecnologias" têm sido uma porta de entrada de vários empréstimos, hoje de uso corrente pelos mais jovens:

[tɛleɸisãu] *telehisãu* "televisão"
[paɾabɔlikʌ] *parabolika* "antena parabólica"
[kaρahatɔ] *kagahato* "gravador"
[ɾitɛhɛnɛʃi] *itehenetxi* "internet"
[kõputadɔ] *komputadó* "computador"

Outros empréstimos vieram para denotar outros novos objetos, presentes atualmente no dia a dia da aldeia:

[isikɔhʌ] *isikoha* "escova"
[pastʌ] *pasta* "creme dental"
[pautsi] *pautsi* "balde"
[saɔ] *sao* "sal"
[pisikɔitu] *pisikoitu* "biscoito"

18 Encontrei somente duas referências de trabalhos sobre neologismos e empréstimos em línguas indígenas no Brasil: Fialho, 2002; Albuquerque, 2009.

[kaρamɛlu] *kagamelu*	"caramelo"
[kahɛ] *kahe*	"café"
[lɛitʃi] *leitxi*	"leite"

Como vimos anteriormente, boa parte dos nomes emprestados foram e são apropriados pela gramática kuikuro e eles podem ser argumento de posposições:

aldeia-na
"para a aldeia"

sidadi-te
"na cidade"

Podem ser "possessivos". Vamos ver alguns paradigmas, nos quais cada radical recebe, além do prefixo de pessoa e do sufixo de número, o alomorfe do sufixo relacional de uma determinada classe flexional (Santos, 2007, 2008):

"computador":

u-komputado-sü	"meu computador"
o-komputado-sü	"teu computador"
i-komputado-sü > *itsomputadosü*	"computador dele"
ku-komputado-sü	"nosso (incl.) computador"
ti-komputado-sü > *titsomputadosü*	"nosso (excl.) computador"
ku-komputado-sü-ko	"computador de todos nós (incl.)"

"televisão":

u-telefisãu-sü	"minha televisão"
e-telefisãu-sü	"tua televisão"
i-telefisãu-sü > *itselefisãusü*	"televisão dele"
ku-telefisãu-sü	"nossa (incl.) televisão"
ti-telefisãu-sü > *titselefisãusü*	"nossa (excl.) televisão"
ku-telefisãu-sü-ko	"televisão de todos nós (incl.)"

Observe-se que nos exemplos os processos fonológicos de palatalização acontecem regularmente nestes empréstimos, quando o prefixo de pessoa é (C)i e a primeira consoante da raiz é [t] ou [k] (Franchetto, 1995):

t,k > ts /(C)i_______

Há, todavia, empréstimos que parecem não ser "engolidos" pela gramática kuikuro. Alguns não se submetem aos processos fonológicos de palatalização, como:

"sabão":

u-sobõu-gu	"meu sabão"
o-sobõu-gu	"teu sabão"
i-sobõu-gu	"sabão dele" vs *i-so-gu* > *ijogu* "tio dele"
ku-sobõu-gu	"nosso (incl.) sabão"
ti-sobõu-gu	"nosso (excl.) sabão" vs *ti-so-gu* > *tijogu* "nosso (excl.) tio"
ku-sobõu-gu-ko	"sabão de todos nós (incl.)"

Outros são impossíveis de ser flexionados no paradigma de "posse", mesmo denotando partes do corpo, elementos obrigatoriamente relacionais:

[mau] "mão"
[bɾasu] "braço"

Um caso importante dos limites da apropriação de palavras emprestadas por parte da gramática é a que Franchetto chamou de "incorporação fonológica" (Franchetto, 2010). Em Kuikuro, o argumento forma sempre uma unidade fonológica com o seu núcleo (ou cabeça). Assim, o sujeito de um verbo intransitivo e o objeto de um verbo transitivo ocorrem antes do verbo, e eles, junto com o verbo, formam uma palavra fonológica com um único acento principal, que recai na última sílaba do argumento ou na primeira sílaba do núcleo (Silva et al., 2011). No exemplo a seguir, a sílaba acentuada está em negrito e sublinhada:

*ta**hi**nga*	"jacaré"	
*[tahin**ga***	*ingilü]*	*uheke*
jacaré	ver-PNCT	1-ERG
"eu vi jacaré"		

Com empréstimos, isto não acontece:

*ka**mi**sa*	"camisa"
*ka**mi**sa ingilü uheke*	"eu vi camisa"
kamisa** ingilü uheke*	

Falei até agora de nomes emprestados. E os verbos? Até pouco tempo atrás só havia um verbo, ou o que em português é verbo:

[**hɛ̃de**] *hende* "vender"

Uma vez engolida pelo Kuikuro, esta palavra se recusa a se comportar como verbo e acaba sendo um nome:

u-hende-sü	"minha venda/meu artesanato"
1-vender-REL	

hende-i	*u-i-tsai*
vender-COP	1-ser-INTC
"eu vou vender"	

u-moto-gu-pe	*tüi-tagü*	*hende-i*
1-motor-REL-ex	por-CONT	vender-COP
"estou vendendo meu motor"		

Esta dificuldade ou até impossibilidade do "verbo" emprestado se manter como verbo é um problema que precisamos estudar mais. Parece que verbos e nomes são palavras de natureza diferente e por isso eles não são tomados como empréstimos da mesma maneira. Hoje, cada vez mais, novos objetos e eventos são incorporados à língua indígena através de empréstimos, cada vez menos "digeridos".

Língua misturada

Antes de eu nascer, meu avô Nahu já se preocupava com as mudanças culturais e linguísticas. Quando organizava as danças, gritava da "casa dos homens", alertando todos, decepcionado, já que parecia que ninguém estava interessado na valorização e na continuação de *kügühütu*, da nossa maneira de ser. Dizia que um dia "não teria mais cultura". Hoje, pensando sobre os discursos de Nahu, posso afirmar que a cada ano que passa, a nossa vida cultural e linguística sofre transformações inevitáveis. A fala dos Kuikuro vem se misturando com outras variedades karib alto-xinguanas: Nahukwa, Kalapalo, Matipu. Os mais novos são sempre acusados de serem os responsáveis por mudança radicais. Porém, cultura e língua são dinâmicas, não ficam paradas no tempo e na história. Hoje, a língua portuguesa se tornou uma língua-franca na comunicação entre os povos do Xingu e outros indígenas do Brasil.[19]

Vimos o tempo rápido na aprendizagem: a geração do meu finado avô Nahu, que aprendeu com os trabalhadores do SPI; depois, a geração que aprendeu com os irmãos Villas-Bôas (entre 1946 e 1970) e usando os rádios nas aldeias e nos postos da Funai; veio a minha geração (1980), formada no meio das ONGs, da escola e das universidades.

Português, poder

Tenho me perguntado se saber falar (e escrever) em português dá algum tipo de poder ou prestígio. Certamente, quem aprende a falar português acha que poderá saber da vida, ou melhor, dos conhecimentos dos brancos. Quando era pequeno, eu admirava ao mesmo tempo o prestígio de Nahu como *tisakisü oto*, "mestre de nossa língua ou tradutor", e a fala do meu pai, que sabe pouquíssimo português, como mencionei.

Apesar de o português ser a língua oficial do Brasil, ela é dominada pelas línguas fortes do mundo, como o inglês e o francês. Por sua vez, o português

19 Cada ano acontecem os Jogos dos Povos Indígenas numa cidade diferente do Brasil. Aqui, os Kuikuro encontram vários povos indígenas que não falam e não entendem a sua língua, assim como os Kuikuro não entendem as línguas dos outros. O português ajuda, então, na comunicação, mas somente para aqueles que falam fluentemente a língua do branco.

domina as línguas minoritárias do País. Nas escolas das aldeias do Xingu, os pais pedem para os professores indígenas ensinarem a seus filhos em português. No começo da experiência escolar, os pais dos alunos não aceitavam que os filhos fossem "educados" em sua própria língua materna, argumentando que não havia necessidade de ensinar algo que já sabiam. Este tem sido o maior desafio para os professores indígenas, talvez em todo Brasil. Na ótica dos Kuikuro, a escola é um lugar onde se aprende a língua portuguesa e o *ügühütu* dos brancos. Foi somente depois de muitas reuniões que conseguimos convencer os que eram contra o ensino em língua indígena.

Akitsene[20] significa "reunião", ou melhor, "discurso do *anetü*", do chefe. Antes dos brancos, não tínhamos o costume de fazer reuniões com outros povos vizinhos. Havia, sim, as reuniões dos rituais, da preparação das festas na aldeia e para outra aldeia. O *anetü* tinha seu próprio discurso especial e para a paz.

Vamos voltar a falar de novas palavras na fala da neovida dos xinguanos.

Hoje, vivemos uma série sem fim de reuniões, sobre saúde, educação, cultura, projetos; os que não entendem o português ficam de fora do que está sendo discutindo e de qualquer decisão. As neolideranças falam definitivamente uma língua misturada, já que não conseguem, ou não querem, traduzir palavras como: coordenador, cota (de gasolina), conselho, orçamento, recurso, gasolina, diesel, frete, fiscalização, projeto, equipe, motorista de barco, de carro, voo, convênio, contrato, radiograma, preocupação, planejamento etc. Falamos uma língua, ou melhor, uma fala misturada, porque as palavras têm que acompanhar um pensamento rápido, no qual surgem substantivos, verbos, advérbios, adjetivos, interjeições e até mesmo frases completas ou incompletas em Português – às vezes completando uma frase em Kuikuro usando o Português.

Para dar uma ideia da fala "misturada" de hoje, apresento a seguir dois exemplos. No primeiro, estão trechos da fala de Jakalu Kuikuro,[21] gravada

---

20 *Aki-tsuN-ne*, palavra.língua-VBLZ-GNR (> *akitsene*).

21 A gravação em áudio foi anotada no programa ELAN. A reunião foi realizada na "casa dos homens" da aldeia de Ipatse. Jakalo é *anetü*, "chefe", kuikuro, hoje com 60 anos de idade, primogênito do meu avô Nahu, meu único tio biológico. Ele gosta de organizar visitas rituais em forma de *uluki*. É uma liderança importante na política local, no interior do Xingu e fora dele. Foi também campeão de luta *ikĩdene*. Segundo ele, aprendeu português ouvindo seu pai Nahu e muito rádio.

em 30 de janeiro de 2009, onde se discute a preparação do ritual de *uluki*, "troca", entre os Kuikuro e os Wauja – o que inclui a viagem para a aldeia destes últimos.

Jakalu relata a negociação com o diretor da TIX, Tamalui Mehinaku, com o chefe do posto Leonardo, Kokoti Aweti, e com o *anetü* dos Yawalapiti, Aritana, sobre o uso de balsas, barcos e caminhões, para o transporte até os Wauja. Observemos as palavras e expressões por ele usadas ao se referir às coisas dos brancos (em negrito na transcrição e tradução abaixo):

TrsJk Tingi iheke uã, angi nkgulehüle ***kasulina*** *engipini,* ***dusentu***
TpJk ele pensou: quantas (litros) **gasolinas** vocês têm? Temos **duzentos**
[...]
TrsJk epolükoha nügü iheke ***dusentu*** *kae,* ***sem*** *hegei egena etengalü*
TpJk vocês viriam com **duzentos**, até o porto gasta-se **cem** (litros)

TrsJk lepene ogopijü sem gehale ***cabou****, inhalübeha eükintokoi, inhalüha* ***bausa*** *ogopitsoi.*
TpJk Depois para voltar precisará 100, **acabou**, não teria mais para **balsa** voltar
[...]
TrsJk ahehijüha uheke leha, kupinhanoko inha leha, ***sigunda-feirai***
TpJk eu combinei a nossa ida com o nosso irmão mais velho para **segunda--feira** agora.

TrsJk ***dia cincui*** *hegei atai* ***bausa*** *ugonkgulüingo* ***acota*** *itigi,* üle *ata hüle egei tüilü tiheke*
TpJk **Dia cinco a balsa** vai subir para pegar a **cota**, nessa viagem combinamos.

TrsJk aikubeha ***prontu****i* *leha inhügü konige leha kohotsi, ahütü*
TpJk Ontem à noite deixamos assim **pronto**, foi.
[...]
TrsJk igia akatsange inhümingo nügü iheke ***teresentui*** *nügü*
TpJk "vai ser assim: **trezentos**" ele disse.
[...]
TrsJk ***kaminhãu*** *telüha, sinügüha ogopijü gele* ülei *tiha leha ihenümingo leha uheke.*

TpjkVou ficar com uma parte para abastecer a ida e a volta de **caminhão**

[...]

TrsJk ***duminkgui*** *tsahegei etimbelüingo leha*

TpJk ele vai chegar no **domingo**

TrsJk ***tá aqui*** *Kokoti etsa hegei* ***quarta-feira*** *leha igiabeha ingeta*

TpJk Kokoti vai viajar, por que ele está sendo chamando lá

[...]

TrsJk ande akatsegei leha taginheneingo, ***prontui*** *tsakatsegei atühügü leha*

TpJk hoje vamos conversar para deixar bem **pronto**, assim fica bom

TrsJK ***Funai*** *ehugu* ***marelu*** *angiha etimbepügü*

TpJK o caminhão **amarelo** da **Funai** está lá (no posto da Funai)

[...]

TrsJK ***kinhesuiha*** *tüha* ***kasulina*** *ipolü* ületohoi

TpJK dizem que daria **quinhentos** (litros) para fazermos isso

[...]

TrsJK ***kuatsusentui*** *katsi inhümingo*

TpJK vamos ter **quatrocentos**

TrsJK ahükügijü ***tinhegu*** *hünge kulengapa huanke*

TpJK tínhamos pouco porque não tinha muito **dinheiro**

[...]

TrsJK **ĩtão**

TpJK **então**!

TrsMT ***kuatusentui*** *benaha hüle uanke ihanügü ihekeni*

TpJK ué, eles falaram que eram **quatrocentos**

TrsJK Tamaluiha ige hunde Kokoti higehunde uge higende ***hesoufei***

TpJK estamos **resolvendo**, eu, Kokoti, Tamalui.

[...]

TrsJK ***dusentuha*** *tsihinha* ***seinha*** üleha ***transpoti*** *gehale leha imbatohoi*

TpJK vão ficar **duzentos** para balsa e **cem** para o caminhão fazer o **transporte**

TrsJK ***finti litru*** *ege ata* ***finti litrui*** *tilakoha*

TpJK cada um vai abastecer **vinte litros**

[...]

TrsJK uan minhümingo, üle *atsege* ***kumprikai*** *uüigatinhi*

TpJK quando pode ir mesmo? Isso (falta de gasolina) me **complicou**

[...]

TrsJK ***kasulina*** *etimbelüingo* ***porque*** *igia hüle uanke ngamuke eitanünkgo*

TpJK quando a **gasolina** chegar. **Porque** os meninos tinham dito que.. falei de vocês.

TrsJK ***ai funai tem que arrumar duzentu*** *etibelüingo Leonaduna*

TpJK **aí tem que arrumar mais duzentos**. Vai chegar ao Leonardo

TrsJK ***se tiver*** *andeha etimbegote*

TpJk se chegasse hoje

[...]

TrsJK ***tudo.*** *aingo tsahegei*

TpJK vai dar **tudo** certo. Está bem

O segundo exemplo é o discurso de uma pessoa bem mais jovem, em outro contexto e sobre outro tema, de modo a comparar a "língua misturada" de duas gerações.

Yanama,[22] professor, fala da organização da Associação Kuikuro (AIKAX):

TrsJm ***muito dificuldade*** *inhügü leha ai ela ehujüko leha iheke leha*

TjJm quando tiver **muita dificuldade** ele procura você

TrsJm ehujüko leha iheke

TpJm ele procura você

TrsJm tühekema egea ukigatohoi gehale ***porque tem a pessoa*** *inke apa ngiko ihipütelü*

TpJm porque eu estou falando isso? **Porque** às vezes querem, pensam em querer comprar alguma coisa

22 Yanama Kuikuro tem 32 anos, é professor e atual diretor da Escola Indígena Estadual Central Karib-Comunidade Kuikuro, de primeiro e segundo grau. A gravação (áudio) foi feita no Centro de Documentação da aldeia Ipatse em 2009.

TrsJm igia kingunkgingu ah ekü kunhihipügüngi ***quem pode ver isso****?*
TpJm quando queremos comprar algo. **Quem pode ver isso**?

TrsJm ***você tá lá longe você não pode resolver só*** *etsote*
TpJm **Você não pode porque está longe**, só quando você vier

TrsJm tü ***tinhegu****lükima ihipütelü*
TpJm qual **dinheiro** podemos usar?
[...]
TrsJm tüengaki bela itsomi leha kagaiha kilüpe gele ***tudo transparenti*** *kuleha*
TpJm Para ficar bem organizado, como diz o branco "**tudo transparente**"
[...]
TrsJm ***ano passado*** *atamini gele ila* ***nossa*** *inhalüha,* ***bagunça porque*** *ekü leha*
TpJm Nossa, o **ano passado** teve muita **bagunça, por quê**?

TrsJm ige ingi leha kunhümi ***projetu*** *ingi leha* ***resolvei*** *kunhümi leha*
TpJm não pensamos mais muito sobre **projetos**, sobre **resolver** outra coisa.
[...]
TrsJm ***difisiu*** *naha ekü* ***bagunça*** *inhügü hinheke ekuguha*
TpJm para parar de ter **bagunça dificil**

TrsJm ***porque tem pessoa vem direto*** *ekü inha* ***dinheru*** *ihinhi inha*
TpJm **Porque tem pessoa que vai direto** pedir **dinheiro** ao tesoureiro
[...]
TrsJm amago eku leha ***diskuluido*** *eku leha*
TpJm assim vocês ficam **excluídos**

TrsJm ***president****siko inhalü leha ekü* ***vici****ko enhalü leha*
TpJm o **presidente**, vice não atua
[...]
TrsJm ige atsange ingitüe, ekü inhümingoha ekü ingini, igiaha einhünkgoi, ***orientai*** *tsetseha*
TpJm vocês tem que dizer "organizem isso, arrumem aquilo", para **orientar** um pouco

TrsJm ***membruko*** *tüilü ehekeni tudo* üle *hunguki*

TpJm para os **membros** saber disso

[...]

*TrsJm ah inhalü **cheki assinai** tüilüi tüini uama tüilü kupeheni ah*

TpJm Ah, não tem ninguém para **assinar cheque**, como fazemos?

[...]

*TrsJm gakami uanke **cinegrafistako** ah inhalü atsange uihipütelüi Sila heke*

TpJm escutei os **cineastas** dizendo que, ah, Sila não me paga

*TrsJm Sila heke **não sei o que** tüma **cheki** tüihoni **assinai***

TpJm Sila, **ninguém sabia** quem podia **assinar cheque**

[...]

*TrsJm **dinheru do projetu vai ser aplicado** inde que nem **petrobras***

TpJm o **dinheiro do projeto vai ser aplicado** aqui, que nem **Petrobras**.

*TrsJm ande eku lehüle **PDPI planusü** atühügü **projetu** kae.*

TpJm agora, o **plano do projeto do PDPI** está aqui

TrpJm ***PDPI*** *atühügü eku lehüle **transparente** leha, atütü eku leha*

TpJm PDPI ficou com plano **transparente**, ficou bem claro.

*TrsJm kimbatani ngihutoho **planu** atühügü*

TpJm o **plano** foi feito com a gente

TrsJm tüengakila eku gele uãke ige hungu tüilü

TpJm antes, isto não era bem claro

[...]

*TrsJm **eu acho muito importante antes sair** einhügü igakaho*

TpJm **eu acho importante** conversarmos **antes** de você viajar

Reuniões e discursos públicos nas aldeias, reunindo, sobretudo, os homens, para discutir problemas relacionados às muitas interferências vindas de fora, são cada vez mais frequentes. Nas falas dos "oradores", o português é definitivamente presente. Não posso aqui desenvolver uma análise dos dois discursos apresentados, mas a sua comparação sugere algumas observações.

É claro que são duas pessoas distintas. Jakalu é um homem adulto ou quase velho (*haingo*), que domina bem o português, mas pela experiência de uma geração que cresceu, em sua juventude, na interação com os brancos dentro da área indígena e sem nenhuma experiência escolar; não podemos esquecer que ele é filho de um dos primeiros alto-xinguanos a falar a língua do branco. Janama é um adulto jovem (ainda *kangamuke*), mas que cresceu no posto da Funai, viajando, conhecendo as cidades, e com formação escolar, chegando a ter uma boa fluência em português.

Na fala de Jakalu não há tradução de vários itens do vocabulário do português, o que, hoje, é comum, inserindo palavras isoladas: nomes de objetos (*kasulina, bausa, kaminhãu, dieseu, motorista, boka, tinhegu, transpoti*); tempo (dias da semana); números, quantidades (*litru*); partículas discursivas (*kabou, tá aqui, ĩtãu, se tiver...*); verbos (*hesoufei, kumprikai*). Jakalu usa medidas de tempo e de quantidades em português, algo já dominante; os termos em Kuikuro estão sendo abandonados e são usados apenas pelos mais velhos que não sabem a língua e das coisas do branco (muito velhos, os *ngiholo*). Ele não flexiona os nomes em português, usa apenas dois verbos como nomes (*hesoufei, kumprikai*, com o sufixo cópula *-i*) e somente uma frase inteira: *ai funai tem que arrumar duzentu*. Mesmo assim, são muitas as ocorrências de termos em Português em seu discurso.

No discurso de Janama, são muitas as frases e expressões inteiras em português e poucos são os enunciados que não contenham pelo menos uma palavra em português. Não somente o vocabulário de empréstimos é mais rico, mas ele flexiona alguns nomes:

membru-ko	(*-ko*, PL)	"membros"
cinegrafista-ko	"os cinegrafistas"	
PDPI planu-sü	(*-sü*, REL)	"o plano do PDPI"

Há mais verbos, mesmo se estes continuam não flexionados (raiz e cópula *-i*), mas aparece um particípio passado:

assina-i
orienta-i
resolve-i
diskuluido

Estes dois discursos são especiais, mas ao mesmo tempo exemplares, ou seja, não são excepcionais hoje. A língua Kuikuro se mistura com o português. Quero dar alguns outros exemplos, retirados do que se escuta nas conversas na aldeia:

kursu-na	*u-te-lü-ingo*			
Curso-AL	1-ir-PNCT-FUT			
"eu irei ao curso"				
siniasita-ko				
cineasta-PL				
"cineastas"				
porofeso-ko				
professor-PL				
"professores"				
alunu-ko				
aluno-PL				
"alunos"				
fecha-i	*tüi-lü*	*leha*		
fechar-COP	por-PNCT	COMPL		
"pode ser fechado"				
ai	*abandonadu-i*	*leha*	*tüi-lü*	*i-heke*
ai	abandonar-COP	CMPL	por-PNCT	3-ERG
"ele abandonou"				

Escutamos frases inteiras apenas completadas em Kuikuro:

não é falta de falar, falta ele cumprir o que foi acertado ***ike*** (*i-ke* "com ele")
se ele demorar Paraisu-***te gehale*** (*-te,* LOC; *gehale*, novamente)
vai perder ***gehale***
eu vou tentar deixar papel ***inha*** (*inha*, 3.DAT, "para ele")
eeh, tem que ir lá no banco assinar tudo contrato, contrato ***lehüle*** já foi (*lehüle*, "já")
inhalü muke não pode sair nem assina***i tatila*** banku-***te***
(*inhalü*, negação; *muke*, intensificador de negação; *tatila*, NEG; *-te*, LOC)
ele tem que sair depois de assinar banku ***ata*** (*ata*, LOC, "dentro de")
ele vai chegar domingo, ai segunda-feira***i*** ele pode assinar (*-i*, cópula)

Outra face desta nova mistura é a tradução do português para o Kuikuro. Tenho observado que, nos últimos anos, principalmente na fala de alguns jovens (homens e mulheres) que viveram na cidade, mudanças devidas à criação de construções que procuram reproduzir expressões na língua do branco. Novos significados são, assim, produzidos, com anomalias semânticas, apesar de ser sempre possível entender o que está sendo dito. Um exemplo é o verbo "pegar", no sentido de 'cobrar':

ihe-nümingo	*hege-i*	*u-heke*
3pegar-PNCT.FUT	DDIST-COP	1-ERG

"eu o pegarei/cobrarei dele"

O ouvinte que não compartilha esta interpretação não consegue entender o que o falante quer dizer; no mínimo, o sentido da frase é ambíguo. Em Kuikuro falaríamos: *ukilüingo*, "eu direi a...". Outro exemplo é o uso, sobretudo por parte das mulheres, do verbo *ambalü*, "usar/vestir (roupa, máscara)" para traduzir o verbo "usar" em português, produzindo anomalias como:

xampu	*amba-lü*	*u-heke*
xampu	vestir-PNCT	1-ERG

"eu usei xampu"

Outro caso é o da confusão (na compreensão) entre dois termos do português, como "voltar" e "votar":

u-gopi-jü	*uãke*	*Marina inha*
1-voltar-PNCT	PASS	Marina BEN

"Eu votei na Marina"

Esta nova mistura, apresentada neste capítulo, resulta numa nova cor que se acrescenta à língua e à fala. Qual será a história, a partir de hoje, do *tetsualü* lingüístico alto-xinguano, kuikuro? O português entrará cada vez mais até dominar e excluir a língua indígena? Ou está nascendo uma nova língua? Estas perguntas não podem ser respondidas agora, mas precisamos estar atentos ao que está acontecendo e continuar pesquisando. Antes de concluir este capítulo, porém, quero apresentar um outro contexto de usos linguísticos *tetsualü*, cada vez mais importante, especialmente para os jovens.

Kuikuro *online*

Em 2001, eu tive pela primeira vez contato com um computador. Nos anos em que estudei no terceiro grau indígena,[23] tive a oportunidade de me familiarizar um pouco com o mundo da tecnologia e da "ciência" dos brancos. Aqui, nós conseguimos criar os nossos primeiros *aki humini* (enviador de palavras), "e-mails", correio eletrônico. Realmente, nós estávamos ali, pela primeira vez, diante de um computador. Não conseguíamos manejar o *umbe* (rato, *mouse*). Começamos a remar no mundo do computador e "viajar" pelas suas rotas. Num primeiro contato, o desafio era aprender a desenvolver uma coordenação motora específica, o importante era mexer com minhas próprias mãos. Estava realizando um sonho e matando um desejo.

Foi então que descobri que existia uma máquina que permitia a comunicação interligada para falar com as pessoas do mundo inteiro. Após o curso voltava para a aldeia, onde não podia mais ter acesso ao computador e à internet. Desaprendia muito do que havia aprendido e o tempo foi passando. Poder ter acesso a um computador começou a ser o principal motivo para ir à cidade. A aprendizagem continuou com a ajuda de amigos indígenas e não indígenas. Minha primeira impressão foi a de que o computador podia descobrir muitas coisas sozinho, não sabia que ele funcionava pela manipulação da pessoa. É claro que ele não poderia descobrir *itseke* (hiper-seres, espíritos). Hoje, ainda tem muita gente que acha que o computar pode descobrir os feiticeiros no meio do nosso povo.

A presença das chamadas "novas tecnologias" permitiu algo positivo para os jovens indígenas: a comunicação com brancos e outros índios. Um

23 Em 2001, teve início oficialmente o Projeto de Formação de Professores Indígenas – 3º Grau Indígena, na Unemat (campus de Barra do Bugres), com a realização do vestibular e o início das aulas no mês de julho, para a 1ª Turma dos Cursos de Licenciatura Específica para a Formação de Professores Indígenas. Em janeiro de 2005 tiveram início as aulas para a 2ª Turma. Em agosto de 2007, o Projeto 3º Grau Indígena foi transformado no Programa de Educação Superior Indígena Intercultural – Proesi. Em janeiro de 2008 iniciaram as aulas para a 3ª Turma dos Cursos de Licenciatura. Eu me formei em 2006, quando a primeira turma conclui sua formação.

exemplo é o *site* dos povos indígenas do nordeste: *indiosonline*. Outros *sites* são mais antigos, como o da Coordenação Indígena da Amazona Brasileira (Coiab) e o da Federação das Organizações Indígenas do Rio Negro (Foirn). Os Ashaninka denunciaram a invasão de suas terras graças à documentação feita pelos próprios cineastas Ashaninka. Eles não precisaram se deslocar da aldeia, pois a internet facilitou a transmissão das mensagens e das imagens para o mundo e para as autoridades.

No Xingu, um movimento começou a ter a força política para formar novas lideranças muito recentemente. Em 2007, a Organização Indígena Portal do Xingu conseguiu, através de parceria com o Ministério da Comunicação, quatro pontos de internet em aldeias do Alto Xingu. Isto, sem dúvida, se tornou uma nova arma de luta. Quando recebemos a notícia de que iríamos ganhar um kit para internet, pensando que iríamos ter conexão com o mundo inteiro, fiquei felicíssimo. Apesar disso, ao mesmo tempo, senti um forte medo de que o computador iria mudar muito o comportamento dos jovens, inclusive o meu. Para o chefe, este instrumento facilitaria a fiscalização da área, mas, inicialmente, proibiu o acesso à internet para as pessoas de 8 a 15 anos. Falou que as crianças precisavam ter um comportamento estabelecido antes de usar a internet dos brancos.

Fiquei viciado na internet. Depois de dois anos, escutamos outros povos dizerem que "a roça dos Kuikuro é a internet, não sabem mais fazer roça". Os Kuikuro foram acusados de ser um povo que estava mudando a cultura, que estava virando branco. Era inveja? Muitos ficaram sentidos por isso.

Realmente as máquinas eletrônicas mudaram profundamente o nosso cotidiano: rádio, caixa de som, televisão etc. Os dias de festa não são mais os mesmos.

Nós jovens abrimos nossas contas no Orkut, MSN, Blogger, Skype, Facebook, Youtube e Twitter. Na minha lista de amigos tenho, no momento, mais de 50 Kuikuro *online* conectados comigo. Em julho de 2010, tinha 336 "amigos", conhecidos e desconhecidos. Muitos perguntam: para que tudo isso? Como assim, os índios têm contas na internet? Negaram-nos o direito de ter e fazer o que a elite branca tem e faz. Bom, não vou aprofundar esta discussão, vamos voltar ao que interessa, agora: a língua kuikuro ou as línguas indígenas, ou melhor, a língua *tetsualü* na internet.

Reproduzo abaixo mensagens escritas em língua indígena entre falantes karib alto-xinguanos; observe o uso de palavras em português no meio delas.

No dia de 8 de maio de 2010, Afukaka neto escreveu para dizer que o avô chefe Afukaka ainda ficaria em São Paulo esperando sua consulta e cirurgia de coração, assim como a mãe ficaria também esperando consulta médica:

> *Sepe api inhümingo gele hõhõ inde itsakenümingo* **coração** *kae ama gehale inde gele inhümingo* **cosulta** *uenta heke ama heke egea ihanümingo eheke ó ó inha.*

No dia 26 de maio de 2010, Kaman Nahukwa, cujo nome no então Orkut era Estudante, escreveu para Mutuá, no Orkut Rei da Selva, perguntando como pedir uma bolsa de mestrado:

> ***Oi, Rei*** *ande uge inde Canaranate* ***reuniãozinho*** *tsihetsühügü.* ***Olha amigo****, ukita eheke angoloi ekugu,* ***mamãe*** *Bruna kilü uanke uheke Matipute tisatahehijühata: Mutuá heke atsange kitseina sitote, ngikona ngampa uanke* **bolso** *tüilü igakahotüilü iheke, nügü uanke iheke Brunakilü. üleatehe hüle igei ukita eheke uahetinhombatomi eheke luale ekugu tsekegüi osi kitse, ingukgingike hõhõ aetsingoi katahehisatühügü Pavuru, Diauarum* **e** *Leonardote lamuke kutegatühügü, üleatehe egea ukita eheke,* **como** ***grande colega de estudo****. ukilü uanke* ***mamãe*** *heke ületa Matipute, ülepe nügü iheke uheke: einde tita uamigusü tigati etetohoti eitsohote, nügü uanke iheke uheke.* ***Amigo*** *aitsingompe hüngü nahã kingukgingui tuhuti tsünahã eheke.* ***Oi Rei****,* ***Salvado****na igei utelüti uitsagü utahehijüinha tsuein ekugu, üleatehe egea ukita eheke, atahehitsomi uinha* ***avisando tudo****sügühütuki, uhutomi uheke utelü igakaho. Ahehitse ina uinha katute ekugu, uama uanke tüilü eheke, etelü igakaho egena* **riu***na? Ihumike uinha ahehitse ina uge* ***Orkut.***

No dia 13 de janeiro 2010, Kuãtüngü escreveu para Mutuá combinando a chegada do barco na beira do Rio Culuene:

> *Olá irmaun*
> *igiagage aileha ukilü Yamatua heke, osi ta letsa iheke, imugu atai ekugu tütelüti egena, üle hopemijü leha iheke. ega atsange,* ***sexta feira*** *leha tsitselüingo,* ***temos 50 litros e ta faltando 20 litros, talves vou emprestar 20 do paraíso, posso fazer assim? sera ki vc delvolve depois? amanha vc pode me falar no radio, nossa viagem aki ta confirmado, na sexta queremos frete vier ate na aldeia do lagoa azul***
> abraço

No dia 05 de janeiro de 2010, Kuãtüngü escreve para Mutua:

> ***Oláááá***
> ***felizzzzz ano 2010***
> *osi aingohegei hinhahinhaka kugihüngü heke gehale ande ihetühügü, hekite ngihutohoi umbege angi, aposa igipangagü itungundagü tsuein gehale, hinhahinhaka ihetote iheke üngita kaenga etepügü, angi inhalü ihülui, ligai eitse isi inha* ***casaina****, ihatomi eheke, konige egei egea itsakohekite tsetse umbegeleha kaginheke ihanümingo hegei uheke intsü inha* ***dia 10*** *umbege ainde utehotagü canaranana, angi ngapa utelüingo, hekite hinhahinhaka atai utelüingo*
> ***abraçoooooooo*** *jamalui e shuna*

Quando o português domina na comunicação entre indígenas que falam a mesma língua, podem entrar palavras em língua indígena. Eis apenas um exemplo.

Yakálo Bállack (Kalapalo) escreveu para Farato (Matipu):

> *Oi Farato baixinho tudo bem? por que vc q cumbinar primeiro com a minha irmã Eu separei com a minha mulher, eu não quero volta eu estou indo hoje p/ minha aldeia* ületsügütse Büukü Utetanileha

Obviamente, o português é a língua de comunicação entre indígenas de povos distintos e com os *kagaiha*:

> *Ola! faratu como vai tudo bem?*
> *Olha querido tou triste, prq eu ñ vou poder te ver mas e nem tedar abrços de amiga, prq eu ñ vou fazer mas curso aí em canarana, agora vou fazer curso na aldeia sagraduro. Mas saiba q ñ importa a distância o carinho de uma amizade, ñ tem distância... mas vale sim, a sinceridade eo honestidade daquilo q escrevemos e sentimos. Olha nossa amizade será enterna e real! meu carinho, minha antenção, haverá de estar sempre presentena sua vida.*
> *UM GRANDE ABRAÇOssssss e BEIJOssssssss*

No dia de 11 de janeiro de 2010, Tonico Benites (Guarani-Kaiowa, pós-graduando em antropologia social) escreve para Mutua:

TUNIKO + FELIZ:

Ola! Malua rsrs! estou na aldeia Pirajui onde os fazendeiros mataram os dois professores Guarani, pesquisando por aqui, estou bem e vc como está?? espero que esteja bem e firme na parada pra finalizar o teu mestrado e começar doutorado em 2010, feliz ano 2010 pra nós. Vc está no RJ??

Um forte abraços com sauudaaade de vc tbm, ate final do mês quero passar algum dia ai no RJ, manda me novidade. estou t aguardando.

Ate logo irmão

Tonico

Por outro lado, os brancos também estão começando a usar palavras indígenas em suas mensagens com os amigos índios; este fato, ainda muito raro, demonstra intimidade e um alto grau de amizade.

No dia de 1º de junho de 2010, Breno (*kagaiha*) escreve para Yakari Kuikuro:

Breno Brasil:

kkkkkkkkkkkkkk!!!!!! Heim Yakari, em 1999 disseram que Nostradamus havia escrito que o mundo ia acabar. E nada! Agora dizem que será em 2012. Será? Que nada! Esse Planeta ainda vai durar muito. Agora, temos é que fazer tudo para conservarmos a natureza. Principalmente o nosso querido Xingu. Em 2012 estaremos lá e, espero que o meu amigão esteja lá também, para brincarmos de pegar filhotes de ekege. kkkkkkkk!!!!

Egea tsügütse!

ABRAÇÃO!

No dia 17 de maio 2010, Dragon escreveu para Daiki Waurá:

bom dia amigo**, pitsuwepene potamanaká araukuma umapai pinhu, **era so isso abraço

O uso das línguas indígenas na internet é ainda bastante limitado, mesmo por parte de usuários indígenas, mas ainda não há pesquisas sobre o tema. Sabemos que existe um Portal Kaingang bilíngue; talvez existam outras páginas – a que ainda não tive acesso. Graças à internet, pude manter contato com meus irmãos na aldeia, eu estando no Rio de Janeiro, pelo Skype. Lembro-me de um acontecimento.

Na cidade, fui chamado para participar de comemorações do "dia" das mães. Antes, escutei dizer que no dia seguinte muitos dos meus amigos iriam ligar para falar com as mães, enquanto outros achavam chato falar com elas. Pensei que deveria falar com a minha mãe também, pelo Skype. Com certeza, ela não entenderia nada. Liguei, e Takuma, que estava na aldeia kuikuro, apareceu na telinha do meu computador. Ele foi chamar minha mãe, que chegou minutos depois. Para que nossa conversa tivesse sentido, precisaria explicar a razão de tê-la chamado naquele dia, festa para todas as mães, mortas e vivas. Expliquei que estava no meio de pessoas que têm esta tradição, que os Kuikuro não têm esse hábito. Parece-me que ela gostou de ser lembrada, mesmo sem entender o espírito da data. Vi meu pai, que falou que estava morrendo de saudade de mim. Fiquei feliz de estar imitando (ou sendo como) um branco.

Perguntei, através do MSN, a alguns jovens kuikuro o que acham da internet. Com esses comentários e respostas quero concluir este capítulo: nós, coetâneos (*tatahitsongo*), parentes e amigos, conversando no espaço virtual, em português, um pouco *tetsualü*:

Mt: otimo, alatsü, muito obrigado Taku. lepene itsai Mutua e Jamalui:

Mt: internet eh bom para vc? Porque?

Jm: porque, nele eu sempre recebo a notícias, também pra comunicar com meus amigos e parentes. Com interne eu conquistei muito amigos

Mt: Sim, o que mais?

Jm: daki mesmo recebemos a notícia das pessoas que ta fora

Mt: otimo

Jm: tipo vc tai

Jm: Mostrar meu jeito na net, divulgar nossa cultura

Mt: ah sim, com certeza

Jm: üle atehe uakiti anügü

Mt: aingo hegei yama. Vc acha que vai acabar com nossa cultura?

Jm: De jeito nenhum. Vai divulgar mais a nossa cultura

Mt: blz, Jama, muito obrigado

Jm: inhalü

Mutua e Takumã:

Mt: Oi bom dia Taku. Taku, deixar eu falar.

Tk: digar

Mt: internet eh bom para vc? Porque?

Tk: Internet, para mim muito bom, para falar com amigos e saber notícia da família, descobrir algumas coisas que acontecendo do mundo.

Mt: eh bom para nossa cultura?

Tk: para nossa cultura nau é bom internet, se os meninos vai usar todos dias, por exemplo, se eles tiverem cada um deles ninguém vai soltar internet na aldeia, isso vai acabar nossa cultura.

Mt: isso mesmo

Tk: se eles tiverão cada um deles computador, ninguém vai querer soltar seu computador, como agora, pouca a gente está usando internet

Mt: sei

Tk: futuramente vai chegar mais computadores por exemplo

Mt: vc acha que assim pode acabar com nossa cultura?

Tk: sim acho q assim vai acabar ninguém vai querer mais praticar dança etc etc.

Mt: para evitar isso o que podemos fazer?

Tk: agora me pegou... para evitar... acho que a gente tem que controlar uso de internet. Cada semana, cada final de semana fazer festa.

Mt: alatsüki

Tk: por exemplo primeiro semana vamos dançar festa do hugagü outra semana festa de duhe, outra semana festa das mulheres. Fazer festa cada semana

Considerações finais

Neste artigo, tentei contribuir para o estudo de nossa própria língua, que está sempre sofrendo acréscimos e substituições na fala do dia a dia da aldeia e no trabalho nas escolas das aldeias. Depois do encontro com os *kagaiha*, os brancos, a língua portuguesa tem chegado cada vez mais para tornar ainda mais complexos comportamentos, pensamentos e modos de viver dos alto-xinguanos. O conceito de *tetsualü*, quando falamos da língua da nova geração, ganhou outro sentido e valor pelo fato de o português ser uma ponte de comunicação entre povos distintos. Aos léxicos e às gramáticas das línguas indígenas, como o Kuikuro, foram incorporadas palavras e expressões do branco; chegou o cheiro do branco, como diz o chefe Jakalu: *Kagaiha leha igei kutsako*, "estamos virando brancos", com um tom de reclamação perante as rápidas mudanças testemunhadas por ele e pelos outros *haingoko*, "adultos (senhores)". Não apenas nos discursos que têm como temas assuntos dos *kagaiha*, fragmentos da língua destes aparecem, com frequência cada vez maior, na fala dos mais jovens. Os mais velhos, chamados de *ngiholo*, "antigos", estão às margens ou são excluídos desse novo tipo de comunicação. É a nova geração que é o agente das novas tecnologias dos brancos – tecnologias do olhar e da palavra. Os anciões ficam com a responsabilidade de cuidar das tradições fundamentais. Esta discussão é constante na aldeia. Precisamos tratar igualmente velhos e jovens. Este trabalho quer ser uma análise reflexiva, cautelosa e rigorosa, para que possamos dizer ao mundo que somos povos criativos e que evoluímos de modo diferente da civilização europeia. Daqui em diante, estamos preparados para contribuir para um discurso sobre as línguas e para a antropologia com as nossas próprias palavras, também no âmbito acadêmico.

Referências bibliográficas

AGOSTINHO, P. Information concerning the territorial and demographic situation in the Alto Xingu. In: POSTAL, W. (Ed.) *The situation of the indian in South America*. Genebra: World Council of Churches, 1972, p.252-79.

ALBUQUERQUE, F. E. Os tratamentos dos empréstimos na língua Apinayé. In: BRAGGIO, Sílvia Lucia Bigonjal; Sinval Martins de SOUSA FILHO (Orgs.). *Línguas e Culturas Macro-Jê*. Goiânia: Capes, Editora Vieira. 2009, p.15-24.

BASSO, E. A história na mitologia: uma experiência dos avoengos kalapalo com europeus. In: COELHO, V. P. *Karl von den Steinen: um século de antropologia no Xingu*. São Paulo: Edusp, 1993, p.313-345.

DOLE, G. E. . Retrospectiva da história comparativa das culturas do Alto Xingu: um esboço das origens culturais alto-xinguanas. In: FRANCHETTO, B.; HECKENBERGER, M. (Orgs.). *Os povos do Alto Xingu*. História e Cultura. Rio de Janeiro: Editora da UFRJ, 2001, p.63-76.

FIALHO, M. H. S. da S. Considerações sobre neologismos em Karajá. *Anais do I Encontro Internacional do Grupo de Trabalho sobre línguas Indígenas da ANPOLL. t.1*. Belém: EDUFPA, 2002, p.11-117.

FRANCHETTO, B. Processos fonológicos em Kuikuro: uma visão auto-segmental. In: WETZELS Leo (Org.). *Estudos Fonológicos das Línguas Indígenas Brasileiras*. Rio de Janeiro: Editora UFRJ, 1995, p.53-83.

______. The ergativity effect in Kuikuro (Southern Carib, Brazil). In: SPIKE GILDEA, F. Q. (Org.). *Ergativity in Amazonia*. v.89, Philadelphia: John Benjamins Publishing Company, 2010, p.121-158.

GRANN, D. *Z, a cidade perdida*: a obsessão mortal do coronel Fawcett em busca do Eldorado brasileiro. Trad.: Claudio Carina. São Paulo: Companhia das Letras, 2009.

HECKENBERGER, M. J. Epidemias, índios bravos e brancos: contato cultural e etnogênese no Alto Xingu. In: FRANCHETTO, B.; HECKENBERGER, M. (Orgs.), *Os povos do Alto Xingu*. História e Cultura. Rio de Janeiro: Editora da UFRJ, 2001, p.77-110.

LEAL, H. *Coronel Fawcett* – A verdadeira história de Indiana Jones. São Paulo: Geração Editorial, 1996.

MEHINAKU, M. *Tetsualü*: pluralismo de línguas e pessoas no Alto Xingu. Dissertação (Mestrado) Programa de Pós-Graduação em Antropologia Social, Museu Nacional, UFRJ, 2010.

MEYER, H. Über seine Expedition nach Central-Brasilien. *Verhandlungen der gesellshaft für Erdkunde zu Berlin*, n.24, p.172-198, 1897.

______. *Berichte über seine Zweite Xingu-Expedition*. Inédito, 1900.

NORONHA, R. *Exploração e levantamento do rio Culuene, principal formador do rio Xingu*. Rio de Janeiro: Departamento de Imprensa Nacional. (Publicação da Comissão Rondon n.75), 1952.

PETRULLO, M. V. Primitive Peoples of Mato Grosso/Brazil. *Museum Journal*, v.23, n.2, p.82-173, 1932.

SANTOS, M. *Morfologia Kuikuro*: gerando nomes e verbos. Tese (Doutorado), Programa de Pós-Graduação em Linguística, Rio de Janeiro: UFRJ, 2007.

______. As classes morfológicas da língua Kuikuro. *LIAMES*. Campinas: IEL, Unicamp, v.8, p.105-120, 2008.

SCHMIDT, M. *Indianer Studien in Zentral Brasilien 1900-1901*. Berlin, 1905.

______. *Estudos de etnologia brasileira: peripécias de uma viagem entre 1900 e 1901*. Seus resultados etnológicos. São Paulo, Rio de Janeiro: Editora Nacional, v.II, 1942.

SILVA, G. R.; FRANCHETTO, B.; CLAMARCO, M. 2011. Distinções prosódicas entre as variantes Karib do Alto Xingu: resultados de uma análise acústica. In: FRANCHETTO, B. (Org.). *Alto Xingu*: uma sociedade multilíngue. Rio de Janeiro: Museu do Índio-FUNAI, Programa de Pós-Graduação em Antropologia Social-UFRJ. p.217-234. E-book. Disponível em: http://www.museunacional.ufrj.br/ppgas/Alto_Xingu.pdf.

STEINEN, K. Von den. *Entre os aborígenes do Brasil Central*. São Paulo: Revista do Arquivo Municipal. Separata, 1940.

VASCONCELOS, V. de P. T. da F. *Expedição ao rio Ronuro*. Rio de Janeiro: CNPJ/ Imprensa Nacional (Comissão Rondon, n.90, 1961), 1945.

VELOZO, N. O. *Rumo ao desconhecido*. Rio de Janeiro: [s.n.], 1960.

16

De "povos ágrafos" a "cidadãos analfabetos": as concepções teóricas subjacentes às propostas educacionais para os povos indígenas no Brasil[1]

Maria Elisa Ladeira

O título deste texto é, em si, uma provocação. Uma provocação aos que têm se envolvido com a formulação das políticas públicas, no caso as políticas educacionais, e a nós, antropólogos, linguistas e historiadores que temos subsidiado (ou legitimado) teoricamente alguns dos muitos de seus equívocos. Considerar os povos indígenas como "povos ágrafos" ou "cidadãos analfabetos" expressa diferentes posições teóricas em relação à necessidade da escrita pelos povos indígenas e que justifica o aparato da escola enquanto instituição.

O processo de alfabetização deve ser iniciado na língua portuguesa ou na língua materna/indígena? Este debate antigo, centrado apenas em uma perspectiva metodológica, consumiu, durante décadas, educadores, linguistas e antropólogos. Os argumentos apontados estavam voltados para o atendimento de uma demanda muito concreta que se impunha aos povos indígenas: o falar, ler e escrever em língua portuguesa, à qual nós respondíamos com projetos políticos pedagógicos diferentes.

A publicação *A questão da educação indígena*, de 1981, organizada pela Comissão Pró-Índio de São Paulo, foi o marco inicial das discussões sobre o papel da escola nas comunidades indígenas e expressava esta discussão, reunindo trabalhos e experiências das mais diversas entre vários povos

---

1 Este texto, originalmente escrito em 2005, foi apresentado na RAM em 2007. Para esta publicação, a pedido dos organizadores, complementei com algumas digressões e exemplos sem, entretanto, incorporar nesta discussão novos autores.

indígenas.[2] Todos os trabalhos apresentavam opções metodológicas em relação à escolha da língua (indígena ou portuguesa?) para o início do processo de alfabetização. Entretanto, e apesar das diferenças conceituais, todas as experiências narradas tinham a mesma meta/objetivo: situavam a escola como o lugar privilegiado da "educação" e a escrita como o instrumento de valorização cultural e expressão de uma identidade própria e cujo domínio conduziria os povos indígenas, alfabetizados para a sua "autodeterminação e autonomia". A alfabetização era vista como ferramenta política para se contrapor à famigerada "assimilação", foco da política indigenista dos governos militares. Nesta coletânea da CPI-SP, em artigo polêmico[3] para época, eu perguntava *"qual a necessidade da alfabetização?"*. Discordava dos argumentos apresentados na maioria dos artigos de que a alfabetização na língua indígena era um *"mecanismo significativo de reforço e coesão étnica, de valorização da cultura indígena"*, argumentos justificados em afirmações do tipo *"é importante para o índio ver que sua língua (porque escrita) vale tanto quanto a do branco"*, ou ainda que *"a língua indígena escrita está mais próxima da estrutura do pensamento indígena, assim é capaz de melhor reproduzir os mitos, a sua cultura"*. Este meu texto problematizava a fixação, pela escrita, de versões orais *possíveis* dos mitos, situava a necessidade do domínio do português (falado e escrito) no contexto político imposto pelo contato com a sociedade nacional e que, de modo panfletário e provocativo, colocava em pauta um modelo de escola

> semianalfabeta – negação da escola detentora do saber letrado, redentor – onde o aprender a ler e a escrever não origina um "saber maior" e nem contribui para o "desenvolvimento do índio". Ela dispensa a presença de "professores brancos". Ela dispensa o português ilustrado dos brancos da cidade e o saber acumulado nas bibliotecas. E, sobretudo, nessa Escola os índios não precisam aprender seus próprios mitos, cantos e ritos através da leitura, sob a alegação mistificadora de que assim procedendo ela seria realmente uma "escola indígena". (1981, p.173)

2 Experiências educacionais levadas junto aos Kaxinawá, Xavante, Bororo, Guarani-Mbya, Guarani Nandeva, Pareci, Tapirapé, Kaingang, Txukarramãe e Iranxe.

3 "Sobre a língua da alfabetização indígena".

O percurso desta história (e das políticas educacionais para os povos indígenas) foge ao propósito deste texto,[4] mas o impasse teórico nas propostas educacionais relativas à aquisição da escrita pelos povos indígenas (e que determina a escolha da língua, indígena ou portuguesa, na qual a alfabetização deve ser iniciada) foi apagado das discussões e reflexões. Como um subtexto sempre latente, este impasse teórico, que trata os povos indígenas como povos ágrafos ou cidadãos analfabetos, teve a sua discussão reduzida a uma questão apenas metodológica em relação ao processo de alfabetização (e que hoje, em *"tempos politicamente corretos e modernos"*, é designado como letramento).

Tendo em conta que *ler* é decodificar signos, quaisquer que sejam estes, poderíamos pensar que há várias leituras possíveis de um mesmo texto/contexto – o que esvazia a concepção de leitores passivos. Não existe passividade na leitura, tanto quanto na escritura: quem lê/escreve o faz de uma determinada posição/lugar com seus olhos, olhar dado pelo lugar que ocupa no mundo, pela interação que estabelece com esse mundo, por sua história de vida e pela relação social construída por um dado povo, no caso, os povos indígenas, com este estrangeiro cuja língua se fala e se escreve. Isto posto, passo a considerar as opções "metodológicas" envolvidas na "educação indígena".

A opção pela "alfabetização em português" tem tido como subtexto o fornecer ferramentas para esta decodificação (leitura) e codificação (escrita), atendendo às exigências dos índios em se apropriarem desta língua estrangeira, justificada em seus discursos como um instrumento de controle da chamada sociedade dominante. Assim, *"(la) escritura aunque es ajena em uma lengua ajena, sirve para ayudar em la lucha, evitar el engano, es vista como uma herramienta de protéccion e de defensa"* (Tulio Curieux, p.3).

O momento em que esta *ferramenta* será significada – ou seja, quando a leitura/escrita venha a ser algo significativo no interior da comunidade ou na própria vida pessoal – independe da ação alfabetizadora. Ou melhor: o domínio *instrumental* da escrita não acarreta, *per se*, nenhuma mudança nos códigos internos de comunicação e expressão do povo indígena em questão. Apesar dos esforços dos educadores, estes povos[5] continuam sendo povos

4 Para esta discussão, ver Ladeira, 2005.

5 Falantes de português como segunda língua.

ágrafos, quer dizer, apresentam mecanismos internos eficientes na comunicação e transmissão de conhecimentos. A escrita/leitura em português apresenta para os povos indígenas, então, um caráter puramente utilitário e de alcance limitado: por isso são consideradas (e se reproduzem culturalmente) como culturas ágrafas.

É este contexto que dá sentido à concepção segundo a qual "a língua indígena continua sendo um sistema de conhecimento e categorização cultural do mundo, onde a transmissão de conhecimentos, isto é, a relação única do indivíduo com seu mundo cultural, só é possível através da língua do grupo" (Ladeira, 2001, p.170) e da sua forma *oral* de transmissão. Nos casos em que a língua do povo indígena é ativa, o português (falado e escrito) é empregado tão somente como *língua de contato*, na relação do grupo com a sociedade nacional e em um contexto sociocultural no qual estes dois mundos se concebem como excludentes. E, sobretudo, onde a estabilidade das relações no interior do sistema linguístico é decorrente da clara delimitação dos âmbitos de uso da língua. Podemos interpretar este fato como uma estratégia política do povo indígena na manutenção da língua original, na medida em que criam neologismos e alterações linguísticas em função da situação de contato, indicando um vigor linguístico surpreendente, se esta expressão pode ser admitida (ibid.). Pressupõe também que estas sociedades são tanto produto de uma história, "objeto" dela, como seu sujeito, porque são capazes de construir estratégias de convivência/conivência que se inscrevem nas práticas sociais e/ou na resolução das tarefas comunicativas e nas representações que são recriadas sistematicamente, conforme vão se impondo no cotidiano das relações de contato (ou ainda representações que são recriadas cotidianamente, seja como marcadores identitários "para fora" ou como marcadores diferenciais internos). Lembrando que estamos falando *de dentro* ou no âmbito da *linguagem* e que esta não é só primariamente um sistema de símbolos: "*o símbolo não é primário na linguagem porque para operar símbolos precisamos já estar na linguagem*" (Maturana, 1998, p.59).[6]

---

6 "A linguagem se constitui quando se incorpora ao viver, como modo de viver, este fluir em coordenações de condutas de coordenações de conduta que surgem na convivência e como resultado dela – quer dizer quando as coordenações de conduta são consensuais. Toda interação implica num encontro estrutural entre os que interagem (e que) resulta num desencadilhamento ou num desencadeamento de mudanças estruturais entre os participantes do encontro. O resultado disto é que, cada vez que encontros recorrentes acontecem, ocorrem

A outra opção que considera que alfabetização deve se dar primeiramente na língua materna tem como pressuposto o argumento segundo o qual os povos indígenas apresentam uma *falta*, a ausência do "letramento", que precisa ser sanada. Considera que esta ausência como que fragilizaria não só a manutenção e uso da língua indígena, mas o próprio povo em sua reprodução cultural. Para suprir tal ausência, busca então criar no interior da sociedade ágrafa um lugar para a escrita, independentemente da intenção originária que concretamente leva os povos indígenas a buscar na escola algum possível controle da relação de contato, pelo domínio do saber do "branco".

O que está por trás desta concepção, portanto, é que os povos ágrafos não passariam de cidadãos analfabetos e, com a presunção de que a necessidade da escrita se faça mais rápida, independente da situação e contexto histórico de um determinado povo, impõe a necessidade de uma escrita *"na língua"*.

Tal posição teórica determina, equivocadamente penso, a escrita como o lugar/espaço *indispensável* para a manutenção da cultura de um povo. Esta posição exalta a *língua* independentemente do povo que a fala e de sua situação de uso; esquece que não existe *língua* sem a atualização concreta da fala; desconsidera que esta atualização é dada pelo contexto histórico e social daquela comunidade de falantes, e que a língua, como todo processo sociocultural, se modifica/é modificada ao longo do tempo.

Dados estes pressupostos iniciais, é possível delinear as teorias que embasam estas duas concepções sobre o lugar/papel da escrita entre os povos indígenas. Uma que concebe um "continuum" entre a oralidade e a escrita, considerando-as como meios linguísticos essencialmente equivalentes para o desempenho de funções semelhantes; outra que estabelece um "divisor" entre a oralidade e a cultura escrita, embora reconhecendo a importância interativa de ambas, permitindo que antigas funções sejam desempenhadas de maneira nova e que, assim, novas funções possam emergir ou ser propostas.[7] Entre estas duas concepções é que as propostas "educativas" para os povos indígenas se alicerçam, sendo que grande parte delas não problematizam o alcance de suas propostas. Para aquelas que concebem um *continuum*

mudanças estruturais que seguem um curso contingente com o curso desses. [...] O curso de nossa mudança estrutural espontânea e reativa se faz de maneira contingente com a história de nossas interações" (ibid., p.59-60).

7 "Escrever nunca foi e nunca vai ser a mesma coisa que falar: é uma operação que influi necessariamente nas formas escolhidas e nos conteúdos referenciais" (Gnerre, 1985, p.8).

entre oralidade e escrita, há como uma "naturalização" (uma evolução latente) na passagem das sociedades ágrafas para o mundo letrado. E, assim, a questão se reduz a uma falsa eficiência, onde basta a elaboração de materiais didáticos adaptados ao universo de interesses do povo em questão, de formação/letramento de professores indígenas e, principalmente, da criação de uma grafia para a língua indígena para que estes povos possam alcançar o mesmo estatuto (letramento) da sociedade nacional.

Apesar do etnocentrismo subjacente que vê a escrita como a passagem para o esclarecimento e a modernidade já ter sido denunciado pelas mais diversas correntes teóricas, as preocupações de muitos pesquisadores com o possível desaparecimento da diversidade linguística existente no Brasil têm resultado em ações que encontram respaldo nesta postura "continuista" e parece ter se esquecido da asserção etnocêntrica mencionada.

Franchetto[8] aponta algumas das preocupações principais dos linguistas quanto à situação de "*comprometimento linguístico ou línguas em perigo de extinção*": "nos quinhentos anos que se seguiram à chegada dos europeus, aproximadamente 85% das línguas indígenas do Brasil foi perdida.

Tal dado seria agravado pelo fato de que "as línguas nativas que são faladas hoje no Brasil são ainda pouco conhecidas" e que "o Brasil continua sendo um país com a mais alta densidade linguística (muitas línguas diferentes em um mesmo território) e uma das mais baixas concentrações demográficas por língua (muitas línguas e poucos falantes)".

De fato, tais dados induzem o linguista a temer a perda do seu objeto de estudo em curto prazo e esta preocupação tem subsidiado algumas propostas dos cursos "de formação de professores indígenas". Estes cursos estão centrados no estudo da língua indígena (catalogação, organização de verbetes/dicionário), *objetivando-a* sob o argumento de que a sua documentação contribuiria para diminuir o risco de sua perda.[9]

8 Ver "Línguas indígenas e comprometimento linguístico no Brasil: situação, necessidades e soluções".

9 Não discuto a procedência de se formarem linguistas ou antropólogos ou médicos ou advogados indígenas; o que estou tentando apontar é que o tipo de pesquisa antes referido, ainda que participativa, não basta para resolver o problema posto pelos linguistas do "desaparecimento das línguas indígenas" – porque justamente tal desaparecimento é apenas uma petição de princípio.

Nada contra que os linguistas se dediquem ao esforço de catalogação e conhecimento dessas línguas. Este esforço é, entre outros, fundamental para a compreensão de uma "história das línguas", interpretando as grandes expansões humanas em dados, não só genéticos, como linguísticos. Só lembro que a diversidade linguística é decorrência mais das mudanças produzidas no contato (interação) entre povos ao longo da história da humanidade do que em função de um pretendido isolamento destes povos. A história das línguas, como muitos já demonstraram, é nada mais nada menos que a série dos contatos/intercâmbios entre povos.

A questão é que algumas propostas de educação escolar indígena têm considerado, apressadamente, as mudanças que ocorrem nas línguas, suas inovações, em ameaças ou *"comprometimento linguístico"* que afetariam o destino e a identidade dos povos indígenas, o que me parece deslocar equivocadamente o eixo da análise.

Bakthin ilustra e complementa o que estamos procurando apontar:

> a reflexão linguística de caráter formal sistemático foi inevitavelmente coagida a adotar em relação às línguas vivas uma posição conservadora e acadêmica, isto é, a tratar a língua viva como se fosse algo acabado, o que implica uma atitude hostil em relação a todas as inovações linguísticas. (Bakthin, 1979, p.89 apud Gnerre, op. cit., p.16)

O purismo acadêmico de alguns linguistas "engajados" choca-se com a demanda explícita dos professores indígenas nos cursos mesmos de formação que oferecem. Dizem os alunos indígenas:

> Nós estamos envolvidos, na nossa volta [está] o mundo dos brancos. Tem muitos problemas e a gente sente que tem de aprender (a língua portuguesa). (prof. Lucas Xavante).
>
> A gente trabalha a língua indígena paralelamente à língua portuguesa; não dá para separar. (prof. Ikpeng Korotomi.)
>
> Nós aprendemos o português porque é internacional, em qualquer lugar que eu vou eu vou escutar essa língua. Agora, a língua indígena varia de um lugar para outro. A minha língua é mesmo só na minha aldeia.
>
> Precisamos de professores (Xavante) bem formados para dar aula na língua portuguesa. (prof. Lucas Xavante.)

Os professores indígenas têm muita clareza que é na relação de contato entre línguas faladas cotidianamente que elas devem ser consideradas e pensadas – e os cursos de "língua indígena" presentes nos cursos de formação de professores deveriam considerar esta relação (entre língua indígena e língua portuguesa) em suas propostas e estar atentos a este contexto.

Há como que uma "reificação"/objetivação da língua como se esta fosse uma entidade em si, independente das estratégias indígenas, de seus usos e do lugar que o indivíduo faz dela no contexto da relação de contato. A língua não é algo que necessitaria ser urgentemente documentado antes de sua mudança, alteração ou contaminação; ela está; é uma relação, é *falada*, está em uso e é justamente este processo que precisa ser conhecido melhor (e reconhecido como fundamental) para que o linguista possa cumprir com seu papel histórico, aliás apontado por Franchetto, de "interlocutor privilegiado junto aos povos indígenas na reflexão e proposição consciente de suas políticas linguísticas".

É no contexto do contato com a sociedade nacional que a escrita na língua portuguesa é exigida pelos índios, e aos quais se tem respondido com a imposição de que, para dominar a língua portuguesa escrita, eles precisam primeiro aprender a escrever na sua própria língua – argumento embasado no pressuposto teórico do *continuum* entre as formas da oralidade e da escrita.

A necessidade da escrita da língua indígena tem sido justificada teoricamente por algumas premissas que me parecem extremamente perigosas do ponto de vista político:

- da necessidade de que para um povo ágrafo "perpetuar" a sua língua é imprescindível que ela seja grafada; e, consequentemente, todo seu o patrimônio cultural está ameaçado caso não seja "guardado" pela escrita.
- que a criação desta *língua indígena escrita* deve partir de uma proposta elaborada pelo linguista (ainda que com a participação dos falantes dessa língua como informantes) para dar conta de um dilema posto etnocentricamente por nós: o comprometimento linguístico.
- de que, para diminuir o impacto desse *"comprometimento linguístico"*, a escrita a ser criada o fará tendo por parâmetro fundamental a fonetização máxima (quase que uma escrita linguística, só que com os caracteres do alfabeto latino), isto é, a escrita deverá ser transparente,

em grau máximo, à palavra falada. Assim, se estaria "guardando" ou "reforçando" a língua indígena falada *por meio* da sua escrita, já que responderia à sua voz – o que é, penso, um equívoco perigoso, posto que desvaloriza o que é fundamental para a manutenção da língua: justamente a sua oralidade, o seu uso em sua forma oral.

- e, por último, que essa "transparência pura" da escrita e da fala (que qualifica como primordial para a primeira a correspondência unívoca entre fonemas e grafemas) impõe um limite físico para essa "língua" (fonetizada): os falantes que vivem geograficamente em um mesmo espaço, em uma determinada Terra Indígena. Com tal postura, alguns linguistas reforçam a imposição de fronteiras fictícias entre povos indígenas, já que cada diferença dialetal passa a se constituir em uma "língua" diferente, fragmentando os povos indígenas em "comunidades linguísticas", pequenas "ilhas", que as políticas oficiais procuram tornar incomunicáveis entre si.

Essa redução do papel do linguista já vem sendo avaliada por outras vozes que a dos indígenas. Muller, discutindo o papel dos linguistas na formação de professores indígenas, aponta que

> muitas das justificativas dadas por estes profissionais (linguistas) para o trabalho com as línguas indígenas têm compromisso muito maior com a tradição da própria disciplina do que com as necessidades dos professores indígenas e dos projetos que os contratam. (1998, p.388)

Grande parte dos linguistas acredita assim que sua assessoria aos projetos de formação de professores indígenas está em descrever as línguas indígenas faladas por aqueles professores, e que essa descrição é fundamental para as escolas indígenas. Dessa maneira referendam, ainda que involuntariamente, a incompreensão dos projetos oficiais realizados pelas Secretarias de Educação do que seja o "*específico e diferenciado*" proposto pela legislação e imposto a elas como o discurso politicamente correto, colaborando na redução deste axioma à elaboração de materiais didáticos "*na língua*". E, nesta justificativa, reiteram e propagam o equívoco de que para a língua indígena se constituir como uma língua escrita, esses passos (as descrições linguísticas, as criações de gramáticas, dicionários etc) são indispensáveis. Esquecem que não foi este o caminho desenvolvido pelas línguas europeias.

A língua portuguesa funcionou como língua escrita por mais de trezentos anos sem que instrumentos linguísticos de formalização e normatização interferissem neste processo. Os primeiros documentos escritos em língua portuguesa datam do final do século XII ao início do século XIII, sendo que a primeira gramática data de 1536, quase na metade do século XVI. E mais: a normatização ortográfica da língua escrita (o estabelecimento de que cada palavra só pode ser escrita de uma forma) é um fato do século XIX, não só para o português, mas para a maioria das línguas europeias (Muller, 1998, p.392).

A história da cultura escrita pode nos trazer possíveis entendimentos para a equação oralidade-escrita. Havelock (1995, p.26) lembra que a invenção do alfabeto grego, instrumento da futura "cultura escrita", a princípio funcionou como registro completo da cultura oral.[10] Aponta também que para os egípcios e sumérios, fenícios e hebreus, a escrita restringiu-se, inicialmente, nas sociedades onde era praticada, às elites clericais ou comerciais que se davam ao trabalho de aprendê-la. As atividades ligadas à justiça, governo e vida cotidiana eram comandadas pela comunicação oral, como hoje ainda acontece em grande parte do mundo islâmico e até mesmo da China (ibid., p.28). Esta situação encontra também um paralelo com a situação de uso atual da escrita em português por grande parte dos povos indígenas que a utilizam, via de regra, apenas em suas "transações" (em sentido amplo) com o mundo de fora; internamente na vida e na condução política e cultural, somente a linguagem nativa oral preenche os requisitos formais, legais e de domínio.

Mas qual tem sido o uso que os povos indígenas têm realmente dado à escrita? Sabemos do discurso, dado por eles, da necessidade da escrita na língua portuguesa para um domínio/controle das relações com os brancos; mas, na prática, como esta escrita vem sendo apropriada internamente por essas sociedades? Apesar dos vários trabalhos sobre educação indígena, sabemos ainda muito pouco sobre os usos da escrita e suas relações com a oralidade entre os povos indígenas brasileiros.

---

10 Tal como hoje se procura justificar a *escrita na língua* enquanto possibilidade de registro das práticas culturais indígenas.

Em artigo anterior[11] procurei refletir sobre o uso dado por um povo ágrafo, no caso os Timbira, à palavra escrita. Retomo aqui alguns pontos que me parecem fundamentais para contextualizar a discussão sobre a necessidade e o lugar da escrita, motivo dos projetos de escola/educação indígena.

Os Timbira empregam a escrita quase que apenas para redigir em português pequenos bilhetes e cartas, em quase sua totalidade solicitando "ajuda" para a realização dos rituais. Se, para nós, as cartas estabelecem relações entre pessoas distantes espacialmente, para os Timbira elas são utilizadas para introduzir um elemento de distância entre pessoas próximas espacialmente. São utilizadas, sobretudo, como recurso de comunicação com os "brancos" que estão próximos, ao alcance mesmo dos olhos e das mãos. Quando essa distância física é real, as solicitações aos "brancos" são resolvidas, sempre que possível, oralmente pelo telefone (os Timbira são devotos usuários do telefone, gravadores e, quando possível, dos sistemas de vídeo). Pela voz estabelece-se a proximidade física e o consequente reconhecimento do compromisso/vínculo social assumido anteriormente e, simultaneamente, a ausência real permite uma privacidade na elaboração da resposta (postura correta no campo das regras e etiquetas Timbira). Esse mesmo mecanismo é acionado quando os Timbira querem fazer solicitações ou pedidos a alguém próximo fisicamente. Nesse caso, o pedido é feito por meio da escrita (cartas ou bilhetes), instaurando pela ausência da voz o distanciamento em relação ao destinatário e evitando o constrangimento da resposta, caso negativa. Dessa forma deixa para o destinatário o poder de determinar o momento da resposta e dá margem a que o pedido possa ser refeito em outra ocasião. A palavra escrita é utilizada assim no lugar da fala, quando a comunicação se dá entre os interlocutores próximos, mas onde a distância social deve ser garantida pela distância espacial introduzida pela escrita (bilhetes e cartas). Quando esses bilhetes não contemplam todo o pedido, eles servem como introdutórios à solicitação verbal, dependendo da reação do destinatário/interlocutor. A escrita é utilizada, aqui, como prelúdio para a interação oral. Quando o autor não está presente e não tem um telefone ao alcance, os bilhetes e cartas chegam até o destinatário por meio da figura do "portador". Este, como um enunciador, projeta o eu/sujeito, não no interior do enunciado, mas no contexto da enunciação, marcando a exigência da interação

11 "De bilhetes e diários: oralidade e escrita entre os Timbira", 2001b.

oral como condição da comunicação. Nesse sentido a pessoa do "portador" tanto quanto o conteúdo do bilhete é condição para que a comunicação chegue a bom termo. O que está em jogo é a tentativa de convencer, persuadir, o destinatário. E a pessoa do "portador" é parte deste processo de persuasão. Por isso, a escolha do portador, por parte do autor/remetente, é delicada e importante. Ele representa, por seus vínculos anteriores com o destinatário, uma garantia da comunicação. Numa sociedade em que a retórica é fundamental, a persuasão é a base do discurso. A sedução possível da palavra é mantida quando da recorrência à escrita na presença formal do portador (Ladeira, 2001b, p.314-315).

A escrita entre os Timbira parece encontrar assim um lugar definido no contexto das relações com o mundo dos brancos, mas o uso dado à escrita não é aquele esperado por muitos dos educadores indigenistas. Para estes, a importância da alfabetização estaria no proporcionar contatos institucionais junto à Funai, ministérios, prefeituras etc. A escrita é de fato algumas vezes utilizada nesse contexto, mas a sua apropriação pela comunidade se faz majoritariamente para cumprir demandas internas (festas), utilizando referências da cultura oral, ou seja, a tradição da comunicação oral cerca e condiciona os usos do texto escrito.

Assim, apesar da extrema pressão e incentivo para uma produção de textos descritivos ou narrativos, na língua portuguesa ou na língua Timbira, que viessem a provocar internamente uma demanda pela leitura, esse fato não se concretiza. Não há uma produção literária que poderia dar sentido à escrita na língua indígena. Atualmente, por pressão dos cursos de Licenciatura Intercultural em que participam um grupo de professores Timbira, começam a surgir, muito timidamente, alguns trabalhos escritos em atendimento à necessidade de apresentação das monografias de fim de curso, mas que não reverberam no interior das suas próprias comunidades linguísticas.

Parece-nos ainda, que o conservantismo linguístico Timbira – que mantém suas formas artísticas orais (artísticas no sentido de diferir da fala diária empregada para o relacionamento com o mundo e o outro, e que exige uma habilidade e uma autoconsciência da parte de quem a produz) – preenche o vazio por onde poderia surgir uma literatura escrita. Estou me reportando, aqui, a Feldman (1995), que parte do pressuposto geral de que existe uma variedade de gêneros orais comparáveis à dos nossos gêneros escritos, e que em ambos os casos pode haver manifestações artísticas, o que pressupõe a separação entre texto e interpretação. Para este autor, enquanto qualquer cultura oral possuir sistemas de texto e interpretação, a escrita poderá não lhe ser necessária. Essa nos parece uma linha sugestiva de investigação que poderia modificar a compreensão da inoperância do sistema escolar implantado nas mais diferentes aldeias e da consequente frustração que acompanha o trabalho dos educadores que veem a escrita, etnocentricamente, como marca da "modernidade" e do "esclarecimento". Em suma, em sociedades onde as artes das tradições orais são vivas, as artes da escrita não encontram ambiente para se constituírem (Ladeira, 2001b, p.316-318).

Esta linha de pensamento problematiza também a conclusão apontada por D'Angelis em sua defesa da necessidade de uma língua indígena escrita. Ele considera que a escrita de uma língua indígena é fundamental para o não desaparecimento da língua em sua manifestação oral; justifica a escrita não pela transmissão dos conhecimentos, ou para a memória social de um povo, mas pela necessidade de a língua indígena ocupar este novo espaço, o da escrita, competindo por este espaço que é característico da língua portuguesa. Propõe que a questão central seria a da necessidade de se dotar a língua indígena de leitores e, por consequência, a necessidade de formar escritores indígenas como forma de fortalecê-la. Cito um trecho:

> A única forma de se opor, concretamente, ao desaparecimento de uma língua indígena é fazer frente, deliberadamente, à perda de espaços para a língua portuguesa, garantindo (ou criando), para a língua indígena, funções e usos sociais relevantes e prestigiados. Desenvolver a escrita em língua indígena é uma das formas importantes e, possivelmente, das mais eficazes, para uma política de resistência da língua indígena às pressões da língua majoritária. E é também um dos instrumentos mais eficazes de uma política linguística de fortalecimento e modernização da língua indígena, indispensável para sua sobrevivência futura.

Este talvez possa ser um dos futuros das línguas indígenas – ou quiçá se trate apenas de um *wishful think*; em todo o caso, somente o será se validada politicamente pelos usuários de cada língua e muito além dos processos educativos que lhe são impostos pela sociedade dominante. Mas estaremos então nos referindo não somente a uma possível solução para o comprometimento linguístico como uma tendência subordinada de resistência linguística, *mas a uma redefinição do lugar e da relação destes povos com a sua língua originária.* Insistimos novamente neste ponto, devemos considerar que as relações de contato entre as línguas – ainda mais se supormos como verdadeiro que a língua portuguesa avança de faca em punho sobre as línguas indígenas – é construída socialmente pelo povo indígena em questão.

Há um discurso subjacente que considera como perniciosa a hibridização entre as línguas, vista como uma "contaminação" perigosa que ameaça a existência de uma língua "pura", originária, retrato/símbolo fiel da identidade daquele povo (Rajagopalan, 1998, p.39).

Em trabalho anterior (2001a) expressei a relação dos Terena com a sua língua e como a capacidade dos Terena de refletirem em sua língua a relação de contato com a sociedade nacional (e com a língua portuguesa) lhes permite o domínio sobre a "pressão aculturativa". A compreensão dos Terena da contaminação do português em sua língua é que permite, a nosso ver, a sua resistência linguística e expressa o modo Terena de se apropriar *terenamente* dos bens ou das imposições decorrentes da situação de contato.

> acabou aquele nosso idioma antigo, agora tá pegando mais o português, né? (nosso idioma) puxa mais para o português... Isso é por causa da civilização. (Hélio Albuquerque Terena/TI Cachoeirinha)

Como apontado já por Kietzman em sua análise da influência da língua portuguesa na formação do léxico da língua terena, "o resultado continua a ser essencialmente Terena, mas um Terena mais 'semelhante' ao português, mesmo sem a introdução de qualquer empréstimo vocabular" (1958, p.19).

Esta é a constatação clara e evidente não de uma "perigosa perda" da língua concebida como um objeto, ou variável independente e desvinculado de qualquer influência decorrente das condições de vida de seus falantes; mas, ao contrário, é o atestado da sua vitalidade, da produção social da língua terena no quadro das suas relações socioculturais presentes/atuais. Como vimos na fala citada acima de Hélio Albuquerque, as mudanças na língua terena, apontadas com propriedade por Kietzman no artigo citado, são perfeitamente percebidas e comentadas por seus falantes, porque produzidas cotidianamente em suas falas (Ladeira, 2001a, p.159).

As mudanças numa língua não ameaçam a sua continuidade no tempo, o que a ameaça é o abandono de seu uso, *é não ser falada*. A escrita na língua indígena pode vir a cumprir outras funções, mas está longe de garantir *per se* a continuidade de sua existência.

Parece que os povos ágrafos contemporâneos, na situação de desigualdade que caracteriza as relações entre povos indígenas e sociedade nacional, percebem com clareza que na nossa sociedade, com a qual são obrigados a conviver, a oralidade e a cultura escrita podem ser vistas como interligadas. A relação entre elas tem o caráter de uma tensão mútua e criativa, na qual estes povos encontram referências para definir as suas políticas linguísticas. Se considerarmos, em nossas práticas educativas, que a oralidade e a cultura escrita possuem formas distintas de expressão e de reprodução, embora reconhecendo a importância interativa de ambas, *estaremos compreendendo como antigas funções vêm sendo desempenhadas de maneira nova* (como o exemplo Timbira nos mostra) e *como novas funções para a palavra escrita podem vir a ser propostas ou emergirem no interior da comunidade.*

Estamos nos referindo às políticas linguísticas em relação à aquisição da escrita, que em nada tem a ver com a manutenção e o uso falado da língua por um dado povo.

Para nós, para que uma língua continue viva, isto, é falada, é necessário que sejam incrementados os contextos de uso da língua indígena em questão,[12] ou seja, que sejam valorizados e multiplicados os momentos/espaços em que um determinado povo usa privilegiadamente a sua língua.[13]

Gostaria de retomar agora a relação entre memória e linguagem, fundamental para se avaliar a funcionalidade social das formas orais de transmissão de conhecimentos, isto é, o patrimônio cultural de um povo.

Em povos onde a tradição é, sobretudo, armazenada na oralidade, a transmissão é o meio para que essa tradição seja memorizada. E, portanto,

---

12 Uma política pública que estivesse preocupada com essa questão estaria muito além do apoio a elaboração de matérias didáticos escritos; estaria apoiando a realização dos rituais, lócus privilegiado da expressão cultural plena.

13 Para reforçar estes espaços, o CTI concebe a Série Oralidade, cuja proposta é compactuar a familiaridade e o manuseio de livros, comumente usados para a difusão da escrita, como suporte para a transmissão de conhecimentos por meio do uso da fala. Um livro sem escrita, onde as representações gráficas (desenhos, pinturas) invocam memórias e narrativas que só podem assim ser contadas por aqueles que as conhecem, garantindo novos espaços para o uso da língua indígena falada e do modo próprio que cada contador guarda ao contar uma história e que não pode ser reproduzido pela escrita. Para ver estes materiais, acessar a biblioteca do www.trabalhoindigenista.org.br.

os segredos desta memória oral não estão no comportamento da língua usada na conversação, mas, como aponta Havelock, na língua empregada para o armazenamento de informações. "Essa língua deve ter dois requisitos básicos: tem sempre de ser rítmica e narrativa. Sua sintaxe, por outro lado, deve sempre descrever uma ação ou paixão e nunca princípios ou conceitos." (Havelock, 1995, p.31.) As artes das tradições orais têm como um dos seus objetivos na transmissão de conhecimentos a memorização (armazenamento) destes. Um dos objetivos tanto do épico na Grécia Clássica quanto do repertório de cantos Timbira, é o armazenamento de material (informações) na memória oral. E os cantos Timbira são imensos repositórios de informação cultural:

> tudo que existe no universo "natural" Timbira tem seu canto: das pequenas bolhinhas d'água formadas pela rãzinha quando respira, à luz diáfana que emerge dos aerólitos; das cores inusitadas de determinadas joaninhas à forma delicada do menor arbusto e florzinhas do cerrado; da elegância do caminhar da onça à graça do redemoinho no cocoruto de um pequeno marsupial, tudo que é diferencial dos, e nos, seres é cantado. (Azanha, 2004)

Mas para isso há todo um conjunto de regras que governa a composição oral, como marcadores que conduzem a narrativa à medida que esta se desenvolve. Estas regras são fundamentais porque ficam armazenadas na memória do narrador, do cantador, do chamador, dos mestres que dominam estas artes para entrarem em ação sempre que necessário. E, porque este *corpus* de conhecimento faz parte de um patrimônio social compartilhado com os demais membros da sociedade, estes marcadores estão armazenados na memória como instrumentos auxiliares para facilitar a retórica. Por isso a importância da memorização nestas sociedades. E por isso deve-se refletir sobre a "liturgia da escolaridade" (para empregar um termo de Ivan Illich) levada pelos programas de educação escolar indígena, quando se valoriza a aprendizagem por meio da "improvisação", da "criatividade" (em seu sentido mais banal) em uma aparente prática metodológica *politicamente correta*, mas em total descompasso com relação aos métodos de aprendizagem dos povos indígenas, que repousam, ao contrário, na *recitação*, na *cópia*, na *observação*, na *imitação*, técnicas estas fundamentais para o processo de memorização.

Outro ponto importante a ser colocado, nesta discussão, parte da constatação de que inicialmente o alfabeto (isto é, a escrita *fonetizada*) foi usado para registrar a linguagem oral (Catach, 1996, p.5), tornando possível ler corretamente as palavras sem a necessidade de compreendermos o sentido do que estamos lendo. Além disso, por mais de 200 anos a decodificação do registro alfabético não foi executada apenas com o emprego dos olhos: a "leitura" era sinônimo de recitação em voz alta ou murmurada (Illich, 1995, p.43). Embora ocasionalmente praticada, a leitura silenciosa permaneceu impossível até o século VII: os espaços entre as palavras eram desconhecidos (ibid., p.44). Por incrível que possa parecer, este é o mesmo procedimento dos povos indígenas que, ao se aventurarem a construir a sua grafia, e ao experimentarem sua escrita, não separam o texto em palavras, não marcam os sinais de pontuação, porque, justamente, estas informações são desnecessárias: o escrevinhador conhece o texto, ele sabe *falá-lo* e, ao reproduzir em voz alta o que está escrito, ele o faz da maneira certa, inteligível.

Os historiadores das línguas constataram que, se o alfabeto grego fosse ensinado a uma criança quando seu domínio oral da língua ainda não estivesse completo, os dois hábitos, o oral e o visual, poderiam ser ensinados concomitantemente, resultando no reconhecimento de valores acústicos desencadeados por formas visuais, que com o tempo tornava-se automático (Havelock, 1995, p.31).

Talvez aqui tenhamos uma indicação do porque insistem os índios que o aprendizado da língua portuguesa se dê concomitantemente em suas duas expressões: porque percebem que essa língua estrangeira é ao mesmo tempo falada *e* escrita. Por isso, e contrariamente àqueles educadores que buscam justificar a imposição da escrita na língua indígena como condição necessária para a posterior alfabetização em português, é que constante e enfaticamente afirmam que isso pode ocorrer simultaneamente (escrever "na língua" e no português).

A oralidade implica uma memória enquanto *presença* e *duração* e não um *isto foi*, um passado fotográfico, tal como a memória escrita exige. A transmissão oral, ao contrário, exige a presença do outro como interlocutor. Ela não aprisiona a duração por meio da escrita. A transmissão dos conhecimentos através da memória implicada na oralidade não cava uma distância entre um presente que foi e aquele que ocorre agora; a noção de um tempo *histórico* que somente a memória escrita instaura. A memória escrita cria a possibilidade do passado enquanto um *isto foi* (que é o *noema* da fotografia segundo Barthes em *A câmara clara*) e coloca, de pronto, a questão do futuro. Se se *pensa* o tempo, se *constrói* o tempo como tempo histórico.

Em povos agráfos a duração do estado presente é contínua, criada pelo movimento constante da repetição. Repetição da repetição da repetição, num movimento infinito, cuja fissura da mudança é anulada porque sem referência numa *memória*. Sem dúvida que a mudança existe, no sentido que a repetição da repetição da repetição não recria o mesmo, mas um outro que será repetido.

> Reflitamos, porém: como adviria um novo presente, se o antigo presente não passasse ao mesmo tempo em que é presente? Como um presente qualquer passaria, se ele não fosse passado ao mesmo tempo que presente? O passado jamais se constituiria se ele já não tivesse se constituído inicialmente, ao mesmo tempo em que foi presente. Há aí como que uma posição fundamental do tempo, *e também o mais profundo paradoxo da memória*: o passado é "contemporâneo" do presente que ele foi. [...] O passado jamais se constituiria se ele não coexistisse com o presente do qual ele é passado. (G. Deleuze, 1999, p.45-46, grifo nosso)

Os programas de Educação Indígena, com suas bem-intencionadas propostas metodológicas, fazem parte de programas acelerados de mudança, ao compartimentarem a duração do tempo em uma linha da história expressa em três momentos sucessivos: passado, presente, futuro. Os nossos livros de "História", ou de etno-história, procuram refazer pela escrita esta trajetória, muitos sem estarem atentos a este dilema. Reificam, eternizam, *desmistificam*, em seu sentido mais concreto, a duração de tempo, desprendendo-o do movimento cíclico, instaurando uma duração sequencial e linear do tempo, abrindo fissuras na forma com a qual os povos ágrafos resistem à mudança (ou melhor, digerem as mudanças que lhe são impostas).

As propostas de educação escolar indígena têm se movimentado assim em um cenário paradoxal: de um lado, a reificação da permanência de uma tradição *imemorial*, concebida como o horizonte de resistência destas sociedades ao nosso mundo e, de outro, a assimilação passiva de novos saberes e técnicas, tendo como horizonte a sua acomodação prática a este mundo novo. A história assim prevista ou antevista condena as sociedades indígenas a desaparecerem paulatinamente ou as encerra em um "primitivismo" eterno (Bocarra, 2001).

Somente podemos escapar desse etnocentrismo que caracteriza nosso modo de enfocar as possibilidades de futuro desses povos, ao qual os programas e projetos de educação escolar indígenas estão atrelados, se pensarmos a história e as relações de contato destes povos com a sociedade nacional a partir das estratégias políticas (e linguísticas) desenvolvidas por eles, na qual o dilema da escrita, dilema posto por nós, se coloca, se refaz pelo uso e sentido que dão à ela em função de uma redefinição da noção de fronteira: não mais concebida como um espaço marcando um limite real entre mundo "primitivo" e mundo "civilizado", mas como um campo social onde as práticas e representações relativas à construção destes limites são estratégias constitutivas destes povos.

Referências bibliográficas

AZANHA, G. Apresentação CD Amjëk *Música dos Povos Timbira*, 2004.

BENNET, J.; BERRY, J. W. A escrita silábica entre os Cree. In: OLSON, DAVID; TORRANCE, NANCY (Orgs.). *Cultura Escrita e Oralidade*. São Paulo: Ática, 1995.

BERGSON, H. *Matéria e memória*. São Paulo: Martins Fontes, 1999.

BOCCARA, G. Mundos Nuevos en las fronteiras del Nuevo Mundo. *Relectura de los procesos coloniales de etnogéneses, etnificación y mestizaje en tiempos de globalización*. Mimeo, 2001.

CATACH, Nina. Apresentação. *Para uma teoria da língua escrita*. São Paulo: Ática, 1996.

CURIEUX, T. *Reflexiones sobre el paso de la oralidad a la escritura. Mimeo.* Universidad de Cauca.

D'ANGELIS, W. da R. Letramento e Educação Indígena: Línguas Indígenas e a fabricação de seus leitores e escritores. *Mimeo*. Unicamp.

DELEUZE, G. Bergsonismo. São Paulo: Editora 34, 1999.

FELDMAN, C.F. Metalinguagem oral. In: OLSON, David; TORRANCE, Nancy (Orgs.). *Cultura escrita e oralidade*. São Paulo: Ática, 1995.

FRANCHETTO, B. Línguas indígenas e comprometimento lingüístico no Brasil: situação, necessidades e soluções. *Mimeo*. Museu Nacional. [s.d.]

______. As artes da palavra. *Mimeo*. Museu Nacional. [s.d.]

GNERRE, Maurízio. *Linguagem, escrita e poder*. São Paulo: Martins Fontes, 1985.

HAVELOCK, Eric. A equação oralidade-cultura escrita:uma fórmula para a mente moderna. In: OLSON, David; TORRANCE, Nancy (Orgs.). *Cultura escrita e oralidade*. São Paulo: Ática, 1995.

ILLICH, Ivan. Um apelo à pesquisa em cultura escrita leiga. In: OLSON, David; TORRANCE, Nancy (Orgs.). *Cultura escrita e oralidade*. São Paulo: Ática, 1995.

LADEIRA, M. E. Sobre a língua da alfabetização indígena. *A Questão da educação indígena*. Org. Comissão Pró Indio-SP. São Paulo: Brasiliense, 1981.

______. *Língua e história. análise sociolingüística em um grupo Terena*. Tese (Doutorado). FFLCH, USP, 2001.

______. De bilhetes e diários: oralidade e escrita entre os Timbira. In: LOPES DA SILVA, Aracy; FERREIRA, Mariana K. L. (Orgs.). *Antropologia, história e educação*: a questão indígena e a Escola. São Paulo: Global, 2001b.

______. Desafios para uma política para a educação escolar indígena. *Revista de Estudos e Pesquisa*, CGDOC – Funai, v.1, n.2, 2004.

OLIVEIRA, G. M. O que quer a linguística e o que se quer da linguística na pedagogia da diferença. A delicada questão da assessoria ao movimento indígena. In: SECCHI, Darcy (Org.). *Tecendo os caminhos da Educação Escolar Ameríndia*, Cuiabá (MT): Seduc, 1998.

17
A formação de professores indígenas na UFMG e os dilemas das "culturas" entre os Xakriabá e os Pataxó

Ana Maria R. Gomes e Shirley Aparecida de Miranda

Neste capítulo não intencionamos retomar exatamente a proposta político-pedagógica do curso de Formação Intercultural de Educadores Indígenas (Fiei) – assumido aqui como uma ação desenvolvida no âmbito das políticas educacionais e culturais. Pretendemos abordar aspectos do contexto com o qual o Fiei se propõe a interagir, tendo em vista as relações que vêm se construindo com dois dos povos indígenas com os quais trabalhamos na UFMG: Xakriabá e Pataxó. O Fiei teve início em 2006, na Faculdade de Educação da UFMG, na condição de projeto-piloto dentro do "Programa de Apoio à Formação Superior e Licenciaturas Indígenas" (Prolind). Em 2009, o projeto passou a curso de oferta regular de licenciatura inserido no Programa de Apoio ao Plano de Reestruturação e Expansão das Universidades Federais (Reuni).

Ao tratar das políticas culturais, incluindo entre elas a escola e os diversos problemas a ela correlacionados, cabe recordar a abertura dos trabalhos do GT, em dezembro de 2012, os quais discutiram as diretrizes da educação básica para as escolas indígenas.[1] Gersem Baniwa, então coordenador da educação escolar indígena (CGEEI) na Secad/MEC, abriu a sessão falando

1 A equipe do Fiei deu suporte para a realização de algumas das reuniões temáticas que compuseram o leque de atividades do GT, especialmente sobre os temas de formação de professores e educação infantil. Quanto a este último, contamos também com a colaboração do OEEI/UFMG (Observatório da Educação Escolar Indígena) que atua em parceria com o OEEI/UCDB e OEEI/UFSCar.

dos muitos problemas das escolas indígenas e da importância de se avançar na normatização para tentar progredir também na sua implementação. Na ocasião, fizemos presente a importância de se partir de um dado: *historicamente, as escolas nunca funcionaram para todos que a frequentam*, nem mesmo nos países em que foram criadas, e nos quais chegaram a ter essa configuração que conhecemos hoje, cujo modelo seguimos no Brasil. Os estudos da Sociologia da Educação, da História da Educação e da Antropologia da Educação[2] convergem em demonstrar que a escola no modelo da instrução pública de massas é uma engrenagem social que vem com problemas "de fábrica", inerentes ao modelo. Mesmo assim, ela continua a ser oferecida como um "pacote pronto", e podemos constatar que essa configuração se expandiu e continua a se expandir pelo mundo (Hannerz, 1997, p.14). Em uma fórmula breve, trata-se das escolas no formato *egg-carton*, regidas pelo "princípio da sala de aula", que contrastam com outros modelos como o da escola de sala única, ou escolas monitoriais, ou ainda a relação um a um que caracteriza os chamados "regimes de aprendizado" (Anderson-Levitt, 2003, p.9).

Nossas reflexões têm como pano de fundo as discussões em torno da função social da escola para os povos indígenas em suas articulações com as dinâmicas culturais, considerando tanto a construção da educação básica nas aldeias quanto a formação docente na Universidade. As reflexões que se seguem apresentam duas situações distintas e buscam trazer temas também distintos: a primeira é a da construção das relações com os Pataxó dentro do aparato institucional da universidade, abordando o tema da gestão compartilhada entre instituição pública e povos indígenas; a segunda trata da construção da proposta da escola diferenciada nas aldeias Xakriabá, e o tema mais amplo dos processos de escolarização em sua relação com as dinâmicas culturais.

2 A título de indicação emblemática, referiremos o volume de Jean Claude Forquin – *Sociologia da Educação – Dez anos de pesquisas*, que retoma o surgimento desse campo nos anos 1960, em função da constatação da ineficácia dos sistemas escolares em contribuir para a mobilidade social, um dos pontos programáticos sobre os quais se construíram as propostas de escolarização de massa. Da mesma forma, fazemos referência ao campo da Antropologia e da Educação nos EUA, único país em que esse se instituiu de forma consolidada, cujo *leitmotiv* seminal foi exatamente a dificuldade de as escolas públicas lidarem com a diversidade cultural que caracteriza a sociedade americana, como se pode verificar nas publicações ao longo dos anos 1980 e 1990, publicações dedicadas ao tema da educação das minorias (*minority education*), em particular na revista *Anthropology & Education Quarterly*.

Propomo-nos a abordar a interação do Fiei com as dinâmicas em curso hoje entre os Xakriabá, povo indígena do sertão/cerrado, e a terra indígena homologada em 1987 no norte de Minas Gerais (município de São João das Missões).

Os Xakriabá passaram por intenso processo de modernização nos últimos 15 anos (1997 marcou o início da atuação dos professores indígenas em escolas estadualizadas; 2000, a chegada da eletricidade na maioria das aldeias). Interessa-nos tentar avançar hipóteses de análise em relação a esse processo mais amplo, e o lugar ou o papel que a escola e a cultura assumem nesse cenário.

Com os Xakriabá, mantemos um processo contínuo, ainda que com variações, de realização de projetos de pesquisa e extensão – que são a base para as reflexões que serão aqui apresentadas.

O outro aspecto diz respeito à interlocução que vem aproximando os indígenas da Universidade e provocando deslocamentos recíprocos. Enfocaremos a proposta de gestão compartilhada, que levou à criação, em 2013, do Conselho Consultivo Indígena do Fiei, e a relação desenvolvida a partir dessa instância com os Pataxó.

Em 1951, logo após eventos que marcaram fortemente sua história, os Pataxó chegaram a ser descritos como extintos. Atualmente, vivem no extremo Sul da Bahia, distribuídos em cerca de 30 aldeias nos municípios de Porto Seguro, Prado, Santa Cruz de Cabrália e Itamaraju, e também em Minas Gerais, nos municípios de Açucena, Carmésia e Itapecerica.

Com os Pataxó, as análises provêm dessa instância de interlocução gerada pelo curso – o Conselho Consultivo –, e, desse ponto de vista, é interessante registrar que a inserção dos povos indígenas na Universidade amplia seu leque de contatos e parcerias com o mundo dos não índios. Ao mesmo tempo, é interessante acompanhar os movimentos diferenciados que se criam no caso de relações entre universidade e povos indígenas, que se desdobram para além da escola e/ou em paralelo à sua implementação – no caso dos Xakriabá; e relações que se constroem com base em um quadro de atividades acadêmicas de ensino (e não só pesquisa ou extensão), que hoje caracterizam a situação de alguns povos indígenas, como os Pataxó.

A cultura indígena na Universidade: tecendo relações políticas e descobrindo problemas da "cultura" junto com os Pataxó

Parte significativa da complexidade da formação acadêmica de indígenas diz respeito ao inusitado dessa presença no ambiente da universidade. As perguntas de docentes e discentes universitários acerca dos limites do convívio entre indígenas e não indígenas no espaço acadêmico são reveladoras de desconhecimentos e estereótipos. Vejamos: serão os índios capazes de aprender? Eles sabem ler um texto acadêmico?[3] Falam ao telefone? Utilizam computador? Eles se vestem de forma adequada para realizar as atividades acadêmicas?[4]

Estudantes indígenas descobrem rapidamente formas de provocar o reconhecimento de sua existência e para isso concorre a noção de "cultura". No modo como se refere Carneiro da Cunha (2009, p.312), a "cultura" se destaca como uma das categorias adotadas e renovadas pelos povos indígenas envolvidos no processo de colonização. Desse ponto de vista, "cultura" é uma categoria política utilizada como argumento central nas reivindicações por direitos: "vários povos estão mais do que nunca celebrando sua 'cultura' e utilizando-a com sucesso para obter reparações por danos políticos" (Carneiro da Cunha, 2009, p.313). Em nossa análise, reparação e reconhecimentos são processos políticos simultâneos e, desse ponto de vista, o direito indígena à permanência exigiria o reconhecimento de sua "cultura". Adereços e pinturas corporais fazem parte desse jogo de visibilidade indígena, assim como a ocupação de espaços que vão do auditório preferido para as atividades coletivas – perto do jardim e distante do ar-condicionado – aos espaços de descanso. É curioso perceber que, enquanto a disputa por espaço

3 Essas interrogações recaem sobre os indígenas, mas também sobre estudantes negros/as, cotistas de modo geral. O que nos leva a inferir que pesam sobre todas as presenças inesperadas no domínio acadêmico.

4 Além do Fiei, na UFMG temos a Caei (Comissão de Acompanhamento de Estudantes Indígenas), que atua junto aos estudantes indígenas que ingressaram na UFMG por meio de seleção específica para vagas suplementares para os povos indígenas, oferecidas em seis cursos: Medicina, Odontologia, Enfermagem, Ciências Biológicas, Ciências Sociais e Agronomia. Muitas dessas questões são reiteradamente colocadas para esses estudantes que, diferente do que acontece nas classes formadas somente por indígenas, frequentadas pelos alunos do Fiei, convivem em classes formadas por maioria de estudantes não indígenas.

no prédio da unidade acadêmica se concentra nas salas, os estudantes indígenas ocupam as áreas abertas, primeiro devagar e silenciosamente, depois com seu canto que reverbera no espaço interno, como a anunciar a chegada de um "estranho".

Um efeito dessa ocupação perturbadora pode ser verificado no evento de introdução do mastro nomeado *mimãnau*, artefato do povo indígena Maxakali, nas dependências da unidade acadêmica. Esse mastro representa para o grupo um dos elos com sua cultura. É confeccionado em um longo ritual que vai desde a retirada do tronco da árvore, passando pela pintura com determinadas tintas e cores que desenvolvem efeitos geométricos, até a instalação no centro da aldeia, no "caminho em que todos passam". O mastro demarca o território e convoca a memória de festas e momentos de rituais diversos.

Em 2006, quando estava em curso a primeira turma de Formação Intercultural de Educadores Indígenas, os Maxakali propuseram a instalação, na Faculdade de Educação da UFMG, de um mastro produzido como em sua terra como forma de materializar a relação entre os territórios da aldeia e os da Universidade. Um modo de encontro simbólico bastante operativo, já que passar nas imediações do mastro era lembrar e sentir o próprio espaço; ligar e religar é a função desse mastro – evocando um dos sentidos etimológicos atribuídos ao vocábulo religião, *religare*, religar. Daí a sutileza do nome com o qual o grupo que conduzia o curso na Universidade traduziu o *mimãnau* – "pau da religião dos Maxakali". E, embora o elo remetesse aos Maxakali, as outras etnias presentes no curso não tergiversaram em adotar o mastro como símbolo de sua identidade, operando ou reeditando ligações. Um cacique Pataxó chegou a afirmar que eles também eram portadores desse artefato, o qual teria sido confiscado pelo branco quando este chegou às suas terras e colocou nele sua bandeira, evocando possíveis conexões com um passado ancestral comum a esses dois povos.

O *mimãnau* tornou-se a referência para chegada e partida dos estudantes indígenas nos períodos intensivos[5] em que permaneciam na universidade.

---

5 O curso se organiza em duas etapas semestrais: intensivas, compostas de seis semanas, nas quais os estudantes indígenas se deslocam para a UFMG e têm aulas em tempo integral; intermediárias, nas quais os professores da UFMG e os professores bolsistas Reuni se deslocam para as aldeias para a realização de atividades acadêmicas – disciplinas, orientações de TCCs, estágio, projetos de extensão, atividades do Programa Institucional de Bolsas de Iniciação à Docência (Pibid), pesquisas relacionadas ao Observatório da Educação Escolar

Demarcava o local do *awê*, da realização de cantos e danças nos momentos de recepção, encontros, despedidas. Passado algum tempo, o mastro foi retirado em função das obras de ampliação do prédio da unidade. O longo processo de conversas, negociações entre as instâncias envolvidas ultrapassa os limites propostos para essa discussão, restando-nos assinalar a conjugação entre territorialização e desterritorialização. Na dinâmica dessas relações, fomos surpreendidos não pela reivindicação, óbvia e legítima, dos estudantes indígenas em torno da recolocação do mastro, afiançada por caciques, pajés e diversas lideranças. O surpreendente foi a preocupação da direção da unidade acadêmica em torno dessa demanda e a insistente indagação em relação à recolocação do mastro proferida por estudantes não indígenas, funcionários e professores, os três clássicos segmentos representativos da comunidade acadêmica. Como em todo processo de reterritorialização, polêmicas e disputas compareceram na reinstalação do mastro – como a reclamação de grupos evangélicos que, nesse evento, clamaram pela laicidade no espaço acadêmico e reivindicaram a retirada de todos os "símbolos religiosos".

Será importante aprofundar essa discussão em outra oportunidade. Nesse ponto, gostaríamos de assinalar o quanto a visibilidade indígena provoca reverberações imprevistas, o que, a princípio, parece exigir o cálculo milimétrico de cada movimento. Contudo, os efeitos dessa presença têm demonstrado o espectro da incomensurabilidade, uma vez que não se trata de redistribuição do espaço, mas de critérios conflitivos na valorização das reivindicações. Como afirma Fraser (2008, p.18), os conflitos atuais ultrapassam o desenho de simples alternativas comensuráveis e estão a exigir esquemas políticos que levem em conta a redistribuição, o reconhecimento e a representação, simultaneamente. Essas três categorias nos ajudam a pensar as dinâmicas que se desenvolvem com a presença dos estudantes indígenas e dos representantes de seus povos na universidade.

Na tentativa de refletir sobre dilemas dessa ordem, elegemos o processo de delineamento do Conselho Consultivo Indígena, instância política que atua junto ao Colegiado do Fiei. Como decidir sobre quem são aqueles cujos

Indígena, entre outras. Assinalamos que essa forma de organização não condiz com a chamada "pedagogia da alternância", baseada numa divisão de tempos articulados pelo trabalho no campo. Aqui, o enfoque é a compreensão e a articulação entre as fronteiras de conhecimentos acadêmicos e os conhecimentos tradicionais indígenas.

interesses devem ser representados? Qual a cartografia justa? São problemas que se desdobram impulsionados pela presença indígena na Universidade.

A cultura nas malhas da gestão

Concebidos como órgãos de caráter deliberativos, os Colegiados de curso definem normas que incidem sobre a vida acadêmica dos estudantes. Legislam sobre critérios e mecanismos de avaliação, licenças médicas e outros afastamentos, horários e utilização de espaços na composição das turmas, análise e confirmação de matrículas. Excetuando-se períodos de reformas curriculares, quando mobilizam polêmicas acaloradas, os Colegiados de curso regulam o funcionamento cotidiano. Ocasionalmente, as demandas de um segmento, o de estudantes, interferem nessa regularidade. De modo geral e esquemático, a representação configura-se proporcionalmente à assimetria de poder entre os segmentos docentes e discentes. O que distingue esse esquema daquele de um Colegiado de curso de graduação para indígenas?

Se considerarmos exclusivamente as funções assumidas e as discussões mobilizadas nos cinco anos de funcionamento do Colegiado do Fiei, poderíamos verificar muitas aproximações entre esse Colegiado e o dos demais cursos. A regulamentação dos componentes curriculares e dos encaminhamentos relativos à vida escolar – licença-maternidade, trancamento de matrículas, mudança de turma e/ou habilitação – é tema recorrente. Contudo, a relação entre as fronteiras da Universidade e a das terras indígenas, ou, de outro modo, a mediação da presença indígena na Universidade e da presença da Universidade nas terras indígenas descortina assimetrias que não se resumem ao binômio docentes/discentes. Afinal, quem tem a prerrogativa de tratar da presença não indígena nas aldeias? Como dimensionar os efeitos do parto, por exemplo, na vida das indígenas que são estudantes diante da normativa vigente quanto à licença maternidade? Como manobrar o tempo das festas e dos rituais e o tempo das atividades acadêmicas? Esses são só alguns casos emblemáticos a nos alertar que um Colegiado de curso específico para povos indígenas lida com uma problemática mais densa, que pode ser definida em termos da relação entre o curso e os interesses dos povos indígenas.

Em última instância, é preciso ter em conta a autonomia, a dignidade, a sobrevivência e até mesmo a própria existência dos povos indígenas no Brasil. Caciques, pajés, xamãs, lideranças, sábios, artesãos, artistas compõem, de modo bastante significativo, o quadro das relações que atravessam e conformam o curso. Afinal, o reconhecimento exige que se levem em conta dinâmicas específicas de autorização, formas próprias de "organização social, costumes, línguas, crenças e tradições" indígenas, conforme vigora na Constituição da República Federativa do Brasil de 1988, art. 231, ou o disposto no art. 5º, alínea a, da Convenção 169 da OIT:

> a) os valores e práticas sociais, culturais, religiosos e espirituais desses povos deverão ser reconhecidos e a natureza dos problemas que enfrentam, como grupo ou como indivíduo, deverá ser devidamente tomada em consideração;

O Colegiado do Fiei se depara com um arcabouço jurídico que ultrapassa normas acadêmicas internas[6] e é tensionado a se configurar como um campo político e discursivo capaz de acolher indígenas como interlocutores paritários da Universidade e da sociedade. Qual a cartografia justa para inserir no mapa demandas de distintos povos indígenas, em contextos culturais e territoriais díspares e com formas de organização variadas?

A regulamentação universitária não inclui a possibilidade de uma composição de Colegiado de curso atenta a lógicas que não se resumem à assimetria docentes/discentes. Durante três anos, ensaiamos composições nas quais estudantes indígenas estivessem em relação paritária com docentes do curso, que são os coordenadores das áreas de habilitação.[7] Inicialmente, entendíamos que o problema a superar era a disparidade numérica estabelecida pela

---

6 O arcabouço jurídico referenciado consta: dos artigos da Constituição da República Federativa do Brasil, tanto os que se referem especificamente aos indígenas, como o Capítulo VII – Dos Índios, quanto os diretos fundamentais reconhecidos a todo cidadão brasileiro; do Estatuto do Índio em vigor (Lei n. 6.001/73); da Convenção 169 da OIT, promulgada pelo Decreto n. 5.051/2004. Além desses, incorporamos a legislação específica para a educação escolar indígena: Constituição da República Federativa do Brasil; Lei de Diretrizes e Bases da Educação Nacional (n. 9.394/96); Parecer CNE/CEB n. 14/99 e Resolução CNE/CEB n. 3/99, Parecer CNE/CBE n. 13/2012 e Resolução CNE/CEB n. 5/2012, que fixaram normas para o funcionamento das escolas indígenas, no âmbito da Educação Básica.

7 O curso prevê a formação em licenciatura em uma das quatro habilitações: Ciências Sociais e Humanidades; Ciências da Vida e da Natureza; Matemática; Línguas, Artes e Literaturas. A cada ano, são ofertadas 35 vagas para uma turma de uma dessas habilitações.

regulamentação universitária que prevê uma composição de Colegiado com um representante do segmento de discentes para cada três representantes do segmento de docentes. O contorno elaborado no âmbito do Fiei previa a presença de lideranças indígenas, na condição de convidadas e numa proporção que estabelecesse o equilíbrio numérico entre indígenas e não indígenas. Mas esse arranjo não bastou, porque nosso tensionamento não se colocava em termos de uma disputa de posições.

Um exemplo ilustrativo dessa dinâmica pode ser observado no caso em que o Colegiado recebeu uma solicitação de mudança de habilitação no curso, tema problemático para alguns dos docentes. Nesse ponto, cabe esclarecer algo sobre o desenho curricular do Fiei. Na proposta anterior executada no âmbito do Prolind, a opção por uma das quatro habilitações ofertadas ocorria no decorrer do curso. Esse modelo previa a articulação entre áreas disciplinares das quais as habilitações derivariam. Na proposta atual e de acordo com a lógica dos demais cursos da Universidade, e que fomos forçados a assumir no Fiei, o ingresso é anual e concomitante à prévia definição da habilitação que se vai cursar. Se do ponto de vista dos docentes o desenho atual compromete a dinâmica de integração das áreas disciplinares, do ponto de vista dos estudantes é problemático ter que aguardar o ano de seu ingresso correspondente à sua opção de habilitação.

O pleito de mudança de habilitação evidenciou dilemas díspares, mas não incongruentes. Mas, enquanto docentes estudavam formas de limitar essa reopção às brechas da grade curricular e se constrangiam nessas malhas debatendo-se com os temas da flexibilidade e interdisciplinaridade, lideranças indígenas pronunciavam-se em outro diapasão: o que significa a formação superior para determinado povo indígena e a repercussão que isso tem em suas aldeias. O argumento trazido à tona indicava que a decisão por sair da aldeia é parte de um compromisso com o grupo, afiançado por suas lideranças. Os arranjos internos para a formação dessa pessoa, que vão desde sua substituição nos trabalhos da aldeia – na roça, na pesca, no artesanato, nas lutas políticas por retomadas de territórios, na escola – até o investimento financeiro necessário para esse afastamento entram no cálculo. Naquele momento, a decisão do Conselho foi por negar a mudança de habilitação. Mas já se sinalizavam outros dilemas: a decisão considerou os grupos indígenas que eram maioria no curso – Pataxó da aldeia de Barra Velha e Xakriabá – onde existem escolas indígenas instaladas e com quantitativo relativamente estável de alunos e professores. Essa mesma proposta se aplicaria a um povo como os Maxakali, que têm pelo menos cinco polos territoriais de referência em Minas Gerais e possuem sete jovens indígenas com ensino médio completo, portanto, em condições de concorrer ao ingresso no ensino superior? Seria adequado fazerem entradas anuais dosadas até contemplarem todas as habilitações? Seria conveniente ficarem dispersos nas turmas e identificados por habilitações ou o mais apropriado seria a composição de um grupo de trabalho mais afeito a essas especificidades com percursos acadêmicos que façam sentido para eles?

Esse caso é emblemático de uma heterogeneidade de demandas a tensionar critérios de valoração. Emerge daí não a ameaça de parcialidade nas decisões, mas a amostra da incomensurabilidade das reivindicações. Essa problemática desloca o sentido de um Colegiado de curso, para dizer o mínimo, e nos coloca diante da tentativa de reconstruir o ideal de imparcialidade para garantir a valorização equitativa de reivindicações heterogêneas. Como pressuposto, consideramos a legitimidade de minorias numéricas, as quais não são consideradas exceções. A presença de um único estudante Guarani, ou Maxakali no curso, por exemplo, não significa uma exceção que se conformará às regras de representação e organização curricular. Essa presença tensiona tanto a configuração dos espaços de representação nos quais as demandas emergem e são negociadas, quanto as estratégias curriculares empreendidas, as quais resultam em formas de estruturação de tempos, espaços, conteúdos e metodologias.

Limites de representação e dilemas do reconhecimento

Ampliar os limites para incluir todos os que estão potencialmente afetados. Essa é a lógica que organiza o Colegiado do Fiei, junto ao qual espaços deliberativos se instalam e desinstalam para dar conta de dimensionar não simplesmente reivindicações em disputa, mas ontologias em conflito. Comissões e grupos de trabalho, coordenações são algumas das variabilidades acopladas à lógica deliberativa de um Colegiado de curso. No caso do Colegiado do Fiei, esses interstícios, embora não abandonados, cedem espaço para o Conselho Consultivo Indígena do Fiei, composto de lideranças das etnias de origem dos estudantes do curso. Essa medida baseia-se e ampara-se no disposto na Convenção 169 da OIT, em seu art. 6º, alínea a:

> a) consultar os povos interessados, por meio de procedimentos adequados e, em particular, de suas instituições representativas, sempre que sejam previstas medidas legislativas ou administrativas suscetíveis de afetá-los diretamente.

Os eventos que desencadearam a criação desse Conselho são elucidativos de novos dilemas, de contornos ainda problemáticos.

Até o ano de 2012, a presença indígena no curso poderia, sem muitos problemas, compactar-se em torno das etnias Xakriabá e Pataxó. Entre os Pataxó, a frequência majoritária era de Barra Velha, cujo codinome, *Aldeia-Mãe,* remete ao genocídio de 1951,[8] que provocou dispersão do grupo para outras localidades da Bahia e para Minas Gerais. Entre reconhecimento e legitimidade para representação, pairava certa estabilidade, pelo menos dentro dos limites das evidências. Ocorre que um sistema de representação baseado na autoridade sobre toda comunidade não condiz com as regras de organização das sociedades indígenas no Brasil. Conforme assinala Carneiro da Cunha (2009, p.310), "a regra é antes que cada chefe de aldeia tenha alguma autoridade sobre sua aldeia e que, em havendo dissensões, as aldeias se cindam". E essas dissensões aos poucos se revelam.

A partir de 2012, identificamos a presença no curso de pelo menos três grupos Pataxó de Minas Gerais, dos municípios de Carmésia, Itapecerica e Açucena. No sul da Bahia, verificamos a presença de estudantes de pelo menos sete aldeias diferentes – Aldeia Velha, Barra Velha, Boca da Mata,

8 Relatos emocionados e silêncios expressivos dizem do trágico evento ocorrido com os Pataxó em 1951. Optamos por reproduzir a narrativa contida no *Aragwaksã*: plano de gestão territorial do povo Pataxó (Cardoso; Pinheiro, 2012, p.29): "Em 1944, a iminência de criação do Parque Nacional do Monte Pascoal e a notícia de que as pessoas teriam que sair da área, levaram o líder dos Pataxó, Honório Borges, a viajar para o Rio de Janeiro para conversar com Marechal Rondon com o objetivo de obter direitos sobre suas terras. Honório e seus companheiros conheceram dois indivíduos cuja identidade é desconhecida. Os dois foram a Barra Velha em 1951 com o pretexto de demarcar a terra. Em vez de realizar a suposta demarcação, os dois homens causaram um incidente que desencadeou uma reação violenta por parte da polícia, o que mais tarde seria chamado de 'revolta dos caboclos de Porto Seguro' pela imprensa e de 'fogo de 51' pelos Pataxó. Vários índios foram mortos a tiro ou em consequência das feridas provocadas pela polícia". Esse ato levou à dispersão da população indígena de Barra Velha.

Coroa Vermelha, Cumuruxatiba, Jaqueira, Mata Medonha –, e a referência aos municípios é insuficiente para dar conta das distâncias territoriais e culturais entre elas.

Foi de dentro desse grupo de uma mesma etnia que emergiu o questionamento sobre a legitimidade da representação. Os estudantes reclamavam o direito de presença de suas lideranças no espaço da Universidade. E, de forma mais contundente, defendiam a realização de atividades acadêmicas em suas aldeias. A composição do Conselho Consultivo do Fiei considerou a presença de quatro lideranças Xakriabá e duas lideranças Pataxó de Barra Velha, reeditando a disposição precedente. Acresceu-se a participação de uma liderança Guarani, uma liderança Pataxó de cada município de Minas Gerais – Carmésia, Itapecerica, Açucena – e de uma liderança Pataxó de cada uma das seguintes aldeias do sul da Bahia: Boca da Mata, Coroa Vermelha, Mata Medonha, Cumuruxatiba. Esse arranjo não segue a lógica da proporcionalidade com base no número de estudantes, de acordo com a etnia.[9] E, no caso de Minas Gerais, considerou a participação relativamente a um representante por município, o que geraria problemas em Carmésia, município com mais de uma aldeia indígena Pataxó. Rapidamente descobrimos que "a emergência de algo como uma 'representação étnica' na forma de líderes de associações é inevitavelmente acompanhada de conflitos" (Carneiro da Cunha, 2009, p.336).

No caso do grupo Pataxó, o pertencimento a determinada aldeia interferiu na lógica da representação. O mesmo não ocorreu com os Xakriabá, que possuem 33 aldeias na terra demarcada, mas, até o momento, não reivindicam mais que quatro representantes no Conselho. A princípio, a alegação para a representação Pataxó por aldeia era justificada pela dificuldade de transmissão de informações em razão da distância geográfica. Justificativa plausível para escamotear, gentilmente, fissuras que se evidenciaram posteriormente no curso, num intervalo temporal muito curto.

Essa composição acima, mantida até o momento, já é questionada por estudantes de uma aldeia recentemente constituída na terra indígena Pataxó de Carmésia. Muito provavelmente, no próximo vestibular, ingressarão

9 No segundo semestre de 2013, num total de 131 estudantes, temos no Fiei a seguinte distribuição, segundo etnia: 59% Xakriabá; 39% Pataxó (sendo 33% do sul da Bahia e 6% de Minas Gerais); 1% Guarani; 1% Pankararu. Os dados foram sistematizados pela Secretaria do Colegiado do Fiei, a quem agradecemos a colaboração.

estudantes Pataxó de outras aldeias, além de estudantes de outras etnias, por exemplo, os Maxakali. Já dissemos que, na maior parte das sociedades indígenas, a norma é a autonomia de cada aldeia, "de modo que as disputas políticas entre facções no interior de uma aldeia facilmente se traduzem na criação de uma nova" (Carneiro da Cunha, 2009, p.336). E, se não é possível desconhecer essa lógica político-cultural, também não é exequível acompanhá-la plenamente. Lidamos com construções provisórias, mas legítimas, ao ponto de repercutir o ideal de imparcialidade subjacente às organizações que operam com o princípio da representatividade.

Cabe ainda uma reflexão sobre a persistente demanda por representação num Conselho Indígena vinculado ao Colegiado de um curso de graduação. O que move essa disputa? A pergunta é persistente, e algumas respostas, inconclusas podem ser delineadas. No ano de 2013, formaram-se sete estudantes indígenas da aldeia Pataxó de Barra Velha no curso Fiei, na habilitação de Ciências Sociais e Humanidades. Evento comemorado como um marco para a aldeia, que até então tinha apenas uma pessoa com formação em nível superior, na turma que concluiu o Fiei Prolind em 2011 e que, em seu retorno de Carmésia para Barra Velha, "incentivou os parentes a fazer o mesmo caminho" (Cacique Romildo).

Eles entendem que a conclusão do ensino superior implica alcançar um degrau na escala de representação político-social. A medida não é dada pelos indicadores de renda ou de inserção no emprego elaborados pelos institutos de pesquisa e estatísticas, embora tenha congruência com essas pirâmides. O interesse manifestado em reuniões com lideranças indígenas não parece ser pela formação de professores em si, mas pelo que significa portar esse diploma. Após a conclusão do curso de formação docente em nível superior, esses indígenas assumem funções mais estáveis na escola, na docência, na coordenação pedagógica ou na direção. "A escola agora é nossa! E os professores brancos, que duvidaram de nossa capacidade de formar numa UFMG, agora estão com medo de perder seu lugar para nós", disse-nos orgulhoso um dos ex-estudantes indígenas.

Esses efeitos nos permitem ler indícios da importância que esse grupo atribui à relação com a Universidade – não se trata só de apropriação da escola, nem se trata, exclusivamente, da formação acadêmica ou da qualidade dessa formação. Ao que parece, os elos com determinadas instituições podem ser fonte de poder político diante do próprio grupo e diante dos brancos. A cumplicidade gerada nas relações que se constituíram com a experiência do Colegiado e do Conselho Consultivo, bem como a presença da Universidade nas aldeias, leva ainda a outros movimentos. O local de realização das atividades acadêmicas, por exemplo, tornou-se um motivo de disputa recente não só em função das facilidades de acesso às diferentes localidades, aspecto que aparentemente motivava as argumentações em torno da decisão. Depois de muita discussão, a definição pela aldeia da Jaqueira em 2013 acenava para a legitimidade de se falar em nome dos Pataxó, e a Universidade foi envolvida nessa dinâmica. Segundo o relato dos estudantes, a aldeia da Jaqueira resulta de um processo de retomada de uma área de Porto Seguro.

As possibilidades de sobrevivência em uma aldeia indígena instalada como reserva ambiental ficam bastante restritas. O manejo e o uso do solo são controlados por dispositivos de proteção nem sempre congruentes com a forma de vida desses habitantes. No caso da Jaqueira, uma associação de mulheres indígenas assumiu como alternativa o turismo ecológico. A aldeia foi construída dentro dos padrões do que se considera ser a "cultura", com casas de taipa em formato circular, tetos de palha e chão batido. Todos os indígenas dessa aldeia se vestem com tangas de palha, incluindo as crianças e as professoras da escola. A cozinha é coletiva, onde é servido o peixe na folha da patioba aos turistas que visitam a aldeia. Se Barra Velha nos foi apresentada como aldeia-mãe, a aldeia da Jaqueira nos é indicada como a "guardiã da tradição".

Dessa forma, ao ter que se decidir no Colegiado sobre o local para realizar as atividades do curso, os docentes foram chamados a proferir a validade de uma ou outra aldeia como emblema da "cultura" do grupo. Nesse momento, oscilamos; e só nos demos conta das articulações mais complexas em relação à aparente e objetiva questão da definição do local das atividades quando, já na aldeia, nossa presença se desdobrou em muitas conversas e atividades paralelas, incluindo a documentação de festas e rituais que estavam ocorrendo no período.

A escola e a cultura entre os Xakriabá: alguns elementos para análise

As atividades de pesquisa com os Xakriabá se iniciaram em 2000 e foram motivadas pela nossa curiosidade em entender o porquê da ação incisiva desse povo para promover a instalação de suas escolas. Junto com um colega psicólogo, interessado em compreender as dinâmicas de introdução da escrita e de sua circulação, e uma colega etnóloga, que trabalhava com os Maxakali, propusemos um primeiro projeto, que teve ulteriores desdobramentos até 2008 (Gomes; Gerken; Alvares, 2004).

Apesar da incisividade, a primeira pergunta que nos colocamos foi o que querem dizer os Xakriabá quando solicitam escola: achamos que está muito claro o que eles pedem e o que devemos oferecer, mas as coisas não são assim tão simples. Entre demanda e resposta/oferta, ocorrem muitos desentendimentos e descaminhos. E foi preciso muito esforço para começar a entender algo – e continua sendo, porque, à medida que o processo avança, a solicitação também se modifica.

Os historiadores da educação nos ensinam que a escola (e a alfabetização) nunca foi negociada somente por ela mesma, nem por quem a "oferece", nem por quem a solicita. Em cada caso, é preciso entender o que esteve, e está, em campo, em cada momento, em qual jogo de forças e de interesses a escola entra em cena.

Falar de escola entre os Xakriabá significa retornar a uma história que se inicia ainda nos anos 30 do século XX, período em que, em todo o Estado de Minas Gerais, foram implantados os chamados "grupos escolares" (expressão até hoje utilizada por algumas pessoas das aldeias para se referirem aos prédios escolares mais antigos presentes na terra indígena – "quer saber onde é o grupi?"). Data dessa época o primeiro registro de escolas na região, onde depois, em 1987, foi homologada a terra indígena.[10]

A primeira metade do século XX foi marcada, em Minas Gerais e em outros estados do Brasil, pelos ideais de modernização e progresso, quando, então, se tratava de educar a sociedade por meio das escolas, com seus

10 A Terra Indígena Xacriabá (TIX), homologada em 1987, totaliza 46.415 ha; posteriormente, foi homologada em 2003 a Terra Indígena Xacriabá Rancharia com 6.798 ha, contígua à primeira.

imponentes prédios públicos. Em nossas pesquisas, retomamos a partir desse período a recuperação da história local, já que não há disponibilidade de estudos, assim como não há fontes documentais identificadas sobre a missão cujas terras foram doadas para os índios por Januário Cardoso, em documento datado de 1728, e sucessivamente registrado em Januária e em Mariana, quando da revisão fundiária promovida pela Lei de Terras, em 1850. Mas, em termos gerais, podemos considerar as dinâmicas de aldeamento e catequese características do período colonial, que certamente tiveram lugar em São João dos Índios – hoje São João das Missões –, ainda na primeira metade do século XVIII.[11]

Em 1995, ano do início da formação da primeira turma de magistério indígena em Minas Gerais, algumas aldeias não contavam com nenhuma pessoa alfabetizada, exigência mínima para que se pudesse ingressar no curso. Os relatos de pessoas das aldeias de escolarização mais tardia trazem uma imagem emblemática: revelam essa espreita de longe, de longo tempo, aguardando pela escola. É o caso de D. Maria da aldeia Custódio, que não pode estudar quando criança, visto que a escola existente implicava uma longa caminhada, e havia o perigo de onça. Ela observava lá de cima do morro as crianças lá embaixo, passando uniformizadas em direção à escola. Foi D. Maria a promotora da criação da escolinha na aldeia Custódio, subaldeia da aldeia maior Caatinguinha, conhecida entre os Xakriabá como o lugar "da tradição".

Por isso, podemos afirmar que a escola entre os Xakriabá chegou ainda antes da concreta instalação de seus prédios e do início da atuação de seus professores, que só veio a ocorrer extensivamente nos anos 1990. A promessa da melhoria de vida que acompanha a escola – essa peça fundamental da engrenagem do moderno mundo urbano – circulou entre os Xakriabá desde a campanha civilizatória que significou a criação da instrução pública em Minas Gerais, e no Brasil, na primeira metade do século XX.

---

11 O trabalho recente de Rodrigo Martins dos Santos, *Os Gês das Gerais* (Dissertação de Mestrado Profissional em Desenvolvimento Sustentável, 2013, UnB), mostra que a região era de intenso povoamento de diferentes grupos Jê, e que, a partir da segunda metade do séc. XVIII, começou a sofrer os influxos da entrada de colonizadores, especialmente envolvidos nas atividades de mineração e pecuária. Em 200 anos, a ocupação indígena foi completamente deslocada para o Oeste, e as fontes históricas atestam, já no início do séc. XX, somente a presença dos Xakriabá no sertão norte mineiro e em seu entorno. Ver também Nogueira, 2009.

A intensificação do processo de escolarização, que se deu com a instituição da escola indígena diferenciada nos anos 1990, foi precedida por várias tentativas de gestão local e de alto investimento das comunidades, no sentido de prover o que passa a ser visto como necessidades de educação escolar de seus jovens e crianças. O processo não difere muito do que se assistia em outros locais, e na região, de modo geral. Trata-se das "casas de escola", locais promovidos e geridos pelas famílias e/ou pelos próprios professores (que são sempre parte de alguma família).

Desse período, gostaríamos de ressaltar alguns aspectos que as pesquisas permitiram conhecer: essa atuação direta dos atores locais os dotava de uma efetiva capacidade de ação e autonomia em relação às questões escolares, ainda hoje encontrada nas professoras "mais velhas", como foi verificado em uma das primeiras investigações. Dois casos muito expressivos: a "reprovação dos melhores", com D. Joana, da aldeia Prata, que mantinha na classe de 1ª série as crianças que melhor se alfabetizavam para ajudar no ensino dos principiantes no ano seguinte e, em seguida, os promovia para a classe que achasse pertinente (2ª ou 3ª, segundo os casos); e a alteração da cartilha de alfabetização operada por D. Zelina, que retirou expressões estranhas às experiências das crianças, como a palavra *elefante*, associada à letra E, e em seu lugar introduziu a palavra *café*, adequando o aspecto semântico e privilegiando a oralidade ao usar palavra com final marcado oralmente pelo som, em lugar de palavra grafada com a letra no início. D. Zelina alfabetizou[12] muitos dos atuais professores, e as entrevistas e as observações revelaram que seu exemplo de alfabetizadora era mais eficaz que as propostas dos cursos de formação. Hoje, atua somente como cantineira por não ter diploma de conclusão da escola primária (assim denominada a seu tempo).

Essa capacidade de ação autônoma e de autoridade em relação aos temas escolares não se encontra mais disseminada entre os atuais professores, todos posteriormente tornados funcionários estaduais, com regime de estabilidade específico (os chamados "efetivados"), ainda não completamente

12 D. Zelina foi alfabetizada por um professor itinerante, contratado por seu pai para ensinar em sua casa; segundo nos informou, chegou a fazer alguns cursos de treinamento para os chamados "professores leigos" (i.e., sem titulação), quando foi introduzida no método de ensino por famílias silábicas, que ela continuou utilizando.

garantido.[13] Cabe registrar que existe esforço intencional por parte de alguns professores e diretores de buscar a condução autônoma das escolas Xakriabá, tentativas que esbarram na atuação da Superintendência Educacional da região, que mantém ação fortemente reguladora, seja pelo controle da documentação, seja pelo financiamento, impondo padrões e exigências legais que não se aplicam às escolas indígenas, mas que continuam a ser indevidamente assumidos como parâmetro de avaliação e monitoramento das atividades.

Retornando ao período inicial da escolarização, antes mesmo que houvesse escolas propriamente ditas, ou classes escolares oficialmente organizadas, circulavam pela região professores itinerantes, contratados pelas famílias que ficavam por certo período em cada casa, com um grupo de crianças de algumas das famílias. Das entrevistas com pessoas que frequentaram as "primeiras professoras", temos registro de meninos e meninas que ficavam estudando sozinhos, depois que o professor tinha ido embora, preparando-se para quando ele(a) voltasse. E, no depoimento de alguns, era melhor assim: era mais vantajoso estudar com os demais, e só de vez em quando encontrar com a professora.

Registramos também casos de pessoas que aprenderam a ler sem ir à escola – ou porque não era permitido (era só para os homens da família), ou porque tiveram acesso à escrita em situações singulares, por ser irmão da professora (ou marido) e aprendiam observando em casa, ou acompanhando as atividades do irmão mais velho, ou do mais novo, sem que a frequência à classe escolar fosse necessária.

Da análise desse período, gostaríamos de ressaltar *a pluralidade de modos de se relacionar com a escola e com a alfabetização* – seu motivo inicial –, diferentemente gerida e utilizada pelos diversos atores locais (das chefias indígenas, das professoras e até das próprias crianças e jovens). Como se pode perceber, foi um período rico de possibilidades, onde se podia aprender de muitas formas: sem ter que ir à escola todos os dias e até mesmo sem a presença da professora.

---

13 Os professores indígenas de Minas Gerais foram efetivados por um procedimento extraordinário do governo do Estado, aplicado a 98 mil professores da rede estadual que não haviam feito concurso – a Lei Complementar Estadual n. 100/2007. A possibilidade de um concurso especial, com a criação do cargo específico do professor indígena, ainda não foi devidamente discutida pela SEE/MG.

No entanto, essa situação era vista como problemática, como "em falta". Em primeiro lugar, porque não alcançava todos (e o modelo é o da escolarização compulsória e extensiva) e porque não reunia todos os elementos que compunham o quadro observado de fora e de longe – a sala de aula com os alunos organizados nas atividades que lhe são características. "Em falta" porque não respondia a algo – esse algo difícil de identificar, e que alguns sociólogos (e antropólogos) da educação chamam de *forma escolar* (Vicent; Lahire; Thin, 2001); ou *gramática escolar* (Tyack; Cuban, 1995) – a gramática da escola, como se ela fosse uma língua, um modo de falar (e de conhecer).[14]

Duranti (1992), antropólogo linguista, traz uma descrição de seu campo de pesquisa em Samoa, ao observar, a distância, uma cena de um adulto com um grupo de crianças, na qual conseguiu identificar, por alguns dos elementos percebidos assim de longe, que se tratava de uma escola (ainda que sem paredes e carteiras, e por isso mesmo visível de longe). Queremos aqui focalizar esse quadro/cena emblemática, que revela um modelo já muito disseminado em todo o mundo e que tem se reproduzido com dinâmicas em que – como indicou Sahlins (1997), para a expansão das formas mercantis – a integração e a diferenciação são processos coevolucionários.

Cabe ressaltar também a tendência, recorrente em processos de escolarização, de que é a prática experienciada que marca a maneira como as atividades escolares serão reproduzidas. Ou seja, a escola (ou a alfabetização) que se conheceu é aquela que será de certa forma repetida, implementada – com grandes custos e esforços para, nos chamados "cursos de atualização e de formação continuada", se modificar esse quadro. Torna-se, portanto, fundamental conhecer melhor a cultura escolar, no sentido atribuído por Rockwell (1999), que caracteriza nesse caso a região, cada povo e cada aldeia em particular. Essas matrizes têm forte influência sobre o momento presente e revelam as conexões com aspectos mais amplos da História, da organização social e da cosmologia que envolvem e definem a forma como a

14 As relações entre escola e cultura são exploradas por pesquisadores com diversas afiliações disciplinares e interesses temáticos. Seriam talvez de maior interesse para o presente artigo as análises que buscam explicar a resistência das escolas, historicamente atestada, em passar por reformas, como é o caso da discussão feita pelos autores sobre a *Grammar of schooling* – de certa forma indicando que talvez a proposta de escola diferenciada não tenha conseguido se distanciar desse tipo de tentativa. É, no entanto, no nível das práticas que as mudanças mais significativas se aferem, e os autores que se referem a isso, como Rockwell (1999), abordam o que chamam de *cultura escolar*. Ver também Vidal (2009) e Faria Filho *et al.* (2004).

escola vai sendo assumida nas aldeias. Para além disso, é preciso considerar que esse modelo cultural não é veiculado somente nas escolas propriamente ditas. Como afirmam Vicent, Lahire e Thin (2001), trata-se de um modelo escritural de organização da sociedade e das relações do Estado com os cidadãos. Tal modelo é veiculado por uma infinidade de práticas que permeiam as relações dos povos indígenas com os seus brancos. E cada povo indígena acaba por desenvolver o modo próprio de pacificar seus brancos e a escola que é por eles apresentada.

No entanto, ao evocar o quadro acima, o que queremos ressaltar é o fato de que a oferta que fazemos ainda hoje – mesmo com todas as inflexões dos vários textos normativos e propositivos sobre a escola diferenciada, e os desdobramentos diversos nas várias comunidades indígenas – é uma oferta que até agora não prescinde da gramática da escola. É como se ofertássemos uma língua, para que as comunidades indígenas pudessem falar a sua, mas com a gramática da outra. Pensar que se aprende porque se ensina, ou pensar que é preciso definir o que cada um vai aprender é parte dessa gramática; isso foi naturalizado na expressão "ensino-aprendizagem", frequentemente usada como se se tratasse de um mesmo e único processo, o que leva a obliterar quase sempre a aprendizagem e a realçar os procedimentos de ensino.

O que estamos tentando dizer é que seria preciso "desgramaticalizar a oferta" – ou, ainda, desconstruir "o pacote" – e não deixar essa desconstrução a cargo somente das comunidades e dos professores que tentam se apropriar da escola. Até aqui tem funcionado assim, e muitas comunidades se debatem e procuram fazer a parte delas em um processo que precisa ser revelado e desdobrado de forma a permitir que o que se apresenta, ou o que se oferta em relação à hoje muito comum demanda pela escola, possa efetivamente conter maior pluralidade de formas de ter acesso aos conhecimentos dos brancos, por um lado, e a desenvolver os "processos próprios de aprendizagem", como previsto na LDB/1996, por outro. Em outras palavras, quando os índios solicitam acesso aos conhecimentos do branco – uma das razões recorrentemente apresentadas que levam ao processo de escolarização –, responder a isso ofertando escola traz sempre um deslocamento da questão posta inicialmente. E esse deslocamento precisa ser identificado e reelaborado em cada caso.[15]

15 Por outro lado, a aparente simplicidade das escolas indígenas – pequenas casas ao lado das aldeias – não deve esconder a força dessa gramática, e em particular de uma sua componente

Para dar um exemplo do que poderia ser essa desconstrução "do pacote", retomamos a ideia de alfabetização que hoje orienta muitas das atividades nas escolas indígenas. A história social da alfabetização nos mostra como a alfabetização, partindo de um leque muito variado de contatos com a leitura e a escrita, e da difusão dessas duas habilidades também de forma muito diversificada e descontínua entre os diferentes grupos sociais e mesmo dentro das famílias, com o advento das escolas de massa, chegou a ser exclusivamente associada à modalidade de *alfabetização escolar* (Cook-Gumperz, 1986), o que leva muitas pessoas hoje a crerem que só se pode aprender a ler se houver atividade escolar.

Em alternativa a essa posição – que privilegia os vínculos entre alfabetização e escolarização –, a escrita poderia ser tomada como uma tecnologia e sua presença nas sociedades (ONG, 1986, 1998; Graff, 1995). Seríamos, assim, levados a nos perguntar de que maneira, pelos meios já existentes de circulação das tecnologias e outras formas de conhecimento nas comunidades, essa nova tecnologia poderia ser introduzida. Ou seja, deslocar da ideia de um programa de alfabetização escolar, com as características de padronização e aplicação extensiva a todos os sujeitos, para um programa de circulação da escrita como tecnologia, que leve em conta diferentes circunstâncias da presença da escrita indígena na história de alguns povos (cf. Rockwell, 2006); e leve em conta as formas próprias de se relacionar com registros gráficos que caracterizam outros povos (cf. Deleage, 2009, 2013). Em ambos os casos, as abordagens buscam superar uma visão dicotomizada, que atribui às culturas indígenas e às suas formas de aprendizagem a pura oralidade; e que partem da relação com a escrita enquanto experiência introduzida somente pelo processo colonizador .

Voltando aos Xakriabá: a luta pela escola finalmente teve êxito com a instituição da escola indígena diferenciada, a partir de 1997. A escolarização avançou de forma intensa, passando de cerca de 600 alunos, ainda em 1994, a 1.400 alunos, inscritos em 1997, chegando a mais de 2.500 alunos, entre 2008 e 2013.

Em termos de percentual da população em idade escolar presente na escola, em pouco mais de 10 anos, na TIX, esse passa a ter um alcance da

fundamental, que a associa ao mercado e ao Estado: o assalariamento dos professores. Essa questão, pela sua complexidade e extensão, não será aqui abordada.

escolarização que, no Estado de Minas Gerais, se levou cerca de 80 anos para se produzir.[16] Não temos ainda estudos que verifiquem as consequências de um processo assim veloz e intenso. Frequentemente se faz uma leitura linear, no sentido de que eles teriam "alcançado" os mesmos padrões de escolarização em relação aos demais segmentos sociais. No entanto, não se trata do mesmo processo: é muito diferente introduzir a escola na vida das famílias, e de uma sociedade, ao longo de décadas, e as dinâmicas sociais irem se ajustando às modificações por ela produzidas (Cook-Gumperz, 1986) e, ao contrário, introduzi-la em um lapso de tempo assim concentrado. Não sabemos o que significa escolarizar assim tão rápida, tão intensa e tão extensamente. Mas, sem dúvida, há rupturas que se produzem sem nenhuma possibilidade de controle social por parte das comunidades.

Na TIX, nesse mesmo período de expansão da escolarização, temos também a difusão das associações locais, chegando hoje a mais de dez associações registradas (Escobar, 2012). A interação com agências estatais e órgãos públicos e privados também se ampliou. De fato, em pesquisa ainda em curso, quando se aborda o tema das políticas culturais, ou dos projetos ligados à cultura, eles aparecem evocados junto com um conjunto de mudanças que inclui também a criação das escolas e outras formas de acesso ao mundo moderno.

Na fala dos Xakriabá, frequentemente escola e cultura vêm imbricadas uma na outra, e ambas vêm imbricadas em um processo mais amplo de mudanças que é sempre referido, ainda que não detalhado, aprofundado. No entanto, é preciso considerar que a escola é objeto de política continuada e com intenção de alcance total do "público-alvo". As políticas "para cultura" não têm nem de longe a abrangência das políticas educacionais, nem se propõem a isso.

Desgramaticalizar a oferta seria retomar a pluralidade de modos de introduzir novas tecnologias, como a escrita, assim como a pluralidade de possibilidades de aprender inerente aos contextos socioculturais de cada povo indígena. Na história dos próprios Xakriabá, essa pluralidade está presente

16 Na pesquisa "Conhecendo a Economia Xakriabá" (2004-2005), em um universo de 4.394 pessoas (que representava cerca de 60% da população à época da pesquisa), 60% se encontrava na faixa etária abaixo dos 24 anos, e 50%, inferior aos 19 anos. O trabalho na roça dentro da terra indígena foi declarado como primeira ocupação de 1.245 pessoas, e 1.034 pessoas declararam ser estudantes como primeira ocupação. Cf. Monte-Mór; Gomes, 2005.

e é, na verdade, ainda muito recente. E, nas práticas dos alunos e dos professores dessas escolas e das lideranças e dos membros das comunidades que acompanham o processo de escolarização, são introduzidas mudanças em diferentes níveis (da vida cotidiana da escola às determinações mais amplas de sua organização e currículo e, especialmente, em suas interfaces com a vida das aldeias); inversões de direção são continuamente efetuadas, *pari passu*, com as incisivas e pesadas injunções que o aparato regulador estatal impõe sobre as escolas.

A "cultura" e a escola

Com um enquadramento mais amplo, que não parte da escola, encontramos diferentes práticas que os Xakriabá chamam de *retomada* ou *levantamento da cultura*, e que Santos (2010) abordou em seu trabalho sobre o entendimento do conceito de cultura dos Xakriabá. A investigação buscou explicitar a "cultura" – no sentido indicado por Carneiro da Cunha (2009) – tal como informada pelos Xakriabá,

> pela compreensão da relação desta com o conceito antropológico de cultura e com uma série de outros predicados (os *antigos*, os mortos, o *segredo*, os *encantados*, a língua, o *artesanato*, entre outros). Na medida em que buscam *levantar a cultura*, os Xakriabá constroem simultaneamente sua forma e conteúdo, o conceito e aquilo que ele define. (Santos, 2010, p.82)

A seguir, reporto a cena emblemática da discussão que ocorreu quando de uma das atividades ligadas à pesquisa para diagnóstico da economia (ibid., p.83):

> Agricultura não é cultura não. Agricultura é um e cultura são outro, agricultura é plantio, cultura é a descendência; os trabalho é diferente. A cultura tá aqui [apontou para os braços pintados de jenipapo], é o fruto da natureza que faz isso aqui. E agricultura é trabalho! [...] Cultura é um sistema: vocês tem uma cultura, eu tenho outra. Nós não somos uma cultura só não, eu sou índio e vocês é branco! Tamo feito dois doido aqui conversando. [...] Agricultura nós aprendemos com o branco, porque nós não tinha agricultura. Agora cultura,

nós temos uma parte aqui que foi o branco é que aprendeu com nós. (Brejo do Mata Fome, 2005)

Na cena, a oposição que se verifica é entre cultura e trabalho: o plantar roça como cultura e o plantar como trabalho – reforçados pelas narrativas que contam que os índios não sabiam trabalhar (nem usavam sal) e que um forasteiro foi convidado para lhes ensinar (em algumas versões, os africanos; em outras, um estranho encontrado na cidade). Trata-se de diferentes *sistemas*, que podiam ser aprendidos uns com os outros.

Essa entrada no mundo do trabalho – e das relações monetarizadas por meio do trabalho – entre os Xakriabá já se dava através da migração para as lavouras de corte de cana, iniciada ainda nos anos 1960. Outro exemplo dessa relação de troca monetária são os relatos dos primeiros professores locais que se referiam ao fato de que um dia de trabalho na roça dava para pagar o professor para um aluno (professor itinerante que ficava cerca de um mês em cada local).

Nesses últimos dez anos, as transações monetarizadas se intensificaram com as escolas e as várias figuras assalariadas que por ela são introduzidas (além de agentes de saúde, mas em menor escala, já que não há algo similar à figura do professor). Em função de sua característica como *serviço* e *direito*, as políticas educacionais, mais do que quaisquer outras, parecem ter impacto maior nessa entrada do assalariamento. É importante considerar essa aceleração do processo e sua "interiorização", ou seja, seu deslocamento para dentro da terra indígena, passando a mediar com frequência cada vez maior as transações locais. Ainda como dado referido ao que mudou na terra indígena, foi indicado o fato de que aumentou a *facilidade de comprar*, assim como houve ampliação da ideia daquilo que é possível pagar com dinheiro.

A "cultura" entre os Xakriabá se exprime entre duas dimensões que se completam (Santos, 2010): a "exuberância" dos cantos, a pintura corporal, as cerâmicas, os aspectos visíveis e publicizados da cultura; de outro lado, o segredo, associado ao mundo dos encantados e à pratica do toré. Por um lado, aqueles que se envolvem com os projetos afirmam que o que o Fundo de Cultura trata como cultura é muito restritivo – que eles têm uma ideia maior do que seja cultura. E, por outro, há os que ressaltam que o *segredo* não faz parte dos "projetos de cultura" – o que reitera a observação de Carneiro da Cunha (2009) sobre os processos de exotização da cultura, e há ainda aqueles que afirmam que "cultura é isso, é projeto" (Escobar, 2012, p.103-104).

Essa "cultura" entra na escola de forma muito explícita e institucional. Na organização didática da escola Xakriabá, temos pelo menos quatro figuras de professores e/ou disciplinas que preveem a abordagem da "cultura" (Pereira, 2013): em primeiro lugar, os professores de cultura, o professor de práticas culturais, o professor de artes e o professor de uso do território (todos eles com muito ou pouco contencioso administrativo em relação à SEE/MG: no caso dos professores de cultura, por considerarem que deveriam ser avaliados como os demais, descaracterizando a proposta que os criou e sua especificidade; no que concerne às aulas de arte, por exemplo, discutem-se questões de "conteúdo" para que seguissem as propostas curriculares utilizadas em escolas urbanas, com total desconhecimento das atividades desenvolvidas nas aldeias).

O professor de cultura em princípio não tem titulação e é indicado pela comunidade.[17] Segundo uma reconhecida ceramista que atua nesse cargo, não devem "tomar conta da sala, mas ajudar o professor, pois ficam mais livres para buscar as coisas para trazer para sala – ou uma pessoa mais velha" (Pereira, 2013, p.113). Segundo a diretora, "eles fazem a interdisciplinaridade entre a escola e a tradição, que está fora da escola" (ibid.).

Seu Emílio, figura de grande reconhecimento e que foi um dos primeiros a iniciar as atividades como professor de cultura, explicita a diferença do "professor de caneta" em relação à própria atuação (ibid., p.118). E Seu Nicolau, também presidente de associação e responsável por diversos projetos implementados em sua aldeia, afirma que "não dá pra trabalhar cultura entre quatro paredes". Na aula de práticas culturais, a professora Rosa aborda as rezas e os quebrantos (ibid., p.136), assim como outras práticas de cura muito difundidas e que passam a ser registradas por escrito nos cadernos com os alunos, sempre com algum controle sobre detalhes que não devem ser escritos e "contados para todo o mundo".

Podemos ver que promover alguma forma de interação entre escola e "cultura" tem sido uma das formas como os Xakriabá tentam enfrentar o que

17 Os professores de cultura existem hoje em todas as escolas indígenas de MG e foram criados inicialmente para dar suporte aos processos de revitalização linguística, como o que ocorre entre os Krenak. Os Xakriabá reivindicaram a criação do mesmo cargo em suas escolas e foram finalmente atendidos em 2003.

percebem como os problemas da escola. Mais que isso, essa articulação tem sido também uma estratégia para enfrentar outros problemas trazidos pelo contato recorrente com o mundo urbano, como a droga e as armas de fogo, e a violência para muito além do que o controle social tradicional consegue manejar e conter.

Entre escola, tradições e instituições oficiais da cultura: os percursos que continuam após o curso

As dinâmicas que os Xakriabá e os Pataxó estabelecem entre cultura, "cultura" e escola, como vimos, são das mais diferentes ordens. Como horizonte atual, e que propomos como uma finalização dessas reflexões (que de forma alguma pretendem ser conclusivas quanto às questões que levantamos), apresentamos dois exemplos significativos de desdobramentos recentes das atividades do curso e que nos surpreenderam, já que não haviam sido programados.

No Fiei, um componente curricular importante do curso é o chamado Percurso Acadêmico, que se refere ao trabalho de investigação e/ou ações junto à comunidade que cada aluno deve desenvolver. É previsto ainda que nesse trabalho sejam articuladas três dimensões: a da área de conhecimentos do aluno; algo das demais áreas de conhecimento, para provocar uma abordagem interdisciplinar; e os chamados projetos sociais e planos de vida de suas comunidades. Dessa forma, o curso tenta remeter os alunos às questões que lhe são colocadas pela vida nas aldeias e pela centralidade do território como elemento articulador das atividades curriculares. A conclusão do curso em 2013 levou a desdobramentos significativos, e não programados, que reforçam essa complementaridade entre a formação de professores e as políticas culturais, ao mesmo tempo em que nos provocam a pensá-las de forma mais atenta e estruturada. Célia Xakriabá e Kaiones Pataxó deram prosseguimento às atividades de pesquisa que realizaram em seus percursos acadêmicos em novos cenários que foram por eles inaugurados, um interno à aldeia, e outro externo.

Célia Xakriabá, após sua formação no Fiei, foi assumida como professora de cultura na escola de sua aldeia. Seu tema – as pinturas corporais – foi provocado inicialmente pelo encontro, durante o curso, com um xamã kaxinawá, que comentou o modo singular como ela apresentava as pinturas em seu corpo. Esse comentário a levou a se voltar para esse tema e a buscar mais informações nas aldeias e no próprio curso com os demais sábios indígenas que teve ocasião de encontrar.[18] Seu trabalho tomou vulto e foi reconhecido pela liderança, que a convidou para assumir aulas como professora de cultura – situação inusitada para uma pessoa assim jovem e cuja qualificação para o cargo foi gerada nas atividades que conduziu também como parte de sua formação acadêmica.

Kaiones Pataxó deu continuidade às suas pesquisas ao ser convidado pelo Museu do Índio para participar de um projeto de documentação, cuja meta é o levantamento do patrimônio cultural dos Pataxó no sul da Bahia para a construção de um centro de memória, que será sediado em Barra Velha. Depois da afirmação da escola na *Aldeia-Mãe*, caminha-se na direção de um registro oficializado da "cultura".

Para os Xakriabá, o curso já gerou a presença nas aldeias de mais de 120 pessoas com título universitário, e eles são convocados a participar das muitas lutas e enfrentamentos de seu povo, que se encontra atualmente em processo de disputa jurídica para garantir a ampliação dos limites da terra indígena. Para os Pataxó do sul da Bahia, esse movimento está se iniciando, e, como vimos, a Universidade e o próprio curso são chamados a integrar esse horizonte mais amplo. Essas (des)continuidades e prosseguimentos, por vezes inusitados, servem-nos de guia, assim como buscamos sustentar nossa capacidade de oscilar a cada momento e de, mesmo assim, continuar habitando esses cenários contemporâneos de convivência com os povos indígenas.

Referências bibliográficas

ANDERSON-LEVITT, K. (Ed.). *Local meanings, global schooling*: Anthropology and World Culture Theory. New York: Palgrave MacMillan, 2003.

---

18 Outro componente curricular são os Seminários Temáticos, que acontecem em todos os módulos e contam com a presença de sábios, conhecedores e pesquisadores indígenas de todas as partes do país para discutir temáticas que vão da cosmologia à saúde indígena, arte, direitos e as questões mais atuais da educação escolar indígena.

CARDOSO, T. M.; PINHEIRO, M. B. (Orgs.). *Aragwaksã:* plano de gestão territorial do povo Pataxó de Barra Velha e Águas Belas. Brasília: Funai/ CGMT/ CGGAM, 2012. (Série Experiências Indígenas, n.1)

CARNEIRO DA CUNHA, M. *Cultura com aspas e outros ensaios de antropologia.* São Paulo: Cosac Naify, 2009.

COOK-GUMPERZ, J. Literacy and schooling: An unchanging equation? In: COOK-GUMPERZ, J. (Ed.). *The social construction of literacy.* Cambridge: Cambridge University Press, 1986.

DÉLÉAGE, P. Les Amérindiens et l'écriture. *L'Homme,* v.190, p.191-198, 2009.

______. *Le geste et l'écriture:* Langues des signes, Amérindiens, Logographies. Paris: Armand Colin, 2013.

DURANTI, A. Linguaggio, azione e concetto del sè: Gli effetti della scolarizzazione. *Etnografia del parlare quotidiano.* Roma: Nuova Italia Scientifica, 1992.

ESCOBAR, S. A. *Os projetos sociais do povo indígena Xakriabá e a participação dos sujeitos*: Entre o "desenho da mente", a "tinta no papel" e a "mão na massa". Tese (Doutorado em Educação) – Faculdade de Educação, Universidade Federal de Minas Gerais, Belo Horizonte, 2012.

FARIA FILHO, L.; GONÇALVES, I.; PAULILO, A. A cultura escolar como categoria de análise e como campo de investigação na história da educação brasileira. *Educação Pesquisa,* v.30, n.1, jan./abr. 2004.

FRASER, N. *Escalas de justiça.* Barcelona: Herder Editorial, 2008.

GOMES, A. M. R.; GERKEN, C. H. S.; ÁLVARES, M. M. *Sujeitos socioculturais na Educação indígena de Minas Gerais*: uma investigação interdisciplinar. Relatório Técnico Final, Fapemig, Belo Horizonte, fev, 2004.

GRAFF. H. J. *Os labirintos da alfabetização.* Porto Alegre: Artes Médicas, 1995.

HANNERZ, U. Fluxos, fronteiras e híbridos: Palavras-chave da antropologia transnacional. *Mana,* v.3, n.1, p.7-39, 1997.

MONTE-MÓR. R. L.; GOMES, Ana Maria R. *Conhecendo a economia xacriabá.* Relatório de pesquisa. CERIS/MDA/ AIX/ UFMG, 2005.

NOGUEIRA, M. C. R. *Gerais a dentro e a fora*: identidade e territorialidade entre Geraizeiros do Norte de Minas Gerais. Tese (Doutorado em Antropologia) – Departamento de Antropologia, Universidade de Brasília, Brasília, 2009.

ONG, W. J. *Oralidade e cultura escrita*: A tecnologização da palavra. Campinas: Papirus, 1998.

______. Writing is a technology that restructures thought. In: BAUMANN, G. *The written word*: Literacy in transition. Oxford: Clarendon Press, 1986.

PEREIRA, V. M. *A circulação da cultura na escola indígena Xakriabá.* Tese (Doutorado em Educação) – Faculdade de Educação, Universidade Federal de Minas Gerais, Belo Horizonte, 2013.

ROCKWELL, E. Recovering History in the study of schooling: From the *longue durée* to everyday co-construction. *Human Development,* v.42, p.113-128, 1999.

ROCKWELL, E. Apropiaciones indígenas de la escritura en tres dominios: religión, gobierno y escuela. *Cultura Escrita & Sociedad*, n.3, p.161-218, 2006.

SAHLINS, M. O "pessimismo sentimental" e a experiência etnográfica: Por que a cultura não é um "objeto" em via de extinção (parte I). *Mana*, v.3, n.1, p.41-73, 1997.

______ O "pessimismo sentimental" e a experiência etnográfica: Por que a cultura não é um "objeto" em via de extinção (parte II). *Mana*, v.3, n.2, p.103-150, 1997.

SANTOS, R. B. C. *A cultura, o segredo e o índio:* Diferença e cosmologia entre os Xakriabá de São João das Missões/MG. Dissertação (Mestrado em Antropologia) – Faculdade de Filosofia e Ciências Humanas, Universidade Federal de Minas Gerais, Belo Horizonte, 2010.

SANTOS, R. M. *Os gês das Gerais*. Dissertação (Mestrado Profissional em Desenvolvimento Sustentável) – Universidade de Brasília, Brasília, 2013.

TYACK, D.; CUBAN, L. *Tinkering toward utopia.* A century of public school reform. Cambridge, Mass.: Harvard Univ. Press, 1995.

VIDAL, D. No interior da sala de aula: ensaio sobre cultura e práticas escolares. *Currículo sem Fronteiras*, v.9, n.1, p.25-41, jan./jun. 2009.

VINCENT, G.; LAHIRE, B.; THIN, D. Sobre a história e a teoria da forma escolar. *Educação em Revista*, p.7-48, jun. 2001.

18
Os Terena e o ensino superior para indígenas no Mato Grosso do Sul[1]

Augusto Ventura dos Santos e Luiz Henrique Eloy Amado Terena

Considerações iniciais

O estado do Mato Grosso do Sul concentra atualmente a segunda maior população indígena do Brasil, destacando-se os seguintes povos: Terena, Guarani-Kaiowá, Kadiwéu, Kinikinau, Guató e Ofaié. Nos tempos atuais, as comunidades indígenas sofrem com problemas de várias ordens sociais, desde a educação, saúde, violência e fome. Toda essa problemática está intimamente ligada à questão territorial, resultado de processos de perda da terra que se deu de maneira diferente com relação a cada povo.

Nos últimos anos um conjunto de políticas educacionais em nível superior vem ocasionando (ou ao menos tornando perceptível) um fenômeno importante na região: o ingresso e participação de indígenas em universidades, o que fez com que este estado concentre hoje o maior número de acadêmicos indígenas no país. Levantamento preliminar realizado pelo Programa Rede de Saberes[2] aponta para cerca de 930 acadêmicos indígenas, distribuídos nas instituições de ensino superior do estado.

---

1 Este trabalho foi apresentado preliminarmente como uma Comunicação Oral no Seminário Políticas Culturais e Povos Indígenas: a escola e outros problemas, realizado na USP, nos dias 2 a 4 de outubro de 2013, promovido pelo Cebrap/CEstA – USP.

2 O Programa Rede de Saberes, financiado pela Fundação Ford, tem como objetivo apoiar a permanência de estudantes universitários indígenas do Mato Grosso do Sul. Inicialmente aplicado no âmbito da UEMS e da UCDB em 2004, o programa ampliou sua atuação no ano de 2008, com a inclusão da UFGD e da UFMS. Além de levantamentos periódicos sobre a

O trabalho que aqui se apresenta teve como objetivo efetuar um balanço participativo acerca desse fenômeno (acesso ao ensino superior), tentando observar os efeitos dessa modalidade de política cultural para uma das populações indígenas da região: os Terenas. O caráter participativo dessa avaliação deverá se expressar em duas dimensões complementares: em primeiro lugar, se tentará reproduzir e analisar o ponto de vista de diversos sujeitos Terena (de diferentes faixas etárias, direta ou indiretamente envolvidos com essas políticas) com quem foi possível ter contato ao longo de um trabalho de campo realizado em julho de 2013. Mais especificamente, pretende-se utilizar como fio condutor as reflexões de quatro pessoas cujas histórias de vida representam formas distintas de se relacionar com a instituição escolar: Lindomar Ferreira, professor Jonas Gomes, Angelina Vicente e Luiz Henrique Eloy. Tendo em conta que o último sujeito de pesquisa mencionado é também um dos autores do trabalho, tencionamos realizar um registro colaborativo também num outro nível, aquele referente à análise e sistematização dos dados.

Os autores e a parceria acadêmica

Augusto Ventura é atualmente mestrando no Programa de Pós Graduação em Antropologia Social da Universidade de São Paulo (PPGAS-USP). Seu primeiro contato com a realidade do ensino superior indígena do Mato Grosso do Sul ocorreu durante a graduação em Ciências Sociais na USP, no ano de 2011. Na época, realizava uma iniciação científica sob orientação da professora Dominique Tilkin Gallois. O principal objetivo desse trabalho era fazer um levantamento para saber quais eram as principais experiências regionais de inserção de indígenas em universidades do país. Isso automaticamente apontou para a relevância do caso do Mato Grosso do Sul. Por intermédio da professora Marta Regina Brostolin, da UCDB, Augusto entrou em contato com Luiz Henrique Eloy Amado, na época acadêmico do

situação e sobre as demandas dos estudantes indígenas do MS, o programa desenvolve também capacitação de docentes, funcionários e estudantes das universidades participantes acerca de questões envolvendo a situação dos povos indígenas no Brasil, criação de laboratórios de informática na UEMS e na UCDB para uso dos acadêmicos beneficiados pelo programa etc.

último ano do curso de Direito e representante indígena do programa Rede de Saberes no âmbito desta universidade.

Luiz nasceu na aldeia Ipegue (Terra Indígena Taunay/Ipegue), município de Aquidauana (MS). Estudou o ensino fundamental na própria aldeia. Depois disso foi para Campo Grande cursar direito na UCDB. Em 2011, concluiu o curso de Direto e se tornou advogado, após ter passado no exame da OAB. Atualmente é advogado de diversas comunidades indígenas de Mato Grosso do Sul, tanto Terena quanto Guarani-Kaiowá, e presta assessoria às comunidades Kinikinau, Ofaié e Kadiwéu. É assessor jurídico do Conselho Indigenista Missionário (CIMI) em Mato Grosso do Sul. Enquanto acadêmico, está concluindo mestrado em desenvolvimento local em contexto de territorialidades na UCDB.

Do primeiro contato ocorrido em 2011, vem sendo desenvolvida uma parceria acadêmica que tem como um de seus resultados o presente artigo.[3] Assim, será apresentado a seguir um experimento de autoria conjunta que, por ter a participação ativa de um acadêmico indígena formado no âmbito das políticas afirmativas do estado, reflete por si mesmo um dos efeitos do fenômeno que se propôs estudar. Escrito a quatro mãos, este artigo adotará como estratégia expositiva uma narração feita a uma única voz que se referirá a cada um dos dois autores na terceira pessoa, nos momentos em que for pertinente marcar o envolvimento e o ponto de vista pessoal de cada um sobre determinado dado ou situação de pesquisa.

Os primeiros professores: Jonas Gomes e Angelina Vicente

A entrevista realizada com o professor Jonas Gomes foi feita em sua casa, na aldeia Ipegue, no dia 20 de julho de 2013. Embora aquela fosse a primeira vez que Augusto encontrava seu Jonas, Luiz já o conhecia de longa data. Isso porque ele foi seu professor da primeira até a quarta série, no início dos anos

3 Outro resultado dessa parceria é um artigo em que se descreve uma experiência de intercâmbio cruzado entre os pesquisadores: uma visita de Luiz Eloy a Universidade de São Paulo, para proferir uma palestra no Centro de Estudos Ameríndios (CEstA) e uma visita de Augusto Ventura a UCDB e a aldeia Ipegue, para participar do I Encontro da Juventude Terena (Amado; Ventura, no prelo).

1990. Essa época marcava o meio da longa trajetória escolar do professor, traçada em parte como aluno e em parte como docente. Nascido na aldeia Ipegue, seu Jonas estudou até a quarta série na escola da própria aldeia. Na época, o regime de ensino era multisseriado (alunos de diferentes níveis tinham aula juntos, com um só professor). Quem dava aula eram familiares do chefe de posto do Serviço de Proteção ao Índio (SPI). Mas na aldeia só havia ensino até a quarta série. Por isso passou cinco anos fora da aldeia para concluir o chamado ginásio num internato da missão Caiowá localizado em Dourados. Depois disso voltou para aldeia e começou a dar aulas. Contudo, embora já exercendo a profissão, continuou aperfeiçoando os estudos. Fez o magistério no Projeto Logos, programa do Ministério da Educação Brasileiro dos anos 1970 e 1980, que oferecia formação a distância para professores leigos do interior do país. No início dos anos 2000, juntamente com outros professores Terena (muitos dos quais foram também seus alunos), iniciou o Curso de Pedagogia para professores em exercício do magistério da Universidade Federal de Mato Grosso do Sul (UFMS), no câmpus da cidade de Aquidauana (CPAQ). Concursado há mais de 35 anos, está atualmente em processo de aposentadoria (a portaria de sua aposentadoria saiu no dia 17 de julho de 2013, três dias antes da entrevista).

Se o professor Jonas vem lecionando há mais de 40 anos na escola de sua aldeia, dona Angelina Vicente parece ter começado a fazê-lo há ainda mais tempo. Nascida na aldeia do Brejão, localizada no município de Nioaque, dona Angelina teve suas primeiras aulas na escola da própria aldeia. Contudo, ainda pequena, teve que se mudar junto com sua família para a cidade de Nioaque, onde seu pai, um dos fundadores da aldeia, iria trabalhar como porteiro no Grupo Escolar Municipal Antônio João. Nesta escola fez o ensino básico e em seguida voltou para a aldeia, quando assumiu a função de professora da escola, no lugar da mulher do chefe do posto local do SPI. Diferentemente de seu Jonas, contudo, dona Angelina aposentou-se já há bastante tempo da função. Esse processo decorreu da longa reestruturação administrativa ocasionada pela transformação do SPI na Funai (Fundação Nacional do Índio), no final da década de 1960 e início dos anos 1970. Assim, após dar aulas durante 25 anos para as crianças do Brejão, dona Angelina foi transferida junto com seu marido (seu Vicente, então Capitão da aldeia) para a cidade de Campo Grande, para trabalhar em repartições públicas do ministério da Agricultura. Foi depois de dois anos nesse serviço que a antiga professora pôde se aposentar. Desde então, dona Angelina vive com o marido e com os filhos na cidade de Campo Grande (atualmente vivem na aldeia urbana Água Bonita, onde a entrevista com eles foi feita). Contudo, na aldeia onde nasceu e foi criada, a lembrança de seus anos como professora parece ainda ser bastante forte; tanto que a escola do ensino médio recentemente criada leva seu nome, Angelina da Silva Vicente.

As trajetórias desses dois professores antigos nos fornecem alguns pontos importantes para a reflexão. Principalmente porque elas nos dão notícia de uma conjuntura em que a educação escolar indígena parece ser bem diferente da conjuntura atual com a qual os dois autores estão envolvidos (um advogado indígena formado no âmbito de uma ação afirmativa do ensino superior e um estudante não indígena de Antropologia que tem estudado contextos como esse). Sabe-se que a Constituição Federal de 1988 reconhece aos povos indígenas suas formas próprias de organização, seus costumes, tradições e seus modos próprios de transmissão de conhecimento. Esta gama de reconhecimento foi fruto de uma evolução e conquistas de direitos do movimento dos povos indígenas. Garantiu, ainda, uma escola diferenciada, bilíngue, específica e intercultural, tornando-se assim um marco legal fundamental para o reconhecimento das diferenças socioculturais no âmbito da educação escolar. Mas sabe-se também que nem sempre foi assim, ou seja, que antes disso o ensino escolar para populações indígenas foi guiado por princípios "não diferenciados". Para o caso da população Terena, as trajetórias de seu Jonas e de dona Angelina demonstram o quão singular foi a relação histórica da população Terena com a instituição escolar. As primeiras escolas nas aldeias foram implantadas pelo SPI logo depois da demarcação das reservas indígenas, no início do século XX. Mas, para além dessa dupla instalação (de escola e da delimitação territorial), é possível perceber a existência de variados relacionamentos com a escola, efetivados antes ou concomitantemente a esse ensino "oficial". Como nos disse a professora Angelina, seu pai, capitão e fundador da aldeia Brejão, era alfabetizado (embora ela não soubesse exatamente como ele tivesse aprendido isso). E mesmo no século XIX, o cronista Alfredo Taunay afirma ter sido recebido por um Capitão Terena que sabia ler e escrever e que ensinava a seus filhos (Vargas, 2003, p.51). Seu Jonas, por sua vez, passou por uma experiência que também parece ser de longa data: o ensino de missões protestantes. Assim, seja nas escolas, das aldeias, seja em escolas públicas dos centros urbanos ou em escolas de ensino religioso, a educação escolar parece ser uma realidade com que os Terenas têm lidado há mais de 100 anos (de diferentes maneiras e com diferentes intensidades, segundo a experiência de cada grupo, família ou indivíduo).

Assim, a posição de "professor indígena", que nas últimas décadas tem se tornado central nas discussões ligadas ao direito constitucional a uma educação diferenciada, parece ter surgido nos Terena num período significativamente anterior. A premissa de uma escola que tenha nos seus quadros professores da própria comunidade parece ter começado a se efetivar nos Terena há muito tempo, e num contexto muito distinto da atual conjuntura de debates sobre a educação escolar indígena diferenciada. Tratava-se, no caso de dona Angelina e de seu Jonas, de substituir os familiares de Chefes de Posto do SPI, pessoas que, na época, davam aula nas escolas das aldeias. Diferentemente de dona Angelina, aposentada já há um bom tempo, seu Jonas parece ter vivido de maneira especial esses dois contextos ou épocas tão distintas de concepção e funcionamento da escola. Formado num internato da Missão Caiowá e tendo dado aulas numa escola não diferenciada, seu Jonas ingressou no início dos anos 2000 em um curso de pedagogia da UFMS, que constituiu uma espécie de precursor da licenciatura intercultural de que participam os professores Terena, a licenciatura "Povos do Pantanal" (criada no ano de 2010 e que tem lugar também na UFMS). Este curso foi formatado para atender os ditames constitucionais da formação de professores indígenas. Pois, se a Constituição previu o direito a educação diferenciada ao final da década de 1980, a partir disso surgiu o entrave de como efetivamente construir uma escola específica, diferenciada e bilíngue. E um dos elementos fundamentais para essa construção é a formação em nível superior de professores indígenas, especificamente prevista na Lei de Diretrizes e Bases da Educação, de 1997.

Com efeito, algo que se pode constatar da trajetória do professor Jonas é que muitos professores Terena, que já lecionavam muito antes de existirem as licenciaturas indígenas (e no seu caso muito antes de se regulamentar a profissão de professor indígena), tiveram que passar pelos bancos das universidades, sendo estes os primeiros sujeitos indígenas a sentirem na pele os desafios da permanência no ensino superior. De fato, se quisermos classificar essas experiências, poderíamos dividi-las em três distintas fases. A primeira são os professores indígenas que já lecionavam antes da criação dos cursos diferenciados de nível superior. Em muitos casos, estes foram os primeiros acadêmicos que ingressaram em cursos específicos de formação de professores. Segundo seriam os acadêmicos indígenas que ingressaram nos demais cursos regulares das universidades. A presença desta segunda leva tornou-se notória a partir da instituição de cotas para índios na Universidade Estadual de Mato Grosso do Sul – UEMS, em 2004. A terceira leva de sujeitos indígenas diz respeito àqueles acadêmicos que ingressaram nas universidades e que participaram do Programa Rede de Saberes, citado no início deste trabalho. Os dois primeiros grupos tiveram uma passagem pela academia despercebida e enfrentaram grandes dificuldades para permanência e conclusão do curso. Este período é marcado por alto índice de evasão de acadêmicos indígenas. Após a instituição de cotas, o grande desafio foi a permanência destes no ensino superior. Já o terceiro grupo, composto por acadêmicos inseridos nas ações do Programa Rede de Saberes, indica a diminuição da evasão desses acadêmicos e promove uma discussão desses com suas comunidades de origem. É no âmbito deste terceiro grupo que Luiz Eloy se insere. Esse ponto será abordado mais adiante, quando se comentar especificamente sua trajetória.

Em suma, o ingresso de um professor indígena com muitos anos de serviço nesse curso de ensino superior mostra de que maneira a demanda por qualificação de professores indígenas impulsionou em grande parte a demanda pelo ingresso na universidade como um todo. E mostra também uma característica singular da demanda Terena pela educação escolar superior, que implica em chamar atenção para o fato de que falar em educação superior indígena não se limita apenas às condições de acesso, ou seja, como o indígena pode estar ingressando na universidade. Assim, embora políticas afirmativas de acesso diferenciado sejam muito importantes, seria preciso considerar também uma série de questões que vão mais além: de que forma a universidade como instituição, os funcionários, os docentes, os companheiros de classe e, até a própria comunidade, podem estar contribuindo para a permanência desse indígena no ensino superior? Ou melhor, será que as universidades estão formando profissionais que atendam aos anseios da comunidade? Ou ainda, que tipo de profissional indígena está sendo colocado no mercado de trabalho? Essa ênfase nas questões de permanência e posterior atuação profissional talvez possa ser em parte explicada pelo argumento de que a "escola" entre os Terena já vem de muito antes, isto é, de que distintos sujeitos Terena têm acessado a educação escolar em contextos "não diferenciados", se apropriando com grande habilidade dos modos de se inserir no mundo "civilizado", segundo as regras de impessoalidade e mérito individual que regem esse paradigma.

Por fim, cabe introduzir uma última questão. Foi dito até aqui que esses dois tipos de escola correspondem a duas épocas ou dois momentos históricos distintos. Mas talvez seja importante matizar essa ideia. Isso porque, mesmo atualmente, esses dois modelos (diferenciado e não diferenciado) são opções muito presentes para professores e estudantes Terena. Numa conversa que Augusto Ventura teve com estudantes recém-formados da escola de ensino médio da aldeia Bananal, por exemplo, surgiu dos participantes uma ponderação interessante sobre a efetiva utilidade do ensino escolar em língua materna diante da competição em exames de admissão no ensino superior: "Na disputa do Enem você não vai fazer uma prova só para índios, uma prova só para negros e uma prova só para brancos. É tudo de igual para igual". "A língua materna é muito boa. Mas ela não tem nada a ver com o Enem [...]." Um debate análogo surgiu numa conversa com alguns estudantes universitários que desejam se tornar professores. O câmpus de Aquidauana da UFMS abriga, além do curso de licenciatura intercultural, também diversos cursos regulares de licenciatura e pedagogia frequentados por acadêmicos Terena. A opção por um e outro curso foi uma questão muito presente em alguns desses diálogos: seria melhor formar-se a partir da estrutura flexível da Licenciatura Intercultural e dos incentivos que ela oferece, ou formar-se num curso regular de licenciatura, que discute menos a "questão indígena" mas que conta com mais horas presenciais? Essa é uma pequena amostra do complexo quadro de questões que professores e estudantes Terena têm pela frente no que tange ao ensino escolar básico.

Trajetória de Lindomar Ferreira e a questão da terra

Há oitos anos, Lindomar Ferreira foi eleito cacique da aldeia Argola (Terra Indígena Cachoeirinha), local onde nasceu. A entrevista com ele foi realizada logo depois de uma reunião política ocorrida na aldeia Lalima, localizada nas proximidades da sede do município de Miranda. Um "solo cansado" como definiu a liderança: "Essa terra aqui de Lalima é de 1905.

Então, de lá pra cá, quantas famílias não vieram plantando nessas terras?". Lindomar chamava a atenção para a incompatibilidade entre o tamanho dos atuais territórios e a agricultura, uma atividade de fundamental importância para a vida Terena.

> A aldeia hoje não oferece condições e perspectiva nenhuma de trabalho e de vida. A gente vive num espaço reduzido, um espaço que não te dá condições de trabalhar na agricultura, porque o espaço é pequeno. E muitas vezes que você planta, não nasce mais e, se nasce, morre. Porque, a terra, o solo, já é um solo cansado. Um solo que os nossos avós já trabalharam naquela terra, os pais já trabalharam e a gente está trabalhando, então já é uma terra, um solo que cansa. E o solo precisa de descanso de, no mínimo, dez anos, doze anos... é o que precisa de descanso para que o solo possa produzir novamente.

Como nos disse a liderança sobre a terra de Lalima, as demais terras indígenas em que vivem a maior parte dos Terena atualmente foram, em sua maioria, demarcadas pelo SPI no início do século XX. Na época, segundo apontam alguns importantes trabalhos historiográficos, os Terenas ainda sentiam com muita intensidade os efeitos dramáticos da Guerra do Paraguai, da qual participaram ativamente pelo lado brasileiro (Vargas, 2003, p.51; Oliveira; Pereira, 2007). Além de uma ampla dispersão pelo entorno das aldeias mais populosas estabelecidas antes do conflito, os Terenas passaram após o episódio a lidar com o processo de avanço da ocupação por parte da sociedade brasileira nessa região, algo que acabou, em vários casos, transformando em fazendas os territórios tradicionalmente ocupados antes da Guerra. Muitos passaram, a partir de então, a trabalhar e morar nessas fazendas, se inserindo desse modo num regime de produção econômica que pode ser descrito como um verdadeiro regime escravista (Cardoso de Oliveira, 1976, p.57; Bittencourt; Ladeira, 2000, p.78). Foi apenas no início do século XX, no contexto da construção da Estrada de Ferro Noroeste do Brasil e da criação do SPI, que alguns dos núcleos populacionais em que estavam vivendo os Terena no pós-guerra foram transformadas em Reservas Indígenas. Essas reservas, contudo, eram bem menores do que o espaço anterior e tradicionalmente ocupado pelos Terena (Bittencourt; Ladeira, 2000, p.96), limitação que parece estar ocasionando a inviabilidade da atividade agrícola que diagnosticou Lindomar.

Sem poder viver adequadamente do plantio na aldeia, Lindomar afirma ter optado por seguir a mesma profissão do pai, ainda quando criança: trata-se do trabalho corte de cana em usinas da agroindústria alcooleira. "Aos 12 anos já comprava minhas roupas", me dizia ele com orgulho. Assim, num dado momento de sua vida, Lindomar parece ter se engajado num tipo de atividade que muitos outros Terena vivenciaram e têm vivenciado desde o início da vida nas Reservas, que consiste na saída temporária em trabalhos fora das aldeias. No caso da liderança, esse trabalho temporário consistiu numa experiência mais comum a gerações mais jovens. Pois, embora se tenha notícia de trabalhadores Terena desde a criação da primeira usina sul mato-grossense na década de 1940, localizada no município de Miranda, esse dispositivo de produção econômica parece ter empregado em maior quantidade trabalhadores indígenas (Terena e também Guarani e Kaiowá) a partir dos anos 1970, num contexto de incentivos à atividade sucroalcooleira por parte do governo militar (Salvador, 2012, p.56).

Mais antigos que esse tipo de trabalho são os serviços temporários realizados em fazendas próximas às terras indígenas. Dona Miguelina Silva, moradora da aldeia Ipegue desde que nasceu, há 70 anos, afirmou ter passado boa parte de sua vida "changueando", isto é, realizando serviços temporários nas adjacências do local em que residia (trabalhava especificamente como cozinheira). Além dessa atividade, contudo, a senhora e sua família viviam também da lavoura na própria aldeia, além da comercialização de certos adornos e enfeites vendidos como "artesanato". Assim, sentindo também a dificuldade em viver da agricultura no espaço limitado da terra indígena, dona Miguelina parece ter tido nessas outras atividades uma espécie de complemento à "lavoura". As áreas correspondentes às fazendas vizinhas das aldeias tornaram-se assim espaços frequentados por pessoas como dona Miguelina, seja para efetivamente trabalhar, seja para fazer outras atividades como a caça ou a coleta de recursos necessários ao modo de viver nas aldeias. Isso não significa, contudo, que a relação com esse entorno seja ausente de conflitos e problemas. No trecho apresentado abaixo, dona Miguelina reflete sobre um episódio que ocorrera numa dessas idas às fazendas:

> A gente fica triste quando vê essa desmatação. Fica triste... Cortar o pau, assim, a torto e a direito. É triste mesmo.

> Uma vez que eu fiquei brava: Fui catar lenha seca lá na fazenda. Fomos entre seis mulheres. "Vamos catar lenha?". Fomos catar lenha caída, seca, lá no mato pra lá daquele açude, lá da fazenda. Em seis mulheres, fomos lá. Catamos lenha e fomos embora. Não é que o fazendeiro mandou peão tomar os paus secos que a gente havia trazido? Mandou jogar tudo no chão. E nós com medo, jogamos [...]. Daí viemos catar pau pra cá.
>
> – Sendo que é tudo nosso essa terra aí... – disse Elineia Luiz, professora Terena que participava da conversa.
>
> – Por isso a gente que está aqui está sempre pedindo ao Espírito da Mata que proteja aquele povo que está lá [na Retomada da Fazenda Esperança]. Que tenha força, aquele povo lá. Porque essa mata tem dono, não é o dinheiro que é dono não [...].

Ao relatar o ocorrido, D. Miguelina deu um exemplo do quanto a relação com funcionários e proprietários dessas fazendas pode se tornar conflituosa e violenta. Mas, além disso, sua reflexão veiculada no trecho aponta também para um outro problema, que tem a ver com a destruição de "matas" ocasionada pelo modo de ocupação dessas mesmas fazendas. Conhecida na aldeia Ipegue como uma importante *Koixomuneti* (praticante de "pajelança", como disse), dona Miguelina mencionou em vários momentos da conversa as consequências de se relacionar de maneira inadequada com aqueles que são da "mata" ("matar passarinho" ou "cortar pau" seriam exemplos desse tipo de atitude negativa). Como deixa evidente ao final do trecho, esses efeitos seriam ocasionados pela ação desse "dono" da mata, com quem ela afirma poder "conversar" apenas após longos e complexos procedimentos de preparo de si mesma. Assim, do ponto de vista de dona Miguelina, esse entorno parece ser importante não tanto por ser passível de exploração de recursos materiais e naturais, mas principalmente por pertencer a certos seres que cuidam dos animais e plantas que ali habitam. Neste sentido, o confinamento entre fazendas de criação de gado parece trazer uma outra consequência nociva, que tem a ver com a destruição desse espaço, ao mesmo tempo cosmológico e político, de fundamental importância para certas práticas tradicionais Terena.

Tanto a perspectiva de Lindomar quanto a perspectiva de dona Miguelina nos dão ideia dos prejuízos causados pela atual situação dos territórios Terena e, por conseguinte, da importância da luta pela ampliação desses territórios. Neste sentido, o recente ingresso de acadêmicos Terena no ensino superior é significativo, em parte porque tem somado aliados e gerado novas ferramentas para essa luta pela garantia de direitos constitucionais. O modo com que Luiz conheceu Lindomar é um exemplo disso. Em julho de 2010, ocorreu o Encontro de Acadêmicos Indígenas de Mato Grosso do Sul em Dourados. Poucas semanas antes desta data, a comunidade *Tumuné Kalivono* (futuro da criança), da qual Lindomar era liderança, havia sido despejada de uma área de retomada (Fazenda Petrópolis). A ação da polícia causou grande repercussão local e as comunidades indígenas do estado estavam apreensivas. Foi a partir disso que a coordenação do Projeto Rede de Saberes convidou Lindomar para participar do encontro. Durante sua fala, foi passado o vídeo que registrou a ação da polícia e o modo como as lideranças, anciãos, mulheres e crianças foram tratadas pelo Estado brasileiro, expostos a essa ação policial violenta. Durante sua fala, Lindomar se emocionou muito e ao mesmo tempo pediu apoio aos estudantes indígenas. Foi aí que Luiz começou a acompanhar Lindomar nas reuniões com outras lideranças. A partir dessas pequenas reuniões o grupo foi crescendo, e em 2011 foi realizada a primeira Assembleia do Povo Terena (*hánaiti ho'únevo têrenoe*). Desde a conclusão de seu curso de Direito e do início do trabalho como advogado, o trabalho de Luiz tem sido de assessoramento às lideranças que estão na luta pela terra, visitando os acampamentos de Retomada, dialogando com as comunidades, desenvolvendo oficinas de formação política e jurídica, discorrendo sobre as proposições legislativas em trâmite e o papel de cada deputado nestas articulações políticas e sendo o elo entre o Ministério Público Federal e as lideranças locais.

Portanto, é possível dizer que uma consequência importante do ingresso de Terenas na universidade foi um avanço qualitativo na luta do povo Terena pelas demarcações de terras. Se antes havia certo distanciamento entre os estudantes indígenas e as lideranças tradicionais, isso foi quebrado a partir do momento que os acadêmicos se aproximaram das lideranças, demonstrando que estavam ali prontos para ajudar na luta. Passos importantes foram dados nesta direção.

Por outro lado, há também uma outra consequência importante de ser ressaltada nesta parte do artigo. Como foi dito acima, Lindomar começou a trabalhar logo cedo no corte de cana, um serviço que se tornou cada vez mais comum para homens Terena a partir dos anos 1970. Antes disso, um dos trabalhos temporários que mais mobilizava os habitantes das reservas era a "changa" de que falou dona Miguelina. A julgar pelo grande número de estudantes universitários Terena (quase 700, segundo dados do programa Rede de Saberes de 2007), podemos dizer que a ida para a universidade tem se tornado uma nova e importante opção de saída das aldeias, comparável a essas outras a que nos referimos. Numa entrevista que Augusto fez com Valdevino Cardoso, acadêmico de História da UCDB, foi possível perceber esse ponto. Depois de terminar o ensino médio em sua aldeia de origem, o Limão Verde, Valdevino começou a trabalhar numa usina de corte de cana no interior do estado. Em seguida, se mudou para a cidade de Osasco, no estado de São Paulo, para trabalhar numa empresa de cabos telefônicos. Foi apenas após voltar para o Mato Grosso do Sul que ele decidiu ingressar no ensino superior, na cidade de Campo Grande. Quando perguntado quais das três experiências de deslocamento para longe da aldeia foi mais difícil, Valdevino prontamente apontou o corte de cana, por conta da exploração e das condições ruins de trabalho. Mas, ao longo de seu curso de graduação em História, o acadêmico apontou também para várias dificuldades, advindas principalmente do fato de isso não ser uma atividade remunerada; as dificuldades de se manter financeiramente na capital do estado foram bastante grandes nesse período. Assim, na trajetória de Valdevino, o ingresso no ensino superior constituiu uma alternativa a outros tipos de saídas das aldeias, com benefícios e dificuldades muito específicos em relação a eles.

Trajetória de Luiz Henrique Eloy

Luiz Henrique Eloy é da Aldeia Ipegue, Terra Indígena Taunay/Ipegue, localizado no município de Aquidauana, estado de Mato Grosso do Sul. Sua família materna é toda da aldeia Ipegue (*tronco* Eloy) e a família paterna (*tronco* Amado) é da aldeia vizinha chamada Colônia Nova, fundada por seu avô Manoel Amado. Quando de seu nascimento, por complicações médicas, sua mãe, dona Zenir Eloy o teve em uma maternidade da cidade de Campo Grande, capital do estado, em 2 de fevereiro de 1988. Logo depois, retornaram ambos para a aldeia, local onde cresceu e estudou. Em 1995, Luiz ingressou na primeira série do ensino fundamental no Núcleo Escolar Feliciano Pio, escola indígena da aldeia Ipegue. Estudou lá até a 4ª série. Como era um núcleo escolar, ali só era oferecido até a 4ª série.

Quando terminou a quarta série, Luiz teve que tomar algumas decisões. Pois naquela época eram poucas as chances de sair da aldeia para estudar, algo que já lhe havia sido apontado pelo professor Jonas. Ou parava de estudar e ia cortar cana nas usinas, o que era bastante comum na comunidade. Ou simplesmente ficava na comunidade e tentava viver da roça, o que é muito difícil, conforme já constatado nos depoimentos de dona Miguelina e de Lindomar Ferreira. Assim, para continuar os estudos, contou com a decisiva ajuda de sua mãe, que o levou para a cidade de Campo Grande para estudar, tendo com isso concluído o ensino fundamental e médio na escola pública.

Em 2006, Luiz Eloy ingressou no curso de direito da Universidade Estadual de Mato Grosso do Sul, por meio da política de cotas. Mas, seis meses depois, foi contemplado com uma bolsa do Prouni na Universidade Católica Dom Bosco, onde concluiu o curso de Direito em 2011. Durante sua vida acadêmica, participou ativamente do Programa Rede de Saberes. Projeto este que lhe deu oportunidade e instrumentos para concluir com êxito seu curso, e ao mesmo tempo enxergar a importância do diploma de ensino superior para ele e para seu povo. Em 2011, três meses após ter concluído o curso, passou no exame da OAB e tornou-se advogado. Logo depois foi chamado para contribuir junto à assessoria jurídica do Conselho Indigenista Missionário – CIMI, em Mato Grosso do Sul. No ano seguinte, em 2012, ingressou no Programa de pós graduação em desenvolvimento local e em contexto de territorialidades da UCDB, sob orientação do professor Antonio Brand, pessoa que o acompanhou desde o primeiro semestre da faculdade, sempre o apoiando. Desde então, sua atuação tem sido assídua junto aos povos indígenas de Mato Grosso do Sul, em especial ao povo Terena, Kaiowá, Guarani, Kadiwéu, Kinikinau e Ofaié.

Durante o trabalho de campo conjunto, Augusto pôde ter ideia do quão assíduo e intenso tem sido o cotidiano de Luiz depois que começou a atuar como advogado. Como foi dito mais acima, a entrevista com Lindomar Ferreira aconteceu logo após uma reunião política que contou com a participação de lideranças das terras indígenas do entorno da aldeia Lalima. Além de reuniões, Luiz realiza também oficinas de direito nas comunidades indígenas, atuação em processos de demarcação de terras indígenas, atuação também nos processos criminais fazendo a defesa das lideranças indígenas que são criminalizadas em função da luta pela terra, e como assistente de acusação nos processos relativos a lideranças que foram mortas em decorrência desse envolvimento. Tudo isso feito num trânsito entre aldeias indígenas e cidades localizadas em diferentes regiões do estado. O trabalho de campo realizado em julho de 2013 de certa forma refez parte desse percurso, já que contou com períodos realizados em Campo Grande, nos municípios de Aquidauana e Miranda e em terras indígenas localizadas nas proximidades dessas cidades. E quando vai para sua própria aldeia, há também aquelas atividades "não profissionais", por assim dizer: o descanso na casa de seus avós maternos (local em que Luiz passou a infância e onde os dois pesquisadores ficaram hospedados no período de campo), a visita a amigos e parentes residentes em outras aldeias, a ida a festividades e "bailes" que animam a vida das aldeias Terenas etc.

Agora já formado e bastante atuante profissionalmente, Luiz passou por uma experiência no ensino superior que pode ser comparada à de muitos outros acadêmicos Terena. Quando chegou à universidade, ele passou por duas das principais universidades que têm formado acadêmicos Terena: primeiro a UEMS, com sede localizada em Dourados, e depois a UCDB de Campo Grande. Embora essas universidades estejam localizadas no mesmo estado, a experiência que os acadêmicos Terena tem tido ao ingressar em cada uma delas parece ser bem diferente. No caso de Luiz e sua irmã Simone Eloy, que passaram a infância e a adolescência entre a aldeia Ipegue, próxima ao município de Aquidauana e a cidade de Campo Grande, um deslocamento para o sul do estado torna a permanência bastante difícil. Simone, assim como muitos outros acadêmicos Terena de aldeias no noroeste do estado que se beneficiaram com a política estadual de cotas, teve que se mudar para a cidade de Dourados, onde não tinha até então pessoas conhecidas com quem pudesse contar. A presença de Terenas nessa cidade é bem menor do que a verificada em cidades como Aquidauana e Campo Grande, que conta inclusive com aldeias urbanas. Assim, muitos dos acadêmicos matriculados em universidades como a UCDB de Campo Grande e a UFMS de Aquidauana, acabam por contar com o apoio de parentes que já viviam nessas cidades. Mas nessas duas universidades, além de alunos que moram nos centros urbanos em que elas estão localizadas, há também aqueles que fazem o deslocamento diário entre a universidade e as aldeias localizadas nas proximidades. No caso da UCDB, é marcante a presença de estudantes que moram nas aldeias localizadas nos municípios de Sidrolândia e Dois Irmãos do Buriti. Já na UFMS, a presença mais evidente é a de acadêmicos que moram nas terras indígenas localizadas nos municípios de Miranda e Aquidauana.

A dificuldade de permanência nos cursos referida acima se expressa também em dados quantitativos sobre a evasão de acadêmicos indígenas. No ano de 2007, por exemplo, a porcentagem de estudantes indígenas que desistiram de seus cursos chegou a 18,7% na UCDB e 30% na UEMS (Rede de Saberes, 2007, p.20). Nesta última universidade, nos quatros anos subsequentes à implementação da política de cotas (2004, 2005, 2006, 2007), o índice de evasão médio de estudantes cotistas negros foi de 23,2%, enquanto o de cotistas indígenas foi de 36,7% (Cordeiro, 2008, p.78). É importante ressaltar que tais dados se referem a um período em que o Programa Rede de Saberes estava apenas em seu início, não sendo provavelmente ainda sentidos com grande intensidade os efeitos das ações desse programa. Contudo, ainda que oferecesse diversas e importantes modalidades de apoio (acompanhamento pedagógico, disponibilização de espaços para reuniões e uso de computadores, auxílio em deslocamentos para eventos científicos), o repasse de recursos que o programa administrava não previa um tipo específico de auxílio que é de fundamental importância para permanência dos acadêmicos indígenas: o apoio financeiro na forma de bolsas de estudo. No depoimento que deu sobre sua experiência de graduação na UEMS, Leosmar Antônio falou sobre as dificuldades que teve nos primeiros anos em Dourados. Longe da aldeia (Cachoeirinha) e sem condições de se manter financeiramente na cidade apenas estudando, Leosmar fez uma série de serviços informais no período: cavou fossas de esgoto, capinou terrenos, trabalhou em serviços de lava-jato de automóveis, trabalhou numa subestação de energia elétrica, entre outros. Genyvaldo Flores, nascido na aldeia Ipegue e estudante do curso de Biologia, relatou ter passado por dificuldades semelhantes, tendo que trabalhar como pedreiro e como funcionário de um supermercado. No caso de ambos, tais dificuldades só foram contornadas (ao menos parcialmente) com a criação de uma política de bolsas de estudos, oferecida pela UEMS especificamente aos estudantes universitários indígena (Programa Vale Universidade Indígena, com bolsas no valor de 300 reais), que veio a complementar as ações afirmativas do Programa Redes. Na UCDB há também uma política complementar semelhante, que consiste no oferecimento de descontos nas mensalidades (parcial até o ano de 2012 e integral desde então).

Outro ponto interessante de se observar é o quanto o ingresso e a permanência na universidade tem ativado relações entre sujeitos Terena que, de certo modo, eram apenas potenciais antes desse acesso. Como mencionado há pouco, uma situação frequente para estudantes que saem das aldeias para residir nos centros urbanos é ativar relações de parentesco com pessoas que vivem nessas cidades. Valdevino Cardoso, nascido e criado na aldeia do Limão Verde, afirmou que sua permanência no curso de história da Universidade Católica Dom Bosco só foi possível graças ao apoio de um primo que mora numa das aldeias urbanas de Campo Grande, a aldeia Marçal de Souza. O fato de terem sido criados juntos na mesma aldeia, e de terem ambos saído de lá num dado momento para estudar e trabalhar, fez com que esse ingresso de Valdevino na faculdade representasse um reestreitamento da relação com esse primo considerado por ele como um "irmão". Mas para além desse tipo de atualização desses laços de parentesco consanguíneo, é possível dizer que o ingresso no ensino superior pode também ativar relações de aliança entre distintos sujeitos Terena. Isso parece decorrer em grande parte do tipo específico de convivência universitária proporcionado pelas ações afirmativas implementadas no âmbito dessas universidades. Como dito acima, o ingressar na UEMS pelo dispositivo de cotas foi particularmente difícil para Simone Eloy, dada a ausência de familiares que residissem na região da universidade. Por outro lado, contudo, esse acesso possibilitou que a acadêmica conhecesse uma série de outros estudantes Terena que não conhecia até então, dentre eles Leosmar Antônio, seu marido e pai do seu filho (na época, Leosmar era estudante de biologia e hoje cursa mestrado em Desenvolvimento Sustentável na UCDB). Assim, além do efeito imediato de proporcionar os estudos no terceiro grau, o ingresso de acadêmicos indígenas nessa universidade gerou um novo tipo de relação entre duas pessoas pertencentes a *troncos* familiares bem distintos e cujo assentamento geográfico é relativamente distante um do outro (Simone da aldeia Ipegue e Leosmar da aldeia Cachoeirinha, localizada numa terra indígena distinta da primeira).[4]

4 Nesse parágrafo estão sendo mencionadas uma série de noções e características da organização social e política Terena: a noção de *tronco* enquanto unidade social mais básica, tal como recentemente testada por Pereira (2009), a assimilação de primos paralelos e cruzados aos "irmãos", típica de sistemas de parentesco "havaianos"(Azanha, 2006, p.74), a corresidência desses germanos a formar uma unidade produtiva comum em torno das roças (ibid.), a chefia política e suas transformações ao longo das diferentes situações de contato (Baltazar, 2010),

No caso dos estudantes Terena que vão para a UEMS, há um outro conjunto de relações importantes que vem sendo ativado: as relações com sujeitos Guarani e Kaiowá. Pois muitos desses estudantes optaram por morar na aldeia Jaguapiru, localizada numa terra indígena predominantemente Guarani e Kaiowá, mas que conta com diversas famílias Terena que se mudaram para lá no começo do século XX. Rose Mariano, por exemplo, teve um percurso semelhante ao de Simone Eloy, pois, nascida na aldeia Ipegue, também buscou se deslocar até o sul do estado para estudar na UEMS. Porém, o modo com que ela buscou solucionar os desafios de permanência, ao menos no início do seu curso de Enfermagem, foi buscando residência na casa de seu avô, na aldeia Jaguapiru. Além de Rose, outros acadêmicos Terena com quem foi possível conversar buscaram opções semelhantes. Rejiane Miguel de Souza e Zuleica Tiago, colegas de Rose no curso de enfermagem, passaram também parte de seu curso residindo nessa mesma terra indígena (Rejiane na casa do avô de Rose, e Zuleica na casa de um irmão de sua avó que também residia por lá). Como lembrou Rejiane durante a entrevista, esses vínculos de parentesco parecem ter sido fundamentais para uma boa aceitação desses novos moradores Terena na área. Pois como acrescentou Rosaldo de Albuquerque Souza (mestre em Desenvolvimento Sustentável pela UNB e marido de Rejiane), a chegada de famílias Terena na região se deu num contexto de políticas do SPI, que acreditava que esse grupo de Terena poderia "ensinar" os antigos moradores a "plantar" e a "trabalhar". É importante ressaltar, contudo, que a ida desses jovens universitários Terena para a região de Dourados tem ocorrido num contexto bastante distinto, que envolve recentes políticas afirmativas de reconhecimento das diferenças (e não mais políticas assimilacionista e civilizacionais como as do SPI). Assim, é importante perceber o quanto esse conjunto de relações tem se atualizado de novas maneiras na experiência de cada um desses sujeitos. A contratação dos profissionais indígenas formados no âmbito dessas ações afirmativas parece ser um exemplo interessante disso: Rejiane, por exemplo, relatou que não conseguiu continuar trabalhando nas aldeias da região depois de formada, porque, por decisão das lideranças locais, a contratação de profissionais indígenas de saúde acabou sendo restrita apenas a profissionais

---

a necessidade de contrabalançar a introversão dos grupos sociais locais com uma extroversão de caráter politico e econômico (Cardoso de Oliveira, 1968, p.39).

Guarani-Kaiowá. Com isso, sem poder trabalhar na região onde estudou e residiu durante um bom tempo, continuou buscando empregos em outros locais até conseguir ingressar na Casa da Saúde Indígena de Campo Grande, onde atualmente trabalha juntamente com Rose Mariano. Assim como suas colegas, Zuleica Tiago também conseguiu trabalho num local distante do que estudou: é atualmente enfermeira na terra indígena Terena e Atikum, localizada no município de Nioaque.

A atuação de Luiz Eloy depois de formado também é um outro interessante exemplo das novas relações dos Terena com os Guarani e Kaiowá: como relatado mais acima, o advogado tem atuado fortemente junto a comunidades Guarani e Kaiowá, oferecendo assessoria jurídica, oficinas de formação em direito, atuação em processos criminais de lideranças envolvidas com a luta pela terra. Nesse sentido, é possível afirmar que essa atuação tem sido uma importante ferramenta para novas parcerias e alianças que as lideranças dessas duas populações têm traçado nas lutas pela garantia de direitos previstos na Constituição de 1988.

Considerações finais

Para balizar a conclusão, foram escolhidas duas frases ditas pelo professor Jonas em sua entrevista. Uma delas foi enunciada quando ele se referia à importância que os estudantes vinham tendo no movimento de Retomada da fazenda vizinha ao T. I. Taunay Ipegue, denominada Esperança (que havia sido ocupada há alguns meses por dezenas de famílias, que tinham como intuito pressionar o Governo a demarcar aquela área como sendo Terra Indígena): "A nova geração não vai baixar cabeça não!". Ela mostra um ponto importante presente nas trajetórias descritas acima, que se refere à relação entre o ingresso dos Terena na universidade e as novas formas de luta política pautadas na garantia de direitos constitucionais. Assim, é preciso ter consciência de que, se hoje os Terena estão nas universidades, não é por acaso. Foi em parte uma decisão política de diversas lideranças e sujeitos Terena. É possível citar como exemplo, neste sentido, as reuniões entre um grupo de caciques e alguns coordenadores e docentes da UCDB no final da década de 1990, relatadas por algumas das pessoas entrevistadas. Nelas, as lideranças anunciaram sua decisão: "Vamos enviar nossos jovens para a universidade".

Ela foi tomada com o intuito de preparar e qualificar esses jovens para a luta que já se fazia presente na época, algo que se confirma na realidade de hoje relatada neste trabalho. É perceptível a presença de profissionais e acadêmicos indígenas juntos com as lideranças, opinando nas tomadas de decisões e dando pareceres do ponto de vista técnico. Ao mesmo tempo, há um despertar por parte da juventude de que os mesmos devem estar atrelados a luta de suas lideranças. Assim, a participação indígena na academia cria condições para o estabelecimento do diálogo entre representantes indígenas e gestores públicos. Cada povo tem sua organização social, modos de conhecimento, tradições, lideranças e modos próprios de resolver seus conflitos. Assim, não pode o Estado implementar uma política única que vise atender todos esses povos. Para tanto, terá que se valer de um diálogo que poderá ser realizado por meio da participação indígena na universidade e, até mesmo, através daqueles que já concluíram seus cursos, visto que na sua trajetória tiveram que viver entre a cidade e a comunidade; entre seu modo de ser e o modo de ser dos seus companheiros de sala; entre suas realizações pessoais e os anseios de sua comunidade.

É importante ressaltar que essa tentativa de conciliar suas realizações pessoais e o compromisso com a comunidade gera uma série de desafios para o acadêmico indígena. Pois, embora o ingresso na universidade seja em parte fruto dessa disposição das lideranças mencionada acima, ela também é ocasionada pela vontade individual e familiar de cada estudante de se graduar. Vários estudantes da UFMS relataram um fato que parece ilustrar isto: o de que foi apenas com um levantamento (realizado por professores ligados ao programa Redes) que objetivava identificar os estudantes indígenas que frequentavam a universidade é que eles puderam conhecer outros colegas seus que também eram indígenas (até então se cruzavam pelo câmpus sem se reconhecerem nesse sentido). Isso indica que o ingresso desses acadêmicos ocorreu sem contar com a mediação de um mecanismo de acesso diferenciado (apenas a UEMS possuía cotas nesse período) e, neste sentido, por iniciativa própria (não houve uma política afirmativa de seleção que utilizasse critérios "comunitários" para a escolha).[5] Mas, ao mesmo tempo,

5 Um dado quantitativo que parece apontar para a mesma direção: num levantamento realizado no ano de 2007, mais da metade dos estudantes indígenas questionados afirmaram ser de cunho "individual" a decisão de prestar o exame vestibular para ingresso no ensino superior (Rede de Saberes, 2007, p.56). Isto pode estar ligado à ideia, desenvolvida mais acima, da

as comunidades indígenas estão conscientes de que não adiantará nada enviar seus jovens para a universidade, se eles não derem uma devolutiva para suas comunidades. Então resta a pergunta: Que tipo de profissional indígena as universidades estão formando? Será que eles serão "úteis" para suas comunidades? De que maneira a comunidade poderá receber esses profissionais quando eles estiverem formados? Será possível que os acadêmicos contribuam para a luta das comunidades e que correspondam aos anseios depositados? São inúmeros os desafios que o indígena que quer se "diplomar" terá que enfrentar, não apenas de ordem econômica, mas também social, linguística, religiosa, política, cultural etc.

A outra frase do professor selecionada para fins de conclusão é a seguinte: "O percurso não era fácil". Embora pudesse ser facilmente ser atribuída a qualquer um dos acadêmicos Terena que tem se formado nos últimos anos nas universidades do estado, ela se refere na verdade às dificuldades de deslocamento que o velho professor teve ao estudar na escola da Missão Kaiowá, em Dourados, durante a década de 1960. Assim, há muito tempo seu Jonas fez aquilo que muitos Terena estão fazendo atualmente, que é sair da aldeia para estudar. E se a "saída para estudar" pode ser considerada algo praticado há um bom tempo por certos Terena, os deslocamentos realizados com outros objetivos também podem. Como relatou seu Jonas, sua mãe chegou à atual terra indígena de Taunay Ipegue no começo do século XX, vinda de uma fazenda localizada no município de Coxim. Segundo o professor, vinte famílias percorreram conjuntamente essas dezenas de quilômetros, todas montadas em selas de bois e realizando paradas nas fazendas localizadas no caminho. Isso até chegar à reserva recém demarcada pelo SPI, onde puderam estabelecer nova residência fixa.

Assim, a experiência de frequentar o ensino superior pode ser comparada com outras tantas experiências de deslocamentos e percursos que diversos Terena fizeram no passado e têm feito atualmente. Muitas delas foram mencionadas aqui: algumas envolvem saídas temporárias, como a "changa" em fazendas, o serviço militar ou o corte de cana nas usinas. Outras envolvem uma mudança definitiva, como a fundação de uma nova aldeia ou a ida para os centros urbanos (onde, inclusive, novas aldeias têm sido criadas). Algumas

disposição de diversos sujeitos Terena de se inserir no mundo "civilizado", segundo as regras de impessoalidade e mérito individual que regem esse paradigma.

são atuais, como é o caso da busca pelo ensino superior. Outras, porém, aconteceram no passado: a progressiva saída do Chaco e a formação de grandes aldeias nas proximidades dos fortes coloniais portugueses no século XVIII (Oliveira; Pereira, 2007), a significativa participação na guerra do Paraguai (ibid.), a dispersão dessas aldeias durante o conflito e a posterior reorganização no início do século XX (Bittencourt; Ladeira, 2000), o intenso deslocamento para os centros urbanos ocorrido ao longo do século XX (Cardoso de Oliveira, 1968), todos esses parecem constituir fatos históricos exemplares disso. O fato é que, colocadas em comparação, essas experiências passadas e presentes evidenciam uma dinâmica de circulação que parece ser própria do jeito de viver dos Terena. Uma dinâmica de circulação capaz de conciliar de maneira singular a vida nas aldeias e a vida "lá fora", a tendência de viver entre si e a tendência de se relacionar com *purutuyas* e outras pessoas "de fora" – tendências que vêm sendo recentemente traduzidas numa linguagem etnológica como o conviver entre si e a abertura para o exterior, ou um sedentarismo agricultor conciliado com um expansionismo sociocultural (Azanha, 2006, p.74).

Contudo, como fica evidente na frase do professor Jonas, o fato de serem iniciativas ativamente tomadas pelos Terena não torna esses deslocamentos "lá fora" experiências fáceis; cada experiência como essa envolve dificuldades e desafios muito específicos. No caso do corte de cana, por exemplo, acaba-se envolvendo num regime de trabalho altamente exploratório, tanto econômica quanto fisicamente. No caso do ensino superior, boa parte dos acadêmicos Terena tem enfatizado a dificuldade em se adaptar ao ambiente universitário e a se manter na faculdade até o final de seus cursos. Assim, embora o acesso diferenciado à universidade seja considerado importante, ele parece ser uma questão mais bem-resolvida pelos Terena. Pois, como foi dito anteriormente, o ingresso dos Terena na educação parece ter acontecido antes que os contextos de inserção educacional diferenciada de indígenas se consolidassem – isso vale tanto para a escola básica quanto para o ensino superior. Com isso, a questão proeminente tem sido a permanência. Algo que envolve, dentre outras coisas, a garantia do deslocamento entre as aldeias e o câmpus universitário, ou o apoio à moradia no caso dos que estudam muito longe de suas residências originais. Além disso, há uma demanda bastante grande por bolsas de estudos, já que a ida a universidade não implica uma atividade de remuneração imediata, mas sim a qualificação para trabalhos futuros. Em todo caso, o fundamental é que existam programas e subsídios afirmativos desse tipo e que eles sejam constantes e fixamente estabelecidos. Pois se as políticas públicas no âmbito da educação escolar têm buscado reconhecer e valorizar as diferenças, é fundamental que elas tenham dimensão do quão singulares e específicas são a vida dos Terena e de outras populações indígenas. E como se quis evidenciar nesta conclusão, a vida dos Terena parece estar marcada por esses constantes deslocamentos e percursos entre aldeias, entre aldeia e a cidade etc.

Referências bibliográficas

AMADO, L. H. E.; VENTURA, A. *Diálogos ameríndios*: um intercâmbio de pesquisadores. (no prelo).

AZANHA, G. As terras indígenas Terena no Mato Grosso do Sul. *Revista de Estudos e Pesquisas. Brasília*: Funai, v.2, n.1, p.61-111, 2006.

BALTAZAR, P. *O processo decisório dos Terena*. 92p. Dissertação (Mestrado em Ciências Sociais) – Pontifícia Universidade Católica de São Paulo, São Paulo, 2010.

BITTENCOURT, C. M.; LADEIRA, M. E. *A história do povo Terena*. Brasília: MEC, 2000.

CARDOSO DE OLIVEIRA, R. *Do índio ao bugre*. O processo de assimilação dos terena. Rio de Janeiro: F. Alves, 1976.

______. *Urbanização e tribalismo*: integração dos índios Terena numa sociedade de classes. Rio de Janeiro: Zahar Editores, 1968.

CORDEIRO, M. J. de J. A. *Negros e indígenas cotistas da Universidade Estadual do Mato Grosso do Sul*: desempenho acadêmico do ingresso à conclusão do curso. 259 f. Tese (Doutorado em Educação-Currículo) – Pontifícia Universidade Católica de São Paulo, São Paulo, 2008.

OLIVEIRA, J. E.; PEREIRA, L. M. Duas no pé e uma na bunda: da participação Terena na guerra entre o Paraguai e a Tríplice Aliança à luta pela ampliação dos limites da terra indígena Buriti. *História em Reflexão*, v.2, p.1-20, 2007.

PEREIRA, L. M. *Os Terena de Buriti*: Formas organizacionais, territorialização e representação da identidade étnica. Dourados: UFGD, 2009.

REDE DE SABERES. *3º Relatório Parcial janeiro a novembro de 2007*. Encaminhado para o programa Trilhas de Conhecimentos, Laced, 2007.

SALVADOR, M. N. R. *Os índios Terena e a agroindústria no Mato Grosso do Sul*: a relação capital-trabalho e a questão indígena atual. 106f. Dissertação (Mestrado em Ciências Sociais) – Universidade Federal Rural do Rio de Janeiro, Rio de Janeiro, 2012.

VARGAS, V. L. *A construção do território Terena (1870-1966)*: uma sociedade entre a imposição e opção. 160 f. Dissertação (Mestrado em História), Universidade Federal do Mato Grosso do Sul, Dourados, 2003.

19
A escola como problema: algumas posições

Dominique Tilkin Gallois[1]

Trato neste texto de algumas posições a respeito dos efeitos e dos desafios epistemológicos que se sobressaem da consolidação de programas de formação indígena. O Seminário possibilitou a apresentação e debate de um conjunto significativo de experiências, envolvendo a formação de professores indígenas e seu ingresso em programas de terceiro grau, a formação de jovens e lideranças no âmbito da administração de organizações representativas, na gestão ambiental de terras indígenas ou, ainda, nas ações de salvaguarda e patrimonialização cultural. Esperava-se, inicialmente, que esses programas consolidassem a participação efetiva dos índios para possibilitar a valorização dos "conhecimentos tradicionais" e o reconhecimento das demandas específicas de seus detentores. Hoje, constata-se que a maior parte dessas iniciativas não alcançou o resultado esperado. A escola é percebida ao mesmo tempo como instrumento de empoderamento para a "autonomia" e também como uma armadilha para a domesticação de conhecimentos. As duas coisas acontecem, pois se trata de uma contradição inerente à escola.

No entanto, os problemas não são identificados ou, em todo caso, não são vivenciados da mesma forma pelos profissionais indígenas e pelos demais atores engajados nas políticas culturais. A percepção das dificuldades e dos

1 O texto foi elaborado a partir dos comentários que apresentei na sessão de encerramento do Seminário "*Políticas culturais e povos indígenas. A escola e outros problemas*" realizado pela equipe do Projeto Ford/Cebrap em parceria com o Centro de Estudos Ameríndios, na USP, em outubro de 2013.

desafios da mediação entre conhecimentos, revelada pelas interessantes contribuições de pesquisadores indígenas e não indígenas no Seminário, colocou em destaque algumas posições interessantes, que comento a seguir.

Uma primeira constatação se destaca do conjunto das apresentações, que permite distinguir projetos culturais propriamente ditos, de um lado e a escola, do outro. No primeiro caso, praticamente todos os palestrantes enfatizaram o modo inventivo como os índios se apropriam dos projetos que lhes são propostos, driblando ou não os propósitos das políticas públicas de valorização cultural. Nas escolas, ao contrário, "a armadura da gramática" – para retomar uma expressão de Ana Maria Gomes empregada em sua participação no evento em questão – "é mais fechada".

Os ensaios de teatro entre os Surui Paiter (abordados por Maria Thais Lima Santos e por Uraan Andreson Suruí), os novos modos de difusão do kampô das aldeias para as cidades (estudado por Edilene Cofacci de Lima), as representações de música indígena (enfatizadas por Artionka Capiberibe), entre muitos outros exemplos, evidenciam serem experiências não apenas muito criativas, como também reveladoras de aspectos profundos do conhecimento indígena. Mostram, por exemplo, que a lógica ameríndia não admite uma separação entre fazer e apenas "representar" algo, como explicado a partir das representações teatrais entre os Surui, que sempre eram consideradas como uma experiência completa, e não apenas um ensaio. Os Palikur, quando apresentaram suas músicas, danças e toques de flauta nos eventos do projeto "Ponte entre Povos" (experiência relatada pela antropóloga Artionka Capiberibe), tampouco estavam "representando" suas manifestações culturais e sim produzindo, através de seus corpos e do sopro dos cantos e instrumentos, relações com os espíritos. Nas variações urbanas de aplicação do veneno de sapo kampô tal como avaliadas pelos Katukina (no relato da antropóloga Edilene Coffaci de Lima), também estão envolvidas conexões entre humanos e não humanos, bem como operações delicadas de abrir ou fechar o corpo e todos seus componentes espirituais. Essa presença marcante da corporalidade, dos procedimentos de fabricação do corpo e da pessoa (cf. Viveiros de Castro; Seeger; Da Matta, 1976) constituem um importante resultado na execução desses projetos culturais, apropriados como espaços de atualização das cosmologias indígenas.

Ao contrário dos projetos de valorização cultural, as apresentações relacionadas à escolarização e seus efeitos não destacaram tanto à primeira vista essa capacidade criativa dos índios em tornar específico e diferenciado o pacote pronto da escola. Provavelmente, o próprio foco do Seminário, centrado nos "problemas", tenha suscitado e possibilitado percepções acuradas das dificuldades encontradas nas mais diversas experiências – muitas delas descritas com adjetivos fortes: "catástrofe", "aniquilação", "aprisionamento das crianças no tempo e no espaço", entre outros.

Alternando com esses reclamos, porém, também ouvimos experiências fecundas de tradução e apropriação, conforme os próprios interesses dos grupos, das políticas de escolarização. Resultados promissores que foram apontados, quase exclusivamente, pelos palestrantes indígenas. Ao contrário dos educadores e antropólogos não indígenas presentes, os índios não apresentaram uma crítica tão radical ao fracasso da escola diferenciada, nem colocaram em cheque a noção de "interculturalidade", tópico central nas análises dos demais, preocupados com o tratamento dos conhecimentos indígenas nas escolas. A postura dos índios foi evidenciar como procuram compor com o que lhes é oferecido na instituição escolar, buscando superar dificuldades, ou seja, tornando o problema produtivo. Célia Nunes Correia, pesquisadora Xakriabá, enfatizou o modo experimental indispensável para operar a relação entre cultura e escola, revivendo a dificuldade a cada passo, em busca de soluções práticas. A escola, comentou, "não permite aprender tudo". Aqui, uma sábia lição ameríndia, muito enfatizada nas experiências dos Guarani: a escola não é nem o único nem necessariamente um espaço privilegiado para a construção de um saber próprio; os saberes são criados alhures, precisam ser buscados, descobertos por sujeitos que circulam em busca de conhecimento (Testa, 2011). Assim, os pesquisadores indígenas presentes preocuparam-se em cobrar políticas públicas complementares às escolas e às universidades: garantir a permanência dos alunos, garantir moradia, manejo mais simétrico das horas aula, proporcionando equilíbrio entre ensinamento de conhecimento "dos brancos" e conhecimentos "dos índios". Não questionaram tanto as questões de método, nem o modo com os vastos e complexos sistemas de conhecimento indígenas vem sendo transformados em "fiapos de cultura", como dizia Marta Azevedo em sua intervenção.

Essa questão, de fato, é um mote dos antropólogos, que conseguem ficar profundamente angustiados com "os problemas" da escola indígena. Os índios cobram mais escolas, alguns, inclusive, preferem que não sejam diferenciadas, reivindicam maior acesso às "universalidades". "O problema", disse Rita Potiguara, "não é somente interculturalidade, precisamos formar advogados indígenas, formar médicos indígenas, enfermeiros indígenas!". Importante não perdermos de vista que "cultura" é uma categoria de ida e volta, como "raça", "higiene", "trabalho", "dinheiro". "Os povos da periferia foram levados a adotá-las, do mesmo modo que foram levados a comprar mercadorias manufaturadas" (Carneiro da Cunha, 2009, p.312). Que os efeitos da apropriação escolar dessa categoria sobre os modos diferenciados de vivenciar a cultura não apareçam tão dramáticos aos índios, constitui outra lição importante. Que permite relacionar duas explicações possíveis, ambas aventadas nas entrelinhas das falas indígenas: "agora já perdemos tudo e estamos virando brancos", "agora é com a arma dos conhecimentos dos brancos que estamos voltando a ser índios". Pois o efeito mais interessante da apropriação da cultura – não apenas no contexto da escola – é que promove política, ou seja, relações. Razão pela qual é preciso destacar os modos extremamente corajoso como os índios tomam conta das instituições escolares para fazer delas um espaço para o exercício da política indígena, que consiste inclusive em aprender as políticas dos brancos, para daí participar mais ativamente do movimento indígena. Ouvimos Maximiliano Menezes, pesquisador Tukano, explicar como consegue driblar horários para poder ensinar às crianças de sua escola, no Alto Rio Negro, em que consiste a política de "saúde indígena". Ouvimos de Luiz Henrique Eloy, acadêmico Terena, como o espaço da escola potencializa estratégias de enfrentamento para garantir direito à terra, direito à saúde, vidas. Cultura (indígena)? Sim, que seja tratada nas escolas, mas não em detrimento do que se quer aprender com os não índios. "Dois caminhos", como dizem os professores Wajãpi e como reivindicam muitos outros. Como disse Mutuá Mehinaku, falando de uma "visão dupla", "o mundo de fora nos obriga a isso", mesmo que se possa avaliar que há um caminho certo e outro errado.

Reencontramos o problema. Os dois caminhos são desiguais, têm pesos diferentes. Na experiência da criança e do aluno, como são articulados esses rumos, para que se possa circular entre os variados caminhos do conhecimento? Ouvimos com espanto essa conta: uma hora de "cultura ou língua indígena" por semana e o resto do tempo alocado ao ensino e aprendizado do que é chamado "conhecimento universal". Se os antropólogos não indígenas reagem com arrepios à essa formulação, os pesquisadores indígenas relevam esse contraste problemático – e equivocado – entre "tipos" de conhecimento. Afirmam, como ouvimos várias vezes no Seminário, que precisam se apropriar dos saberes universais. Que sejam chamados dessa forma, pouco importa, mas que viabilizem empoderamento, consolidando condições para a autodeterminação. Na luta em que, nós, antropólogos não indígenas nos engajamos contra a ideia de que alguns conhecimentos nossos sejam universais e que os outros sejam "etno-conhecimentos", estamos um pouco sozinhos em relação a acadêmicos e profissionais de outras áreas.[2] A culpa é nossa? Afinal, não somos lidos pelos pedagogos nem pelos técnicos das instituições responsáveis pela educação indígena. Fato é que falta consolidar o diálogo com profissionais da pedagogia, que em sua maior parte desconhece – alguns talvez conheçam, mas preferem descartar – a contribuição da etnologia ameríndia ao estudo dos "processos de aprendizagem", que os antropólogos preferem abordar enquanto modos de construção e circulação de conhecimentos. Como sabemos, no âmbito de muitas Secretarias de Educação, propaga-se essa formulação sem traumas: os conhecimentos universais de um lado, os étnicos do outro. Da mesma forma, não enfrentamos suficientemente os profissionais de outras disciplinas, que proferem sem angústia sua campanha a favor da captura dos etnoconhecimentos em botânica, em zoologia, em climatologia etc. Onde mantêm as divisões disciplinares que são a característica do etno-conhecimento ocidental, impondo tais divisões aos demais sistemas de saberes. E, quando enfrentamos seriamente, tecendo minuciosas e produtivas críticas ao viés disciplinar, quando evidenciamos a complexidade das relações em jogo nos modos de saber indígenas, nem sempre somos ouvidos. É o que se passa na escola. Como lembrou Ana Maria Gomes, a gramática da escola consiste em "oferecer uma língua para falar outras", qual seja, uma política forte, em seus aspectos formais. Como não há formas sem conteúdos, e vice-versa, chegamos de volta ao problema. Os conhecimentos indígenas não são disciplinares, nem disciplinados. Célia Xakriabá, por sua vez, afirmava que a cultura não pode ser categorizada em nenhuma disciplina, "a cultura precisa você fazer parte, continuar com ela". Com tranquilidade, os índios tratam de ocupar espaços

2 Raramente ouvimos pesquisadores indígenas se rebelarem diante das formulações correntes de "etno-coisas". Mas alguns atentam para generalizações problemáticas, como comentaram os pesquisadores indígenas do Acre, preocupados com o uso que se faz do termo "xamã", sem considerar a diversidade de práticas.

nas disciplinas, mas a experiência da cultura, dos saberes está em outro lugar. Sempre, caminhos (cf. Testa, 2011).

Que a autonomia possa ser alcançada lutando com as armas do conhecimento dito universal, ocidental, "dos brancos", é a proposição que muitos pesquisadores indígenas reiteraram sucessivas vezes ao longo do Seminário. Mas de qual autonomia estamos falando? Não podemos escamotear o fato de que a autonomia dos modos de vida indígenas foi aniquilada, como lembrou Pedro Cesarino. A que se busca agora precisa ser construída, admitem os palestrantes indígenas. E, pelas experiências debatidas, entendemos que esse processo consiste nessa arte criativa de se apropriar de armas oferecidas pelos brancos. Como nos disseram os índios: participando, sendo ouvidos, aprendendo, lançando pontes entre as políticas dos índios e as políticas do Estado. Cabe ressaltar que, atualmente, tais políticas não são tanto "indigenistas" (historicamente marcadas por um protecionismo tutelar) quanto de "inclusão", abrindo espaço para renovadas práticas de assimilação. É preciso radicalizar a diferença, tendo claro que tais políticas não estão pautadas pela diversidade de modos de saber, ou preocupadas com formas adequadas de articular conhecimentos. A palavra-chave dos programas atuais sendo "participação", no contexto em que participar é entrar na roda de um sistema, de um projeto, de um programa que já vem pronto. Políticas de inclusão, considerando experiências históricas e contemporâneas, só recorrem à noção de cultura na medida em que sua diversidade possa ser domesticada, contida no esquema convencional do multiculturalismo. Costumo usar a metáfora do muro construído com tijolos que funcionam como caixinhas, iguaizinhas, cada uma devendo ser preenchida por uma "etnia" – que adquire nesse contexto uma preocupante equivalência com "cultura" – para edificar o muro do mosaico das culturas que compõe a nação, ou o mundo. O muro é um só. Todo mundo passa a reconhecer seu tijolinho. Mas o muro é o mesmo. Talvez possamos construir muros que não se alinham, com direções, composições, alturas e larguras distintas. Nem ouso falar da possibilidade de derrubar – caso seja preciso – um muro para construir outro, mas ouso sonhar que se possam construir muros diferentes, com diferentes arranjos. Romper com as grades disciplinares, romper com essa tentativa de encaixar "fiapos de cultura" – conforme a feliz expressão de Marta Azevedo – dentro das disciplinas da ciência ocidental. De certa forma, implicaria em voltar ao que antropólogos e educadores engajados na construção de experiências "diferenciadas" de educação escolar indígena idealizaram nos anos 1970. E que propunham articulações mais sutis para os saberes e práticas indígenas, que não precisariam ser segmentados entre as diferentes disciplinas. Quando se esboçaram experimentos de tradução cultural muito mais ricos que a simples transposição de uma língua para a outra, na forma simplória que o bilinguismo acabou adotando. Enfim, experiências interessantes que na maior parte cessaram, não encontrando espaço para sua continuidade, já no final dos anos 1980. Mas será que tantas experiências, quase sempre encabeçadas por ONGs fracassaram, ou temos algo a aprender com a história das escolas que, de "diferenciadas", voltaram a ser "escolas para índios" sob a responsabilidade das Secretarias de Estado? Afinal, escola é escola. Uma instituição formatadora poderosa, como já mencionamos. E, justamente por ser formadora no sentido forte, é que é tão procurada pelos índios, que nela buscam armas para suas próprias políticas.

As expectativas em relação à capacidade da instituição escolar se abrir às demandas indígenas variam de ator para ator, de grupo indígena para grupo indígena. E, nesse sentido, parece-me fundamental mencionar que há diferenças marcantes entre os grupos que lidam com a escola há décadas e os que estão se defrontando com a gramática da escola, agora, com toda a garra de uma primeira geração de professores e acadêmicos indígenas, que os depoimentos de pesquisadores Kuikuro e Panará ilustraram tão bem no Seminário.

Para muitos grupos, então, o espaço para plantar e fazer brotar suas especificidades culturais está sendo negociado através dos projetos culturais propriamente ditos. Em toda parte, montam-se parcerias para valorizar os conhecimentos indígenas e seus modos de criar e circular saberes em outros espaços, que não a escola. As experiências apresentadas – seja por indígenas ou não indígenas – evidenciam que aqui também encontramos um túnel formatador pronto. As políticas culturais também aspiram à montagem de uma parede única, em que os conhecimentos indígenas são valorizados a partir de sua inserção numa forma – disciplinar ou multidisciplinar – já formatada.

A questão que precisamos ainda responder, apoiando-nos nas excelentes contribuições e debates deste Seminário, me parece que consiste em indagarmos, de modo mais aprofundado, em que consiste o valor dos conhecimentos tradicionais e para quem. Assim, parece-me que não se trata de escolher quais conhecimentos valorizar, mas como valorizar. Aliás, antes, pensarmos: o que é valorizar?

A diferença de posicionamento em torno dessa problemática não é absoluta, acontece tanto "dentro" das aldeias, distanciando gerações, quanto na academia, no debate entre disciplinas. A esse respeito, ouvimos no Seminário ricas contribuições de atores dos mais diversos: pesquisadores e professores indígenas, antropólogos e educadores não indígenas, de várias gerações e com experiências das mais diferenciadas. Consideramos o papel e contribuições de instituições públicas, entre elas a Funai, o Iphan, o MEC, as universidades. Mas faltou ouvir e considerar o que têm a dizer os conhecedores indígenas, os mais velhos. Uma questão que foi pouco mencionada, embora problematizada por Fabiano Bechelany, com referência aos Panara. Temos de admitir que, no contexto de debates como este Seminário e, praticamente em todos os foros de discussão, esses sabedores acabam sendo esquecidos, para não dizer desvalorizados. Pois não basta lembrá-los afirmando que são "nosso livro", "nossa biblioteca". O que esses anciãos eruditos sabem tão bem fazer, justamente, não pode ser reduzido à transmissão dirigida de saberes para que possam ser capturados em livros. Tal contradição diz respeito às condições de articulação entre saberes, no contexto das aldeias, tão importante quanto o contexto escolar, embora raramente discutido e que mereceria maior aprofundamento.

Enquanto a apropriação, integração e assimilação entre saberes dos brancos e dos índios prosseguem nas escolas, nos laboratórios e nas universidades, localmente, nas aldeias, a distância se amplia entre detentores e praticantes dos conhecimentos e jovens letrados, incumbidos de efetuar a mediação entre sistemas de conhecimentos, de dentro e de fora.

De um lado, os anciões que narram histórias aos seus netos, as mulheres que trabalham cotidianamente nas suas roças, os chefes de dança que entoam os ciclos festivos, os pajés que orientam a dieta dos doentes, continuam atualizando e transformando seus saberes, segundo esquemas culturais próprios, em que a apropriação dos saberes dos outros não representa problema. Do outro, professores e outros novos especialistas indígenas são formados para inserir nos currículos escolares, ou no plano de manejo de sua terra, ou no projeto econômico de sua organização, "conteúdos" formatados conforme recortes que não são necessariamente compreensíveis pelos detentores e praticantes desses saberes. Esses conteúdos, efetivamente, são construídos a partir de lógicas muito diferentes – sejam elas acadêmicas, simplesmente técnicas ou mesmo burocráticas –, conforme as diversificadas orientações dos programas de capacitação indígena em curso no país. Essa dupla contradição, enfim, evidencia a imensa dificuldade de mediação ou articulação entre modos de saber, em que o mais importante não é o que se sabe, mas como se sabe. Ou seja, aponta para a difícil translação entre sistemas de conhecimentos.

Referências bibliográficas

CARNEIRO DA CUNHA, M. "Cultura" e cultura: conhecimentos tradicionais e direitos intelectuais. *Cultura com aspas*. São Paulo: Cosac Naify, 2009.

SEEGER, A.; DA MATTA, R.; VIVEIROS DE CASTRO, E. B. *A construção da pessoa nas sociedades indígenas brasileiras*. Boletim do Museu Nacional, 1979.

TESTA, A. Q. *Corpos, caminhos e traduções*: modos e relações de criação e circulação de saberes entre os Guarani Mbya. Belém, 2011.

SOBRE O LIVRO

Formato: 16 x 23 cm

Mancha: 27,5 x 49,0 paicas

Tipologia: Horley Old Style 11/15

Papel: Offset 75 g/m^2 (miolo)

Cartão Supremo 250 g/m^2 (capa)

1ª *edição Editora Unesp*: 2016

3ª reimpressão: 2023

EQUIPE DE REALIZAÇÃO

Capa

Estúdio Bogari

Imagem de capa

Menino índio, Mato Grosso, c.1880

Marc Ferrez / Coleção Gilberto Ferrez / Acervo Instituto Moreira Salles

Edição de texto

Arlete Sousa (Copidesque)

Nair Hitomi Kayo (Revisão)

Editoração eletrônica

Sergio Gzeschnik

Assistência editorial

Jennifer Rangel de França

Rettec
artes
gráficas
e editora

Rua Xavier Curado, 388 • Ipiranga - SP • 04210 100
Tel.: (11) 2063 7000 • Fax: (11) 2061 8709
rettec@rettec.com.br • www.rettec.com.br